国家出版基金资助项目

中宣部“学习宣传贯彻党的十八大精神主题出版项目”

全国高校出版社主题出版项目

国家哲学社会科学基金重大招标课题“新形势下党的建设科学化研究”项目（编号：09&ZD005）成果（首席专家：丁俊萍教授）

国家哲学社会科学基金重大招标课题“中国特色社会主义政治发展道路研究”项目（编号：11&ZD071）成果（首席专家：宋俭教授）

国家哲学社会科学基金重大招标课题“实施中国特色社会主义理论体系普及计划的途径、载体和方法研究”项目（编号：12&ZD037）成果（首席专家：佘双好教授）

国家哲学社会科学基金重大招标课题“实现中华民族伟大复兴中国梦的基本问题研究”项目（编号：13&ZD006）成果（首席专家：孙来斌教授）

国家出版基金项目
NATIONAL PUBLICATION FOUNDATION

GZC 高校主题出版
GAOXIAO ZHUTI CHUBAN

中国梦之中国道路

宋俭 主编

武汉大学出版社
WUHAN UNIVERSITY PRESS

图书在版编目(CIP)数据

中国梦之中国道路/宋俭主编．—武汉：武汉大学出版社，2015.9(2016.4 重印)

ISBN 978-7-307-15577-0

Ⅰ.中…　Ⅱ.宋…　Ⅲ.中国特色社会主义—社会主义建设模式—学习参考资料　Ⅳ.D616

中国版本图书馆 CIP 数据核字(2015)第 072447 号

责任编辑:程牧原　王智梅　韩秋婷　　责任校对:李孟潇　　版式设计:马　佳

出版发行:**武汉大学出版社**　(430072　武昌　珞珈山)

(电子邮件:cbs22@whu.edu.cn　网址:www.wdp.com.cn)

印刷:武汉中远印务有限公司

开本:720×1000　1/16　印张:33.75　字数:484 千字　插页:4

版次:2015 年 9 月第 1 版　2016 年 4 月第 2 次印刷

ISBN 978-7-307-15577-0　定价:60.00 元

目　录

导　论

道路问题是一个国家发展的根本问题，关乎国家前途、民族命运、人民幸福。“道路问题不能含糊，必须向全社会释放正确而又明确的信号。”①

2004年5月，英国著名思想库伦敦外交政策研究中心发表了《北京共识：提供新模式》的研究报告，认为中国经过努力、主动创新和大胆实践，摸索出一个适合本国国情的发展模式。这种发展模式不仅适合中国，也是一些发展中国家仿效的榜样。曾经在东欧剧变后提出过“历史终结论”的美国政治学者福山也修正了自己的观点，认为“中国模式”的有效性证明，西方自由民主并非人类历史进化的终点，人类思想宝库要为中国传统留有一席之地。改革开放以来，中国特色社会主义建设的成功实践引起了一波关于“中国模式”、“中国经验”的讨论热潮。“所谓的‘中国模式’就是中国人民在自己的奋斗实践中创造的中国特色社会主义道路。”②

---

① 习近平：《加快建设社会主义法治国家》，载《求是》2015年第1期。

② 《十八大以来重要文献选编》(上)，中央文献出版社2014年版，第111页。

世界是多样性的，世界上从来就没有某种可以放之四海而皆准的发展模式和发展道路，也没有一成不变的发展模式和发展道路。各国的发展道路要由各国人民选择。一个国家选择什么样的发展道路，是由这个国家的历史文化传统、经济社会发展水平等因素综合决定的。一个国家，一个民族，只有正确认识自己的国情，才能正确选择真正适合自己的发展道路，只有选择适合自己的发展道路，才能自立于世界民族之林，实现国家富强、民族振兴、人民幸福。纵观世界历史的进程，曾经有过许多大国的崛起。从 15 世纪地理大发现以来，先后有葡萄牙、西班牙、荷兰、英国、法国、德国、日本、美国和前苏联等国家曾不同程度地占据世界舞台的大国地位。这些大国的崛起，既有具有普遍性的规律，又有各自不同的发展道路。就普遍规律而言，这些大国的崛起，最根本的动因在于其领先其他国家的制度安排、创新能力及由此带来的经济持续增长基础上的综合国力的强大。而就其发展道路而言，则并没有一定之规，各国有各国自己的发展模式，由于所处时代和具体环境的不同，以及历史文化传统和民族性格的不同，各国原本便应从自己的实际出发，选择适合自己国情的发展道路。走适合自己国家的道路，这是大国崛起的普遍规律。

中国特色社会主义道路“是在对近代以来 170 多年中华民族发展历程的深刻总结中走出来的，是在对中华民族 5000 多年悠久文明的传承中走出来的，具有深厚的历史渊源和广泛的现实基础”①。

中国曾经是雄踞东方的世界大国，以创造出璀璨的农耕文明而彪炳史册，在跨入近代的门槛之前，长期在古代世界居于领先地位。但当世界历史进入建立在工业文明基础上的资本主义时代之后，沉迷于农耕时代“天朝上国”地位而不思进取的中国封建统治者仍然抱残守缺、故步自封，拒不接受任何新事物，致使中国社会迅速走向落伍和沉沦。诚如马克思所指出的：“一个人口几乎占人类三分之一的大帝国，不顾时势，安于现状，人为地隔绝于世并因此竭力以天朝尽善尽美的幻想自欺。这样一个帝国注定最后要在一

---

① 《习近平谈治国理政》，外文出版社 2014 年版，第 39~40 页。

场殊死的决斗中被打垮：在这场决斗中，陈腐世界的代表是激于道义，而最现代的社会的代表却是为了获得贱买贵卖的特权——这真是任何诗人想也不敢想的一种奇异的对联式悲歌。”①在 1840 年至 1842 年的第一次鸦片战争中，清朝被当时世界上最强大的资本主义国家英国击败，被迫签订了《南京条约》等一系列丧权辱国的不平等条约，中国开始沦为半殖民地半封建社会，随着资本—帝国主义侵略的不断加深，中国的民族危机和社会危机空前深重。从那以后，中华民族便面对着两大历史任务：一是求得民族独立和人民解放，一是实现国家繁荣富强和人民共同富裕。前一任务是为后一任务扫清障碍，创造必要前提。在一个多世纪中，一代又一代仁人志士为了这个东方文明大国的复兴前仆后继地奋斗着，其间，中华民族遭受的苦难之重、付出的牺牲之大，在世界历史上都是罕见的。在那风雨如晦的年代里，摆在探索国家和民族出路的先进的中国人面前最重要的问题是：选择什么样的道路才能实现中华民族的伟大复兴？

“在中国这样一个经济文化十分落后的国家探索民族复兴道路，是极为艰巨的任务。”②回首近代以来中国人民探索民族和国家出路的艰辛历程，先进的中国人最初的选择是走西方的道路：从魏源提出“师夷长技以制夷”到张之洞提出“中学治身心，西学应世事”；从康有为“以俄国大彼得之心为心法，以日本明治之政为政法”的变法维新到孙中山“取法西人的文明而用之”的三民主义；从主张“科学与人权并重”的新文化运动到“以中国的态度走西方的路”的近代新儒家的改良方案。尽管各派人物的政治态度和具体主张各不相同，但都是选择走西方的路。正如毛泽东所指出的那样：“自从 1840 年鸦片战争失败那时起，先进的中国人，经过千辛万苦，向西方国家寻找真理。洪秀全、康有为、严复和孙中山，代表了在中国共产党出世以前向西方寻找真理的一派人物。那时，求进

① 《马克思恩格斯选集》第 1 卷，人民出版社 1995 年版，第 716 页。

② 《十八大以来重要文献选编》(上)，中央文献出版社 2014 年版，第 8 页。

步的中国人，只要是西方的新道理，什么书也看。向日本、英国、美国、法国、德国派遣留学生之多，达到了惊人的程度。国内废科举、兴学校，好像雨后春笋，努力学习西方。”①于是，要救国，就只有学习西方。走西方的路，成为那个时代先进的中国人的基本共识。然而，第一次世界大战的爆发暴露了西方资本主义“鲜廉寡耻，利己杀人”的本性，特别是巴黎和会上英美等资本主义列强为了分赃而对中国赤裸裸的出卖，彻底打破了中国人学习西方的迷梦。中国人向西方学得很不少，但是行不通，理想总不能实现，不触动封建根基的自强运动和改良主义，资产阶级革命派领导的辛亥革命，都不能完成中华民族救亡图存的民族使命和反帝反封建的历史任务。“国家的情况一天一天坏，环境迫使人们活不下去。怀疑产生了，增长了，发展了。”②事实说明，走西方的路解决不了中国的问题。“就是这样，西方资产阶级的文明，资产阶级的民主主义，资产阶级共和国的方案，在中国人民的心目中，一齐破了产。”③要解决中国发展进步的问题，必须找到能够指导中国人民进行反帝反封建革命的先进理论，必须找到能够领导中国社会变革的先进社会力量。

在历史的转折关头，“十月革命一声炮响，给我们送来了马克思列宁主义。十月革命帮助了全世界的也帮助了中国的先进分子，用无产阶级的宇宙观作为观察国家命运的工具，重新考虑自己的问题。走俄国人的路——这就是结论”④。从走西方的路到走俄国人的路，是近代以来先进的中国人在探索国家出路的过程中一次影响最深远的重大历史抉择，由此决定了20世纪以后中国历史的走向和中华民族的命运。在俄国十月革命的影响下，中国爆发了五四运动。五四运动促进了马克思列宁主义在中国的传播，以李大钊为代表的一批具有初步共产主义思想的知识分子成为马克思列宁主义与

---

① 《毛泽东选集》第4卷，人民出版社1991年版，第1469页。
② 《毛泽东选集》第4卷，人民出版社1991年版，第1471页。
③ 《毛泽东选集》第4卷，人民出版社1991年版，第1471页。
④ 《毛泽东选集》第4卷，人民出版社1991年版，第1471页。

中国工人运动相结合的桥梁。1921 年 7 月，在列宁领导的共产国际的帮助下，中国共产党成立了。中国共产党的成立是中国历史上开天辟地的大事变，从此，中国革命的面貌就焕然一新了。中国共产党将马克思列宁主义的普遍真理与中国的具体实际相结合，走出了一条符合中国国情的新民主主义革命的道路，取得了新民主主义革命的胜利，建立了中华人民共和国，“从根本上改变了中国人民和中华民族的前途命运，不可逆转地结束了近代以后中国内忧外患、积贫积弱的悲惨命运，不可逆转地开启了中华民族不断发展壮大、走向伟大复兴的历史进军，使具有 5000 多年文明历史的中国面貌焕然一新，中华民族伟大复兴展现出前所未有的光明前景”①。

中华人民共和国建立后，中国共产党领导中国人民完成了社会主义改造，确立了社会主义制度，实现了中国历史上最深刻、最伟大的社会变革。中华人民共和国的成立和社会主义改造的完成，为当代中国一切发展进步奠定了根本政治前提和制度基础。在完成了求得民族独立和人民解放的历史任务后，中国共产党和中国人民的历史任务就是在社会主义道路上实现国家繁荣富强和人民共同富裕。

对于中国共产党和中国人民来说，选择走俄国人的路，也就是选择了社会主义道路。新民主主义革命的胜利和社会主义改造的完成，证明这一选择的正确性。然而，社会主义毕竟是人类历史上一种全新的社会制度和发展模式，在中国进入社会主义社会之初，对于建设什么样的社会主义和怎样建设社会主义，并没有太多的经验可以借鉴，马克思主义经典作家关于科学社会主义的理论只是阐述了社会主义的一般原则，他们对于未来社会主义制度的设想当然具有科学性，但他们的设想只能是勾画出社会主义制度的大概轮廓。列宁虽然有社会主义建设的初步实践，但也还没有对建设社会主义提出系统的思想。前苏联是人类历史上第一个社会主义国家，前苏联在确立了社会主义制度后，在斯大林的领导下，选择了以高速发

---

① 《十七大以来重要文献选编》(下)，中央文献出版社 2013 年版，第 433~434 页。

展重工业为中心的工业化道路和与之相适应的单一的生产资料公有制、高度集中的计划经济体制和党政不分、高度集权的政治体制。这样一种发展模式，使前苏联在短期内实现了由一个落后的农业国到比较先进的工业大国的跨越，并由此推动了前苏联经济的快速发展，在一段时间里创造了大大快于资本主义的发展速度。到 1937 年，前苏联的工业总产值一跃成为世界第二，欧洲第一。前苏联在一个较长的时期内成为综合国力仅次于美国的世界第二大强国。所以，中国在夺取革命胜利后走向社会主义的时候，向苏联学习，以苏联的经验为新中国建设的榜样自然成为当时中国共产党人的普遍共识，他们笃信：苏联的今天就是中国的明天。从完成社会主义改造到制定和执行发展国民经济的第一个五年计划，新中国曾从各方面学习和借鉴了前苏联的社会主义建设模式。

但是，中国的情况和苏联不同，虽然前苏联也没有经过资本主义社会的高度发展就建立起了社会主义社会，但它毕竟经历过一个时期的资本主义的发展，建立起了相对成熟的工业化基础。而中国则是在一个刚刚从半殖民地半封建社会走出来的、经济文化都十分落后的农业国的基础上建设社会主义的。当时，中苏两国的国情、经济发展状况和历史文化背景均迥然不同，因而，前苏联的社会主义模式并不一定适合于中国。事实上，前苏联的经验不适于解决中国实际的问题，在“一五”计划期间就初露端倪。不仅如此，前苏联的社会主义模式到了 20 世纪 50—60 年代也陷入了发展的困境，增长速度放缓，经济效益低下，人民生活水平长期得不到提高。高度集权的经济和政治体制的弊端在前苏联和波兰、匈牙利等东欧社会主义国家开始集中暴露出来。正是在这种情况下，以毛泽东为代表的中国共产党人开始对苏联社会主义建设模式进行反思，力图要避免重蹈苏联和东欧一些社会主义国家的覆辙。毛泽东在 1956 年 4 月中央政治局扩大会议上所作的《论十大关系》的讲话中即谈到：“最近苏联方面暴露了他们在建设社会主义过程中的一些缺点和错误，他们走过的弯路，你还想走？”①因此，他明确提出：“苏联的

① 《毛泽东文集》第 7 卷，人民出版社 1999 年版，第 23 页。

经验只能择其善者而从之"①，不能照搬照抄，"更要引以为戒"②。从全面学习苏联到提出以苏为鉴，表明中国共产党人在探索中国社会主义建设道路之初就已经在思考，要从中国的实际出发，走一条不同于前苏联模式的社会主义建设道路。遗憾的是，这种思考并没有在随后的社会主义建设实践中得到具体落实和进一步展开，在一个相当长的时期内，中国并没有真正走出前苏联的社会主义建设模式。正如邓小平后来所指出的："照抄照搬别国经验、别国模式，从来不能得到成功"③，"我们过去照搬苏联搞社会主义的模式，带来很多问题。我们很早就发现了，但没有解决好"④。中国在后来的探索中，又在前苏联模式的框架下，搞了"大跃进"、"人民公社"、"文化大革命"等极"左"的实践，严重脱离了中国社会主义所处的发展阶段，违背了经济和社会发展的规律，结果阻碍了生产力的发展，导致"中国社会从一九五八年到一九七八年二十年时间，实际上处于停滞和徘徊的状态，国家的经济和人民的生活没有得到多大的发展和提高"⑤。

但是，必须指出，虽然从 20 世纪 50 年代中叶到 70 年代末的中国社会主义建设经历了严重曲折，以毛泽东为核心的中国共产党第一代中央领导集体还是带领全党全国各族人民进行了艰辛的探索，充分发挥了广大人民群众自力更生、艰苦奋斗的创业精神和计划经济体制集中力量办大事的优势，在极端困难的情况下，建立起了独立的、比较完整的工业体系和国民经济体系，初步改变了旧中国"一穷二白"的面貌，并积累了在中国这样一个社会生产力水平十分落后的东方大国进行社会主义建设的重要经验，从而，"为新的历史时期开创中国特色社会主义提供了宝贵经验、理论准备、物质基础"⑥。

---

① 《毛泽东文集》第 7 卷，人民出版社 1999 年版，第 366 页。

② 《毛泽东文集》第 7 卷，人民出版社 1999 年版，第 23 页。

③ 《邓小平文选》第 3 卷，人民出版社 1993 年版，第 2 页。

④ 《邓小平文选》第 3 卷，人民出版社 1993 年版，第 261 页。

⑤ 《邓小平文选》第 3 卷，人民出版社 1993 年版，第 237 页。

⑥ 《十八大以来重要文献选编》(上)，中央文献出版社 2014 年版，第 8 页。

1978年的中共十一届三中全会后，以邓小平为核心的中国共产党第二代中央领导集体带领全国各族人民深刻总结我国社会主义建设正反两个方面的经验教训，借鉴世界社会主义的历史经验，作出了实行改革开放的历史性决策，使中国开始走出传统社会主义的发展模式。在改革开放的伟大实践中，中国共产党在重新思考"什么是社会主义，怎样建设社会主义"这一根本性问题的基础上，深刻揭示了社会主义的本质，强调："社会主义的首要任务是发展生产力，逐步提高人民的物质和文化生活水平"①；"社会主义与资本主义不同的特点就是共同富裕，不搞两极分化"②；"社会主义的本质，是解放生产力，发展生产力，消灭剥削，消除两极分化，最终达到共同富裕"③。并从中国的实际出发，作出了我国还处于社会主义初级阶段的科学判断，确立了社会主义初级阶段的基本路线，明确提出走自己的路，建设中国特色社会主义的指导思想，并系统回答了建设中国特色社会主义的一系列基本问题，成功开创了中国特色社会主义。此后，中国共产党第三代中央领导集体在国内外形势十分复杂、世界社会主义出现严重曲折的严峻考验面前，排除干扰，沉着应对，捍卫了中国特色社会主义，并在新的实践中，确立了社会主义市场经济体制的改革目标，确立了社会主义初级阶段的基本经济制度和分配制度，确立了依法治国，建设社会主义法治国家的基本治国方略，成功把中国特色社会主义推向21世纪。新世纪新阶段，中国共产党新一代中央领导集体抓住战略机遇期，在全面建设小康社会进程中推进实践创新、理论创新、制度创新，明确提出了"中国特色社会主义道路"和"中国特色社会主义理论体系"的重大命题，形成了中国特色社会主义事业"五位一体"的总体布局，成功在新的历史起点上坚持和发展了中国特色社会主义。

"中国特色社会主义道路"的命题是中共十七大报告正式提出的。该报告在第一次对中国特色社会主义道路的基本内涵作出理论

① 《邓小平文选》第3卷，人民出版社1993年版，第116页。
② 《邓小平文选》第3卷，人民出版社1993年版，第123页。
③ 《邓小平文选》第3卷，人民出版社1993年版，第373页。

概括的同时，深刻指出：“改革开放以来我们取得一切成绩和进步的根本原因，归结起来就是：开辟了中国特色社会主义道路，形成了中国特色社会主义理论体系。”①并强调：“在当代中国，坚持中国特色社会主义道路，就是真正坚持社会主义。”②中共十八大报告则完整阐述了中国特色社会主义道路的基本内涵：“中国特色社会主义道路，就是在中国共产党领导下，立足基本国情，以经济建设为中心，坚持四项基本原则，坚持改革开放，解放和发展社会生产力，建设社会主义市场经济、社会主义民主政治、社会主义先进文化、社会主义和谐社会、社会主义生态文明，促进人的全面发展，逐步实现全体人民共同富裕，建设富强民主文明和谐的社会主义现代化国家。”③报告指出：道路关乎党的命脉，关乎国家前途、民族命运、人民幸福。中国特色社会主义道路是中国共产党和中国人民在九十多年奋斗历程中，把马克思主义基本原理同中国实际和时代特征结合起来，独立自主走自己的路，历尽千辛万苦，付出各种代价，在接力探索中开创和发展起来的，“实现中华民族伟大复兴，必须坚定不移走中国特色社会主义道路”④。

中国特色社会主义道路是基于科学社会主义的基本原则和中国社会主义初级阶段的基本国情的发展道路。“解放和发展社会生产力”、“逐步实现全体人民共同富裕”、“促进人的全面发展”等思想，最深刻地体现了马克思主义历史唯物主义的基本立场和科学社会主义的基本原则。中国特色社会主义基本经济制度中社会主义公有制的主体地位、中国特色社会主义政治制度中中国共产党的领导地位和人民群众的主体地位、意识形态领域马克思主义的指导地

① 《十七大以来重要文献选编》(上)，中央文献出版社 2009 年版，第 45 页。

② 《十七大以来重要文献选编》(上)，中央文献出版社 2009 年版，第 9 页。

③ 《十八大以来重要文献选编》(上)，中央文献出版社 2014 年版，第 9~10 页。

④ 《十八大以来重要文献选编》(上)，中央文献出版社 2014 年版，第 8 页。

位，从根本上保证了中国特色社会主义的发展方向，也是新的历史条件下体现科学社会主义基本原则的具体内容。所以，“中国特色社会主义是社会主义而不是其他什么主义”①，我们要坚决抵制抛弃社会主义的各种错误主张；另外，中国特色社会主义还是初级阶段的社会主义，由于现阶段中国生产力不发达的状况还没有根本改变，社会主义制度还不完善，社会主义市场经济体制还不成熟，社会主义民主法制还不够健全，封建主义、资本主义腐朽思想和小生产习惯势力在社会上还有广泛影响。因此，现阶段的中国特色社会主义还是一种不发达、不成熟的社会主义。我们要深刻认识中国特色社会主义的这一具体实际，自觉纠正超越阶段的错误观念和政策措施。

中国特色社会主义道路是几代中国共产党人围绕建设什么样的社会主义、怎样建设社会主义这一根本性的问题在接力探索的过程中形成和发展起来的。中国共产党领导全国各族人民进行社会主义建设，有改革开放前和改革开放后两个历史时期，这是两个相互联系又有重大区别的时期，但本质上都是中国共产党领导中国人民进行社会主义建设的探索时期。中国特色社会主义是在改革开放历史新时期开创的，也是在改革开放前已经建立起社会主义基本制度并进行了二十多年建设的基础上开创的。虽然这两个历史时期在进行社会主义建设的指导思想、方针政策、实际工作上有很大差别，但两者决不是彼此割裂的，更不是根本对立的。一方面，改革开放的伟大事业，是在以毛泽东为核心的中国共产党第一代中央领导集体带领全党全国各族人民建立新中国、取得社会主义革命和建设伟大成就，以及艰辛探索社会主义建设规律取得宝贵经验的基础上进行的。没有改革开放前奠定的根本政治前提和制度基础，没有改革开放前探索社会主义建设道路提供的宝贵经验、理论准备、物质基础，改革开放很难顺利推进，也就不可能有改革开放后中国特色社会主义的开创、坚持和发展。另一方面，改革开放是决定当代中国命运的关键抉择。如果没有 1978 年党的十一届三中全会果断停止

① 《习近平谈治国理政》，外文出版社 2014 年版，第 22 页。

使用“以阶级斗争为纲”的口号，将党的工作重点转移到社会主义现代化建设上来，作出实行改革开放的重大决策，并在此后坚定不移地推进改革开放，坚定不移把握改革开放的正确方向，就没有中国经济的快速发展、人民生活水平的显著提高和综合国力的大幅提升，中国就不可能有今天这样的大好局面。如果继续延续“无产阶级专政下继续革命”的错误理论和实践，将可能使社会主义中国面临更为严重的危机，甚至可能遭遇如前苏联和东欧社会主义国家那样的命运。改革开放符合党心民心，顺应历史潮流，方向和道路是完全正确的，只有改革开放才能发展中国、发展社会主义、发展马克思主义。所以，不能用改革开放后的历史时期否定改革开放前的历史时期，也不能用改革开放前的历史时期否定改革开放后的历史时期，改革开放前的社会主义实践探索为改革开放后的社会主义实践探索奠定了基础、创造了条件，改革开放后的社会主义实践探索是对前一个时期的坚持、改革、发展。没有改革开放的伟大实践，不可能有中国特色社会主义道路的开创、坚持和发展，但没有改革开放前社会主义的实践探索，就不可能有改革开放的伟大实践，因而，也不可能有中国特色社会主义道路的开创、坚持和发展。“正确处理改革开放前后的社会主义实践探索的关系，不只是一个历史问题，更主要的是一个政治问题。”①

中国特色社会主义开辟了经济文化落后国家建设社会主义的成功道路，创新和发展了科学社会主义的理论与实践。按照马克思列宁主义经典作家最初的设想，社会主义社会要建立在比资本主义更高的社会生产力发展基础之上，马克思、恩格斯在创立科学社会主义理论时就强调：“生产力的巨大增长和高度发展”是建立社会主义社会“绝对必需的实际前提”②。但是，马克思主义从来都不是一成不变的僵化教条，马克思、恩格斯没有也不可能提出某种社会主义的固定模式，恩格斯在 1890 年致奥托·伯尼克的信中曾说道：

---

① 《十八大以来重要文献选编》(上)，中央文献出版社 2014 年版，第 113~114 页。

② 《马克思恩格斯选集》第 1 卷，人民出版社 1995 年版，第 86 页。

"我认为，所谓'社会主义社会'不是一种一成不变的东西，而应当和任何其他社会制度一样，把它看成是经常变化和改革的社会。"①社会主义从来都是在开拓中前进的。列宁在十月革命后，从俄国社会主义建设的实际出发，提出了没有经过资本主义充分发展的俄国由经济、文化落后的农业国走上社会主义道路的设想，强调社会主义最终胜利的根本保障是创造比资本主义更高的劳动生产率，在经济文化落后的国家建设社会主义，要学习并善于利用资本主义，积极吸收资本主义所创造的文明成果。但列宁的思想没有在后来前苏联社会主义建设的实践中得到坚持和发展，前苏联最终也没有成功走出经济文化落后的国家建成社会主义的道路。中国共产党基于对社会主义建设规律和中国社会主义初级阶段国情的深刻认识，成功地开创了一条经济文化落后国家走向社会主义的正确道路。在社会主义初级阶段理论基础上提出的中国特色社会主义基本经济制度、中国特色社会主义分配制度、中国特色社会主义市场经济体制、中国特色社会主义政治制度、中国特色社会主义法治理论等重大理论创新、制度创新、实践创新，创新和发展了科学社会主义理论。中国特色社会主义道路开创了经济文化落后国家建成社会主义的崭新道路。

中国特色社会主义道路是一条科学发展的道路。

中国特色社会主义道路是一条和谐发展的道路。

中国特色社会主义道路是一条全面发展的道路。

中国特色社会主义道路是一条和平发展的道路。

中国特色社会主义道路是实现中华民族伟大复兴中国梦的必由之路！

2013年3月17日，当选新一届中华人民共和国国家主席的习近平在第十二届全国人民代表大会第一次会议上的讲话中深刻指出："实现中国梦必须走中国道路，这就是中国特色社会主义道路。这条道路来之不易，它是在改革开放30多年的伟大实践中走出来的，是在中华人民共和国成立60多年的持续探索中走出来的，

---

① 《马克思恩格斯选集》第4卷，人民出版社1995年版，第693页。

是在对近代以来170多年中华民族发展历程的深刻总结中走出来的，是在对中华民族5000多年悠久文明的传承中走出来的，具有深厚的历史渊源和广泛的现实基础。中华民族是具有非凡创造力的民族，我们创造了伟大的中华文明，我们也能够继续拓展和走好适合中国国情的发展道路。全国各族人民一定要增强对中国特色社会主义的理论自信、道路自信、制度自信，坚定不移沿着正确的中国道路奋勇前进。”①

① 《习近平谈治国理政》，外文出版社2014年版，第39~40页。

第一章
中华民族复兴道路的艰辛探索

中华民族是历史悠久的伟大民族，以璀璨的农耕文明而彪炳史册，曾长期居于世界领先地位。自商周以来，中国一直是世界上屈指可数的大国之一。中国也是世界上少有的历史文化从未间断、一直延续至今的国家。但从 1840 年鸦片战争起，中国由一个独立的封建国家逐步沦为半殖民地半封建社会，外国资本主义和本国封建主义的联合压迫，严重地阻碍着中国的社会发展和政治进步，成为民族灾难和人民痛苦的根源。“近代以后，中华民族遭受的苦难之重、付出的牺牲之大，在世界历史上都是罕见的。”①在深重的民族危机面前，如何反抗外国资本—帝国主义的侵略，摆脱本国封建专制主义的统治，从根本上改变国家贫穷落后的面貌，走上独立、自由、民主、统一、富强的道路，成为半殖民地半封建的中国所面临的主要问题。在中国这样一个经济文化十分落后的国家探索民族复兴的道路，是极为艰巨的任务。

---

① 《习近平谈治国理政》，外文出版社 2014 年版，第 35 页。

一、旧民主主义革命道路的终结

近代以后，面对空前深重的国家和民族危机，在中国向何处去的问题上，作为中国传统社会力量的农民阶级、地主阶级和在中国近代化过程中新兴的资产阶级的各派政治力量，从各自的阶级立场出发，围绕国家出路进行了艰辛的探索，先后提出了各自的救国主张和方案。“向西方学习”、“向西方国家寻找真理”，逐渐成为各派政治力量探索国家出路的共识。但是，在学习什么、如何学习等问题上，各种主张间存在着较大的分歧和争论。近代中国向西方学习经历了由器物层面到制度层面，再到思想文化层面的艰辛历程，各种不同的救国主张反映着鸦片战争后中国旧民主主义革命道路的兴起和终结。

（一）传统力量对国家出路的早期探索

鸦片战争的失败，引发了中国社会的变动。面对“三千年未有之强敌”、“三千年未有之变局”，封建士大夫集团中出现了一些注意正视和研究现实问题，主张向西方学习，倡言改革以强国御侮的有识之士，林则徐、魏源是其中的主要代表人物。

林则徐是近代中国开眼看世界的第一人，还在鸦片战争前，在主张禁绝鸦片、坚持抵抗外国侵略的同时，出于“悉夷情”的目的，林则徐就派人积极了解西方资本主义国家的情况，搜集有关资料，翻译西书。1839年，他亲自主持将1836年在伦敦出版的英国人慕瑞所著的《世界地理大全》翻译出来，撰成《四洲志》一书，这是中国第一部较系统的世界地理志，在近代史上具有开风气的作用。其后，魏源根据《四洲志》及其他中外文献资料，综述各国历史、地理及中国应采取的对策，编成《海国图志》一书，明确提出了“师夷长技以制夷”的主张。可惜的是，这些进步主张并没有被统治阶级所接受，更没有转化为实际的行动。

第二次鸦片战争后，亡国灭种的危机意识促使封建统治集团中的部分开明之士开始将向西方学习的主张付诸实践，他们提出学习和利用西方的军事制造和科学技术，以解除被统治阶级的反抗导致的内忧和资本帝国主义的入侵引起的外患。冯桂芬最早将此指导思想完整表述为：“以中国之伦常名教为原本，辅以诸国富强之术。”后来被概括为“中学为体，西学为用”。这些勇于走出传统、勇于接受新事物的人与恪守传统的封建顽固派之间出现了明显的分歧，从清朝统治阶级内部逐渐分化出一个以奕䜣、曾国藩、左宗棠、李鸿章等为代表的新政治派别，被称为洋务派。他们接过林则徐、魏源等人“师夷之长技”的口号，标榜“自强求富”，主张兴办“洋务”。

1861 年年初，清政府宣布设立总理衙门，以办理外交事务为主，同时办理以自强、求富为内容的洋务活动。从 20 世纪 60 年代开始，洋务派以“自强”为名，创办江南制造局、福州船政局、安庆内军械所等近代军事工业，建立新式武器装备的陆海军。20 世纪 70 年代起，洋务派在“求富”的口号下，采取官办、官督商办和官商合办等方式，开办轮船招商局、开平矿务局、天津电报局、唐胥铁路、上海机器织布局、兰州织呢局等民用企业。与此同时，洋务派还开始筹划海防，在 1884 年初步建立起南洋、北洋和福建海军，修建旅顺船坞和威海卫军港。为适应近代工业企业和新式海军等事业的需要，洋务派一方面开办新式学堂培养人才，于 1862 年创设京师同文馆，还在国内创办了福州船政学堂等许多专门性的学堂；另一方面派遣学生赴欧美学习军事、制造、驾驶、冶炼等西方科学技术。

洋务新政创办近代军事工业，兴办铁路、轮船和电报等新式交通业，建立了近代化海军，这在外国势力频繁展开军事入侵的时代，具有重要的现实意义。洋务派主张“中体西用”，具有冲破传统思想的禁锢，开阔人们的视野，引导人们追求新知的积极作用。举办同文馆，设立学堂，开学习西方风气之先，为西学的传播和中国科技的发展提供了一定的条件；洋务派组织翻译了不少外国科技书籍，派遣不同年龄和资历的留学生，培养了一批外交和科技人才；而介绍西方社会科学知识，对于促进民主思想的传播，也起到了开一代风气的拓荒作用。在此基础上，19 世纪 70—80 年代，从洋务官僚中分化出一批中国早期资产阶级改良主义者。洋务运动虽然在一定程度上压制了中国民族工业的发展，却为中国近代工业的发展打下了初步基础，客观上推动了中国近代化的历程。洋务运动历时 30 多年，却没有使中国富强起来。甲午战争一役，洋务派经营多年的北洋海军全军覆没，标志着以“自强”、“求富”为目标的洋务运动的失败。

洋务派作为地主阶级的一部分，其阶级属性决定了他们首先是封建制度的维护者，他们希望“师夷长技以自强”，但残酷的民族斗争和阶级斗争以及自身认识能力上的局限性，使其局限在学习技术的层次，不可能从根本上实现自强和求富的目的。洋务运动实践的失败表明，要走上现代化道路，实现国富民强的目标，国家独立是基本的前提；改革必须有制度和政权的有力保证才能成功；废除封建专制制度，才能发展现代的生产力。

1900 年八国联军侵华，清王朝再次战败。1901 年《辛丑条约》的签订，标志着以慈禧太后为首的清政府已彻底放弃了抵抗外国侵略者的意志，宣称“量中华之物力，结与国之欢心”，甘当“洋人的朝廷”；民族危机和社会危机使国人对清政府更为失望，国内要求改革的呼声日渐高涨。1905 年日俄战争中俄国的战败，促使一些民族资产阶级上层人物，趁机以“日本以立宪而胜，俄国以专制而败”①为由，提出立宪要求，以便能参加国家政权。清王朝为了取得帝国主义扶植，安抚统治阶级内部各派系和资产阶级上层人物，欺骗人民，摆脱困境，1901 年 4 月成立督办政务处，宣布实行“新政”，并陆续推行了一些方面的改革，包括：设立商部、学部、巡警部等中央行政机构；裁撤绿营，建立新军；颁布商法商律，奖励工商；颁布新的学制，下令从 1906 年起正式废除科举考试。事实上新政的内容大部分只是延续了洋务派和维新运动时的做法和主张，被认为“新政不新”。

---

① 故宫博物院明清档案部：《清末筹备立宪档案史料》，中华书局 1979 年版，第 29 页。

“新政”并没有使清政府摆脱内外困境。为了遏制蓬勃发展的革命形势，维护风雨飘摇的封建统治，清政府不得不于1906年宣布“预备仿行宪政”，并于1908年颁布了《钦定宪法大纲》，制定了一个学习日本实现君主立宪的方案，规定了9年的预备立宪期限。清政府预备立宪的根本目的是延续其统治，达到“皇位永固”、“外患渐轻”、“内乱可弭”①，这正是清政府立宪的指导原则。为了巩固皇权，清政府迟迟不答应资产阶级立宪派提出的关于立即召开国会的要求，还镇压了立宪派的国会请愿运动，同时却不断借改革之名加强中央集权、加强皇权。1911年，清政府在立宪派的一再要求下，裁撤军机处，设立责任内阁，庆亲王奕劻为内阁总理大臣。在13个内阁成员中，满族贵族占9人，其中7人为皇族，被称为“皇族内阁”。

清政府“预备立宪”既没有起到笼络人心、软化资产阶级上层的作用，也没有达到维持封建统治的目的，清政府的集权行径及对君主立宪缺乏诚意，引起了中央和地方的离心及矛盾冲突，使清末政局更加混乱，也引起了立宪派的不满和全国人民的反抗，从而使孙中山的民主革命思想更为社会各阶层所接受。然而，不管清政府的本意如何，“预备立宪”的实施导致了传统政治体制的某些变革，在客观上使中国近代在向西方学习的道路上又前进了一小步。

在封建地主统治阶级被动应对西方挑战的同时，同样作为中国传统社会力量的农民阶级也做出了自己的反应。鸦片战争前，剧烈的土地兼并、沉重的地租剥削和连年灾荒，已经使广大农民陷于失业、破产、饥饿、死亡的困境。而鸦片战争后，西方资本主义国家的商品倾销，及清政府为了支付军费和战争赔款的搜刮都转嫁到农民身上，更加重了农民的负担。由于西方侵略引起的民族矛盾和中国本身的阶级矛盾交织在一起，社会矛盾日益激化。鸦片战争后十年间，各族人民的起义和抗租抗粮等斗争不下百次，几乎遍及全

---

① 梁诚等：《出使各国大臣奏请宣布立宪折》（光绪三十一年十月），见丁守和、陈有进、张跃铭、姜世栋：《中国历代奏议大典》第4册，哈尔滨出版社1994年版，第823~824页。

国，天地会势力更遍及长江和珠江流域。其中，太平天国农民起义便是中国农民阶级面对危局最直接的反应。

1851 年 1 月 1 日，洪秀全率众在广西金田宣布起义，建号太平天国。1853 年 3 月 20 日，太平军占领南京，改称天京，正式建立了与清王朝对峙的政权，定都天京。1856 年，太平天国达到了军事上的全盛时期。

太平天国定都天京后，进行了一系列制度建设，在政治、军事、经济、文化等方面采取了许多巩固政权的措施。

1853 年颁布的《天朝田亩制度》是太平天国早期的纲领性文件，它根据“凡天下田，天下人同耕”的原则①，用农民的平分土地的制度，代替封建地主的土地所有制；实行“圣库”制度，用绝对平均的观点重新组织社会政治、经济、文化生活，并作了具体的规定。太平天国的领导者们希望通过施行这样的方案，建立“有田同耕，有饭同食，有衣同穿，有钱同使，无处不均匀，无人不饱暖”的理想社会②。

《天朝田亩制度》的主张，从根本上否定了封建社会的基础即封建地主的土地所有制，表现了广大农民要求平均分配土地的强烈愿望，是对以往农民战争中“均贫富”、“等贵贱”和“均平”、“均田”思想的超越和发展，是对封建土地制度和等级制度的根本否定，也是太平天国的伟大创举。它在当时曾起了积极的革命动员作用。不过，它并没有超出农民小生产者的狭隘眼界。它所描绘的理想天国，仍然是闭塞的、自给自足的自然经济，是小农业和家庭手工业相结合的传统生活方式，这种平均主义想把农业和家庭手工业相结合的自给自足的自然经济理想化、固定化，企图建立一个没有商品交换的和绝对平均的社会，既违背了社会发展的规律、历史发展的潮流，无法调动农民生产的积极性，也阻碍了生产力的发展。

---

① 《天朝田亩制度》，见中国近代史资料丛刊：《太平天国》(一)，上海人民出版社 1957 年版，第 321 页。

② 《天朝田亩制度》，见中国近代史资料丛刊：《太平天国》(一)，上海人民出版社 1957 年版，第 321 页。

《资政新篇》是太平天国后期由干王洪仁玕提出的一个在政治、经济、思想文化、外交等方面统筹全局的社会改革方案。《资政新篇》提出，中国要像西方那样，办工业、开矿藏、兴银行、设新闻官书信馆，而且要“准富者请人雇工”，对穷人则“宜令作工，以受其值”，即发展资本主义的生产关系。《资政新篇》不仅重视中外文化交流和吸收外国先进的科学技术，而且主张采用西方资本主义国家的若干重要政策，是要求学习西方资本主义的第一个比较系统的纲领，是一个具有资本主义色彩的方案，比起农民中原有的平均主义理想是一个大进步，反映了太平天国领导人向西方寻找真理、探索国家出路的努力，这是已经超越小生产者眼界的设计，使太平天国起义多少具有了不同于以往农民战争的新的特点。但《资政新篇》并没有提到中国近代民主革命所要解决的一个基本问题，即废除封建土地所有制的问题，未能直接反映农民的愿望，加之当时紧张的军事斗争，缺乏实施的条件和阶级基础，未能付诸实施，是一朵“未开花的奇葩”。

在清王朝和帝国主义的联合绞杀下，1864 年 7 月 19 日，天京陷落，太平天国农民战争失败了。太平天国起义历时 14 载，转战 18 省，并建立了与清王朝对峙的政权，沉重打击了封建统治阶级，强烈撼动了清政府的统治根基。太平天国还冲击了孔子和儒家经典的正统权威，在一定程度上削弱了封建统治的精神支柱，为以后五四运动“打倒孔家店”开创了先例。太平天国起义还在一定程度上打击了外国侵略势力。但这并没有扭转太平天国失败的历史宿命。

太平天国起义者们想要建立一个以“天王”为首的农民政权。但是，在小农业和家庭手工业相结合的分散的小生产的基础上，虽然可以建立暂时的劳动者的政权，但它最终还是会向封建专制政权演变的。农民阶级不是新式生产力的代表，他们无法克服自身固有的阶级局限性，因而他们从事的反帝反封建斗争具有难以避免的弱点。在半殖民地半封建的中国，农民具有伟大的革命潜力，但其自身不能担负起领导反帝反封建斗争取得胜利的重任。单纯的农民战争不可能完成争取民族独立和人民解放的历史任务，不可能领导人民走上现代化的发展道路。

(二)资产阶级维新运动的兴起和夭折

19世纪90年代，中国民族资本主义有了初步发展。新兴的民族资产阶级迫切要求挣脱外国资本主义和国内封建势力的压迫和束缚，为中国资本主义的发展开辟道路。民族资本的产生和缓慢发展，使反映和代表其发展要求的改良主义思想也日益发展，并出现了一批主张改革中国社会政治、发展资本主义的早期改良派思想家，其主要代表人物有王韬、郑观应、薛福成、马建忠等。他们都是从地主阶级阵营分化出来的，具有初步资产阶级自由民主思想的知识分子。他们中或曾直接做洋行买办，或为洋务派官僚，或经商，或做翻译、游历过世界，或做过外交使节等，这种出身使他们对西方资本主义国家的社会、政治、经济情况有着广泛的了解。他们不仅主张学习西方的科学技术，同时也要求吸纳西方的政治、经济学说。他们与洋务派有着不同的特点：一是具有比较强烈的反对外国侵略、希望中国独立富强的爱国思想；二是具有一定程度反对封建专制的民主思想，主张效法西方实行君主立宪，进行政治改革。如郑观应在其所著《盛世危言》中就提出大力发展民族工商业，同西方国家进行“商战”，设立议院，实行“君民共主”制度等主张。这些主张具有重要的思想启蒙的意义，为康有为等人发动的变法维新运动做了舆论准备。

甲午战争的惨败及其后西方列强掀起的瓜分中国的狂潮，造成了空前的民族危机，也激发了民族的觉醒。而站在救亡图存和变法维新前列的，正是代表民族资本主义发展要求的知识分子。他们把向西方学习推进到一个新的高度，即不但要求学习西方的科学技术，而且要求学习西方资本主义的政治制度和思想文化。他们认为西方资本主义国家是进步的，它们成功地建设了资产阶级的现代国家。此外，同为亚洲国家的日本明治维新向西方学习卓有成效，进一步刺激了中国人向西方学习的想法。在这样的历史条件下，资产阶级的改良思想迅速地高涨起来，逐步形成为变法维新的思潮，并在1898年发展成一场变法维新的政治运动。

以康有为、梁启超、谭嗣同、严复等为主要代表人物的资产阶级维新派，采取了一系列行动宣传维新主张：用向皇帝上书、著书立说、办学会、设学堂、办报纸等各种方式宣传变法主张，制造维新舆论，培养变法骨干，组织革新力量。维新派的重点放在争取光绪皇帝及其周围的帝党官员的支持上，希望通过他们自上而下地实行变法主张。

由于民族危机越来越严重，在维新派的推动和策划下，想要有所作为但又无实权的年轻的光绪皇帝也希望通过变法维新来救亡图存，并从以慈禧太后为首的后党手中夺取统治大权。1898 年 6 月 11 日，他颁布了《明定国是》诏书，宣布开始变法。在此后的 103 天中，他接连发布了一系列推行新政的政令，史称“百日维新”。

“百日维新”中颁布的各项政令是接受了维新派的建议而制定的，旨在开放一定程度的言论、出版、结社自由，使资产阶级享受一定程度的政治权利，促进资本主义工商业的发展，因此，戊戌维新是一场资产阶级性质的改良运动。但是，在光绪皇帝发布的新政诏令中，并没有采纳维新派多次提出的设议院、开国会、制宪法等政治主张。这些政令和措施并未触及封建制度的本质，所要推行的是一种十分温和的改良方案。

尽管维新变法没有从根本上改变封建专制，但新政的推行在许多方面对封建制度都有所触动，这必然为封建顽固势力所不容。1898 年 9 月 21 日，慈禧发动政变，下令囚禁光绪，宣布废除维新诏书和新政措施，革除、逮捕、流放和摧残维新人士以及支持维新派的官员，再次“垂帘听政”。谭嗣同、杨锐、林旭、刘光第、康广仁、杨深秀六人惨遭杀害，史称“戊戌六君子”。康有为、梁启超逃往国外。除京师大学堂(北京大学的前身)被保留下来以外，其余一切新政措施都被废除，维新派人士和参与或同情变法的官员，或被囚禁，或被革职，或遭放逐。戊戌维新运动宣告失败。

以康有为为代表的资产阶级维新派，面对 19 世纪末帝国主义要灭亡中国的狂涛恶浪，挺身而出，为挽救民族危亡而奔走呼号，要求维护民族独立，所以说维新运动是一次救亡图存的爱国运动。他们大胆地批判封建专制制度，要求仿效西方资产阶级民主政治，变革封建专制政治，发展资本主义，所以说维新运动是一次推动社会进步的政治变革运动。他们提倡资产阶级新学，传播西方资产阶级新文化，批判封建主义旧学，所以说维新运动是一次思想启蒙运动，在意识形态领域里产生了极大的影响。

戊戌维新运动的失败是由于以康、梁为代表的资产阶级维新派，企图在不推翻清朝反动的封建政权、不触动帝国主义的前提下，依靠一个并无实权的皇帝，用"和平"、"合法"的手段，进行自上而下的改革，其结果只能碰得头破血流。戊戌维新的失败还表明，由于资产阶级维新派脱离了广大人民群众，找不到真正打破旧势力的力量源泉，得不到广大人民群众的支持，结果只能依靠一部分封建官僚为后援，甚至对帝国主义抱有不切实际的幻想，它反映了中国民族资产阶级在政治上的软弱性。戊戌维新作为中国民族资产阶级登上政治舞台的第一次表演，失败得如此迅速，不但暴露了这个阶级的软弱性，同时也说明在半殖民地半封建的旧中国，企图通过统治者走自上而下的改良的道路，是根本行不通的。要想争取国家的独立、民主、富强，必须用革命的手段，推翻帝国主义、封建主义联合统治的半殖民地半封建的社会制度。戊戌维新的失败再次暴露出清朝统治集团的腐朽与顽固，"戊戌六君子"流血的教训促使一部分人放弃改良主张，开始走上革命的道路。孙中山领导的资产阶级民主革命，进一步发展起来。

在维新变法失败后，资产阶级改良思想家继续对中国和西方国家，从政治制度、思想文化等各个方面进行了对比，以期寻求救国之路。这一时期，启蒙思想家严复和梁启超提出了"新民说"。在《新民丛报》的创刊号中，梁启超表达该报的宗旨："本报取《大学》新民之意，以为欲维新吾国，当先维新吾民。中国所以不振，由于国民公德缺乏，智慧不开，鼓本报专对此病而药治之，务采合中西道德以为德育之方针，广罗政学理论以为智育之本。""欲维新吾国，当先维新吾民。"①严复主张"新民德"，改造国民道德，提出

① 梁启超：《新民说·论新民为今日中国第一急务》，载《新民丛报》创刊号，1902年2月8日。

了“鼓民力，开民智，新民德”的具体方案，认为要通过革新教育，提高民族的文化素质和精神面貌，培养新的人才，才能担负起强国重任，使中国走向现代化的道路①。

严复和梁启超主张通过学习西方的新思想、新文化，来改变中国人民的旧观念、旧思想。严复作为最早直接领略过西方文化的人士之一，身体力行，系统地将西方的社会学、政治学、政治经济学、哲学和自然科学介绍到中国，他翻译了《天演论》、《原富》、《群学肄言》、《群己权界论》等著作，他的译著在当时影响巨大，是中国20世纪最重要的启蒙译著，对20世纪初的中国思想界起到了振聋发聩的作用。

“新民”学说超越了器物层面和制度层面向西方学习的范围，把视线投向国民主体的精神和文化，首次提出了中国国民性的改造，是树立国民新精神的先声，并初步揭示出新的民族文化的前进方向，深深影响了包括鲁迅在内的五四一代启蒙学者。

(三)辛亥革命的胜利和失败

《辛丑条约》签订后，中外反动势力进一步勾结。西方列强采取“以华制华”政策，通过扶持清朝傀儡政府，加强对中国的全面控制。清政府也彻底转变为西方资本主义统治中国的工具。中国人民同帝国主义、封建主义的矛盾，集中表现为同清政府的矛盾。推翻清政府已成为解决中国社会基本矛盾的焦点。历史呼唤革命运动的兴起。

20世纪初，中国民族资本主义获得一次虽然有限却是相当有利的发展机遇。首先，帝国主义对中国经济掠夺的加深，使中国自给自足的自然经济进一步遭到破坏，劳动力市场和商品市场进一步扩大，投资设厂经商有利可图。其次是全国各地掀起的抵制外货、收回路矿权等反帝爱国运动，打击了列强在华的商品倾销和投资活

---

① 严复：《原强修订稿》，见王栻主编《严复集》第一册，中华书局1986年版，第18页。

动。加上清政府迫于维持自身统治不得不实行"新政"，颁布了一些"提倡"、"奖励"工商业的法令。据统计，1895年至1911年间，新设立的民族资本厂矿达416家，资本额超过8000万元。随着民族资本主义企业发展数量的增多和规模的扩大，民族资产阶级及与它相联系的社会力量也有了较大的发展。随着中国民族资本主义经济的发展，中国民族资产阶级在政治上的要求也越来越强烈。

民族资产阶级为了冲破帝国主义、封建主义的桎梏，发展资本主义，需要自己政治利益的代言人和经济利益的维护者。这正是资产阶级革命派形成的阶级基础。伴随戊戌维新运动及20世纪初清政府兴学堂、派留学生的措施出现的一批资产阶级、小资产阶级知识分子，成为资产阶级革命派的骨干。这些青年学生接触到近代西方资本主义的思想文化，其中不少人在民族危难加深、群众自发斗争高涨形势的推动下，开始摸索救国救民的新道路。当时出国留学成为一种潮流，他们在国外更多地接触到了西方的政治思想，而且对世界大势与国内民族危机有了更敏锐的认识。这些青年知识分子，成为了辛亥革命的中坚力量。

从根本上说，近代中国的革命是被外国侵略者和本国封建统治者逼迫出来的。中国革命的许多先驱者早年也曾尝试采取和平的手段来推进中国的变革与进步。1894年，资产阶级革命的先驱者孙中山就写过《上李鸿章书》，希望通过和平的手段和渐进的方法实行改革新政，但遭李鸿章拒绝，从此走上革命道路。"清廷是中国复兴的障碍，爱国志士要救亡图存，必须首先推翻清廷。"①不推翻清政府，"中国是没有前途的"②。

1894年11月，孙中山在檀香山建立了中国第一个资产阶级革命团体兴中会，提出了"振兴中华，维持国体"的口号③，而后又

① 中国人民政治协商会议全国委员会文史资料研究委员会：《辛亥革命回忆录》(一)，中华书局1961年版，第181页。

② 陈锡祺：《孙中山年谱长编》上册，中华书局1991年版，第80页。

③ 《檀香山兴中会章程》(1894年11月24日)，见《孙中山全集》第1卷，中华书局1981年版，第19页。

提出了“驱除鞑虏，恢复中华，创立合众政府”的革命目标。此后，资产阶级、小资产阶级知识分子纷纷组织革命团体，影响较大的有黄兴领导的华兴会、蔡元培等领导的光复会、吕大森领导的科学讲习所等。他们创办刊物，出版书籍，广泛传播民主革命思想，开展反清活动。风起云涌的革命风潮和中国资产阶级革命派队伍的日益壮大，表明建立全国性的资产阶级革命政党的条件已趋成熟。

1905 年 8 月 20 日，中国同盟会在东京举行成立大会，讨论通过了由黄兴等起草的同盟会章程，并以孙中山提出的“驱除鞑虏，恢复中华，创立民国，平均地权”十六字纲领为同盟会的宗旨①。同盟会成立后，海内外革命者纷纷加入，不到一年，会员总数达万人以上。同盟会是中国第一个有明确政治纲领和组织机构的资产阶级革命政党。同盟会的成立，使资产阶级革命派有了一个领导核心，标志着中国资产阶级民主革命进入了一个新的阶段。同盟会的成立对清政府来说，标志着先前分散的反政府势力在海外集结起来了。

1905 年 11 月，同盟会创办了机关刊物《民报》。孙中山在《民报》发刊词中，将同盟会的十六字纲领归结为民族、民权、民生三大主义，即所谓三民主义。民族主义包括“驱除鞑虏，恢复中华”两项内容，即进行民族革命，推翻清王朝，解除民族压迫，恢复以汉民族为主体的民族国家。民权主义的内容是“创立民国”，即进行政治革命，号召推翻封建专制主义的统治，建立资产阶级的民主共和国。强调政治革命应当与民族革命并行，把建立民主共和国的目标与实现民族独立的目标联结在一起，并把斗争矛头直接指向集民族压迫与封建专制统治于一身的清政府。民生主义的内容为“平均地权”，即进行社会革命，认为：政治革命、社会革命可毕其功于一役；解决土地问题是中国革命后的迫切任务，解决的办法是“定地价的法子”；实行平均地权后，中国将成为世界上最富有的国家。

同盟会的革命纲领是一个比较完整的资产阶级民主革命的纲

---

① 《中国同盟会总章》(1905 年 8 月 20 日)，见《孙中山全集》第 1 卷，中华书局 1981 年版，第 284 页。

领，在动员和组织群众推翻清政府建立共和国的斗争中，起了巨大的作用。但是，它又是一个不彻底的民主革命纲领。它没有明确提出反帝的号召，不敢依靠广大工农群众，缺乏解决农民土地问题的实际内容。

同盟会成立后，特别是《民报》创刊后，资产阶级革命派积极宣传三民主义思想，扩大革命民主主义思想阵地，迅速获得进步舆论的中心领导地位。这一切，使以康有为、梁启超为代表的资产阶级改良派十分惊惧，他们驳斥同盟会提出的革命纲领，企图阻遏民主革命思想的传播，维护其在思想界的权威地位。对此，革命派予以了坚决回击，一场革命与改良两条道路、两种思想的大论战拉开帷幕。这场论战前后持续了两年，主要是围绕"三民主义"而展开，论战的焦点即要不要"反满"和用暴力推翻清王朝，政治革命的目标是君主立宪还是民主共和，封建土地制度是否应当改革。

这场论战的双方同是民族资产阶级的代表，争论的实质是以什么道路和方法实现资本主义制度、建立怎样的政体，双方没有本质的区别。但清朝统治者已丧失变革的能力、气魄及知识，不可能领导民族走上复兴之路，资产阶段改良派只想"改良"却惧斥"革命"，而革命派的主张反映了历史的趋势和广大人民的愿望，虽存在问题，但却鲜明有力，论战以革命派胜利告终。革命思想广为流传，"反满"革命言论蔚然成风。

以孙中山为首的资产阶级革命派在大造革命舆论、批判改良思想的同时，派人回国发展革命组织，联络会党和新军，不断发动武装起义。从1906年年底至1911年10月武昌起义爆发前，革命党先后发动了多次武装起义，有湘赣边界萍浏醴起义、皖浙起义、云南河口起义、广州新军起义、广州黄花岗起义等。这些起义虽未获得成功，却加速了革命高潮的到来。

20世纪初，帝国主义掠夺了中国的大批铁路置办权和矿山开采权，各阶层人民强烈要求收回路矿权利。1911年5月，清政府宣布"铁路国有"，并将原本归商办的粤汉、川汉铁路转给外国资本经营。此举立即遭到湘、粤、鄂、川四省人民的强烈反对，由此掀起了声势浩大的保路风潮。清政府率鄂军前往四川镇压，造成了武汉地区的兵力空虚，为武昌起义的成功创造了客观条件。

1911 年 10 月 10 日，由湖北新军中的共进会和文学社两个革命团体发动的武昌起义爆发，革命党人迅速控制了武汉三镇，并成立了资产阶级革命政权鄂军都督府。武昌起义便如点燃干柴堆的第一把火，迅速将辛亥革命的熊熊烈火燃烧到全国各地。在短短的一个月内，就有 13 个省、上海及其他省的许多州县宣布起义，脱离清政府的统治。腐朽的清王朝在辛亥革命的冲击下迅速土崩瓦解。1912 年 1 月 1 日，孙中山就任临时大总统，定国号为“中华民国”，以 1912 年为中华民国元年。中华民国宣告正式成立。资产阶级民主制度在中华大地诞生。同年 2 月 12 日，清帝退位，在中国延续两千多年的封建帝制宣告结束。

辛亥革命是 20 世纪中国所发生的第一次历史性巨变，是一次比较完全意义上的反帝反封建的民族民主革命。它推翻了清王朝，结束了中国两千多年的封建君主专制制度，建立了资产阶级共和制度。这对于推动中国社会进步，促进中国人民的思想解放起到了巨大的作用，也为后来中国共产党领导的新民主主义革命开辟了道路。

但是，辛亥革命并没有一个完整而彻底的反帝反封建的政治纲领，没有形成一个能够领导这场革命的坚强有力的革命政党。究其根本原因，是领导这场革命的中国民族资产阶级在政治上和经济上具有很大的软弱性。它同帝国主义和封建势力有着千丝万缕的联系，而同占中国人口最大多数的下层劳动群众严重脱离，并害怕发动他们。这样，就使得资产阶级革命派没有力量，更没有勇气把反帝反封建的革命斗争进行到底。

辛亥革命以同旧的反动势力的妥协而告终，革命的果实落到以袁世凯为首的北洋军阀手里。帝国主义在中国的势力没有受到削弱，封建势力依然在中国每一个角落盘根错节。中华民族面临的两大历史任务一个也没有解决，中国人民依然生活在贫穷、落后、分裂、动荡、混乱的苦难深渊中。从这个意义上说，辛亥革命失败了。辛亥革命的失败，给中国的先进分子以深刻的启发，使他们逐渐觉悟到必须另外探寻新的救国救民的道路。辛亥革命从胜利走向失败的历史证明：帝国主义和封建主义是近代中国革命的两大敌人，它们绝不会自动退出历史舞台，总是要以种种卑鄙手段来扼杀革命，以维护其在中国的反动统治；中国民族资产阶级虽具有反帝反封建的革命性，但其天生的软弱性与妥协性决定了它难以领导中国民主革命走向彻底的胜利。中国必须寻找一种新的能够抵抗帝国主义和封建主义的强大的新兴力量，中国革命才有成功的希望。

辛亥革命后的中国呈现出人们完全没有想到的一番景象：与袁世凯称帝、张勋复辟的倒行逆施相呼应，思想界掀起一股尊孔读经的逆流；从西方学来的多党制、议会制，成为各派军阀、官僚、政客借以争权夺利的工具；1915 年日本提出的灭亡中国的“二十一条”，成为中国的奇耻大辱；1916 年袁世凯死后，北洋军阀分成直系、皖系、奉系三大派系，各自割据一方，并以帝国主义列强在中国的争夺为背景，相互之间展开愈演愈烈的军阀混战，使国家陷于长期的分裂和动乱之中。

面对残酷的现实，资产阶级革命派并不甘于失败。孙中山高举民主革命的大旗，继续为实现真正的民主共和而斗争，但屡遭失败，陷入困境。国民党代理理事长宋教仁满怀着对实行议会制的真诚和期望而奔走呼号，惨遭北洋军阀的暗杀。革命党人发动的“二次革命”、护国战争、护法运动等，换来的是反动军阀的疯狂镇压。资产阶级领导的旧民主主义革命已陷入绝境，软弱的中国资产阶级难以完成领导中国民主革命的历史重任，资产阶级共和方案不能救中国，资产阶级民主主义的思想武器无法引导中国革命走向胜利。虽然中国革命的基本问题一个也没有得到解决，但历史发展以其不可逆转的力量，正在孕育一个伟大新时代的出现。

（四）资产阶级建国方案在中国的破产

打倒列强，打倒列强，
除军阀！除军阀！
努力国民革命，努力国民革命，
齐奋斗！齐奋斗！

工农学兵，工农学兵，
大联合！大联合！
打倒帝国主义，打倒帝国主义，
齐奋斗！齐奋斗！
打倒列强，打倒列强，
除军阀！除军阀！
国民革命成功，国民革命成功，
齐欢唱！齐欢唱！

这是在1924年至1927年间回荡在神州大地的《国民革命歌》。在此期间，在共产国际和中国共产党的帮助下，孙中山领导的中国国民党确立“联俄、联共、扶助农工”三大政策，和年轻的中国共产党建立了反帝反封建的革命统一战线，以广州为中心，汇集全国的革命力量，掀起了一场国民革命的高潮。唤起工农大众，发展工农运动，召开国民会议，建立国民政府，建立革命军队，打倒列强和军阀，成为这一时期国民革命的重要目标。革命力量迅速从珠江流域推进到长江中下游流域，给帝国主义和封建军阀势力以沉重的打击。特别是1927年2月，武汉国民政府在广大民众的支持下，收回汉口、九江英租界，这是鸦片战争以来中国人民反帝外交斗争史上的第一次重大胜利，写下了中国人民反帝斗争史上光辉的一页。但是，由于中外反动势力的联合绞杀，特别是革命统一战线内部以蒋介石为代表的国民党右派集团的叛变，导致了第一次国共合作的破裂和轰轰烈烈的国民革命的失败。

1927年大革命失败后，国内政治局势急剧逆转，国民党对中国共产党和革命群众的屠杀政策使中国南部一片腥风血雨。蒋介石在南京建立政权后，经过一系列新军阀混战，终于建立起对全国的统治。1928年10月，南京国民政府公布《训政纲领》，宣称军政时期结束，训政时期开始。1931年5月，又召开国民会议，通过《中华民国训政时期约法》。根据所谓“保育政治”的“训政”原则，在训政时期，由国民党全国代表大会代行国民大会的职权，国民要把一切权力都“托付”给国民党来行使，实际上就形成了国民党的“一党专政”的统治格局。

南京国民政府也曾经为使中国走现代化的发展道路进行过努力。1928 年 7 月，南京国民政府召开全国财政会议，决定统一全国财政、建立国家银行、裁撤厘金、实行关税自主、废两改元、整理公债、实行国地税等，从而奠定了国民政府财政管理的基本格局。南京国民政府建立之后，根据孙中山的实业思想，提出了兴办国家资本工业的方案。1931 年年底，南京国民政府成立国防设计委员会。1933 年，实业部制定了《实业四年计划》，1935 年 4 月，成立资源委员会。南京国民政府对采矿、冶金、机械、化工、电器等行业大力投资，初步奠定了国营重工业基础。对民营产业，南京国民政府从整顿开始，采取鼓励和扶持的政策。这些政策和措施都在一定程度上推动了中国现代产业的发展。南京国民政府设立了一系列管理农业经济的政府机构，如农村建设委员会、农村设计委员会、农村复兴委员会、农本局等。为了对传统农业进行改良，南京国民政府成立了中央农业试验所、全国稻麦改进所、蚕丝改进委员会、中央棉业改进所等，进行农业新技术的推广和普及。同时，还推行农村信用合作，实行租佃改良，并试图实行土地改革。这些措施对农村经济的发展起了一定的作用。但是，从根本上说，南京国民党政权是一个代表大地主大资产阶级利益的独裁专制政权，它不可能真正将中国引向现代化的道路。

中国的民族资产阶级在辛亥革命失败后仍然没有放弃建立资产阶级共和国的努力。他们的基本政治主张是建立一个民主自由的资产阶级共和国，使资本主义在中国得到充分的发展，他们的主张在中国探索国家出路的斗争中被称为“第三条道路”。

在国民革命时期，有人就曾提出三条道路：“现在世界上有三条路，我们中国人，只有在这三条路中捡一条走。一条是列宁走的路，一条是睦梭里尼(即墨索里尼)在意大利走的路，一条是基马尔走的路。”①一些人认为，列宁在俄国走的社会主义道路，中国是

① 戴季陶语，转引自沙健孙：《中国新民主主义概论》，山东人民出版社 1993 年版，第 296 页。

不能走的；墨索里尼在意大利走的法西斯道路，中国是不该走的；只有基马尔在土耳其走的发展资本主义的道路，才符合中国的需要。他们幻想在中国能够实现建立由民族资产阶级统治的国家的政治主张。在国民革命失败后，第三党曾经提出过“平民革命”的主张，试图在国民党和中国共产党的主张之外，走出第三条道路来。在抗日战争时期，又有人提出过“中国的民主”的主张：“英美的民主是，一般说来，一个主要阶级在上，一个主要阶级在下的民主。苏联的民主是一个唯一阶级构成全社会的民主。中国的民主则应是多阶级平等、多阶级融洽、多阶级合作的民主。这是中国民主的可能，也是中国民主的理想。”①“中国的民主可以是，也应该是多阶级融合的民主。”②试图在英美式民主和苏联式民主之间，走出一条“中国的民主”道路来。

抗日战争时期，在全民族抗战的条件下，中国的民主力量得到了发展。抗战胜利以前，国内成立的党派有中国民主同盟、中国致公党、中华民族解放行动委员会(即第三党，后改称“中国农工民主党”)、中国人民救国会、三民主义同志联合会(后并入中国国民党革命委员会)、中国青年党、中国国家社会党等。抗战胜利后，新建立的民主党派有：中国国民党革命委员会、中国国民党民主促进会(后并入中国国民党革命委员会)、中国民主建国会、中国民主促进会、民主科学座谈会(后改称“九三学社”)、台湾民主自治同盟等，其中最有影响的是中国民主同盟。作为民族资产阶级和知识分子的政治代表，他们处于国共两党之间的第三者地位，故被称为“中间党派”。他们反对国民党的一党专政和内战独裁政策，但也不赞同中国共产党的新民主主义革命纲领。他们希图在中国建立一个采取英、美民主制度的自由独立的民主国家，这在实质上是一个资产阶级共和国方案。这种主张及其实践，被称为“中间道路”。

---

① 张申府：《民主的三种类型》，见《张申府文集》第一卷，河北人民出版社 2005 年版，第 540 页。

② 张申府：《民主的三种类型》，见《张申府文集》第一卷，河北人民出版社 2005 年版，第 541 页。

然而，战后中国面临的是两种命运、两个前途的尖锐斗争，客观形势决定了“中间路线”难以有发展的空间。国民党当局不仅极度仇视中国共产党，而且对持中间立场的民主党派、民主人士也充满敌意，不愿与其分享政权。尽管民盟等一向主张“以民主的方式争取民主，以合法的行动争取合法的地位”①，国民党当局还是不断以暴力对他们施行迫害。著名民主人士李公朴、闻一多、杜斌丞相继遭到暗杀。民盟许多地方组织的成员被逮捕、绑架、屠杀，所办的多家报社或被捣毁，或遭袭击。1947 年 5 月，国民党公布伪造的《中共地下斗争路线纲领》，公然诬蔑民主同盟、民主促进会、三民主义同志联合会等民主党派“受中共之命，而准备甘为中共之新的暴乱工具”。同年 10 月，国民党当局更宣布民盟“为非法团体”，明令对该组织及其成员的一切活动“严加取缔”，1947 年 11 月 5 日，民盟总部被迫宣告解散，各地组织一律停止政治活动。民盟被迫解散表明“第三条道路的想法已经破产”。1948 年 1 月，民盟在香港召开一届三中全会，宣布重建，这次会议确定了民盟新的政治路线和工作方针：推翻南京国民党政府，建立民主联合政府；赞成土地改革和没收官僚资本；反对美帝国主义对中国的侵略；放弃中间立场，支持武装斗争，与中共实行密切的合作。民盟一届三中全会标志着民盟摒弃中间路线，走上了与中国共产党全面合作的道路。其他民主党派中的大多数人也认识到，只有与中国共产党紧密合作，彻底推翻蒋介石的独裁政权，建立新民主主义的中国，才是正确的道路，纷纷放弃“中间道路”而与中国共产党合作。

1948 年 4 月 30 日，中共中央发布《纪念“五一”劳动节口号》，号召“各民主党派、各人民团体、各社会贤达迅速召开政治协商会议，讨论并实现召集人民代表大会，成立民主联合政府”，立即得到各民主党派、各人民团体、海外华侨团体、无党派民主人士的热烈响应。各民主党派、各阶层代表人士通过各种渠道进入解放区，参与筹备召开新政协、建立新中国的工作。这是民主党派历史的转

---

① 《罗隆基对董显光之谈话的答复》，见中国人民大学中共党史系编：《中国民主同盟历史教学参考资料 1941—1949》，1987 年版，第 203 页。

折点，表明他们已经彻底放弃了所谓中间立场。这实际上也就宣告了他们所主张的资产阶级共和国方案在中国的失败。

鸦片战争后，中国社会逐步沦为半殖民地半封建社会，列强侵略步步紧逼，封建统治日益腐败，祖国山河破碎、战乱不已，人民饥寒交迫、备受奴役，为了改变中华民族的命运，中国人民和无数仁人志士进行了千辛万苦的探索和不屈不挠的斗争。太平天国运动、戊戌变法、义和团运动，不甘屈服的中国人民一次次抗争，但又一次次失败。孙中山先生领导的辛亥革命，结束了统治中国几千年的封建君主专制制度，对推动中国社会进步具有重大意义，但也未能改变中国半殖民地半封建的社会性质和中国人民的悲惨命运。后来，中间党派主张的所谓“第三条道路”也同样不能解决中国的问题。“事实说明，不触动封建根基的自强运动和改良主义，旧式农民战争，资产阶级革命派领导的革命，照搬西方资本主义的其他种种方案，都不能完成中华民族救亡图存的民族使命和反帝反封建的历史任务。要解决中国进步发展问题，必须找到能够指导中国人民进行反帝反封建革命的先进理论，必须找到能够领导中国社会变革的先进社会力量。”①

二、新民主主义革命道路的开辟和胜利

辛亥革命及其后中国资产阶级为挽救民主共和制度而进行的“二次革命”、护国战争、护法运动、第二次护法运动最终都失败了，在北洋军阀的黑暗统治下，辛亥革命后的中国社会陷入更深重的灾难之中。历史证明，资产阶级共和国方案在中国行不通，旧式的资产阶级民主主义革命的道路不能将贫穷落后的中国引向富强、民主、文明的人间正道。要彻底改变半殖民地半封建社会的性质，实现民族独立、人民解放和国家富强，必须寻找新的革命思想、新的革命政党、新的革命力量，要探索新的革命道路。

---

① 《十七大以来重要文献选编》(下)，中央文献出版社 2013 年版，第 432 页。

(一)"走俄国人的路"

辛亥革命失败后中国社会的黑暗，使人们陷入了更深的绝望、苦闷和彷徨。一些先进的中国知识分子认为，以往少数先觉者的救国斗争之所以成效甚少，是因为中国国民对之"若观对岸之火，熟视而无所容心"，从而认定中国国民的性质与行为的堕落，乃是"亡国灭种之病根"①。因此，"欲图根本之救亡"，必须改造中国的国民性，他们决心发动一场文化启蒙运动，以期廓清蒙昧，启发理智，使人们从封建思想的束缚中即蒙昧状态中解放出来。这个运动后来被称为新文化运动。

新文化运动是从 1915 年 9 月陈独秀在上海创办《青年》杂志(后改名《新青年》)开始的。1917 年 1 月，北京大学校长蔡元培聘陈独秀为北大文科学长。《新青年》编辑部也随之迁至北京。1918 年 1 月，《新青年》由陈独秀个人主编的刊物改为同人刊物，李大钊、鲁迅、胡适等加入编辑部并成为主要撰稿人。《新青年》杂志和北京大学成了新文化运动的主要阵地。

新文化运动的基本口号是"德先生"(Democracy)和"赛先生"(Science)，即民主和科学。当封建主义在社会生活中占据支配地位的时候，提倡民主、反对独裁专制，提倡科学、反对迷信盲从，有着巨大的进步意义。初期的新文化运动，是资产阶级新文化反对封建阶级旧文化的斗争。但在此时的欧美，资本主义文明的缺陷已经在实际生活中明显暴露出来。1914 年至 1918 年的第一次世界大战，便是资本主义制度固有矛盾尖锐化的表现。这就逐渐引起新文化运动左翼人士对西方文明价值的怀疑和批判。正是这种怀疑和批判，为他们日后接受马克思主义奠定了思想基础。1917 年，列宁领导的俄国十月革命开辟了人类历史的新纪元。十月革命第一次把社会主义从书本上的学说变成活生生的现实。它所取得的历史性胜利不仅唤醒了西方的无产阶级，也唤醒了东方的被压迫民族。这场

① 《陈独秀著作选》第 1 卷，上海人民出版社 1993 年版，第 153 页。

在社会主义旗帜下所进行的革命，对中国革命产生了划时代的影响。由于十月革命发生在情况和中国相同(封建压迫严重)或近似(经济文化落后)的北方邻国，因而对中国人民具有特殊的吸引力。一个工人、农民当家作主的新国家的诞生，使正处在苦闷和黑暗中的中国人民看到新的出路和光明前景，给正为民族独立和人民解放而苦苦求索的人们以新的革命方法的启示。在这种情况下，中国出现了一批赞成俄国十月革命、具有初步共产主义思想的知识分子。

李大钊是中国最早宣传十月革命和马克思主义的先驱者。他先后发表了《法俄革命之比较观》、《庶民的胜利》、《布尔什维主义的胜利》、《我的马克思主义观》等歌颂十月革命和宣传马克思主义的文章，在中国思想界产生了很大的影响，使迫切追求真理的中国先进知识分子在十月革命的影响下觉悟起来，开始运用新的理论来探索救国救民的新路。

1919 年 5 月，以中国外交在巴黎和会的失败为导火线，在李大钊、陈独秀等具有初步共产主义思想的知识分子的组织和指导下，中国爆发了一场彻底的不妥协的反帝反封建的五四爱国运动。在这场运动中，中国工人阶级第一次作为独立的政治力量登上了政治舞台，显示了巨大的威力，对中国革命的发展和胜利起了决定性的作用。

五四运动也是一次伟大的思想解放运动，促进了马克思主义在中国的广泛传播。五四时期，中国思想界出现了关于如何改造中国、改造社会的热烈讨论，各种思潮纷至沓来，各种改造社会的方案频频提出。如果说十月革命之前，中国人民面前只有两条道路可以选择，即继续半殖民地半封建的道路和走资本主义道路，那么十月革命之后，经过五四运动，中国人民面前就有了一条全新的道路，即十月革命开辟的走向社会主义的道路。科学社会主义理论认为旧社会崩溃、新社会兴起的根本原因，是社会经济结构的变化，主张发动无产阶级革命，组织无产阶级政党，开展阶级斗争，以革命的手段推翻旧政权，建立新社会。大批先进分子在五四运动后，通过对各种政治主张和学说的比较、鉴别，在实践中提高认识，逐步建立起了对马克思主义的信仰。科学社会主义成为中国进步思想的主流，马克思主义在思想界得到广泛传播。学习和研究马克思主义的团体纷纷建立；马克思主义的著作和介绍马克思主义的书籍相继出版；中国出现了第一批马克思主义者，李大钊、陈独秀、毛泽东、蔡和森、李达、周恩来等是其中突出的代表。中国早期的马克思主义者都曾经是热忱的民主主义战士，他们抛弃资产阶级民主主义的信仰和资产阶级共和国的方案，转向马克思主义立场，走马克思主义的科学社会主义指引的道路，并非屈从于任何压力，也不是心血来潮、追逐时髦，而是他们根据亲身的实践，经过审慎思考而作出的选择。

中国早期的马克思主义者从五四运动中看到中国工人阶级的伟大力量，积极投身到工人中去，进行马克思主义的宣传工作和组织工作，如创办现代工会、创办工人夜校、出版通俗读物等，从而促进了马克思主义与工人运动的结合，从思想上和组织上为中国共产党的成立作了准备。在中国建立无产阶级政党——中国共产党的任务提上了议事日程。

中国共产党的建立，得到了列宁领导的共产国际的帮助。1920年4月，经共产国际批准，俄共(布)远东局派维经斯基等人来华。他们先后在北京、上海会见李大钊和陈独秀，讨论建立共产党的问题，并帮助进行建党的准备工作。

中国共产党的最早组织是在上海建立的。1920年8月，上海共产党组织正式成立，陈独秀任书记。它起到了在全国范围内建党的发起组和联络中心的作用。同年10月，北京共产党组织成立，李大钊为书记。1920年秋至1921年春，武汉、长沙、济南、广州等地先后建立起共产党的地方组织。在欧洲和日本，中国留学生和侨民中的先进分子也建立了共产党的组织。

各地共产党早期组织成立以后，积极宣传马克思主义，组织进步青年学习马克思主义，研究中国的实际问题；同反马克思主义的思潮展开论战，帮助一批进步分子划清科学社会主义同其他社会主义派别的界限，最终走上马克思主义的道路；在工人中进行宣传和组织工会的工作，使工人开始接受马克思主义的教育，阶级觉悟有所提高；建立青年团组织，组织团员学习马克思主义，参加实际斗争，为党培养后备力量。

各地共产党早期组织所进行的这些活动，有力地促进了马克思主义的进一步传播及其同中国工人运动的结合，使在中国建立共产党的条件基本上具备了。

1921 年 7 月，在上海召开了中国共产党第一次全国代表大会，正式宣告了中国共产党的诞生，旗帜鲜明地把社会主义和共产主义规定为自己的奋斗目标，坚持用革命手段实现这个目标。大会确定党的名称为“中国共产党”。党的纲领是：“以无产阶级革命军队推翻资产阶级”，“采用无产阶级专政以达到阶级斗争的目的——消灭阶级”，“废除资本私有制”以及联合第三国际等①。大会在讨论实际工作计划时，决定首先集中精力组织工人。鉴于当时的党“几乎完全是由知识分子组成”，大会提出“要特别注意组织工人，以共产主义精神教育他们”②。大会选举产生了由陈独秀、张国焘、李达组成的党的领导机构——中央局，以陈独秀为书记。中国共产党成立，在古老的中国大地上出现了完全新式的、以马克思主义为行动指南的中国工人阶级的政党，是一个开天辟地的大事变。中国共产党作为中国最先进的阶级——工人阶级的政党，不仅代表着工人阶级的利益，而且代表着整个中华民族的利益。中国共产党从一开始就拥有马克思主义这个最先进的思想武器，因而能够为中国革命指明前进的方向。自从有了中国共产党，中国革命的面貌就焕然一新。

但是，中国共产党是在幅员辽阔、人口众多、情况复杂、经济文化落后的半殖民地半封建的旧中国开展活动的，从何处着手进行革命，如何把马克思主义的基本原理同中国革命的具体实践正确地结合起来，搞清楚民主革命与社会主义革命的区别和联系，制定出

---

① 《中国共产党纲领(英文译稿)》(1921 年中国共产党第一次全国代表大会通过)，中国共产党历次全国代表大会数据库，cpc.people.com.cn/GB/64162/64168/index.html。

② 《中国共产党第一次代表大会》，中国共产党历次全国代表大会数据库，cpc.people.com.cn/GB/64162/64168/index.html。

符合国情的民主革命纲领，需要有一个探索的过程。

在列宁关于民族殖民地问题理论的指导下，1922 年 7 月召开的中国共产党第二次全国代表大会明确提出了党在现阶段的“奋斗目标”，即反帝反封建的民主革命纲领：(1)消除内乱，打倒军阀，建设国内和平；(2)推翻国际帝国主义的压迫，达到中华民族完全独立；(3)统一中国本部(包括东三省)为真正民主共和国；(4)蒙古、西藏、回疆三部实行自治，成为民主自治邦；(5)用自由联邦制，统一中国本部、蒙古、西藏、回疆，建立中华联邦共和国；(6)工人和农民，无论男女，在各级议会市议会有无限制的选举权，言论、出版、集会、结社、罢工绝对自由；(7)制定关于工人和农人以及妇女的法律。

这次大会发表的宣言高声呼吁：“向中国工人和贫农高声喊叫道：快聚集在共产党旗帜之下奋斗呀！同时，向中国全体被压迫的民众高声喊叫道：一齐来和集在中国共产党旗帜之下的工人和贫农共同奋斗呀！并又高声喊叫道：一齐来和全世界的革命伙伴并肩前进呀！只有‘全世界无产阶级和被压迫民族的联合’是解放全世界的途径呀！前进呀！共同前进！打倒军阀！打倒国际帝国主义！为和平而战！为自由而战！为独立而战！和平，自由，独立万岁！受压迫群众之解放万岁！中国共产党万岁！国际共产党万岁！”①

这次会议还起草并通过了中国共产党历史上的第一个党章，通过了关于建立“民主的联合战线”、加入共产国际等决议案。中共二大的召开和党的民主革命纲领的制定，给中国人民为和平、自由、独立而奋斗指明了正确方向，成为动员、组织和鼓舞中国人民争取民族独立和人民解放的一面战斗旗帜。

中国共产党成立后，立即集中力量从事工人运动。从 1922 年 1 月至 1923 年 2 月，在中国共产党的领导发动和组织下，掀起了全国第一次工人运动高潮，在持续 13 个月的时间里，全国罢工斗争达 180 多次，参加人数近 30 万，充分显示了中国工人阶级坚定

---

① 《“二大”和“三大”——中国共产党第二、三次代表大会资料选编》，中国社会科学出版社 1985 年版，第 106~107 页。

的革命性和坚强的战斗力。在领导工人运动的同时，开始有中国共产党人关注农民在中国革命中的重要地位，并在浙江、广东、湖南等地领导了早期农民运动。中国共产党在领导工人运动的实践中，特别是在1923年2月的京汉铁路工人大罢工失败的教训中深深认识到，虽然中国工人阶级特别能战斗，但是，中国革命的敌人异常强大，要战胜强大的敌人，仅仅靠工人阶级孤军奋战是不够的，必须争取一切可能的同盟者，特别是要和占中国人口绝大多数的农民结成坚实同盟。

1922年8月，中共中央政治局在杭州西湖召开特别会议，作出了中国共产党党员以个人身份加入国民党的决定。1923年6月，在广州召开的中国共产党第三次全国代表大会正式通过了实行国共合作，建立反帝反封建的革命统一战线的决议。

1924年1月20日至30日，在中国共产党和苏联顾问的帮助下，中国国民党第一次全国代表大会在广州召开，大会通过的《中国国民党第一次全国代表大会宣言》，接受了中国共产党提出的反帝反封建的主张，重新解释了孙中山先生的三民主义，将旧三民主义发展为新三民主义，并确立了联俄、联共、扶助农工的三大政策。新三民主义与中国共产党的民主革命纲领基本相同，成为第一次国共合作的政治基础。为了推动反帝反封建革命运动的发展，中国共产党在民主革命阶段真诚愿意为实现孙中山先生的新三民主义而奋斗，以极大的热情投身国民革命的洪流。在帮助国民党组织发展的同时，中国共产党将主要力量投入到发动和组织民众的工作中，在中国共产党卓有成效的工作下，南方的工人运动、农民运动都得到了迅猛发展：五卅运动、省港大罢工、以两湖为中心的农民运动……推动了国民革命高潮的形成。中国共产党还积极协助由国民党主导的军事工作，参加了黄埔军校和国民革命军的创建，积极支持北伐战争。1926年5月，由中国共产党直接领导的国民革命军第四军叶挺独立团作为北伐军先遣队率先出师湖南，揭开了北伐战争的序幕。同年6月，国民革命军正式誓师北伐；同年10月，北伐军胜利推进到长江中下游地区，先后攻取了湖南、湖北、江西、安徽、江苏、福建、浙江等地。在各路北伐军中，共产党员、共青团员作战勇敢，不怕牺牲，发挥了先锋模范作用。

1927 年 3 月，中国共产党借鉴俄国十月革命中布尔什维克领导圣彼得堡起义取得成功的经验，经过精心组织与准备，发动了上海工人第三次武装起义，击溃了盘踞在上海的军阀武装，一举夺取上海，建立了上海市民政权。中国共产党领导的上海工人第三次武装起义，充分显示了中国工人阶级的顽强战斗精神和强大的组织力量，这次起义也是中国共产党按照十月革命模式探索中国革命道路的积极尝试，写下了中国工人运动史上的光辉一页。

年轻的中国共产党也在大革命的洪流中得到了锻炼和发展，党员队伍从 1923 年中共三大时的 420 人发展到 1927 年中共五大时的 57967 人，4 年间增长了 100 多倍。更重要的是，他们在领导和依靠工农大众开展反帝反封建革命斗争的实践中，开始探索将马克思列宁主义的普遍真理与中国革命的具体实践相结合的方法，提出了新民主主义革命的基本思想。他们认识到，在中国这样的半殖民地半封建国家里，工人阶级及其先锋队首先要为民主主义革命而奋斗，并在民主革命中争取领导权，然后才能将民主主义革命转变到社会主义革命。他们在发展工农运动的实践中，在广大工农群众中深深地扎下了根，并初步意识到开展土地革命和掌握革命武装的重要性。这为他们日后独立领导中国革命，开辟农村革命根据地，开展土地革命和武装斗争积累了初步的经验。

中国共产党人真诚地为国民革命的成功而浴血奋战，然而，当北伐战争胜利推进到长江中下游地区时，帝国主义加紧了对中国革命的干涉，其一方面在中国集结兵力、制造事端，直接进行武装干涉；另一方面则采取分化措施，瓦解南方革命阵营，扶植新的代理人。在帝国主义和江浙大资产阶级的拉拢下，革命统一战线内部代表大地主大资产阶级利益的国民党蒋介石和汪精卫集团先后背叛革命，分裂革命统一战线，致使国共合作全面破裂，轰轰烈烈的大革命最终失败。

大革命失败后，中国共产党和革命群众遭到了反动派的血腥屠杀。但是，中国共产党和中国人民并没有被吓倒、被征服、被杀绝。他们从地上爬起来，揩干身上的血迹，掩埋好同伴的尸首，又继续战斗了。

(二)探索农村包围城市、武装夺取政权的革命道路

国民革命失败后，中国共产党开始了独立领导中国革命的征程。然而，在中国这样一个以农民为主体的半殖民地半封建的农业大国里进行革命，应该选择什么样的道路？这是中国共产党在领导中国革命的过程中面对和必须回答的重大问题。中国共产党对这一问题的认识，是在武装反抗国民党、开辟农村革命根据地、开展土地革命的实践中摸索出来的。

1927 年 8 月 1 日，中国共产党在南昌组织暴动，打响了武装反抗国民党的第一枪。同年 8 月 7 日，中共中央在汉口召开紧急会议，在分析国民革命失败后中国革命的基本形势的基础上，确定了进行土地革命和武装反抗国民党的总方针，同时决定在湘、鄂、赣、粤四省发动秋收暴动。毛泽东在会上的发言中强调军事工作的极端重要性，提出了“以后要非常注意军事，须知政权是由枪杆子中取得的”的著名论断，明确了靠枪杆子夺取政权的暴力革命战略。八七会议实现了中国革命由国民革命失败到土地革命兴起的历史转折，为挽救革命、推动中国革命的继续发展指明了正确的方向，是中国共产党在国民革命失败后探索中国革命新道路的战略起点。

按照八七会议的部署，中国共产党相继在各地发动武装起义，迅速形成了群雄四起的局面。但是，在敌强我弱的总体形势下，一系列以夺取中心城市为目标的武装起义接连遭遇严重挫折，这迫使中国共产党人思考应当将中国革命的战略重心放在哪里，走一条怎样的革命道路的问题。

八七会议后，毛泽东回湖南组织湘赣边界秋收暴动，最初的目标也是夺取湖南的中心城市长沙，但在遭到挫折后，毛泽东当机立断，决定放弃攻打长沙的计划，率起义军向敌人力量薄弱的湘赣边区转移，保存革命力量，并于 1927 年 10 月开创了井冈山革命根据地。其后，朱德率领的南昌起义部队、彭德怀率领的平江起义部队

先后进入井冈山与毛泽东率领的秋收起义部队会合，并相继开辟了赣南、闽西根据地，奠定了中央革命根据地的基础。秋收起义向井冈山进军，中国共产党领导的革命武装在实践中走上了农村包围城市、武装夺取政权的道路。与此同时，在全国其他一些国民党统治力量薄弱的地区，中国共产党也创建了十多个大小不一的农村革命根据地。

到 1930 年年初，中国共产党建立的重要农村革命根据地有赣南、闽西、湘鄂西、鄂豫皖、闽浙赣、湘鄂赣、湘赣、广西的左右江、广东的东江和琼崖等。各路红军发展到 7 万多人，连同地方武装共约 10 万人。红军游击战争实际上已经成为中国革命的主要形式，农村根据地成为积蓄和锻炼革命力量的主要战略阵地。

1928 年 6、7 月在莫斯科召开的中国共产党第六次全国代表大会通过《关于土地问题的决议案》，按照开展农村土地革命的方针，一场打土豪、分田地的运动在各根据地如火如荼地开展起来。1928 年 12 月，毛泽东在井冈山主持制定了中国共产党历史上的第一部土地法《井冈山土地法》，以立法的方式确立了剥夺封建地主阶级土地的政策。1929 年 4 月，毛泽东又主持制定了《兴国土地法》。之后，又逐步总结土地革命的经验教训，进一步完善土地革命的政策和原则，形成了一条正确的土地革命路线，即坚定地依靠贫农、雇农，联合中农，限制富农，保护中小工商业者，消灭地主阶级。在中国共产党的土地革命纲领和路线的指引下，各个根据地的土地革命运动也普遍开展起来了，在实行土地革命的地方，农村经济得到发展，农民的生活得到显著改善，从而极大地激发了广大农民发展生产和参加中国共产党领导的土地革命战争的积极性。在国民革命失败后，中国共产党领导的新民主主义革命之所以能够在艰苦卓绝的环境下得到坚持和发展，最根本的原因就在于通过土地革命发动和组织了广大农民，使之成为中国革命最广泛和最坚实的基础。

随着农村革命根据地的发展，根据地的工农民主政权建设也全面展开，1931 年 11 月，中华苏维埃第一次全国代表大会在中央革命根据地的瑞金举行，大会通过了《中华苏维埃共和国宪法大纲》以及土地法令、劳动法等法律文件；选举产生了中华苏维埃共和国中央执行委员会；成立了中华苏维埃共和国临时中央政府，毛泽东当选为中央执行委员会主席。其他根据地也相继召开各级工农兵代表大会，选举产生各级苏维埃政府。中华苏维埃共和国实行各级工农兵代表大会制度，建立了从中央到省、县、区、乡的五级工农兵代表大会和苏维埃政权机关，完善了基层选举制度，各级苏维埃政府广泛吸收工农群众代表参加政权管理，行使当家作主的权利。中国历史上第一次有了真正代表人民利益的政府。在苏维埃政府的领导下，各根据地军民积极进行经济建设和文化建设，着重发展农业生产，提高工农群众的文化水平。

以毛泽东为代表的中国共产党人在开辟农村革命根据地的实践中，围绕中国共产党的工作重心，农民与土地革命，军队建设与武装斗争，根据地的政权建设、经济建设、文化建设等问题从理论上进行探讨和总结，从而形成了关于农村包围城市、武装夺取政权的革命道路理论，这些成果主要体现在毛泽东在这一时期发表的《中国的红色政权为什么能够存在》、《井冈山的斗争》、《星星之火，可以燎原》、《反对本本主义》等著作中。这使中国共产党人从实践到理论都开始走出十月革命的"城市中心"的模式，开创出一条符合中国国情和实际的以乡村为中心的全新的革命道路。这样的革命道路在中国是独一无二的，在世界亦是"未之前见或未之前闻的"。

农村包围城市、武装夺取政权道路的开辟以及有关这条道路的理论的初步阐明，是同当时党内盛行的把马克思主义教条化、把共产国际决议和苏联经验神圣化的错误倾向作斗争的结果。毛泽东总结这方面的经验时，在《反对本本主义》一文中阐述了这样的思想：中国革命当然需要马克思列宁主义理论的指导，但是，理论必须要联系中国的具体实际，中国革命斗争的胜利要靠中国同志了解中国情况才能取得。由此，深刻阐明了坚持辩证唯物主义的思想路线、坚持理论与实际相结合原则的极端重要性。以毛泽东为主要代表的中国共产党人，正是因为坚持这样一条思想路线，善于向实践学习，向群众学习，才能够在中国革命的转折关头，表现出革命的首创精神、巨大的理论勇气和深远的战略眼光，提出关于中国革命发展的战略思想，开辟了新民主主义革命唯一正确的道路。

理论是实践的产物，理论又推动着实践的发展。以毛泽东为代表的中国共产党人对于中国革命发展道路的理论思考和探索，促进了全国各地工农武装割据局面的形成和各地农村革命根据地的蓬勃发展，中国革命出现复兴的局面。

中国共产党人对于中国革命道路的探索不是一帆风顺的，虽然以毛泽东为代表的一批战斗在农村土地革命、武装斗争和根据地建设第一线的中国共产党人已经在实践中走出了农村包围城市、武装夺取政权的革命新路，但这并没有很快成为全党的共识和党的指导思想。在 20 世纪 20 年代后期 30 年代前期，在中共中央领导机关和一些党的领导人中，“城市中心论”仍然居于支配地位，他们认为：“乡村是统治阶级的四肢，城市才是他们的头脑与心腹，单只斩断了他的四肢，而没有斩断他的头脑、炸裂他的心腹，还不能制他最后的死命。这一斩断统治阶级的头脑，炸裂他的心腹的残酷的争斗，主要是靠工人阶级的最后的激烈争斗——武装暴动。所以忽视准备工人阶级的武装暴动，不只是策略上的严重的错误，而且会成为不可饶恕的罪过。”①反对将中国革命的重心放在乡村，主张以城市为革命中心，组织暴动，“夺取首都，一击而中”。毛泽东等主张的农村包围城市、武装夺取政权的正确道路被指责为“苏维埃区域的保守观念”和“红军狭隘的游击战略”，是“狭隘的经验论”、“极严重的一贯右倾机会主义”。这一时期在中共中央领导机关连续出现的瞿秋白的“左”倾盲动主义、李立三的“左”倾冒险主义、王明的“左”倾教条主义，在中国革命的道路问题上都主张“城市中心论”。特别是王明的“左”倾错误在党内的统治时期最长，理论最系统，影响最深，危害也最大，其鼓吹所谓的“积极进攻路线”，主张用正规战的战略战术指挥红军战争，以红军攻取中心城市来实现一省数省的首先胜利，结果给根据地和红军造成了严重的损失。其最大的恶果是导致了红军在第五次反“围剿”作战中失败而被迫实行战略转移——长征。王明的“左”倾错误使红军和根据地损失

① 《中共中央文件选集》第 6 册，中共中央党校出版社 1983 年版，第 62 页。

了90%的力量，国民党统治区中国共产党的组织几乎全部损失。这使中国共产党领导的新民主主义革命遭遇了空前的危机。

1934年10月中旬，中共中央机关和中央红军开始长征。1935年1月7日，红军攻克黔北重镇遵义。1935年1月15日至17日，中共中央在遵义召开政治局扩大会议，史称“遵义会议”。这次会议集中解决了当时具有决定意义的军事问题和组织问题，确立了以毛泽东为代表的正确主张在党和红军中的领导地位，在极其危急的情况下挽救了中国共产党，挽救了红军，挽救了中国革命，成为中国共产党历史上一个生死攸关的转折点，标志着中国共产党在政治上走向成熟。遵义会议后，在以毛泽东为代表的马克思主义正确路线的领导下，中国革命走上了正确的发展道路。

1935年10月，中央红军抵达陕北，中国共产党所领导的革命力量有了新的落脚点和战略基地。1936年10月，三大红军主力在甘肃会宁、静宁将台堡会师，长征胜利结束。长征一结束，中国革命的新局面就开始了。

（三）中华民族的抗日战争

1929年到1933年，资本主义世界爆发了破坏空前巨大的世界性经济危机，作为东方新兴资本主义强国的日本在大危机的冲击下，经济萧条，人民生活困苦不堪，各种社会矛盾激化，日本军国主义者趁机制造“满蒙是日本的生命线”的舆论，企图通过发动侵华战争来转嫁国内的危机，进而实现其称霸世界的野心。

日本对外侵略扩张的野心由来已久。明治维新之后，日本就将军事立国、对外扩张作为基本国策。19世纪末20世纪初，日本通过中日甲午战争和日俄战争，侵占中国台湾，吞并朝鲜，并占据了中国东北南部地区，作为其全面侵华的桥头堡。1927年6月27日至7月7日，日本首相田中义一主持召开“东方会议”，提出了《对华政策纲领》，其基本点就是要将中国东北地区从整个中国分离出去，并决定以武力来实现这一图谋。

1931年9月18日深夜，驻扎在中国东北的日本关东军，向中国军队驻地北大营和沈阳城发动了进攻。由于南京国民政府和东北当局采取了不抵抗的政策，在四个多月内，辽宁、吉林、黑龙江三省全部沦陷，相当于日本国土三倍的东北 110 多万平方公里的土地沦于日本帝国主义的铁蹄之下。这就是震惊中外的九一八事变。

九一八事变使中华民族再一次面临亡国灭种的巨大危机。中国共产党在民族危亡的关头，发表《为日本帝国主义强暴占领东三省事件宣言》，率先举起了武装抗日的旗帜。1935 年 8 月 1 日，中共驻共产国际代表团以中国共产党中央委员会、中华苏维埃中央政府的名义发表《为抗日救国告全体同胞书》，号召停止内战，一致抗日。1935 年 12 月 17 日至 25 日，刚刚长征抵达陕北的中共中央在瓦窑堡召开政治局扩大会议，通过《中央关于目前政治形势与党的任务决议》，确立了建立抗日民族统一战线的策略。

1936 年 12 月 12 日，国民党东北军领袖张学良、西北军将领杨虎城为了迫使蒋介石改变内战政策，发动"兵谏"，扣押了蒋介石，史称西安事变。中国共产党从民族大义出发，为了团结国民党共同抗日，确定促成事变和平解决的基本方针，并派周恩来等到西安，参加张学良、杨虎城同南京方面代表宋美龄、宋子文的和平谈判。经过谈判，终于迫使蒋介石作出了停止"剿共"、联合红军抗日等六项承诺。西安事变的和平解决成为时局转换的枢纽，结束了十年内战的局面，基本实现了国内和平。在民族危机面前，国共两党达成了团结抗战、一致对外的共识，并在国共合作的基础上形成了抗日民族统一战线。

1937 年 7 月，卢沟桥事变爆发，中国守军奋起抵抗，抗日战争全面爆发。伟大的抗日战争，唤起了全民族的危机意识和使命意识。在中华民族反抗外来侵略的历史上，从来没有像抗日战争这样，民族觉醒如此深刻，动员程度如此广泛，战斗意志如此顽强。"全体中华儿女万众一心、众志成城，各党派、各民族、各阶级、各阶层、各团体同仇敌忾，共赴国难。长城内外，大江南北，到处燃起抗日的烽火。中国国民党和中国共产党领导的抗日军队，分别担负着正面战场和敌后战场的作战任务，形成了共同抗击日本侵略者的战略态势。”①

全面抗战爆发后，以国民党为主体的正面战场进行了一系列英勇的抵抗，先后在华北、华东、华中战场组织了忻口会战、淞沪会战、徐州会战、武汉会战等大规模的作战，投入了数量巨大的军队进行抗击。虽然未能阻止日军的推进，并且损失了大片国土，但以巨大的牺牲打破了日本侵略者速战速决、迅速结束中国战争的战略图谋，争取了抗日战争相持阶段的到来。1938 年 10 月，武汉沦陷后，抗日战争进入战略相持阶段。随着日本对华政策的调整，国民党发生了分化，以汪精卫为代表的亲日派公开叛国投敌，并建立了汉奸政权，沦为中华民族的败类。以蒋介石为代表的英美派虽然抗战意志曾一度动摇，但始终没有对日屈服，坚持了持久抗战，并在太平洋战争爆发后，积极支持盟国作战，配合欧洲战场和太平洋战场的战略行动，制约和打乱了日本法西斯和德意法西斯战略配合的企图。广大国民党爱国官兵在这场伟大的民族战争中付出了重大的牺牲，作出了重要的贡献。

在这场全民族的抗日战争中，中国共产党确信，战争伟力的最深厚的根源，存在于广大的民众之中，只有动员群众和依靠群众，才能坚持持久抗战，并使抗战的胜利成为人民的胜利。正因为如此，中国共产党一开始就主张实行人民战争的全面抗战路线，放手发动群众、壮大人民力量，提出了持久战的战略总方针和一整套人民战争的战略战术。为了贯彻执行全面抗战路线，中国共产党作出了开辟敌后战场，开展独立自主的山地游击战争的战略决策。游击战在通常的情况下只是一种辅助性的作战形式，在战役、战斗中对正规战起配合的作用。在抗日战争中，中国共产党领导的敌后抗日游击战争上升到了战略的地位，具有了全局性的意义。在战略防御阶段，游击战在敌后的广泛开展和敌后抗日根据地的开辟，迫使敌人不得不把用于进攻的兵力抽调回来保守其占领区，从而减轻正面战场的压力，对于使战争转入相持阶段起了重要的作用。在战略相

① 《十六大以来重要文献选编》(中)，中央文献出版社 2006 年版，第 975~976 页。

持阶段，中国共产党领导的敌后战场钳制和歼灭日军大量兵力，歼灭大部分伪军，逐渐成为中国人民抗日战争的主战场，成为坚持抗战的中坚力量。中国共产党人以自己富于牺牲精神的爱国主义、不怕流血牺牲的模范行动，支撑起全民族救亡图存的希望，成为夺取抗战胜利的民族先锋。中共中央所在地延安也成为一切追求进步的人们向往的“圣地”。中国共产党领导广大军民依托敌后抗日根据地开展的独立自主的游击战争，是农村包围城市、武装夺取政权的革命道路在民族战争中的发展。

在空前惨烈的抗日战争中，中国军民前仆后继、浴血奋战，以血肉之躯筑起了捍卫祖国的钢铁长城，用气吞山河的英雄气概谱写了惊天地、泣鬼神的壮丽史诗，杨靖宇、赵尚志、左权、彭雪枫、佟麟阁、赵登禹、郝梦龄、王铭章、张自忠、戴安澜等是他们中的杰出代表。经过艰苦卓绝的长期抗战，中国人民从战略防御到战略相持，进而发展到战略反攻，终于在世界反法西斯战争走向胜利的进程中彻底打败了日本侵略者。1945 年 9 月 2 日，日本政府正式签署投降书，宣告了日本侵略者的彻底失败和世界反法西斯战争的最后胜利。

抗日战争是近代一百多年以来中华民族反抗外敌入侵第一次取得的完全胜利，中国人民的民族意识觉醒、空前的民族团结和英勇的抗争，是中国抗日战争胜利的决定性因素。中国抗日战争的胜利，彻底打败了日本侵略者，捍卫了中国的国家主权和领土完整，使中华民族避免了遭受殖民奴役的厄运，充分展示了中华民族强大的生命力、凝聚力和战斗力，极大地激发了中国人民的民族自尊心、自信心和自豪感，推动了中国社会的进步，加快了中国革命的历史进程，为实现民族独立和人民解放、建立新中国奠定了重要基础，是中华民族走向复兴的伟大历史转折点。

(四)新民主主义革命在全国的胜利

抗日战争的胜利，给中国走上和平发展、民主建国的道路提供了历史契机。在建立一个什么样的国家的问题上，国内各阶级、各党派都提出了自己的主张，并展开激烈较量。其中能影响中国政局的有三种政治力量，通过它们的主张，可以看出当时的中国有三种道路可供选择。

代表地主阶级和买办资产阶级利益的国民党掌握着中央政权并得到美国政府的支持，极力维护其一党专政的统治秩序，要重建其对全国的独裁统治。国民党不愿意和中国共产党及其他民主力量合作建国，并企图以武力打击中国共产党领导的人民民主力量。这种独裁内战的政策使战后中国和平发展的局面受到严重的威胁。

在抗日战争期间得到发展的民主党派主要代表着中国民族资产阶级的利益，其成员反对国民党的一党专政，但也不赞同中国共产党的新民主主义革命纲领。他们希图在中国建立一个采取英、美民主制度的自由独立的民主国家，这种主张及其实践，被称为“中间道路”。

中国共产党代表着广大工人、农民和城市小资产阶级的利益。中国共产党领导的人民革命力量在抗日战争期间获得空前的发展和壮大，党员发展到 120 万人，人民军队发展到 120 多万人，民兵发展到 260 万人，抗日根据地的面积达到近 100 万平方公里，其人口数量近 1 亿。共产党是战后中国唯一能与国民党抗衡的政治力量。在中国共产党看来，中国抗日民族统一战线中各个阶级、阶层、党派等都为抗战胜利作出了贡献和牺牲，这些阶级、阶层、党派等都应享有抗战的胜利果实，都应参加抗战胜利后的国家建设，因此，中国共产党主张废除国民党一党专政，建立有广泛代表性和民意基础的民主联合政府。这一主张与国民党的主张形成尖锐对立。分别拥有政权和武装的两大政治集团是和平解决还是武力解决这一矛盾，即中国能否避免内战而走上和平建国之路，便成为抗战胜利后中国政局发展的关键。

1945 年 8 月 25 日，中共中央发表《对目前时局的宣言》，提出了“和平、民主、团结”三大口号，并为争取和平民主的光明前途进行了不懈的努力。1945 年 8 月底，毛泽东等亲赴重庆与国民党谈判，达成了和平建国的基本方针。在 1946 年 1 月召开的政治协商会议上，中国共产党与中国民主同盟等民主党派合作，推动政协通过了政府组织案、国民大会案、和平建国纲领、军事问题案、宪法草案五项协议案，为战后中国走上和平民主的道路提供了机会，受到了全国人民的欢迎。

但是，掌握国家政权的国民党蒋介石集团拒绝了中国共产党和全国人民实现和平民主的要求，很快就全面撕毁了政协协议，并于1946年6月悍然发动了全面内战。用战争的手段来决定国家和民族的前途与命运，是所有手段中最糟糕的一种，对于中国共产党和中国人民来说，这是一种迫不得已的选择。面对国民党军队的大举进攻，中国共产党领导的解放区军民奋起进行正义的自卫战争，一场决定中国命运的大决战揭开了序幕。

全面内战爆发后，中国共产党制定了粉碎国民党军事进攻的各项方针政策，领导各解放区军民沉着应战。人民军队在8个月内歼敌71万余人，挫败国民党军的全面进攻。从1947年3月起，国民党军从全面进攻改为对山东、陕北两个解放区实施重点进攻。在中共中央的英明决策下，1947年6月底，刘伯承、邓小平率晋冀鲁豫野战军主力强渡黄河，千里跃进大别山，揭开了人民解放战争战略进攻的序幕。之后，人民解放军三路大军逐鹿中原，驰骋于江、淮、河、汉之间，实现了伟大的战略转折。其他战场的人民解放军也纷纷从内线转入外线作战。在这种胜利形势下，1947年10月10日，毛泽东亲自起草了《中国人民解放军宣言》，提出了“打倒蒋介石，解放全中国”的战略目标。随后，中共中央于1947年12月在陕北米脂县杨家沟召开扩大会议，即“十二月会议”，制定了中国共产党的政治、军事、经济、土改等方面的行动纲领和政策。基本政治纲领是联合工农兵学商各被压迫阶级、各人民团体、各民主党派、各少数民族、各地华侨和其他爱国分子，组成民族统一战线，打倒蒋介石独裁政府，成立民主联合政府。基本军事纲领是提出了著名的十大军事原则，其核心是集中优势兵力，各个歼灭敌人。基本经济纲领是没收封建阶级的土地归农民所有，没收蒋介石、宋子文、孔祥熙、陈立夫为首所占有的垄断资本归新民主主义国家所有，保护民族工商业；并提出新民主主义经济的总目标是：“发展生产、繁荣经济、公私兼顾、劳资两利。”中共中央十二月会议的召开，为中国共产党夺取全国胜利指明了方向。

在人民解放军取得军事胜利的同时，各解放区深入开展土地改革运动，以进一步调动广大农民的革命和生产积极性，支援解放战争。1947 年 7 月至 9 月，在刘少奇的主持下，中共中央工作委员会在西柏坡召开全国土地会议，颁布了《中国土地法大纲》，明确规定：废除封建性及半封建性剥削的土地制度，实行耕者有其田的土地制度。乡村一切地主的土地及公地，连同乡村中其他一切土地，按乡村全部人口平均分配，在土地数量上抽多补少，质量上抽肥补瘦。这些规定成为彻底消灭封建土地制度的战斗纲领。解放区各级领导机关派出大批土改工作队深入农村，发动群众，迅速形成土地改革运动的高潮。到 1948 年秋，在 1 亿人口的地区消灭了封建的生产关系，长期遭受压迫和剥削的广大农民在政治上、经济上翻了身，生产积极性大为高涨，大批青壮年加入人民军队或担负战争勤务，保证了人民解放战争的顺利进行。

1948 年秋，敌我力量对比已发生根本变化，人民解放战争进入夺取全国胜利的战略决战阶段。1948 年 9 月起，人民解放军先后进行了辽沈、淮海、平津三大战役，歼敌 150 余万人，基本上摧毁了国民党在长江以北赖以维持统治的主要军事力量。在即将取得全国胜利的前夜，中共中央于 1949 年 3 月在河北平山县西柏坡召开七届二中全会。全会确定了新民主主义建设的蓝图，着重讨论了党的工作重心由乡村向城市实行战略转移的问题。1949 年 4 月 21 日，毛泽东、朱德发布《向全国进军的命令》。1949 年 4 月 23 日，人民解放军占领南京，宣告延续了 22 年之久的国民党反动统治的覆灭。随后，解放军各路大军继续向中南、西北、西南各省开展胜利的大进军，以战斗方式或和平方式，迅速解决残余敌人，解放广大国土。国民党蒋介石集团被赶出中国大陆，逃往台湾。中国新民主主义革命取得了胜利。

随着解放战争的胜利，建立新中国的任务被提上了历史日程。1949 年 3 月召开的中共七届二中全会，规定了党在全国胜利后在政治、经济、外交方面应当采取的基本政策，指出了中国由农业国转变为工业国、由新民主主义社会转变为社会主义社会的发展方向。在这次会议上，毛泽东告诫全党，夺取全国胜利，这只是万里长征走完了第一步，中国的革命是伟大的，但革命以后的路更长，工作更伟大，更艰苦。据此，他提出了“两个务必”的思想，即“务必使同志们继续地保持谦虚、谨慎、不骄、不躁的作风，务必使同志们继续地保持艰苦奋斗的作风”①。在胜利面前，毛泽东保持着清醒的头脑。为了向全国人民公开阐明中国共产党在建立新中国问题上的主张，在中国共产党成立28周年的前夕，1949年6月30日，毛泽东写了《论人民民主专政》一文，明确指出，人民民主专政需要工人阶级的领导。中共七届二中全会的决议和毛泽东的《论人民民主专政》，构成了新中国成立初期曾经起了临时宪法作用的《中国人民政治协商会议共同纲领》的政策基础。

1949年9月21日，中国人民政治协商会议第一届全体会议在北平中南海怀仁堂隆重开幕，参加会议的代表共662人。会议通过了《中国人民政治协商会议共同纲领》。此《共同纲领》规定：“中华人民共和国为新民主主义即人民民主主义的国家，实行工人阶级领导的、以工农联盟为基础的、团结各民主阶级和国内各民族的人民民主专政”；“中华人民共和国的国家政权属于人民。人民行使国家政权的机关为各级人民代表大会和各级人民政府”；“各级政权机关一律实行民主集中制”；“中华人民共和国境内各民族一律平等”；“各少数民族聚居的地区，应实行民族区域自治”②。在经济工作中，国家应调剂国营经济、个体经济、私人资本主义经济等，“使各种社会经济成分在国营经济领导之下，分工合作，各得其所，以促进整个社会经济的发展”③。《中国人民政治协商会议共同纲领》在当时是全国人民的大宪章，起着临时宪法的作用。会议通过了中央人民政府组织法，一致选举毛泽东为中央人民政府主席，朱德、刘少奇、宋庆龄、李济深、张澜、高岗为副主席，陈毅等56人为中央人民政府委员。随后，中央人民政府委员会任命周

---

① 《毛泽东选集》第4卷，人民出版社1991年版，第1438~1439页。
② 《中国人民政治协商会议共同纲领》(1949年9月29日)。
③ 《中国人民政治协商会议共同纲领》(1949年9月29日)。

恩来为政务院总理兼外交部部长。1949 年 9 月 30 日，全国政协第一次全体会议闭幕，创建中华人民共和国的筹备工作顺利完成。

1949 年 10 月 1 日，中华人民共和国成立，宣告中国人民当家作主的时代已经到来，中国历史由此开辟了一个新纪元。

中国革命的胜利，也为我们提供了许多宝贵的经验。首先，中国共产党之所以能够把中国革命引向胜利，是由于坚持了马克思列宁主义的普遍真理同中国革命的具体实践相结合的正确方向。这是党的一条最基本的经验。从第一次鸦片战争到五四运动的近 80 年的时间内，中国人民的反抗斗争从来都没有停止。但是，中国人民没有什么正确的思想武器来抵御帝国主义，只是在十月革命以后，马克思主义开始在中国广为传播起来，中国人民才有了新的思想武器。马克思主义是无产阶级的科学世界观和社会革命论。它的生命力正是在于它是同社会实践紧密结合的，在于它能够在实践中为人们认识真理开辟道路。毛泽东和他的战友们以实事求是的科学态度，采取从群众中来、到群众中去的群众路线的工作方法，独立自主地来思考和解决中国的问题，在长期的革命斗争中，把马克思主义普遍真理同中国革命实践结合起来，从而成功地使其具有了为中国人民所理解接受和喜闻乐见的民族风格和民族形式。毛泽东思想的形成和发展，使马克思列宁主义在中国深深地扎下根来，并被中国共产党和中国人民转化为对中国社会进行革命改造的伟大的物质力量。可以说，没有毛泽东思想的正确指引，就不会有中国革命的胜利。

其次，没有中国共产党的领导，就没有新中国。中国人民反帝反封建的旧民主主义革命之所以失败，就是因为没有一个像中国共产党这样的政党作为中国工人阶级的先锋队。在中国共产党的领导下，尽管中国人民的革命斗争也经历过重重的挫折，走了许多弯路，但最终取得了中国革命的伟大胜利。“没有共产党，就没有新中国”，这是中国人民依据近代中国革命的历史经验所得出的一个科学的结论，是他们基于自己的切身体会所确认的伟大真理。

再次，建立一个最广泛的革命统一战线是中国革命胜利的基础。中国新民主主义革命的革命对象是极其残暴和凶恶的，同时，无产阶级和地主大资产阶级都只占中国人口的少数，最广大的人民是农民、城市小资产阶级，以及其他中间阶级。因此，无产阶级如果要取得革命的胜利，就必须争取和联合广大的中间阶级。在新民主主义革命的过程中，中国共产党始终坚信这一点，并且坚持了在革命统一战线中以无产阶级为领导、以工农联盟为基础的原则，从而在反帝反封建的旗帜下，把全国各族和各阶层人民紧密地团结在自己的周围，历尽千辛万苦，战胜了许多艰难险阻，最终推翻了压在人民头上的三座大山，取得了中国新民主主义革命的胜利。这是中国革命胜利的另外一条重要的经验。

最后，在中国实行人民民主专政制度，是中国革命发展的历史必然。在中国民主主义革命的进程中，曾经实验过资产阶级的民主和资产阶级共和国的方案，但是，它们最终都失败了。事实证明，中国新民主主义革命之所以能够取得胜利，就是因为以人民民主代替了资产阶级民主，以人民共和国代替了资产阶级共和国，正如毛泽东在《论人民民主专政》中总结中国共产党领导革命斗争 28 年来的经验时所指出的："总结我们的经验，集中到一点，就是工人阶级（经过共产党）领导的以工农联盟为基础的人民民主专政"①，"我们完全可以依靠人民民主专政这个武器，团结全国除了反动派以外的一切人，稳步地走到目的地"②。这是对中国共产党近百年来革命斗争经验的深刻总结。

三、有中国特色的社会主义改造道路

中国新民主主义革命的胜利，使中华民族的历史发生了翻天覆地的变化。它结束了帝国主义侵略中国各族人民的历史，结束了极少数剥削者统治广大劳动人民的历史，完成了近代以来成千上万仁人志士为之奋斗的民族独立和人民解放的历史任务，中国人民成为新国家、新社会的主人。这一胜利，从根本上改变了中国社会发展

① 《毛泽东选集》第 4 卷，人民出版社 1991 年版，第 1480 页。
② 《毛泽东选集》第 4 卷，人民出版社 1991 年版，第 1481 页。

的方向，为实现国家繁荣富强和人民共同富裕，为实现中华民族的伟大复兴创造了前提。

(一)从建设新民主主义到向社会主义过渡

在完成繁重的社会改革任务和进行抗美援朝战争的同时，新中国集中力量恢复国民经济，到 1952 年年底，全国主要工农业产品产量均达到历史最高水平，全面恢复了遭到严重破坏的国民经济，为开展有计划的经济建设和社会主义改造创造了条件。

工业化是实现中华民族伟大复兴的必由之路。把中国从一个落后的农业国变为一个先进的工业国，实现国家的工业化，是近代以来中国无数仁人志士梦寐以求的理想。中国共产党人同样也把实现工业化作为自己的奋斗目标。在 1945 年党的七大上，毛泽东就提出：中国新民主主义的独立、自由、民主与统一，只有在实现工业化的基础上才能巩固，如果没有这种已经工业化的经济作为它们的基础，那么，所谓新民主主义的独立、自由、民主与统一是不能巩固的。新中国成立前夕，党的七届二中全会指出：在民主革命的任务完成后，要解决建立独立的、完整的工业体系的问题，使中国稳步地由农业国转变为工业国，把中国建设成为一个伟大的社会主义国家。

1952 年，随着民主革命遗留任务的完成和国民经济的恢复，实现工业化的任务就被突出地提上了党和国家的议事日程，然而此时中国的工业发展水平是很低的。中国的工业化应当选择一条怎样的道路呢？这是摆在中国共产党和中国人民面前的一个重大问题。从世界历史来看，主要有资本主义工业化道路和社会主义工业化道路两条道路。

中国民族工业从 19 世纪 60 年代末 70 年代初产生，经过 80 多年的发展，到 1949 年中华人民共和国成立时，整个民族工业的资本不过区区 20 亿元人民币，重工业基础尤其薄弱，没有建立起独立、完整的工业体系。新民主主义革命的胜利，客观上为中国民族工业的发展创造了条件，然而，如果选择走资本主义工业化道路，从当时的情况看，中国就会成为外国垄断资本的加工厂和廉价原料、廉价劳动力的供应地，就像亚洲、非洲、拉丁美洲的许多国家和地区那样。中国这样一个大国，企图主要依靠外国提供资金和机器设备等来求得发展，而成为世界强国，是不可能的。而且，如果在经济上依赖外国，在政治上就挺不起腰杆，连已经争得的政治独立也可能丧失。中国走资本主义道路，其经济可能会有一时的发展，但终究还是要成为西方资本主义大国的附庸。这样的道路，是当时绝大多数中国人不愿意接受的。

相反，苏联走过的工业化道路对中国来说有着极大的示范性。十月革命以前，苏联也是欧洲一个比较落后的国家，其开始工业化的起点也比较低。但是，由于实行了社会主义工业化，在较短的时间内，苏联就成为欧洲的第一强国和世界上最强大的两个国家之一。由于社会主义制度具有可以集中力量办大事的优越性，对于中国这样一个经济文化落后的国家来说，通过社会主义道路实现国家工业化，无疑是最优选择。为了在较短的时间内实现国家的工业化，中国只有走社会主义道路。

在中国实现社会主义，是中国共产党自创立起就确定的奋斗目标。但是，基于旧中国是经济文化十分落后的半殖民地半封建社会的基本国情，党确定实现社会主义必须分两步走，必须经过新民主主义革命才能转入社会主义革命。这是中国革命发展的必由之路。因此，党在很长的时间里一直以新民主主义作为自己的第一步纲领，用以规定当前革命的性质和通过这个革命所建立的共和国的性质。随着民主革命遗留任务的彻底完成，国内的阶级关系和主要矛盾发生了深刻的变化。1952 年 6 月，在“三反”、“五反”运动行将结束、全国范围内土地改革基本完成之际，毛泽东即指出：“在打倒地主阶级和官僚资产阶级以后，中国内部的主要矛盾即是工人阶级与民族资产阶级的矛盾，故不应再将民族资产阶级称为中间阶级。”①这说明，明确提出向社会主义过渡的任务已经成为必要了。

随着国民经济的恢复和初步发展，中国社会的经济成分(即生

① 《毛泽东文集》第 6 卷，人民出版社 1999 年版，第 231 页。

产关系)发生了重要变化。这集中地表现在公私比例的变化上。以工业为例，1949 年到 1952 年，国营经济从 34.2%上升到 56%，私营经济从 62.7%下降到 34%。中国向社会主义过渡在实际上已经开始了。

新民主主义的前途必然是向社会主义发展，新民主主义的经济中本来就有社会主义因素，而且它是有决定意义的因素，是不断壮大其力量和扩展其范围的因素。苏联社会主义的发展已经显示出相对于资本主义的优越性，对我国有重大的榜样作用。在这种情况下，党认为解决工人阶级与资产阶级的矛盾，在农村和城市开始逐步进行社会主义改造的步骤已经成为必要并有实现的可能，于是提出向社会主义过渡的问题。

1952 年 9 月，毛泽东在中共中央书记处会议上讲道：我们现在就要开始用十年到十五年的时间基本上完成向社会主义的过渡，而不是十年或者更长时间以后才开始过渡。1953 年 6 月，中共中央政治局正式讨论和制定了中国共产党在过渡时期的总路线："从中华人民共和国成立，到社会主义改造基本完成，这是一个过渡时期。党在这个过渡时期的总路线和总任务，是要在一个相当长的时期内，逐步实现国家的社会主义工业化，并逐步实现国家对农业、对手工业和对资本主义工商业的社会主义改造。"①这是一条社会主义建设与改造同时并举的路线。1954 年 9 月 15 日至 28 日，第一届全国人民代表大会第一次会议在北京隆重召开。大会通过了《中华人民共和国宪法》，以根本大法的形式，把中国共产党在过渡时期的总路线作为国家在过渡时期的总任务确定下来。过渡时期总路线提出以后，党中央向全党和全国人民进行广泛深入的宣传教育工作，在党内迅速统一了认识，在全国人民中得到广泛的拥护，成为团结和动员全国人民共同为建设一个伟大的社会主义新中国而奋斗的新的纲领。

---

① 《毛泽东著作选读》下册，人民出版社 1986 年版，第 704 页。

(二)中国社会主义改造的胜利和历史经验

对农业、手工业和资本主义工商业的社会主义改造从1953年起全面展开。

毛泽东在党的七届二中全会的报告中指出："占国民经济总产值百分之九十的分散的个体的农业经济和手工业经济，是可能和必须谨慎地、逐步地而又积极地引导它们向着现代化和集体化的方向发展的，任其自流的观点是错误的。"①又说："单有国营经济而没有合作社经济，我们就不能领导劳动人民的个体经济逐步地走向集体化，就不能由新民主主义社会发展到将来的社会主义社会，就不可能巩固无产阶级在国家政权中的领导权。"②

1953年春，中国土地改革基本完成，获得土地的农民有着极大的生产积极性，但分散、脆弱的农业个体经济既不能满足工业发展对农产品的需求，又有两极分化的危险。中国共产党当时认为只有组织起来互助合作，才能发展生产，共同富裕。1953年，先后发布了《中共中央关于农业生产互助合作的决议》和《中共中央关于发展农业合作社的决议》，中国农村开始了互助合作运动，引导农民参加农业生产合作社，走集体化和共同富裕的社会主义道路。党在完成土地改革以后，遵循农业合作化运动中自愿互利、典型示范和国家帮助的原则，采取三个互相衔接的步骤和形式，从组织带有社会主义萌芽性质的临时互助组和常年互助组，发展到以土地入股、统一经营为特点的半社会主义性质的初级农业生产合作社，再进一步建立土地和主要生产资料归集体所有的完全社会主义性质的高级农业生产合作社。到1956年年底，全国加入合作社的农户达96.3%。农业的社会主义改造基本完成。

个体手工业是以私有制和个体劳动为基础、从事商品生产的一种个体经济，在中国国民经济中占有一定的地位。1952年，手工

---

① 《毛泽东选集》第4卷，人民出版社1964年版，第1432页。
② 《毛泽东选集》第4卷，人民出版社1964年版，第1432页。

业产值占全国工业总产值的21%，农村需要的生产资料和生活资料中有很大一部分来自手工业。1953年起，中国共产党在过渡时期总路线的指导下，决定逐步对手工业进行社会主义改造。制定了恢复和发展手工业生产、对手工业进行社会主义改造的方针政策后，采取从供销入手等积极措施，充分发挥手工业在国民经济中的作用。根据“积极领导，稳步前进”的方针，在党和政府的领导下，由上而下地发动，采用说服、示范、国家援助的方法，启发和帮助手工业劳动者按照自愿互利的原则逐步组织起来；改造采取合作化的形式和逐步过渡的步骤，从手工业生产合作小组、手工业供销合作社，再发展为手工业生产合作社。目的是帮助手工业者发展生产，解放生产力，发挥他们固有的生产经营灵活、产品多种多样、能够适应人民的不同需要和市场千变万化的需要的优点，帮助他们克服规模小、资金短缺、设备简陋、技术落后及封建保守、行会观念、生产盲目、自发倾向等弱点，改变旧中国小生产被压迫、受剥削和束缚生产力发展的状况。1956年年底，参加手工业合作组织的人数已占全国手工业从业人数的91.7%，基本上完成了对个体手工业的社会主义改造。

对资本主义工商业的社会主义改造是三大改造的重点。在我国新民主主义革命胜利和土地制度改革完成以后，国内的主要矛盾转为工人阶级和资产阶级之间、社会主义道路和资本主义道路之间的矛盾。为了把原来落后、混乱、畸形发展的资本主义工商业逐步引上社会主义改造的道路，从1953年起，中国共产党在全国范围内果断地对资本主义工商业进行了大规模的社会主义改造。改造分为两个步骤：第一步是把资本主义转变为国家资本主义；第二步是把国家资本主义转变为社会主义。1953年6月，中共中央根据中央统战部的调查，起草了《关于利用、限制、改造资本主义工商业的意见》。1953年9月，毛泽东同民主党派和工商界部分代表开展座谈，指出国家资本主义是改造资本主义工商业的必经道路。1953年10月，中华全国工商联合会召开了会员代表大会，大会传达了中共在过渡时期的总路线和对资本主义工商业的社会主义改造的政策。在过渡时期总路线的指引下，到1954年年底，主要的大型私营工业企业多数已经通过公私合营的方式转变为公私合营企业。在商业方面，则在国家掌握一切重要货源的情况下，通过使私营商业执行经销代销业务的方式向国家资本主义商业转变。1955 年下半年，不少大中城市出现了资本主义工商业全行业公私合营的趋势。1955 年 11 月，中共中央召集各省、市、自治区党委负责人会议，加强了对全行业公私合营的领导。这时，农业合作化高潮的兴起，最后断绝了资本主义和农村的联系，资本主义工商业全行业公私合营的条件已经成熟。全行业公私合营，是国家资本主义的最高形式，是使资本主义所有制转变为社会主义公有制的具有决定意义的重大步骤。1956 年 1 月 10 日，北京首先宣布实现全行业公私合营。接着，上海、天津、广州、武汉、西安、重庆、沈阳等大城市以及 50 多个中等城市相继实现全行业公私合营。至 1956 年年底，实行公私合营的工业企业已占原有资本主义工业总户数和职工人数的 99%，占生产总值的 99. 6%。全行业公私合营后，采用定息方式，即按照公私合营企业的私股股额(共 23 亿余元人民币)每年发给资本家 5%的股息，共发 10 年。这就使得私股与生产资料的使用权相分离，企业的生产资料由国家统一管理和运用。定息停付后，企业就完全成为全民所有制企业。

随着资本主义工商业改造的完成，资产阶级作为一个阶级被消灭了。至此我国建立起社会主义的基本制度，并进入社会主义初级阶段。

社会主义改造的基本完成，标志着社会主义制度在中国的确立，实现了中国历史上最深刻、最伟大的社会变革，为中国的社会主义现代化建设奠定了基础。

社会主义改造的完成，在一个几亿人口的大国中，能够比较顺利地实现消灭私有制这样复杂、困难和深刻的社会变革，不但没有造成生产力的破坏，反而促进了工农业和整个国民经济的发展，并且得到人民群众的普遍拥护而没有引起巨大的社会动荡，这的确是伟大的历史性胜利。

社会主义改造的基本完成，使我国社会的经济结构发生了根本变化，几千年来以生产资料私有制为基础的阶级剥削制度基本上被消灭，社会主义经济成了国民经济中的主导成分，社会主义经济制度在中国基本确立。它与 1954 年召开的第一届全国人民代表大会确立的社会主义政治体制一起，完成了历史上最深刻、最伟大的社会变革，中国从新民主主义社会进入社会主义初级阶段。

中国共产党在实践中把马列主义的基本原理同中国社会主义革命的具体实际相结合，创造性地开辟了一条适合中国特点的社会主义改造道路，以新的经验和思想丰富了马克思主义的科学社会主义理论。

我国社会主义改造的基本经验，第一，坚持社会主义工业化建设与社会主义改造同时并举。实现以社会主义工业化为主体，以完成对农业、手工业的社会主义改造和对资本主义工商业的社会主义改造为两翼，是党在过渡时期总路线的明确要求。实践证明，党坚持社会主义改造与社会主义工业化同时并举的方针，对于在深刻的社会变革中保持社会稳定，逐步改善人民生活，推动社会发展，都具有十分重要的意义。第二，采取积极引导、逐步过渡的方式。我国对农业、手工业和资本主义工商业的改造都采取了区别对象，用不同的办法积极引导、逐步过渡的方式。中国的这场巨大而深刻的社会变革，不仅没有对生产力的发展造成破坏，而且促进了生产力的发展。第三，进行和平改造。在社会主义改造之前，无论是资本主义工商业，还是农民和手工业者的个体所有制，都具有私有制的性质。在农业社会主义改造方面，用事实向农民表明合作化的好处和给农民带来的利益，使农民拥护党的政策。手工业者的情况和农民基本相同。同时以和平赎买的方法完成了对资本主义工商业的社会主义改造，并把对资本主义企业的改造和对资本家个人的改造结合在一起进行。对资本家实行团结、教育和改造的方针，不仅稳定了资本家的思想，提高了他们的认识，保证了改造的顺利进行，而且将几十万资本家改造成自食其力的劳动者，成为社会主义企业的经营和管理干部。这不仅保证了社会的稳定，而且极大地促进了社会主义事业的发展。总之，和平改造解决了诸如实现社会变革与经济发展、和平过渡与消灭剥削制度这类通常难以解决的矛盾问题。

四、社会主义建设道路的艰辛探索

1956年社会主义改造的胜利，使中国进入全面建设社会主义的新时期。但是，中国是在没有完成社会主义工业化的情况下建立起社会主义制度的，在中国这样一个人口众多、经济文化十分落后、各地发展极不平衡的东方农业大国中，如何建设社会主义，是以毛泽东为代表的中国共产党人面临的一个全新的课题。

（一）“苏联的今天就是我们的明天”

20世纪50年代，新中国经济严重落后，百废待兴。为了建立新生共和国的强大工业基础和体系，新中国学习苏联的建设经验，制定了发展国民经济的第一个五年计划（简称“一五”计划）。在“一五”计划实施期间，中国“以苏联为师”，经济建设中处处能找到苏联的影子，那时候广为流传的一句口号是“苏联的今天就是我们的明天”①。

新中国成立后，参照苏联模式，我国逐步建立了以生产资料公有制为基础，国营经济为主体，指令性计划为特征的高度集中的计划经济体制。选择这样的经济体制，有当时的主客观条件。

第二次世界大战后，世界上出现了分别以美、苏为代表的资本主义和社会主义两大阵营的尖锐对立，以美国为代表的大多数资本主义国家对新中国实行封锁、禁运和遏制，而苏联则给新中国以援助和支持。加上新中国还没有进行大规模社会主义建设的经验，需要向其他社会主义国家学习，而苏联是世界上第一个社会主义国家，有近20年管理社会主义经济的经验，他们的经济和技术，相对来说已达到了较高的水平。在苏联的帮助下，我国搞出了一个有计划（按比例）建设的轮廓，又承担了第一个五年计划中156项骨干工程的设计、设备供应和技术指导的任务。而苏联在工业化建设

① 《新华月报》1954年第11期，第36页。

中所取得的高速发展也显示了苏联模式的威力，并且这种模式又适应了新中国在工业化初期着重发展重工业的需要。正因为如此，中国共产党和人民政府在20世纪50年代初期选择了苏联模式。

1953年1月1日，《人民日报》发表题为《迎接1953年的伟大任务》的社论，指出："1953年将是我国进入大规模建设的第一年"，将"开始执行国家建设的第一个五年计划"①。"一五"计划所确定的基本任务是：集中主要力量进行以苏联帮助我国设计的156个建设项目为中心、由694个大中型建设项目组成的工业建设，建立我国的社会主义工业化的初步基础，发展部分集体所有制的农业生产合作社，以建立对农业和手工业进行社会主义改造的基础，基本上把资本主义工商业分别纳入各种形式的国家资本主义的轨道，以建立对私营工商业进行社会主义改造的基础。

第一个五年计划反映了人民要求迅速把中国建设成为社会主义工业国的强烈愿望。第一个五年计划制订后，中国的工业化建设和社会主义改造蓬勃发展。1957年年底，第一个五年计划超额完成，人民的生活水平得到较大改善。1957年，全国职工的年平均工资达到637元，比1952年增长42.8%，农民的收入比1952年增加近30%。人民的平均消费水平，1957年达到102元，比1952年的76元提高34.2%。文教、卫生、科学、艺术事业也有很大发展。第一个五年计划的超额完成，奠定了我国社会主义工业化的初步基础，提高了人民生活水平，显示了社会主义制度的优越性，并初步积累了社会主义建设的经验。

"一五"计划实施中也存在一些问题，一是农业生产跟不上工业生产的步伐，以工业总产值占工农业总产值的70%和工业总产值中生产资料占60%作为实现国家工业化的重要标志之一，在某种程度上忽视了农业的发展和生活资料的增长。二是1956年出现全局性的冒进，基本建设投资总额147.35亿元，比上年增长70%，高于1953年、1954年两年的投资额，基本建设贷款占财政支出的比重由上年的30.2%猛增到48%，造成国家财政紧张。三是社会

① 《迎接1953年的伟大任务》，载《人民日报》1953年1月1日。

主义改造过急过快，为以后相当长的时间留下了后遗症。

(二)“以苏为鉴”，走自己的路

社会主义基本制度在中国初步建立起来，但是中国的生产力发展水平还很落后。中国社会主义的政治、经济、文化应该怎样建设和发展？这是党面临的全新课题。

新中国在几年的社会主义建设中，也积累了一些自己的经验。因此，同社会主义改造一样，能否从我国国情出发，总结自己的经验，探索一条适合中国情况的社会主义建设道路，是关系中国社会主义建设能否顺利进行、少走弯路的一个大问题。正是在这种背景下，中国共产党提出走中国自己的社会主义建设道路，并积极进行社会主义建设道路的探索。苏共二十大和波匈事件发生后，中共中央政治局曾多次召开会议，认真总结这些事件发生的原因和教训。许多负责同志都以苏联和东欧国家的经验教训为鉴戒，对我国社会主义建设的各方面问题进行认真的思考，取得了最初探索的积极成果。

在20世纪50年代中期，毛泽东对苏联模式统得过多、管得过死的问题有所察觉，也注意到斯大林逝世以后苏联经济暴露出的问题：农业滞后，农业、轻工业、重工业比例严重失调，人民生活消费品供应紧张等。所以，1955年年底，毛泽东就提出以苏联经验为鉴戒，探索适合中国情况的社会主义建设道路的命题，试图改变新中国建立初期对苏联模式的照搬照抄。

1956年4月，毛泽东发表《论十大关系》的讲话，正式提出了以苏为鉴、探索适合我国国情的社会主义建设道路的任务。1956年9月，中国共产党召开第八次全国代表大会，正确地分析国内形势和国内主要矛盾的变化，指出：随着社会主义改造的基本完成，我国无产阶级同资产阶级之间的矛盾已经基本解决，国内的主要矛盾已经是人民对于经济文化迅速发展的需要同当前经济文化不能满足人民需要的状况之间的矛盾。因此，党和全国人民当前的主要任务，就是集中力量发展生产力，把我国由落后的农业国变成先进的工业国。大会确定经济、政治、文化和外交工作的方针，提出加强执政党建设的任务。中共八大制定的路线是正确的，标志着党探索中国自己建设社会主义的道路取得初步成果，大规模的社会主义建设全面展开。

1957 年 2 月，毛泽东在最高国务会议上作《关于正确处理人民内部矛盾的问题》的讲话，他指出：社会主义社会的基本矛盾仍然是生产关系与生产力、上层建筑与经济基础之间的矛盾，但它与以往社会的矛盾具有不同的性质和状况，它是在人民根本利益一致的基础上产生的，不表现为对抗性质，可以经过社会主义制度本身的自我调节和完善而不断地得到解决。社会主义社会存在着敌我矛盾和人民内部矛盾。敌我之间的矛盾是对抗性的，必须用专政的办法解决；人民内部矛盾是非对抗性的，只能用民主的方法、说服教育的方法解决。随着社会主义改造的完成，革命时期大规模的急风暴雨式的群众阶级斗争已基本结束，正确处理人民内部矛盾已成为国家政治生活的主题。同时提出了一系列正确处理人民内部矛盾的方针和政策。

以上情况说明中国共产党人在进入社会主义社会初级阶段前后对社会主义以及如何建设社会主义的认识水平已达到一个新的高度，为社会主义建设的全面展开作了较好的理论准备。

(三)探索社会主义建设道路的曲折与严重失误

1957 年 4 月 27 日，中共中央发出《关于整风运动的指示》，决定 1957 年开展党内整风，主要是批评主观主义、官僚主义和宗派主义。中国共产党是全国的执政党，在执政的条件下，党容易产生脱离群众的官僚主义等错误倾向，需要采取整风的办法来加以解决。中共中央设想，这次整风应当是一次既严肃认真又和风细雨的思想教育运动，是一次认真开展批评和自我批评的自我教育运动，是要通过发动群众向党员和党的各级组织提意见，帮助党纠正官僚主义等问题。目的是要形成一个既有集中又有民主，既有纪律又有自由，既有统一意志又能使个人生活愉快、心情舒畅的政治局面。

这原本是一次执政党充满自信的开门整风，号召党外人士和人民群众给党提意见。但是，这场旨在改善党的思想作风的整风运动，却出现了意想不到的后果。随着运动的展开，出现极少数资产阶级右派分子利用整风之机挑战中国共产党的领导地位，质疑新生的社会主义制度。面对这种突发的情况，中国共产党主要领导人简单地沿用了过去的阶级斗争的经验，使整风运动的主题迅速由正确处理人民内部矛盾转向反右派斗争。在反右斗争中，全国先后被打成右派者达 55 万人，出现严重的扩大化错误。接着，在 1957 年 9、10 月间召开的中国共产党八届三中全会上，毛泽东轻率地改变了党的八大关于国内主要矛盾变化的正确判断，认为“无产阶级与资产阶级、社会主义道路与资本主义道路的矛盾是主要矛盾”①。

在国家政治生活领域出现“左”倾错误的同时，经济建设中也开始产生“左”倾冒进的情绪。经济上的赶超战略是一般落后国家通常的选择，也有着广泛的社会心理基础，尤其是计划经济体制具有调动一切社会资源、集中力量办大事的优势。中国共产党遵循人民群众的意愿，选择了赶超战略，但却没有很好地把握基本国情，实行科学、合理的组织动员，并出现了急于求成的情绪，使赶超战略变成了违背经济建设规律的“大跃进”。1958 年 5 月，党的八大二次会议通过了“鼓足干劲，力争上游，多快好省地建设社会主义”的总路线。这条总路线反映了广大人民群众迫切要求尽快改变我国经济文化落后状况的普遍愿望，但其核心是“快”，实质是片面追求高速度，忽视了客观的经济规律。随着总路线的贯彻，以盲目追求不切实际的高指标为主要特征的“大跃进”运动在全国范围内迅速展开。工业方面强调以钢为纲，提出 1958 年钢产量比 1957 年翻一番，即由 535 万吨增加到 1070 万～1150 万吨，1959 年达到 2700 万～3000 万吨，1962 年达到 8000 万～10000 万吨。农业方面强调以粮为纲，要求用 3～5 年时间，甚至只用 1 年或 2 年时间，达到原定的需要 12 年达到的目标。伴随高指标而来的是浮夸风和

① 《建国以来毛泽东文稿》第 6 册，中央文献出版社 1992 年版，第 595 页。

瞎指挥，违背了经济发展的客观规律，造成了人力、物力、财力的极大浪费，引起了国民经济比例的严重失调。

在“大跃进”运动全面开展的同时，以“共产风”为主要特点的农村人民公社化运动也迅速发展起来了。1958 年 8 月，中共中央政治局北戴河会议通过了《关于在农村建立人民公社的决议》，要求在全国农村普遍建立人民公社，并将人民公社看做“是建成社会主义和逐步向共产主义过渡的最好组织形式”。会后，全国各地争先恐后地把农业生产合作社合并成为人民公社。仅一个多月的时间，即到 1958 年 10 月，就把全国 74 万多个农业生产合作社组成为 26.7 万个人民公社。参加人民公社的农民占农民总数的 99.1%。在许多城市也试办了人民公社。全国除西藏外，基本实现了人民公社化。在人民公社化的过程中，“一平二调”的共产风普遍泛滥起来，大大挫伤了广大农民生产的积极性，在一定程度上破坏了农业生产力。

1958 年冬，中共中央对“大跃进”和人民公社化运动中产生的严重问题有所觉察，并采取纠正措施。自 1958 年 11 月初至 1959 年 7 月，中共中央先后召开了六次重要会议，纠正出现的错误。重点是纠正人民公社运动中的“共产风”问题，取得了初步的成果，使“共产风”得到了抑制，同时，对“大跃进”运动中的高指标也进行了调整。但由于纠“左”是在肯定总路线、“大跃进”、人民公社的前提下进行的，这种努力在之后召开的庐山会议上发生了逆转。1959 年 7 月，在庐山召开的中共中央政治局扩大会议，原意是继续纠正“左”倾错误，但到后期却由纠“左”转向反右倾，并错误地发起了对彭德怀等人的批判，进而在全党开展“反右倾”斗争。庐山会议上的反右倾斗争，将党内不同意见的争论视为社会上阶级斗争在党内的反映，使党在理论上向错误的、扩大化的阶级斗争方向迈进了一步，并导致实际工作中纠“左”进程的中断。庐山会议后，“大跃进”持续进行，高指标、瞎指挥、浮夸风、“共产风”重新泛滥起来，致使 1959 年到 1961 年国民经济发生严重的困难。

在严重的困难面前，中国人民与中国共产党同心协力，共渡难关。1961 年 1 月召开的中共八届九中全会，提出了“调整、巩固、充实、提高”的八字方针，决定对国民经济实行全面调整。1962 年 1 月召开有 7000 人参加的扩大的中央工作会议，初步总结了“大跃进”以来的经验教训，开展了批评和自我批评。会后，国民经济调整全面展开。主要措施是：精简职工，减少城镇人口；压缩基本建设规模，缩短基本建设战线；缩压重工业，夯实轻工业；加强对农业的支援，大力发展农业；消灭财政赤字，回笼货币，制止通货膨胀，稳定市场；调整高等教育事业。在调整经济的同时，政治上也进行了一系列的政策调整。经过三年的调整，国民经济全面恢复，并得到发展。1964 年 12 月 21 日，周恩来在第三届全国人大一次会议上宣布，国民经济调整任务完成后，全国人民新的任务是：在一个不太长的历史时期内，把我国建设成为一个具有现代农业、现代工业、现代国防和现代科学技术的社会主义强国。这是中国共产党第一次郑重地向全国人民宣布实现四个现代化的任务。

在国民经济恢复的同时，阶级斗争扩大化的错误却表现出进一步发展的趋势。1962 年 9 月在北京召开的中共八届十中全会，将阶级斗争扩大化的观点和理论系统化，断言在整个社会主义历史阶段，资产阶级都将存在并企图复辟，且是党内产生修正主义的根源，强调阶级斗争要“年年讲、月月讲、天天讲”，为后来“左”倾错误的进一步发展埋下了导火索。

1966 年，正当国民经济的调整基本完成，国家开始执行第三个五年计划的时候，意识形态领域的批判运动逐渐发展成矛头指向党的领导层的政治运动。一场长达十年、给党和人民造成严重灾难的“文化大革命”爆发了。

1966 年 5 月召开的中央政治局扩大会议和 8 月召开的八届十一中全会，是“文化大革命”全面发动的标志。这两次会议相继通过的《中国共产党中央委员会通知》和《关于无产阶级文化大革命的决定》以及对中央领导机构所做的错误改组，使“左”倾错误方针在党中央占据了统治地位。1969 年 4 月，中共九大使“文化大革命”的错误理论和实践合法化，加强了林彪、江青、康生等人在党内的地位。中共九大在思想上、政治上和组织上的指导方针都是错误的。“文化大革命”发动后，在党的领导层内，在广大干部群众中，对“左”倾错误和极“左”思潮进行了不同程度、不同形式的抵制和抗争。

1970年至1971年间，发生了林彪反革命集团阴谋夺取最高权力、策动反革命武装政变的事件，客观上宣告了“文化大革命”的理论和实践的失败。1972年，周恩来在毛泽东的支持下主持中央日常工作，批判极“左”思潮，使各方面工作有了转机，特别是对外工作取得重大突破。1971年10月，我国恢复在联合国的一切合法权利。1972年，美国总统尼克松访华，中日邦交也实现正常化。此后，毛泽东提出了“三个世界”划分的战略思想。1973年8月，中共十大继续“左”倾错误，江青、张春桥、姚文元、王洪文在中央政治局内结成“四人帮”。但一些被打击迫害、被排斥的老干部在中共十大上重新进入中央委员会。

1974年年初，江青、王洪文等提出开展所谓“批林批孔”运动，把矛头指向周恩来。毛泽东先是批准开展所谓“批林批孔”运动，在发现江青等人借机进行篡权活动以后，又对他们作了严厉批评。1975年1月，四届全国人大一次会议重申“四个现代化”目标。邓小平在毛泽东的支持下主持中央日常工作，着手对各方面工作进行整顿，形势明显好转，工农业产品产量均有较大幅度增长。但江青等人借机又发动了所谓“批邓、反击右倾翻案风”运动，全国再度陷入混乱。1976年1月8日，周恩来逝世，人民群众自发地进行各种形式的悼念活动。这种悼念活动到清明节前后发展成为大规模的群众性抗议运动，1976年4月5日，发生天安门事件。这是一场抗议“四人帮”、反对“文化大革命”的群众运动，鲜明地反映了人心的向背，为后来粉碎“四人帮”集团奠定了群众基础。

1976年9月9日，毛泽东逝世。“四人帮”趁机加紧开展夺取党和国家最高权力的活动，在历史发展的重要关头，主持中共中央工作的华国锋在叶剑英、李先念等中央领导人的支持下，于1976年10月6日晚断然采取行动，对江青、王洪文、张春桥、姚文元及“四人帮”在北京的骨干分子实行隔离审查，一举粉碎“四人帮”。至此，延续了十年的“文化大革命”结束。

“文化大革命”是一场由领导者错误发动，被反革命集团利用，给党、国家和各族人民带来严重灾难的内乱。发生“文化大革命”错误的原因是多方面的，最根本的原因是对迅速到来的、新生的社会主义社会和全面的、大规模的社会主义建设事业缺乏充分的思想、理论准备，对于“什么是社会主义”、“怎样建设社会主义”的问题并没有完全搞清楚。同时，对中国的实际情况作了错误的估计。对于这一全局性的、长时间的“左”倾严重错误，当时中国共产党的主要领导人毛泽东负有主要责任。

（四）探索社会主义建设的主要成果与宝贵经验

新中国的头 30 年，以毛泽东为代表的中国共产党第一代领导集体在探索社会主义建设中取得了重大的成果，积累了宝贵经验。

首先，在新中国的头 30 年，我国取得了民族独立、主权和领土完整，实现了大陆的统一和各民族的团结，铲除了帝国主义、封建势力统治的根基，确立了以工人阶级为领导、以工农联盟为基础的人民民主专政的国体，建立了全国人民代表大会制度、中国共产党领导的多党合作和政治协商制度、民族区域自治制度等基本政治制度，进行了对农业、手工业、资本主义工商业的社会主义改造，完成了新民主主义革命向社会主义革命的转变，奠定了社会主义公有制的经济基础，使中国从此结束了蒙受屈辱、战乱频仍、四分五裂、民不聊生的黑暗历史。如果没有新中国头 30 年提供的根本政治前提，要开辟中国特色社会主义道路是不可想象的。

其次，在新中国的头 30 年，我国通过连续四个半五年计划的建设，初步建立起了独立的、比较完整的工业体系和国民经济体系，一定程度上改变了旧中国工业集中于沿海地区的不合理布局，并通过大规模农田水利基本建设和发展化肥、农药、农用机械等工业，大大改善了农业生产条件。1949 年，我国人民经过 28 年的浴血奋斗，从帝国主义、官僚买办资产阶级手中没收的固定资产仅为 112.4 亿元。而到了 1978 年，我国新增固定资产达 6440 亿元，是那时的 57.3 倍。1949 年至 1978 年，我国工农业总产值年均递增 8.2%；汽车、拖拉机、飞机制造和电子、石油化工等工业部门，更是从无到有；粮食、棉花产量分别比 1949 年增长 1.7 倍和 3.9 倍；粮食平均亩产由 137 斤提高到 337 斤，增长 1.46 倍。高校毕业生累计超过旧中国 36 年总数的 14 倍，全国专业技术人员是新中国成立初期同类人员总数的 13.2 倍。中共中央《关于建国以来党的若干历史问题的决议》指出："我们现在赖以进行现代化建设的物质技术基础，很大一部分是这个期间建设起来的；全国经济文化建设等方面的骨干力量和他们的工作经验，大部分也是在这个期间培养和积累起来的。"①如果没有新中国头 30 年提供的雄厚物质技术基础，要开辟中国特色社会主义道路是不可想象的。

再次，在新中国的头 30 年，我们起初加入维护世界和平的社会主义阵营，首创和平共处五项原则，支持亚非拉民族解放和独立运动，发展同中间地带国家的友好关系，在极其困难的情况下打赢了抗美援朝等自卫战争，争取到了苏联等社会主义国家对我国"一五"计划建设的支援，挫败了外国侵略势力对我国孤立、封锁、干涉和挑衅的行径，研制成功了"两弹一星"和核潜艇，开展了旨在加强战略后方的大小"三线"建设，从而大大提高了中国的国际地位，打破了超级大国的核垄断和核讹诈，增强了国防力量，为进行和平建设赢得了宝贵时间。后来，面对新霸权主义的军事威胁，毛泽东又及时提出关于三个世界划分的理论，实现了中美和解，推动了我国同日本和西欧许多国家关系的改善，开展了从西方大规模引进成套先进设备和技术的工作，并在第三世界国家的支持下恢复了我国在联合国的合法席位。邓小平讲过："毛泽东同志在世的时候，我们也想扩大中外经济技术交流，包括同一些资本主义国家发展经济贸易关系，甚至引进外资、合资经营等等。但是那时候没有条件，人家封锁我们。后来'四人帮'搞得什么都是'崇洋媚外'、'卖国主义'，把我们同世界隔绝了。毛泽东同志关于三个世界划分的战略思想，给我们开辟了道路。"②如果没有新中国头 30 年提

① 《三中全会以来重要文献选编》下册，中央文献出版社 1982 年版，第 804~805 页。

② 《邓小平文选》第 2 卷，人民出版社 1994 年版，第 127 页。

供的有利国际条件，要开辟中国特色社会主义道路的国际环境就不具备。

最后，在新中国的头30年，我们进行了适合中国自己情况的社会主义建设道路的探索，并积累了丰富的经验。其中既包括进行社会主义建设的方针，也包括加强执政党建设的方针。例如，要全心全意为人民服务；要独立自主，自力更生；要把中国建设成现代化社会主义强国，对人类作出较大贡献；要走中国自己的道路，不要机械搬用外国的经验；要正确处理两类不同性质的矛盾，调动一切积极因素；要以农业为基础、以工业为主导，工农业同时并举；要统筹兼顾，适当安排，综合平衡，按比例发展；要发挥中央和地方两个积极性；要在文化建设上实行“双百”方针；要在党的建设上坚持“两个务必”，警惕“糖衣炮弹”的进攻，防止执政党脱离人民群众，等等。这些正确方针进一步丰富了新民主主义革命时期形成的毛泽东思想，并且被分别以邓小平、江泽民为核心的中共第二代、第三代中央领导集体和以胡锦涛为总书记的中共中央所继承、发展，成为中国特色社会主义理论体系的重要组成部分，在改革开放新时期继续发挥着指导作用。另外，我们党还继承了在执政条件下加强自身建设的优良传统，扬弃其中“左”的弊端，并结合新时期的新特点，连续不断地进行党的组织整顿和思想教育活动，对于广大党员和各级干部在长期执政、实行市场经济和对外开放的条件下经受各种风浪考验，起到了重要的思想保障作用。在新中国头30年的探索中，最大的教训莫过于错误发动“文化大革命”。但邓小平说过：“没有‘文化大革命’的教训，就不可能制定十一届三中全会以来的思想、政治、组织路线和一系列政策……‘文化大革命’变成了我们的财富。”①可见，如果没有新中国头30年提供的正反两方面的经验教训，要开辟中国特色社会主义道路也是不可想象的。

毛泽东领导中国人民对中国社会主义建设道路进行的艰辛探索，也具有时代的和历史的局限性。这主要表现在两个方面：尽管

---

① 《邓小平文选》第3卷，人民出版社1994年版，第272页。

提出了要探索自己的社会主义发展道路的历史任务，体现了理论创新上的高度自觉，并且在许多方面开始具有自己的特点，但从经济体制上说未能突破传统社会主义的制约，而那些具有中国特点的制度也因为不断受到“左”的冲击，或者未能继续完善，或者未能很好坚持。在1957年下半年以后，阶级斗争扩大化的错误倾向开始发展，中共八大对国内社会主要矛盾的正确判断被根本动摇，此后几经反复，终于在1962年9月中共八届十中全会以后，使“以阶级斗争为纲”在党的指导思想上占据了主导地位，最终导致了“文化大革命”的发动。由于缺乏社会主义建设经验，机械搬用革命战争年代的部分成功做法，毛泽东同志在探索社会主义建设道路的过程中出现了重大失误，给我们留下了深刻的教训：脱离生产力发展的实际情况，错误发动“大跃进”和人民公社化运动；脱离生产关系的实际情况，盲目追求高度集中统一的计划经济体制，限制商品经济，忽视对外经济技术交流，错误提出“以阶级斗争为纲”的基本路线和“无产阶级专政下继续革命的理论”，发动了“文化大革命”；法制建设没能引起应有的重视，民主集中制没能得到彻底坚持，出现了不正常的个人崇拜、个人专断。

党的十八大报告对新中国头30年中国特色社会主义的探索历史做出了公正全面的评价：“以毛泽东同志为核心的党的第一代中央领导集体带领全党全国各族人民完成了新民主主义革命，进行了社会主义改造，确立了社会主义基本制度，成功实现了中国历史上最深刻最伟大的社会变革，为当代中国一切发展进步奠定了根本政治前提和制度基础。在探索过程中，虽然经历了严重曲折，但党在社会主义建设中取得的独创性理论成果和巨大成就，为新的历史时期开创中国特色社会主义提供了宝贵经验、理论准备、物质基础。”①

① 《十八大以来重要文献选编》(上)，中央文献出版社2014年版，第8页。

第二章
中国特色社会主义道路的形成与发展

中国社会主义道路是在中国共产党和中国人民为实现中华民族伟大复兴而艰辛探索的九十多年的征程中开创出来的。以毛泽东同志为核心的党的第一代中央领导集体带领全党全国各族人民完成了新民主主义革命，进行了社会主义改造，确立了社会主义基本制度，为中国特色社会主义道路的开创奠定了根本政治前提和制度基础，并在探索社会主义建设的过程中，积累了宝贵经验、理论准备和物质基础。以邓小平为核心的党的第二代中央领导集体带领全党全国各族人民深刻总结我国社会主义建设正反两方面经验，在借鉴世界社会主义历史经验的基础上，在改革开放和建设社会主义的伟大实践中，科学回答了建设中国特色社会主义的一系列基本问题，成功开创了中国特色社会主义。新世纪新阶段，中国共产党抓住重要战略机遇期，在全面建设小康社会进程中推进实践创新、理论创新、制度创新，在新的历史起点上坚持和发展了中国特色社会主义。

一、中国特色社会主义道路的开创

中国特色社会主义道路是在中共十一届三中全会以后中国人民

改革开放的伟大实践中开创的，是一条适合中国国情的发展道路，使中国经济飞速发展、综合国力明显增强、人民生活水平大幅度提高，从根本上改变了中国贫穷落后的面貌，为实现中华民族伟大复兴的中国梦打下了坚实的基础。

（一）实现伟大转折，开创中国社会主义建设新时期

“文化大革命”的结束，使中国获得了有利的发展契机。但“文化大革命”结束后的两年间，由于坚持“两个凡是”的错误方针，在指导思想上继续延续“左”的错误，使全局性的工作出现在徘徊中前进的局面。

1978 年 5 月 10 日，中央党校的内部刊物《理论动态》刊登了《实践是检验真理的唯一标准》一文。同年 5 月 11 日，该文在《光明日报》公开发表，并被新华社转发全国。提出社会实践是检验真理的唯一标准，实际上是从理论上否定“两个凡是”的错误方针，随即引发了一场关于真理标准的大讨论。邓小平对这场讨论及时给予了有力的支持。关于真理标准问题的讨论，为重新确立实事求是的思想路线，纠正长期以来的“左”倾错误，实现党和国家历史性的转折奠定了思想理论基础。

1978 年 11 月 10 日至 12 月 15 日，中共中央在北京召开工作会议。邓小平在闭幕会上作了题为《解放思想，实事求是，团结一致向前看》的重要讲话，他指出：只有思想解放了，我们才能正确地以马列主义、毛泽东思想为指导，解决过去遗留的问题，解决新出现的一系列问题。一个党，一个国家，一个民族，如果一切从本本出发，思想僵化，迷信盛行，那它就不能前进，它的生机就停止了，就要亡党亡国。他告诫全党：再不实行改革，我们的现代化事业和社会主义事业就会被葬送。在中国面临向何处去的重大历史关头，这篇讲话是开辟新时期新道路的宣言书，实际上成为随后召开的中共十一届三中全会的主题报告。

1978 年 12 月 18 日至 22 日，中共十一届三中全会在北京召开。这次会议开始全面认真纠正“文化大革命”中及其以前的“左”倾错

误，坚决地批判了“两个凡是”的错误方针，充分肯定了必须完整、准确地掌握毛泽东思想的科学体系，高度评价了关于真理标准的讨论，确定了解放思想、开动脑筋、实事求是、团结一致向前看的指导方针，果断停止使用“以阶级斗争为纲”的口号，作出了把党和国家工作中心转移到经济建设、实行改革开放的历史性决策。

30 年后，胡锦涛是这样来评价和描述这次深刻影响着 20 世纪 80 年代以来中国历史发展的重要会议的：“党的十一届三中全会标志着我们党重新确立了马克思主义的思想路线、政治路线、组织路线，标志着中国共产党人在新的历史条件下的伟大觉醒，显示了我们党顺应时代潮流和人民愿望、勇敢开辟建设社会主义新路的坚强决心。在党的十一届三中全会春风吹拂下，神州大地万物复苏、生机勃发，拨乱反正全面展开，解决历史遗留问题有步骤进行，社会主义民主法制建设走上正轨，党和国家领导制度和领导体制得到健全，国家各项事业蓬勃发展。我们伟大的祖国迎来了思想的解放、经济的发展、政治的昌明、教育的勃兴、文艺的繁荣、科学的春天。党和国家又充满希望、充满活力地踏上了实现社会主义现代化的伟大征程。”①

中共十一届三中全会标志着中国历史进入了改革开放和社会主义现代化建设的新时期。

为了进一步推动思想的解放，保证改革的社会主义方向，1978 年年底至 1979 年春，中央在北京召开了理论工作务虚会，邓小平在理论工作务虚会上作了重要讲话，明确提出坚持社会主义道路，坚持无产阶级专政，坚持共产党的领导，坚持马克思列宁主义、毛泽东思想，坚持四项基本原则，阐明了中国改革开放和现代化建设的社会主义方向。他还提出了“没有民主，就没有社会主义，就没有社会主义现代化”的著名论断。

1979 年 4 月，中共中央工作会议制定“调整、改革、整顿、提高”的八字方针，开始对国民经济进行调整，解决国民经济中一些

---

① 《十七大以来重要文献选编》(上)，中央文献出版社 2009 年版，第 789 页。

重大比例关系严重失调的问题和经济工作中急于求成的问题。经过两年努力，从 1981 年起，主要经济比例关系逐渐趋于合理，长期存在的积累率过高和农业、轻工业严重滞后的情况有了根本改变。中国国民经济开始走上正常发展的轨道。

1979 年 9 月 29 日，叶剑英在庆祝中华人民共和国成立 30 周年大会上的讲话中提出：要正确认识我国的社会主义还不成熟、不完善，经济文化还比较落后的实际，“要从中国的实际出发，认真研究经济规律和自然规律，努力走出一条适合我国情况和特点的实现现代化的道路”①。鼓励各地区都应当努力创造适合本地特点的具体形式、步骤和方法，去达到四个现代化的总目标。并要求“我们的一切工作，都要围绕现代化建设这个中心，为这个中心服务”②。叶剑英的这篇重要讲话是由之前召开中共十一届四中全会集体讨论通过的，反映的是中共中央集体的思想。这是新时期中国共产党第一次向全国人民宣布“要努力走出一条适合我国情况和特点的实现现代化的道路”。

在中国共产党力倡改革开放和现代化建设的大背景下，广大人民群众的创造性被极大地激活，经济体制改革首先在农村取得重大突破。以安徽、四川等地农民自发地实行土地承包责任制为开端，中共中央通过一系列文件，确定农村以实行家庭联产承包责任制为核心内容的改革方案，极大地调动了农民的生产积极性，农村面貌开始发生深刻变化。农村改革推动城市的改革，城市的经济体制改革从改革经济管理体制、扩大基层单位的自主权入手，在所有制方面开始走出过去追求单一公有制的误区。

经济改革推动对外开放，中国实行对外开放战略方针的第一个重大举措是创办经济特区作为对外开放的窗口和改革的试验场。1979 年 7 月，中共中央、国务院批转广东省委、福建省委关于对

---

① 叶剑英：《在庆祝中华人民共和国成立 30 周年大会上的讲话》，《人民日报》1979 年 9 月 30 日。

② 叶剑英：《在庆祝中华人民共和国成立 30 周年大会上的讲话》，《人民日报》1979 年 9 月 30 日。

外经济活动实行特殊政策和灵活措施的报告，决定先在深圳、珠海试办出口特区，待取得经验后，再考虑在汕头和厦门设置特区。1980年5月，中共中央、国务院批转《广东、福建两省会议纪要》，正式将“出口特区”改名为“经济特区”。同年8月，国务院决定在广东省的深圳、珠海、汕头和福建省的厦门设置经济特区。经济特区采取来料加工装配、补偿贸易、合作经营以及外商独资经营等多种形式，吸收外资，学习国外的先进技术和管理方法。

十一届三中全会后，党和国家的政治生活也开始正常化。平反冤假错案和解决历史遗留问题，使各方面的社会政治关系得到了调整。社会主义法制建设开始受到重视，1979年7月，全国人大五届二次会议通过了《地方各级人民代表大会和地方各级人民政府组织法》和《全国人民代表大会和地方各级人民代表大会选举法》，规定县以上地方各级人民代表大会设立常务委员会，地方各级革命委员会改为人民政府，县人民代表大会代表由选民直接选举。同时还通过了《中华人民共和国刑法》、《中华人民共和国刑事诉讼法》、《中华人民共和国中外合资经营企业法》等法律。1979年9月至1980年6月，各省、市、自治区先后召开人民代表大会，选举产生了人大常委会和人民政府，各级“革命委员会”退出了历史舞台。此后，全国2000多个县陆续设立了人大常委会，至1981年春，在全国范围内进行了县级人大代表的直接选举，扩大了人民的民主权利。中国共产党的自身建设也得到加强，中央和地方各级党委恢复了党的纪律检查委员会。1980年2月，党的十一届五中全会通过《关于党内政治生活的若干准则》，并决定恢复中共八大规定的党的集体领导制度，建立了中央书记处、中央政治局和中央政治局常委三个层次的集体领导制度。这是中国共产党领导制度改革的开端。

基于对“文化大革命”经验教训的总结，党和国家领导制度的改革被摆在政治体制改革的突出地位。在1980年8月18日召开的中央政治局扩大会议上，邓小平作了《党和国家领导制度的改革》的重要讲话，提出党和国家领导制度改革的重点主要是解决权力过分集中、党政不分、以党代政和干部领导职务终身制的问题。这是一份对于中国政治体制改革具有重要指导意义的纲领性文件。

1981年6月，中共十一届六中全会通过《关于建国以来党的若干历史问题的决议》，总结新中国成立以来的历史经验和教训，实事求是地评价了毛泽东和毛泽东思想的历史地位。这次全会的召开和决议的通过，标志着中国共产党在指导思想上拨乱反正的任务胜利完成。

（二）走自己的路，建设有中国特色的社会主义

1982年9月1日至11日，中国共产党第十二次全国代表大会召开。大会的主题是“全面开创社会主义现代化建设的新局面”，大会明确提出了“建设有中国特色的社会主义”的口号，指出党在新时期的总任务是：团结全国各族人民，自力更生，艰苦奋斗，逐步实现工业、农业、国防和科学技术四个现代化，把中国建设成为高度文明、高度民主的社会主义国家。这次大会还对中共中央的领导体制进行了调整，中共中央不再设主席，只设总书记，同时设立中央顾问委员会和中央纪律检查委员会。大会选举胡耀邦为中共中央总书记、邓小平为中央顾问委员会主任、陈云为中央纪委检查委员会第一书记，邓小平成为中国共产党第二代中央领导集体的核心。

为适应改革开放和社会主义现代化建设事业的发展，1982年12月的第五届全国人民代表大会第五次会议通过了《中华人民共和国宪法》，这部宪法以四项基本原则为指导思想，公民的基本权利得到了高度重视，宪法在国家政治生活中的最高权威性和法治的重要性得到了确立。新宪法规定中华人民共和国设国家主席和副主席，国家领导人连续任职不得超过两届。国家设立中央军事委员会，领导全国武装力量。

党的十二大以后，农村的家庭联产承包责任制迅速推向全国，极大地解放了农业生产力。1983年10月，中共中央、国务院联合发出《实行政社分开，建立乡政府的通知》，取消人民公社，建立乡(镇)政府作为基层政权，同时成立村民委员会作为群众性自治

组织。在中国存在了20多年的人民公社体制被废除，为农村经济发展创造了条件。1985年后，又取消实行了30多年的农副产品统购派购政策，国家不再向农民下达指令性的生产计划，使农村经济进入有计划的商品经济的轨道，逐步向专业化、商品化、现代化方向发展。乡镇企业异军突起，一批新型中小城镇随之出现，开辟了农村致富和逐步实现现代化的新路。

1984年6月30日，邓小平在会见第二次中日民间人士会议日方委员会代表团的谈话中，在总结党的十一届三中全会以来对外开放、对内搞活经济的实践经验的基础上，正式提出了“建设有中国特色的社会主义的道路”的概念。他说：“在中国现在落后的状态下，走什么道路才能发展生产力，才能改善人民生活？……总的来说，这条道路叫做建设有中国特色的社会主义的道路。我们相信，这条道路是可行的，是走对了。”①

在农村改革的推动下，城市的经济体制改革试点逐步扩大，要求全面改革的呼声日益强烈。1984年10月，中共十二届三中全会通过了《中共中央关于经济体制改革的决定》。决定总结了新中国成立以来，特别是十一届三中全会以来经济体制改革的经验，阐明了加快以城市为重点的整个经济体制改革的必要性、紧迫性，规定了改革的方向、性质和任务，明确提出：改革是社会主义制度的自我完善，改革的基本任务是建立起具有中国特色的、充满生机和活力的社会主义经济体制。决定指出：社会主义经济是公有制基础上有计划的商品经济，商品经济的充分发展是社会主义经济发展不可逾越的阶段，是实现我国现代化的必要条件；我国应建立以公有制为主体、多种经济成分并存的所有制结构，实行以按劳分配为主、其他分配形式为辅的分配方式。这个决定是推动中国经济体制全面改革的纲领性文件。

此后，经济体制改革的重点由农村转向城市。国家对经济的计划管理权限逐步下放，国家宏观调控得到调整与改进，国营企业改

---

① 《改革开放三十年重要文献选编》(上)，中央文献出版社2008年版，第336页。

革深化，企业生产经营自主权进一步扩大。在坚持公有制经济主体地位的基础上，多种经济成分共同发展，所有制结构发生了很大改变。

科技和教育体制的改革也开始展开。1985 年 3 月，中共中央作出《关于科学技术体制改革的决定》；同年 5 月，作出《关于教育体制改革的决定》。1986 年 4 月，全国人大通过《中华人民共和国义务教育法》。这些举措推动了科技、教育事业的发展。

在全面推进城乡改革的同时，对外开放逐步形成由沿海地区向内地滚动的格局。1984 年 5 月，党中央和国务院决定，再开放大连、秦皇岛、天津、烟台、青岛、连云港、南通、上海、宁波、温州、福州、广州、湛江、北海 14 个沿海港口城市，逐步兴办经济技术开发区，加快利用外资、引进先进技术的步伐。从 1985 年起，又相继在长江三角洲、珠江三角洲、闽东南地区和环渤海地区开辟经济开放区，批准海南建省并成为经济特区。开放地域的扩大为进一步发展经济创造了条件。至此，全国形成经济特区——沿海开放城市——沿海经济开放区——内地这样一个多层次、有重点、点面结合的对外开放格局。

随着改革开放的全面展开，加强社会主义精神文明建设的任务被进一步提上了日程。1986 年 9 月，中共十二届六中全会作出《关于社会主义精神文明建设指导方针的决议》，阐述了社会主义精神文明建设的战略地位、根本任务和指导方针，提出社会主义精神文明建设的根本任务是适应社会主义现代化建设的需要，培养有理想、有道德、有文化、有纪律的社会主义公民，提高整个中华民族的思想道德素质和科学文化素质。在这次会议上，邓小平还提出必须反对资产阶级自由化，以保证安定团结的政治局面。没有一个安定团结的政治局面，就不可能集中力量搞建设。

随着对外开放的深入，中国和世界的联系越来越密切，邓小平对世界格局和国际形势做出了科学判断，明确提出和平与发展是当今世界的两大主题。基于这一判断，中国的外交方针、政策也进行了重要调整。对于一切国际事务，都从中国人民和世界人民的根本利益出发，独立自主地决定自己的立场和政策。按照这样的方针，中国在坚定维护国家独立和主权的同时，开展积极的双边和多边外交活动，广泛参与各种国际组织，增进对外交流与合作，改善和发展了同世界许多国家的关系。外交政策的调整，使中国可以有效地利用和平的国际环境，一心一意地进行改革开放和现代化建设。

（三）探索中国特色社会主义道路的严峻考验

1987 年 10 月 25 日至 11 月 1 日，中国共产党第十三次全国代表大会召开，这次会议是探索中国特色社会主义道路的一个重要里程碑。

中共十三大最突出的贡献是提出并系统阐述了社会主义初级阶段理论和中国共产党在社会主义初级阶段的基本路线。大会指出，我国正处在社会主义的初级阶段，这是我国在生产力落后、商品经济不发达的条件下建设社会主义必然要经历的特定阶段。中国共产党在社会主义初级阶段的基本路线是：领导和团结全国各族人民，以经济建设为中心，坚持四项基本原则，坚持改革开放，自力更生，艰苦创业，为把我国建设成为富强、民主、文明的社会主义现代化国家而奋斗。

大会确定了“三步走”的经济发展战略。第一步，实现国民生产总值比 1980 年翻一番，解决人民的温饱问题，这个任务已经基本实现；第二步，到 20 世纪末，使国民生产总值再增长一倍，人民生活达到小康水平；第三步，到 21 世纪中叶，人均国民生产总值达到中等发达国家水平，人民生活比较富裕，基本实现现代化。“三步走”的发展战略，既具有雄心壮志又坚持实事求是，以提高人民生活水平为出发点和归宿，注重了经济与社会的全面协调发展，是指导全党和全国人民建设中国特色社会主义的行动纲领。这使社会主义现代化建设有了近期和中长期的奋斗目标。

十三大还对经济体制改革和政治体制改革进行了全面部署：提出社会主义有计划商品经济的体制应该是计划与市场内在统一的体制，并提出要逐步建立有计划商品经济新体制的基本框架；提出政治体制改革的长远目标是建立高度民主、法制完备、富有效率、充满活力的社会主义政治体制，近期目标是建立有利于提高效率、增强活力和调动各方面积极性的领导体制；并从党政分开、权力下放、改革政府工作机构、改革干部人事制度、建立社会协商对话制度、完善民主政治的若干制度、加强社会主义法制等方面，规划了近期政治体制改革的具体措施。

1988 年 3 月召开的全国人大七届一次会议对 1982 年宪法进行了第一次修改，主要内容是适应中国经济体制改革和经济发展的需要，明确规定：国家允许私营经济在法律规定的范围内存在和发展。私营经济是对社会主义公有制经济的补充。国家保护私营经济的合法权利和利益，对私营经济实行引导、监督和管理。

从 1984 年到 1988 年，在经济快速发展的同时，也暴露出一些问题：经济发展过热，重复建设严重，出现了明显的通货膨胀，物价大幅度上涨。在这种情况下，1988 年夏季，又不适当地决定全面推进物价改革，结果诱发了全国性的抢购风潮，使经济秩序陷入混乱局面。1988 年 9 月，中共十三届三中全会提出治理经济环境、整顿经济秩序、全面深化改革的方针。国务院相继出台一系列治理整顿的措施，压缩投资和消费需求，加强对物价的调控和管理，整顿经济生活特别是流通领域中的各种混乱现象。

1989 年春夏之交发生的政治风波使改革开放和经济建设的进程受到严重干扰。关键时刻，中共中央政治局在邓小平和其他老一辈革命家坚决有力的支持下，采取果断措施平息了这场政治风波。1989 年 6 月召开的中共十三届四中全会调整了中共中央主要领导人，选举江泽民为中共中央总书记，并强调要继续坚决执行党的十一届三中全会以来的路线、方针和政策。同年 11 月召开的中共十三届五中全会接受邓小平辞去中共中央军事委员会主席职务的请求，由江泽民任中共中央军事委员会主席，并通过了《中共中央关于进一步治理整顿和深化改革的决定》。从十三届四中全会到五中全会，以邓小平为核心的第二代中央领导集体和以江泽民为核心的第三代中央领导集体顺利实现了交接，保证了党的政策的稳定性、连续性和国家的稳定，使社会主义改革开放和现代化建设能够继续推进。

中共十三届五中全会后，治理整顿工作重新提上日程。经过努力，到 1991 年年底，投资和消费需求双膨胀的局面有所缓解，通货膨胀得到控制，流通领域的混乱现象得到治理，经济秩序有所好转。治理整顿工作取得了显著成效。在此期间，许多领域的改革都有新的进展。在政治领域，1989 年 12 月，中共中央颁布了《关于坚持和完善中国共产党领导的多党合作和政治协商制度的意见》，第一次明确了民主党派的参政党属性，要求进一步发挥民主党派参政议政、民主监督的作用。在经济领域，1990 年 6 月，中共中央和国务院作出开放和开发上海浦东的决策；同年 9 月，国务院批准建立上海浦东外高桥保税区。

1990 年年底，“七五”计划胜利完成。当年国民生产总值达到 17400 亿元，国民收入达到 14300 亿元，均超过计划规定的指标。全国绝大多数地区解决了温饱问题，开始向小康社会过渡。这意味着，十三大确定的经济发展“三步走”战略的第一步目标已经提前实现。1990 年 12 月，中共十三届七中全会提出《中共中央关于制定国民经济和社会发展十年规划和“八五”计划的建议》，并在 1991 年 3 月召开的全国人大七届四次会议上正式审议通过。中国的社会主义现代化建设将进入一个新的发展阶段。

二、坚持走中国特色社会主义道路

20 世纪 80 年代末 90 年代初，随着东欧剧变，社会主义运动陷入空前的低谷。中国共产党带领全国人民顶住各种压力，排除“左”倾、右倾错误思想的干扰，坚持以经济建设为中心，坚持改革开放，坚持四项基本原则，继续探索中国特色社会主义道路。

（一）改革开放进入新阶段

1992 年 1 月 18 日至 2 月 21 日，邓小平先后视察武昌、深圳、珠海、上海等地，集中发表了他对改革开放和中国特色社会主义一些重大问题的看法①：

(1)中国只要不搞社会主义，不搞改革开放、发展经济，不逐步地改善人民生活，走任何一条路，都是死路。要坚持党的十一届三中全会以来的路线、方针、政策，关键是坚持“一个中心，两个基本点”，基本路线要管一百年，动摇不得；改革开放胆子要大一些，看准了的，就大胆地试，大胆地闯，判断的标准，应该主要看是否有利于发展社会主义社会的生产力，是否有利于增强社会主义国家的综合国力，是否有利于提高人民的生活水平。

(2)计划多一点还是市场多一点，不是社会主义与资本主义的本质区别。社会主义的本质，是解放生产力，发展生产力，消灭剥削，消除两极分化，最终达到共同富裕。社会主义要赢得与资本主义相比较的优势，就必须大胆吸收和借鉴人类社会创造的一切文明成果，包括当今资本主义发达国家的一切反映现代社会化生产规律的先进经营方式和管理方法。中国要警惕右，但主要是防止“左”。

(3)要抓住时机，发展自己，关键是发展经济。发展才是硬道理。必须依靠科技和教育，经济发展才能快一点。要坚持两手抓，一手抓改革开放，一手抓打击各种犯罪活动。两只手都要硬。在整个改革开放过程中必须始终坚持四项基本原则，必须反对腐败，廉政建设要作为大事来抓。

(4)中国的事情能不能办好，从一定意义上说，关键在人，说到底，关键是我们共产党内部要搞好。社会主义经历一个长过程发展后必然代替资本主义。这是社会历史发展不可逆转的总趋势。一些国家出现严重曲折，社会主义好像被削弱了，但人民经受锻炼，吸取教训，将促使社会主义向着更加健康的方向发展。我们搞社会主义才几十年，还处在初级阶段。巩固和发展社会主义，需要几代人、十几代人，甚至几十代人坚持不懈地努力奋斗。从现在起到下世纪中叶，将是很要紧的时期，我们要埋头苦干。

邓小平在南方讲话中阐述的这一系列重要思想，是对改革开放10多年历史经验的总结，科学地回答了多年来经常困扰和束缚人

---

① 《邓小平文选》第3卷，人民出版社1993年版，第370~383页。

们思想的许多重大认识问题，把对中国特色社会主义的认识推进到了一个新的阶段。

在 20 世纪中国历史发展的重大节点上，1992 年 10 月 12 日至 18 日，中国共产党召开了第十四次全国代表大会，作了《加快改革开放和现代化建设步伐，夺取有中国特色社会主义事业的更大胜利》的报告。中共十四大报告首次使用“邓小平建设有中国特色社会主义的理论”的提法，并明确了其在全党的指导地位和用这一理论武装全党的战略任务，全面阐述了这一理论的九条主要内容，比较系统地初步回答了在中国这样经济文化比较落后的国家建设什么样的社会主义、如何建设社会主义的一系列基本问题。

十四大明确提出我国经济体制改革的目标是建立社会主义市场经济体制，社会主义市场经济体制就是在公有制经济为主体的基础上，既发挥市场机制在资源配置中的基础性作用，又实行有效的宏观经济调控的一种经济体制。这是社会主义经济理论的重大突破。

大会还作出了抓住机遇、加快发展，集中精力把经济建设搞上去的决策和战略部署，要求全党进一步解放思想，加快改革开放的步伐，到 20 世纪末，使国民经济整体素质和综合国力迈上一个新的台阶，人民生活由温饱进入小康。

以邓小平发表南方谈话和中共十四大召开为标志，中国的改革开放和现代化建设事业进入从计划经济体制向社会主义市场经济体制转变的新阶段，中国经济也进入日新月异的高速发展阶段。

1993 年 11 月，中共十四届三中全会通过的《中共中央关于建立社会主义市场经济体制若干问题的决定》，把党的十四大确定的经济体制改革的目标和基本原则加以系统化、具体化，是中国建立社会主义市场经济体制的总体规划。该决定指出：社会主义市场经济是同社会主义基本制度结合在一起的，建立社会主义市场经济体制，就是要使市场在国家宏观调控下对资源配置起基础性作用。为实现这个目标，必须坚持以公有制为主体、多种经济成分共同发展的方针，进一步转换国有企业经营机制，建立适应市场经济要求，产权清晰、权责明确、政企分开、管理科学的现代企业制度。近期的改革目标是要在财税、金融、投资和计划体制的改革方面迈出重大步伐。这个决定勾画了社会主义市场经济体制的基本框架，规定了国有企业改革的基本方向，此后，国有企业改革按照建立现代企业制度的总思路，从“产权清晰、责权明确、政企分开、管理科学”四个方面整体推进。

1995 年 9 月，中共十四届五中全会通过《中共中央关于制定国民经济和社会发展“九五”计划和 2010 年远景目标的建议》，提出“九五”期间国民经济和社会发展的主要奋斗目标为：全面完成现代化建设的第二步战略部署，到 2000 年，在人口数量将比 1980 年增长 3 亿左右的情况下，实现人均国民生产总值比 1980 年“翻两番”；基本消除贫困现象，人民生活达到小康水平；加快现代企业制度的建设，初步建立社会主义市场经济体制。2010 年国民经济和社会发展的主要奋斗目标是：实现国民生产总值比 2000 年“翻一番”，使人民的小康生活更加宽裕，形成比较完善的社会主义市场经济体制。

1996 年 10 月，中共十四届六中全会通过《中共中央关于社会主义精神文明建设若干重要问题的决议》，指出：社会主义社会是全面发展、全面进步的社会，社会主义现代化事业是物质文明和精神文明协调发展的事业。我们进行的精神文明建设，是以经济建设为中心、坚持四项基本原则和坚持改革开放的精神文明建设，是继承发扬优良传统而又充分体现时代精神、立足本国而又面向世界的精神文明建设。提出今后 15 年社会主义精神文明建设的主要目标是：在全民族牢固树立建设有中国特色社会主义的共同理想，牢固树立坚持党的基本路线不动摇的坚定信念；实现以思想道德修养、科学教育水平、民主法制观念为主要内容的公民素质的显著提高，以积极健康、丰富多彩、服务人民为主要要求的文化生活质量的显著提高，以社会风气、公共秩序、生活环境为主要标志的城乡文明程度的显著提高；在全国范围形成物质文明建设和精神文明建设协调发展的良好局面。

这一切表明，在经历了 1989 年至 1992 年的三年曲折发展之后，中国的改革开放已经进入到一个快速发展的新阶段，中国特色社会主义建设在各方面都表现出良好的发展势头。

(二)中国特色社会主义的跨世纪发展

1997年2月19日，中国社会主义改革开放和现代化建设的总设计师，中国特色社会主义道路的开创者邓小平逝世，中国能否继续沿着他开辟的中国特色社会主义道路前进，举世关注。

在中国改革开放和社会主义现代化建设发展的关键时刻，1997年9月12日至18日，中国共产党第十五次全国代表大会在北京召开。中共十五大的主题是高举邓小平理论伟大旗帜，把建设有中国特色社会主义事业全面推向21世纪，旗帜鲜明地回答了中国未来发展举什么旗、走什么路的问题。

中共十五大把邓小平理论同马克思列宁主义、毛泽东思想一道确立为党的指导思想，并对邓小平理论作了科学的概括，指出：作为毛泽东思想的继承和发展的邓小平理论，是指导中国人民在改革开放中胜利实现社会主义现代化的正确理论，是马克思主义在中国发展的新阶段，是当代中国的马克思主义。邓小平理论围绕"什么是社会主义，怎样建设社会主义"的根本问题，第一次比较系统地初步回答了关于中国社会主义的发展道路、发展阶段、根本任务、发展动力、外部条件、政治保证、战略步骤、领导和依靠力量以及祖国统一等的一系列基本问题，指导中国共产党制定了社会主义初级阶段的基本路线。它是贯通哲学、政治经济学、科学社会主义等领域，涵盖经济、政治、科技、教育、文化、民族、军事、外交、统一战线、党的建设等方面的比较完备的科学体系，又是需要从各方面进一步丰富发展的科学体系。

中共十五大分析了社会主义初级阶段的基本特征，指出：社会主义初级阶段是逐步摆脱不发达状态，基本实现社会主义现代化的历史阶段，是在社会主义基础上实现中华民族伟大复兴的历史阶段。阐明了建设有中国特色社会主义的经济、政治和文化的基本目标和基本政策，形成了党在社会主义初级阶段的基本纲领。大会将坚持公有制为主体、多种所有制经济共同发展，坚持按劳分配为主体、多种分配方式并存，确定为我国在社会主义初级阶段的基本经济制度和分配制度。确立了依法治国，建设社会主义法治国家的基本治国方略。

中共十五大后，改革开放和社会主义现代化建设在经受各种风险考验中向前推进。

1997 年爆发的亚洲金融危机，对中国经济产生了严重冲击。中国共产党和中国政府冷静分析，积极应对，采取了一系列的积极政策，在坚持人民币不贬值的同时，通过努力扩大内需，刺激经济增长的政策，保持了国内经济的健康和稳定增长，并积极参与和推动地区和国际金融合作，对缓解亚洲经济紧张形势、带动亚洲经济复苏发挥了重要作用。这一场金融危机也给快速发展的中国敲响了警钟：在市场经济和全球化的背景下，如何维护国家的金融安全？

1998 年，长江、嫩江、松花江等流域发生历史上罕见的特大洪灾，全国共有 29 个省、自治区、直辖市遭受不同程度的洪涝灾害，在这场同洪水的搏斗中，中国共产党和中国人民展示出万众一心、众志成城，不怕困难、顽强拼搏，坚韧不拔、敢于胜利的伟大抗洪精神。

1999 年，国际上发生了以美国为首的北大西洋集团袭击中国驻前南斯拉夫大使馆事件；在台湾，李登辉抛出蓄意分裂中国领土和主权的“两国论”，引发海峡两岸关系的危机；在中国大陆，“法轮功”邪教组织策划非法聚众闹事事件。面对接踵而来的各种风险，中共中央、国务院冷静分析、正确把握、果断决策，经受住了严峻的考验，在困难的条件下，保证了改革开放和现代化建设朝着正确的方向前进。在应对各种风险的同时，为推进中国特色社会主义的持续发展，中国共产党提出了一系列具有深远意义的发展战略，如可持续发展战略、科教兴国战略、人才强国战略、西部大开发战略等，并积极融入经济全球化的进程，在经过长达 15 年的艰苦谈判后，中国自 2001 年 12 月 11 日开始，正式加入世界贸易组织，标志着对外开放进入一个新的阶段。

祖国统一的大业取得实质性的推进，是改革开放以来最重要的事件之一。完成祖国和平统一大业，是中华民族的根本利益所在，是中华民族和包括台湾同胞、港澳同胞、海外侨胞在内的全体中国人民的共同愿望，是实现中华民族伟大复兴中国梦的应有之义，是中国共产党和中国人民的神圣使命。1979 年元旦，全国人大常务委员会发表《告台湾同胞书》，公布台湾回归祖国、实现祖国统一的大政方针，标志着对台方针政策的重大转变。1981 年 9 月 30 日，全国人大常务委员会委员长叶剑英发表《关于台湾回归祖国实现和平统一的方针政策》的谈话，提出台湾回归祖国、实现和平统一的九条方针。邓小平进一步阐述了“一国两制”的构想：在一个中国的前提下，国家的主体坚持社会主义制度，香港、澳门、台湾是中华人民共和国不可分离的部分，它们作为特别行政区保持原有的资本主义制度长期不变。在国际上代表中国的，只能是中华人民共和国。这个构想创造性地发展了马克思主义国家学说。1984 年 5 月，全国人大六届二次会议正式将“一国两制”确立为一项基本国策。根据“一国两制”的设想，中国政府先后同英国政府和葡萄牙政府举行谈判，并分别于 1984 年 12 月和 1987 年 4 月签署了中英《关于香港问题的联合声明》和中葡《关于澳门问题的联合声明》。1997 年 7 月 1 日，中英两国政府举行香港交接仪式，宣告中国对香港恢复行使主权，中华人民共和国香港特别行政区政府成立。1999 年 12 月 20 日，中葡两国政府举行澳门交接仪式，中国恢复对澳门行使主权，中华人民共和国澳门特别行政区成立。香港、澳门的回归，使“一国两制”从构想变为现实，标志着祖国统一大业向前迈出了重要一步。

中国大陆与台湾的经济技术合作与交流也得到了加强。从 1979 年开始，大陆方面即对台湾产品开放市场，并给予免税、减税等优惠待遇，两岸贸易不断发展。1987 年，台湾当局开放台湾同胞赴大陆探亲。1992 年 10 月，大陆海峡两岸关系协会与台湾海峡交流基金会举行会谈，达成“九二共识”，其核心内容是“海峡两岸均坚持一个中国原则”。1993 年 4 月，海峡两岸关系协会会长汪道涵与台湾海峡交流基金会的董事长辜振甫在新加坡举行会谈，即第一次“汪辜会谈”，标志着两岸关系发展迈出了历史性的一步。1995 年 1 月，发表《为促进祖国统一大业的完成而继续奋斗》的重要讲话，提出现阶段发展两岸关系、推进祖国和平统一的八项主张，成为新阶段中国共产党和中央政府解决台湾问题的纲领性文件。1997 年 4 月，福州、厦门和高雄间的海上试点直航开始运行。两岸往来日渐频繁，民间交流不断扩大，经贸合作蓬勃发展。

中国特色社会主义事业的发展和世纪之交世情、国情、党情的新变化，对中国共产党的自身建设提出了更高的要求。中共中央在继续抓好经济建设的同时，高度重视党的自身建设。坚持党要管党、从严治党的方针，围绕提高党的领导水平和执政水平、提高拒腐防变和抵御风险能力两大历史性课题，全面推进党的建设新的伟大工程。1994 年 9 月，中共十四届四中全会通过《关于加强党的建设几个重大问题的决定》，从坚持和健全民主集中制、加强和改进党的基层组织建设、培养和选拔德才兼备的领导干部等方面对党的建设几个重大问题作了具体部署。1998 年 11 月，中共中央发出《关于在县级以上党政领导班子、领导干部中深入开展以"讲学习、讲政治、讲正气"为主要内容的党性党风教育的意见》。随后在全党开展了历时近两年的"三讲"教育活动，使各级领导干部普遍受到了一次深刻的马克思主义教育，党的思想、政治、组织、作风建设明显加强。

2000 年 2 月，江泽民在广东考察工作时提出"三个代表"重要思想。他指出："总结我们党七十多年的历史，可以得出一个重要的结论，这就是：我们党所以赢得人民的拥护，是因为我们党在革命、建设、改革的各个历史时期，总是代表着中国先进生产力的发展要求，代表着中国先进文化的前进方向，代表着中国最广大人民的根本利益。"①同年 5 月，江泽民在江苏、浙江、上海党建工作座谈会的讲话中，又进一步把"三个代表"重要思想作为中国共产党的立党之本、执政之基、力量之源。2001 年 7 月 1 日，江泽民在庆祝中国共产党成立 80 周年大会上的讲话中，系统阐述"三个代表"重要思想的科学内涵和基本内容。"三个代表"重要思想的提出，为中国特色社会主义的跨世纪发展作了重要的理论准备。

---

① 《十五大以来重要文献选编》(中)，人民出版社 2001 年版，第 1139 页。

2001年9月，中共十五届六中全会通过《关于加强和改进党的作风建设的决定》，全面分析了进入新世纪党面临的新形势新任务，深刻指出，执政党的党风，关系党的形象，关系人心向背，关系党和国家的生死存亡。全党同志要居安思危，增强忧患意识，充分认识加强和改进党的作风建设的重要性，把加强和改进党的作风建设放在更加突出的位置，切实抓紧抓好。明确了新形势下加强和改进党的作风建设的指导思想、主要任务和具体措施，提出必须按照“八个坚持、八个反对”的要求：坚持解放思想、实事求是，反对因循守旧、不思进取；坚持理论联系实际，反对照抄照搬、本本主义；坚持密切联系群众，反对形式主义、官僚主义；坚持民主集中制原则，反对独断专行、软弱涣散；坚持党的纪律，反对自由主义；坚持清正廉洁，反对以权谋私；坚持艰苦奋斗，反对享乐主义；坚持任人唯贤，反对用人上的不正之风。紧紧围绕保持党同人民群众的血肉联系这个核心问题，把党的作风建设提高到一个新的水平。

（三）“开创中国特色社会主义事业新局面”

当人类社会跨入21世纪的时候，中国进入全面建设小康社会、加快推进社会主义现代化建设的新的发展阶段。2001年，中国国内生产总值达到95900多亿元，比1989年增长近两倍，经济总量已居世界第六位，人民生活总体上实现了由温饱到小康的历史性跨越。“这是社会主义制度的伟大胜利，是中华民族发展史上一个新的里程碑。”①

2002年11月8日至14日，中国共产党第十六次全国代表大会召开。大会高度评价“三个代表”重要思想的历史地位和重要作用，把“三个代表”重要思想同马克思列宁主义、毛泽东思想、邓小平理论一道确立为我们党必须长期坚持的指导思想，并写入了党章，

① 《十六大以来重要文献选编》（上），中央文献出版社2005年版，第14页。

实现了中国共产党指导思想的又一次与时俱进。大会阐明了全面贯彻“三个代表”重要思想的根本要求，强调关键在坚持与时俱进，核心在坚持党的先进性，本质在坚持执政为民。

十六大总结了改革开放以来党领导人民建设中国特色社会主义的基本经验：坚持以邓小平理论为指导，不断推进理论创新；坚持以经济建设为中心，用发展的办法解决前进中的问题；坚持改革开放，不断完善社会主义市场经济体制；坚持四项基本原则，发展社会主义民主政治；坚持物质文明和精神文明两手抓，实行依法治国和以德治国相结合；坚持稳定压倒一切的方针，正确处理改革、发展、稳定的关系；坚持党对军队的绝对领导，走中国特色的精兵之路；坚持团结一切可以团结的力量，不断增强中华民族的凝聚力；坚持独立自主的和平外交政策，维护世界和平与促进共同发展；坚持加强和改善党的领导，全面推进党的建设新的伟大工程。这十条经验集中体现了中国共产党在中国特色社会主义实践中形成的重大认识和重大方针，同党的基本理论、基本路线、基本纲领一道，构成了中国特色社会主义道路的基本内容。

大会明确提出了全面建设小康社会的奋斗目标，并指出，21 世纪头 20 年，对我国来说，是一个必须紧紧抓住并且可以大有作为的重要战略机遇期。我们要在 21 世纪头 20 年，集中力量，全面建设惠及十几亿人口的更高水平的小康社会，使经济更加发展、民主更加健全、科教更加进步、文化更加繁荣、社会更加和谐、人民生活更加殷实。强调这是实现现代化建设第三步战略目标必经的承上启下的发展阶段，也是完善社会主义市场经济体制和扩大对外开放的关键阶段。经过这个阶段的建设，再继续奋斗几十年，到 21 世纪中叶基本实现现代化，把我国建成富强、民主、文明的社会主义国家。大会还对全面建设小康社会作出了一系列重大部署。

十六大以后，面对复杂多变的国际环境和艰巨繁重的改革发展任务，中国共产党团结带领全国各族人民，高举邓小平理论和“三个代表”重要思想伟大旗帜，战胜各种困难和风险，开创了中国特色社会主义事业新局面。

2003 年春，一场突如其来的“非典”疫情灾害考量了中国政府应对突发公共事件的能力，抗击“非典”疫情灾害的经验也促使中国共产党和中国政府深刻反思经济社会发展方式问题。2003 年 7 月，在全国抗击“非典”总结大会上，时任中共中央总书记胡锦涛在会上阐述了加强经济社会协调发展、统筹城乡经济社会发展的思想。在同年 10 月召开的中共十六届三中全会上，胡锦涛正式提出了坚持以人为本、全面协调可持续发展的科学发展观。其后，他在 2004 年 3 月召开的中央人口资源环境工作座谈会上对科学发展观的内涵作了系统的阐述，他指出：坚持以人为本，就是要以实现人的全面发展为目标，从人民群众的根本利益出发谋发展、促发展，不断满足人民群众日益增长的物质文化需要，切实保障人民群众的经济、政治和文化权益，让发展的成果惠及全体人民；全面发展，就是要以经济建设为中心，全面推进经济、政治、文化建设，实现经济发展和社会全面进步；协调发展，就是要统筹城乡发展、统筹区域发展、统筹经济社会发展、统筹人与自然和谐发展、统筹国内发展和对外开放，推进生产力和生产关系、经济基础和上层建筑相协调，推进经济、政治、文化建设的各个环节、各个方面相协调；可持续发展，就是要促进人与自然的和谐，实现经济发展的人口、资源、环境相协调，坚持走生产发展、生活富裕、生态良好的文明发展道路，保证一代接一代地永续发展。科学发展观立足于中国社会主义初级阶段基本国情和中国特色社会主义发展实践，同时，借鉴国外的发展经验，系统回答了为什么发展、实现什么样的发展这一根本性的问题。

为了进一步深化经济体制改革，2003 年 10 月召开的中共十六届三中全会，审议通过了《中共中央关于完善社会主义市场经济体制若干问题的决定》，指出：建成完善的社会主义市场经济体制，是党在新世纪新阶段作出的具有重大现实意义和深远历史意义的决策，是对全党新的重大考验。明确了完善社会主义市场经济体制的目标和主要任务，提出：要按照统筹城乡发展、统筹区域发展、统筹经济社会发展、统筹人与自然和谐发展、统筹国内发展和对外开放的要求，更大程度地发挥市场在资源配置中的基础性作用，为全面建设小康社会提供强有力的体制保障。按照全会的部署，农村税费改革、粮食流通体制改革、国有资产管理体制改革、投资体制改革、金融体制改革等各项改革有序推进。

2005年10月召开的中共十六届五中全会充分肯定我国改革、发展所取得的巨大成绩，指出“我们站在一个新的历史起点上”，同时也分析了面临的突出问题和严峻挑战，强调要高度重视这些矛盾和问题，做好克服各种困难和应对风险的充分准备。并提出要“加大改革攻坚力度，做好重点领域和关键环节的改革工作”①。会议审议通过了《中共中央关于制定国民经济和社会发展第十一个五年规划的建议》，提出了“十一五”期间的主要任务：(1)建设社会主义新农村。将社会主义新农村的目标和要求概括为生产发展、生活宽裕、乡风文明、村容整洁、管理民主二十个字；(2)推进经济结构调整和经济增长方式转变。强调要突出抓好三个方面：一是切实走新型工业化道路，加快产业结构优化升级。二是发展规模经济，实现规模效益。三是加快建设资源节约型、环境友好型社会。(3)促进区域协调发展。实施西部大开发，振兴东北地区等老工业基地，促进中部地区崛起，鼓励东部地区率先发展。(4)增强自主创新能力和加快科技教育发展。提出要把增强自主创新能力作为国家战略，致力于建设创新型国家。深入实施科教兴国战略和人才强国战略。(5)深化体制改革和提高对外开放水平。着力推进政府行政管理体制改革。坚持完善基本经济制度。推进财税金融体制改革。实施互利共赢的开放战略。(6)加强和谐社会建设。实施积极的就业政策，加快完善社会保障体系，合理调节收入分配，大力发展教育，丰富人民群众精神文化生活，提高人民群众健康水平。

以中共十六届五中全会为标志，中国的改革开始进入攻坚阶段。随着改革的不断深入，各种矛盾逐步集中暴露，改革的复杂性和艰巨性超出了先前的预期。改革越向深层推进，各方面、各领域的联动性就越强，而各方面改革能否协同配套推进，不仅制约着改革的进程，而且从根本上决定着改革的成效。在这一阶段，单项改

---

① 《十六大以来重要文献选编》(中)，中央文献出版社2006年版，第1045页，第1028~1029页。

革或纯粹意义上的经济体制改革已难以适应形势的需要，更需要统筹兼顾和涉及经济体制、社会管理体制、行政管理体制、文化管理体制等各方面的综合改革。为了推进改革的深化，中共十六届五中全会提出了进行综合配套改革试点的改革新思路：国家根据发展改革的实际需要，选择一些符合条件的地区开展综合配套改革试点工作，其主要目的是以试点地区为载体，把改革和发展有机结合起来，把解决本地实际问题与攻克面上共性难题结合起来，实现重点突破与整体创新，率先建立起完善的社会主义市场经济体制，为全国其他地区的综合改革起示范作用。以 2005 年国务院批准建立第一个综合配套改革试验区上海浦东新区为标志，中国的改革开始进入综合配套改革的阶段，到 2014 年已经先后建立了 12 个综合配套改革试验区。

中国特色社会主义事业的全面发展，要求执政党不断提高执政能力和领导能力，并始终保持党的先进性。2004 年 9 月，中共十六届四中全会审议通过了《中共中央关于加强党的执政能力建设的决定》，深刻阐述了加强党的执政能力建设的重要性和紧迫性，指出：进入新世纪新阶段，在机遇和挑战并存的国内外条件下，中国共产党要带领全国各族人民全面建设小康社会，实现继续推进现代化建设、完成祖国统一、维护世界和平与促进共同发展这三大历史任务，必须大力加强执政能力建设。这是关系中国社会主义事业兴衰成败、关系中华民族前途命运、关系党的生死存亡和国家长治久安的重大战略课题。只有不断解决好这一课题，才能保证中国共产党在建设中国特色社会主义的历史进程中始终成为坚强的领导核心。全会确定了当前和今后一个时期加强党的执政能力建设的主要任务和各项部署，要坚持把发展作为党执政兴国的第一要务，不断提高驾驭社会主义市场经济的能力，完善党领导经济工作的体制机制和方式；不断提高发展社会主义民主政治的能力，改革和完善党的领导方式；不断提高建设社会主义先进文化的能力，加强和改进思想政治工作；不断提高构建社会主义和谐社会的能力，妥善协调各方面的利益关系，推进社会管理体制创新；不断提高应对国际局势和处理国际事务的能力，增强同国际社会交往的本领，坚决维护国家安全。

中共十六届四中全会后，为了进一步加强党的执政能力建设，全面推进党的建设新的伟大工程，在中共中央的统一部署下，从2005年年初开始，在全党开始了以实践“三个代表”重要思想为主要内容的保持共产党员先进性教育活动，历时一年半，到2006年6月基本结束。保持共产党员先进性教育活动是中国共产党在新的历史条件下用发展着的马克思主义武装全党的一项重大举措，是加强党的执政能力建设和先进性建设的一次成功实践。

在深入学习贯彻科学发展观的实践中，党和政府更加关注社会建设。2004年9月召开中共十六届四中全会提出了构建社会主义和谐社会的战略任务，首次将社会建设纳入我国现代化建设的总体布局。2005年2月，胡锦涛在中央党校省部级主要领导干部专题研讨班上，对构建社会主义和谐社会的重大战略思想作了全面论述，深刻阐明了社会主义和谐社会的主要特征是民主法治、公平正义、诚信友爱、充满活力、安定有序、人与自然和谐相处。2006年10月，中共十六届六中全会审议通过了《中共中央关于构建社会主义和谐社会若干重大问题的决定》，指出：社会和谐是中国特色社会主义的本质属性，是国家富强、民族振兴、人民幸福的重要保证。构建社会主义和谐社会，是全面贯彻落实科学发展观，从中国特色社会主义事业总体布局和全面建设小康社会全局出发提出的重大战略任务，反映了建设富强、民主、文明、和谐的社会主义现代化国家的内在要求，体现了全党全国各族人民的共同愿望。目前，我国社会总体上是和谐的。但是，也存在不少影响社会和谐的矛盾和问题。人类社会总是在矛盾运动中发展进步的。构建社会主义和谐社会是一个不断化解社会矛盾的持续过程。我们要深刻认识我国发展的阶段性特征，科学分析影响社会和谐的矛盾和问题及其产生的原因，更加积极主动地正视矛盾、化解矛盾，最大限度地增加和谐因素，最大限度地减少不和谐因素，不断促进社会和谐。该决定强调，新世纪新阶段，我们党要带领人民抓住机遇、应对挑战，把中国特色社会主义伟大事业推向前进，必须坚持以经济建设为中心，把构建社会主义和谐社会摆在更加突出的地位。全会对构建社会主义和谐社会作了全面部署，提出了构建社会主义和谐社会的目标、主要任务和必须遵循的原则。该决定首次将“和谐”列入社会主义现代化建设的奋斗目标，号召全国各族人民“为把我国建设成为富强、民主、文明、和谐的社会主义现代化国家而奋斗”。

(四)为夺取全面建设小康社会新胜利而奋斗

2007 年 10 月 15 日至 21 日，中国共产党第十七次全国代表大会召开。大会的主题是：高举中国特色社会主义伟大旗帜，以邓小平理论和“三个代表”重要思想为指导，深入贯彻落实科学发展观，继续解放思想，坚持改革开放，推动科学发展，促进社会和谐，为夺取全面建设小康社会新胜利而努力奋斗。中共十七大回答了在改革发展关键阶段举什么旗、走什么路，以什么样的精神状态、朝着什么发展目标继续前进等重大问题，对继续推进改革开放和社会主义现代化建设、实现全面建设小康社会的宏伟目标作出了全面部署，对以改革创新精神全面推进党的建设新的伟大工程提出了明确要求。

该大会总结了改革开放的历史进程和基本经验，深刻指出：改革开放是决定当代中国命运的关键抉择，是发展中国特色社会主义、实现中华民族伟大复兴的必由之路；只有社会主义才能救中国，只有改革开放才能发展中国、发展社会主义、发展马克思主义。改革开放作为一场新的伟大革命，不可能一帆风顺，也不可能一蹴而就。最根本的是，改革开放符合党心民心、顺应时代潮流，方向和道路是完全正确的，成效和功绩不容否定，停顿和倒退没有出路。

大会指出，改革开放以来我们取得一切成绩和进步的根本原因，归结起来就是：开辟了中国特色社会主义道路，形成了中国特色社会主义理论体系。并第一次对中国特色社会主义道路和中国特色社会主义理论体系的内涵作了系统的概括。

中国特色社会主义道路，就是在中国共产党的领导下，立足基本国情，以经济建设为中心，坚持四项基本原则，坚持改革开放，解放和发展社会生产力，巩固和完善社会主义制度，建设社会主义市场经济、社会主义民主政治、社会主义先进文化、社会主义和谐社会，建设富强、民主、文明、和谐的社会主义现代化国家。中国特色社会主义道路之所以完全正确，之所以能够引领中国发展进步，关键在于我们既坚持了科学社会主义的基本原则，又根据我国实际和时代特征赋予其鲜明的中国特色。在当代中国，坚持中国特色社会主义道路，就是真正坚持社会主义。

中国特色社会主义理论体系，就是包括邓小平理论、“三个代表”重要思想以及科学发展观等重大战略思想在内的科学理论体系。这个理论体系，坚持和发展了马克思列宁主义、毛泽东思想，凝结了几代中国共产党人带领人民不懈探索实践的智慧和心血，是马克思主义中国化的最新成果，是党最可宝贵的政治和精神财富，是全国各族人民团结奋斗的共同思想基础。

中共十七大在理论上对中国特色社会主义道路和中国特色社会主义理论体系的理论概括，表明中国特色社会主义道路经历了近30年的实践探索和理论总结，已趋于成熟。

大会强调，推进中国特色社会主义的发展，必须深入贯彻科学发展观。科学发展观，第一要义是发展，核心是以人为本，基本要求是全面协调可持续，根本方法是统筹兼顾。大会对继续推进改革开放和社会主义现代化建设、实现全面建设小康社会宏伟目标作出全面部署，提出了增强发展协调性、扩大社会主义民主、加强文化建设、加快发展社会事业、全面改善人民生活、建设生态文明等几个方面的新要求，并强调今后五年是全面建设小康社会的关键时期，要为全面建成惠及十几亿人口的更高水平的小康社会打下更加牢固的基础。

中共十七大后，为了实现“十一五”规划提出的各项任务，为全面建成小康社会打下坚实的基础，中国共产党按照十七大的部署，全面推进经济、政治、社会、文化、生态各方面的建设，在发展的过程中，先后战胜了四川汶川特大地震灾害和南方大范围冰雪灾害等重大自然灾害，冷静应对了世界金融危机给我国发展带来的严重困难和风险冲击。在十分复杂的国内外形势下，中国人民经受住严峻考验，巩固和发展了改革开放和社会主义现代化建设大局，各方面建设都取得了重大成就。

在经济建设方面，国民经济保持平稳较快发展。综合国力大幅提升，经济总量在2010年即跃居世界第二，并继续保持快速增长的态势。财政收入大幅增加。农业综合生产能力提高，粮食连年增产。产业结构调整取得进展，基础设施全面加强。城镇化水平明显提高，城乡发展协调性增强。创新型国家建设成效显著，载人航天、探月工程、载人深潜、超级计算机、高速铁路等实现重大突破。生态文明建设扎实展开，资源节约和环境保护全面推进。

在体制改革和对外开放方面，农村综合改革、集体林权制度改革、国有企业改革不断深化，非公有制经济健康发展。现代市场体系和宏观调控体系不断健全，财税、金融、价格、科技、教育、社会保障、医药卫生、事业单位等改革稳步推进。开放型经济达到新水平，进出口总额跃居世界第二位。

在改善民生方面，人民生活水平显著提高。改善民生力度不断加大，城乡就业持续扩大，居民收入较快增长，家庭财产稳定增加，衣食住行用条件明显改善，城乡最低生活保障标准和农村扶贫标准大幅提升，企业退休人员基本养老金持续提高。

在政治建设方面，民主法制建设迈出新步伐。政治体制改革继续推进。中国特色社会主义制度不断完善，基层民主不断发展。中国特色社会主义法律体系形成，社会主义法治国家建设成绩显著。爱国统一战线巩固壮大。行政体系改革深化，司法体制和工作机制改革取得新进展。

在文化建设方面，社会主义核心价值体系建设深入开展，文化体制改革全面推进，公共文化服务体系建设取得重大进展，文化产业加速发展，文化创作生产更加繁荣，人民精神文化生活更加丰富多彩。全民健身和竞技体育取得新成绩。

在社会建设方面，基本公共服务水平和均等化程度显著提高。教育事业迅速发展，城乡免费义务教育全面实现。社会保障体系建设成效显著，城乡基本养老保险制度全面建立，新型社会救助体系基本形成。全民医保基本实现，城乡基本医疗卫生制度初步建立。

保障性住房建设加快推进。加强和创新社会管理，社会保持和谐稳定。

在国防和军队现代化建设方面，中国特色军事变革取得重大成就，军队革命化、现代化、正规化建设协调推进、全面加强，军事斗争准备不断深化，履行新时期、新阶段历史使命能力显著增强，出色完成一系列急难险重任务。

在推进祖国统一方面，香港、澳门保持繁荣稳定，同内地交流合作提高到新水平。两岸关系实现重大转折，实现两岸全面双向“三通”，签署实施两岸经济合作框架协议，形成两岸全方位交往格局，开创两岸关系和平发展新局面。

在外交方面，坚定维护国家利益和我国公民、法人在海外的合法权益，加强同世界各国的交流合作，推动全球治理机制变革，积极促进世界和平发展，在国际事务中的代表性和话语权进一步增强，为改革发展争取了有利的国际环境。

在党的建设方面，党的执政能力建设和先进性建设继续推进，思想理论建设成效明显，学习实践科学发展观活动取得重要成果，党的建设改革创新迈出重要步伐。党内民主进一步扩大。干部队伍建设取得重要进展，人才工作开创新局面。创先争优活动和学习型党组织建设深入进行，基层党组织不断加强。党风廉政建设和反腐败斗争取得新成效。

三、中国特色社会主义道路的发展

中国特色社会主义道路是中国崛起之路、富强之路。因为选择了这条道路，我们创造了 30 多年经济高速发展的“中国奇迹”，使今天我们比历史上任何时期都更接近中华民族伟大复兴的目标，比历史上任何时期都更有信心、有能力实现这个目标。新中国建立以来 60 多年的历史和改革开放 30 年多的实践也使我们深深地认识到，我们绝不能再走封闭僵化的老路，更不能走改旗易帜的邪路，坚持和发展中国特色社会主义才是实现中华民族伟大复兴的“人间正道”。为了实现中华民族伟大复兴的中国梦，我们必须在新的实践中不断开拓和发展中国特色社会主义道路。

(一)坚定不移沿着中国特色社会主义道路前进

2012年11月8日至14日，中国共产党第十八次全国代表大会召开。这是在我国进入全面建成小康社会决定性阶段召开的一次十分重要的大会。大会在新的历史条件下描绘了全面建成小康社会、加快推进社会主义现代化的宏伟蓝图，为党和国家的事业发展进一步指明了方向，是我们党团结带领全国各族人民夺取中国特色社会主义新胜利的政治宣言和行动指南，是马克思主义的纲领性文献。

大会把科学发展观同马克思列宁主义、毛泽东思想、邓小平理论、“三个代表”重要思想一道，确立为党必须长期坚持的指导思想，并写入党章，实现了党的指导思想又一次与时俱进。

大会首次单篇论述生态文明，首次把“美丽中国”作为未来生态文明建设的宏伟目标，把生态文明建设摆在总体布局的高度来论述，“五位一体”使建设中国特色社会主义总体布局更加完善；提出“为全面建成小康社会而奋斗”，我国发展阶段目标更加明确，国民生产总值和城乡居民人均收入比2010年翻一番的“两个翻番”使小康目标更加具体；提到要健全社会主义协商民主制度，完善协商民主制度和工作机制，推进协商民主广泛、多层、制度化发展；要加强社会主义核心价值体系建设，倡导富强、民主、文明、和谐，倡导自由、平等、公正、法治，倡导爱国、敬业、诚信、友善，积极培育社会主义核心价值观。要加强党的先进性和纯洁性建设，建设学习型、服务型、创新型的马克思主义执政党，全面加强党的思想建设、组织建设、作风建设、反腐倡廉建设、制度建设。

大会对中国特色社会主义作出新的理论概括，强调在新的历史条件下，夺取中国特色社会主义新胜利，必须牢牢把握八个基本要求，分别是：必须坚持人民主体地位，必须坚持解放和发展社会生产力，必须坚持推进改革开放，必须坚持维护社会公平正义，必须坚持走共同富裕道路，必须坚持促进社会和谐，必须坚持和平发展，必须坚持党的领导。

大会提出，中国特色社会主义道路是党和人民90多年奋斗、创造、积累的根本成就之一，是中国特色社会主义的实现途径，它同中国特色社会主义理论体系、中国特色社会主义制度一起统一于中国特色社会主义伟大实践，从而成为党领导人民在建设中国特色社会主义长期实践中形成的最鲜明特色。对中国特色社会主义道路作了新的界定：中国特色社会主义道路，就是在中国共产党的领导下，立足基本国情，以经济建设为中心，坚持四项基本原则，坚持改革开放，解放和发展社会生产力，建设社会主义市场经济、社会主义民主政治、社会主义先进文化、社会主义和谐社会、社会主义生态文明，促进人的全面发展，逐步实现全体人民共同富裕，建设富强、民主、文明、和谐的社会主义现代化国家。党的十八大报告对中国特色社会主义道路的新界定，是党对中国特色社会主义道路的认识进一步深化的新成果，进一步显示了我们的道路自信、理论自信、制度自信。

2012年11月29日，在国家博物馆，中共中央总书记习近平在参观“复兴之路”展览时，第一次阐释了“中国梦”的概念，将“中国梦”定义为“实现中华民族伟大复兴，就是中华民族近代以来最伟大的梦想”。并称，到中国共产党成立100年时，全面建成小康社会的目标一定能实现；到新中国成立100年时，建成富强、民主、文明、和谐的社会主义现代化国家的目标一定能实现，中华民族伟大复兴的梦想一定能实现。在2013年3月的十二届全国人大一次会议闭幕会上，习近平表示，实现中国梦必须走中国道路，实现中国梦必须弘扬中国精神，实现中国梦必须凝聚中国力量。

中国特色社会主义道路是靠改革开放走出来的。全面建成小康社会需要加快改革，落实科学发展观需要深化改革。2013年11月9日至12日，中共十八届三中全会在北京举行，通过了《中共中央关于全面深化改革若干重大问题的决定》，对全面深化改革进行部署。该决定深刻剖析了我国改革发展稳定面临的重大理论和实践问题，阐明了全面深化改革的重大意义和未来方向，提出了全面深化改革的指导思想、目标任务、重大原则，描绘了全面深化改革的新蓝图、新愿景、新目标，合理布局了深化改革的战略重点、优先顺序、主攻方向、工作机制、推进方式和时间表、路线图，汇集了全面深化改革的新思想、新论断、新举措。该决定指明了全面深化改革的总目标，是完善和发展中国特色社会主义制度，推进国家治理体系和治理能力现代化。全面深化改革，要紧紧围绕使市场在资源配置中起决定性作用深化经济体制改革，紧紧围绕坚持党的领导、人民当家作主、依法治国有机统一深化政治体制改革，紧紧围绕建设社会主义核心价值体系、社会主义文化强国深化文化体制改革，紧紧围绕更好保障和改善民生、促进社会公平正义深化社会体制改革，紧紧围绕建设美丽中国深化生态文明体制改革，紧紧围绕提高科学执政、民主执政、依法执政水平深化党的建设制度改革。经济体制改革是全面深化改革的重点，核心是处理好政府和市场的关系，使市场在资源配置中发挥决定性作用和更好发挥政府作用。该决定以当前亟待解决的重大问题为纲领，具体部署了全面深化改革的主要任务和重大举措：坚持和完善基本经济制度，加快完善现代市场体系，加快转变政府职能，深化财税体制改革，健全城乡发展一体化体制机制，构建开放型经济新体制，加强社会主义民主政治制度建设，推进法治中国建设，强化权力运行制约和监督体系，推进文化体制机制创新，推进社会事业改革创新，创新社会治理体制，加快生态文明制度建设，深化国防和军队改革。

社会主义现代化建设，离不开法治的引领和规范；中华民族的伟大复兴，离不开法治的保障和支撑。2014 年 10 月 20 日至 23 日十八届四中全会在北京召开，通过《中共中央关于全面推进依法治国若干重大问题的决定》。全会首次专题讨论依法治国问题。该决定明确指出，全面推进依法治国，总目标是建设中国特色社会主义法治体系，建设社会主义法治国家。要实现这个总目标，必须坚持中国共产党的领导，必须坚持中国特色社会主义制度，必须贯彻中国特色社会主义法治理论。党的领导是中国特色社会主义最本质的特征，也是社会主义法治最根本的保证；中国特色社会主义制度是法治体系的根本制度基础，也是全面推进依法治国的根本制度保障；中国特色社会主义法治理论是法治体系的理论指导和学理支撑，是全面推进依法治国的行动指南。党的领导和依法治国的关系是法治建设的核心问题，坚持党的领导、人民当家作主、依法治国有机统一。该决定明确了改革要以法治为基础，立法必须体现人民意愿。市场经济的本质是法治经济，市场经济的发展必须以法治为依据。今后我党的国家治理模式，即以法治为基础的治理模式。

在全党开展以为民、务实、清廉为主要内容的党的群众路线教育实践活动，是党的十八大作出的一项战略决策。为对2013年开始的党的群众路线教育实践活动进行总结，对巩固和拓展教育实践活动成果、加强党的作风建设、全面推进从严治党进行部署，2014年10月8日，党的群众路线教育实践活动总结大会在北京召开。习近平在大会的讲话充分肯定了党的群众路线教育实践活动取得的重大成果，深刻总结了教育实践活动的成功经验，对新形势下如何开展党内集中教育活动取得的新经验，提出了“六个必须”，即党内开展集中教育活动，必须突出重点、聚焦问题，必须领导带头、以上率下，必须以知促行、以行促知，必须严字当头、从严从实，必须层层压紧、上下互动，必须相信群众、敞开大门。并提出了新形势下坚持从严治党的八点要求：一是落实从严治党责任；二是坚持思想建党和制度治党紧密结合；三是严肃党内政治生活；四是坚持从严管理干部；五是持续深入改进作风；六是严明党的纪律；七是发挥人民监督作用；八是深入把握从严治党规律。他强调，要深化对从严治党规律的认识。注重把继承传统和改革创新结合起来，把总结自身经验和借鉴世界其他政党经验结合起来，增强从严治党的系统性、预见性、创造性、实效性，使从严治党的一切努力都集中到增强党自我净化、自我完善、自我革新、自我提高的能力上来，集中到提高党的领导能力和执政能力、保持和发展党的先进性和纯洁性上来。

2013年1月22日，中共中央总书记、中共中央军委主席习近平在中国共产党第十八届中央纪律检查委员会第二次全体会议上发表重要讲话，他提出，要加强对权力运行的制约和监督，把权力关进制度的笼子里，形成不敢腐的惩戒机制、不能腐的防范机制、不易腐的保障机制。讲话体现了中央高层对加强权力运行监督的重视及制度反腐的决心，为我们推进党风廉政建设和反腐败斗争深入开展指明了方向。中共十八大后，在腐败存量越来越大的现实下，持续以高压姿态打击腐败已经成为执政党的必然选择。“打老虎”、“拍苍蝇”、“猎狐”行动全面展开，打虎上无禁区，拍蝇下无死角，猎狐外无空白，以治标为治本赢得时间，大力建设不敢腐、不能腐、不想腐的廉政环境。

2014 年 12 月，习近平在江苏调研时第一次提出“四个全面”的思想，他指出：要全面贯彻党的十八大和十八届三中、四中全会精神，落实中央经济工作会议精神，主动把握和积极适应经济发展新常态，协调推进全面建成小康社会、全面深化改革、全面推进依法治国、全面从严治党，推动改革开放和社会主义现代化建设迈上新台阶。2014 年 12 月 31 日，习近平又在新年贺词中再次阐述“四个全面”的思想，指出：我们要全面推进依法治国，用法治保障人民权益、维护社会公平正义、促进国家发展。我们要让全面深化改革、全面推进依法治国如鸟之两翼、车之双轮，推动全面建成小康社会的目标如期实现。

2015 年年初，习近平在省部级主要领导干部学习贯彻十八届四中全会精神、全面推进依法治国专题研讨班开班式上对“四个全面”思想作了系统阐释，他指出：党的十八大以来，党中央从坚持和发展中国特色社会主义全局出发，提出并形成了全面建成小康社会、全面深化改革、全面依法治国、全面从严治党的战略布局。这个战略布局，既有战略目标，也有战略举措，每一个“全面”都具有重大战略意义。全面建成小康社会是我们的战略目标，全面深化改革、全面依法治国、全面从严治党是三大战略举措。要把全面依法治国放在“四个全面”的战略布局中来把握，深刻认识全面依法治国同其他三个“全面”的关系，努力做到“四个全面”相辅相成、相互促进、相得益彰。

“四个全面”是实现中华民族伟大复兴的重大战略布局，确立了新形势下党和国家各项工作的战略方向、重点领域、主攻目标，是对中国特色社会主义理论体系的重大创新和发展，是新形势下坚持和发展中国特色社会主义的重要指针。

(二)中国特色社会主义道路是实现中华民族伟大复兴的必由之路

道路问题是关系中国共产党领导中国革命和建设事业兴衰成败的第一位的问题，只有毫不动摇地高举中国特色社会主义伟大旗帜，才能逐步实现中华民族的伟大复兴。

改革开放以来，中国共产党确立了社会主义初级阶段的国情判断，确立了社会主义初级阶段的基本路线，明确了建设中国特色社会主义的基本方向，成功开辟了中国特色社会主义道路。中国特色社会主义具有深厚的历史背景，显现出鲜明的“中国特色”。与经典作家主张的道路相比，中国特色社会主义道路在历史起点、现实基点、现实途径上具有中国特色，是建立在中国国情基础上的一条社会主义道路，是马克思主义中国化的成果。与苏联模式相比，中国特色社会主义道路在经济、政治、文化、社会等方面都具有中国特色，是中国共产党人和中国人民基于中国国情自主探索的结果。与中国传统社会主义发展道路相比，中国特色社会主义发展道路是一种顺应人类社会发展潮流、符合时代发展要求的新的社会主义发展道路，是中国共产党人根据发展的阶段性特征，不断完善社会主义发展道路的产物。与国外民主社会主义道路相比，中国特色社会主义道路是以科学社会主义为指导的社会主义制度实践，是中国共产党人为了实现自己的最高理想和推进中国发展进步、实现中华民族复兴这一现实目标的制度实践。

中国特色社会主义道路形成于实践，必将在实践中进一步延伸，进一步拓展。中国特色社会主义道路必将在党和人民的创造性实践中不断拓展。当代中国共产党人面临的重大现实课题，就是推进中国特色社会主义道路越走越宽广，前景越来越广阔。在新的历史条件下坚持和发展中国特色社会主义道路，关键要及时回答实践提出的新课题，准确把握世界发展大势，深入研究我国发展的阶段性特征，及时总结党领导人民创造的新鲜经验，不断拓宽、延展中国特色社会主义道路。

中国特色社会主义道路必将引领中国的现代化，引领中华民族伟大复兴。胡锦涛同志指出，中国特色社会主义道路，是实现社会主义现代化的必由之路，是创造人民美好生活的必由之路。历史选择的必由之路必将引领中国实现未来愿景。当代中国共产党人肩负的历史使命，就是再用 10 年的时间，完成全面建设小康社会的目标，在此基础上，再经过 30 年的努力奋斗，到新中国成立 100 周年的时候，基本实现中国现代化，实现中华民族的伟大复兴。

只要我们胸怀理想、坚定信念，不动摇、不懈怠、不折腾，顽强奋斗、艰苦奋斗、不懈奋斗，就一定能在中国共产党成立 100 年时全面建成小康社会，就一定能在新中国成立 100 年时建成富强、民主、文明、和谐的社会主义现代化国家。全党要坚定这样的道路自信、理论自信、制度自信！中国特色社会主义道路是中国人民在长期实践中，历经风雨、艰难探索开辟出来的现代化道路，必须倍加珍惜。实践证明，在经济文化落后的中国要实现国家现代化，除了走社会主义道路没有别的选择。

第三章 中国特色社会主义道路的内涵

中国特色社会主义道路，就是在中国共产党的领导下，立足基本国情，以经济建设为中心，坚持四项基本原则，坚持改革开放，解放和发展社会生产力，建设社会主义市场经济、社会主义民主政治、社会主义先进文化、社会主义和谐社会、社会主义生态文明，促进人的全面发展，逐步实现全体人民共同富裕，建设富强、民主、文明、和谐的社会主义现代化国家。中共十七大和“十八大”报告对中国特色社会主义道路内涵的系统概括，科学回答了中国特色社会主义的领导力量、总依据、政治保障、根本任务、总布局、总目标等基本问题。中国特色社会主义道路，既坚持以经济建设为中心，又全面推进经济建设、政治建设、文化建设、社会建设、生态文明建设以及其他各方面建设；既坚持四项基本原则，又坚持改革开放；既不断解放和发展社会生产力，又逐步实现全体人民共同富裕、促进人的全面发展。“中国特色社会主义道路，是实现我国社会主义现代化的必由之路，是创造人民美好生活的必由之路。”①

① 《习近平谈治国理政》，外文出版社 2014 年版，第 9 页。

一、中国特色社会主义的领导力量

“党的领导是中国特色社会主义最本质的特征”①，中国特色社会主义道路是中国共产党领导人民开创、坚持、发展的，把党的领导贯彻到中国特色社会主义的全过程和各方面，是中国特色社会主义的一条基本经验。只有坚持中国共产党的领导，才能保证中国特色社会主义事业坚强的领导核心，才能够保证中国特色社会主义道路正确的前进方向。

（一）中国共产党的领导地位

中国共产党是中国特色社会主义的领导力量，《中华人民共和国宪法》和《中国共产党章程》都明确规定了中国共产党的领导地位。

《中华人民共和国宪法》规定：“国家的根本任务是，沿着中国特色社会主义道路，集中力量进行社会主义现代化建设。中国各族人民将继续在中国共产党领导下，在马克思列宁主义、毛泽东思想、邓小平理论和‘三个代表’重要思想指引下，坚持人民民主专政，坚持社会主义道路，坚持改革开放，不断完善社会主义的各项制度，发展社会主义市场经济，发展社会主义民主，健全社会主义法制，自力更生，艰苦奋斗，逐步实现工业、农业、国防和科学技术的现代化，推动物质文明、政治文明和精神文明协调发展，把我国建设成为富强、民主、文明的社会主义国家。”

《中国共产党章程》规定：“中国共产党是中国工人阶级的先锋队，同时是中国人民和中华民族的先锋队，是中国特色社会主义事业的领导核心，代表中国先进生产力的发展要求，代表中国先进文化的前进方向，代表中国最广大人民的根本利益。党的最高理想和

---

① 《中共中央关于全面推进依法治国若干重大问题的决定》，《人民日报》2014年10月29日。

最终目标是实现共产主义。”

在人类社会发展进程中，任何一项大的认识和改造客观世界的实践活动，都是有组织的活动，都需要一个领导核心。从政党产生后，通常是某个代表着历史发展的方向，并能够得到人民认同和拥护的政党成为这样的领导核心。政党是阶级的组织，总是代表某个特定的阶级的利益，工人阶级是最先进的阶级，工人阶级的使命是不仅要解放自己，而且要解放全人类，因此，工人阶级的政党不仅代表着工人阶级的利益，同时也代表着最广大人民群众的利益。工人阶级和广大人民群众在争取自身解放的过程中，要担负起建设社会主义、实现共产主义的伟大使命，必须有马克思主义政党的领导。共产党作为工人阶级的先锋队，不是把人民群众当做自己的工具，而是自觉地认定自己是人民群众在特定的历史时期为完成特定的历史任务的一种工具。党的领导的实质就是帮助人民群众认识自己的利益，并且团结起来为自己的利益而奋斗①。

中国共产党是中国工人阶级的先锋队，同时也是中国人民和中华民族的先锋队，中国共产党的领导地位是历史的选择和人民的选择，是以其领导和依靠人民在争取民族独立、人民解放和实现国家繁荣富强、人民共同富裕的奋斗过程中创造的彪炳史册的辉煌业绩，及其在这一惊天动地的奋斗过程中体现出来的全心全意为人民服务的根本宗旨，始终代表最广大人民的根本利益、代表先进生产力的发展要求、代表先进文化的前进方向的先进性而赢得全国各族人民的认同和拥护的。历史和人民选择中国共产党，是因为中国共产党的理论和实践代表着中华民族伟大复兴的光辉道路。

鸦片战争后，中国成为半殖民地半封建国家，从那以后，中华民族面对着两大历史任务：一个是求得民族独立和人民解放，另一个是实现国家繁荣富强和人民共同富裕。前一任务是为后一任务扫清障碍，创造必要的前提条件。

为改变中华民族的命运，中国人民和无数仁人志士进行了千辛

---

① 参考叶笃初、卢先福：《党的建设辞典》，中共中央党校出版社 2009 年版。

万苦的探索和不屈不挠的斗争。但是，在中国共产党诞生以前，中国各个阶级、各派政治力量探索国家出路的斗争，无论是传统农民阶级发动的太平天国运动、义和团运动，还是新兴的资产阶级发动的戊戌变法、辛亥革命，尽管都在一定程度上推动了中国的进步，特别是孙中山先生领导的辛亥革命，结束了统治中国几千年的君主专制制度，对推动中国社会进步具有重大意义，但其结局，无不以失败而告终，都未能也不可能改变中国半殖民地半封建的社会性质和中国人民的悲惨命运。事实表明：中国农民阶级由于其小生产者的阶级局限，中国资产阶级及其政党由于自身的软弱性和妥协性，都不可能担负起领导中国革命取得成功的重任。

而中国共产党一诞生，就使中国革命的面貌焕然一新。中国共产党是马克思列宁主义与中国工人运动相结合的产物，这个由最先进的理论和最先进的阶级力量相结合而产生的政党，给中国革命提供了科学的理论，给社会发展指明了正确的方向，给中华民族和中国人民注入强大的精神力量。中国共产党从其诞生开始，就以实现中华民族的伟大复兴为自己的使命。自从有了中国共产党，中国历史翻开了新的一页，中国共产党在其 90 多年的奋斗中，紧紧依靠人民完成了新民主主义革命，实现了民族独立、人民解放。紧紧依靠人民完成了社会主义革命，确立了社会主义基本制度。紧紧依靠人民进行了改革开放新的伟大革命，开创、坚持、发展了中国特色社会主义。从根本上改变了中国人民和中华民族的前途命运，不可逆转地结束了近代以后中国内忧外患、积贫积弱的悲惨命运，不可逆转地开启了中华民族不断发展壮大、走向伟大复兴的历史进程，使中华民族伟大复兴展现出前所未有的光明前景。近代以来的中华民族的全部历史证明："只有中国共产党才能领导中国人民取得民族独立、人民解放和社会主义的胜利，才能开创建设有中国特色社会主义的道路，实现民族振兴、国家富强和人民幸福。"①

中国共产党的领导地位从根本上说是由其性质和宗旨决定的。中国共产党的根本性质是中国工人阶级的先锋队，工人阶级是先进

---

① 《十五大以来重要文献选编》(上)，人民出版社 2000 年版，第 3 页。

生产力的代表，马克思主义政党的阶级性本身就内在地包含着先进性，“无产阶级是现代社会中唯一彻底革命的阶级，因此它在一切革命中都是先进的阶级”①，而“党是阶级的先进觉悟阶层，是阶级的先锋队”②，因此，先进性是马克思主义政党的根本属性。中国共产党作为“一个无产阶级的、马克思列宁主义的完全新式的政党”，同样“是中国工人阶级的先进的有组织的部队，是它的阶级组织的最高形式”③。中国共产党从成立以来，在每一个历史时期一直都是中国社会最先进的政党，代表着中国先进生产力的发展要求，代表着中国先进文化的前进方向，代表着最广大人民的根本利益。因此，“共产党——这是工人阶级和劳动人民中先进分子的集合体，它对于人民群众的伟大的领导作用，是不容怀疑的。但是，它之所以成为先进部队，它之所以能够领导人民群众，正因为，而且仅仅因为，它是人民群众的全心全意的服务者，它反映人民群众的利益和意志，并且努力帮助人民群众组织起来，为自己的利益和意志而斗争”④。《中国共产党章程》明确规定：党的根本宗旨就是坚持全心全意为人民服务。党除了工人阶级和最广大人民群众的利益，没有自己特殊的利益。党在任何时候都把群众利益放在第一位，同群众同甘共苦，保持最密切的联系，坚持权为民所用、情为民所系、利为民所谋，不允许任何党员脱离群众，凌驾于群众之上。党在自己的工作中实行群众路线，一切为了群众，一切依靠群众，从群众中来，到群众中去，把党的正确主张变为群众的自觉行动。也正因为如此，中国共产党才能得到中国各族人民的真心爱戴和拥护，这是中国共产党领导地位最根本的基础。

无产阶级政党的最高使命是为共产主义奋斗，中国共产党人追求的共产主义最高理想，只有在社会主义社会充分发展和高度发达的基础上才能实现，在现阶段，中国共产党的使命就是为建立一个

---

① 《列宁全集》第 12 卷，人民出版社 1987 年版，第 284 页。
② 《列宁全集》第 24 卷，人民出版社 1990 年版，第 38 页。
③ 《刘少奇论党的建设》，中央文献出版社 1991 年版，第 406 页。
④ 《邓小平文选》第 1 卷，人民出版社 1994 年版，第 218 页。

富强、民主、文明、和谐的社会主义现代化强国，实现中华民族伟大复兴而奋斗。因此，领导中国各族人民在中国特色社会主义道路上为实现中华民族伟大复兴而奋斗，既是中国共产党的责任，也是中国人民赋予中国共产党的重托。

(二)坚持中国共产党的领导

“中国共产党是全中国人民的领导核心。没有这样一个核心，社会主义事业就不能胜利。”①坚持中国共产党的领导，是中国革命、建设和改革不断取得胜利的根本政治前提。新的历史条件下，走中国特色社会主义道路，必须毫不动摇地坚持中国共产党的领导。

中国共产党的领导主要是政治、思想和组织的领导。

政治领导是中国共产党发挥领导作用最重要的方面，就是党对政治方向、政治原则、重大决策的领导，集中体现为党的路线、方针、政策的领导。党的政治领导的作用主要是通过制定和执行正确的路线、方针、政策来实现的。具体说来，党的政治领导就是将马克思主义普遍原理和中国实际结合起来，在革命、建设、改革的各个阶段上，提出明确的政治任务、政治目标和政治方向，制定实现这种任务、目标、方向的路线、方针和政策，动员、组织、带领人民群众共同奋斗。由于党在每一历史阶段的主要任务不同，因而，每一阶段党的路线、方针、政策也必然不同，现阶段中国共产党的主要任务是领导和团结全国各族人民，以经济建设为中心，坚持四项基本原则，坚持改革开放，自力更生，艰苦创业，为把中国建设成为富强、民主、文明、和谐的社会主义现代化国家而奋斗。因此，中国共产党政治领导的核心内容，就是组织和发动全党、全国人民坚定不移地贯彻执行党在社会主义初级阶段的基本路线，为建设中国特色社会主义而奋斗。

---

① 《建国以来毛泽东文稿》第6册，中央文献出版社1992年版，第488页。

思想领导是中国共产党发挥领导作用极为重要的方面，是党领导人民群众完成政治任务的重要保证。中国共产党的思想领导主要是思想理论和思想方法的领导。思想理论领导就是坚持以马克思列宁主义、毛泽东思想、邓小平理论、“三个代表”重要思想和科学发展观为党和国家的指导思想，深入学习习近平总书记系列重要讲话精神。用马克思列宁主义、毛泽东思想、中国特色社会主义理论体系教育和武装广大党员和全体人民群众，提高广大党员和全体人民群众运用科学理论改造主观世界和客观世界的能力，引导他们用无产阶级的世界观认识世界和改造世界，增强走中国特色社会主义道路的自觉性和坚定性，使广大党员树立对共产主义远大理想和中国特色社会主义共同理想的坚定信仰。让人民群众树立起科学的世界观、正确的价值观和积极向上的人生观，成为有理想、有道德、有文化、有纪律的社会主义公民，为社会主义现代化建设、实现全面建设小康社会而努力奋斗。要保证党的思想领导，必须不断推进马克思主义中国化、时代化、大众化，坚定不移地把马克思主义作为立党立国的根本指导思想，紧密结合我国国情和时代特征大力推进理论创新，使党的理论和实践始终体现时代性、把握规律性、富于创造性。思想方法领导就是坚持用党的思想路线，一切从实际出发，理论联系实际，实事求是，在实践中检验真理和发展真理。正确地认识和解决中国革命、建设和改革的各种复杂问题，党通过理论宣传工作和各级党组织的思想政治教育工作等形式，向人民群众宣传党的路线、方针、政策，提高人民群众的思想认识，把党的主张变成人民群众的自觉行动。思想领导工作是中国共产党的传统优势，新形势下，要进一步掌握思想认识规律，积极探索，大胆试验，开拓创新，创造性地开展工作，不断研究新情况，总结新经验，解决新问题，在实践中丰富和发展马克思主义，在推进马克思主义中国化的同时，有针对性地做好党对人民群众的思想领导工作。

组织领导是中国共产党通过组织系统和组织工作实现领导的方式，就是通过各级党组织及党的干部和广大党员，对人民群众实现组织上的领导。党在人民军队、政权机关、群众团体、社会组织、企事业单位、城市社区和农村基层建立党组织，党员在这些组织机构中担任领导工作，是党实现组织领导的主要途径。按照革命化、年轻化、知识化、专业化的要求配备和建设好各级领导班子和党的干部队伍，发挥各级党组织的战斗堡垒作用和广大党员的先锋模范作用，是党对人民群众实现组织领导的根本保证。党的组织领导必须坚持民主集中制原则。保证党的组织领导，要求党员要有严格的组织纪律和优良的作风，在各项工作中起先锋模范作用。同时，还需要有正确的组织路线，选拔德才兼备的干部，依靠他们来宣传群众，组织群众，率领群众，保证党的任务的实现。组织领导是中国共产党实现领导作用的最基本的方式。

政治领导、思想领导和组织领导是党的领导的三个不同方面，既相互区别，又相互联系，形成一个不可分割的有机整体。思想领导是政治领导、组织领导的重要前提和基础，组织领导是政治领导、思想领导的重要保证，只有把三者很好地统一起来，才能充分发挥党对中国特色社会主义的领导作用。

根据《中国共产党章程》的规定，中国共产党对中国特色社会主义的领导是全面领导：中国共产党领导人民发展社会主义市场经济；中国共产党领导人民发展社会主义民主政治；中国共产党领导人民发展社会主义先进文化；中国共产党领导人民构建社会主义和谐社会；中国共产党领导人民建设社会主义生态文明；中国共产党坚持对人民解放军和其他人民武装力量的领导。党章还规定：党必须按照总揽全局、协调各方的原则，在同级各种组织中发挥领导核心作用。党必须集中精力领导经济建设，组织、协调各方面的力量，同心协力，围绕经济建设开展工作，促进经济社会全面发展。党必须实行民主的科学的决策，制定和执行正确的路线、方针、政策，做好党的组织工作和宣传教育工作，发挥全体党员的先锋模范作用。党必须在宪法和法律的范围内活动。党必须保证国家的立法、司法、行政机关，经济、文化组织和人民团体积极主动地、独立负责地、协调一致地工作。党必须加强对工会、共产主义青年团、妇女联合会等群众组织的领导，充分发挥它们的作用。党必须适应形势的发展和情况的变化，完善领导体制，改进领导方式，增强执政能力。共产党员必须同党外群众亲密合作，共同为建设中国特色社会主义而奋斗。

总揽全局、协调各方是中国共产党领导中国特色社会主义建设，领导国家和社会事务的根本原则。所谓总揽全局，就是各级党委要把主要精力放在抓方向、议大事、管全局上，集中精力抓好带有全局性、战略性、根本性和前瞻性的重大问题，把握政治方向，决定重大事项，安排重要人事任免，抓好思想政治工作，维护社会政治稳定，有效地实施党在各个领域的政治、思想、组织的领导。所谓协调各方，就是党委要从推进全局整体工作的要求出发，统筹协调好党委、人大、政府、政协的关系，统筹安排好纪检、组织、宣传、统战、政法、武装以及群众团体等方面的工作，使各方面都能各司其职，各尽其责，相互配合，形成合力。总揽全局、协调各方的原则，既保证了发挥党委的领导核心作用，又充分发挥好人大、政府、政协以及人民团体和其他方面的职能作用。

中国共产党的领导，是中国改革开放坚持社会主义方向的根本保证，是实现和发展最广大人民群众根本利益的根本保证。走中国特色社会主义道路，必须坚定不移地坚持中国共产党的领导。

（三）加强和改善中国共产党的领导

坚持中国共产党的领导，必须加强和改善党的领导。中国共产党在领导改革开放，开创、坚持、发展中国特色社会主义道路的过程中，一直强调要适应改革发展实践的需要，不断提高党的领导能力和执政能力，加强和改善党对改革开放和中国特色社会主义建设的领导。

目前，中国各个领域的改革已进入了“涉险滩”的深水区和“啃硬骨头”的攻坚期，其深刻性、艰巨性和高危的风险性是前所未有的。在这个中国改革发展的重大历史节点上，中共十八届三中全会作出了全面深化改革的重大决策，将中国的改革开放推进到一个新的阶段。全面深化改革需要加强顶层设计和整体谋划，加强各项改革的关联性、系统性、可行性研究。经济、政治、文化、社会、生态文明各领域改革和党的建设改革紧密联系、相互交融，任何一个领域的改革都会牵动其他领域，同时也需要其他领域改革密切配合。如果各领域改革不配套，各方面改革措施相互牵制，全面深化改革就很难推进下去，即使勉强推进，效果也会大打折扣。这就给党的领导提出了更高的要求。因此，中共十八届三中全会明确提出了“加强和改善党对全面深化改革的领导”的要求，强调：“全面深化改革必须加强和改善党的领导，充分发挥党总揽全局、协调各方的领导核心作用，建设学习型、服务型、创新型的马克思主义执政党，提高党的领导水平和执政能力，确保改革取得成功。”中共十八届四中全会又提出要“加强和改进党对全面推进依法治国的领导”，强调：“党的领导是全面推进依法治国、加快建设社会主义法治国家最根本的保证。必须加强和改进党对法治工作的领导，把党的领导贯彻到全面推进依法治国全过程。”为了加强和改进中国共产党对中国特色社会主义的领导，2014 年 10 月，习近平总书记在党的群众路线教育实践活动总结大会上，进一步提出全面推进从严治党的要求，并对全面推进从严治党进行了部署。办好中国的事情，关键在党。落实全面建成小康社会、全面深化改革、全面推进依法治国、全面从严治党的战略部署，必须加强和改善中国共产党的领导。

加强和改善党的领导，首先必须加强党的思想领导和政治领导。中共“十八大”正式将科学发展观写进了党的指导思想，实现了中国共产党指导思想的又一次与时俱进。中共“十八大”以来，习近平在全面建成小康社会、全面深化改革、全面推进依法治国、全面从严治党的实践中，提出了一系列新的理论观点，进一步发展了中国特色社会主义理论体系。加强和改善党的思想领导，就是要在坚持马克思列宁主义、毛泽东思想的基础上，结合中国特色社会主义新的实践继续推进马克思主义中国化、时代化，推动党的指导思想与时俱进，用发展着的中国特色社会主义理论体系来指导中国特色社会主义建设，用发展着的中国特色社会主义理论体系武装全党，教育群众。新形势下，加强和改善党的政治领导，最根本的是深刻认识社会主义初级阶段是当代中国的最大国情、最大实际，在任何情况下都要牢牢把握这个最大国情，推进任何方面的改革发展都要牢牢立足这个最大实际，坚定不移地贯彻党在社会主义初级阶段的基本路线这个“党和国家的生命线”①，既不偏离“一个中心”，也不偏废“两个基本点”，始终保证中国特色社会主义道路的正确方向。

加强和改善党的领导必须改善党的组织建设和作风建设，着力建设高素质干部队伍，坚持不懈地加强党的基层组织建设，切实改进党的作风。党的领导是靠坚强的领导核心和高素质的干部队伍来实现的。在新的历史起点上加强和改善党的领导，必须切实加强干部队伍建设和基层党组织建设，不断提高党员干部队伍的整体素质，尤其是切实改进提高党员干部的作风，使得党员干部和基层组织能真正发挥领导骨干和战斗堡垒的作用，把人民群众牢牢团结在党的周围。

领导干部是党组织的骨干力量。要不断加强干部队伍的思想政治建设，提高领导干部的理论素质和党性修养，坚定理想信念和宗旨观念；要不断加强干部队伍的能力建设，提高广大干部的知识素养和业务本领，特别是提高运用科学理论分析和解决实际问题的能力；要不断深化干部人事制度改革，真正形成科学合理的干部培养和管理机制，保证优秀人才脱颖而出，充分调动和发挥广大干部的积极性、主动性、创造性。

党的基层组织是党全部工作和战斗力的基础，是落实党的路线方针政策和各项工作任务的战斗堡垒。在新的历史起点上加强和改善党的领导，必须进一步加强和改进党的基层组织建设，优化组织设置，扩大组织覆盖，创新活动方式，增强基层党组织的创造力、凝聚力、战斗力。要全面加强农村、企业、城市社区和机关、学校、非公有制经济组织和社会组织中的基层党组织建设，努力形成覆盖广泛、结构合理、关系协调、功能完善的基层党组织体系。要适应城市化进程加快的新形势，统筹城乡基层党建工作，着力构建城乡统筹的基层党建新格局。要抓好基层党组织带头人队伍建设，建立

① 《习近平谈治国理政》，外文出版社 2014 年版，第 11 页。

和完善选拔、培养、监督和奖励机制，加强和改进对党员的教育管理，发挥党员的先锋模范作用，发挥基层党组织的战斗堡垒作用。

党的作风对于切实落实党的思想教育、政治教育和组织建设具有至关重要的作用，对于团结凝聚广大群众，保证党的路线、方针、政策和各项任务的贯彻落实起着关键的影响。当前削弱党的领导的一大弊端，就是党风不正，思想教育、政治教育流于形式，党员干部个人生活作风不正，失去了领导团结群众的威信。必须高度重视党风建设问题，始终保持党同人民群众的血肉联系；必须大力弘扬党的优良作风，并结合新的时代条件加以丰富和发展；要着眼于改进思想作风、学风、工作作风、领导作风和干部生活作风，全面加强作风建设，使党的优良作风在全党发扬光大；要加强学习、加强实践、加强党内生活锻炼，使党的优良作风内化为思想素质，外化为具体行动，坚决克服脱离实际、脱离群众的形式主义、官僚主义，同各种消极腐败现象作斗争，始终保持党的政治本色，凝聚党心民心，为加强和改善党的领导提供强有力的作风保证。

加强和改善党的领导，必须注重改进党的领导方式和执政方式，提高党的领导水平和执政水平，坚持党的领导、人民当家作主、依法治国的有机统一，坚持民主集中制。党的领导方式和执政方式对坚持、加强和改善党的领导具有极为重要的作用。在新的历史起点上加强和改善党的领导，必须进一步改进党的领导方式和执政方式，提高党的领导的科学化水平。要在继承党在长期革命、建设和改革实践中形成的领导方式和执政方式的基础上，适应新形势新任务的要求，不断推进改革创新，实现领导方式和执政方法的与时俱进，提高党的领导水平和执政水平。中国共产党成为执政党是历史的选择、人民的选择，这种领导地位不是与生俱来的，也不是一劳永逸的，必须不断提高党的领导水平和执政水平，提高拒腐防变和抵御风险的能力。总体上看，党的执政能力同党肩负的重任和使命是相适应的，但面对新形势新任务仍需进一步加强和改善，尤其是在党的领导体制和工作机制、领导方式和执政方式等方面，要有新的进展。

要按照科学执政、民主执政、依法执政的要求，改革完善党的领导体制和工作机制，坚持党的领导、人民当家作主和依法治国的有机统一。党的领导是人民当家作主和依法治国的根本保证，人民当家作主是社会主义民主政治的本质和核心，依法治国是党领导人民治理国家的基本方略。只有坚持三者的有机统一，才能确保社会主义民主政治不断发展，社会主义法治建设更加完善，党的领导地位更加巩固。必须按照党总揽全局、协调各方的原则，规范党委与人大、政府、政协以及人民团体的关系，既保证党委在同级各种组织中发挥领导作用，集中精力抓好大事，又支持各方独立负责、步调一致地开展工作。要贯彻依法治国的基本方略，加强党对立法工作的领导，善于使党的主张通过法定程序成为国家意志，从制度和法律上保证党的路线、方针、政策的贯彻实施，真正改进党的领导方式和执政方式，提高党的领导水平和执政水平。

民主集中制是实现党的正确领导的制度保证。在新的历史起点上加强和改善党的领导，必须坚持和健全民主集中制，把以民主集中制为重点的制度建设摆在更加突出的位置。要积极推进党内民主建设，尊重和保障党员的民主权利，加强民主基础上的集中，坚持“四个服从”，坚决维护中央权威，保证中央政令畅通，维护党和国家的团结统一。要坚持和健全集体领导和个人分工负责相结合的制度，凡属重大问题都要按照集体领导、民主集中、个别酝酿、会议决定的原则，由党的委员会集体讨论作出决定。要严肃党的政治纪律和组织纪律，及时查处违反民主集中制和党的纪律的行为，保证民主集中制及各项具体制度的贯彻执行，为党改进领导方式和执政方式，提高领导水平和执政水平，增强科学决策和民主决策的能力提供制度保障。

加强和改善党的领导，必须坚持立党为公、执政为民，贯彻群众路线，实现好、维护好、发展好最广大人民群众的根本利益。党的领导体现的是党同人民群众的关系，党是领导者，人民群众是被领导者。但是党不是站在人民群众之上发号施令，而是代表人民群众的利益，全心全意依靠人民群众，组织和动员人民群众为实现自身的利益而奋斗。党在 90 多年的实践中，坚持全心全意为人民服务的根本宗旨，形成并贯彻了“一切为了群众、一切依靠群众、从群众中来、到群众中去”的群众路线，赢得了广大人民群众的支持和拥护。在新的历史起点上加强和改善党的领导，必须始终坚持一切为了人民群众、一切依靠人民群众，保持党同人民群众的血肉联系，要把实现好、维护好、发展好最广大人民的根本利益作为党和国家一切工作的出发点和落脚点。党员干部在任何时候都要把群众利益放在第一位，与群众同甘共苦，与人民群众保持最密切的联系。把群众路线作为根本工作路线和工作方法，充分发扬民主，尊重人民主体地位，发挥人民首创精神，保障人民各项权益，真正做到权为民所用、情为民所系、利为民所谋。

中国共产党担负着团结带领人民全面建成小康社会、推进社会主义现代化、实现中华民族伟大复兴的重任。党坚强有力，党同人民保持血肉联系，国家就繁荣稳定，人民就幸福安康。社会主义现代化和中华民族的伟大复兴离不开党的领导。新形势下，党面临着种种复杂考验。要坚持党的领导，就必须加强和改善党的领导，牢牢把握加强党的执政能力建设这条主线，坚持植根人民、造福人民，确保党始终成为中国特色社会主义的坚强领导核心。

二、中国特色社会主义的总依据

社会主义初级阶段是当代中国的最大国情、最大实际，是中国特色社会主义的总依据。只有牢牢把握这个最大国情，牢牢立足这个最大实际，在中国特色社会主义的发展中，才能坚决抵制抛弃社会主义的各种错误主张，自觉纠正超越阶段的错误观念和政策措施，“才能真正做到既不妄自菲薄、也不妄自尊大，扎扎实实夺取中国特色社会主义新胜利”①。

(一)中国共产党对社会主义初级阶段认识的历史发展

在世界社会主义运动史上，最早探讨社会主义社会发展阶段问

① 《习近平谈治国理政》，外文出版社 2014 年版，第 11 页。

题的是列宁。在俄国十月社会主义革命胜利后，列宁即指出，“在资本主义和共产主义之间有一个过渡时期，这在理论上是毫无疑义的。这个过渡时期不能不兼有这两种社会经济结构的特点或特性。这个过渡时期不能不是衰亡着的资本主义与生长着的共产主义彼此斗争的时期。”①结合十月革命后俄国的实际，他曾经提出：在经济落后的俄国，只能建成“初级形式的社会主义”，而不能立即建成“发达的社会主义”。在列宁的这一思想中就包含着社会主义社会也要有一个由低级到高级、由不完备到比较完备的发展过程的思想。列宁的这种思考对后人的继续探索无疑具有重要的意义。斯大林在苏联正式确立了社会主义制度之后不久，没有从实际出发深入研究社会主义的发展阶段问题，就提出了要向共产主义过渡的设想。虽然这种过渡由于苏德战争的突然爆发而中断，但在第二次世界大战结束后，经过一段时间的经济重建，又于 1952 年宣布党的主要任务是从社会主义过渡到共产主义。这种脱离实际、急于向共产主义社会过渡的思想，对苏联和其他社会主义国家包括中国的发展，造成了消极的影响。

我国社会主义制度确立之初，从当时中国社会主义建设的实际出发，毛泽东曾经思考过我国社会主义发展的阶段问题。他在 1956 年 1 月召开的知识分子问题会议上，第一次提出了我国的社会主义社会已经进入、尚未完成的思想。但在 1958 年开始的“大跃进”运动和人民公社化运动中，又忽略了中国社会主义所处的发展阶段问题，产生了“共产主义在我国的实现，已经不是什么遥远将来的事情了”的盲目乐观情绪，出现了急于向共产主义社会过渡的“共产风”。

在经受严重挫折之后，20 世纪 50 年代末 60 年代初，在初步总结了中国、苏联及其他东欧社会主义国家社会主义建设的经验教训后，毛泽东意识到了在中国建设社会主义的长期性、艰巨性和复杂性，重新开始思考中国社会主义发展阶段的问题，提出“社会主义这个阶段，又可能分为两个阶段，第一个阶段是不发达的社会主

① 《列宁选集》第 4 卷，人民出版社 1995 年版，第 59 页。

义，第二个阶段是比较发达的社会主义。后一阶段可能比前一阶段需要更长的时间”①，“在我们这样的国家，完成社会主义建设是一个艰巨任务，建成社会主义不要讲得过早了”②。这是中国共产党人对于中国已经建立起了社会主义制度，但是还处于社会主义初级阶段的最初思考。遗憾的是这一正确的思想并没有坚持下来，后来出现了“文化大革命”的全局性失误。

中共十一届三中全会以后，以邓小平为核心的第二代领导集体在总结新中国成立以来的历史经验教训和改革开放以来新的实践经验的基础上，在回答“什么是社会主义、怎样建设社会主义”这一根本性问题的同时，重新思考我国社会主义所处的发展阶段问题。

1979 年，叶剑英在庆祝中华人民共和国成立 30 周年大会上的讲话中对于我国社会主义社会所处的发展阶段作了初步的分析，指出：“社会主义制度是人类历史上崭新的社会制度，它同世界上的任何其他事物一样，有它发生和发展的过程。同已经有了三四百年历史的资本主义制度相比，社会主义制度还处在幼年时期。我国封建社会的历史特别长，我们的社会主义社会不可避免地带有这种旧社会的许多痕迹。毫无疑问，我们的社会主义制度已经开始显示出它的生命力和发展前途。但是，它还不成熟，不完善”，“我国现在还是发展中的社会主义国家，社会主义制度还不完善，经济和文化还不发达。我国社会主义制度还处在幼年时期，还不成熟、不完善，在我国实现现代化，必然要有一个初级到高级的过程”③。

1981 年，中共十一届六中全会通过的《关于建国以来党的若干历史问题的决议》第一次提出我国社会主义制度还处于“初级的阶段”的认识：“尽管我们的社会主义制度还是处于初级的阶段，但是毫无疑问，我国已经建立了社会主义制度，进入了社会主义社会，任何否认这个基本事实的观点都是错误的。”虽然重点在于强

---

① 《毛泽东文集》第 8 卷，人民出版社 1999 年版，第 116 页。
② 《毛泽东文集》第 8 卷，人民出版社 1999 年版，第 116 页。
③ 叶剑英：《在庆祝中国共产党成立 30 周年大会上的讲话》，载《人民日报》1979 年 9 月 30 日。

调我国已经建立了社会主义制度这一事实，但对我国社会主义还处于“初级的”发展阶段开始有了较清醒的认识。

1982年9月，胡耀邦在中国共产党第十二次全国代表大会上所作的《全面开创社会主义现代化建设新局面》的报告中，第一次明确作出了“我国的社会主义社会现在还处在初级发展阶段，物质文明还不发达”①的判断。

1987年8月29日，邓小平在会见意大利共产党领导人约蒂和赞盖里的谈话中谈道：“我们党的十三大要阐述中国社会主义是处在一个什么阶段，就是处在初级阶段，是初级阶段的社会主义。社会主义本身是共产主义的初级阶段，而我们中国又处在社会主义的初级阶段，就是不发达的阶段。一切都要从这个实际出发，根据这个实际来制订规划。”②表明中共中央对于中国的社会主义还处于初级阶段这一实际的认识已经达成共识，并且已将其作为制定党的路线、方针、政策的出发点和依据。

随后召开的中国共产党第十三次全国代表大会全面阐述了社会主义初级阶段的理论。

中共十三大通过的《沿着有中国特色的社会主义道路前进》的报告深刻指出：“正确认识我国社会现在所处的历史阶段，是建设有中国特色的社会主义的首要问题，是我们制定和执行正确的路线和政策的根本依据”，“对这个问题，我们党已经有了明确的回答：我国正处在社会主义的初级阶段。这个论断，包括两层含义。第一，我国社会已经是社会主义社会。我们必须坚持而不能离开社会主义。第二，我国的社会主义社会还处在初级阶段。我们必须从这个实际出发，而不能超越这个阶段”。前一层含义阐明的是中国的社会主义社会性质，后一层含义阐明的是中国社会主义社会所处的发展阶段。

中共十三大报告还指出了社会主义初级阶段是中国社会主义社

---

① 《改革开放三十年重要文献选编》(上)，中央文献出版社2008年版，第274页。

② 《邓小平文选》第3卷，人民出版社1993年版，第252页。

会的特殊性，强调社会主义初级阶段“不是泛指任何国家进入社会主义都会经历的起始阶段，而是特指我国在生产力落后、商品经济不发达条件下建设社会主义必然要经历的特定阶段。我国从五十年代生产资料私有制的社会主义改造基本完成，到社会主义现代化的基本实现，至少需要上百年时间，都属于社会主义初级阶段。这个阶段，既不同于社会主义经济基础尚未奠定的过渡时期，又不同于已经实现社会主义现代化的阶段”。

该报告全面分析了中国现阶段生产力发展的状况，指出：我国的社会主义是脱胎于半殖民地半封建社会，生产力水平远远落后于发达的资本主义国家，虽然经过三十多年来社会主义的发展，国家经济实力有了巨大增长，教育、科学、文化事业有了相当发展，但是人口多、底子薄，人均国民生产总值仍居于世界后列。突出的景象是：十亿多人口，八亿在农村，基本上还是用手工工具搞饭吃；一部分现代工业，同大量落后于现代水平几十年甚至上百年的工业，同时存在；一部分经济比较发达的地区，同广大不发达地区和贫困地区，同时存在；少量具有世界先进水平的科学技术，同普遍的科技水平不高，文盲和半文盲还占人口近四分之一的状况，同时存在。生产力落后的状况，决定了在生产关系方面，发展社会主义公有制所必需的生产社会化程度还很低，商品经济和国内市场很不发达，自然经济和半自然经济占相当比重，社会主义经济制度还不成熟、不完善。在上层建筑方面，建设高度社会主义民主政治所必需的一系列经济文化条件很不充分，封建主义、资本主义腐朽思想和小生产习惯势力在社会上还有广泛影响。“这种状况说明，我们今天仍然远没有超出社会主义初级阶段。”在这一分析的基础上，该报告概括了中国社会主义初级阶段的特征，指出：“总起来说，我国社会主义初级阶段，是逐步摆脱贫穷、摆脱落后的阶段；是由农业人口占多数的手工劳动为基础的农业国，逐步变为非农产业人口占多数的现代化的工业国的阶段；是由自然经济半自然经济占很大比重，变为商品经济高度发达的阶段；是通过改革和探索，建立和发展充满活力的社会主义经济、政治、文化体制的阶段；是全民奋起，艰苦创业，实现中华民族伟大复兴的阶段。”

该报告从社会主义初级阶段的实际出发，提出了一系列具有长远意义的指导方针，主要是：必须集中力量进行现代化建设；必须坚持全面改革；必须坚持对外开放；必须以公有制为主体，大力发展有计划的商品经济；必须以安定团结为前提，努力建设民主政治；必须以马克思主义为指导，努力建设精神文明。

在此基础上，中共十三大报告正式提出了中国共产党在社会主义初级阶段的基本路线："领导和团结全国各族人民，以经济建设为中心，坚持四项基本原则，坚持改革开放，自力更生，艰苦创业，为把我国建设成为富强、民主、文明的社会主义现代化国家而奋斗。"并强调："坚持四项基本原则和坚持改革开放这两个基本点，相互贯通，相互依存，统一于建设有中国特色的社会主义实践。不能以僵化的观点看待四项基本原则，否则就会怀疑甚至否定改革开放的总方针。也不能以自由化的观点看待改革开放，否则就会离开社会主义轨道。"报告还特别指出："由于'左'的积习很深，由于改革开放的阻力主要来自这种积习，所以从总体上说，克服僵化思想是相当长期的主要任务。"①

中共十三大后，随着改革开放和中国特色社会主义建设具体实践的发展，中国共产党继续深化对社会主义初级阶段的认识。

1997 年 9 月，中国共产党第十五次全国代表大会通过的报告《高举邓小平理论伟大旗帜，把建设有中国特色社会主义事业全面推向二十一世纪》进一步阐述了社会主义初级阶段的基本路线和纲领。

中共十五大报告充分肯定了中共十一届三中全会以来中国共产党在正确分析国情的基础上作出的我国还处于社会主义初级阶段的科学判断，并进一步强调了社会主义初级阶段的长期性和不可逾越性："我们讲一切从实际出发，最大的实际就是中国现在处于并将长期处于社会主义初级阶段。""我国进入社会主义的时候，就生产力发展水平来说，还远远落后于发达国家。这就决定了必须在社会

① 《改革开放三十年重要文献选编》(上)，中央文献出版社 2008 年版，第 474~478 页。

主义条件下经历一个相当长的初级阶段，去实现工业化和经济的社会化、市场化、现代化。这是不可逾越的历史阶段。”

该报告特别指出：在党的纲领中明确提出社会主义初级阶段的科学概念，这在马克思主义历史上是第一次。在中国建设社会主义，那就一切要从社会主义初级阶段的实际出发，“而不能从主观愿望出发，不能从这样那样的外国模式出发，不能从对马克思主义著作中个别论的教条式理解和附加到马克思主义名下的某些错误论点出发”。

该报告还指出：经过新中国成立以来40多年特别是改革开放以来近20年的发展，我国生产力有了很大提高，各项事业有了很大进步，但总的说来，人口多、底子薄，地区发展不平衡，生产力不发达的状况还没有根本改变；社会主义制度还不完善，社会主义市场经济体制还不成熟，社会主义法制还不健全，封建主义、资本主义腐朽思想和小生产习惯势力在社会上还有广泛影响，“我国社会主义社会仍然处在初级阶段”。

中共十五大报告在中共十三大报告的基础上，对社会主义初级阶段的基本特征作了新的概括，指出：社会主义初级阶段，是逐步摆脱不发达状态，基本实现社会主义现代化的历史阶段；是由农业人口占很大比重、主要依靠手工劳动的农业国，逐步转变为非农业人口占多数、包含现代农业和现代服务业的工业化国家的历史阶段；是由自然经济、半自然经济占很大比重，逐步转变为经济市场化程度较高的历史阶段；是由文盲、半文盲人口占很大比重，科技、教育、文化落后，逐步转变为科技、教育、文化比较发达的历史阶段；是由贫困人口占很大比重、人民生活水平比较低，逐步转变为全体人民比较富裕的历史阶段；是由地区经济文化很不平衡，通过有先有后的发展，逐步缩小差距的历史阶段；是通过改革和探索，建立和完善比较成熟的、充满活力的社会主义市场经济体制、社会主义民主政治体制和其他方面体制的历史阶段；是广大人民牢固树立建设有中国特色社会主义共同理想，自强不息，锐意进取，艰苦奋斗，勤俭建国，在建设物质文明的同时努力建设精神文明的历史阶段；是逐步缩小同世界先进水平的差距，在社会主义基础上实现中华民族伟大复兴的历史阶段。报告指出，“这样的历史进程，至少需要一百年时间。至于巩固和发展社会主义制度，那还需要更长得多的时间，需要几代人、十几代人，甚至几十代人坚持不懈地努力奋斗”。

该报告重申了党的社会主义初级阶段的基本路线，指出：“全党要毫不动摇地坚持党在社会主义初级阶段的基本路线，把以经济建设为中心同四项基本原则、改革开放这两个基本点统一于建设有中国特色社会主义的伟大实践。”报告还强调，在改革开放和中国特色社会主义建设中，要警惕右，但主要是防止“左”，要克服各种干扰，坚持基本路线不动摇，坚持基本路线是中国特色社会主义的“最可靠的保证”。报告还全面阐述了中国共产党在社会主义初级阶段的经济、政治、文化纲领，并指出：建设有中国特色社会主义的经济、政治、文化是“党的基本路线在经济、政治、文化等方面的展开”①。

进入21世纪，中国实现了人民生活总体上由温饱到小康的历史性跨越，进入到全面建设小康社会，加快推进社会主义现代化建设的新的发展阶段。在重要的历史关头，2002年11月召开的中共十六大对我国社会所处的发展阶段和中国社会的主要矛盾作出了清醒的判断和分析：“必须看到，我国正处于并将长期处于社会主义初级阶段，现在达到的小康还是低水平的、不全面的、发展很不平衡的小康，人民日益增长的物质文化需要同落后的社会生产之间的矛盾仍然是我国社会的主要矛盾。”②2007年11月召开的中共十七大分析了进入新世纪新阶段后中国发展呈现的新的阶段性特征，指出：“经过新中国成立以来特别是改革开放以来的不懈努力，我国取得了举世瞩目的发展成就，从生产力到生产关系、从经济基础到上层建筑都发生了意义深远的重大变化，但我国仍处于并将长期处

---

① 《十五大以来重要文献选编》(上)，人民出版社2000年版，第14、15、16、18、19页。

② 《十六大以来重要文献选编》(上)，中央文献出版社2005年版，第14页。

于社会主义初级阶段的基本国情没有变，人民日益增长的物质文化需要同落后的社会生产之间的矛盾这一社会主要矛盾没有变。”①

2012 年 11 月召开的中共十八大在回顾改革开放的历史进程，充分肯定中国特色社会主义的巨大成就的基础上，再次郑重强调了我国社会主义初级阶段的基本国情没有变的判断：“我们必须清醒认识到，我国仍处于并将长期处于社会主义初级阶段的基本国情没有变，人民日益增长的物质文化需要同落后的社会生产之间的矛盾这一社会主要矛盾没有变，我国是世界最大发展中国家的国际地位没有变。在任何情况下都要牢牢把握社会主义初级阶段这个最大国情，推进任何方面的改革发展都要牢牢立足社会主义初级阶段这个最大实际。党的基本路线是党和国家的生命线，必须坚持把以经济建设为中心同四项基本原则、改革开放这两个基本点统一于中国特色社会主义伟大实践，既不妄自菲薄，也不妄自尊大，扎扎实实夺取中国特色社会主义新胜利。”②

社会主义初级阶段理论是中国特色社会主义道路的理论基石。

（二）社会主义初级阶段新的阶段性特征和当前经济发展“新常态”

社会主义初级阶段是一个相当长的历史发展阶段，在发展进程中必然还要经历若干具体的发展阶段，不同时期会显现出不同的阶段性特征。进入 21 世纪后，我国进入社会主义现代化建设新的发展阶段。新世纪新阶段，我国社会主义初级阶段的基本国情没有变，但随着生产力的发展和生产关系的进步而呈现出一系列新的阶段性特征。中国共产党对社会主义初级阶段新的阶段性特征作了深入的分析。

---

① 《十七大以来重要文献选编》（上），中央文献出版社 2009 年版，第 11 页。

② 《十八大以来重要文献选编》（上），中央文献出版社 2014 年版，第 12~13 页。

第一，经济实力显著增强，同时生产力水平总体上还不高，自主创新能力还不强，长期形成的结构性矛盾和粗放型增长方式尚未根本改变。

改革开放以来，我国经济长期维持高速发展状态，经济实力和综合国力不断增强。1978—2010 年，我国人均 GDP 年均增长率为 11.38%。2010 年，中国经济总量已位居世界第二，此后一直居世界第二，并在不断缩小与美国的差距。中国的基础设施和城乡面貌发生巨大变化。进入新世纪新阶段，经济继续保持平稳快速增长，但总的来说，生产力总体水平还不高，突出表现为经济效率不高，劳动生产率的绝对水平偏低，居于世界后列。自主创新能力还不强，特别是原始创新能力和集成创新能力不强，缺乏核心技术，关键技术装备长期依赖进口。结构性矛盾依然突出：一是总需求结构矛盾，表现为投资规模过大，消费需求相对不足，消费能力不强；二是总供给结构矛盾，工业特别是重化工业比重较大，服务业比重偏低，而农业基础薄弱的状况没有改变；三是城乡之间、地区之间的结构性矛盾，表现为城乡差距和地区发展不平衡进一步扩大。经济增长质量和效益仍然不高，粗放型增长方式仍未从根本上转变，仍处于依靠要素投入为主的粗放型增长阶段，高投入、高能耗、高物耗、高污染、多占地的粗放型经济增长方式并未根本改变，在经济快速增长的同时，也付出了沉重的代价。科学技术水平、国民教育水平和文化素质同发达国家相比还有比较大的差距。

第二，社会主义市场经济体制初步建立，同时影响发展的体制机制障碍依然存在，改革攻坚面临深层次矛盾和问题。

公有制为主体、多种经济成分共同发展的基本经济制度已经成为中国特色社会主义制度的重要支柱和社会主义市场经济体制的根基。社会主义市场经济体制已经建立并不断完善，各个领域的改革不断继续推进，为经济发展带来了强大的推动力。但是，社会主义市场经济体制还不够完善，影响发展的体制机制障碍依然存在，改革攻坚面临深层次矛盾和问题，如经济结构不合理、形成利益固化的藩篱、收入分配关系未理顺、农民收入增长缓慢、就业矛盾突出、资源环境压力加大、经济整体竞争力不强等。如何按照贯彻落实科学发展观和构建社会主义和谐社会的要求，全面深化改革，继续完善基本经济制度，建设统一开放、竞争有序的市场体系，使市场在资源配置中起决定性作用，切实转变政府职能，深化行政体制改革，创新行政管理方式，增强政府公信力和执行力，建设法治政府和服务型政府，为全面协调可持续发展提供体制机制保障，全面建成小康社会，建设“五位一体”的中国特色社会主义，是我们面临的重大课题。

第三，人民生活总体上达到小康水平，同时收入分配差距拉大的趋势还未根本扭转，城乡贫困人口和低收入人口还有相当数量，统筹兼顾各方面利益难度加大。

进入新世纪新阶段，城乡居民收入进一步提高，衣食住行用水平继续提高，城乡最低生活保障制度的初步建立使大量贫困人口免除了饥寒之苦。2011 年全国农村居民人均纯收入 6977 元，比上年增加 1058 元，增长 17. 9%。剔除价格因素影响，实际增长 11. 4%。2011 年城镇居民人均总收入 23979 元，其中，人均可支配收入 21810 元，比上年增加 2701 元，增长 14. 1%。剔除价格因素影响，城镇居民人均可支配收入实际增长 8. 4%。但同时也要看到，目前所达到的还是低水平的、不全面的、发展很不平衡的小康状况，不同社会阶层之间、城乡之间、不同区域之间的生活水平仍然存在着巨大差距，大量城乡居民在教育、医疗卫生等各方面还有不少困难。但收入分配差距大，城乡贫困人口和低收入人口还有相当数量：我国的基尼系数在 1980 年大约为 0. 3，1988 年上升到 0. 38，自 2000 年起，我国基尼系数即已越过 0. 4 的警戒线，2006 年达 0. 49，后有所下降，到 2010 年超过了 0. 5，已跨入收入差距悬殊行列。按照联合国每人每天 1 美元收入的标准，我国仍有 1. 5 亿贫困人口。要保证全体人民过上共同富裕的生活，既要维持经济的不断增长，更有赖于党和政府统筹兼顾好各方面利益的经济和社会政策。

第四，协调发展取得显著成绩，同时农业基础薄弱、农村发展滞后的局面尚未改变，缩小城乡、区域发展差距和促进经济社会协调发展任务艰巨。

随着社会主义新农村建设和农村综合改革的逐步深化，农业税、牧业税、特产税全部取消，支农惠农政策不断加强，农村发展保持良好的势头；西部大开发、支持东北地区等老工业基地振兴和支持中部地区崛起的战略不断推进实施，地区发展差距扩大的趋势得到一定抑制。与此同时，我国城乡二元经济结构的特征仍很明显，农业基础薄弱、农村发展滞后的局面尚未得到根本改变：农村经济体制尚不完善，农业生产经营组织化程度低，农产品市场体系、农村社会化服务体系、国家农业支持保护体系不健全，构建城乡经济社会发展一体化体制机制要求紧迫；农业发展方式依然粗放，农业基础设施和技术装备落后，耕地大量减少，人口资源环境约束增强，气候变化影响加剧，自然灾害频发，保障国家粮食安全和主要农产品供需平衡压力增大；农村社会事业和公共服务水平仍然较低。由于发展基础、区位优势和自然禀赋不同，地区差距将会长期存在，发展不平衡仍然是突出矛盾。缩小城乡、区域发展差距和促进经济社会协调发展，仍是我国社会全面发展亟待攻克的重难点问题。

第五，社会主义民主政治不断发展，依法治国基本方略扎实贯彻，同时民主法制建设与扩大人民民主和经济社会发展的要求还不完全适应，政治体制改革需要继续深化。

随着政治体制改革积极稳妥地推进，社会主义民主政治不断发展，确立了中国特色社会主义政治制度，扩大了公民的有序政治参与。选举制度、协商制度、民主监督制度、参政议政制度等逐步发展，村民自治、居民自治等基层民主政治有了较大的发展。中国特色社会主义法律体系基本形成，法治国家、法治政府、法治社会建设有序推进。行政管理体制和政府机构改革取得进展，政府职能转变迈出重要步伐，社会管理和公共服务得到加强。干部人事制度改革取得较大进展。人权得到更加全面、真实和充分的尊重和保障。社会主义民主政治建设总体上适应经济社会发展要求，但仍存在不少亟待完善和发展的方面：民主制度还有待完善；法律体系仍有待健全，有法不依、执法不严、违法不究的现象还在一定范围内存在，全民的法律素质有待进一步提高；政治体制深层次的问题并未解决。这些有待完善的方面与不断扩大人民民主的要求、与经济社会发展的要求不相适应，需要通过继续深化政治体制改革加以解决。

第六，社会主义文化更加繁荣，同时人民精神文化需求日趋旺盛，人们思想活动的独立性、选择性、多变性、差异性明显增强，对发展社会主义先进文化提出了更高要求。

在经济快速发展的推动下，文化建设迈上新台阶。社会主义核心价值体系建设深入开展，文化体制改革全面推进，公共文化服务体系建设取得重大进展，文化产业加速发展，文化创作生产更加繁荣，人民的精神文化生活更加丰富多彩。全民健身和竞技体育取得新成绩。但总的来说，我国的文化发展同经济社会发展和人民日益增长的精神文化需求还不完全适应，还存在一些突出的矛盾和问题：文化在推动全民族文明素质提高中的作用亟待加强；一些领域道德失范、诚信缺失，一些社会成员人生观、价值观扭曲，败坏了社会风气，破坏了正常的经济社会秩序；公共文化服务体系不健全，城乡、区域文化发展不平衡；文化产业规模不大、结构不合理，束缚文化生产力发展的体制机制问题尚未根本解决；中华文化的国际影响力还不强。在此背景下，建设社会主义先进文化，弘扬中华文明优秀传统文化，提升国家的文化软实力，建设社会主义文化强国，已成为全面建成小康社会和实现社会主义现代化十分重要的任务。

第七，社会活力显著增强，同时社会结构、社会组织形式、社会利益格局发生深刻变化，社会建设和管理面临诸多新课题。

改革开放以来，随着社会主义市场经济体制不断完善、对外开放程度不断加深、多种经济成分不断发展，我国社会活力显著增强，各种社会组织迅速发展，社会事业取得显著成就。建立了社会管理工作领导体系，构建了社会管理组织网络，形成了社会管理基本法律法规体系，初步形成了党委领导、政府负责、社会协同、公众参与的社会管理格局。我国社会管理和社会主义制度总体上是相适应的，社会形势总体上是好的。但同时，社会发展总体上仍然滞后于经济发展，民生方面还有许多亟待解决的问题。在社会结构、社会组织形式、社会利益格局发生深刻变化的新形势下，社会建设和社会管理面临许多新课题。

第八，对外开放日益扩大，同时面临的国际竞争日趋激烈，发达国家在经济、科技上占优势的压力长期存在，可以预见和难以预见的风险增多，统筹国内发展和对外开放的要求更高。

我国已经从封闭半封闭型经济转变为开放型经济，加入世贸组织以来，我国经济在世界上的地位越来越重要。同时要看到，我国还是发展中国家，发达国家在经济、科技上占优势的压力将长期存在，风险与机遇在激烈的国际竞争中并存，对统筹国内发展和对外开放提出了更高的要求。

正确把握和深刻认识进入新世纪新阶段以来出现的这些新的阶段特征，对于在新的历史条件下坚持和发展中国特色社会主义具有重要的意义。

中共十八大以后，特别是中共十八届三中、四中全会以来，中国的改革已经进入一个新的关键时期，中国经济社会又呈现出新的发展态势，中国共产党对新的历史条件下中国经济发展的“新常态”作出了准确的判断和分析。

2014 年 5 月，中共中央总书记习近平在河南考察时指出：“中国发展仍处于重要战略机遇期，我们要增强信心，从当前中国经济发展的阶段性特征出发，适应新常态，保持战略上的平常心态。”第一次提出了“新常态”的概念。2014 年 11 月 9 日，习近平在亚太经合组织（APEC）工商领导人峰会上发表的题为《谋求持久发展 共筑亚太梦想》的演讲中，首次对中国经济新常态作了系统的阐述。他指出：“当前，中国经济保持稳定发展态势，城镇就业持续增加，居民收入、企业效益、财政收入平稳增长。更重要的是，结构调整出现积极变化，服务业增长势头显著，内需不断扩大。”在此基础上，他分析了当前中国经济呈现的新常态及其主要特点：“中国经济呈现出新常态，有几个主要特点。一是从高速增长转为中高速增长。二是经济结构不断优化升级，第三产业、消费需求逐步成为主体，城乡区域差距逐步缩小，居民收入占比上升，发展成果惠及更广大民众。三是从要素驱动、投资驱动转向创新驱动。新常态将给中国带来新的发展机遇。”他还对中国经济新常态呈现的主要特点作了进一步的分析，指出：新常态下，中国经济增速虽然放缓，实际增量依然可观；新常态下，中国经济增长更趋平稳，增长动力更为多元；新常态下，中国经济结构优化升级，发展前景更加稳定；新常态下，中国政府大力简政放权，市场活力进一步释放。他强调：“新常态也伴随着新矛盾新问题，一些潜在风险渐渐浮出水面。能不能适应新常态，关键在于全面深化改革的力度。”①

2014 年 12 月 9 日至 11 日召开的中央经济工作会议提出：科学认识当前形势，准确研判未来走势，必须历史地、辩证地认识我国经济发展的阶段性特征，准确把握经济发展新常态。会议从消费需求、投资需求、出口和国际收支、生产能力和产业组织方式、生产要素相对优势、市场竞争特点、资源环境约束、经济风险积累和化解、资源配置模式和宏观调控方式九个角度全面阐述了新常态的主要特征。并指出：这些趋势性变化说明，我国经济正在向形态更高级、分工更复杂、结构更合理的阶段演化，经济发展进入新常态，正从高速增长转向中高速增长，经济发展方式正从规模速度型粗放增长转向质量效率型集约增长，经济结构正从增量扩能为主转向调整存量、做优增量并存的深度调整，经济发展动力正从传统增长点转向新的增长点。该会议强调：认识新常态，适应新常态，引领新常态，是当前和今后一个时期我国经济发展的大逻辑。

“新常态”是新的历史条件下对社会主义初级阶段基本国情的全新揭示。

（三）社会主义初级阶段的基本国情是中国特色社会主义的总依据

国情是指一个国家的社会性质、政治、经济、文化、自然地理环境等方面的基本情况和特点，包括一个国家的文化历史传统、自

① 习近平：《谋求持久发展　共筑亚太梦想》，《人民日报》2014 年 11 月 10 日。

然地理环境、社会经济发展状况以及国际环境与国际关系等各个方面的基本情况和特点。基本国情则主要是指一个国家的社会性质及其所处的社会发展阶段。毛泽东曾经指出："认清中国社会的性质，就是说，认清中国的国情，乃是认清一切革命问题的基本的根据。"毛泽东这里就是指的基本国情。国情特别是基本国情，是各国选择自己发展道路的根本依据，不同的国情，从根本上决定了各国发展道路的差异性。一个国家选择什么样的发展道路，必须要从本国的基本国情出发。当代中国的基本国情是社会主义初级阶段，社会主义是指当代中国的社会性质，初级阶段则是指中国社会主义社会所处的发展阶段。社会主义初级阶段的基本国情是中国选择中国特色社会主义发展道路的根本依据。

中共十八大报告强调："建设中国特色社会主义，总依据是社会主义初级阶段。"①习近平在十八届中共中央政治局第一次集体学习时指出："强调总依据，是因为社会主义初级阶段是当代中国的最大国情、最大实际。我们在任何情况下都要牢牢把握这个最大国情，推进任何方面的改革发展都要牢牢立足这个最大实际。不仅在经济建设中要始终立足初级阶段，而且在政治建设、文化建设、社会建设、生态文明建设中也要始终牢记初级阶段；不仅在经济总量低时要立足初级阶段，而且在经济总量提高后仍然要牢记初级阶段；不仅在谋划长远发展时要立足初级阶段，而且在日常工作中也要牢记初级阶段。"②

中国特色社会主义不同于前苏联模式的传统社会主义，也和马克思主义经典作家所设想的发达的社会主义社会有很大的区别，而是基于中国社会主义初级阶段基本国情的一种还不很发达、不很成熟的社会主义。"独特的文化传统，独特的历史命运，独特的基本国情，注定了我们必然要走适合自己特点的发展道路。"③

---

① 《十八大以来重要文献选编》(上)，中央文献出版社 2014 年版，第 10 页。

② 《习近平谈治国理政》，外文出版社 2014 年版，第 10~11 页。

③ 《习近平谈治国理政》，外文出版社 2014 年版，第 156 页。

按照马克思主义经典作家的设想，社会主义社会原本是应该建立在经历了生产力高度发达的资本主义社会的基础之上的，他们所设想的社会主义社会的生产关系和上层建筑，即社会主义社会的社会形式，也是基于这一前提的。然而，近代中国没有经历过资本主义发展的阶段，由于近代中国的基本国情和中国革命的特殊性，决定了中国不可能再走上资本主义发展的道路，中国共产党领导的新民主主义革命的胜利促使中国走向社会主义道路。中华人民共和国成立以后，在较短的时期内完成了生产资料私有制的社会主义改造，建立起了社会主义制度。也就是说，中国是在生产力水平还很低的情况下进入社会主义社会的，这就使得中国的社会主义并不具备马克思主义经典作家所设想的那种发达的社会主义社会所应该具备的条件。

马克思主义基本原理认为，任何社会形式都是由生产力的发展状况决定的。马克思曾经深刻指出："人们能否自由选择某一社会形式呢？决不能。在人们的生产力发展的一定状况下，就会有一定的交换[commerce]和消费形式。在生产、交换和消费发展的一定阶段上，就会有相应的社会制度形式，相应的家庭、等级或阶级组织，一句话，就会有相应的市民社会。有一定的市民社会，就会有不过是市民社会的正式表现的相应的政治国家。"①中国在完成了社会主义改造后，建立起了社会主义制度，但是，生产力发展的状况却远没有达到发达的社会主义社会所应具有的水平；中国的社会主义，只能是初级形式的社会主义，在中国建设社会主义就必须要从生产力发展的状况这个最基本的实际出发，而不能超越这个实际去"自由选择某一社会形式"，"自由选择"某种生产关系和上层建筑。在中共十一届三中全会之前，中国探索社会主义建设之所以走了许多弯路，其根本原因，就在于没有根据生产力发展的一定状况来选择生产关系和上层建筑，使得"自由选择"的社会形式超越了生产力发展的状况，成为生产力发展的桎梏。中共十一届三中全会之后，中国共产党从中国社会生产力发展的实际情况出发，正确分析

① 《马克思恩格斯文集》第10卷，人民出版社2009年版，第42~43页。

了社会主义初级阶段的基本国情，实行改革开放，走出了一条中国特色社会主义道路，从根本上改变了生产关系不适应生产力发展状况的矛盾，使中国的经济得到快速发展、综合国力大幅提升，人民生活水平显著提高。

改革开放以来，中国特色社会主义的理论和实践都是基于社会主义初级阶段这一基本国情的。科学判断和始终立足社会主义初级阶段的基本国情，是中国共产党推进理论创新、制度创新、实践创新，制定正确的路线方针政策的根本出发点。

在中国社会主义初级阶段，生产力不发达的状况没有根本改变，也就决定了我们还可能建立起完善的社会主义生产关系和上层建筑，而必须从“生产力不发达”这个实际出发来探索适合生产力发展状况的生产关系和上层建筑。回顾改革开放以来的历史进程，中国特色社会主义的几乎所有重大理论创新和制度创新都是基于社会主义初级阶段这一“根本出发点”：

(1)因为中国还处于社会主义初级阶段，生产力还不很发达，所以，在现阶段，还不能实行完全的社会主义公有制，必须实行以公有制为主体、多种所有制经济共同发展的基本经济制度。

(2)因为中国还处于社会主义初级阶段，生产力还不很发达，所以，在现阶段还不可能实行按需分配，也还不能实行完全的按劳分配，而必须实行以按劳分配为主体，多种分配方式并存的分配制度。

(3)因为中国还处于社会主义初级阶段，生产力还不很发达，要把经济搞上去，必须要用市场经济的办法，通过平等竞争促进经济发展。

一切都必须从社会主义初级阶段“这个最大的实际”出发，这“是建设和发展中国特色社会主义的基础和保证”①。

经过了新中国成立以来特别是改革开放三十多年来的快速发展，我们取得了举世瞩目的巨大成就。但是，我们必须清醒地认识

---

① 崔常发：《中国特色社会主义理论体系学习读本》，人民日报出版社2008年版，第81页。

到，我国人口多、底子薄，发展不平衡的状况并没有根本改变，而且，当前发展又呈现出不少新情况、新变化，经济发展由高速增长转为中高速增长，发展中不平衡、不协调、不可持续问题依然突出，转变经济发展方式和深化改革任重道远；工业化、城镇化、农业现代化步伐加快，但工业还大而不强，农业基础依然薄弱、农村发展相对滞后、农民增收困难的问题依然突出；全国人民生活总体达到小康水平，但城乡、区域和居民收入分配差距仍然较大，教育、就业、社会保障、医疗、住房、生态环境、社会治安、司法公正等关系群众切身利益的问题还不同程度地存在，部分群众生活仍然困难；一些领域道德失范、诚信缺失现象比较严重；一些干部领导科学发展能力不强，一些基层党组织软弱涣散，少数党员干部理想信念动摇、宗旨意识淡薄，形式主义、官僚主义问题突出，奢侈浪费现象严重；一些领域消极腐败现象易发多发，反腐败斗争形势依然严峻，等等。这些情况表明，我国仍处于并将长期处于社会主义初级阶段的基本国情没有变，人民日益增长的物质文化需要同落后的社会生产之间的矛盾这一社会主要矛盾没有变，我国是世界最大发展中国家的国际地位没有变。

坚持走中国特色社会主义道路，就必须在任何情况下都要牢牢把握社会主义初级阶段这个最大国情，推进任何方面的改革发展，都要牢牢立足社会主义初级阶段这个最大实际。正确认识社会主义初级阶段的基本国情及当前发展呈现出的新的阶段性特征，是我们制定和执行正确的路线、方针、政策和发展战略的总依据。

三、中国特色社会主义的政治保障

政治路线决定发展方向。中国共产党在社会主义初级阶段的基本路线规定了中国特色社会主义的领导力量、依靠力量、中心任务、主要途径、原则方向、根本立足点和奋斗目标，决定着中国特色社会主义的性质和发展方向，是中国特色社会主义的根本政治保障。

(一)中国共产党在社会主义初级阶段的基本路线

路线是指政党为实现目标任务，在思想上、政治上坚持的根本指导方针和准则。路线通常可以分为基本路线和具体路线。基本路线是指党的政治路线，或称总路线、总方针、总政策。路线决定发展方向。

中国共产党在不同历史阶段都会根据党对经济、政治、社会等情况的分析和所要解决的主要矛盾、党的中心任务而制定出党的政治路线，提出明确的政治任务、政治目标和政治方向，以作为党制定各方面工作方针和政策的总依据。在新民主主义革命时期，中国共产党制定了新民主主义革命的总路线，在社会主义改造时期，中国共产党制定了党在过渡时期的总路线，这两条总路线，分别指导中国新民主主义革命和社会主义革命取得胜利，为中国特色社会主义创造了根本政治前提和制度基础。在探索社会主义建设时期，中国共产党也曾经提出过社会主义建设的总路线，但严重背离了当时中国的国情和社会主义建设的实际，使得中国共产党对中国社会主义的探索走上了曲折之路。可见，党的政治路线正确与否，关系着党所领导的事业的兴衰成败。

党在社会主义初级阶段的基本路线是中国共产党在正确地把握我国社会主义所处的历史方位，深刻分析社会主义初级阶段的基本国情、主要矛盾和党的中心任务的基础上提出来的，反映了中国共产党和全国人民的共同意志。

中国共产党第一次系统制定并向全国人民公布党在社会主义初级阶段的基本路线，是在 1987 年召开的中共第十三次全国代表大会上。

中共十三大通过的《沿着有中国特色的社会主义道路前进》的报告对党在社会主义初级阶段基本路线是这样表述和阐释的："在社会主义初级阶段，我们党的建设有中国特色的社会主义的基本路线是：领导和团结全国各族人民，以经济建设为中心，坚持四项基本原则，坚持改革开放，自力更生，艰苦创业，为把我国建设成为富强、民主、文明的社会主义现代化国家而奋斗。坚持社会主义道路、坚持人民民主专政、坚持中国共产党的领导、坚持马克思列宁主义毛泽东思想这四项基本原则，是我们的立国之本。坚持改革开放的总方针，是十一届三中全会以来党的路线的新发展，它赋予了四项基本原则以新的时代内容。坚持四项基本原则和坚持改革开放这两个基本点，相互贯通，相互依存，统一于建设有中国特色社会主义的实践。”①

2007年召开的中国共产党第十七次全国代表大会在中国特色社会主义新的实践的基础上，进一步完善了中国共产党在社会主义初级阶段的基本路线，在大会通过的《中国共产党章程(修正案)》中将党和人民在社会主义初级阶段的奋斗目标由“为把我国建设成为富强、民主、文明的社会主义现代化国家而奋斗”修改为“为把我国建设成为富强、民主、文明、和谐的社会主义现代化国家而奋斗”②。

2012年召开的中国共产党第十八次全国代表大会进一步强调：“党的基本路线是党和国家的生命线，必须坚持把以经济建设为中心同四项基本原则、改革开放这两个基本点统一于中国特色社会主义伟大实践，既不妄自菲薄，也不妄自尊大，扎扎实实夺取中国特色社会主义新胜利。”③

党在社会主义初级阶段的基本路线高度概括了党在社会主义初级阶段的奋斗目标、领导力量和依靠力量、根本立足和基本途径，既紧紧抓住了社会主义初级阶段的主要矛盾，又深刻体现了中国特色社会主义发展的基本规律，是中国共产党在整个社会主义初级阶段的总路线、总方针、总政策。

建设“富强、民主、文明、和谐的社会主义现代化国家”，是

---

① 《十三大以来重要文献选编》(上)，人民出版社1991年版，第15页。

② 《十七大以来重要文献选编》(上)，中央文献出版社2009年版，第45页。

③ 《十八大以来重要文献选编》(上)，中央文献出版社2014年版，第12~13页。

党和人民在社会主义初级阶段的奋斗目标。“富强”是物质层面的目标要求，实现国家富强，人民共同富裕，既体现了社会主义的本质要求，也是中华民族伟大复兴的目标；“民主”是制度层面的目标要求，没有民主，就没有社会主义，就没有社会主义现代化，完善中国特色社会主义制度、发展社会主义民主政治、建设社会主义政治文明是中国特色社会主义社会的重要目标；“文明”是文化层面的目标要求，建设社会主义精神文明，全面提高公民道德素质，丰富人民精神文化生活，建设社会主义文化强国，增强文化整体实力和竞争力，是社会主义现代化建设的重大任务；“和谐”是社会层面的目标要求，社会和谐是中国特色社会主义的本质属性，加强社会建设，保障和改善民主，构建社会主义和谐社会，实现人与自然和谐发展，是“贯穿中国特色社会主义事业全过程的历史任务”①。这四个方面的目标要求表现为物质文明、政治文明、精神文明、社会文明、生态文明五大建设的统一，是中国特色社会主义总体布局的集中体现。

“一个中心、两个基本点”，是党的基本路线的核心内容，是实现社会主义现代化奋斗目标的基本途径。“以经济建设为中心”是兴国之要，体现了发展生产力的本质要求，是中国特色社会主义的根本任务，是保证党和国家兴旺发达和长治久安的根本要求；“坚持四项基本原则”是立国之本，是保证党和国家生存发展的政治基石，是中国特色社会主义的根本政治保障；“坚持改革开放”是强国之路，体现了解放和发展生产力的本质要求，是保证党和国家发展进步的活力源泉，是不断推进我国社会主义制度自我完善和发展，坚持和发展中国特色社会主义的必由之路。“一个中心，两个基本点”是一个整体，揭示了中国特色社会主义的客观规律和发展道路，是正确认识和处理经济基础与上层建筑之间、生产力与生产关系之间辩证统一关系的内在要求，“要坚持把以经济建设为中心同四项基本原则、改革开放这两个基本点统一于发展中国特色社

① 《十七大以来重要文献选编》(上)，中央文献出版社 2009 年版，第 13 页。

会主义的伟大实践，任何时候都决不能动摇”①。

“领导和团结全国各族人民”，指明了实现社会主义现代化奋斗目标的领导力量和依靠力量。中国共产党的领导是中国特色社会主义的本质特征，是社会主义现代化建设的领导力量。包括工人、农民、知识分子的社会主义劳动者是建设中国特色社会主义事业的根本力量，新的社会阶层是中国特色社会主义事业的建设者，广大社会主义劳动者、社会主义建设者和拥护社会主义的爱国者是中国特色社会主义事业的依靠力量。

“自力更生，艰苦创业”，是实现社会主义初级阶段奋斗目标的根本立足点，是社会主义现代化的基本方针。实行对外开放是社会主义现代化建设的基本国策，但我们是立足自身发展基础上的对外开放。“我们搞的现代化，是中国式的现代化。我们建设的社会主义，是有中国特色的社会主义。我们主要是根据自己的实际情况和自己的条件，以自力更生为主。”②同时应当指出，我国底子薄，目前处在实现现代化的创业阶段，需要更多的资金用于建设，“一定要继续发扬艰苦奋斗、勤俭建国的优良传统，提倡崇尚节约的社会风气”③。建设中国特色社会主义必须把立足点放在自己力量的基点上，继承和弘扬中国共产党自力更生，艰苦奋斗的光荣传统。

中国共产党在社会主义初级阶段的基本路线和各个方面是相互贯通、相互依存、不可分割的统一整体，不可偏离，亦不可偏废，必须全面坚持，一以贯之。只有毫不动摇地坚持“一个中心，两个基本点”的基本路线，才能为坚持和发展中国特色社会主义提供坚强有力的政治保障。

（二）党的基本路线是坚持和发展中国特色社会主义的政治保障

“党的基本路线是兴国、立国、强国的重大法宝，是实现科学

① 《十七大以来重要文献选编》(上)，中央文献出版社2009年版，第13页。

② 《邓小平文选》第3卷，人民出版社1993年版，第29页。

③ 《十四大以来重要文献选编》(上)，人民出版社1996年版，第32页。

发展的政治保证，是党和国家的生命线、人民群众的幸福线"①，从根本上决定着改革开放和中国特色社会主义的性质和发展方向，决定着社会主义现代化建设的成败。

改革开放的根本目的是要在解放和发展生产力的前提下满足广大人民不断增长的物质文化需要，实现共同富裕和社会和谐。而要达到这一目标，在中国，只能走社会主义道路。"如果走资本主义道路，可能在某些局部地区少数人更快地富起来，形成一个新的资产阶级，产生一批百万富翁，但顶多也不会达到人口的百分之一，而大量的人仍然摆脱不了贫穷，甚至连温饱问题都不可能解决。只有社会主义制度才能从根本上解决摆脱贫穷的问题。"②"如果我们的政策导致两极分化，我们就失败了；如果产生了什么新的资产阶级，那我们就真是走了邪路了。"③所以，中国的改革必须坚持社会主义方向，坚定不移走中国特色社会主义道路。

1987 年 6 月 12 日，邓小平会见前南斯拉夫共产主义者联盟中央主席团委员科罗舍茨，在谈到中国改革的目的时说了这么一段话："我们的改革要达到一个什么目的呢？总的目的是要有利于巩固社会主义制度，有利于巩固党的领导，有利于在党的领导和社会主义制度下发展生产力。"④邓小平的论述是深刻的，在中国，在社会主义初级阶段，只有在社会主义制度下，在中国共产党的领导下，才能够通过改革开放解放和发展生产力，实现共同富裕和社会和谐。所以，中国的改革开放是中国共产党领导下的改革开放，是巩固和发展社会主义制度的改革开放，是以实现共同富裕和社会和谐为目的的改革开放。正是为了保证中国改革开放的社会主义性质和方向，中国共产党提出了"一个中心，两个基本点"的基本路线。

改革开放以来，在开创、坚持和发展中国特色社会主义道路的

---

① 《十七大以来重要文献选编》(上)，中央文献出版社 2009 年版，第 798 页。

② 《邓小平文选》第 3 卷，人民出版社 1993 年版，第 208 页。

③ 《邓小平文选》第 3 卷，人民出版社 1993 年版，第 111 页。

④ 《邓小平文选》第 3 卷，人民出版社 1993 年版，第 241 页。

历程中，一直受到“左”、右两种错误倾向的干扰。

一种倾向是否定改革开放，否定中国特色社会主义道路，企图重走封闭僵化的老路。这种“左”的错误倾向从1978年党的十一届三中全会以来就一直存在，从来没有真正销声匿迹过，“已经形成了一种习惯势力”①。中国改革开放的每一次推进和深化，都会遭到这股“左”的势力的质疑和挑战。在中共十八大以后，这种思潮又趋于活跃。一些人无视中国改革开放所取得的巨大成就，有意曲解和放大改革开放以来中国在发展过程中出现的矛盾、困难和问题，指责“现在中国进行的改革是变公有制为私有制的改革，是变社会主义为资本主义的改革”，“现在所谓的‘中国特色社会主义’，从主要特征来说，实际是走的‘中国特色资本主义’邪路”。他们甚至全面否定邓小平理论、“三个代表”重要思想、科学发展观，否定中国特色社会主义理论体系，认为中共十一届三中全会以来“执行的是一条错误的理论和错误的思想为指导思想的错误路线”，攻击中国特色社会主义道路“有中国特色而无社会主义”，是“错误、邪恶之路，资本主义之路”，是“使国家和民族走向毁灭的绝路”。他们主张要彻底改弦更张，“再来一次全面拨乱反正”，实际上就是要彻底改变中共十一届三中全会以来的改革开放路线，让中国重新回到封闭僵化的老路上去。

另一种错误倾向是打着改革开放的旗号，背离了改革开放的社会主义性质和方向。这种错误倾向又分为两种情况。一种是资产阶级自由化倾向，在经济上鼓吹“私有化”，要求取消公有制主体地位，政治上主张多党制，要求取消中国共产党的领导，否定中国特色社会主义政治制度，文化上宣扬西方的所谓普世价值，否定社会主义核心价值体系，实际上是企图改变中国改革开放的社会主义性质和方向，要使中国的改革开放走上改旗易帜的邪路。另一种情况是少数既得利益者和腐败分子打着“改革”和“中国特色”的旗号，利用手中掌握的权力和资源，疯狂谋取个人和小团体的私利，漠视人民群众的利益，罔顾国家民族大义，形成利益固化的藩篱，而当

① 《邓小平文选》第3卷，人民出版社1993年版，第228页。

改革危及他们自身的利益时，他们又极力阻碍改革的深化和改革共识的形成，他们的行为完全背离了中国共产党的宗旨，背离了中国特色社会主义共同富裕、公平正义的根本原则，同样背离了改革开放的社会主义性质和方向。

要防止上述两种错误倾向对改革开放和中国特色社会主义事业的干扰，就必须毫不动摇地坚持党在社会主义初级阶段的基本路线。党的基本路线是中国特色社会主义的根本政治保障。

坚持党的基本路线，必须紧紧围绕经济建设这一中心。以经济建设为中心是中共十一届三中全会最根本的拨乱反正，使党的指导思想走出了"以阶级斗争为纲"的误区，转移到以经济建设为中心的正确路线上来，并由此开创了改革开放和中国特色社会主义的伟大事业。新中国成立以来特别是改革开放以来的全部历史证明：发展是硬道理，推进中国特色社会主义的发展，必须牢牢扭住经济建设这个中心，不断解放和发展社会生产力，"以经济建设为中心是兴国之要，是我们党、我们国家兴旺发达和长治久安的根本要求"①。经济建设是中国共产党在整个社会主义初级阶段的中心工作，以经济建设为中心是党的基本路线的中心内容，能否坚持以经济建设为中心，是关系到我国社会主义现代化的成败、关系到中华民族伟大复兴的目标能否实现、关系到社会主义的前途和命运的大问题，如果经济建设这个中心发生动摇，整个党的基本路线就会被动摇。坚持以经济建设为中心，要求党的各项工作都要围绕这个中心、服从和服务于这个中心，而决不能干扰它、冲击它。"离开经济建设这个中心，社会主义社会的一切发展和进步就会失去物质基础。"②

坚持党的基本路线，必须把坚持四项基本原则同坚持改革开放结合起来，以辩证唯物主义和历史唯物主义的立场、观点和方法，

---

① 《十七大以来重要文献选编》(上)，中央文献出版社 2009 年版，第 13 页。

② 《十七大以来重要文献选编》(上)，中央文献出版社 2009 年版，第 798 页。

正确处理改革开放和四项基本原则的关系，将二者统一于发展中国特色社会主义的伟大实践。“四项基本原则是立国之本，是我们党、我们国家生存发展的政治基石；改革开放是强国之路，是我们党、我们国家发展进步的活力源泉。”①二者“须臾不可偏离、丝毫不可偏废”，离开四项基本原则，改革开放就会迷失方向，离开改革开放，中国特色社会主义就会丧失动力，背离了四项基本原则的改革开放，必定不是社会主义的改革开放，离开了改革开放的四项基本原则，必定会变成僵化的教条。中共十一届三中全会以来，“我们毫不动摇地坚持党的基本路线，既以四项基本原则保证改革开放的正确方向，又通过改革开放赋予四项基本原则新的时代内涵，坚持把以经济建设为中心同四项基本原则、改革开放这两个基本点统一于发展中国特色社会主义的伟大实践，使中国特色社会主义在当今世界的深刻变化和当代中国的深刻变革中牢牢站住了、站稳了，成为充满生机活力的社会主义”②。改革开放以来的实践证明，将四项基本原则和改革开放统一于发展中国特色社会主义的伟大实践，是“我们党最可宝贵的经验，是我们事业胜利前进最可靠的保证”③。

1992 年，邓小平在南方讲话中说：“不坚持社会主义，不改革开放，不发展经济，不改善人民生活，只能是死路一条。”④目前，中国的改革已进入攻坚期和深水区，改革和发展面临一系列突出矛盾和挑战，需要解决的问题格外艰巨。这个时候就要一鼓作气，攻坚克难，瞻前顾后、畏葸不前不仅不能前进，而且可能前功尽弃。因此，中共中央作出了全面深化改革的重大决定，习近平在中共十八届三中全会上所作的“关于《中共中央关于全面深化改革若干重大问题的决定》的说明”中深刻指出：“正是从历史经验和现实需要

① 《十七大以来重要文献选编》(上)，中央文献出版社 2009 年版，第 13 页。

② 《十七大以来重要文献选编》(上)，中央文献出版社 2009 年版，第 797 页。

③ 《江泽民文选》第 2 卷，人民出版社 2006 年版，第 17 页。

④ 《邓小平文选》第 3 卷，人民出版社 1993 年版，第 370 页。

的高度，党的十八大以来，中央反复强调，改革开放是决定当代中国命运的关键一招，也是决定实现‘两个一百年’奋斗目标、实现中华民族伟大复兴的关键一招，实践发展永无止境，解放思想永无止境，改革开放也永无止境，停顿和倒退没有出路，改革开放只有进行时、没有完成时。面对新形势新任务，我们必须通过全面深化改革，着力解决我国发展面临的一系列突出矛盾和问题，不断推进中国特色社会主义制度自我完善和发展。”①

在新历史起点上，全面建成小康社会、全面深化改革、全面推进依法治国、全面从严治党，必须坚持党的基本路线不动摇，思想上坚信不疑，行动上坚定不移，不为任何风险所惧，不为任何干扰所惑，既勇于冲破思想观念的障碍，又勇于突破利益固化的藩篱，决不走封闭僵化的老路，也决不走改旗易帜的邪路，而是坚定不移走中国特色社会主义道路。

坚持党的基本路线不动摇，是坚持和发展中国特色社会主义的根本政治保障。

四、中国特色社会主义的根本任务

解放和发展社会生产力是中国特色社会主义的根本任务，这是科学社会主义的基本原则，也体现了中国社会主义初级阶段发展实践的客观要求。“党带领人民进行改革开放，目的就是要解放和发展社会生产力，实现国家现代化，让中国人民富裕起来，振兴伟大的中华民族。”②

（一）中国特色社会主义的根本任务是解放和发展生产力

评价一个国家制度的优劣，最根本的就是看这个国家能否最大

---

① 《习近平谈治国理政》，外文出版社2014年版，第71页。
② 《十七大以来重要文献选编》(上)，中央文献出版社2009年版，第789页。

限度地、不断地解放和发展社会生产力。社会主义制度之所以优越于资本主义制度，最根本在于社会主义能更好地解放和发展社会生产力。

马克思主义最注重发展生产力。历史唯物主义认为，生产活动是社会存在和发展的基础，人类社会的发展和变革，归根结底是由生产力关系的性质、生产力的发展引起的生产关系和社会关系的变革所决定的。历史上任何一种新的社会制度的建立、巩固和发展，都是以生产力发展为基础的。社会生产力是人类社会发展的最根本的源泉和动力，它是最革命、最活跃的因素。

社会主义代替资本主义是历史发展的必然，但这并不意味着社会主义可以自然而然地实现。马克思曾深刻指出："无论哪一个社会形态，在它所能容纳的全部生产力发挥出来以前，是决不会灭亡的；而新的更高的生产关系，在它的物质存在条件在旧社会的胎胞里成熟以前，是决不会出现的。所以人类始终只提出自己能够解决的任务，因为只要仔细考察就可以发现，任务本身，只有在解决它的物质条件已经存在或者至少是在生成过程中的时候，才会产生。"①也就是说，社会主义这种"新的更高的生产关系"是必须以生产力的发展为提前的，而在社会主义这种新的更高的生产关系建立起来后，它的根本任务是更好地解放和发展社会生产力。对此，马克思、恩格斯在《共产党宣言中》中明确指出：在夺取政权后，"无产阶级将利用自己的政治统治，一步一步地夺取资产阶级的全部资本，把一切生产工具集中在国家即组织成为统治阶级的无产阶级手里，并且尽可能快地增加生产力的总量"②。列宁把社会生产力的发展作为社会主义社会的根本任务，作为解决社会主义社会的矛盾和向共产主义过渡的根本条件。在俄国十月社会主义革命胜利后，列宁即指出："在任何社会主义革命中，当无产阶级夺取政权的任务解决以后，随着剥夺剥夺者及镇压他们反抗的任务大体上和基本上解决，必然要把创造高于资本主义的社会结构的根本任务提

① 《马克思恩格斯选集》第2卷，人民出版社1995年版，第33页。
② 《马克思恩格斯选集》第1卷，人民出版社1995年版，第293页。

到首要地位，这个根本任务就是：提高劳动生产率，因此(并且为此)就要有更高形式的劳动组织。”①他强调：“提高劳动生产率是根本任务之一，因为不这样就不可能最终地过渡到共产主义。”②“无产阶级取得国家政权以后，它的最主要最根本的需要就是增加产品数量，大大提高社会生产力。……没有这个条件，劳动摆脱资本桎梏这整个解放事业就不可能获得成功，社会主义就不可能获得胜利。”③列宁还在马克思主义发展史上第一次明确提出生产力是“社会进步的最高标准”，生产力的状况是“整个社会发展的主要标准”的思想④。中国共产党人在探索社会主义建设道路之初，也提出过社会主义的目的是解放生产力的思想，毛泽东曾多次谈到“社会主义革命的目的是为了解放生产力”⑤，“搞上层建筑、搞生产关系的目的就是解放生产力”⑥。

在这种认识的基础上，邓小平明确提出了社会主义的根本任务是解放和发展生产力的思想。在改革开放之初，他就指出：“马克思主义最注重发展生产力。我们讲社会主义是共产主义的初级阶段，共产主义的高级阶段要实行各尽所能、按需分配，这就要求社会生产力高度发展，社会物质财富极大丰富。所以社会主义阶段的最根本任务就是发展生产力，社会主义的优越性归根到底要体现在它的生产力比资本主义发展得更快一些、更高一些，并且在发展生产力的基础上不断改善人民的物质文化生活。”⑦他说：“社会主义的首要任务是发展生产力，逐步提高人民的物质和文化生活水平。从一九五八年到一九七八年这二十年的经验告诉我们：贫穷不是社会主义，社会主义要消灭贫穷。不发展生产力，不提高人民的生活

---

① 《列宁选集》第3卷，人民出版社1995年版，第490页。
② 《列宁选集》第3卷，人民出版社1995年版，第727页。
③ 《列宁选集》第4卷，人民出版社1995年版，第623页。
④ 《列宁全集》第13卷，人民出版社1985年版，第223、224页。
⑤ 《毛泽东文集》第7卷，人民出版社1999年版，第1页。
⑥ 《毛泽东文集》第8卷，人民出版社1999年版，第351页。
⑦ 《邓小平文选》第3卷，人民出版社1993年版，第63页。

水平，不能说是符合社会主义要求的。”①他强调：“社会主义的任务很多，但根本一条就是发展生产力，在发展生产力的基础上体现出优于资本主义，为实现共产主义创造物质基础。”②在1992年的南方讲话中他进一步指出：“改革也是解放生产力。……过去，只讲在社会主义条件下发展生产力，没有讲还要通过改革解放生产力，不完全。应该把解放生产力和发展生产力两个讲全了。”③他明确提出“社会主义的本质，是解放生产力，发展生产力，消灭剥削，消除两极分化，最终达到共同富裕”④，强调社会主义的本质是共同富裕，而解放和发展生产力是最终达到共同富裕的根本途径。并提出要以是否有利于发展社会主义社会的生产力，是否有利于增强社会主义国家的综合国力，是否有利于提高人民的生活水平，作为判断改革开放是非成败的标准。这些思想观点集中反映了中国共产党人对于社会主义根本任务的认识。

中国社会主义初级阶段的基本国情也决定了中国特色社会主义的根本任务是解放和发展社会生产力。中国是一个社会主义国家，同时又是一个经济、社会、文化发展比较落后的国家，生产力总体水平比较低，而且发展很不平衡，与发达国家相比还有不小的差距。社会的物质生产还不够丰富，科学、教育、文化、医疗卫生事业还不发达，远远不能满足全体人民物质生活和文化生活的需要；人民生活还不富裕，还有相当一部分人处于贫困状态，贫富差距也日益凸显。人民日益增长的物质文化需求和落后的社会生产之间的矛盾仍然是我国的主要矛盾，这个主要矛盾贯穿于我国社会主义初级阶段的整个过程和社会生活的各个方面，这就决定了中国特色社会主义的根本任务就是要解放生产力、发展生产力，解决好生产力和生产关系之间的矛盾，推动经济社会的快速发展，并在此基础上实现人的全面发展。

---

① 《邓小平文选》第3卷，人民出版社1993年版，第116页。
② 《邓小平文选》第3卷，人民出版社1993年版，第137页。
③ 《邓小平文选》第3卷，人民出版社1993年版，第370页。
④ 《邓小平文选》第3卷，人民出版社1993年版，第373页。

中国共产党人在开创、坚持、发展中国特色社会主义的实践中，始终将解放和发展社会生产力作为中国特色社会主义的根本任务，牢牢扭住经济建设这个中心，不断改革阻碍生产力发展的生产关系和上层建筑，坚持聚精会神搞建设、一心一意谋发展，着力把握发展规律、创新发展理念、转变发展方式、破解发展难题，提高发展质量和效益，实现又好又快发展，为在中国特色社会主义道路上实现中华民族伟大复兴打下坚实的基础。党的"十八大"报告强调：在新的历史条件下夺取中国特色社会主义新胜利，"必须坚持解放和发展生产力。解放和发展社会生产力是中国特色社会主义的根本任务。要坚持以经济建设为中心，以科学发展为主题，以全面推进经济建设、政治建设、文化建设、社会建设、生态文明建设，实现以人为本、全面协调可持续的科学发展"①。之后，党的十八届三中全会作出全面深化改革的重大决策时，又提出了进一步解放思想、进一步解放和发展生产力、进一步解放和增强社会活力的思想，习近平在会上深刻指出："全面建成小康社会，实现社会主义现代化，实现中华民族伟大复兴，最根本最紧迫的任务还是进一步解放和发展社会生产力。解放思想，解放和增强社会活力，是为了更好解放和发展社会生产力。"我们要通过全面深化改革，进一步解放和发展生产力，让一切劳动、知识、技术、管理、资本等要素的活力竞相迸发，让一切创造社会财富的源泉充分涌流，"使中国特色社会主义在解放和发展社会生产力、解放和增强社会活力、促进人的全面发展上比资本主义制度更有效率，更能激发全体人民的积极性、主动性、创造性，更能为社会发展提供有利条件，更能在竞争中赢得比较优势，把中国特色社会主义制度的优越性充分体现出来"②。

当前，在我国改革开放的进程中，出现了一系列的新情况、新矛盾、新问题：人民之间贫富差距增大，城乡之间、区域之间发展

---

① 《十八大以来重要文献选编》(上)，中央文献出版社 2014 年版，第 11 页。

② 《习近平谈治国理政》，外文出版社 2014 年版，第 93 页。

不平衡，科教文卫事业不够发达，就业压力增大，社会保障体系覆盖面不广，生态环境恶化，等等。这些新情况、新矛盾、新问题，从根本上来说，正是因为我们的生产力水平不够高，各方面的体制机制不够完善，不能促进全面协调可持续的科学发展所造成。社会生活的全面进步，不论是民主政治建设，还是精神文明建设、和谐社会建设和生态文明建设，都必须以物质文明的建设为基础，以生产力的巨大发展为条件。要真正落实"五位一体"的总布局，全面建成小康社会，从社会主义初级阶段过渡到发达的社会主义阶段，就必须坚持以经济建设为中心，不断解放和发展社会生产力。

(二)在中国特色社会主义道路上解放和发展社会生产力

解放和发展生产力是一个永无止境的历史进程。新中国成立以来，特别是改革开放以来，中国共产党带领全国人民在开创、坚持、发展中国特色社会主义的历史征程中，不断解放和发展生产力，中国的面貌发生了深刻的变化，但要达到"实现人的全面发展，逐步实现共同富裕，建设富强、民主、文明、和谐的社会主义现代化国家"的目标，还必须进一步解放和发展社会生产力。

经过改革开放 30 多年以来的快速发展，我国的社会生产力已经取得了较大的进步，人民生活水平有了很大提高，在总体上达到了小康水平。但是，我国仍处于并将长期处于社会主义初级阶段的基本国情没有变，人民日益增长的物质文化需要同落后的社会生产之间的矛盾这一社会主要矛盾没有变，我国是世界最大发展中国家的国际地位没有变。在此情况下，以经济建设为中心仍然是兴国之要，发展仍是解决我国所有问题的关键。只有推动经济持续健康发展，才能筑牢国家繁荣富强、人民幸福安康、社会和谐稳定的物质基础。

中国在改革开放的过程中，通过合理吸纳使用外资，引进发达国家的先进技术，借鉴世界发展的经验，为生产力的解放和发展提供了很大的推动力。当今世界经济全球化趋势越发明显，中国作为世界经济体中举足轻重的一员，必须坚持改革开放，适应经济全球化的新形势，实行更加积极主动的开放战略，完善互利共赢、多元平衡、安全高效的开放型经济体系。要通过加快转变对外经济发展方式、不断创新开放模式、坚持出口和进口并重的策略，培育新的出口竞争优势，不断提高利用外资综合优势和总体效益，加快走出去的步伐，统筹双边、多边及区域、次区域的开放合作，不断增强国际竞争能力，提高抵御国际经济风险的能力，在对外开放的新形势中不断推动社会生产力的解放和发展。

在新的历史起点上，生产力的解放和发展要以加快转变经济发展方式为主线。经过30多年的改革和调整，目前我国已经建立并不断完善的社会主义市场经济体制，总体上与生产力发展的状况是相适应的，但仍有一些体制机制阻碍着生产力的进一步解放和发展。经济体制改革的核心问题是处理好政府和市场的关系，必须更加尊重市场规律，更好发挥政府作用。要坚持两个“毫不动摇”，促进公有制经济和非公经济共同发展，相辅相成，相得益彰；要健全现代市场体系、现代金融体系，改革财税体制，构建公平的税收制度，建立公共资源出让收益合理共享机制，完善公共财政体系，通过不断推动体制改革转变经济发展方式，加快社会生产力的解放和发展。

要坚持科学技术是第一生产力，促进科技进步和创新，推动社会生产力的解放和发展。科学技术是第一生产力，而且是先进生产力的集中体现。当今世界，科学技术日新月异，以信息技术、生物技术为代表的高新技术及其产业迅速发展，深刻影响着当代世界的政治经济格局。在日趋激烈的综合国力的竞争中，能否在高新技术及其产业领域占据一席之地，已经成为竞争的焦点，成为维护国家主权和经济安全的命脉所在。对于发展中的中国来说，既是严峻的挑战，又是难得的机遇。

要实施创新驱动发展战略，坚持走中国特色自主创新道路，把科技创新摆在国家发展全局的核心位置，作为提高社会生产力和综合国力的战略支撑；要深化科技体制改革，推动科技和经济紧密结合，健全技术创新市场导向机制，建立产学研协同创新机制，建设国家创新体系；要完善知识创新体系，加强技术集成和商业模式创新，完善科技创新评价标准、激励机制、转化机制；要实施知识产权战略，加强知识产权保护。通过促进创新资源高效配置和综合集成，把全社会的智慧和力量凝聚到创新发展上来，在中国特色社会主义道路上不断通过科技进步与创新推动社会生产力的解放和发展。

要适应国内外经济形势的新变化，把推动发展的立足点转到提高质量和效益上来。着力激发各类市场主体发展新活力，着力增强创新驱动发展新动力，着力构建现代产业发展新体系，着力培育开放型经济发展新优势，使经济发展更多依靠内需特别是消费需求拉动，更多依靠现代服务业和战略性新兴产业带动，更多依靠科技进步、劳动者素质提高、管理创新驱动，更多依靠节约资源和循环经济推动，更多依靠城乡区域发展协调互动，不断增强长期发展后劲；通过走中国特色新型工业化、信息化、城镇化、农业现代化道路，推动信息化和工业化深度融合、工业化和城镇化良性互动、城镇化和农业现代化相互协调，促进工业化、信息化、城镇化、农业现代化同步发展。

要以推进经济结构战略性调整为加快转变经济发展方式的主攻方向。必须以改善需求结构、优化产业结构、促进区域协调发展、推进城镇化为重点，着力解决制约经济持续健康发展的重大结构性问题。要加快建立扩大消费需求长效机制，释放居民消费潜力，保持投资合理增长，扩大国内市场规模，在推动实体经济发展的基础上，强化需求导向，推动战略性新兴产业、先进制造业健康发展，加快传统产业转型升级，推动下一代信息产业蓬勃发展，推动服务业特别是现代服务业发展壮大。要继续实施区域发展总体战略，充分发挥各地区比较优势，协调区域发展。通过优先推进西部大开发，全面振兴东北地区等老工业基地，大力促进中西部地区崛起，积极支持东部地区率先发展。采取对口支援等多种形式，加大对革命老区、民族地区、边疆地区、贫困地区的扶持力度。

要继续推动城乡发展一体化，协调城乡发展。要加大统筹城乡发展力度，通过健全城乡发展一体化体制机制，加快构建新型农业经营体系，赋予农民更多财产权利，推进城乡要素平等交换和公共资源均衡配置，完善城镇化健康发展体制机制，增强农村发展活力，逐步缩小城乡差距，促进城乡共同繁荣，形成以工促农、以城带乡、工农互惠、城乡一体的新型工农、城乡关系。

一个民族、一个国家是否兴旺发达，其人民是否富裕安康，社会是否安定和谐，归根结底在于它选择的国家制度和发展道路，在于这种制度和道路是否能够不断地、最大限度地解放和发展生产力。实践证明，中国共产党带领中国人民开创、坚持、发展的中国特色社会主义道路，是一条能够不断地解放和发展生产力的道路，是一条能够引导中华民族实现伟大复兴，并在此基础上继续向前发展的正确道路。

五、中国特色社会主义的总布局

中国特色社会主义的总布局是随着中国特色社会主义建设的发展而不断丰富和发展的。从物质文明建设和精神文明建设“两位一体”，到经济、政治、文化建设“三位一体”，到政治、经济、文化、社会建设“四位一体”，中共十八大正式提出“五位一体”的中国特色社会主义总布局，即中国特色社会主义经济建设、政治建设、文化建设、社会建设、生态文明建设一体推进。五大建设是一个相互联系、相互协调、相互促进的有机整体：经济建设是基础，政治建设是保证，文化建设是灵魂，社会建设是纽带，生态文明建设是保障。在新的历史起点上坚持和发展中国特色社会主义，必须按照“五位一体”的总布局，坚持以经济建设为中心，以科学发展为主题，全面推进经济建设、政治建设、文化建设、社会建设、生态文明建设，实现以人为本、全面协调可持续的科学发展，不断开拓生产发展、生活富裕、生态良好的文明发展道路。

（一）中国特色社会主义经济建设

建立强大的社会主义物质基础，是坚持和发展中国特色社会主义的前提。马克思主义认为，物质资料的生产是人类社会存在和发展的基础，物质生活的生产方式制约着整个社会生活、政治生活和精神生活。经济的发展决定着一个民族、一个国家物质文明和精神文明的层次和水平，是社会进步的基础。一个国家选择什么样的道路，在很大程度上是由其经济制度、经济体制及经济发展的状态决定的。而经济制度、经济体制与经济发展的方式是构成一个国家发展道路的基本内容。中共十八大报告深刻指出："以经济建设为中心是兴国之要，发展仍是解决我国所有问题的关键。只有推动经济持续健康发展，才能筑牢国家繁荣富强、人民幸福安康、社会和谐稳定的物质基础。"①

中国特色社会主义经济建设的根本任务是解放和发展生产力，为坚持和发展中国特色社会主义奠定坚实的物质基础。为了实现这一根本任务，必须毫不动摇地坚持公有制为主体、多种所有制经济共同发展的基本经济制度。不断深化经济体制改革，完善和发展社会主义市场经济，发挥市场在资源配置中的决定性作用，健全宏观调控体系。把科学发展观贯彻到经济发展的全过程，加快转变经济发展方式。在经济全球化条件下推进对外开放，积极参与国际经济合作和竞争，不断提高对外开放水平。

中共十八大和十八届三中全会对在新的历史起点上全面推进中国特色社会主义经济建设作了总体部署。

一是坚持和完善中国特色社会主义基本经济制度。公有制为主体、多种所有制经济共同发展的基本经济制度，是中国特色社会主义制度的重要支柱，也是社会主义市场经济体制的根基。公有制经济和非公有制经济都是社会主义市场经济的重要组成部分，都是我国经济社会发展的重要基础。必须毫不动摇地巩固和发展公有制经济，坚持公有制主体地位，发挥国有经济的主导作用，不断增强国有经济的活力、控制力、影响力。必须毫不动摇鼓励、支持、引导非公有制经济发展，激发非公有制经济活力和创造力。要保证各种所有制经济依法平等使用生产要素，公平参与市场竞争，同等受到

① 《十八大以来重要文献选编》(上)，中央文献出版社 2014 年版，第 15 页。

法律保护。

二是加快完善社会主义市场经济体制。改革开放30多年来，我国经济体制实现了从高度集中的计划经济体制到充满活力的社会主义市场经济体制的转变。在新的历史起点上，深化经济体制改革的主要目标是建设统一开放、竞争有序的市场体系，是使市场在资源配置中起决定性作用的基础。必须加快形成企业自主经营、公平竞争，消费者自由选择、自主消费，商品和要素自由流动、平等交换的现代市场体系，着力清除市场壁垒，提高资源配置效率和公平性。同时，要健全宏观调控体系，保持经济总量平衡，促进重大经济结构协调和生产力布局优化，减缓经济周期波动的影响，防范区域性、系统性风险，稳定市场预期，实现经济持续健康发展。

三是转变经济发展方式，要适应国内外经济形势新变化，加快形成新的经济发展方式，把推动发展的立足点转到提高质量和效益上来，着力激发各类市场主体发展新活力，着力增强创新驱动发展新动力，着力构建现代产业发展新体系，着力培育开放型经济发展新优势，使经济发展更多依靠内需特别是消费需求拉动，更多依靠现代服务业和战略性新兴产业带动，更多依靠科技进步、劳动者素质提高、管理创新驱动，更多依靠节约资源和循环经济推动，更多依靠城乡区域发展协调互动，不断增强长期发展后劲。坚持走中国特色新型工业化、信息化、城镇化、农业现代化道路，推动信息化和工业化深度融合、工业化和城镇化良性互动、城镇化和农业现代化相互协调，促进工业化、信息化、城镇化、农业现代化同步发展。

四是构建开放型经济新体制。适应经济全球化新形势，推动对内对外开放相互促进、引进来和走出去更好结合，促进国际国内要素有序自由流动、资源高效配置、市场深度融合，加快培育参与和引领国际经济合作竞争新优势，以开放促改革。统筹双边、多边及区域、次区域开放合作，加快实施自由贸易区战略，推动同周边国家的互联互通。推进丝绸之路经济带、海上丝绸之路建设，形成全方位开放新格局。完善互利共赢、多元平衡、安全高效的开放型经济体系。

(二)中国特色社会主义政治建设

没有民主，就没有社会主义，就没有社会主义现代化。发展社会主义民主政治，建设社会主义政治文明，是全面建成小康社会的重要目标，是中国特色社会主义建设总体布局的重要组成部分。改革开放以来，中国共产党总结发展社会主义民主正反两方面经验，坚持从中国国情和中国实际出发，不断深化对发展中国特色社会主义政治的认识，强调人民民主是社会主义的生命，坚持国家一切权力属于人民，不断推进政治体制改革，社会主义民主政治建设取得重大进展，成功开辟和坚持了中国特色社会主义政治发展道路，“为实现最广泛的人民民主确立了正确方向”①。

中国特色社会主义政治的根本任务是建设社会主义民主政治，发展最广泛的人民民主。建设社会主义民主政治，必须坚持走中国特色社会主义政治发展道路。中国特色社会主义政治发展道路就是高举人民民主旗帜，立足于社会主义初级阶段的基本国情，以保证政治稳定为前提，以推进政治体制改革为动力，坚持党的领导、人民当家作主、依法治国有机统一，坚持和完善中国特色社会主义政治制度，发展社会主义民主政治，建设社会主义法治国家。

中共十八大和十八届三中、四中全会对在新的历史起点上全面推进中国特色社会主义政治建设作了总体部署。

一是继续积极稳妥推进政治体制改革，发展更加广泛、更加充分、更加健全的人民民主。坚持党的领导、人民当家作主、依法治国有机统一，以保证人民当家作主为根本，以增强党和国家活力、调动人民积极性为目标。更加注重改进党的领导方式和执政方式，保证党领导人民有效治理国家；更加注重健全民主制度、丰富民主形式，保证人民依法实行民主选举、民主决策、民主管理、民主监督；更加注重发挥法治在国家治理和社会管理中的重要作用，维护

① 《十八大以来重要文献选编》(上)，中央文献出版社 2014 年版，第 20 页。

国家法制统一、尊严、权威，保证人民依法享有广泛权利和自由。要把制度建设摆在突出位置，充分发挥我国社会主义政治制度的优越性。

二是加强社会主义民主政治制度建设，完善中国特色社会主义政治制度。要坚持和完善人民代表大会制度、中国共产党领导的多党合作和政治协商制度、民族区域自治制度以及基层群众自治制度。更加注重健全民主制度、丰富民主形式，要推动人民代表大会制度与时俱进，推进人民代表大会制度理论和实践创新，发挥人民代表大会制度的根本政治制度作用；要健全社会主义协商民主制度，推进协商民主广泛多层制度化发展，构建程序合理、环节完整的协商民主体系；完善基层民主制度，畅通民主渠道，健全基层选举、议事、公开、述职、问责等机制。从各层次、各领域扩大公民有序政治参与。

三是全面推进依法治国，建设中国特色社会主义法治体系，建设社会主义法治国家。在中国共产党领导下，坚持中国特色社会主义制度，贯彻中国特色社会主义法治理论，形成完备的法律规范体系、高效的法治实施体系、严密的法治监督体系、有力的法治保障体系，形成完善的党内法规体系，坚持依法治国、依法执政、依法行政共同推进，坚持法治国家、法治政府、法治社会一体建设，实现科学立法、严格执法、公正司法、全民守法，促进国家治理体系和治理能力现代化。

四是强化权力运行制约和监督体系。坚持用制度管权、管事、管人，让人民监督权力，推进权力运行公开化、规范化，让权力在阳光下运行，是把权力关进制度笼子的根本之策。构建决策科学、执行坚决、监督有力的权力运行体系，确保决策权、执行权、监督权既相互制约又相互协调，确保国家机关按照法定权限和程序行使权力。健全惩治和预防腐败体系，建设廉洁政治，努力实现干部清正、政府清廉、政治清明。

五是巩固和发展最广泛的爱国统一战线。坚持长期共存、互相监督、肝胆相照、荣辱与共的方针，加强同民主党派和无党派人士团结合作，加强党外代表人士队伍建设。全面正确贯彻落实党的民族政策，坚持和完善民族区域自治制度，保障少数民族合法权益，巩固和发展平等、团结、互助、和谐的社会主义民族关系。全面贯彻党的宗教工作基本方针，发挥宗教界人士和信教群众在促进经济社会发展中的积极作用。鼓励和引导新的社会阶层人士为中国特色社会主义事业作出更大贡献。落实党的侨务政策，支持海外侨胞、归侨侨眷关心和参与祖国现代化建设与和平统一大业。

(三)中国特色社会主义文化建设

中国特色社会主义文化建设是中国特色社会主义事业总体布局的重要组成部分。“全面建成小康社会，实现中华民族伟大复兴，必须推动社会主义文化大发展大繁荣，兴起社会主义文化建设新高潮，提高国家文化软实力，发挥文化引领风尚、教育人民、服务社会、推动发展的作用。”①

文化是民族的血脉，是人民的精神家园。“一部人类社会发展史，是人类生命繁衍、财富创造的物质文明发展史，更是人类文化积累、文明传承的精神文明史。人类社会每一次跃进，人类文明每一次升华，无不镌刻着文化进步的烙印。”②人类文明进步的历史充分表明，没有先进文化的积极引领，没有人民精神世界的极大丰富，没有全民族创造精神的充分发挥，一个国家、一个民族不可能屹立于世界先进民族之林。

中国特色社会主义文化建设的根本任务是发展社会主义先进文化，满足广大人民不断增长的精神文化需求。中国共产党是一个具有高度文化自觉和文化自信的马克思主义政党，既是中华优秀传统文化的传承者和弘扬者，又是社会主义先进文化的积极倡导者和发展者，在领导中国革命、建设、改革的各个历史时期，高度重视文

---

① 《十八大以来重要文献选编》(上)，中央文献出版社 2014 年版，第 24 页。

② 《十六大以来重要文献选编》(下)，中央文献出版社 2008 年版，第 751 页。

化建设，不断探索文化发展规律，在实践中走出了一条中国特色社会主义文化发展道路。

坚持中国特色社会主义文化发展道路，就是要高举中国特色社会主义伟大旗帜，以马克思列宁主义、毛泽东思想、邓小平理论、“三个代表”重要思想和科学发展观为指导，深入学习习近平总书记系列重要讲话精神，坚持社会主义先进文化前进方向，以科学发展为主题，以建设社会主义核心价值体系为根本任务，以满足人民精神文化需求为出发点和落脚点，以改革创新为动力，发展面向现代化、面向世界、面向未来的，民族的科学的大众的社会主义文化，培养高度的文化自觉和文化自信，提高全民族文明素质，增加国家文化软实力，弘扬中华文化，努力建设社会主义文化强国。

中共十八大和十八届三中、四中全会对在新的历史起点上全面推进中国特色社会主义文化建设作了总体部署。

一是加强社会主义核心价值体系建设。用社会主义核心价值体系引领社会思潮、凝聚社会共识。推进马克思主义中国化时代化大众化，用中国特色社会主义理论体系武装全党、教育人民，把广大人民团结凝聚在中国特色社会主义伟大旗帜之下。大力弘扬民族精神和时代精神，深入开展爱国主义、集体主义、社会主义教育，丰富人民的精神世界，增强人民的精神力量。积极培育和践行社会主义核心价值观。牢牢掌握意识形态工作领导权和主导权，坚持正确导向，提高引导能力，壮大主流思想舆论。

二是全面提高公民道德素质。坚持依法治国和以德治国相结合，弘扬中华传统美德，培育社会公德、职业道德、家庭美德、个人品德，既重视发挥法律的规范作用，又重视发挥道德的教化作用，以法治体现道德理念，强化法律对道德建设的促进作用，以道德滋养法治精神，强化道德对法治文化的支撑作用，实现法律和道德相辅相成、法治和德治相得益彰。推进公民道德建设工程，弘扬真善美、贬斥假恶丑，培育知荣辱、讲正气、作奉献、促和谐的良好风尚。深入开展道德领域突出问题专项教育和治理，加强政务诚信、商务诚信、社会诚信和司法公信建设。加强和改进思想政治工作，注重人文关怀和心理疏导，培育自尊自信、理性平和、积极向上的社会心态。

三是丰富人民精神文化生活。坚持以人民为中心的创作导向，提高文化产品质量，为人民提供更好更多的精神食粮。坚持面向基层、服务群众，加快推进重点文化惠民工程，加大对农村和欠发达地区文化建设的帮扶力度，继续推动公共文化服务设施向社会免费开放。建设优秀传统文化传承体系，弘扬中华优秀传统文化。推广和规范使用国家通用语言文字。繁荣发展少数民族文化事业。开展群众性文化活动和全民阅读活动。普及科学知识，弘扬科学精神，提高全民科学素养。广泛开展全民健身运动，促进群众体育和竞技体育全面发展。

四是推进文化体制机制创新。以激发全民族文化创造活力为中心环节，进一步深化文化体制改革。完善文化管理体制。建立健全现代文化市场体系。构建现代公共文化服务体系。提高文化开放水平，推动中华文化走向世界。

五是增强文化整体实力和竞争力。坚持把社会效益放在首位，社会效益和经济效益相统一，推动文化事业全面繁荣、文化产业快速发展。发展哲学社会科学、新闻出版、广播影视、文学艺术事业。加强重大公共文化工程和文化项目建设，完善公共文化服务体系，提高服务效能。促进文化和科技融合，发展新型文化业态。构建和发展现代传播体系。增强国有公益性文化单位活力，繁荣文化市场。扩大文化领域对外开放，积极吸收借鉴国外优秀文化成果。

(四)中国特色社会主义社会建设

社会和谐是中国特色社会主义的本质属性，是国家富强、民族振兴、人民幸福的重要保证。社会建设是中国特色社会主义总体布局的重要组成部分。加强社会建设，是实现全面建成小康社会宏伟目标的内在要求，是构建社会主义和谐社会的必然要求，也是全面深化改革和全面推进依法治国的必然要求。把社会建设放在更加突出的地位，加快推进社会建设，是中共十八大以来中国共产党贯彻落实科学发展观，坚持和发展中国特色社会主义的重大战略举措。

目前，我国正处于体制转轨、社会转型的关键时期，城乡区域发展差距和居民收入分配差距依然较大，社会矛盾明显增多。“加强社会建设，是社会和谐稳定的重要保证。”①必须从维护最广大人民根本利益的高度，以保障和改善民主为重点，统筹协商社会利益关系，推进社会管理创新，加快推进社会建设，构建社会主义和谐社会。

中共十八大和十八届三中、四中全会对在新的历史起点上全面推进中国特色社会主义社会建设作了总体部署。

一是以保障和改善民生为重点，推进社会事业改革创新。深化教育领域综合改革，努力办好人民满意的教育；健全促进就业创业体制机制，推动实现更高质量的就业；深化收入分配制度改革，形成合理有序的收入分配格局，千方百计增加居民收入；统筹推进城乡社会保障体系建设，建立更加公平可持续的社会保障制度；深化医药卫生体制改革，提高人民健康水平；加快形成政府主导、覆盖城乡、可持续的基本公共服务体系。

二是创新社会治理体制，改进社会治理方式。坚持系统治理，加强党委领导，发挥政府主导作用，鼓励和支持社会各方面参与，实现政府治理和社会自我调节、居民自治良性互动；激发社会组织活力。正确处理政府和社会关系，加快实施政社分开，推进社会组织明确权责、依法自治、发挥作用；创新有效预防和化解社会矛盾体制。健全重大决策社会稳定风险评估机制。建立畅通有序的诉求表达、心理干预、矛盾调处、权益保障机制；健全公共安全体系。完善统一权威的食品药品安全监管机构，建立最严格的覆盖全过程的监管制度，建立隐患排查治理体系和安全预防控制体系，健全防灾减灾救灾体制，创新立体化社会治安防控体系，加强社会治安综合治理。

---

① 《十八大以来重要文献选编》(上)，中央文献出版社 2014 年版，第 30~31 页。

（五）中国特色社会主义生态文明建设

生态文明建设是中国特色社会主义事业总布局的重要组成部分，是全面建成小康社会的重要目标。建设生态文明是一项关系人民福祉、关乎国家和民族未来发展的重大战略任务。中共十八大报告明确提出："面对资源约束趋紧、环境污染严重、生态系统退化的严峻形势，必须树立尊重自然、顺应自然、保护自然的生态文明理念，把生态文明建设放在突出地位，融入经济建设、政治建设、文化建设、社会建设各方面和全过程，努力建设美丽中国，实现中华民族永续发展。"①

建设中国特色社会主义生态文明，从根本上说就是要坚持走生产发展、生活富裕、生态良好的文明发展道路，促进经济社会发展与人口资源环境相协调，建设以资源环境承载力为基础、以自然规律为准则、以可持续发展为目标的资源节约型、环境友好型社会，形成人与自然和谐发展的现代化建设新格局。

中共十八大和十八届三中全会对加快建设中国特色社会主义生态文明作出了重大战略部署。

一是优化国土空间开发格局。坚定不移实施主体功能区制度，建立国土空间开发保护制度。按照人口资源环境相均衡、经济社会生态效益相统一的原则，控制开发强度，调整空间结构，促进生产空间集约高效、生活空间宜居适度、生态空间山清水秀，给自然留下更多修复空间，给农业留下更多良田，给子孙后代留下天蓝、地绿、水净的美好家园。加快实施主体功能区战略，推动各地区严格按照主体功能定位发展，构建科学合理的城市化格局、农业发展格局、生态安全格局。提高海洋资源开发能力，发展海洋经济，保护海洋生态环境，坚决维护国家海洋权益，建设海洋强国。

二是全面促进资源节约。节约、集约利用资源，推动资源利用

---

① 《十八大以来重要文献选编》（上），中央文献出版社 2014 年版，第 30~31 页。

方式根本转变，加强全过程节约管理，提高利用效率和效益；推动能源生产和消费革命，控制能源消费总量，加强节能降耗，支持节能低碳产业和新能源、可再生能源发展，确保国家能源安全；加强水源地保护和用水总量管理，推进水循环利用，建设节水型社会；严守耕地保护红线，严格土地用途管制；加强矿产资源勘查、保护、合理开发；发展循环经济，促进生产、流通、消费过程的减量化、再利用、资源化。

三是加大自然生态系统和环境保护力度。实施重大生态修复工程，增强生态产品生产能力，保护生物多样性；加快水利建设，增强城乡防洪、抗旱、排涝能力；加强防灾减灾体系建设，提高气象、地质、地震灾害防御能力；坚持预防为主、综合治理，以解决损害群众健康的突出环境问题为重点，强化水、大气、土壤等方面的污染防治；坚持共同但有区别的责任原则、公平原则、各自能力原则，同国际社会一道积极应对全球气候变化。

四是加强生态文明制度建设。建设生态文明，必须建立系统完整的生态文明制度体系，要把资源消耗、环境损害、生态效益纳入经济社会发展评价体系，建立体现生态文明要求的目标体系、考核办法、奖惩机制。要实行最严格的源头保护制度、损害赔偿制度、责任追究制度，完善环境治理和生态修复制度，用制度保护生态环境。

建设社会主义生态文明就是要实现可持续建设，为经济、政治、文化、社会等多方面的发展提供一个良好的环境。面对资源约束趋紧、环境污染严重、生态系统退化的严峻形势，必须树立尊重自然、顺应自然、保护自然的生态文明理念，把生态文明建设放在突出地位，融入经济建设、政治建设、文化建设、社会建设各方面和全过程，努力建设美丽中国，实现中华民族永续发展。

建设社会主义生态文明必须加强全民参与。目前，我国公众对环境保护的意识不断提高，建立健全生态文明建设的社会动员参与机制已成为生态文明建设的重要路径。要充分利用各类媒体，全面、客观地介绍资源、环境、生态国情及资源、环境、生态破坏的严重后果，加强生态文明理念教育，提高公众对于生态文明建设的认知度、认同感、参与度；创新公众参与方式和渠道，使广大公民参与生态文明建设的各领域、各方面、各环节；高度重视和发挥非政府组织在生态文明建设中的积极作用，营造企业履行社会责任的社会环境。

“五位一体”总布局的提出，是我国社会主义现代化建设思路不断完善和发展的结果。我们必须更加自觉地把全面协调可持续作为深入贯彻落实科学发展观的基本要求，推动经济建设、政治建设、文化建设、社会建设、生态文明建设全面协商可持续发展，促进生产关系与生产力、上层建筑与经济基础相协调，促进现代化建设各方面相协调，不断开拓生产发展、生活富裕、生态良好的新型发展道路。

六、中国特色社会主义的总目标

中国特色社会主义的总目标是：促进人的全面发展，逐步实现全体人民共同富裕，建设富强民主文明和谐的社会主义现代化国家。这一目标包含了个人、集体、国家三个层次，体现了中国特色社会主义道路的鲜明特色。

（一）促进人的全面发展

实现人的全面发展是共产主义的最高奋斗目标。马克思主义经典作家将实现人的全面发展作为共产主义社会的根本原则，马克思在《资本论》中即明确提出：代替资本主义社会的未来社会，是一个“以每个人的全面而自由的发展为基本原则的社会形式”①。他在与恩格斯合著的《共产党宣言》中更进一步指出：“代替那存在着阶级和阶级对立的资产阶级旧社会的，将是这样一个联合体，在那里，每个人的自由发展是一切人的自由发展的条件。”②

---

① 《资本论》第1卷，人民出版社1975年版，第649页。
② 《马克思恩格斯选集》第1卷，人民出版社1995年版，第294页。

正如共产主义的实现需要一个长远奋斗的过程，实现人的全面发展也需要这样一个过程。人的全面发展是与经济、政治、文化、社会、生态各方面的发展分不开的，中国特色社会主义的根本任务就是要在解放和发展生产力的基础上，在推动经济、政治、文化、社会、生态文明全面协调可持续发展的基础上，促进人的全面发展。

促进人的全面发展必须坚持改革开放，以经济建设为中心，大力推动生产力发展。生产力是社会发展的最终决定力量。实现人的全面发展必须建立在社会生产力高度发达的基础上。生产力的发展构成了人的全面发展的重要内容和现实基础。只有大力发展生产力以提供坚强的物质保障，人的精神文化需求才可能得到充分满足，人的多样性才可能充分展现。因此，在人的全面发展历程中，必须高度注重发展生产力，满足人民的多样化物质需求。新中国成立后，由于我们对社会主义本质认识的偏差，在一味追求生产关系和上层建筑变革的同时，忽视了生产力的发展，导致物质文化生活资料的匮乏，甚至连人民群众的衣食住行用等基本生活需求也无法保障，在社会主义建设史上留下了深刻的教训。改革开放以来，中国共产党坚持以经济建设为中心，不断推动社会生产力的发展，在全方位推进社会主义现代化建设的进程中坚持把解放和发展生产力作为中心任务来抓，从而使中国经济得到了快速发展，人民的物质文化生活水平有了很大的提高，并有条件将更多的物力、财力投入到与人的发展相关的政治建设、文化建设、社会建设、生态文明建设等方面，为促进人的全面发展创造了更好的条件。

人的全面发展是一个长期的、艰巨的历史任务，经济社会的发展也是一个长期历史过程。要实现人的全面发展，就必须要继续坚持以经济建设为中心，把发展作为党执政兴国的第一要务，把经济发展和经济建设作为重中之重，实现全面、协调和可持续的发展，切实为人的全面发展创造物质条件。

促进人的全面发展，必须始终坚持四项基本原则，以社会主义核心价值观引领正确方向。人的全面发展是以经济社会的全面发展为前提条件的，在旧中国，中国人民连基本的生存权利都得不到保障，根本就谈不上人的全面发展。在20世纪中国社会最黑暗的时期，“十月革命一声炮响，给我们送来了马克思列宁主义”①。1921年，在马克思列宁主义同中国工人运动相结合的进程中，中国共产党应运而生。从此，中国革命有了正确的前进方向，中国人民有了强大的精神力量，中国命运有了光明的发展前景。中国共产党紧紧依靠人民完成了新民主主义革命，实现了民族独立、人民解放；完成了社会主义革命，确立了社会主义基本制度；进行了改革开放新的伟大革命，开创、坚持、发展了中国特色社会主义。“这三件大事，从根本上改变了中国人民和中华民族的前途命运，不可逆转地结束了近代以后中国内忧外患、积贫积弱的悲惨命运，不可逆转地开启了中华民族不断发展壮大、走向伟大复兴的历史进军，使具有五千多年文明历史的中国面貌焕然一新，中华民族伟大复兴展现出前所未有的光明前景。”②中国革命、建设和改革的历史都证明：坚持马克思列宁主义、毛泽东思想的指导，坚持中国共产党的领导，坚持人民民主专政的国家制度，坚持社会主义的发展方向，是当代中国发展进步的根本政治前提。只有在这样的前提下，人的全面发展才成为现实的可能。人的全面发展包括精神文明的发展，从世界发展的历史来看，任何一个国家和民族，都要有全体人民共同认同的核心价值观，才能为社会进步提供源源不断的精神动力。中共十八大提出的“富强、民主、文明、和谐，自由、平等、公正、法治，爱国、敬业、诚信、友善”的社会主义核心价值观，为在社会主义条件下促进人的全面发展提供了全体人民共同遵循的价值认同。在当代中国，促进人的全面发展，就必须大力弘扬社会主义核心价值观，增强全社会每一个个体对社会主义核心价值观的认同，并用社会主义核心价值观引领人们的精神追求。

实现人的全面发展，必须与经济、政治、社会、文化、环境的发展相结合，在中国特色社会主义“五位一体”的总布局中推进人

---

① 《毛泽东选集》第4卷，人民出版社1991年版，第1471页。

② 《十七大以来重要文献选编》（下），中央文献出版社2013年版，第433~434页。

的全面发展。人的全面发展不是一个独立的历史进程，要促进人的全面发展，必须把它与经济、政治、社会、文化、环境的发展结合起来，将其视为一个相互统一、相互促进的整体进程。社会主义制度确立以来尤其是改革开放以来，中国的综合国力和人民的生活水平有了较大的提升，为促进人的全面发展提供了良好的物质基础。但是，从这些年来的发展来看，也逐渐暴露出一些问题，在国内经济增长速度较快的背景下，人的发展相对滞后，尤其是农村更显严重。因此，要解决好人的全面发展和社会整体协调发展的问题，必须从过去单纯追求经济效益的片面发展观中走出来，促进经济、社会和人的全面发展，在中国特色社会主义"五位一体"的总布局中推进人的全面发展。

在中国特色社会主义的历史进程中促进人的全面发展，必须坚持以经济发展为基础，以政治文明为保证、精神文明为先导，注重社会建设，大力推进生态文明建设。只有形成经济富裕、政治民主、文化繁荣、社会公平、生态良好的发展格局，才能真正促进人的全面发展。

(二)逐步实现全体人民共同富裕

共同富裕，是指在生产力发展的基础上，逐步实现全体社会成员的普遍富裕，使人人共享发展成果。实现全体人民共同富裕，是社会主义的本质要求，也是中国共产党始终不渝的奋斗目标。中共"十八大"报告将"逐步实现全体人民共同富裕"写进了中国特色社会主义的总目标，并郑重指出"共同富裕是中国特色社会主义的根本原则"，强调必须坚持走共同富裕的道路，使发展成果更多更公平惠及全体人民，朝着共同富裕方向稳步前进①。

中国共产党诞生以来，就以全心全意为人民服务作为党的宗旨，将实现全体人民的共同富裕作为党的奋斗目标。在坚持和发展

---

① 《十八大以来重要文献选编》(上)，中央文献出版社 2014 年版，第 12 页。

中国特色社会主义的实践中，始终强调发展为了人民、发展依靠人民、发展成果由人民共享。但是，在社会主义初级阶段，要达成实现全体人民共同富裕的目标不可能一蹴而就，必然有一个历史的过程，而且必然有一个“逐步实现”的过程。

早在改革开放之初，中国改革的总设计师邓小平就谈到：“我们坚持走社会主义道路，根本目标是实现共同富裕，然而平均发展是不可能的。过去搞平均主义，吃‘大锅饭’，实际上是共同落后，共同贫穷，我们就是吃了这个亏。”①所以，“我们的政策是让一部分人、一部分地区先富起来，以带动和帮助落后的地区，先进地区帮助落后地区是一个义务”②。此后，他又多次强调共同富裕的目标必然要有一个“逐步实现”的过程，指出：“走社会主义道路，就是要逐步实现共同富裕。共同富裕的构想是这样提出的：一部分地区有条件先发展起来，一部分地区发展慢点，先发展起来的地区带动后发展的地区，最终达到共同富裕。”③中共十四大报告更明确指出：“贫穷不是社会主义，同步富裕又是不可能的，必须允许和鼓励一部分地区一部分人先富起来，以带动越来越多的地区和人们逐步达到共同富裕。”④

经过改革开放30多年的发展，中国经济持续快速增长，综合国力大幅提升，人民生活水平显著提高，“一部分人、一部分地区先富起来”的过渡性目标已经实现。因此，进入新世纪新阶段后，中国经济社会发展的重心已经转向在全面建成小康社会的基础上“逐步实现共同富裕”。正因为如此，中共十六大报告提出了全面建设小康社会的目标，提出要在本世纪头20年，“集中力量，全面建设惠及十几亿人口的更高水平的小康社会”，使人民过上更加富足的生活，并提出要深化分配制度改革，健全社会保障体系，“调节差距过大的收入”，“以共同富裕为目标，扩大中等收入比

---

① 《邓小平文选》第3卷，人民出版社1993年版，第155页。
② 《邓小平文选》第3卷，人民出版社1993年版，第155页。
③ 《邓小平文选》第3卷，人民出版社1993年版，第373~374页。
④ 《十四大以来重要文献选编》(上)，人民出版社1996年版，第12页。

例，提高低收入者收入水平”①。中共十七大报告提出：“全心全意为人民服务是党的根本宗旨，党的一切奋斗和工作都是为了造福人民。要始终把实现好、维护好、发展好最广大人民的根本利益作为党和国家一切工作的出发点和落脚点，尊重人民主体地位，发挥人民首创精神，保障人民各项权益，走共同富裕道路……”并提出“合理的收入分配制度是社会公平的重要体现”，要按照“共同建设、共同享有”的原则，着力解决人民最关心、最直接、最现实的利益问题。要深化收入分配制度改革，“逐步扭转收入分配差距扩大趋势”，使中国特色社会主义发展的成果由全体人民共享②。中共十八大报告进一步指出：“必须坚持走共同富裕的道路”，要“调整国民收入分配格局，加大再分配调节力度，着力解决收入分配差距较大问题，使发展成果更多更公平惠及全体人民，朝着共同富裕方向稳步前进”③。这些重要的思想反映了中国共产党对于在中国特色社会主义道路上逐步实现共同富裕的坚定决心和意志。

我们必须承认，改革开放 30 多年的发展，在经济持续快速增长的同时，由于多方面的原因，目前中国社会出现了较明显的两极分化的现象，这种现象也使一些人对中国共产党是否能实现“消灭两极分化，最终实现共同富裕”的目标产生了怀疑，甚至有人因此来质疑中国特色社会主义的性质和方向。这种怀疑是没有道理的，两极分化现象的出现是中国特色社会主义发展过程中出现的问题，这与现阶段中国经济社会发展不平衡和一部分人的思想觉悟水平不高都有直接的关系，但两极分化绝不是中国特色社会主义的应有之义。早在改革开放之初，邓小平就明确指出：“社会主义的目的就是要全国人民共同富裕，不是两极分化。如果我们的政策导致两极分化，我们就失败了；如果产生了什么新的资产阶级，那我们就真

---

① 《十六大以来重要文献选编》(上)，中央文献出版社 2005 年版，第 14、21、22 页。

② 《十七大以来重要文献选编》(上)，中央文献出版社 2009 年版，第 12、14、30 页。

③ 《十八大以来重要文献选编》(上)，中央文献出版社 2014 年版，第 12 页。

是走了邪路了。”①“一个公有制占主体，一个共同富裕，这是我们所必须坚持的社会主义的根本原则。我们就是要坚决执行和实现这些社会主义的原则。”②因此，消除两极分化，逐步实现全体人民共同富裕正是中国特色社会主义的历史使命。

我们也必须清醒地认识到，虽然经过改革开放30多年的快速发展，我国的综合国力和人民的生活水平都有了较大的提高，但在现阶段，我国社会经济总体上仍处于不发达状态：一是社会生产力总体水平不高，劳动生产率不高，科技创新能力不强，产业结构不合理，农业基础仍然薄弱。人口多，不发达，仍是中国的最大国情。二是城乡、区域发展不平衡的问题仍然突出。资源过度向城市集中，农村的生产清洁条件和公共服务水平与城市有较大差距。区域差距依然较大，基本公共服务水平差异、老少边穷地区发展滞后等问题仍然比较突出。特别是城乡收入差距继续扩大，2000—2010年城乡居民收入比由2.8∶1上升到3.23∶1，地区之间、行业之间、不同群体之间收入差距也在持续扩大。“收入差距扩大已经成为影响经济社会稳定的重要因素。”③地区城乡差距、区域差距是由多种因素并且是长期形成的，缩小这些差距还需要经过长期艰苦的努力。三是贫困人口和低收入人口还有相当数量。根据世界银行的标准，我国尚有2亿多人口生活在贫困线以下。还有相当大的一部分人口生活质量不够高。在这样的国情背景下，要让13亿多人都过上富裕、美好的生活还任重道远，仍需要作长期艰苦的努力奋斗。

逐步实现全体人民共同富裕，必须继续大力解放和发展生产力。共同富裕的基础在解放和发展生产力，共同富裕的前景也在解放和发展生产力，解决目前收入分配差距过大问题的根本出路同样在解放和发展生产力。没有生产力的高度发达和社会财富的极大丰

---

① 《邓小平文选》第3卷，人民出版社1993年版，第110~111页。

② 《邓小平文选》第3卷，人民出版社1993年版，第111页。

③ 张平：《〈中华人民共和国国民经济和社会发展第十二个五年规划纲要〉辅导读本》，人民出版社2011年版，第45~46页。

富，共同富裕只能是一种不切实际的空想。

逐步实现全体人民共同富裕，必须坚持和完善公有制为主体、多种所有制经济共同发展的基本经济制度。历史的经验告诉我们，在生产资料私有制的条件下，必然产生贫富悬殊、两极分化的问题。而在生产力水平还较低的情况下追求单一的公有制经济实现形式，又可能束缚人们的劳动生产积极性，导致平均主义、“大锅饭”的弊端。因此，只有坚持公有制经济的主体地位，才能从根本上防止两极分化，让广大人民共享发展成果，我们要毫不动摇地巩固和发展公有制经济，充分发挥公有制经济对国民经济的主导作用。同时，也要毫不动摇地鼓励、支持和引导非公有制经济发展，充分发挥多种所有制经济参与市场竞争、激发社会创造活力的重要作用。公有制为主体、多种所有制经济共同发展的基本经济制度是逐步实现全体人民共同富裕的制度保障。

逐步实现全体人民共同富裕，必须坚持和完善按劳分配为主、多种分配方式并存的中国特色社会主义分配制度。按劳分配是社会主义公有制在分配领域的体现，只有坚持按劳分配的主体地位，才能体现公有制经济的主体地位，才能保证人们相互之间在平等的经济关系基础上建立和谐的经济利益关系，才能有效地防止两极分化，最终实现共同富裕的目标。按劳分配以外的多种分配方式，其实质是按劳动、资本、技术、管理等生产要素的占有状况进行分配，在社会主义初级阶段，只有实行多种分配方式并存，才能为多种所有制经济的共同发展增强活力和提高经济效益，才能最广泛、最充分地调动一切积极因素，让劳动、知识、技术、管理和资本的活力竞相迸发，让一切创造财富的源泉充分涌流，让发展的成果更多、更公平地惠及全体人民。在现阶段，重点是深化收入分配制度改革，调整国民收入分配格局。中共十八大报告提出，初次分配和再分配都要兼顾效率和公平，再分配更加注重公平，加大再分配调节力度，着力解决收入分配差距较大的问题。中共十八届三中全会对深化收入分配制度改革作了全面部署，强调要形成合理有序的收入分配格局。既要着重保护劳动所得，努力实现劳动报酬增长和劳动生产率提高同步，提高劳动报酬在初次分配中的比重，又要健全资本、知识、技术、管理等要素由市场决定的报酬机制。保护投资者尤其是中小投资者的合法权益，多渠道增加居民财产性收入。在中国特色社会主义道路上走向共同富裕，既要注重效率，充分调动经济活动参与者的积极性，促进经济持续增长，又要更加注重公平，保证让发展成果惠及全体人民。

逐步实现全体人民共同富裕，必须促进城乡区域协调发展。城乡差距、区域差距是我国社会主义现代化建设中的突出矛盾，也是实现共同富裕必须破解的难题。新世纪新阶段以来，党和国家先后提出并实施了“西部大开发”、“振兴东北等老工业基地”、“促进中部地区崛起”、“建设社会主义新农村”等推进区域之间、城乡之间均衡发展的一系列重大战略举措，取得了较为明显的效果，“农业现代化和社会主义新农村建设成效显著，区域协调发展机制基本形成”。但城乡区域发展不平衡的问题还没有根本扭转，在新的历史起点上，中共“十八大”和十八届三中全会提出了推动城乡一体化发展的新思路，强调要把解决好农业、农村、农民问题作为“全党工作重中之重”，要加大统筹城乡发展力度，增强农村发展活力，逐步缩小城乡差距，促进城乡共同繁荣。要加快完善城乡发展一体化体制机制，着力在城乡规划、基础设施、公共服务等方面推进一体化，促进城乡要素平等交换和公共资源均衡配置，形成以工促农、以城带乡、工农互惠、城乡一体的新型工农、城乡关系。让广大农民平等参与现代化进程，共同分享现代化成果。

逐步实现全体人民共同富裕，必须进一步健全社会保障机制。要完善最低工资保障制度、失业保险制度、下岗职工基本生活保障制度，扩大社会保障覆盖范围，逐步建立覆盖城乡所有劳动者的社会保障体系；合理确定社会保障支付水平，使社会保障水平同经济发展水平相适应；落实职工最低工资标准和城乡居民最低生活标准，适时、合理地提高最低生活保障标准和最低工资标准；实行城乡劳动者平等就业，使财政、税收、就业、分配、教育、医疗卫生、社会保障等政策和资金资源向贫困群体和社会弱势群体倾斜，确保低收入群体的收入水平、生活水平和生活质量较快稳步提高；同时，要大力倡导全社会对贫困者的扶持和救助，进一步强化各项扶贫济困政策措施，以最大的努力帮助贫困地区和贫困人口脱贫致富。

（三）建设富强、民主、文明、和谐的社会主义现代化国家

建设富强、民主、文明、和谐的社会主义现代化国家是中国共产党在社会主义初级阶段的奋斗目标，也是中国特色社会主义的长远奋斗目标。

中国共产党人对于社会主义现代化建设的目标有一个认识发展的过程。在中国进入社会主义社会的前夕，毛泽东在 1954 年 9 月召开的第一届全国人民代表大会第一次会议的开幕词中提出了"为了建设一个伟大的社会主义国家而奋斗"的目标，并将具体目标表述为"一个工业化的具有高度现代文化程度的伟大的国家"①。在 1964 年 12 月召开的第三届全国人民代表大会第一次会议上，周恩来在《政府工作报告》中第一次完整提出了"四个现代化"的奋斗目标："就是要在不太长的历史时期内，把我国建设成为一个具有现代农业、现代工业、现代国防和现代科学技术的社会主义强国，赶上和超过世界先进水平。"②进入改革开放新时期后，1981 年 6 月，中共十一届六中全会通过的《关于建国以来党的若干历史问题的决议》提出："我们党在新的历史时期的奋斗目标，就是要把我们的国家，逐步建设成为具有现代农业、现代工业、现代国防和现代科学技术的，具有高度民主和高度文明的社会主义强国。"③这一认识写进了随后召开的中共十二大的报告，被确立为"中国共产党在新

① 《建国以来毛泽东文稿》第 4 册，中央文献出版社 1990 年版，第 554 页。

② 《周恩来选集》下卷，人民出版社 1984 年版，第 439 页。

③ 《改革开放三十年重要文献选编》(上)，中央文献出版社 2008 年版，第 211 页。

的历史时期的总任务”①。随着中国共产党对社会主义初级阶段基本国情认识的深入，开始调整社会主义现代化建设目标的表述，先是邓小平在 1979 年提出了“中国式的现代化”的概念，并强调中国式的现代化，必须从中国的特点出发。接着，他又以“小康之家”、“小康”取代了“中国式现代化”的概念。1987 年 2 月，他又明确提出“到下世纪中叶我们建成中等发达水平的社会主义国家”的设想。在这种认识的基础上，中共十三大报告正式提出了“为把我国建设成为富强、民主、文明的社会主义现代化国家而奋斗”的目标，并将这一内容写进了党在社会主义初级阶段的基本路线。2002 年 11 月，中共十六大报告将“社会更加和谐”同“经济更加发展、民主更加健全、科教更加进步、文化更加繁荣、人民生活更加殷实”一起确立为全面建成小康社会的奋斗目标。2004 年 9 月召开的中共十六届四中全会进一步提出了构建社会主义和谐社会的任务。在此基础上，2007 年 10 月，中共十七大报告在第一次系统阐述中国特色社会主义道路的内涵时，正式将奋斗目标修改为“建设富强、民主、文明、和谐的社会主义现代化国家”，同时修改的《中国共产党章程》，也将党在社会主义初级阶段的基本路线中的奋斗目标表述为“把我国建设成为富强、民主、文明、和谐的社会主义现代化国家”②。2012 年 11 月，中共十八大报告在提出培育和践行社会主义核心价值观的重大任务时，将富强、民主、文明、和谐表述为社会主义核心价值观在国家层面的价值目标，确立了国家经济、政治、文化、社会、生态文明建设的基本价值准则。

建设富强、民主、文明、和谐的社会主义现代化国家，既是中国共产党在社会主义初级阶段的阶段性奋斗目标，也是中国特色社会主义的长远奋斗目标。因为富强、民主、文明、和谐的国家发展目标是一个动态的概念，在不同社会发展阶段有不同的内涵。

---

① 《改革开放三十年重要文献选编》(上)，中央文献出版社 2008 年版，第 266 页。

② 《十七大以来重要文献选编》(上)，中央文献出版社 2009 年版，第 9、45 页。

在现阶段，富强、民主、文明、和谐的发展目标具体表现为中共十八大报告提出的全面建成小康社会目标。(1)经济持续健康发展。转变经济发展方式取得重大进展，进入创新型国家行列。工业化基本实现，信息化水平大幅提升，城镇化质量明显提高，农业现代化和社会主义新农村建设成效显著，区域协调发展机制基本形成。对外开放水平进一步提高，国际竞争力明显增强。(2)人民民主不断扩大。民主制度更加完善，民主形式更加丰富，人民的积极性、主动性、创造性进一步发挥。依法治国基本方略全面落实，法治政府基本建成，司法公信力不断提高，人权得到切实尊重和保障。(3)文化软实力显著增强。社会主义核心价值体系深入人心，公民文明素质和社会文明程度明显提高。文化产品更加丰富，公共文化服务体系基本建成，文化产业成为国民经济支柱性产业，中华文化走出去迈出更大步伐，社会主义文化强国建设基础更加坚实。(4)人民生活水平全面提高。基本公共服务均等化总体实现，全民受教育程度和创新人才培养水平明显提高，进入人才强国和人力资源强国行列，教育现代化基本实现。就业更加充分。收入分配差距缩小，中等收入群体持续扩大，扶贫对象大幅减少。社会保障全民覆盖，人人享有基本医疗卫生服务，住房保障体系基本形成，社会和谐稳定。(5)资源节约型、环境友好型社会建设取得重大进展。主体功能区布局基本形成，资源循环利用体系初步建立。单位国内生产总值能源消耗量和二氧化碳排放量大幅下降，主要污染物排放总量显著减少。森林覆盖率提高，生态系统稳定性增强，人居环境明显改善。

到本世纪中叶，我们将达到实现中华民族伟大复兴的预定战略目标，并走出社会主义初级阶段，在新的历史起点上，建设富强、民主、文明、和谐的社会主义现代化国家又必然具体表现为新的、更高的发展目标。我们终将在中国特色社会主义道路上走向那个“以每个人的全面而自由的发展为基本原则的”共产主义社会。

第四章
中国特色社会主义经济发展道路

在中国这样一个经济文化落后的国家，在取得了新民主主义革命和社会主义革命的胜利，建立起社会主义基本制度后，选择什么样的经济发展道路，以保证在尽可能短的时间里创造出更高的劳动生产率，奠定建成社会主义所应有的物质基础，这是中国共产党和中国人民必须面对的重大课题。从新中国成立以来，特别是改革开放以来，中国共产党带领中国人民进行了艰辛的探索，在不断总结经验教训的基础上，走出了一条中国特色社会主义经济发展道路。

中国特色社会主义经济发展道路就是从中国社会主义初级阶段的实际出发，坚持和完善公有制为主体、多种所有制经济共同发展的基本经济制度，不断深化经济体制改革，完善社会主义市场经济体制，使市场在国家宏观调控下对资源配置发挥决定性作用，加快转变经济发展方式，实施创新驱动发展战略，构建开放型经济新体制，提高对外开放水平，走中国特色新型工业化、信息化、城镇化、农业现代化道路。

一、中国特色社会主义经济制度与经济体制

经济制度是指在一定历史阶段占主要地位的生产关系的总和，又称社会经济结构。一个国家的经济制度决定其政治制度、法律制度和社会意识形态，并受到政治法律制度的保护。经济体制主要指在经济制度基础上运行的具体形式，包括生产资料所有制的具体形式和结构、国民经济的管理制度和管理方式、机构设置和经济运行规则等。经济制度和体制的选择取决于一国生产力发展水平和具体社会经济条件。

中国特色社会主义经济制度主要是指公有制为主体、多种所有制经济共同发展的基本经济制度，以及建立在这一制度基础上的经济体制等各项具体制度。现阶段中国特色社会主义经济制度和经济体制主要包括：中国特色社会主义基本经济制度、中国特色社会主义分配制度、中国特色社会主义市场经济体制三个方面。

(一)中国特色社会主义基本经济制度

公有制为主体、多种所有制经济共同发展的基本经济制度，是中国特色社会主义制度的重要支柱，也是社会主义市场经济体制的根基。从制度层面体现着中国特色社会主义经济发展道路的最大特色。

公有制为主体、多种所有制经济共同发展的基本经济制度是1997年中共十五大报告第一次提出来的，当时表述为“社会主义初级阶段的基本经济制度”。并强调：“这一制度的确立，是由社会主义性质和初级阶段国情决定的：第一，我国是社会主义国家，必须坚持公有制作为社会主义经济制度的基础；第二，我国处在社会主义初级阶段，需要在公有制为主体的条件下发展多种所有制经济；第三，一切符合‘三个有利于’的所有制形式都可以而且应该

用来为社会主义服务。”①

进入21世纪以后，中国共产党的主要文献便不再使用“社会主义初级阶段的基本经济制度”的表述。中共十六大、十七大、十八大的报告都强调要“坚持和完善公有制为主体、多种所有制经济共同发展的基本经济制度”，而不再提及这一基本经济制度的社会主义初级阶段规定性。这表明，在中国共产党的认识中，坚持以公有制为主体、多种所有制经济共同发展，不只是局限于社会主义初级阶段的一项基本经济制度，而是贯穿于整个中国特色社会主义全过程的一项基本经济制度。2011年7月1日，胡锦涛在庆祝中国共产党成立90周年大会上的讲话中明确将基本经济制度纳入到中国特色社会主义制度体系之中，第一次明确了基本经济制度的中国特色社会主义的规定性。2012年11月，中共十八大报告对中国特色社会主义制度进行了系统的阐述，明确指出：“中国特色社会主义制度，就是人民代表大会制度的根本政治制度，中国共产党领导的多党合作和政治协商制度、民族区域自治制度以及基层群众自治制度等基本政治制度，中国特色社会主义法律体系，公有制为主体、多种所有制经济共同发展的基本经济制度，以及建立在这些制度基础上的经济体制、政治体制、文化体制、社会体制等各项具体制度。”②2013年11月，中共十八届三中全会通过的《关于全面深化改革若干重大问题的决定》指出：“公有制为主体、多种所有制经济共同发展的基本经济制度，是中国特色社会主义制度的重要支柱，也是社会主义市场经济体制的根基。”不仅再次明确了基本经济制度的“中国特色社会主义”属性，更突出强调了基本经济制度在中国特色社会主义制度体系中的“重要支柱”和社会主义市场经济体制的“根基”的重要地位，并强调“公有制经济和非公有制经济都是社会主义市场经济的重要组成部分，都是我国经济社会发展的

---

① 《十五大以来重要文献选编》(上)，人民出版社2000年版，第20页。

② 胡锦涛：《坚定不移沿着中国特色社会主义道路前进　为全面建成小康社会而奋斗——在中国共产党第十八次全国代表大会上的报告》，人民出版社2012年版，第12~13页。

重要基础”。

走中国特色社会主义经济发展道路，最重要的是坚持和完善公有制为主体、多种所有制经济共同发展的基本经济制度，毫不动摇地巩固和发展公有制经济，坚持公有制主体地位，发挥国有经济主导作用，不断增强国有经济活力、控制力、影响力。毫不动摇地鼓励、支持、引导非公有制经济发展，激发非公有制经济活力和创造力。将坚持公有制主体，促进非公有制经济发展，统一于社会主义现代化建设的进程中。

坚持和完善中国特色社会主义基本经济制度，必须毫不动摇地巩固和发展公有制经济，坚持公有制主体地位，发挥国有经济主导作用，不断增强国有经济活力、控制力、影响力。

生产资料公有制是社会主义的本质特质之一，社会主义国家的根本性质，决定了我国必须始终坚持以公有制经济为主体，坚持公有制的主体地位是中国特色社会主义经济的本质属性。我国宪法明确规定：“中华人民共和国的社会主义经济制度的基础是生产资料的社会主义公有制。”公有制是社会主义经济制度的基础，是社会主义区别于资本主义的本质特征。“包括国有经济在内的公有制经济，是我国社会主义制度的经济基础，是国家引导、推动、调控经济和社会发展的基本力量，是实现广大人民群众根本利益和共同富裕的重要保证。”①没有公有制经济的主体地位，就没有社会主义社会的经济基础，就不能巩固和发展社会主义制度。

在改革开放之初，邓小平就明确指出：“社会主义有两个非常重要的方面，一是以公有制为主体，二是不搞两极分化。”②后来，党的主要领导人也反复强调“我国是社会主义国家，必须坚持公有制为主体，因为它是社会主义的经济基础”③。“坚持公有制经济的主体地位，是社会主义的一条根本原则，也是我国社会主义的基

---

① 《十五大以来重要文献选编》(中)，人民出版社 2001 年版，第 1004 页。

② 《邓小平文选》第 3 卷，人民出版社 1993 年版，第 138 页。

③ 《江泽民文选》第 3 卷，人民出版社 2006 年版，第 205 页。

本标志。在整个改革开放和现代化建设过程中，我们都要坚持这条原则。只有确保公有制经济的主体地位，才能防止两极分化，实现共同富裕。任何动摇、放弃公有制主体地位的做法，都会脱离社会主义的方向。”①“离开公有制为主体，就不成其为社会主义经济。”②因此，中国共产党始终强调必须毫不动摇地巩固和发展公有制经济，坚持公有制主体地位。

坚持和巩固公有制的主体地位，主要体现在四个方面，一是在社会总资产中要保持国有和集体所有的资产占优势；二是国有经济在关系国家经济命脉的重要部门和关键领域占支配地位；三是国有经济对整个经济发展起主导作用；四是公有制经济特别是国有企业要适应社会主义市场经济发展的要求，不断发展壮大自己。

公有资产在社会总资产中占优势，是就全国而言的，在不同地区和不同产业可以有所差别。公有资产不仅包括国有经济和集体经济的资产，还包括混合所有制经济中的国有成分和集体成分。公有资产在社会总资产中占优势，其比重不是固定不变的，只要国家控制着国民经济命脉，国有经济的控制力、竞争力得到增强，即使公有制经济比重减少一些，也不会影响到国家的社会主义性质。同时，公有制经济比重的减少，也不能影响公有制在社会经济结构中的主体地位和国有经济的主导作用。坚持公有资产在社会总资产中占优势，要有量的优势，更要注重质的提高。发挥公有资产质的优势，要努力提高公有制经济的整体素质和生产要素的配置效率，在竞争中处于优势地位，才能真正坚持和巩固其主体地位。

国有经济控制国民经济命脉，对经济发展起主导作用，主要体现在控制力上，特别对关系国民经济命脉的重要行业和关键领域，国有经济必须占支配地位。对此，中共十五届四中全会通过《中共中央关于国有企业改革和发展若干重大问题的决定》明确规定，国

---

① 《十四大以来重要文献选编》(中)，人民出版社 1997 年版，第 1469 页。

② 《十五大以来重要文献选编》(上)，人民出版社 2000 年版，第 685 页。

有经济需要控制的行业和领域主要包括三个行业和两类重要骨干企业，即涉及国家安全的行业、自然垄断行业、提供重要公共产品和服务的行业，以及支柱产业和高新技术产业中的重要骨干企业。在其他领域，可以通过资产重组和结构调整，以加强重点，提高国有资产的整体质量。中共十八大报告强调："推动国有资本更多投向关系国家安全和国民经济命脉的重要行业和关键领域，不断增强国有经济活力、控制力、影响力。"①在中国特色社会主义发展阶段，只要坚持公有制主体地位，国家控制国民经济命脉，国有经济的控制力和竞争力得到增强，在这个前提下，国有经济比重减少一些，不会影响我国的社会主义性质。

公有制经济有多种实现形式。中共十五大报告即明确提出："公有制实现形式可以而且应当多样化，一切反映社会化生产规律的经营方式和组织形式都可以大胆利用。要努力寻找能够极大促进生产力发展的公有制实现形式。"②经过十多年的探索和发展，适应社会主义市场经济的需要，我国公有制经济出现了多种实现形式，极大地激活了公有制经济的活力，中共十八大报告在新的历史条件下仍然强调"要毫不动摇巩固和发展公有制经济，推行公有制多种实现形式"③。

我国现阶段公有制主要有以下几种实现形式：

一是国有经济中的国有独资企业和国家控股的股份制企业。经过多年来的改革和探索，大部分国有企业通过公司制股份制改造，法人治理结构、决策机制、运行机制发生了深刻变化，已经转变成为独立的市场主体和法人实体，实现了国有经济与市场机制的有机结合。到2010年3月，中央企业公司制股份制改制面已达70%，

---

① 胡锦涛：《坚定不移沿着中国特色社会主义道路前进　为全面建成小康社会而奋斗——在中国共产党第十八次全国代表大会上的报告》，人民出版社2012年版，第20~21页。

② 《十五大以来重要文献选编》(上)，人民出版社2000年版，第21~22页。

③ 《十八大以来重要文献选编》(上)，中央文献出版社2014年版，第16页。

控股的境内外上市公司396家，80%的优质资产已经成为上市公司。① 当前和今后一个时期，要适应经济市场化不断发展的趋势，以提高国有经济发展质量和效益为核心，进一步探索国有经济的多种有效实现形式。

二是集体经济，包括农村集体经济和城镇集体经济。集体经济是公有制经济的重要组成部分。在国有经济不断壮大和非公有制经济快速发展的同时，集体经济的改革和发展显得尤为迫切。要积极探索股份合作、联合、联营等多种发展集体经济的有效实现形式，促进集体经济与社会资本结合，推动集体经济发展壮大。在农村集体经济中，要在实行家庭承包经营为基础、统分结合的双层经营体制基础上，发展各种形式的合作经济，培育农民新型合作组织，发展各种农业社会化服务组织，提高农村经济和农业生产经营的组织化程度，促进农业向商品化、专业化、现代化转变。

三是混合所有制经济。所谓混合所有制经济是指财产权分属于不同性质所有者的经济形式。从宏观层次来讲，混合所有制经济是指一个国家或地区所有制结构的非单一性，即在所有制结构中，既有国有、集体等公有制经济，也有个体、私营、外资等非公有制经济，还包括拥有国有和集体成分的合资、合作经济；而作为微观层次的混合所有制经济，是指不同所有制性质的投资主体共同出资组建的企业。我国混合所有制经济是由不同所有制经济按照一定的原则实行联合生产或经营的所有制形式。混合所有制经济的性质由其控股主体的所有制形式来决定，不能笼统地说混合所有制是公有制还是私有制。国有经济或集体经济控股的混合所有制经济属于公有制经济的性质。私人控股的混合所有制经济则具有明显的私有性质。目前我国的混合所有制主要有三种类型：公有制和私有制联合组成的混合所有制企业、公有制与个人所有制联合组成的混合所有制企业、公有制内部国有企业与集体企业联合组成的混合所有制企业。混合所有制经济在我国具有广泛而深厚的社会经济基础和广阔

---

① 李太淼：《中国特色社会主义经济制度论》，人民出版社2009年版，第77页。

的发展空间。中共十八届三中全会指出，混合所有制经济是基本经济制度的重要实现形式，强调要“积极发展混合所有制经济”。

四是股份合作制，这是集股份制与合作制形式的优点于一体的公有制实现形式。它以劳动联合为基础，职工共同占有和使用生产资料，利益共享，风险共担，同时职工又是出资人，实现了劳动联合与资本联合的统一。股份合作制已成为国有小企业和集体企业重要的资本组织形式和经营方式，有利于调动职工积极性，强化职工对企业经营的关心程度和风险意识，提高企业经济效益，应该积极发展。

在社会主义市场经济条件下，公有制实现形式可以而且应当多样化。只有积极探索和创新公有制的有效实现形式，大胆利用一切反映社会化生产规律的经营方式和组织形式，才能够真正解放和发展公有制经济的生产力，提高公有制经济的活力和效率。

在社会主义市场经济条件下巩固公有制的主体地位，“公有制经济特别是国有经济，要积极参与市场竞争，在市场竞争中壮大和发展。”①因此，深化国有企业改革是巩固公有制主体地位，特别是国有企业适应社会主义市场经济发展的要求，是不断发展壮大自己的根本路径。

国有企业是我国国民经济的支柱，发展社会主义社会的生产力，实现国家工业化和现代化，始终要依靠和发挥国有企业的重要作用。国有企业改革是整个经济体制改革的中心环节。建立和完善社会主义市场经济体制，实现公有制与市场经济的有效结合，最重要的是使国有企业形成适应市场经济要求的管理体制和经营体制。我国现阶段深化国有企业改革的主要任务，一是推动国有企业完善现代企业制度；二是深入推进国有经济战略性调整和国有大型企业改革，大力发展各种所有制资本共同参股的混合所有制经济，加快完善国有大型企业公司治理结构；三是分类推进国有垄断行业改革，推进公共资源配置市场化，进一步破除各种形式的行政垄断；

① 《十四大以来重要文献选编》（上），人民出版社 1996 年版，第 526 页。

四是完善国有资产管理体制。

坚持和完善中国特色社会主义基本经济制度，必须毫不动摇地鼓励、支持、引导非公有制经济发展，激发非公有制经济活力和创造力。

在现阶段，我国的非公有制经济主要包括个体经济、私营经济、港澳台投资经济和外资经济。个体经济，是指劳动者个人占有生产资料，并以个人(包括家庭成员)劳动为基础，劳动所得由个体劳动者支配的一种小私有制经济。私营经济，是指以生产资料私人占有和雇佣劳动为基础，以获取利润为生产经营目的的私有制经济。外商投资经济和港澳台投资经济是指外国投资者和港澳台投资者根据我国法律、法规在我国大陆开办的独资企业、合资企业和合作企业中的外商和港澳台投资部分。

中国共产党对非公有制经济在社会主义制度条件下存在的必要性及其在中国社会主义现代化建设中的地位和作用的认识有一个曲折发展的过程。

新中国成立前夕召开的中共七届二中全会提出：中国的私人资本主义经济是“一个不可忽视的力量”，在革命胜利以后一个相当长的时期内，“都应当允许其存在和发展。这不但是不可避免的，而且是经济上必要的。”①新中国成立之初起着临时宪法作用的《中国人民政治协商会议共同纲领》规定：“中华人民共和国经济建设的根本方针，是以公私兼顾、劳资两利、城乡互助、内外交流的政策，达到发展生产、繁荣经济之目的。国家应在经营范围、原料供给、销售市场、劳动条件、技术设备、财政政策、金融政策等方面，调剂国营经济、合作社经济、农民和手工业者的个体经济、私人资本主义经济和国家资本主义经济，使各种社会经济成分在国营经济领导之下，分工合作，各得其所，以促进整个社会经济的发展。”②并明确提出：“凡有利于国计民生的私营经济事业，人民政

① 《毛泽东选集》第4卷，人民出版社1991年版，第1431页。

② 《建国以来重要文献选编》第1册，中央文献出版社1992年版，第7页。

府应鼓励其经营的积极性，并扶助其发展。”①在新中国成立初期，个体和私营经济的存在及一定范围内的发展，对于恢复国民经济、活跃市场、争取国家财政经济状况根本好转发挥了重要的作用。在1956年社会主义改造完成后，中国的私人经济基本上销声匿迹，仅存在极少量的个体经济。此后的20多年间，个体和私人经济在中国被认为是“产生资本主义的土壤”而遭到彻底排斥，直到1978年中共十一届三中全会以后，私人经济才开始恢复。

1980年8月中共中央转发《进一步做好城镇劳动就业工作》的文件，第一次承认了个体经济的合法地位。1981年6月中共十一届六中全会通过的《关于建国以来党的若干历史问题的决议》指出：“国营和集体经济是中国基本的经济形式，一定范围的劳动者个体经济是公有制经济的必要的补充。”②1982年9月，中共十二大报告在重申“生产资料公有制是我国经济的基本制度，决不允许破坏”的同时，提出在坚持国营经济的主导地位的前提下发展多种经济形式的主张，“在农村和城市，都要鼓励劳动者个体经济在国家规定的范围内和工商行政管理下适当发展，作为公有制经济的必要的、有益的补充。只有多种经济形式的合理配置和发展，才能繁荣城乡经济，方便人民生活。”③同年12月，全国人大五届五次会议审议通过的《中华人民共和国宪法》明确规定：在法律规定范围内的城乡劳动者个体经济是社会主义公有制经济的补充。此后，个体经济在中国得到了迅速发展。1984年11月，中共十二届三中全会通过的《关于经济体制改革的决定》充分肯定了个体经济“对于发展社会生产、方便人民生活、扩大劳动就业具有不可替代的作用，是社会主义经济必要的有益的补充”，指出“坚持多种经济形式和经营方式的共同发展，是我们长期的方针，是社会主义前进的需

---

① 《建国以来重要文献选编》第1册，中央文献出版社1992年版，第7、8页。

② 《改革开放以来重要文献选编》(上)，中央文献出版社2008年版，第213页。

③ 《改革开放以来重要文献选编》(上)，中央文献出版社2008年版，第270页。

要”。并要求“当前要注意为城市和乡镇集体经济和个体经济的发展扫除障碍，创造条件，并给予法律保护”①。1987 年 11 月，中共十三大明确提出“在公有制为主体前提下继续发展多种所有制经济”的方针，提出“对于城乡合作经济、个体经济和私营经济，都要继续鼓励它们发展”。特别强调在社会主义条件下，“私营经济一定程度的发展，有利于促进生产，活跃市场，扩大就业，更好地满足人民多方面的生活需要，是公有制经济必要的和有益的补充。”提出“必须尽快制订有关私营企业的政策和法律，保护它们的合法利益，加强对它们的引导、监督和管理。”同时也提出：“中外合资企业、合作经营企业和外商独资企业，也是我国社会主义经济必要的和有益的补充。”②

1988 年 4 月，全国人大七届一次会议通过宪法修正案，在宪法第 11 条增加了“国家允许私营经济在法律规定的范围内存在和发展。私营经济是社会主义公有制经济的补充。国家保护私营经济的合法的权利和利益，对私营经济实行引导、监督和管理”的条文，以国家根本大法的形式明确了私营经济在中国的法律地位和经济地位。

1992 年 12 月，中共十四大在明确中国经济体制改革的目标是建立社会主义市场经济体制的同时，提出社会主义市场经济体制是同社会主义基本制度结合在一起的，“在所有制结构上，以公有制包括全民所有制和集体所有制经济为主体，个体经济、私营经济、外资经济为补充，多种经济成分长期共同发展，不同经济成分还可以自愿实行多种形式的联合经营。”③1994 年 11 月，中共十四届三中全会通过《关于建立社会主义市场经济体制的决定》，强调“坚持以公有制为主体、多种经济成分共同发展的方针。在积极促进国有

---

① 《改革开放以来重要文献选编》(上)，中央文献出版社 2008 年版，第 357 页。

② 《十三大以来重要文献选编》(上)，人民出版社 1991 年版，第 31、32 页。

③ 《十四大以来重要文献选编》(上)，人民出版社 1996 年版，第 526~527 页。

经济和集体经济发展的同时，鼓励个体、私营、外资经济发展”，并提出：“国家要为各种所有制经济平等参与市场竞争创造条件，对各类企业一视同仁。”①文件不再强调个体经济、私营经济、外资经济是公有经济的补充的提法。1997年9月，中共十五大正式确立了“以公有制为主体、多种所有制经济共同发展”的基本经济制度，并强调“非公有制经济是我国社会主义市场经济的重要组成部分。对个体、私营等非公有制经济要继续鼓励、引导，使之健康发展。”②1999年3月，全国人大九届二次会议通过的《中华人民共和国宪法修正案》明确规定：“在法律规定范围内的个体经济、私营经济等非公有制经济，是社会主义市场经济的重要组成部分。”“国家保护个体经济、私营经济的合法的权利和利益。国家对个体经济、私营经济实行引导、监督和管理。”③充分肯定个体经济、私营经济等非公有制经济的地位。

改革开放以来，特别是中共十四大提出建设社会主义市场经济体制改革的目标以来，我国个体、私营等非公有制经济不断发展壮大，已经成为社会主义市场经济的重要组成部分和促进社会生产力发展的重要力量。到2012年底，我国个体工商户已达4059万户，从业人数约8000万人，资金总额1.98万亿元；私营企业1086万户，从业人数超过1.2亿人，注册资金超过31万亿元。④ 非公有制经济已经成为中国国民经济最具活力的部分之一，对满足人民多样化需要、促进国民经济发展发挥着日益重要的作用。

积极发展个体、私营等非公有制经济，有利于完善社会主义市场经济体制，充分发挥市场配置资源的决定性作用，建立公平竞争的市场环境；有利于繁荣城乡经济、增加财政收入；有利于优化经

---

① 《十四大以来重要文献选编》(上)，人民出版社1996年版，第526~527页。

② 《十五大以来重要文献选编》(上)，人民出版社2000年版，第22页。

③ 《十五大以来重要文献选编》(上)，人民出版社2000年版，第809页。

④ 张卓元：《混合所有制经济是什么样的经济》，载《求是》2014年第8期。

济结构、促进经济长期平稳较快发展；有利于扩大社会就业、增加居民收入、拉动国内消费、促进社会稳定；对于全面建成小康社会和加快社会主义现代化进程具有重大的战略意义。

进入21世纪以后，为了推动非公有制经济的健康发展，国家又出台了一系列重要文件。2005年出台《国务院关于鼓励支持和引导个体私营等非公有制经济发展的若干意见》，提出了放宽非公经济市场准入、加大对非公有制经济的财税金融支持、完善对非公有制经济的社会服务、维护非公有制企业和职工的合法权威等政策，共三十六条，故被称为"非公经济三十六条"。这是一部全面促进非公有制经济发展的重要的政策性文件，文件明确提出，要"消除影响非公有制经济发展的体制性障碍，确立平等的市场主体地位，实现公平竞争"①。因而，这个文件被认为是我国政府对"非公有制经济"发展清除体制性障碍的第一声，意味着非公有制经济主体可以与公有制经济主体一样，在同一起跑线上，成为我国市场经济的竞争主体了。

2010年又出台《国务院关于鼓励和引导民间投资健康发展的若干意见》，提出了进一步拓展民间投资的领域和范围、鼓励和引导民间资本进入基础产业和基础设施领域、鼓励和引导民间资本进入市政公用事业和政策性住房建设领域、鼓励和引导民间资本进入社会事业领域、鼓励和引导民间资本进入金融服务领域、鼓励和引导民间资本进入商贸流通领域、鼓励和引导民间资本进入国防科技工业领域、鼓励和引导民间资本重组联合参与国有企业改革、推动民间资本加强自主创新和转型升级、鼓励和引导民间资本积极参与国际竞争、为民间投资创造良好环境等具体政策，也是三十六条，被称为"新三十六条"。这些政策的实施，极大地激活了非公有制经济的活力和创造力，推动了各种形式的非公有制的发展壮大。

在新的历史条件下，中共十八大报告进一步强调，"保证各种所有制经济依法平等使用生产要素、公平参与市场竞争、同等受到

---

① 《十六大以来重要文献选编》(中)，中央文献出版社2006年版，第684~685页。

法律保护。"①"依法"，就是依照我国宪法、物权法等其他相关法律法规，做到"平等"、"公平"、"同等"，一是平等地使用生产要素，在土地、资金、人才方面，对各种所有制经济一视同仁；二是公平参与市场竞争，在社会主义市场经济的条件下，各种所有制经济成分形成的市场主体处于平等地位，享有相同权力，遵守相同规则，承担相同责任；三是平等地受到法律保护，不管公有制企业，还是非公有制企业，在法律面前一律平等，都不能用违法手段侵犯其他企业的合法权益。中共十八届三中全会指出，非公有制经济和公有制经济一样，都是社会主义市场经济的重要组成部分，都是我国经济社会发展的重要基础。非公有制经济在支撑增长、促进创新、扩大就业、增加税收等方面具有重要作用。要支持非公有制经济健康发展，坚持权利平等、机会平等、规则平等，废除对非公有制经济各种形式的不合理规定，消除各种隐性壁垒，制定非公有制企业进入特许经营领域具体办法。并提出，要鼓励非公有制企业参与国有企业改革，鼓励发展非公有资本控股的混合所有制企业，鼓励有条件的私营企业建立现代企业制度。

激发非公有制经济活力和创造力，既要鼓励、支持非公有制经济发展，也要引导非公有制经济健康发展。我们也必须看到，我国非公有制经济尤其是私营经济还处于发展的初期，还不完善、不成熟，还存在许多问题，如：一些私营企业还存在进行超额剥削和超经济剥削的现象，劳动者的基本权益得不到保障；一些私营企业还存在不讲商业道德甚至非法经营的现象，为谋取私利，置社会整体利益于不顾，破坏自然资源与生态环境，生产或营销假冒伪劣商品，扰乱市场，偷税漏税，腐蚀国家工作人员，权钱结合，并通过各种手段，将公有财产转化为私有财产；一些非公有制经济人士素质不高，致富以后不注重事业的发展，不是富而思进，而是小富即安，甚至挥霍浪费，结果又走向衰败；一些私营企业还是实行家族式管理，没有建立现代管理制度，经营落后，技术陈旧，不注重技

① 《十八大以来重要文献选编》(上)，中央文献出版社2014年版，第17页。

术创新，故步自封，往往使企业陷入困境等。

因此，中国的非公有制企业要适应社会主义现代化建设的需要，并在市场竞争中获得发展，还必须提高自身素质。

一是要贯彻执行国家法律法规和政策规定。依法经营，照章纳税。服从国家的宏观调控，严格执行有关技术法规，自觉遵守环境保护和安全生产等有关规定，主动调整和优化产业、产品结构，加快技术进步，提高产品质量，降低资源消耗，减少环境污染。

二是要规范企业经营管理行为。从事生产经营活动，必须依法获得安全生产、环保、卫生、质量、土地使用、资源开采等方面的相应资格和许可。企业要强化生产、营销、质量等管理，完善各项规章制度。建立安全、环保、卫生、劳动保护等责任制度，并保证必要的投入。建立健全会计核算制度，如实编制财务报表。企业必须依法报送统计信息。加快研究改进和完善个体工商户、小企业的会计、税收、统计等管理制度。

三是要完善企业组织制度。企业要按照法律法规的规定，建立规范的个人独资企业、合伙企业和公司制企业。公司制企业要按照《中华人民共和国公司法》要求，完善法人治理结构。探索建立有利于个体工商户、小企业发展的组织制度。

四是要提高企业经营管理者素质。非公有制企业出资人和经营管理人员要自觉学习国家法律法规和方针政策，学习现代科学技术和经营管理知识，增强法制观念、诚信意识和社会公德，努力提高自身素质。

五是要鼓励有条件的企业做强做大。国家支持有条件的非公有制企业通过兼并、收购、联合等方式，进一步壮大实力，发展成为主业突出、市场竞争力强的大公司大集团，有条件的可向跨国公司发展。鼓励非公有制企业实施品牌发展战略，争创名牌产品。支持发展非公有制高新技术企业，鼓励其加大科技创新和新产品开发力度，努力提高自主创新能力，形成自主知识产权。

六是要推进专业化协作和产业集群发展。引导和支持企业从事专业化生产和特色经营，向“专、精、特、新”方向发展。鼓励中小企业与大企业开展多种形式的经济技术合作，建立稳定的供应、生产、销售、技术开发等协作关系。通过提高专业化协作水平，培育骨干企业和知名品牌，发展专业化市场，创新市场组织形式，推进公共资源共享，促进以中小企业集聚为特征的产业集群健康发展。同时，国家要加强对民间投资的监管。各级人民政府有关部门要依照有关法律法规要求，切实督促民间投资主体履行投资建设手续，严格遵守国家产业政策和环保、用地、节能以及质量、安全等规定。要建立完善企业信用体系，指导民营企业建立规范的产权、财务、用工等制度，依法经营。民间投资主体要不断提高自身素质和能力，树立诚信意识和责任意识，积极创造条件满足市场准入要求，并主动承担相应的社会责任。

非公有制经济的健康发展，不仅符合非公有制经济人士的自身利益，也是对国家、对社会作出的贡献，有利于社会主义市场经济的发展，有利于建设中国特色社会主义伟大事业。在当代中国，非公有制企业的健康发展，必须坚持两条原则：一是要符合社会主义发展方向；二是要适应社会主义市场经济体制的要求。我国的非公有制经济与资本主义国家的非公有制经济是不同的，它是社会主义制度下的非公有制经济。它存在的意义不是为了发展资本主义，而恰恰相反，是为了社会主义的发展，现阶段私营经济的完善和发展是为了将来最终消灭私有制，消除两极分化，实现共同富裕。这就是中国特色社会主义基本经济制度的历史逻辑。因此，中国特色社会主义制度下的非公有制经济必须是符合社会主义本质、适应社会主义发展方向的非公有制经济。

坚持和完善中国特色社会主义基本经济制度，必须将坚持公有制主体地位，促进非公有制经济发展，统一于社会主义现代化建设的进程中。要使各种所有制经济在市场竞争中发挥各自优势，形成各种所有制经济平等竞争、相互促进的新格局。

中国特色社会主义基本经济制度是否完善，我们固然要看社会主义公有制经济自身是否完善，是否能够坚持公有制主体地位，发挥国有经济主导作用，不断增强国有经济活力、控制力、影响力；也要看多种所有制经济自身是否完善，是否能够激发非公有制经济活力和创造力。但最根本的是要看二者能不能统一于社会主义现代化建设的过程之中，在市场竞争中发挥各自优势，实现平等竞争、相互促进。

公有制经济和非公有制经济是构成中国特色社会主义基本经济制度的两大要素，二者缺一不可。只有公有制经济，没有非公有制经济，那是未来发达的社会主义社会的经济制度，超越了我国社会主义初级阶段的实际，我国目前和将来很长的时期内都不具备实现这种经济制度的条件；只有非公有制经济，没有公有制经济，或者说没有公有制的主体地位，那就是非社会主义的经济制度了，历史和现实都告诉我们，中国绝不能走私有化的资本主义道路。中国特色社会主义基本经济制度的特点就是要把公有制和非公有制统一起来，统一于社会主义现代化建设的过程中。要在坚持和发展中国特色社会主义的实践中实现二者的有机统一，就必须正确认识和处理二者的关系。

在中国特色社会主义基本经济制度中，公有制经济和非公有制经济是一对矛盾，矛盾着的两方面中，必有一方面是主要的，另一方面是次要的。其主要方面，即矛盾中起主导作用的方面，事物的性质主要是由取得支配地位的矛盾的主要方面所决定的。在公有制为主体、多种所有制经济共同发展的基本经济制度中，毫无疑问，公有制经济是矛盾的主要方面，起主导作用并居于支配地位，正是由它而不是由非公有制经济决定我国基本经济制度的社会主义性质。在中国特色社会主义基本经济制度中，必须坚持公有制的主体地位，动摇和放弃了公有制主体地位，我国的基本经济制度就不再是社会主义的性质。

所以，在中国特色社会主义基本经济制度的两个要素中，公有制经济和非公有制经济并不是简单并列的，而是有主次之分，一个居于主要方面，另一个居于次要方面。其主要方面是公有制经济，公有制经济必须在国民经济中居于主体地位。但是，公有制经济的主体地位并不排斥非公有制经济的存在和发展，这是由现阶段我国的国情和非公有制经济的特点和地位决定的。

在现阶段，我国社会主义初级阶段的基本国情没有变，人民日益增长的物质文化需要同落后社会生产力之间的矛盾这一社会主要矛盾也没有变。这是中国特色社会主义的总依据，公有制为主体、多种所有制经济共同发展的基本经济制度也是基于这一前提。“我国处在社会主义初级阶段，需要在公有制主体的条件下发展多种所有制经济”，在社会主义初级阶段，“一切符合‘三个有利于’的所有制形式都可以而且应该用来为社会主义服务。”①

在现阶段，在中国特色社会主义制度下的非公有制经济具有鲜明的特点，它与我国的社会主义制度既有同一性的一面，又有矛盾性的一面。其同一性表现在它体现了我国处于社会主义初级阶段、生产力发展不充分的客观实际和现实要求，在公有制为主体的条件下，能够促进我国生产力的更快发展，壮大社会主义经济的整体力量，为社会主义现代化建设服务。在社会主义制度下，在公有制为主体的条件下，它与我国社会主义制度同一性的一面大于矛盾性的一面，同一性的一面起主要作用，这就决定了在社会主义初级阶段和整个中国特色社会主义发展阶段非公有制经济存在和发展的必要，它是中国特色社会主义基本经济制度的重要组成部分。

当代中国，非公有制经济是建立在社会主义制度基础上的、以社会主义为发展方向的私有制经济，这是我国私有制经济的根本特征，也是其存在和发展的前提和意义。离开了这个根本特征，我国的私有制经济也就失去了存在的前提和发展的意义；其矛盾性的一面则表现在它是建立在生产资料私有制的基础上，体现的是资本主义性质的生产关系，其生产过程中的经济关系是资本支配劳动、追求利润、占有劳动者剩余劳动的关系。在我国的私人经济中，劳动者的地位与权利都受到国家法律和政策的保护，他们的地位和权利与在资本主义制度下的劳动者的地位和权利状况有了根本性的变化。但从性质上看，劳动仍然是被资本支配的。劳动力被资本支配的过程，是劳动转移价值和创造价值的过程，是剩余价值归资本占有的过程，劳动者取得劳动力价值的等价物。这与公有制经济中劳动者的地位、性质及人与人之间的社会主义关系是有根本区别的，从而与公有制经济及劳动者的根本利益不可能不存在矛盾。非公有

---

① 《十五大以来重要文献选编》(上)，人民出版社2000年版，第20页。

制经济与社会主义制度矛盾性的一面，就决定了在社会主义初级阶段和整个中国特色社会主义发展阶段，非公有制经济不能也不应居于主体地位，而且，它必须处于社会主义国家政权的监管之下，这样才能保证它为社会主义服务。当进入发达的社会主义社会时，它最终会消亡。

因此，要将坚持公有制主体地位，促进非公有制经济发展，统一于社会主义现代化建设的进程中。

首先，必须毫不动摇地坚持和发展社会主义公有制经济的主体地位。公有制经济的主体地位是中国特色社会主义基本经济制度的核心和基础。非公有制经济的存在和发展必须建立在公有制经济主体地位的前提和基础之上。坚持公有制的主体地位是实现多种所有制经济共同发展的前提和基础。离开了公有制主体地位谈多种所有制经济共同发展是没有意义的。坚持公有制的主体地位，是将实现公有制和非公有制发展统一于社会主义现代化建设过程中的前提，不能离开这个前提来谈非公有制经济的发展。要坚持和完善中国特色社会主义基本经济制度，在任何情况下，都不应动摇公有制经济的主体地位。公有制的主体地位动摇了，中国特色社会主义基本经济制度也就动摇了，中国特色社会主义基本经济制度动摇了，中国特色社会主义的基础也就动摇了，中国就有可能走上“改旗易帜的邪路”。

其次，必须在坚持公有制主体地位的基础上，毫不动摇地鼓励、支持、引导非公有制经济发展，给非公有制经济以公平竞争的体制环境和充分发展的空间，消除制约非公有制经济发展的制度性障碍，全面落实促进非公有制经济发展的政策措施，坚持权利平等、机会平等、规则平等，废除对非公有制经济各种形式的不合理规定，保证非公有制经济依法平等地使用生产要素、公平参与市场竞争、同等受到法律保护，激发非公有制经济活力和创造力。

这样才能真正将二者统一于社会主义现代化进程中，形成各种所有制经济平等竞争和相互促进的格局，推动中国经济社会的发展，为在中国特色社会主义道路上实现国家繁荣富强、人民共同富裕，实现中华民族的伟大复兴奠定坚实的基础。

(二)中国特色社会主义分配制度

分配制度，主要是指确认分配方式的制度，即劳动产品在社会主体中如何分割、配给制度的总称，是经济制度的重要方面。分配方式是由生产方式决定的，一个社会的分配制度取决于基本经济制度。在当代中国，实行的是以按劳分配为主体、多种分配方式并存的分配制度。

分配是一个历史的范畴，分配的性质和方式随着社会制度、生产关系的变迁而发生变化。马克思指出："所谓的分配关系，是同生产过程的历史地规定的特殊社会形态，以及人们在他们的人类生活的再生产过程中相互所处的关系相适应的，并且是由这些形式和关系产生的。这种分配关系的历史性质就是生产关系的历史性质，分配关系不过表现生产关系的一个方面。"①在《哥达纲领批判》中，马克思创立了按劳分配的理论，他认为，按劳分配原则得以实现的前提条件是社会主义的生产资料公有制取代资本主义生产资料私有制，因为个人消费品资料的分配是由劳动者个人提供的劳动量决定的，在这个社会集体中凡是有劳动能力的都要参加劳动，不参加劳动者不能领取报酬。他指出，在一个集体的、以生产资料公有为基础的社会中，"每一个生产者，在作了各项扣除以后，从社会领回的，正好是他给予社会的。他给予社会的，就是他个人的劳动量。例如，社会劳动日是由全部个人劳动小时构成的；各个生产者的个人劳动时间就是社会劳动日中他所提供的部分，就是社会劳动日中他的一份。"②马克思认为，只有到了共产主义社会高级阶段，"在迫使个人奴隶般地服从分工的情形已经消失，从而脑力劳动和体力劳动的对立也随之消失之后；在劳动已经不仅仅是谋生的手段，而且本身成了生活的第一需要之后；在随着个人的全面发展，他们的

---

① 《马克思恩格斯文集》第7卷，人民出版社2009年版，第999～1000页。

② 《马克思恩格斯选集》第3卷，人民出版社1995年版，第304页。

生产力也增长起来，而集体财富的一切源泉都充分涌流之后，——只有在那个时候，才能完全超出资产阶级权利的狭隘眼界，社会才能在自己的旗帜上写上：各尽所能，按需分配！"①

马克思主义经典作家中第一个使用"按劳分配"概念的是列宁，他在1917年写的《无产阶级在我国革命中的任务》一文中指出："人类从资本主义只能直接过渡到社会主义，即过渡到生产资料公有和按每个人的劳动量分配产品。我们党看得更远些：社会主义必然会逐渐成长为共产主义，而在共产主义的旗帜上写的是：'各尽所能，按需分配'。"②在《国家与革命》中，列宁将马克思阐述的"共产主义社会的第一阶段（通常称为社会主义）"的个人消费品分配原则概括为"不劳动者不得食"、"对等量劳动给予等量产品"的社会主义分配原则。③

按照马克思主义的分配理论，社会主义社会实行按劳分配的原则。所谓按劳分配，就是在生产资料社会主义公有制条件下，对社会总产品作了各项必要的社会扣除以后，按照各人提供给社会的劳动的数量和质量分配个人消费品。社会主义社会实行按劳分配的原则，是由社会主义公有制和社会主义社会的生产力发展水平决定的。公有制是实行按劳分配的制度基础，在生产资料公有制条件下，人们对生产资料的占有关系是平等的，从而排除了个人凭借对生产资料的所有权来无偿占有他人的劳动成果，每一个劳动者在共同占有生产资料的基础上为社会提供劳动，社会则根据每个劳动者所提供的劳动数量和质量进行收入分配。

社会生产力水平是实行按劳分配的物质基础，在生产力水平还没有达到高度发达的程度，社会产品还没有极大丰富时，劳动还是谋生的手段，还没有成为人们生活的第一需要时，社会就不具备实行按需分配的条件。又由于工农之间、城乡之间、脑力劳动和体力

---

① 《马克思恩格斯选集》第3卷，人民出版社1995年版，第305～306页。

② 《列宁选集》第3卷，人民出版社1995年版，第64页。

③ 《列宁选集》第3卷，人民出版社1995年版，第196页。

劳动之间还存在着差别，劳动者向社会提供的劳动在数量和质量上存在着差别，只有承认这种差别，并在个人收入分配上体现这种差别，多劳多得，少劳少得，按劳分配，才能充分调动劳动者的积极性。

我国正处于社会主义初级阶段，实行公有制为主体、多种所有制经济共同发展的基本经济制度。由于所有制结构中公有制经济的主体地位、社会主义初级阶段还不发达的生产力水平和人们劳动差别的客观存在，在分配制度中必须坚持按劳分配的主体地位。按劳分配的主体地位，一是表现在按劳分配是全社会占主体地位的分配方式，二是表现在公有制经济内部，劳动者的总收入中，按劳分配收入是最主要的收入来源。随着我国经济体制改革的深化，在社会主义市场经济条件下，公有制经济的实现形式发生了深刻的变化，不仅包括国有经济和集体经济，还可以采取股份合作制、合作制、股份公司等形式，在经营方式上可以实行租赁或者承包经营等方式。在这样的条件下，企业职工收入的来源和形式已经不仅仅是靠按劳分配，还有其他收入形式。但是，只要企业仍然是公有制或公有控股企业，按劳分配就仍然是企业内部职工收入的主要形式，职工的主要收入仍然来自按劳分配。同时，在社会主义市场经济条件下，公有制企业内部按劳分配的具体实现形式呈现出一些新特点：

第一，按劳分配是社会主义初级阶段的分配主体，但不是社会唯一的分配原则。它只是社会主义公有制经济的基本分配原则，在社会主义公有制经济中，还存在着其他分配方式。

第二，等量劳动领取等量消费品的原则，还不可能在全社会的公有制经济范围内按统一标准实现。由于现阶段的公有制企业是自主经营、自负盈亏的商品生产者和经营者，存在着各自的经济利益。因此，按劳分配还不可能在全社会的公有制经济范围内按统一标准实现，而是要以企业为单位进行，劳动者个人收入不仅同个人所付出的劳动的数量和质量相联系，还同整个企业经营的好坏盈亏联系在一起。

第三，劳动者的个人劳动不能直接表现为社会劳动，劳动者只能通过各自所在的企业向社会提供劳动，每个企业的集体劳动也只是局部劳动，其社会劳动的性质只能通过商品的市场交换才能得到实现和转化。

第四，按劳分配必须借助于商品货币形式来实现。马克思当时设想的按劳分配，是通过劳动券实现的。但在社会主义市场经济中，按劳分配只有借助于商品货币关系才能实现，劳动者先以货币工资形式取得劳动报酬，再用货币工资到商品市场上购买个人消费品。这样，按劳分配的最终实现还要受商品价格和商品供应量的影响。① 也就是说，作为社会主义初级阶段个人收入分配主体形式的按劳分配，它作用的范围、实现形式和实现程度不但受公有制成熟程度的制约，也受市场机制和市场规律的制约。

在分配制度中坚持按劳分配的主体地位对于坚持中国特色社会主义经济的性质具有重要意义。按劳分配是社会主义公有制在分配领域的体现，只有坚持按劳分配的主体地位，才能体现公有制的主体地位，才能保证人们相互之间在平等的经济关系基础上建立和谐的经济利益关系，才能保证向逐步实现全体人民共同富裕这一目标前进。

在我国社会主义初级阶段，实行以公有制为主体、多种所有制经济共同发展的基本经济制度。由于所有制结构中多种所有制经济成分的存在，就决定了我国的分配制度不可能实行单一的按劳分配，在坚持以按劳分配为主体的同时，必须实行多种分配方式并存的政策。

所谓多种分配方式，是指在非公有制经济范围内，实行按生产要素分配的原则。按生产要素分配，是指社会根据各种生产要素在商品和劳务生产服务中投入的比例和贡献的大小给予报酬。私有制的存在，使得生产资料所有者有可能而且必然凭借生产资料所有权来参与劳动产品的分配，因为在私有制条件下，生产资料与劳动力必须以生产资料所有者为中介，间接地结合在一起从事生产，生产资料所有者从而凭借他占有的生产资料，来让劳动者为他提供剩余

① 参见周新城：《中国特色社会主义经济制度论》，中国经济出版社2008年版，第132~134页。

产品。这样参与劳动成果分配的，不仅有劳动者，还有设备、技术、原材料等各种生产资料的所有者，即各种生产要素都要参与分配。

生产要素主要包括：劳动、技术、人才、资本、信息、管理、土地、房屋等。按生产要素分配主要包括三种类型：

一是以劳动作为生产要素参与分配。这里不包括公有制经济中的按劳分配，因为公有制企业劳动者所获取的按劳分配的收入是以生产资料所有者的身份凭自己提供的劳动来参与分配的，而不是作为独立的生产要素的所有者来参与分配的。以劳动作为生产要素参与分配的主要是个体劳动者和受雇于非公有制企业的雇佣劳动者。个体劳动者的收入是凭借自己的劳动和占有生产资料从事个体劳动和经营所取得的收入。受雇于非公有制企业的雇佣劳动者取得的劳动收入，实质上是劳动者产出劳动力商品，按劳动力价值得到的收入。

二是劳动以外的生产要素所有者参与分配。主要包括资本所有者在生产经营活动中凭借资本所获取的利润、生产要素的所有者将自有的货币或资本借给他人经营或存入金融机构所取得的利息、以实物形态资本租借给他人经营或使用而取得的租金等。

三是管理和知识产权类的生产要素参与分配。如科技发明、创造、信息、专利等参与分配。这类生产要素来自他们的所有者的劳动或劳动成果，在当代经济生活中发挥着越来越巨大的作用，在很大程度上决定着企业经营的成败和发展前途。总体来说，这种分配方式是与社会主义初级阶段非公有制经济成分的存在和发展相适应的，但它不是也不应是社会主义社会占主导地位的分配方式。

在社会主义市场经济条件下，按生产要素分配的存在有其客观依据。第一，生产要素分配是与我国当前的多种所有制形式相适应的，非公有制经济的所有制性质决定了只能实行按生产要素分配。第二，生产要素参与分配是由生产要素所有权决定的，即资本的所有权决定的。第三，生产要素是社会生产中不可缺少的因素，在社会生产要素没有归社会成员共同所有的条件下，有必要以要素的贡献分配受益，以激励其所有者积极投入生产要素。① 但是，在社会主义市场经济按生产要素分配与资本主义制度条件下按要素分配的方式是有着本质区别的，在社会主义制度下，劳动者是国家的主人，可以通过政治法律的手段，依靠党和国家政权、工会组织来保障自己的权利和利益。

在社会主义初级阶段，在坚持以按劳分配为主体的同时，实行按生产要素分配的分配制度对于坚持和发展中国特色社会主义有着重要的意义。按生产要素分配，是市场经济的内在要求，实行市场经济，就是要以市场为基础，通过竞争性的价格机制，实现对资源的优化配置。对于社会生产所需的生产要素而言，就是要求它们必须进入市场，成为商品，从而通过它们的价格波动来实现自身的有效配置，由于要素价格就是给予其所有者的报酬，因此要素价格的实现过程也就是按生产要素分配的过程。所以，实行按生产要素分配的分配制度，有利于优化资源配置，促进经济发展，有利于最广泛最充分地调动一切积极因素，让劳动、知识、技术、管理和资本的活力竞相迸发，让一切创造财富的源泉充分涌流。

以按劳分配为主体、多种分配方式并存的分配制度在我国有一个曲折发展的过程。

在新中国成立之初，根据当时的经济条件，我国曾经实行供给制，即对部分工作人员实行免费供给生活必需品的一种分配制度。供给范围包括个人的衣、食、住、行、学习等必需用品和一些零用津贴，还包括在革命队伍中结婚所生育的子女的生活费、保育费等。供给制是一种平均分配的形式，带有战时共产主义分配制度的性质，是特定历史条件下的产物。1952 年对实行供给制的人员统一增加津贴，津贴标准按工作职务确定，从而扩大了分配上的差距。1954 年改为实行供给标准稍高的包干制，即每人每月除按一定标准供给伙食外，再由国家发给一定数量的实物或货币，由领取者自由支配使用。到 1955 年，才取消供给制和包干制，在干部职

① 余斌：《45 个十分钟读懂〈资本论〉》，东方出版社 2011 年版，第 43 页。

工中普遍实行工资制度。当时主要是借鉴苏联的经验，根据按劳分配的原则，在工人中实行八级工资制和计件工资制，在国家干部中实行各种级差的工资制度。在全面探索社会主义建设时期，在分配制度方面出现了曲折发展的趋向，一方面强调在坚持按劳分配、多劳多得的原则下，反对平均主义，如 1959 年 2 月，毛泽东在郑州会议上谈道："我们也必须首先检查和纠正自己的两种倾向，即平均主义倾向和过分集中倾向。所谓平均主义倾向，即是否认各个生产队和各个个人的收入应当有所差别。而否认这种差别，就是否认按劳分配、多劳多得的社会主义原则。"①另一方面，在实际工作中则普遍出现了平均主义的现象，干多干少一个样，干好干坏一个样，干与不干一个样。在"文化大革命"时期，按劳分配、八级工资制、商品生产被认为是"产生资本主义的土壤和条件"而遭到批判，平均主义、"大锅饭"被当成社会主义的优越性，严重影响了广大劳动人民的生产积极性。

中共十一届三中全会以后，中国共产党实现了按劳分配问题上的拨乱反正。1978 年 5 月 6 日，《人民日报》发表了由国务院政治研究室起草的评论员文章《贯彻执行按劳分配的社会主义原则》，一石激起千层浪，引发了一波关于我国劳动工资制度以至整个经济体制改革的讨论。在这场讨论中，邓小平明确指出："按劳分配的性质是社会主义的，不是资本主义的。"②针对当时盛行把政治态度和政治表现当做评定工资等级的首要标准的错误做法，他强调指出："我们一定要坚持按劳分配的社会主义原则。按劳分配就是按劳动的数量和质量进行分配。根据这个原则，评定职工工资级别时，主要是看他的劳动好坏、技术高低、贡献大小。政治态度也要看，但要讲清楚，政治态度好主要应该表现在为社会主义劳动得好，做出的贡献大。处理分配问题如果主要不是看劳动，而是看政治，那就不是按劳分配，而是按政分配了。总之，只能是按劳，不

---

① 《毛泽东文集》第 8 卷，人民出版社 1999 年版，第 11 页。
② 《邓小平文选》第 2 卷，人民出版社 1994 年版，第 101 页。

能是按政，也不能是按资格。”①从而明确了按劳分配是我国社会主义的分配原则。1982年9月召开的中共十二大提出了要“改革劳动制度和工资制度”的要求。1984年10月，中共十二届三中全会通过的《关于经济体制改革的决定》明确把“认真贯彻按劳分配原则”作为经济体制改革的重要任务提了出来，严厉批评了长期以来在分配领域存在的平均主义思想，指出：“长期以来在消费资料的分配问题上存在一种误解，似乎社会主义就是要平均，如果一部分社会成员的劳动收入比较多，出现了较大的差别，就认为是两极分化，背离社会主义。这种平均主义思想，同马克思主义关于社会主义的科学观点是完全不相容的。历史的教训告诉我们：平均主义思想是贯彻执行按劳分配原则的一个严重障碍，平均主义的泛滥必然破坏社会生产力。”该决定还指出：“社会主义社会要保证社会成员物质、文化生活水平的逐步提高，达到共同富裕的目标。但是，共同富裕决不等于也不可能是完全平均，决不等于也不可能是所有社会成员在同一时间以同等速度富裕起来。如果把共同富裕理解为完全平均和同步富裕，不但做不到，而且势必导致共同贫穷。只有允许和鼓励一部分地区、一部分企业和一部分人依靠勤奋劳动先富起来，才能对大多数人产生强烈的吸引和鼓舞作用，并带动越来越多的人一浪接一浪地走向富裕。”该决定强调：“鼓励一部分人先富起来的政策，是符合社会主义发展规律的，是整个社会走向富裕的必由之路。”决定还提出工资制度改革的具体思路，“改革的原则是使职工工资同本人肩负的责任和劳绩密切联系起来”，“在企业内部，要扩大工资差距，拉开档次，以充分体现奖勤罚懒、奖优罚劣，充分体现多劳多得、少劳少得，充分体现脑力劳动和体力劳动、复杂劳动和简单劳动、熟练劳动和非熟练劳动、繁重劳动和非繁重劳动之间的差别。”②

1987年10月，中共十三大报告正式提出了“实行以按劳分配

① 《邓小平文选》第2卷，人民出版社1994年版，第101页。

② 《十二大以来重要文献选编》(上)，人民出版社1986年版，第576~578页。

为主体的多种分配方式和正确的分配政策”，报告指出：“社会主义初级阶段的分配方式不可能是单一的。我们必须坚持的原则是，以按劳分配为主体，其他分配方式为补充。除了按劳分配这种主要方式和个体劳动所得以外，企业发行债券筹集资金，就会出现凭债权取得利息；随着股份经济的产生，就会出现股份分红；企业经营者的收入中，包含部分风险补偿；私营企业雇用一定数量劳动力，会给企业主带来部分非劳动收入。以上这些收入，只要是合法的，就应当允许。我们的分配政策，既要有利于善于经营的企业和诚实劳动的个人先富起来，合理拉开收入差距，又要防止贫富悬殊，坚持共同富裕方向，在促进效率提高的前提下体现社会公平。”报告强调：“当前分配中的主要倾向，仍然是吃大锅饭，搞平均主义，互相攀比，必须继续在思想上和实际工作中加以克服。”①

1992年10月，中共十四大报告正式提出我国经济体制改革的目标是建立社会主义市场经济体制，报告将深化分配制度改革，理顺国家与企业、中央与地方的分配关系，加快工资制度改革，逐步建立起符合企业、事业单位和机关各自特点的工资制度与正常工资增长机制，作为建立社会主义市场经济体制要认真抓好的“重要环节”②。中共十四大以后，随着市场化改革的不断推进，市场机制对分配的主导性作用不断增强，全社会对于收入分配制度改革的认识也在逐步深化，在坚持按劳分配为主要分配方式的同时，各种生产要素根据其对产出的贡献大小参与分配也逐渐得到全社会的承认。

1993年11月，中共十四届三中全会通过的《关于建立社会主义市场经济体制若干问题的决定》正式提出了以按劳分配为主体、多种分配方式并存的分配制度，决定指出：“个人收入分配要坚持以按劳分配为主体、多种分配方式并存的制度，体现效率优先、兼顾公平的原则。劳动者的个人劳动报酬要引入竞争机制，打破平均主义，实行多劳多得，合理拉开差距。坚持鼓励一部分地区一部分

---

① 《十三大以来重要文献选编》(上)，人民出版社1991年版，第32~33页。

② 《十四大以来重要文献选编》(上)，人民出版社1996年版，第20页。

人通过诚实劳动和合法经营先富起来的政策，提倡先富带动和帮助后富，逐步实现共同富裕。”①将按劳分配以外的其他分配方式由“补充”上升到“并存”的地位，并且，第一次明确提出“允许属于个人的资本等生产要素参与收益分配”，“国家依法保护法人和居民的一切合法收入和财产”。② 至此，以按劳分配为主体、多种分配方式并存的分配制度在我国正式确立。

1997 年 9 月，中共“十五大”报告在阐述“完善分配结构和分配方式”的改革思路时，又进一步提出，要“把按劳分配和按生产要素分配结合起来”，“允许和鼓励资本、技术等生产要素参与收益分配”。同时强调，要“规范收入分配，使收入差距趋向合理，防止两极分化”。③

从总体上说，以按劳分配为主体、多种分配方式并存的分配制度与我国的基本经济制度和现阶段的经济社会发展水平是相适应的。但是，在基本解决了分配领域中的平均主义、大锅饭问题以后，又出现了新情况、新问题。从 20 世纪 90 年代中期以后，收入分配差距过大的问题开始变得越来越突出。

我国收入分配领域存在的问题主要表现在：

第一，国民收入结构不合理。一是在政府、企业、居民三者之间的收入分配关系中，居民收入在国民收入分配中的比重偏低，从 20 世纪 90 年代中期以来，呈持续下降趋势，而政府和企业的收入则呈上升趋势。二是劳动报酬占国民收入的比例偏低，并呈持续下降的趋势。三是国家财政收入的增长速度大大高于居民平均收入的增长速度。

第二，居民收入分配差距呈持续扩大趋势。在居民内部的分配关系中，城乡之间、地区之间、行业之间和不同社会成员之间的收

---

① 《十四大以来重要文献选编》(上)，人民出版社 1996 年版，第 534 页。

② 《十四大以来重要文献选编》(上)，人民出版社 1996 年版，第 534~535 页。

③ 《十五大以来重要文献选编》(上)，人民出版社 2000 年版，第 24 页。

入差距呈持续扩大趋势。同时，分配秩序不够规范、分配不公的问题也比较突出。

第三，收入分配机制还不健全。一是宏观分配政策不健全。全国收入分配改革的总体方案及其相关配套改革的方案均未出台。二是财政税收体制不健全。在初次分配中，对国有企业特别是具有垄断性的国有企业未建立健全利润上缴、资源占用税等制度并且未认真贯彻落实。个人所得税制度也不够健全，执行亦不到位。三是工资制度不健全。工资集体协商尚不普遍，效力和作用有限。国企高管薪酬管理制度尚未健全，上市公司高管薪酬监管制度也不完善。公务员工资制度中级别对职务过度依赖，事业单位收入分配制度中的绩效工资未全面实施，对制度外收入调控不力。四是社会保障制度不健全。五是收入分配宏观调控体系不健全。

第四，收入分配秩序有待进一步规范。一是对合法收入的保护力度不够：一些企业存在恶意压低劳动者工资、延长工时、克扣工资、拖欠工资、同工不同酬、不依法缴纳社会保险费等现象。二是分配透明度不高，隐性收入较多。三是非法收入如行贿受贿、收取红包、偷税漏税、权力寻租、侵吞公有财产等现象在一定范围内存在。这些问题的产生，既与我国基本国情、发展阶段密切相关，具有一定的客观必然性和阶段性特征，也与收入分配及相关领域的体制改革不到位、政策不落实等直接相关。这些问题的存在，使得收入分配不合理的问题在进入 21 世纪以后变得愈发突出起来。

党和政府高度重视在收入分配领域出现的新情况、新问题，适时提出了深化收入分配制度改革的要求，并且开始考虑收入分配制度改革的“顶层设计”问题。2001 年，国务院组织了一次大规模的收入分配问题调查研究，就财税改革、社会保障、国有企业利润分配、机关事业单位薪酬改革等问题进行了深入调研，为制定收入分配制度改革方案做准备。

收入分配制度改革是我国经济体制改革的重要内容，正确处理效率与公平的关系，是社会主义市场经济条件下完善收入分配制度的关键。在这个问题上，中国共产党的认识有一个逐步深化的过程。2002 年 11 月，中共十六大报告将“深化分配制度改革，健全社会保障体系”列为经济建设和经济体制改革的八大任务之一，深刻指出：“理顺分配关系，事关广大群众的切身利益和积极性的发挥。”提出要“调整和规范国家、企业、个人的分配关系。确立劳动、资本、技术和管理等生产要素按贡献参与分配的原则，完善按劳分配为主体、多种分配方式并存的分配制度。”①强调要“坚持效率优先、兼顾公平，既要提倡奉献精神，又要落实分配政策，既要反对平均主义，又要防止收入悬殊。初次分配注重效率，发挥市场的作用，鼓励一部分人通过诚实劳动、合法经营先富起来。再分配注重公平，加强政府对收入分配的调节职能，调节差距过大的收入。规范分配秩序，合理调节少数垄断行业的过高收入，取缔非法收入。以共同富裕为目标，扩大中等收入者比重，提高低收入者收入水平。”②并提出要“建立健全同经济发展水平相适应的社会保障体系”③。

2003 年 10 月，中共十六届三中全会通过《关于完善社会主义市场经济体制若干问题的决定》，把“推进收入分配制度改革”作为完善社会主义市场经济体制的重要任务，强调在继续“坚持效率优先、兼顾公平，各种生产要素按贡献参与分配”的同时，要“整顿和规范分配秩序，加大收入分配调节力度，重视解决部分社会成员收入差距过分扩大问题”，在“扩中、提低、调高”的总体思路下，提出了加强对垄断行业收入分配的监管、健全个人收入监测办法、强化个人所得税征管、完善和规范国家公务员工资制度、推进事业单位分配制度改革、规范职业消费、加快福利待遇货币化等改革措施。④ 2004 年，国务院正式启动了关于深化收入分配体制改革的

① 《十六大以来重要文献选编》(上)，中央文献出版社 2005 年版，第 21 页。

② 《十六大以来重要文献选编》(上)，中央文献出版社 2005 年版，第 21 页。

③ 《十六大以来重要文献选编》(上)，中央文献出版社 2005 年版，第 22 页。

④ 《十六大以来重要文献选编》(上)，中央文献出版社 2005 年版，第 475 页。

调查研究，并开始着手制定改革规划。同时，采取一系列政策措施，不断调整国民收入分配格局，加大收入分配调节力度，规范收入分配秩序，并千方百计增加城乡居民收入、改善人民生活。

2007年11月，中共十七大报告将“合理有序的收入分配格局基本形成”列为全面建设小康社会奋斗目标的新要求。更加注重收入分配制度与社会公平的关系，把深化收入分配制度改革的重心转移到建立合理有序的收入分配制度和增加城乡居民收入上，指出“合理的收入分配制度是社会公平的重要体现”，将中共十六大提出的“初次分配注重效率，再分配注重公平”的思路调整为“初次分配和再分配都要处理好效率和公平的关系，再分配更加注重公平。”提出逐步提高居民收入在国民收入分配中的比重、提高劳动报酬在初次分配中的比重、着力提高低收入者收入、逐步提高扶贫标准和最低工资标准、建立企业职工工资正常增长机制和支付保障机制、创造条件让更多群众拥有财产性收入、保护合法收入、调节过高收入、取缔非法收入、强化税收调节、打破经营垄断、创造机会公平、整顿分配秩序等改革措施，明确要求“逐步扭转收入分配差距扩大趋势”。①

2011年3月，十一届全国人大四次会议通过的《中华人民共和国国民经济和社会发展第十二个五年规划纲要》将“合理调整收入分配关系”列为国家“十二五”规划期间的重要任务，提出要“加快形成合理有序的收入分配格局”，“尽快扭转收入差距扩大趋势”。并制定了“深化工资制度改革”、“健全资本、技术、管理等要素参与分配制度”、“加快完善再分配调节机制”、“调整和规范收入分配秩序”的具体改革规划。② 2012年3月，十一届全国人大五次会议通过的《政府工作报告》明确提出了“抓紧制定收入分配改革总体

① 《十七大以来重要文献选编》(上)，中央文献出版社2009年版，第30页。

② 张平：《〈中华人民共和国国民经济和社会发展第十二个五年规划纲要〉辅导读本》，人民出版社2011年版，第96~98页。

方案”的要求。① 同年11月召开的中共十八大将“收入分配差距缩小，中等收入群体持续扩大，扶贫对象大幅减少”列为全面建成小康社会新的要求，并从“千方百计增加居民收入”，“实现发展成果由人民共享”的角度提出了深化收入分配制度改革的新要求，强调要“努力实现居民收入增长和经济发展同步、劳动报酬增长和劳动生产率提高同步”。②

2013年2月3日，国务院正式批转了由国家发展和改革委员会、财政部、人力资源和社会保障部联合出台的《关于深化收入分配制度改革的若干意见》(以下简称《意见》)，明确提出了深化收入分配制度改革总体要求和主要目标。

总体要求是：全面贯彻落实党的十八大精神，以邓小平理论、“三个代表”重要思想、科学发展观为指导，立足基本国情，坚持以经济建设为中心，在发展中调整收入分配结构，着力创造公开公平公正的体制环境，坚持按劳分配为主体、多种分配方式并存，坚持初次分配和再分配调节并重，继续完善劳动、资本、技术、管理等要素按贡献参与分配的初次分配机制，加快健全以税收、社会保障、转移支付为主要手段的再分配调节机制，以增加城乡居民收入、缩小收入分配差距、规范收入分配秩序为重点，努力实现居民收入增长和经济发展同步、劳动报酬增长和劳动生产率提高同步，逐步形成合理有序的收入分配格局，促进经济持续健康发展和社会和谐稳定。

主要目标是：城乡居民收入实现倍增，到2020年实现城乡居民人均实际收入比2010年翻一番，力争中低收入者收入增长更快一些，人民生活水平全面提高；收入分配差距逐步缩小，城乡、区域和居民之间收入差距较大的问题得到有效缓解，扶贫对象大幅减少，中等收入群体持续扩大，“橄榄型”分配结构逐步形成；收入

① 《十七大以来重要文献选编》(下)，中央文献出版社2013年版，第871页。

② 《十八大以来重要文献选编》(上)，中央文献出版社2014年版，第14、28页。

分配秩序明显改善，合法收入得到有力保护，过高收入得到合理调节，隐性收入得到有效规范，非法收入予以坚决取缔；收入分配格局趋于合理，居民收入在国民收入分配中的比重、劳动报酬在初次分配中的比重逐步提高，社会保障和就业等民生支出占财政支出比重明显提升。

《意见》还提出了继续完善初次分配机制、加快健全再分配调节机制、建立健全促进农民收入较快增长的长效机制、推动形成公开透明、公正合理的收入分配秩序、加强深化收入分配制度改革的组织领导等方面的具体改革措施。

2013 年 11 月，中共十八届三中全会通过的《关于全面深化改革若干重大问题的决定》将“形成合理有序的收入分配格局”列为全面深化改革的重要任务，将着重保护劳动所得，多渠道增加居民财产性收入，努力缩小城乡、区域、行业收入分配差距，逐步形成橄榄型分配格局作为改革要达到的主要目标。

收入分配制度是经济社会发展中一项带有根本性、基础性的制度安排，是社会主义市场经济体制的重要基石。新中国成立以来，特别是改革开放以来，经过几十年的探索和实践，我国确立了以按劳分配为主体、多种分配方式并存的分配制度。这一制度目前或许还不是尽善尽美的，但它是与我国基本国情、发展阶段相适应的，是以逐步实现全体人民共同富裕为目标，能够实现发展成果由人民共享的中国特色社会主义分配制度。

当前，我国已经进入全面建成小康社会的决定性阶段，按照党的十八大提出的千方百计增加居民收入的战略部署，要继续深化收入分配制度改革，优化结构，调动各方面积极性，促进经济发展方式转变，维护社会公平正义与和谐稳定，实现发展成果由人民共享，为全面建成小康社会奠定坚实基础。

（三）中国特色社会主义市场经济体制

市场经济体制是指以市场机制作为配置社会资源基本手段的一种经济体制。它是高度发达的、与社会化大生产相联系的大商品经济，其最基本的特征是经济资源商品化、经济关系货币化、市场价格自由化和经济系统开放化。社会主义市场经济体制是同社会主义基本制度结合在一起的，是在社会主义公有制基础上，在国家宏观调控下使市场在社会资源配置中发挥基础性作用的经济体制。

在我国建立社会主义市场经济体制，突破了社会主义和市场经济对立的传统观念，从根本上解除了把计划经济和市场经济看作属于社会基本制度范畴的传统思想束缚，不仅对社会主义的理论和现实产生了巨大冲击，而且也为人们深入认识市场经济和社会主义的关系提供了新的理论思考，是对科学社会主义理论的重大突破和创造性发展，也是中国特色社会主义经济理论创新的一个重大突破。同时，从实践上看，这也是社会主义经济体制的一次真正变革，是中国特色社会主义道路最鲜明的特色，是改革开放以来中国经济飞速发展的制度根源。

马克思主义经典作家根据人类社会发展的规律和趋势，揭示了社会主义代替资本主义的历史必然性，并对社会主义有过大致的设想，在对社会发展中资源配置、计划与市场的问题上，马克思与恩格斯认为，社会主义社会中，生产资料的资本主义私有制将被社会主义公有制代替，全社会有计划的生产将取代社会生产的无政府状态。马克思说："我们假定，每个生产者在生活资料中得到的份额是由他的劳动时间决定的。这样，劳动时间就会起双重作用。劳动时间的社会的有计划的分配，调节着各种劳动职能同各种需要的适当的比例。"①恩格斯也认为："一旦社会占有了生产资料，商品生产就将被消除，而产品对生产者的统治也将随之消除。社会生产内部的无政府状态将为有计划的自觉的组织所代替。"②在所有马克思主义经典作家中，列宁是使用"计划经济"和"市场经济"范畴的第一人，并且认为它们是同社会基本制度相联系的两个概念。列宁认为："只要还存在着市场经济，只要还保持着货币权力和资本力

① 《马克思恩格斯选集》第2卷，人民出版社2012年版，第126~127页。

② 《马克思恩格斯选集》第3卷，人民出版社1995年版，第757页。

量，世界上任何法律都无法消灭不平等和剥削。只有建立起大规模的社会化的计划经济，一切土地、工厂、工具都转归工人阶级所有，才可能消灭一切剥削。”①可见，在传统马克思主义经典作家看来，计划经济同公有制一样，是社会主义的基本特征，社会主义即是同计划经济相联系的。

在探索中国特色社会主义道路的过程中，建立社会主义市场经济体制，是中国共产党立足于社会主义初级阶段的基本国情，在传统社会主义反思的基础上，对“什么是社会主义，怎样建设社会主义”的创造性回答。计划经济与市场经济，不是用来区分社会主义与资本主义的本质特征，只是用来发展生产、调节经济的手段和方法，资本主义可以用，社会主义也可以用，这是中国特色社会主义经济理论创新的一个重大突破，也成为推动经济体制改革的重要认识根据。

社会主义市场经济体制的基本理论框架可以概括为“一个基础，五大支柱”，“一个基础”，即坚持以公有制为主体、多种经济成分共同发展的基本经济制度。“五大支柱”，一是建立适应市场经济要求的产权清晰、权责明确、政企分开、管理科学的现代企业制度。以公有制为主体的现代企业制度是社会主义市场经济体制的基础。建立现代企业制度，是发展社会化大生产和市场经济的必然要求，是我国国有企业改革的方向。二是建立统一开放、竞争有序的市场体系，保障现行经济体制下市场对资源配置起基础条件性作用，保证市场机制正常的运转。市场体系，是指各类市场在相互联系、相互作用过程中形成的市场有机整体。市场体系不是由单一的市场组成的，而是包括各类市场的统一整体，它不仅包括商品市场，还包括生产要素市场。② 生产要素市场提供生产要素的交易，不一定有固定和有形的场所，主要包括金融市场、劳动力市场、土

① 《列宁全集》第13卷，人民出版社1987年版，第124页。

② 李楠：《中国奇迹　中国道路　中国模式——中国特色社会主义经济建设》，武汉大学出版社2014年版，第158页。

地市场、技术市场等，这些市场构成了生产要素市场的统一体系。① 三是建立以间接手段为主的完善的宏观调控体系。转变政府职能，建立健全宏观调控体系，是建立与完善社会主义市场经济体制的迫切要求。社会主义市场经济条件下政府宏观调控的顺利展开，要依托于有效的宏观调控体系。宏观调控体系是指国家为保证国民经济运行协调发展的综合调控系统。它主要包括计划手段、经济杠杆、经济法规和经济组织等调节体系。社会主义市场经济条件下宏观调控的目标和任务，需要通过制定和贯彻各项宏观经济政策来加以实现。宏观经济政策主要包括财政政策、货币政策、产业政策、收入分配政策等。其中，财政政策和货币政策最为重要，其他各项宏观经济政策的实施，都要依托于财政政策和货币政策的运用。四是建立效率优先、兼顾公平，以按劳分配为主体、多种分配方式并存的收入分配制度，既要合理拉开收入差距，又要防止两极分化，逐步实现共同富裕。在社会主义市场经济体制下，合理分配具有两层含义：第一，收入分配有利于充分调动经济活动参与者的积极性，提高经济效率；第二，收入分配相对公平，保证每个社会成员最基本的生活需要，保护合法收入，调节过高收入，取缔非法收入，防止收入差距过大。在社会主义公有制条件下，正确贯彻按劳分配原则，既能实现分配的公平，又能调动劳动者的积极性，从根本上提高效率，从而达到公平和效率的统一。五是建立适应国情、服务于市场经济的多层次社会保障制度。建立多层次的社会保障体系，对于深化企业和事业单位改革，保持社会稳定，顺利建立社会主义市场经济体制具有重大意义。社会保障体系包括社会保险、社会救济、社会福利、优抚安置和社会互助、个人储蓄积累保障。社会保障政策要统一，管理要法制化。社会保障水平要与我国社会生产力发展水平以及各方面的承受能力相适应。

中国共产党对于社会主义制度下，特别是在社会主义初级阶段的基本国情下应当建立怎样的经济体制经历了一个认识发展的过程。建立社会主义市场经济体制的目标是中国共产党在经济体制改

---

① 王红驹：《加快完善现代市场体系》，载《时事报告》2014年第1期。

革的过程中逐步提出来的。

20 世纪 50 年代中期计划经济体制刚刚在中国全面建立，经过一个时期计划经济体制的运作，党和政府领导人也看到了其中的一些问题。当时主管经济工作的陈云提出，要对经济政策作出若干调整，形成“三个主体、三个补充”的社会主义经济运行布局：在工商经营方面，国家经营和集体经营是工商业经营的主体，但是附有一定数量的个体经营，是国家经营和集体经营的补充；在生产计划方面，计划生产是工农业生产的主体，按照市场变化而在计划许可范围内的自由生产是计划生产的补充；在社会主义统一市场里，国家市场是它的主体，但是附有一定范围内国家领导的自由市场，这种自由市场是在国家领导下，作为国家市场的补充。① 毛泽东也指出，权力过分集中于中央，管得过多，统得过死，从而损害了地方政府、生产单位和劳动者个人的积极性，是中国经济在实现社会主义改造后出现种种弊病的根源，必须加以改革。

基于这种认识，1958 年开始了进入社会主义阶段后的第一次经济改革。在这次改革中，重点放在各级行政机关之间的权力划分和利益调整上，形成了“行政性分权”的改革思路，但改革未能取得实质性的推进。随着社会主义经济建设全面展开，计划经济体制的弊端表现得越来越明显。中国经济体制的全面改革是从 1978 年党的十一届三中全会以后开始的，此后，我国经济体制改革经历了从社会主义计划经济到“计划经济为主、市场调节为辅”，到“有计划的商品经济”，再到“建立社会主义市场经济体制”的转变过程。

1979 年，陈云提出“以计划经济为主，市场调节为辅”的思想。他指出：“整个社会主义时期必须有两种经济：(1)计划经济部分(有计划按比例的部分)；(2)市场调节部分(即不作计划，只根据市场供求的变化进行生产，即带有盲目性调节的部分)。第一部分是基本的主要的；第二部分是从属的次要的，但又是必需的。”② 1981 年，中共十一届六中全会通过的《关于建国以来党的若干历史

---

① 《陈云文选》第 3 卷，人民出版社 1995 年版，第 13 页。

② 《陈云文选》第 3 卷，人民出版社 1995 年版，第 245 页。

问题的决议》提出“必须在公有制基础上实行计划经济，同时发挥市场调节的辅助作用”。1982 年 9 月，党的十二大正式确立了“计划经济为主，市场调节为辅”的改革原则。①

1984 年 10 月，中共十二届三中全会通过《关于经济体制改革的决定》，首次阐述了社会主义有计划商品经济的理论，这是对社会主义经济体制问题认识的重大突破。有计划商品经济理论的提出，确立了一个以公有制为基础的、国家所有权和企业经营权适当分离的，在总体上实行指导性计划的有计划商品经济的体制模式。反映了中国共产党在计划和市场这个体制改革的根本问题上的认识达到了一个新的阶段，对我国的市场化改革起到了重大的推动作用。

1987 年 10 月，中共中央十三大报告指出：社会主义有计划商品经济体制，应该是计划与市场内在统一的体制。应明确几个基本概念：第一，社会主义商品经济和资本主义商品经济的本质区别在于所有制不同；第二，必须把计划工作建立在商品交换和价值规律的基础上，国家对企业的管理应逐步转向以间接管理为主；第三，计划和市场的作用范围都是覆盖全社会的。新的经济运行机制，总体上来说应当是“国家调节市场，市场引导企业”。报告还指出：“社会主义市场体系，既包括消费品和生产资料等商品市场，又包括资金、劳务、技术、信息和房地产等生产要素市场；如果仅仅靠单一的商品市场，就不能很好地使市场机制发挥作用，要逐步形成少数重要商品和劳务价格归国家管理，其他大量商品和劳务价格依据市场调节的制度。”②

1992 年春，邓小平在南方谈话中阐述了社会主义市场经济的思想。他指出：“计划多一点还是市场多一点，不是社会主义与资本主义的本质区别。计划经济不等于社会主义，资本主义也有计划；市场经济不等于资本主义，社会主义也有市场。计划与市场都

---

① 《十四大以来重要文献选编》(上)，人民出版社 1996 年版，第 18 页。

② 《改革开放三十年重要文献选编》(上)，中央文献出版社 2008 年版，第 484 页。

是经济手段。”①从根本上突破了将计划经济和市场经济当做属于社会基本制度范畴的传统思想束缚。

1992 年 10 月，中共十四大报告正式提出经济体制的改革目标是建立社会主义市场经济体制，提出“要使市场在社会主义宏观调控下对资源配置起基础性作用”②。1993 年 11 月，中共十四届三中全会通过《关于建立社会主义市场经济体制若干问题的决定》，系统阐明了社会主义市场经济体制“一个基础，五大支柱”的基本框架。1997 年党的十五大报告提出社会主义初级阶段基本经济制度是以公有制为主体、多种所有制经济共同发展，实现了所有制理论的重大创新，为发展社会主义市场经济奠定了制度基础。2002 年，中共十六大报告提出，21 世纪头 20 年改革的主要任务是完善社会主义市场经济体制，要在 2020 年建成较为完善的社会主义市场经济体制和更具活力、更加开放的经济体系。2003 年，中共十六届三中全会通过的《关于完善社会主义市场经济体制若干问题的决定》，对形成完善的社会主义市场经济体制提出了全面的要求。并进一步指出要“更大程度地发挥市场在资源配置中的基础性作用”③。2012 年，中共十八大报告进一步提出：“经济体制改革的核心问题是处理好政府和市场的关系”④，并提出要“更大程度更广范围发挥市场在资源配置中的基础性作用”⑤。

2013 年 11 月，中共十八届三中全会通过《中共中央关于全面深化改革若干重大问题的决定》，强调“经济体制改革是全面深化改革的重点”，提出在全面深化改革中，要坚持以经济体制改革为主轴，努力在重要领域和关键环节改革上取得新突破，以此牵引和

---

① 《邓小平文选》第 3 卷，人民出版社 1993 年版，第 373 页。

② 《十四大以来重要文献选编》(上)，人民出版社 1996 年版，第 19 页。

③ 《十六大以来重要文献选编》(中)，中央文献出版社 2006 年版，第 1065 页。

④ 《十八大以来重要文献选编》(上)，中央文献出版社 2014 年版，第 16 页。

⑤ 《十八大以来重要文献选编》(上)，中央文献出版社 2014 年版，第 18 页。

带动其他领域改革，使各方面改革协同推进、形成合力。该决定指出，经济体制改革的“核心问题是处理好政府和市场的关系，使市场在资源配置中起决定性作用和更好发挥政府作用”。这一重要论断是对中国特色社会主义经济理论的重大突破和创新，也为深化经济体制改革指明了方向：首先要尊重市场规律，充分发挥市场在资源配置中的决定性作用；其次要全面实行科学管理，切实转变政府职能，解决政府职能越位、缺位、错位的问题，坚持宏观政策要稳、微观政策要活、社会政策要托底，切实加强和改善宏观调控，更好地发挥政府作用，给市场机制创造正常发挥作用的条件和环境；再次是要加强协调配合，发挥好政府和市场“两只手”的作用，“看不见的手”和“看得见的手”都要用好，努力形成市场作用和政府作用有机统一、相互补充、相互协调、相互促进的格局，推动经济社会持续健康发展。要找准市场功能和政府行为的最佳结合点，切实把市场和政府的优势都充分发挥出来，更好地体现社会主义市场经济体制的特殊和优势。

按照中共十八届三中全会关于全面深化改革的部署，要“紧紧围绕使市场在资源配置中起决定性作用深化经济体制改革，坚持和完善基本经济制度，加快完善现代市场体系、宏观调控体系、开放型经济体系，加快转变经济发展方式，加快建设创新型国家，推动经济更有效率、更加公平、更可持续发展。”①

新形势下深化经济体制改革的重点，一是坚持和完善基本经济制度，夯实我国经济社会发展的重要基础；二是加快完善现代市场体系，形成公平竞争的发展环境；三是加快转变政府职能，提高政府管理效率和水平；四是深化财税体制改革，建立现代财政制度；五是健全城乡发展一体化体制机制，逐步缩小城乡差距；六是构建开放型经济新体制，加快培育参与和引领国际合作竞争新优势；七是推进社会事业改革创新，健全就业创业体制机制，形成合理的收入分配格局，建立更加公平可持续的社会保障制度，解决好人民最

---

① 《中共中央关于全面深化改革若干重大问题的决定》，人民出版社2013年版，第6页。

关心最直接最现实的利益问题；八是加快生态文明建设，加快转变经济发展方式，形成人与自然和谐发展的现代化建设新格局。

在中国这样一个由过去高度集中的计划经济转型为社会主义市场经济体制的发展中大国，建立和完善社会主义市场经济体制，是不可能一蹴而就的，我们必须立足于当前的基本国情，结合经济社会发展的具体阶段，不断探索与实践，锐意进取，攻坚克难，推动社会主义市场经济体制不断完善，谱写改革开放伟大事业的历史新篇章。

二、中国特色社会主义经济发展战略

经济发展战略是指关于经济发展中带有全局性、长远性、根本性的总的构想，即在一定时期内一个国家或地区关于经济发展的基本思路、基本任务、基本目标和基本政策。经济发展战略的制定要考虑一个国家或地区的经济、社会、科学技术、教育、文化等历史和发展现状，并明确应遵循的基本指导思想和重要指导原则，提出在一定时期内拟实现的、综合的、概括的总体目标和在某些方面比较具体的目标，提出实现战略目标的途径和手段，包括战略重点、实施步骤、力量部署、重大政策措施等。

(一)小康社会目标与“三步走”经济发展战略的提出

“小康”一词最早出现在《诗经》中，《诗经·大雅·民劳》篇中有言：“民亦劳止，汔可小康”，意思是老百姓已经很劳苦了，也该让他们稍稍得到安乐了。而“小康”作为一种社会模式，最早在西汉《礼记·礼运》中得到系统阐述，成为仅次于“大同”的理想社会模式。它相对于“大道之行，天下为公”的大同社会，是“大道既隐，天下为家”的理想社会的初级阶段。由于封建社会的历史局限，这种社会理想从未得到过实现，但小康思想在中国民间却影响深远，盛行千年而不衰，成为普通百姓对富裕生活追求的目标。

1979 年 12 月 6 日，邓小平在会见时任日本首相的大平正芳时首次使用“小康”一词来描述中国式的四个现代化。他说：“我们要实现四个现代化，是中国式的四个现代化。我们的四个现代化的概念，不是像你们那样的现代化的概念，而是‘小康之家’。到本世纪末，中国的四个现代化即使达到了某种目标，我们的国民生产总值人均水平也还是很低的。要达到第三世界中比较富裕一点的国家的水平，比如国民生产总值人均一千美元，也还得付出很大的努力。……中国到那时也还是一个小康的状态。”①

1982年9月，中共十二大报告将“小康”作为国民经济和社会发展的阶段性目标，提出：“从一九八一年到本世纪末的二十年，我国经济建设总的奋斗目标是，在不断提高经济效益的前提下，力争使全国工农业总产值翻两番……实现了这个目标，……城乡人民的收入将成倍增长，人民的物质文化生活可以达到小康水平。”②为达到这一目标，十二大报告作出了“分两步走”的战略部署：到1990年为第一步，实现工农业年总产值翻一番，解决人民的温饱问题；后10年在新的基础上使工农业年总产值再翻一番，人民生活达到小康水平。中共十二大作出的这一部署，体现了根据当时社会发展状况和经济发展的规律去实现小康目标的要求。

1984年4月18日，邓小平在会见英国外交大臣时说：“中国这几年发生了很大的变化。但同我们的大目标相比，这仅仅是开始，达到小康水平以后，我们还要在下世纪30年到50年内，接近发达国家水平。”③表明中国共产党已经开始思考达到小康水平以后的新的战略发展目标。

1987年4月30日，邓小平在会见西班牙副首相格拉时，第一次阐述了“三步走”的经济发展战略。他说：“我们原定的目标是，第一步在80年代翻一番，以1980年为基数，当时国民生产总值人均只有250美元，翻一番，达到500美元。第二步是到本世纪末，

---

① 《邓小平文选》第2卷，人民出版社1994年版，第237页。

② 《十二大以来重要文献选编》(上)，人民出版社1986年版，第14页。

③ 《邓小平年谱(1975—1997)》(上)，中央文献出版社2004年版，第970页。

再翻一番，人均达到1000美元。实现这个目标意味着我们进入小康社会，把贫困的中国变成小康的中国。……我们制定的目标更重要的还是第三步，在下世纪用30年到50年再翻两番，大体上达到人均4000美元。做到这一步，中国就达到中等发达国家的水平。这是我们的雄心壮志。”①

1987年10月，中共十三大报告正式提出了“三步走”的总体战略构想：“第一步，实现国民生产总值比一九八〇年翻一番，解决人民的温饱问题。这个任务已经基本实现。第二步，到本世纪末，使国民生产总值再增长一倍，人民生活达到小康水平。第三步，到下个世纪中叶，人均国民生产总值达到中等发达国家水平，人民生活比较富裕，基本实现现代化。”②

(二)全面建设小康社会奋斗目标的提出

1990年12月，中共十三届七中全会指出，随着国家经济实力显著增强，城乡人民生活明显改善，我国现代化建设的第一步战略目标已经实现。并提出了实现第二步战略目标的新要求：“从1991年到2000年，在我国社会主义现代化建设的历史进程中是非常关键的时期。要抓住历史机遇，迎接挑战，努力实现现代化建设的第二步战略目标，把国民经济的整体素质提高到一个新水平。”要实现第二步战略目标，一是在大力提高经济效益和优化经济结构的基础上，使国民生产总值按不变价格计算，到20世纪末比1980年翻两番；二是使人民生活水平从温饱达到小康，生活资料更加丰裕，居住条件明显改善，文化生活进一步丰富，健康水平继续提高，社会服务设施不断完善；三是发展教育事业，推动科技进步，改善经济管理，调整经济结构，加强重点建设，为21世纪初叶我国经济和社会的持续发展奠定物质技术基础；四是初步建立适应以公有制

---

① 《邓小平年谱(1975—1997)》(下)，中央文献出版社2004年版，第1183页。

② 《十三大以来重要文献选编》(上)，人民出版社1991年版，第16页。

为基础的社会主义有计划商品经济发展的、计划经济与市场调节相结合的经济体制和运行机制；五是社会主义精神文明建设达到新的水平，社会主义民主和法制建设进一步健全。①

1992 年，中共十四大报告部署完成第二步战略目标的同时，对第三步战略目标作出了具体部署，提出了两个一百年的奋斗目标。报告指出：“在九十年代，我们要初步建立起新的经济体制，实现达到小康水平的第二步发展目标。再经过二十年的努力，到建党一百周年的时候，我们将在各方面形成一整套更加成熟更加定型的制度。在这样的基础上，到下世纪中叶建国一百周年的时候，就能够达到第三步发展目标，基本实现社会主义现代化。”②

随着社会主义市场经济体制的建立，我国经济快速发展，原定 2000 年国民生产总值比 1980 年翻两番的目标到 1995 年就已达到。在此背景下，1995 年 9 月召开的中共十四届五中全会审议通过《中共中央关于制定国民经济和社会发展“九五”计划和 2010 年远景目标的建议》，对 20 世纪末实现小康社会的战略目标作出调整，提出了“两个翻番”的设想：“2000 年，在我国人口将比 1980 年增长 3 亿左右的情况下，实现人均国民生产总值比 1980 年翻两番；基本消除贫困现象，人民生活达到小康水平；加快现代企业制度建设，初步建立社会主义市场经济体制。2010 年的主要奋斗目标是：实现国民生产总值比 2000 年翻一番，使人民的小康生活更加宽裕，形成比较完善的社会主义市场经济体制。”③

1997 年 9 月，中共十五大报告指出：“现在完全可以有把握地说，我们党在改革开放初期提出的本世纪末达到小康的目标，能够如期实现。”④并对进入 21 世纪以后的第三步发展战略作出了具体部署：“展望下世纪，我们的目标是，第一个十年实现国民生产总

---

① 《第十三届中央委员会第七次全体会议公报》，载《党建》1991 年第 2 期。

② 《江泽民文选》第 1 卷，人民出版社 2006 年版，第 253 页。

③ 《关于国民经济和社会发展“九五”计划和 2010 年远景目标纲要的报告》，载《人民日报》1996 年 3 月 19 日。

④ 《江泽民文选》第 2 卷，人民出版社 2006 年版，第 47 页。

值比二〇〇〇年翻一番，使人民的小康生活更加宽裕，形成比较完善的社会主义市场经济体制；再经过十年的努力，到建党一百年时，使国民经济更加发展，各项制度更加完善；到世纪中叶建国一百年时，基本实现现代化，建成富强民主文明的社会主义国家。”①

中共十五大报告实际上将第三步战略目标又具体划分为三个阶段。后来被称为“小三步走”和“新三步走”。进入新世纪新阶段后，中国共产党对于实现第三步战略目标进行了进一步的部署。时任中共中央总书记江泽民在中国共产党第十六次全国代表大会文件起草组会上指出：“党的十五大对我国到二〇一〇年、建党一百年和建国一百年这三段时期改革和发展的任务作出了大体部署，这也可以叫做实现第三步战略目标的‘小三步走’。”“(一)到二〇一〇年，实现国内生产总值比二〇〇〇年翻一番，经济结构战略性调整取得明显进展，社会主义市场经济体制进一步完善，人民的小康生活更加宽裕。(二)到建党一百年时，国内生产总值比二〇一〇年再翻一番，基本完成工业化，建成经济更加发展、民主更加健全、科教更加进步、文化更加繁荣、社会更加和谐、人民生活更加殷实的小康社会。(三)在此基础上再奋斗三十年，到建国一百年时，基本实现现代化，进入中等发达国家行列，把我国建成富强民主文明的社会主义现代化国家。”②2000 年 6 月 9 日，江泽民在全国党校工作会议上的讲话中第一次提出了全面建设小康社会的概念。他说：“我们要在胜利完成第二步战略目标的基础上，开始实施第三步战略目标，全面建设小康社会并继续向现代化目标迈进。”③2000 年 10 月，中共十五届五中全会明确提出：“从新世纪开始，我国将进入全面建设小康社会，加快推进社会主义现代化的新的发展阶段。”④

---

① 《十五大以来重要文献选编》(上)，人民出版社 2000 年版，第 4 页。

② 《江泽民文选》第 3 卷，人民出版社 2006 年版，第 413~414 页。

③ 江泽民：《论党的建设》，中央文献出版社 2001 年版，第 419 页。

④ 《十五大以来重要文献选编》(中)，人民出版社 2001 年版，第 1369 页。

2002年11月，中共十六大正式确立了全面建设小康社会的奋斗目标。十六大报告宣布："经过全党和全国各族人民的共同努力，我们胜利实现了现代化建设'三步走'战略的第一步、第二步目标，人民生活总体上达到小康水平。这是社会主义制度的伟大胜利，是中华民族发展史上一个新的里程碑。"①同时，十六大报告也指出：必须看到，我国正处于并将长期处于社会主义初级阶段，现在达到的小康还是低水平的、不全面的、发展很不平衡的小康，人民日益增长的物质文化需要同落后的社会生产之间的矛盾仍然是我国社会的主要矛盾。巩固和提高目前达到的小康水平，还需要进行长时期的艰苦奋斗。十六大报告深刻指出："综观全局，二十一世纪头二十年，对我国来说，是一个必须紧紧抓住并且可以大有作为的重要战略机遇期。根据十五大提出的到二〇一〇年、建党一百年和新中国成立一百年的发展目标，我们要在本世纪头二十年，集中力量，全面建设惠及十几亿人口的更高水平的小康社会，使经济更加发展、民主更加健全、科教更加进步、文化更加繁荣、社会更加和谐、人民生活更加殷实。这是实现现代化建设第三步战略目标必经的承上启下的发展阶段，也是完善社会主义市场经济体制和扩大对外开放的关键阶段。经过这个阶段的建设，再继续奋斗几十年，到本世纪中叶基本实现现代化，把我国建成富强民主文明的社会主义国家。"②报告还提出了全面建设小康社会的具体奋斗目标。

(三)全面建成小康社会战略目标的新要求

中共十六大以后，中国经济保持平稳快速发展，经济实力大幅提升，国内生产总值年均增长10%以上。人民生活显著改善。城乡居民收入较大增加，家庭财产普遍增多。2002—2007年"是改革

---

① 《十六大以来重要文献选编》(上)，中央文献出版社2005年版，第14页。

② 《十六大以来重要文献选编》(上)，中央文献出版社2005年版，第14~15页。

开放和全面建设小康社会取得重大进展的五年，是我国综合国力大幅提升和人民得到更多实惠的五年，是我国国际地位和影响显著提高的五年”①。在此期间，我国经济总量上升到世界第四位，人均国民收入达到2360美元，由低收入国家进入到世界中等偏下收入国家行列。②

为了适应国内外形势的新变化，顺应各族人民过上更好生活的期待，把握经济社会发展趋势和规律，2007年10月召开的中共十七大提出了全面建设小康社会奋斗目标的新要求。大会报告指出："我们已经朝着十六大确立的全面建设小康社会的目标迈出了坚实步伐，今后要继续努力奋斗，确保到二〇二〇年实现全面建成小康社会的奋斗目标。"③大会报告在十六大确立的全面建设小康社会目标的基础上提出了新的更高的要求：一是增强发展协调性，努力实现经济又好又快发展；二是扩大社会主义民主，更好地保障人民权益和社会公平正义；三是加强文化建设，明显提高全民族文明素质；四是加快发展社会事业，全面改善人民生活；五是建设生态文明，基本形成节约能源资源和保护生态环境的产业结构、增长方式、消费模式。十六大报告指出："到二〇二〇年全面建设小康社会目标实现之时，我们这个历史悠久的文明古国和发展中社会主义大国，将成为工业化基本实现、综合国力显著增强、国内市场总体规模位居世界前列的国家，成为人民富裕程度普遍提高、生活质量明显改善、生态环境良好的国家，成为人民享有更加充分民主权利、具有更高文明素质和精神追求的国家，成为各方面制度更加完善、社会更加充满活力而又安定团结的国家，成为对外更加开放、

① 《十七大以来重要文献选编》(上)，中央文献出版社2009年版，第5页。

② 《中国跃升至世界中等偏下收入国家行列》，载《人民日报》2008年10月27日。

③ 《十七大以来重要文献选编》(上)，中央文献出版社2009年版，第15页。

更加具有亲和力、为人类文明作出更大贡献的国家。”①

十七大报告指出，要实现未来经济发展目标，关键要在加快转变经济发展方式，完善社会主义市场经济体制方面取得重大进展，要求大力推进经济结构战略性调整，更加注重提高自主创新能力、提高节能环保水平、提高经济整体素质和国际竞争力。十七大报告全面阐述了促进国民经济又好又快发展的基本思路，一是提高自主创新能力，建设创新型国家。并强调这是国家发展战略的核心，是提高综合国力的关键。提出要坚持走中国特色自主创新道路。二是加快转变经济发展方式，推动产业结构优化升级。并强调这是关系国民经济全局紧迫而重大的战略任务。提出要坚持走中国特色新型工业化道路。三是统筹城乡发展，推进社会主义新农村建设。并强调解决好农业、农村、农民问题，事关全面建设小康社会大局，必须始终作为全党工作的重中之重。提出要加强农业基础地位，走中国特色农业现代化道路。四是加强能源资源节约和生态环境保护，增强可持续发展能力。并强调坚持节约资源和保护环境的基本国策，关系人民群众切身利益和中华民族生存发展。必须把建设资源节约型、环境友好型社会放在工业化、现代化发展战略的突出位置。五是推动区域协调发展，优化国土开发格局。并强调缩小区域发展差距，必须注重实现基本公共服务均等化，引导生产要素跨区域合理流动。提出要继续实施区域发展总体战略，深入推进西部大开发，全面振兴东北地区等老工业基地，大力促进中部地区崛起，积极支持东部地区率先发展。六是完善基本经济制度，健全现代市场体系。坚持和完善公有制为主体、多种所有制经济共同发展的基本经济制度，毫不动摇地巩固和发展公有制经济，毫不动摇地鼓励、支持、引导非公有制经济发展，坚持平等保护物权，形成各种所有制经济平等竞争、相互促进新格局。七是深化财税、金融等体制改革，完善宏观调控体系。围绕推进基本公共服务均等化和主体功能区建设，完善公共财政体系。八是拓展对外开放广度和深度，

① 《十七大以来重要文献选编》(上)，中央文献出版社2009年版，第16页。

提高开放型经济水平。

中共十七大以后，按照预定的战略部署，胜利完成了“十一五”规划，顺利实施了“十二五”规划，各方面工作都取得了新的重大成就。2010年，中国经济总量上升到世界第二位。社会生产力、经济实力、科技实力迈上一个大台阶，人民生活水平、居民收入水平、社会保障水平迈上一个大台阶，综合国力、国际竞争力、国际影响力迈上一个大台阶，国家面貌发生新的历史性变化，为全面建成小康社会打下了坚实的基础。

在新的历史条件下，2012年11月召开的中共十八大提出了全面建成小康社会和全面深化改革开放的目标。中共十八大报告再次重申了“两个一百年”的奋斗目标，指出：“只要我们胸怀理想、坚定信念，不动摇、不懈怠、不折腾，顽强奋斗、艰苦奋斗、不懈奋斗，就一定能在中国共产党成立一百年时全面建成小康社会，就一定能在新中国成立一百年时建成富强民主文明和谐的社会主义现代化国家。全党要坚定这样的道路自信、理论自信、制度自信！”①十八大报告作出了我国发展仍处于可以大有作为的重要战略机遇期的判断，提出：“我们要准确判断重要战略机遇期内涵和条件的变化，全面把握机遇，沉着应对挑战，赢得主动，赢得优势，赢得未来，确保到二〇二〇年实现全面建成小康社会宏伟目标。”②十八大根据我国经济社会发展的实际，提出要在十六大、十七大确立的全面建设小社会目标的基础上努力实现新的要求，主要包括：经济持续健康发展；人民民主不断扩大；文化软实力显著增加；人民生活水平全面提高；资源节约型、环境友好型社会建设取得重大进展。十八大报告强调，全面建成小康社会，必须以更大的政治勇气和智慧，不失时机深化重要领域改革。

为贯彻落实党的十八大关于全面深化改革的战略部署，实现全

① 《十八大以来重要文献选编》（上），中央文献出版社2014年版，第13页。

② 《十八大以来重要文献选编》（上），中央文献出版社2014年版，第13页。

面建设小康社会的目标，2013 年 11 月，中共十八届三中全会通过了《全面深化改革若干重大问题的决定》，提出：面对新形势新任务，全面建成小康社会，进而建成富强民主文明和谐的社会主义现代化国家、实现中华民族伟大复兴的中国梦，必须在新的历史起点上全面深化改革。要求在改革中坚持社会主义市场经济改革方向，以促进社会公平正义、增进人民福祉为出发点和落脚点，进一步解放思想、解放和发展社会生产力、解放和增强社会活力，坚决破除各方面体制机制弊端，努力开拓中国特色社会主义事业更加广阔的前景。

（四）经济发展新常态与经济发展战略的阶段性调整

2014 年 5 月，中共中央总书记习近平在河南考察时第一次提出“新常态”概念，同年 11 月，习近平在 APEC 工商领导人峰会的演讲中首次全面阐释经济新常态，指出中国经济新常态有三个特征：一是中国经济从高速增长转为中高速增长；二是中国经济结构不断优化升级；三是中国经济从要素驱动、投资驱动转向创新驱动。2014 年 12 月的中央经济工作会议对中国经济发展新常态作出系统阐述，提出要认识新常态，适应新常态，引领新常态。

所谓经济新常态，是指当前我国经济已进入“三期叠加”时期，一是增长速度换挡期，即我国经济已处于从高速换挡到中高速的发展时期，这是由经济发展的客观规律所决定的；二是结构调整阵痛期，即经济结构调整刻不容缓，不调就不能实现进一步的发展，这是加快经济发展方式转变的主动选择；三是前期刺激政策消化期，即在国际金融危机爆发初期，我们实施了一系列经济刺激计划，现在这些政策还处于消化期，这是化解多年来积累的深层次矛盾的必经阶段。也就是说，中国经济发展进入“中高速、优结构、新动力、多挑战”的新阶段，中国经济呈现出从高速增长转为中高速增长的新常态。中国经济发展新常态主要表现出以下特征和趋势：

第一，新常态下经济增长速度由过去 10%左右的高速增长向 7%~8%的中高速增长转换，这是经济新常态的基本特征。中国经济在经历30多年的快速增长之后，已经正式告别高速增长，进入到“常态增长”阶段，经济增速将在8%以下、7%以上运行。

第二，新常态下经济发展方式从规模速度型粗放增长向质量效率型集约增长转换，这是经济新常态的基本要求。长期以来我国经济发展方式是依靠要素驱动和投资驱动的规模速度型粗放增长，而新常态是质量效率型集约增长。经历了30多年高强度大规模开发建设后，高投入、高消耗、偏重数量扩张的经济高速增长模式已难以为继，我们必须转变经济发展方式，打造中国经济升级版。加快转变经济发展方式也是适应全球需求结构重大变化，增强我国经济抵御国际市场风险能力，提高可持续发展能力，在国际竞争中抢占制高点、争创新优势，实现国民收入分配合理化、促进社会和谐稳定等的必然要求。

第三，新常态下增长动力由要素驱动投资驱动向创新驱动转换，这是经济新常态的核心内涵。以往我国旧的经济增长动力的主要特征是，经济增长主要依靠资本、资源、劳动力大规模、粗放式投入，技术进步在其中的作用不够突出；新常态下，新的增长动力应是经济增长要靠资本、资源、劳动力的高效集约使用，技术进步在其中将发挥越来越重要的作用。过去30多年我国走的是高投入、高消耗、高污染、低产出的经济发展路子，目前依靠要素驱动和投资驱动的经济高速增长模式已难以为继。面对世界科技创新和产业革命的新一轮浪潮，面对企业的主动转型、创新意愿的明显加强，我国经济增长的动力正逐步发生转换。适应新常态，引领新常态，必须把创新作为形成新增长动力的根本途径。

第四，新常态下资源配置由市场起基础性作用向起决定性作用转换，这是经济新常态的机制保障。以往经济发展的旧状态基本上是以政府主导的不完善的市场经济，市场起基础性作用，而新常态是市场在资源配置中起决定性作用和更好地发挥政府作用。新常态下，我们应该更加尊重市场、理解市场，将资源配置的决定权限交给市场，并通过合理运用区间调控、定向调控和结构性改革等方式来完善市场机制，弥补“市场失灵”，更好地发挥政府作用。

第五，新常态下产业结构由中低端水平向中高端水平转换，这是经济新常态下经济结构优化升级的主攻方向。长期以来，我国经济发展方式较为粗放，高投入、高消耗、低产出的产业占据很大比重，产业结构主要位于全球价值链的中低端。当下我国传统产业供给能力大幅超出需求，传统人口红利在逐步减少。当下，经济产业结构必须从增量扩张为主转向调整存量、做优增量优化升级，经济发展方式必须以提高经济发展质量效益为中心。

第六，新常态下经济福祉由非均衡型向包容共享型转换，这是经济新常态的发展结果。中国最大的差距是城乡差距和区域差距，从城乡差距来看，近年来我国农村居民收入增速快于城镇居民，城乡收入差距缩小态势开始显现，居民收入占国民收入比重有所提高，收入分配制度改革取得新的进展。

在中国经济发展呈现新常态的同时，世界经济形势也在发生深刻的变化。国际金融危机后，不少发达国家深陷债务危机的沼泽，经济复苏艰难曲折，发展中国家成为拉动世界经济增长的重要力量，一批新兴经济体快速崛起，金砖国家占全球经济总量的比重超过20%，全球经济格局“东升西降”更加明显。据联合国贸发会议统计，2008—2012年，发展中国家进口总额年均增长10.9%，明显高于发达国家3.3%的增速，占全球进口的比重由39%升至45%。① 适应经济全球化新形势和中国经济发展的新常态，中国应当实行更加积极主动的开放战略，完善互利共赢、多元平衡、安全高效的开放型经济体系，全面提高开放型经济水平。中共十八届三中全会提出了努力构建开放型经济新体制的任务，要求“推动对内对外开放相互促进、引进来和走出去更好结合，促进国际国内要素有序自由流动、资源高效配置、市场深度融合，加快培育参与和引领国际经济合作竞争新优势，以开放促改革”②。2014年12月，习近平在主持中央政治局集体学习时强调，必须适应经济全球化新

① 汪洋：《构建开放型经济新体制》，载《人民日报》2013年11月22日。

② 《中共中央关于全面深化改革若干重大问题的决定》，人民出版社2013年版，第15页。

趋势、准确判断国际形势新变化、深刻把握国内改革发展新要求，以更加积极有为的行动，推进更高水平的对外开放，加快实施自由贸易区战略，加快构建开放型经济新体制，以对外开放的主动赢得经济发展的主动、赢得国际竞争的主动。①

适应经济发展新常态和世界经济新形势，中央政府出台了“一带一路”的国际经济发展战略构想和京津冀协同发展、长江经济带等区域经济发展战略。

所谓“一带一路”是指“丝绸之路经济带”和“21 世纪海上丝绸之路”。这是中国国家主席习近平在出访中亚四国和印度尼西亚时提出的中国和相关国家合作发展的重大战略构想。

2013 年 9 月 7 日，习近平在哈萨克斯坦纳扎尔巴耶夫大学发表演讲时指出，为了使欧亚各国经济联系更加紧密、相互合作更加深入、发展空间更加广阔，我们可以用创新的合作模式，共同建设“丝绸之路经济带”，以点带面，从线到片，逐步形成区域大合作。②

2013 年 10 月 3 日，习近平在印度尼西亚国会发表演讲时表示：“中国愿同东盟国家加强海上合作，使用好中国政府设立的中国—东盟海上合作基金，发展好海洋合作伙伴关系，共同建设 21 世纪‘海上丝绸之路’。”③

2014 年 11 月 8 日，在加强互联互通伙伴关系对话会上，习近平指出共同建设丝绸之路经济带和 21 世纪海上丝绸之路与互联互通相融相近、相辅相成。如果将“一带一路”比喻为亚洲腾飞的两只翅膀，那么互联互通就是两只翅膀的血脉经络。他在题为《联通引领发展 伙伴聚焦合作——在“加强互联互通伙伴关系”东道主伙伴对话会上的讲话》中指出，第一，以亚洲国家为重点方向，率

① 习近平：《加快实施自由贸易区战略 加快构建开放型经济新体制》，载《人民日报》2014 年 12 月 6 日。

② 《习近平在哈萨克斯坦纳扎尔巴耶夫大学发表演讲》，载《人民日报》2013 年 9 月 7 日。

③ 习近平：《习近平谈治国理政》，外文出版社 2014 年版，第 293 页。

先实现亚洲互联互通。“一带一路”源于亚洲、依托亚洲、造福亚洲。愿意通过互联互通为亚洲邻国提供更多公共产品，欢迎大家搭乘中国发展的列车。第二，以经济走廊为依托，建立亚洲互联互通的基本框架。这一框架兼顾各国需求，统筹陆海两大方向，涵盖面宽，包容性强，辐射作用大。第三，以交通基础设施为突破，实现亚洲互联互通的早期收获，优先部署中国同邻国的铁路、公路项目。第四，以建设融资平台为抓手，打破亚洲互联互通的瓶颈。中国将出资400亿美元成立丝路基金，欢迎亚洲域内外的投资者积极参与。第五，以人文交流为纽带，夯实亚洲互联互通的社会根基。发展丝绸之路特色旅游，让旅游合作和互联互通建设相互促进。①

“一带一路”不是一个实体和机制，而是合作发展的理念和倡议，是依靠中国与有关国家既有的双多边机制，借助既有的、行之有效的区域合作平台，旨在借用古代“丝绸之路”的历史符号，高举和平发展的旗帜，主动发展与沿线国家的经济合作伙伴关系，共同打造政治互信、经济融合、文化包容的利益共同体、命运共同体和责任共同体。② “一带一路”战略具体包括以下几条线路：

一是中蒙俄经济带：主要通过环渤海、东北地区与俄罗斯、蒙古等国家的交通与能源通道，并向东连接日本和韩国，向西通过俄罗斯连接欧洲。

二是新亚欧陆桥经济带：通过原来的亚欧大陆桥向西通过新疆连接哈萨克及中亚、西亚、中东欧等国家。

三是中国—南亚—西亚经济带：通过云南、广西连接巴基斯坦、印度、缅甸、泰国、老挝、柬埔寨、马来西亚、越南、新加坡等国家；通过亚欧陆桥的南线分支连接巴基斯坦、阿富汗、伊朗、土耳其等国家。

四是海上战略堡垒：分别由环渤海、长三角、海峡西岸、珠三

---

① 习近平：《联通引领发展　伙伴聚焦合作——在“加强互联互通伙伴关系”东道主伙伴对话会上的讲话》，载《人民日报》2014年11月9日。

② 张高丽：《努力实现“一带一路”建设良好开局》，载《人民日报》2015年2月1日。

角、北部湾等地区的港口、滨海地带和岛屿共同连接太平洋、印度洋等沿岸国家或地区。

“一带一路”沿线包括中亚、东盟、南亚、中东欧、西亚、北非等65个国家(当然，“一带一路”是开放的，不限于65个国家)，44亿人口，经济容量约为21万亿美元，分别占全球的63%和29%。2013年中国与“一带一路”沿线国家的贸易额超过1万亿美元，占中国外贸总额的四分之一，过去10年中国与沿线国家的贸易额年均增长为19%，较同期中国外贸额的年均增速高出4个百分点。未来5年，中国需要进口10万亿美元左右的商品，对外投资也将持续较快增长。①

“一带一路”将中国十几个省份与亚非拉广大地区对接，并延伸到南太平洋地区，将世界与中国互联互通起来，中国同时从陆上和海上走出去，既发挥传统陆上文明优势，又推动海洋文明发展，使中国陆海文明协调发展，真正成为陆海兼备的文明型国家。“一带一路”大战略不是孤立的，也不是中国大战略的全部，它立足于中国国内的全面深化改革和全方位开放(四个自贸区、长江经济带、京津冀一体化)，与亚太自贸区(FTAAP)构成中国的“一体两翼”大战略。②

京津冀协同发展，是指将京津冀三地作为一个整体协同发展，核心是有序疏解北京非首都功能，调整经济结构和空间结构，在京津冀交通一体化、生态环境保护、产业升级转移等重点领域率先取得突破，走出一条内涵集约发展的新路子，探索出一种人口经济密集地区优化开发的模式，促进区域协调发展，形成新增长极。

推动京津冀协同发展由来已久，早在20世纪80年代中期，国家实施国土整治战略，就将京津冀作为试点地区之一，以实现区域分工协作、发挥资源比较优势、治理生态环境、开展跨区域基础设施建设、优化产业和人口布局，实现区域协调发展。2004年2月，

---

① 习近平：《习近平谈治国理政》，外文出版社2014年版，第114页。

② 王义桅：《“一带一路”的“三五效应”》，载《中国经济报告》2015年4月刊。

由国家发展与改革委员会牵头在河北廊坊举行了京津冀区域合作论坛，达成了“廊坊共识”，提出三地在公共基础设施、资源和生态环境保护、产业和公共服务等方面加速一体化进程的设想。之后，又起草了《京津冀都市圈区域规划》，北京确定为发展高新产业和高端服务业为主，逐步转移低端制造业。天津在现有加工制造业优势与港口优势基础上，大力发展汽车、生物技术与现代医药等先进制造业和现代服务业。而河北则定位为京津高技术产业和先进制造业研发转化及加工配套基地。但这一规划终未能取得实质性的推进。

2014 年 2 月，习近平在北京主持召开座谈会，专题听取京津冀协同发展工作汇报。他在讲话中强调，实现京津冀协同发展，是面向未来打造新的首都经济圈、推进区域发展体制机制创新的需要，是探索完善城市群布局和形态、为优化开发区域发展提供示范和样板的需要，是探索生态文明建设有效路径、促进人口经济资源环境相协调的需要，是实现京津冀优势互补、促进环渤海经济区发展、带动北方腹地发展的需要，是一个重大国家战略，要坚持优势互补、互利共赢、扎实推进，加快走出一条科学持续的协同发展路子来。

2015 年 3 月，中央财经领导小组第九次会议审议研究《京津冀协同发展规划纲要》。2015 年 4 月，中共中央政治局召开会议，审议通过《京津冀协同发展规划纲要》，并指出推动京津冀协同发展是一个重大国家战略。

京津冀协同发展战略的核心是有序疏解北京非首都功能。北京的首都功能是指其作为全国政治中心、文化中心、国际交往中心、科技创新中心的核心功能。非首都功能主要有两大类，一类是一些相对低端、低效益、低附加值、低辐射的经济部门，另一类是区位由非市场因素决定的公共部门。其疏解去向，除了河北、天津等周边区域，还包括从市区疏解至郊区。

京津冀一体化，最终目的是提高区域经济发展和人民福祉水平，北京目前的产业结构已经进入服务型经济为主的后工业化阶段，2013 年三次产业结构为 0. 8 ∶ 22. 3 ∶ 76. 9；第三产业增加值占比分别高出天津和河北 28.8 个和 41.4 个百分点。2013 年北京人均 GDP 超过 1.5 万美元，城镇化率达到 86.3%，综合判断已进入后工业化阶段。天津 2013 年人均 GDP 虽达到 1.6 万美元，高于北京，城镇化率为 82%，但三次产业结构为 1.3∶50.6∶48.1，第三产业比重仍不足 50%，且低于第二产业比重，综合判断仍处于工业化阶段后期。河北仍以第一产业和第二产业为主，第三产业比重较低，2013 年三次产业结构为 12.4∶52.2∶35.5；第二产业为主导，其中农业仍占据相对重要位置，反映出河北工业化进程相对滞后；人均 GDP 为 6251 美元，不足京、津的一半，尚处于工业化阶段中期。① 总体而言，三地发展阶段不同，产业层次明显，互补性较强，具备产业协同发展的前提条件。将彰显国力的宏观经济数据，转化为惠及全民的微观民生福祉，这是发展京津冀一体化的根本点和落脚点。

长江经济带区域协同发展也是一项重要的国家经济发展战略，涉及上海、江苏、浙江、安徽、江西、湖北、湖南、四川、重庆、贵州、云南 9 个省、2 个直辖市。长江经济带的战略定位，一是依托长三角城市群、长江中游城市群、成渝城市群；二是做大上海、武汉、重庆三大航运中心；三是推进长江中上游腹地开发；四是促进"两头"开发开放，即上海及中巴(巴基斯坦)、中印缅经济走廊。

1985 年 9 月出台的"七五"计划提出东中西部的概念，要求加快长江中游沿岸地区的开发，大力发展同东部、西部地带的横向经济联系。2005 年，长江沿线七省二市签订《长江经济带合作协议》，但因各省市行政壁垒等因素，使得长江流域的航运和经济一直被割裂，该协议效果不大。2013 年 9 月，国家发改委会同交通运输部在北京召开关于《依托长江建设中国经济新支撑带指导意见》研究起草工作动员会议，当时包括上海、重庆、湖北、四川、云南、湖南、江西、安徽、江苏等 9 个省市。2014 年 3 月 5 日，国务院总理李克强在十二届全国人大二次会议的《政府工作报告》中首次提

① 马俊炯：《京津冀协同发展产业合作路径研究》，《中国信息报》2015 年 3 月 13 日。

出，要依托黄金水道，建设长江经济带。2014 年 4 月 25 日，中央政治局会议提出“推动京津冀协同发展和长江经济带发展”①。2014 年 9 月 25 日，国务院正式发布《国务院关于依托黄金水道推动长江经济带发展的指导意见》，指出改革开放以来长江经济带已发展成为我国综合实力最强、战略支撑作用最大的区域之一。

依托黄金水道推动长江经济带发展，有利于挖掘中上游广阔腹地蕴含的巨大内需潜力，促进经济增长空间从沿海向沿江内陆拓展；有利于优化沿江产业结构和城镇化布局，推动我国经济提质增效升级；有利于形成上中下游优势互补、协作互动格局，缩小东中西部地区发展差距；有利于建设陆海双向对外开放新走廊，培育国际经济合作竞争新优势；有利于保护长江生态环境，引领全国生态文明建设，对于全面建成小康社会，实现中华民族伟大复兴的中国梦具有重要现实意义和深远战略意义。②

依托长江建设中国经济新支撑带，将推进长江黄金水道向上游延伸开发金沙江近 800 公里，延长干流近 1/3，长江干流从约 2800 公里延长为约 3600 公里，腹地拓展至川南、攀西、六盘水等广大纵深地区，搭建“两头开放”桥梁，进一步建成我国面向西南开放的前进基地，开启长江上游流域经济发展新局面。

三、走中国特色新型工业化、信息化、城镇化、农业现代化道路

工业化、信息化、城镇化和农业现代化是现代化的主要任务，也是中国特色社会主义经济发展道路的主要内容。中共十八大报告提出坚持走中国特色新型工业化、信息化、城镇化、农业现代化道路的战略构想，要求推动信息化和工业化深度融合、工业化和城镇

① 《中共中央政治局召开会议研究当前经济形势和经济工作》，载《人民日报》2014 年 4 月 26 日。

② 《国务院关于依托黄金水道推动长江经济带发展的指导意见》，载《人民日报》2014 年 9 月 25 日。

化良性互动、城镇化和农业现代化相互协调，促进工业化、信息化、城镇化、农业现代化同步发展，实现现代化的整体推进。

(一)中国特色新型工业化道路

工业化是现代化的基础和前提，高度发达的工业社会是现代化的重要标志。在由农业经济转向工业经济的历史过程中，各国的工业化存在着共通的规律性，但是由于社会体制的不同、具体国情的不同，在工业化的不同阶段，不同的国家可以有不同的发展道路和模式。随着信息化时代的到来，面对经济全球化的潮流，历史条件和现实国情的相互作用，决定了我们不仅要完成发达国家已经完成的工业化任务，而且要走一条中国特色新型工业化道路。

从 18 世纪 30 年代开始的工业化至今已有 270 多年历史，目前，全球实现工业化的国家和地区仅 27 个，人口合计 9.265 亿人，占全球人口的 15.3%。① 中国，作为一个拥有人口数量约占世界五分之一的大国，其工业化的进程不仅对于中华民族的复兴有着重大的意义，对于整个人类文明的进程也有着重要的意义。

新中国成立以后，我国逐步建立了独立的比较完整的工业体系和国民经济体系，为现代化建设奠定了必要的物质技术基础。但是由于缺乏对工业化发展规律的认识，片面追求经济发展的调整度，要求大干快上，甚至用群众运动的方式来搞工业化建设，结果造成了经济结构的严重不合理，农业、轻工业、重工业比例严重失调，导致现代化进程停滞不前，人民群众的生活水平也没能得到提高。

改革开放以后，从改革工业管理体制入手，通过对外开放加速工业化进程，中国的工业化进入了一个快速发展的新时期。2000 年 10 月，中共十五届五中全会指出："二十一世纪，世界科学技术和生产力必将发生新的革命性突破。对此，我们必须有充分的估计。我们必须抓住新科技革命的机遇，大力推进我国的科技进步和

① 吴守平、戚红艳：《新型工业化是跨越式发展之路》，载《中国国情国力》2011 年第 8 期。

创新，尽力缩小同发达国家在科技发展水平上的差距。”①“继续完成工业化是我国现代化进程中的艰巨的历史性任务。大力推进国民经济和社会信息化，是覆盖现代化建设全局的战略举措。以信息化带动工业化，发挥后发优势，实现社会生产力的跨越式发展。”②以此为标志，中国开始了对新型工业化道路的探索。

2002 年 11 月，中共十六大报告提出 21 世纪头 20 年经济建设的主要任务之一是“基本实现工业化”，并明确提出要“坚持以信息化带动工业化，以工业化促进信息化，走出一条科技含量高、经济效益好、资源消耗低、环境污染少、人力资源优势得到充分发挥的新型工业化路子”③。

2007 年 10 月，中共十七大报告提出了加快转变经济发展方式的战略任务，强调走好中国特色新型工业化道路对于夺取全面建设小康社会新胜利、开创中国特色社会主义事业新局面具有重大战略意义和现实意义。提出了走中国特色新型工业化道路的“一条道路，一个方针，三个转变”的战略布局，即走中国特色新型工业化道路，要坚持扩大国内需求特别是消费需求的方针，促进经济增长由主要依靠投资、出口拉动向依靠消费、投资、出口协调拉动转变，由主要依靠第二产业带动向依靠第一、第二、第三产业协同带动转变，由主要依靠增加物质资源消耗向主要依靠科技进步、劳动者素质提高、管理创新转变。④

2012 年 11 月，十八大报告提出：“坚持走中国特色新型工业化、信息化、城镇化、农业现代化道路，推动信息化和工业化深度融合、工业化和城镇化良性互动、城镇化和农业现代化相互协调，

---

① 《十五大以来重要文献选编》(中)，人民出版社 2001 年版，第 1402 页。

② 《十五大以来重要文献选编》(中)，人民出版社 2001 年版，第 1371 页。

③ 《十六大以来重要文献选编》(上)，中央文献出版社 2005 年版，第 16 页。

④ 《十七大以来重要文献选编》(上)，中央文献出版社 2009 年版，第 76~80 页。

促进工业化、信息化、城镇化、农业现代化同步发展。”①

中国特色新型工业化道路借鉴了世界各国工业化和中国传统工业化道路的经验和教训，从而兼具中国特色和时代特征。

第一，中国特色新型工业化道路是以国家推动和市场驱动二者并行为背景的。中国工业化是在计划经济体制下启动的，又在政府主导型的市场经济条件下进入到新的发展时期，所以必须注重发挥政府宏观引导和市场调节机制在调整工业化重大比例关系中的协调性。

第二，中国特色新型工业化道路是以信息化带动工业化的跨越式发展。中国推进工业化的同时，信息革命浪潮已席卷全球，作为后发工业化国家，以信息化加速工业化，通过工业化与信息化的有机融合、同步推进，实现工业化跨越发展是时代的必然。

第三，中国特色新型工业化道路是建立在可持续发展战略基础上的工业化。发达国家工业化是先污染、后治理，再向发展中国家转移，而我国必须降低工业化的社会成本和环境代价，注重可持续发展，强调工业化进程中生态环境的保护和资源的有效利用。

第四，中国特色新型工业化道路是建立在以公有制为主体、多种所有制经济共同发展的基本经济制度基础上的工业化。由此强调国有企业发挥引领新型工业化的主导作用，鼓励民间投资对新型工业化的推动作用。

中国特色新型工业化道路的探索，推动了中国工业化建设的快速发展，中国特色新型工业化道路已经开始彰显其又好又快的发展潜力。

中国工业规模跃居世界第一。新中国成立之初，中国工业总产值仅 140 亿元，到 2014 年，中国规模以上工业企业实现利润 64715 亿元。2011 年，中国粗钢、水泥、原煤、汽车产量以及造船完工量分别占全球的 45%、50%、46%、23%和 45%，均居世界第一位。在国际标准行业分类的 22 个行业中，中国的产值均

---

① 《十八大以来重要文献选编》(上)，中央文献出版社 2014 年版，第 16 页。

居世界第一或第二。到2010年，中国已经成为世界制造业第一大国。目前，中国工业制成品占全球制成品贸易额的14.5%，是世界第一大工业品出口国。中国工业增加值占GDP的比重长期保持在40%左右，对经济增长的贡献率接近50%，是推动国民经济增长的主要动力。

中国工业结构得到不断的调整和优化。走中国特色新型工业化道路，要求通过发挥市场机制和国家政策规划引导作用，坚持以结构调整为主线，逐步实现工业发展速度、结构、质量、效益相统一。一是抓好技术改造。2009—2011年，中央投资技术改造专项资金560亿元，拉动社会投资近1.3万亿元，拉动倍数26倍，在支持企业应用新技术、新工艺、新设备、新材料，提升工业企业技术水平方面发挥了重要作用。二是强化行业准入和淘汰落后产能。"十一五"期间淘汰炼铁能力1.2亿吨、炼钢7200多万吨，焦炭1.07亿吨，水泥3.7亿吨、造纸1130万吨。三是促进企业兼并重组。2010年钢铁、汽车、船舶行业前10家企业产业集中度分别达到48.6%、82.2%、48.9%。四是促进产业合理布局，引导东、中、西产业梯度转移。"十一五"期间中西部地区工业增加值占比提高5.8个百分点。

工业自主创新能力得到了提升。通过产业政策、财税金融政策的扶持，企业创新能力显著增强。到2010年，依托工业企业设立了127个国家工程研究中心、729个国家级企业技术中心和5532个省级企业技术中心，企业发明专利申请数已占国内发明专利申请总数的53%。

工业化发展成果惠及全民。以人为本、改善民生是走新型工业化道路的出发点和落脚点。工业的发展有力地促进和扩大了就业，2010年底规模以上工业就业人数达9544.7万人，占全国就业总人口的27.5%，与工业相关的服务业就业人数也不断增加。突出企业主体地位，推动建立企业质量管理体系和质量诚信体系，提高工业产品质量，以此作为改善民生、拉动消费和增强国际竞争力的重要举措。不断提高工业企业安全生产水平，2010年工矿商贸事故死亡人数和工矿商贸企业就业人员10万人生产安全事故死亡率较

2005 年分别下降 33%和 45%。①

国家统计局发表的《2014 年国民经济和社会发展统计公报》显示，我国工业生产平稳增长，全年全部工业增加值 227991 亿元，比上年增长 7.0%。规模以上工业增加值增长 8.3%。在规模以上工业中，分经济类型看，国有及国有控股企业增长 4.9%；集体企业增长 1.7%，股份制企业增长 9.7%，外商及港澳台商投资企业增长 6.3%；私营企业增长 10.2%。分门类看，采矿业增长 4.5%，制造业增长 9.4%，电力、热力、燃气及水生产和供应业增长 3.2%(见图 4-1)。②

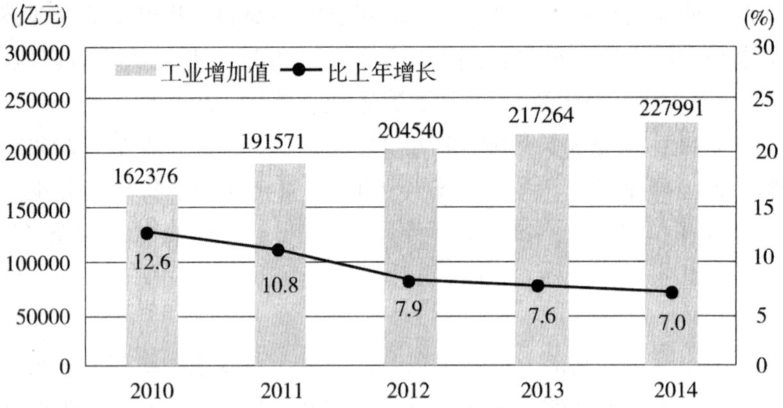

图 4-1 2010—2014 年全部工业增加值及增长速度

必须看到，现阶段我国工业化整体水平与发达国家相比还有较大差距，主要表现在：工业大而不强，核心技术和关键技术受制于人，工业生产技术整体水平不高，生产效率和产品附加值较低，众多传统产业急需利用包括信息技术在内的高新技术进行改造提升，

① 苏波：《转变发展方式，走新型工业化道路》，载《求是》2012 年第 16 期。

② 《2014 年国民经济和社会发展统计公报》，载《人民日报》2015 年 2 月 26 日。

大量落后产能亟待淘汰，一些行业管理弱化、缺位，严格的市场规范和诚信体系尚未完全建立起来。①

改革开放30多年以来，我们在实践中逐步走出了一条中国特色新型工业化道路，相对于发达国家的工业化道路和我国传统的工业化道路，它符合我国现阶段基本国情和经济发展客观规律，具有科学的发展路径和鲜明的时代特征，坚持走中国特色新型工业化道路，是实现中华民族伟大复兴中国梦的必由之路。

（二）中国特色信息化道路

信息化是指充分利用信息技术，开发利用信息资源，促进信息交流和知识共享，对人类社会生产体系的组织结构和经济结构进行全面改造，使人类社会的政治、经济、社会、军事、文化等各个方面适应信息社会的发展和需求，从而推动人类社会的进步，推动经济社会发展转型的历史进程。所以，信息化实际上是要推动整个社会转型，从工业社会转向信息社会。信息化不是目的，信息化是一个过程，是一个产业革命的过程。

20世纪90年代以来，信息技术不断创新，信息产业持续发展，信息网络广泛普及，信息化成为全球经济社会发展的显著特征，并逐步向一场全方位的社会变革演进。我国1993年启动信息化工程，1993年12月10日，国家经济信息化联席会议确立了实施信息化工程、以信息化带动产业发展的指导思想。随后，金卡、金桥、金关等重大信息化工程启动，拉开了国民经济信息化的序幕。

1996年1月，国务院信息化工作领导小组成立，统一领导和组织协调全国的信息化工作，中国的信息化进入到有组织、有计划的推进阶段。这一时期，确立了国家信息化的定义和国家信息化体系的六要素，提出了国家信息化建设的24字方针和八项原则，制

① 唐浩：《中国特色新型工业化的新认识》，载《中国工业经济》2014年第6期。

定了一系列促进信息化建设的具体政策和发展规划，进一步完善和丰富了重大信息化工程的内涵。在此阶段中，中央和地方都确立了信息化在国民经济和社会发展中的重要地位，信息化在各领域、各地区形成了一股强劲的发展潮流。

1997 年 4 月在深圳召开的全国信息化工作会议对我国的信息化工作作了全面部署。提出信息化的推进从解决应急性的热点问题，逐步转到为经济发展和社会全面进步服务的方向上来。中国的信息化走上了既有组织、有计划，又遵循市场规律推进的发展轨道。

进入 21 世纪，信息化对经济社会发展的影响更加深刻。中国政府高度重视信息化对于推动经济社会发展的重大意义。2000 年 6 月 14 日，时任国务院总理的朱镕基在“二十一世纪论坛”2000 年会议开幕式上的讲话中指出：“推进国家工业化，同时不失时机地推进国民经济信息化，将是今后的艰巨任务。大力发展高新技术及其产业，用现代技术改造和提升农业、工业和服务业，把信息化和工业化结合起来，带动产业结构与产业素质提高到一个新的水平。”① 2000 年 8 月 21 日，时任中共中央总书记的江泽民在世界计算机大会开幕式上的讲话中指出：“中国政府高度重视发展信息产业，正在大力推进国民经济和社会信息化。中国还是一个发展中国家，工业化的任务尚未完成，又面临实现信息化的艰巨任务。我们的战略是：在完成工业化的过程中注重运用信息技术提高工业化的水准，在推进信息化的过程中注重运用信息技术改造传统产业，以信息化带动工业化，发挥后发优势，努力实现技术的跨越式发展。”②

2002 年 11 月，中共十六大进一步作出了以信息化带动工业化、以工业化促进信息化、走新型工业化道路的战略部署。2005 年 10 月，中共十六届五中全会强调，要推进国民经济和社会信息

① 朱镕基：《在“二十一世纪论坛”二〇〇〇年会议开幕式上的讲话》，载《人民日报》(海外版)2000 年 6 月 15 日。

② 江泽民：《在第十六届世界计算机大会开幕式上的讲话》，载《人民日报》2000 年 8 月 22 日。

化，加快转变经济增长方式。在此期间，国务院出台了《2006—2020年国家信息化发展战略》，正式提出了走“中国特色信息化道路”的主张，并提出了未来15年中国信息化发展的指导思想、原则、目标、重大政策措施。

2007年10月，中共十七大报告指出：“全面认识工业化、信息化、城镇化、市场化、国际化深入发展的新形势新任务，深刻把握我国发展面临的新课题新矛盾，更加自觉地走科学发展道路，奋力开拓中国特色社会主义更为广阔的发展前景。”①提出了信息化与工业化、城镇化、市场化、国际化并举的思想，并指出这是一条“科学发展道路”。

2012年11月召开的中共十八大，对于信息化高度关注，“信息化”成为大会的热词。有人统计，在中共十八大报告中，“信息化”和“信息”一词出现了18次，“网络”一词出现了8次。信息化及相关内容出现在报告的第一、三、四、五、六、七、九、十一共八个部分。② 中共十八大报告指出，“坚持走中国特色新型工业化、信息化、城镇化、农业现代化道路，推动信息化和工业化深度融合、工业化和城镇化良性互动、城镇化和农业现代化相互协调，促进工业化、信息化、城镇化、农业现代化同步发展”③，实现“信息化水平大幅提升”的目标，并对经济、政治、文化、社会和生态文明领域未来的信息化建设提出了明确要求。

在全球信息化大潮背景下，中国特色的信息化道路就是利用现代信息技术解决中国现代化建设中、经济与社会发展中、经济与社会转型中的重大问题的道路。处于经济新常态下的中国，全国及各地区信息化建设继续以较快速度发展，中国已成为全球信息化增长最快的国家之一。但是，在信息技术应用和信息化基础建设方面，

---

① 《十七大以来重要文献选编》(上)，中央文献出版社2009年版，第11页。

② 马龙：《从十八大看今后信息化工作方向》，载《信息化建设》2013年第2期。

③ 《十八大以来重要文献选编》(上)，中央文献出版社2014年版，第16页。

与发达国家相比仍有一定差距，各地区间存在着信息化发展不平衡的问题。

第一，我国人多地广，地区差别大，全国范围内经济发展很不平衡。经济发展的不平衡的特点同样表现在信息化的过程中，根据2012年信息化发展指数(Ⅱ)的测算结果，可将全国31个省(自治区、直辖市)划分如下(见表4-1)：

第一类地区，信息化发展高水平地区：包括北京、上海、天津、浙江、广东、江苏，共6个省市。此类地区2012年信息化发展指数(Ⅱ)平均达到0.922，相当于全国平均水平的1.22倍，在与世界主要国家的比较中属于中高水平行列。

第二类地区，信息化发展中高水平地区：包括福建、辽宁、陕西、山东、重庆、湖北，共6个省市。此类地区2012年信息化发展指数(Ⅱ)平均水平为0.761，比全国平均水平高0.005，是第一类地区的82.50%。

第三类地区，信息化发展中等水平地区：包括山西、宁夏、吉林、安徽、黑龙江、海南、内蒙古、湖南、四川和河北，共10个省份。此类地区2012年信息化发展指数(Ⅱ)平均水平为0.693，相当于全国平均水平的91.74%和第一类地区的75.20%。

第四类地区，信息化发展中低水平地区：包括新疆、青海、甘肃、广西、江西、贵州和河南，共7个省份。此类地区2012年信息化发展指数(Ⅱ)平均水平为0.653，相当于全国平均水平的86.40%和第一类地区的70.82%。

第五类地区，信息化发展低水平地区：包括云南和西藏。该类地区2012年信息化发展指数(Ⅱ)平均水平为0.616，相当于全国平均水平的81.48%和第一类地区的66.79%。

我国信息产业逐步已摆脱过去产业基础薄弱，核心技术自主化能力差、市场竞争能力差、产业结构落后的状况。但从世界范围内横向比较看，中国信息化发展水平仍然处于发展中国家的中等水平，离发达国家还有较大差距。国内不同地区不同领域的信息化水平不平衡，这种不平衡不仅表现在城乡之间、领域之间、区域之间，也表现在同一领域的不同层次上。这是中国信息化发展一个非

表 4-1 **2012 年全国及五个类型地区信息化发展指数(Ⅱ)的对比①**

	基础设施指数	产业技术指数	应用消费指数	知识支撑指数	发展效果指数	总指数
全国合计	0.479	1.009	0.707	0.840	0.744	0.756
第一类地区	0.922	0.709	1.148	0.872	0.972	0.910
第二类地区	0.761	0.500	0.997	0.730	0.887	0.691
第三类地区	0.693	0.431	0.899	0.664	0.847	0.626
第四类地区	0.653	0.384	0.850	0.630	0.811	0.591
第五类地区	0.616	0.333	0.795	0.590	0.752	0.609

常突出的特点。如何在发达地区和城市加快信息化步伐的同时，对欠发达地区特别是广大农村进行信息化扶植，如何缩小信息化中城乡差别的扩大趋势，力争发展层次差距的缩小，是当下信息化过程中需要加以考虑和逐步解决的问题。

第二，农业和工业已有一定的基础，但农业仍比较落后，工业化任务尚未完成，产业结构不合理状况依然突出。新中国成立后，特别是改革开放 30 多年来，中国工农业发展成绩卓著，但总体上工业化仍处于中后期阶段。特别是产业结构不合理的问题突出，这表现在三次产业的贡献率，第一产业现代化程度低，传统的自给自足的农业形态依然占据很大比重，现代化农业尚未普及；第二产业工艺技术水平不高，但其比重最大，达 51%；第三产业发展滞后，其比重只有 33%，尤其是新兴的第三产业起步较晚。在这种情况下，要推动信息化和工业化深度融合，促进信息化产业转型和技术创新。围绕促进工业转型升级的要求，全方位、多层次推动信息技术在工业领域的覆盖渗透、应用集成和融合创新，努力促进信息化与工业化深度融合。促进工业化、信息化、城镇化、农业现代化同步发展，加快产业结构的调整、优化和升级，必须用信息化促进农

① 国家统计局统计科学研究所信息化统计评价研究组：《2013 年中国信息化发展指数(Ⅱ)研究报告》，载《调研世界》2014 年第 4 期。

业现代化、带动工业化和城镇化，通过信息化迅速提高服务业特别是信息服务业的比重。

第三，信息产业近几年发展很快，但信息化的基础条件仍较差。必须加快信息化基础设施演进升级，积极构建下一代国家信息基础建设体系，把握信息网络演进升级的机遇，实施“宽带中国”战略，以宽带普及提速和网络融合为重点，构建宽带、融合、安全、泛在的下一代国家信息基础设施。进一步推动移动通信发展，扩大第三代移动通信(3G)网络覆盖，优化网络结构，提升网络质量。全面推进三网融合，鼓励发展交互式网络电视(IPTV)、手机电视、有线电视网宽带服务等融合性业务，加快部署下一代互联网，抓紧开展 IPv6 商用试点，推动我国互联网国际互联架构优化，提升互联层次和流量转接水平。

第四，经济体制和经济增长的根本转变尚未彻底完成，中国从建立到完善社会主义市场经济体制是一个长期的过程，同时经济增长方式从粗放型向集约型的转变也是一项长期的任务。推进信息化要服从和服务于上述两个转变过程。由于信息化能为完善社会主义市场经济体制创造良好的信息环境，能为经济的集约式增长在企业重组、产业改造、结构优化、决策科学化等方面提供有利条件，加快信息化进程无疑会促进两个转变。另外，中国特色信息化道路服务于社会主义市场经济体制的完善，就需要理顺体制关系，打破行业垄断，消除部门分割和地区封锁。中国特色信息化道路的推进也要赶上加快转变经济发展方式的步伐，需要在信息化建设和信息工作实践中，确立有限目标，突出发展重点，集中必要投入，反对重复建设、盲目发展，扭转资金严重短缺而又粗放式使用的局面，注重费用效益分析，提高设备和资源的利用率，避免闲置和浪费，防止损坏和流失。要注意信息企业对产品或服务要讲究质量、降低成本、提高效益，用较少投入取得较多较好的产出。要求信息事业单位节约开支、改进服务。

第五，信息专业人才严重不足，教育质量有待提高，加大信息化知识普及工作。推进当前信息化进程需要有大量的各种专业人才，如信息科技、信息工程、信息管理、信息经济等方面的专业人才。中国特色信息化道路必须坚持以人为本。一方面，要从满足人民对信息服务的需求出发，普及信息网络，提高全民的信息能力，消除信息鸿沟，如加快向信息基础薄弱的地区和人群提供信息化知识和技能服务，开展国民信息素质状况动态监测和定期评估，有针对性地促进国民信息教育水平和信息能力不断提高，使信息化真正惠及全民。另一方面，要针对我国信息化专业人才相对缺乏，特别是高层次技术骨干和复合型人才奇缺的情况，加强高等院校与政府、企业的合作，加大信息教育培训力度，提升高素质人才的信息技术应用和创新能力。通过高等教育、继续教育等多种途径和方式，加快培养创新型、专业技术型、技能型信息化人才。完善中小学信息化学习环境，加快普及信息知识和信息技术教育。

信息化自 20 世纪 90 年代加速发展以来，在我国各方面都取得了很大的成就。从国家统计局科学研究所公布的《2013 年中国信息化发展指数(Ⅱ)研究报告》中，我们可以看到在中国政府高度重视信息化建设的推动下，自 2000 年以来中国的信息化发展指数逐年走高、增长势头良好。我国信息化发展效果明显，从基础设施指数、产业技术指数、应用消费指数、知识支撑指数、发展效果指数到信息化总指数的变化中可以看到这些可喜的成果(见表 4-2)。

表 4-2 **2000—2012 年中国信息化发展指数(Ⅱ)与分类指数①**

	2000	2005	2007	2008	2009	2010	2011	2012
总指数	0. 494	0. 589	0. 633	0. 654	0. 681	0. 707	0. 732	0. 756
基础设施指数	0. 179	0. 309	0. 354	0. 359	0. 389	0. 417	0. 450	0. 479
产业技术指数	0. 646	0. 808	0. 869	0. 897	0. 914	0. 941	0. 980	1. 009
应用消费指数	0. 349	0. 442	0. 505	0. 551	0. 598	0. 644	0. 677	0. 707
知识支撑指数	0. 726	0. 752	0. 777	0. 792	0. 803	0. 822	0. 831	0. 840
发展效果指数	0. 571	0. 633	0. 659	0. 670	0. 701	0. 711	0. 723	0. 744

① 国家统计局统计科学研究所信息化统计评价研究组：《2013 年中国信息化发展指数(Ⅱ)研究报告》，载《调研世界》2014 年第 4 期。

2000年以来，中国信息化水平逐年提高，2012年信息化发展指数(Ⅱ)达到0.756。在全国31个省(自治区、直辖市)中，北京和上海依然位居前两位，信息化发展指数分别达到1.105和1.008，京沪两地信息化水平的差距较上年略有扩大；天津、浙江、广东、江苏分别位居全国第三位至第六位，信息化发展指数分别为0.874、0.855、0.847和0.844。与2011年相比，天津上升0.017个点，增长5.69%；浙江上升0.027个点，增长8.24%；广东上升0.024个点，增长6.56%；江苏上升0.029个点，增长9.92%(见表4-3)。① 经历了"十五"至"十一五"10年的信息技术发展和基础设施建设，中国特色信息化已经迈向新的发展阶段。在这个基础上，"十二五"及"十三五"期间应继续加强信息化在我国各领域的应用和推广，普及信息化基础教育以及大力培育信息化人才，为中国信息化未来的发展提供更加坚实的基础。

表4-3　**2000—2012年中国信息化发展指数(Ⅱ)与分类指数增长速度②**　(单位:%)

	2001—2005年平均	2006—2010年平均	2011年	2012年
总指数	16.33	11.50	11.51	8.78
基础设施指数	23.88	9.14	11.50	6.97
产业技术指数	21.53	16.75	25.30	18.25
应用消费指数	28.01	22.00	11.71	10.92
知识支撑指数	1.23	1.82	1.58	1.13
发展效果指数	7.00	7.78	7.46	6.62

① 国家统计局统计科学研究所信息化统计评价研究组:《2013年中国信息化发展指数(Ⅱ)研究报告》，载《调研世界》2014年第4期。

② 国家统计局统计科学研究所信息化统计评价研究组:《2013年中国信息化发展指数(Ⅱ)研究报告》，载《调研世界》2014年第4期。

（三）中国特色城镇化道路

城镇化也可称为城市化，是指随着一个国家或地区社会生产力的发展、科学技术的进步以及产业结构的调整，其社会由以第一产业为主的传统乡村型社会向以第二产业和第三产业等非农产业为主的现代城市型社会逐渐转变的历史过程。这个过程表现为第一产业所占比重逐渐下降，而第二、第三产业所占比重逐渐上升，与产业变化相同步的是农业人口所占比重下降，城镇人口所占比重上升，居民的生产、生活方式逐渐向城镇转化或强化，城市规模和数量不断扩大和增加。城镇化是现代社会工业化进程中的必经阶段，新中国成立以来，特别是改革开放以来，中国共产党和中国人民在社会主义现代化建设的实践中，从中国的具体实际出发，逐步走出了一条中国特色城镇化道路。

新中国的城镇化进程经历了一个曲折发展的过程。1949 年至 1978 年，我国城镇化进程非常缓慢，中国的城市化率仅从 10.6% 提高到 17.9%，到 1977 年全国城市总数 193 个，建制镇仅 2173 个。① 同时存在城镇结构不合理、城市经济结构失衡等问题，导致城市容纳劳动力空间不足。

改革开放初期，在 1978 年召开的全国第三次城市工作会议提出“控制大城市规模，多搞小城镇”的方针。1979 年 9 月，中共十一届四中全会通过了《关于加快农业发展若干问题的决定》，第一次提出了农村城镇化的思想。1980 年 12 月，国务院批转《全国城市规划工作会议纪要》，进一步分析了城市发展的形势和地区发展差异，指出控制大城市规模、合理发展中等城市、积极发展小城市，是我国城市发展的基本方针。1984 年 1 月，国务院颁布的《城市规划条例》确认了这一方针。

1989 年，《中华人民共和国城市规划法》出台，调整了城市发

① 许涤新：《当代中国的人口》，中国社会科学出版社 1988 年版，第 493 页。

展方针，提出：“国家实行严格控制大城市规模、合理发展中等城市和小城市的方针，促进生产力和人口的合理布局。”这一时期，中国城市数量从1987年的381个增加到1995年的640多个。其中，20万人的小城市增加了150个，20~50万人的中等城市增加了88个，中小城市新增数量占新增城市的92%。由于实行防止大城市人口规模过度膨胀的方针，这段时期的城镇化提升速度有所放缓，1987—1995年，城镇化率从25.32%提高到29.04%，平均增长0.46个百分点，年均增速比前一阶段降低了0.36个百分点。①

20世纪90年代后期，小城镇建设从一般的工作任务上升到整个经济社会发展战略的高度。同时，随着国有企业改革的深入推进和农业比较收益的不断降低，下岗工人和农村富余劳动力两路就业大军汇合，使得城市就业形势十分严峻。在此背景下，中央政府根据扩大内需的战略决策，决定实施小城镇战略，以拓展我国经济发展空间。1998年10月，中共十五届三中全会通过的《中共中央关于农业和农村工作若干重大问题的决定》，正式将发展小城镇作为带动农村经济和社会发展的一大战略。

2000年7月，中共中央、国务院发出《关于促进小城镇健康发展的若干意见》，指出加快我国城镇化进程的条件和时机已经成熟，要进一步抓住机遇，适时合理引导小城镇健康有序地发展。并将小城镇建设作为当前和以后一个较长时期内农村改革与发展的一项重要任务。2000年10月，中共十五届五中全会通过的“十五”计划建议中明确提出：“随着农业生产力水平的提高和工业化进程的加快，我国推进城镇化条件已渐成熟，要不失时机地实施城镇化战略。”②2002年11月，中共十六大第一次提出了走中国特色城镇化道路的思想。截至2003年底，全国城市总数达到660个，比1991年增加181个，增长37.8%，平均年增加16.5个。自新中国成立

① 董志凯：《论20世纪后半叶中国大陆的城市化建设——两个阶段的背景、特点与前瞻》，载《中国经济史研究》1998年第3期。

② 《中华人民共和国国民经济和社会发展第十个五年计划纲要》，载《人民日报》2000年10月19日。

到2003年止，全国共新增528个城市，占全部城市的80%。整体城镇化水平从29.04%提高到36.22%，年均提高1.4个百分点。①

进入新世纪新阶段后，中国特色城镇化道路在统筹城乡、区域协调发展中加快深入推进。2003年1月召开的中央农村工作会议提出：统筹城乡经济社会发展，发挥城市对农村的带动作用。会议指出："提高城镇化水平，是统筹城乡经济社会发展的重要方面"，"要从国情出发，坚持大中小城市和小城镇协调发展，走中国特色的城镇化道路，随着经济社会发展不断提高城镇化水平。"②并强调要重视发展小城镇，加快小城镇建设步伐，完善小城镇的功能。③2005年，中共十六届五中全会通过的"十一五"规划建议第一次明确提出推进城镇化的具体原则，强调："加强城市规划建设管理，健全城镇化发展的体制制度，要把城市群作为推进城镇化的主体形态。"④

2007年11月，中共十七大报告对中国特色城镇化道路的内涵作了新的概括，指出："从人口分布来看，中国特色城镇化道路就是大中小城市和小城镇协调发展的道路"，"从城乡关系来看，中国特色城镇化道路就是城镇与农村协调发展的道路"，"从城镇之间关系来看，中国特色城镇化道路就是要在各个城镇之间形成既有合理分工又有合作的城镇群"⑤，进一步明确推进中国特色城镇化建设的新思路。2007年12月，时任中共中央总书记的胡锦涛在新进中央委员、候补委员学习贯彻十七大精神研讨班上的讲话中，将

---

① 庞海峰：《中国城市人口增长过程及差异研究》，载《地理与地理信息科学》2006年第2期。

② 《十六大以来重要文献选编》(上)，中央文献出版社2005年版，第121页。

③ 《十六大以来重要文献选编》(上)，中央文献出版社2005年版，第121~122页。

④ 《中华人民共和国国民经济和社会发展第十一个国民经济和社会发展五年规划纲要》，载《人民日报》2006年3月17日。

⑤ 赵振华：《走中国特色城镇化道路——学习党的十七大报告》，载《人民日报》2008年1月11日。

中国特色城镇化道路与中国特色自主创新道路、中国特色新型工业化道路、中国特色农业现代化道路、中国特色政治发展道路、中国特色反腐倡廉道路一起概括为构成中国特色社会主义道路这一中国发展的总道路的“诸多具体道路”。①

2012 年 11 月，中共十八大报告将“城镇化质量明显提高”作为“全面建设小康社会和全面深化改革开放的目标”之一，并提出了工业化、信息化、城镇化、农业现代化同步发展的“四化同步”发展战略，提出推进城镇化的重点任务是加快改革户籍制度，有序推进农业转移人口市民化，努力实现城镇基本公共服务常住人口全覆盖。

2014 年 3 月，国务院发布的《国家新型城镇化规划(2014—2020 年)》按照走中国特色城镇化道路，全面提高城镇化质量的要求，明确提出了未来城镇化的发展路径、主要目标和战略任务。该规划强调城镇化是伴随工业化发展，非农产业在城镇集聚、农村人口向城镇集中的自然历史过程，是人类社会发展的客观趋势，是国家现代化的重要标志。按照中国特色社会主义五位一体的总布局，顺应发展规律，因势利导，趋利避害，积极稳妥、扎实有序地推进城镇化，对全面建成小康社会、加快社会主义现代化建设进程、实现中华民族伟大复兴的中国梦，具有重大现实意义和深远历史意义。

改革开放以来，伴随着工业化进程加速，我国城镇化经历了一个起点低、速度快的发展过程。1978—2013 年，城镇常住人口从 1.7 亿人增加到 7.3 亿人，城镇化率从 17.9%提升到 53.7%，年均提高 1.02 个百分点；城市数量从 193 个增加到 658 个，建制镇数量从 2173 个增加到 20113 个。京津冀、长江三角洲、珠江三角洲三大城市群，以 2.8%的国土面积集聚了 18%的人口，创造了 36%的国内生产总值，成为带动我国经济快速增长和参与国际经济合作

① 《十七大以来重要文献选编》(上)，中央文献出版社 2009 年版，第 99 页。

与竞争的主要平台。① 1978 年我国的城镇化率只有 17.9%，生活在城镇的人口约为 1.7 亿。2014 年，我国城镇人口占总人口比重达到 54.77%，有将近 7.5 亿人生活在城镇。② 城市水、电、路、气、信息网络等基础设施显著改善，教育、医疗、文化体育、社会保障等公共服务水平明显提高，人均住宅、公园绿地面积大幅增加。城镇化的快速推进，吸纳了大量农村劳动力转移就业，提高了城乡生产要素配置效率，推动了国民经济持续快速发展，带来了社会结构的深刻变革，促进了城乡居民生活水平全面提升。

截至 2014 年末全国就业人员 77253 万人，其中城镇就业人员 39310 万人。全年城镇新增就业 1322 万人。2014 年末城镇登记失业率为 4.09%。全国农民工总量为 27395 万人，比上年增长 1.9%。其中，外出农民工 16821 万人，增长 1.3%；本地农民工 10574 万人，增长 2.8%。③

中国城镇化进程是与中国的经济发展、社会制度、地域条件以及政治体制等紧密结合的，具有鲜明的中国特色。目前，中国城镇化的进程还存在一些较突出的矛盾和问题。

一是大量农业转移人口难以融入城市社会，市民化进程滞后。目前农民工已成为我国产业工人的主体，但受城乡分割的户籍制度影响，被统计为城镇人口的 2.34 亿农民工及其随迁家属，未能在教育、就业、医疗、养老、保障性住房等方面享受城镇居民的基本公共服务，产城融合不紧密，产业集聚与人口集聚不同步，城镇化滞后于工业化。城镇内部出现新的二元矛盾，农村留守儿童、妇女和老人问题日益凸显，给经济社会发展带来诸多风险隐患。

二是“土地城镇化”快于人口城镇化，建设用地粗放低效。一

---

① 《国家新型城镇化规划(2014—2020 年)》。

② 《2014 公报解读：新型城镇化——经济社会发展的强大引擎》，载《中国信息报》2015 年 3 月 19 日。

③ 《2014 年国民经济和社会发展统计公报》，载《人民日报》2015 年 2 月 26 日。

些城市“摊大饼”式扩张，过分追求宽马路、大广场，新城新区、开发区和工业园区占地过大，建成区人口密度偏低。1996—2012年，全国建设用地年均增加724万亩，其中城镇建设用地年均增加357万亩；2010—2012年，全国建设用地年均增加953万亩，其中城镇建设用地年均增加515万亩。2000—2011年，城镇建成区面积增长76.4%，远高于城镇人口50.5%的增长速度；农村人口减少1.33亿人，农村居民点用地却增加了3045万亩。①

三是城镇空间分布和规模结构不合理，与资源环境承载能力不匹配。东部一些城镇密集地区资源环境约束趋紧，中西部资源环境承载能力较强地区的城镇化潜力有待挖掘；城市群布局不尽合理，城市群内部分工协作不够、集群效率不高；部分特大城市主城区人口压力偏大，与综合承载能力之间的矛盾加剧；中小城市集聚产业和人口不足，潜力没有得到充分发挥；小城镇数量多、规模小、服务功能弱，这些都增加了经济社会和生态环境成本。

四是城市管理服务水平不高，一些城市空间无序开发、人口过度集聚，重经济发展、轻环境保护，重城市建设、轻管理服务，交通拥堵问题严重，公共安全事件频发，城市污水和垃圾处理能力不足，大气、水、土壤等环境污染加剧，城市管理运行效率不高，公共服务供给能力不足，城中村和城乡接合部等外来人口集聚区人居环境较差。

五是自然历史文化遗产保护不力，城乡建设缺乏特色。一些城市景观结构与所处区域的自然地理特征不协调，部分城市贪大求洋、盲目模仿，脱离实际建设国际大都市，“建设性”破坏蔓延，城市的自然和文化个性被破坏。一些农村地区大拆大建，照搬城市小区模式建设新农村，简单用城市元素与风格取代传统民居和田园风光，导致乡土特色和民俗文化流失。

六是体制机制不健全，阻碍了城镇化健康发展。现行城乡分割的户籍管理、土地管理、社会保障制度，以及财税金融、行政管理等制度，固化着已经形成的城乡利益失衡格局，制约着农业转移人

---

① 《国家新型城镇化规划(2014—2020年)》。

口市民化，阻碍着城乡发展一体化。

根据世界城镇化发展普遍规律，目前中国仍处于城镇化率30%~70%的快速发展区间，但延续过去传统粗放的城镇化模式，会带来产业升级缓慢、资源环境恶化、社会矛盾增多等诸多风险，影响中国现代化进程。随着内外部环境和条件的深刻变化，中国城镇化必须进入以提升质量为主的转型发展新阶段。在新形势下，走中国特色城镇化道路必须处理好以下几个问题：

第一，坚持以人为本，推进以人为核心的新型城镇化。城镇化过程是农业劳动力向非农产业转移、农村人口向城镇迁移的过程，同时也是城市先进的生产方式和文明的生活方式向农村普及的过程。城镇化的实质是农民生产方式的现代化和生活方式的文明化，是让农民进城共享现代化发展成果的过程。所以城镇化的核心是以人为本，一切都应该是为了城乡居民工作更好、生活更好。以人的城镇化为核心，需合理引导人口流动，有序推进农业转移人口市民化，稳步推进城镇基本公共服务常住人口全覆盖，不断提高人口素质，促进人的全面发展和社会公平正义，使全体居民共享现代化建设成果。

第二，"四化"统筹推动，形成促进城镇化发展的合力。新型城镇化要坚持走新型工业化、信息化、城镇化、农业现代化，"四化"协调互动、同步推动的道路。推动信息化和工业化深度融合，工业化和城镇化良性互动，城镇化和农业现代化相互协调，促进工业化、信息化、城镇化、农业现代化同步发展。推动信息化和工业化深度融合、工业化和城镇化良性互动、城镇化和农业现代化相互协调，促进城镇发展与产业支撑、就业转移和人口集聚相统一，促进城乡要素平等交换和公共资源均衡配置，形成以工促农、以城带乡、工农互惠、城乡一体的新型工农、城乡关系。

第三，市场主导，政府引导。正确处理政府和市场关系，更加尊重市场规律，坚持使市场在资源配置中起决定性作用，更好发挥政府作用，切实履行政府制定规划政策、提供公共服务和营造制度环境的重要职责，使城镇化成为市场主导、自然发展的过程，成为政府引导、科学发展的过程。

第四，融入生态文明，建设人与自然和谐的美丽中国。新型城镇化是将生态文明融入全过程，实现人口、经济、资源和环境相协调，建设生态文明的美丽中国，实现中华民族永续发展的城镇化①：一是在城镇化发展方式上，要融入生态文明的理念；二是在城镇化的建设过程中，始终遵循生态文明建设的要求，符合生态文明的指标要求；三是融入生态文明的新型城镇化发展是一种人与自然相和谐的发展，是一种可持续的发展。根据不同地区的自然历史文化禀赋，体现区域差异性，提倡形态多样性，防止千城一面，发展有历史记忆、文化脉络、地域风貌、民族特点的美丽城镇，形成符合实际、各具特色的城镇化发展模式。

第五，统筹规划，分类指导。中央政府统筹总体规划、战略布局和制度安排，加强分类指导；地方政府因地制宜、循序渐进抓好贯彻落实；尊重基层首创精神，鼓励探索创新和试点先行，凝聚各方共识，实现重点突破，总结推广经验，积极稳妥扎实有序推进新型城镇化。

第六，文化传承，彰显特色。根据不同地区的自然历史文化禀赋，体现区域差异性，提倡形态多样性，防止千城一面，发展有历史记忆、文化脉络、地域风貌、民族特点的美丽城镇，形成符合实际、各具特色的城镇化发展模式。

中国特色新型城镇化道路，核心是以人为本，关键是提升质量。它是在人口多、资源相对短缺、生态环境比较脆弱、城乡区域发展不平衡的背景下推进的，这决定了我国必须从社会主义初级阶段这个最大实际出发，遵循城镇化发展规律，坚持走以人为本、四化同步、优化布局、生态文明、文化传承的中国特色新型城镇化道路，促进经济转型升级和社会和谐进步，为全面建成小康社会、加快推进社会主义现代化、实现中华民族伟大复兴的中国梦奠定坚实基础。

---

① 张占斌：《城镇化红利潜能究竟有多大》，载《人民论坛》2013 年第 7 期。

（四）中国特色农业现代化道路

所谓农业现代化是指从传统农业向现代农业转化的过程和手段。在这个过程中，农业逐步应用现代工业、现代科学技术和现代经济管理方法，使农业生产力由落后的传统农业逐步转化为现代农业。农业现代化是农业发展的根本方向，从现代化建设一般规律看，没有农业现代化，就没有整个社会的现代化。

在中国，农业、农村和农民问题被统称为“三农”问题。“三农”问题在中国这个传统农业大国始终是一个根本问题。农业是中国国民经济的基础，在这个有着悠久农耕文化历史，至今还有数亿农业人口的国家，这是已经被历史反复证明的。进入21世纪以来，工业化、信息化、城镇化正以前所未有的速度和广度推进，中国在现代化农业建设的进程中，在巩固农业基础地位的基础上，明确了建设现代农业、建设社会主义新农村的历史任务，提出了走中国特色农业现代化道路的新要求。

中国的农业现代化经历了一个曲折的历史发展过程。新中国成立以后，开始用土地的集体所有制取代私有制，通过制度变迁来促进农业的发展，社会主义改造有力地促进了农业的发展，改善了农民的生活，同时以水利化、机械化为重点，依靠集体经济的力量，以自上而下的行政推动为手段，在全国范围开展了大规模农业基础设施建设，取得了突出的成就，为后来中国农业的发展奠定了基础，但也造成了一定程度上的资源损失和生态环境的破坏。由于当时的现代化战略重点是工业化，与此同时制定的农业政策和城乡社会经济制度都是以工业发展为前提，没有把农业现代化放在优先发展的地位，而且随着中国现代化进程而日益突出的城乡二元结构矛盾，使得在改革开放以前的30年间，城市和农村、市民和农民、工业和农业被分割开来。这给农业现代化的发展造成了不利的影响，也使得农业现代化的进程较为缓慢。

改革开放初期，国家开始对农业现代化建设作出规划。这一时期农业现代化是在农村家庭联产承包责任制全面实行的背景下推进的，其主要特点是：农民努力向耕地外的土地开发扩展，向畜禽水产等养殖业扩展，向第二、第三产业扩展。这是与当时农村人均收入偏低和解决农民吃饭问题的发展阶段的实际情况相适应的。农业科学技术成为推动我国农业现代化建设的直接动力，农业科技成果这一时期在广大农村得到迅速推广应用。

20 世纪 80 年代以后，在对外开放的格局下，中国从国外引进了大量的农业资金和许多先进实用的农业技术、装备、工艺和管理经验，从中学到很多成功经验，加快了农业现代化的发展。同时也开始探索市场经济条件下实现农业现代化的发展道路，出现了农工商一体化、农业专业化、农业产业化等多种农业生产经营方式。但农业基础建设出现弱化现象，并开始影响农业稳定增长。

20 世纪 90 年代，农业产业化成为我国农业现代化探索的着力点。随着社会主义市场经济体制的不断完善，我国农业现代化步伐逐渐加快，建设以家庭承包经营为基础的双层经营体制成为我国农业现代化战略的重要组成部分。1991 年通过的《中共中央关于进一步加强农业和农村工作的决定》提出："农村改革，必须继续稳定以家庭联产承包为主的责任制，不断完善统分结合的双层经营体制，积极发展社会化服务体系，逐步壮大集体经济实力，引导农民走共同富裕的道路，切不可偏离这一深化农村改革的重点和总方向。"①1997 年，中共十五大的报告进一步提出，要"发展农业产业化经营"，"推进农业向商品化、专业化、现代化转变。"②这一时期，通过积极调整农业结构，大力发展高产、优质和高效农业，促进农业区域化、专业化、市场化和现代化，农业产业结构逐渐趋于合理。

2000 年，中共十五届五中全会通过《中共中央关于制定国民经济和社会发展第十一个五年计划的建议》，强调继续发挥农业对国

---

① 李文学、李春萍：《建设有中国特色社会主义农业》，华中师范大学出版社 2002 年版，第 34 页。

② 《十五大以来重要文献选编》(上)，人民出版社 2000 年版，第 26、193 页。

民经济和社会发展的支撑作用，是顺利实施“十五”计划的重要保证。必须坚定不移地加强农业的基础地位，不断完善农村税费改革政策，切实解决农村面临的突出问题，确保农业发展、农民增收和农村稳定。2002 年 11 月，中共十六大报告首次提出“统筹城乡经济社会发展”的重大命题，并针对新时期“三农”工作的新形势、新任务和新特点作了明确的阐述，制定了符合我国国情、符合农业农村实际的重大方针、政策。从此，我国农业现代化进入统筹城乡发展时期。

2003 年 1 月召开的中央农村工作会议明确指出：从我国的未来发展看，实现全面建设小康社会的宏伟目标，最繁重、最艰巨的任务在农村。要“把解决好农业、农村和农民问题作为全党工作的重中之重”①。会议通过了《中共中央、国务院关于做好农业和农村工作的意见》，提出要积极推进农业增长方式的转变，提高农业科技和装备水平，加快建设现代农业，大力推进农业和农村经济结构调整，全面繁荣农村经济，稳定增加农民收入，实现农村社会全面进步。2006 年 3 月，十届全国人大四次会议批准的《中华人民共和国国民经济和社会发展第十一个五年规划纲要》，把发展农业生产力作为建设社会主义新农村的首要任务，提出推进农业结构战略性调整，转变农业增长方式，提高农业综合生产能力和增值能力，巩固和加强农业基础地位的发展目标。2007 年 1 月出台《中共中央、国务院关于积极发展现代农业扎实推进社会主义新农村建设的若干意见》，系统阐释了农业现代化的内涵：“用现代物质条件装备农业，用现代科学技术改造农业，用现代产业体系提升农业，用现代经营形式推进农业，用现代发展理念引领农业，用培养新型农民发展农业，提高农业水利化、机械化和信息化水平，提高土地产出率、资源利用率和农业劳动生产率，提高农业素质、效益和竞争力。”②强调建设现

---

① 《十六大以来重要文献选编》(上)，中央文献出版社 2005 年版，第 112 页。

② 《中共中央国务院关于积极发展现代农业扎实推进社会主义新农村建设的若干意见》，载《人民日报》2007 年 1 月 30 日。

代农业的过程，就是改造传统农业、不断发展农村生产力的过程，就是转变农业增长方式、促进农业又好又快发展的过程。必须把建设现代农业作为贯穿新农村建设和现代化全过程的一项长期艰巨任务，切实抓紧抓好。①

2007 年 11 月，中共十七大报告第一次明确提出了“走中国特色农业现代化道路”命题。报告重申解决“三农”问题事关全面建设小康社会大局，必须始终作为全党工作的重中之重，要“加强农业基础地位，走中国特色农业现代化道路，建立以工促农、以城带乡长效机制，形成城乡经济社会发展一体化新格局。坚持把发展现代农业、繁荣农村经济作为首要任务”②。并系统阐述了走中国特色农业现代化道路的基本思路。这标志着中国共产党关于中国特色农业现代化道路理论的形成。

2008 年 10 月，中共十七届三中全会通过的《关于推进农村改革发展若干重大问题的决定》提出：新形势下农村改革发展要“把建设社会主义新农村作为战略任务，把走中国特色农业现代化道路作为基本方向，把加快形成城乡经济社会发展一体化新格局作为根本要求”③，推动农村经济社会又好又快发展。并提出了推进农业结构战略性调整、加快农业科技创新、加强农业基础设施建设、建立新型农业社会化服务体系、促进农业可持续发展、扩大农业对外开放等积极发展现代农业、提高农业综合生产能力的重要措施。报告还提出了“两个转变”的农业现代化路径：即家庭经营要向采用先进科技和生产手段方向转变，增加技术、资本等生产要素投入，着力提高集约化水平；统一经营要向发展农户联合与合作，形成多元化、多层次、多形式经营服务体系方向转变，发展集体经济、增强集体组织服务功能，培育农民新型合作组织，发展各种农业社会

① 《中共中央国务院关于积极发展现代农业扎实推进社会主义新农村建设的若干意见》，载《人民日报》2007 年 1 月 30 日。

② 《十七大以来重要文献选编》(上)，中央文献出版社 2009 年版，第 18 页。

③ 《十七大以来重要文献选编》(上)，中央文献出版社 2009 年版，第 671~672 页。

化服务组织，鼓励龙头企业与农民建立紧密型利益联结机制，着力提高组织化程度。中共十七届三中全会的决定是一份推进中国特色农业现代化道路的纲领性文件。

2010 年 10 月，中共十七届五中全会提出了“三化同步”思想，即在工业化、城镇化深入发展中同步推进农业现代化，完善以工促农、以城带乡长效机制，加大强农惠农力度，提高农业现代化水平和农民生活水平，建设农民幸福生活的美好家园。2012 年 11 月，中共十八大报告进一步提出了促进工业化、信息化、城镇化、农业现代化同步发展的思想。不仅明确了农业现代化与工业化、信息化、城镇化同等重要的战略地位，而且明确了“四化”之间相互依存、相互促进的关系，将中国特色农业现代化道路推到了一个新的阶段。2013 年 11 月，中共十八届三中全会通过的《关于全面深化改革若干重大问题的决定》提出了健全城乡发展一体化体制机制的改革思路，要求形成以工促农、以城带乡、工农互惠、城乡一体的新型工农城乡关系，并提出要加快构建新型农业经营体系。推进家庭经营、集体经营、合作经营、企业经营等共同发展的农业经营方式创新，鼓励和引导工商资本到农村发展适合企业化经营的现代种养业，向农业输入现代生产要素和经营模式等改革措施，丰富了中国特色农业现代化道路。

中共十八大以后，从 2013 年至 2015 年的“一号文件”都以推进农业现代化为中心内容。

2013 年的“一号文件”即《中共中央国务院关于加快发展现代农业 进一步增强农村发展活力的若干意见》，提出围绕现代农业建设，充分发挥农村基本经营制度的优越性，着力构建集约化、专业化、组织化、社会化相结合的新型农业经营体系，大力支持发展多种形式的新型农民合作组织，进一步解放和发展农村社会生产力，巩固和发展农业农村大好形势。

2014 年的“一号文件”即《中共中央国务院关于全面深化农村改革 加快推进农业现代化的若干意见》，提出推进中国特色农业现代化，要始终把改革作为根本动力，立足国情农情，顺应时代要求，坚持家庭经营为基础与多种经营形式共同发展，传统精耕细作与现代物质技术装备相辅相成，实现高产高效与资源生态永续利用协调兼顾，加强政府支持保护与发挥市场配置资源决定性作用功能互补。并强调要以解决好地怎么种为导向加快构建新型农业经营体系，以解决好地少水缺的资源环境约束为导向深入推进农业发展方式转变，以满足吃得好吃得安全为导向大力发展优质安全农产品。这“三个导向”阐明了中国特色农业现代化道路的发展方向。

2015年的“一号文件”即《中共中央国务院关于加大改革创新力度 加快农业现代化建设的若干意见》指出，当前我国经济发展进入新常态，正从高速增长转向中高速增长，如何在经济增速放缓背景下继续强化农业基础地位、促进农民持续增收，是必须破解的一个重大课题。提出要主动适应经济发展新常态，按照稳粮增收、提质增效、创新驱动的总要求，继续全面深化农村改革，全面推进农村法治建设，推动新型工业化、信息化、城镇化和农业现代化同步发展，努力在提高粮食生产能力上挖掘新潜力，在优化农业结构上开辟新途径，在转变农业发展方式上寻求新突破，在促进农民增收上获得新成效，在建设新农村上迈出新步伐，为经济社会持续健康发展提供有力支撑。

农为邦本，农业现代化是国家现代化的基础和支撑，是农业发展的根本方向。做好新时期的“三农”工作，坚持走中国特色农业现代化道路，关系着国家现代化建设战略全局。农业强则中国强，农村兴则中国兴，农民富则中国富。坚持走出一条生产技术先进、经营规模适度、市场竞争力强、生态环境可持续的中国特色农业现代化道路，加快发展现代农业，既抓住了推进社会主义新农村建设的关键，适应了整个国民经济的发展和加快社会主义现代化的要求，又提高了我国农民的收入和农业的国际竞争力，促进了农村经济社会全面进步，为实现中华民族伟大复兴的中国梦迈出了坚实的一步。

(五)推进“四化”同步发展

2012年11月，党的十八大报告从我国经济社会全局出发，作出了“四化”同步的重大战略，同步推进“四化”是扩大国内需求，转变经济发展方式，实现又好又快发展的道路选择，是贯彻落实科学发展观的内在要求，是对当前经济社会发展现状的深刻认识，符合我国的基本国情，更是在当下经济新常态下调整经济产业结构的基本途径。

“四化”同步的运行机制，要求立足于三农问题，加快推进城乡一体化进程，逐步改变城乡二元结构的经济体制，在推进工业化、信息化、城镇化与农业现代化进程中，不断优化产业结构，不断改善农业生产条件，不断加深城乡统筹的程度，信息化要素进一步应用于工业化、农业化和城镇化发展的进程中。

自党的十六大以来，我国在不断推进中国特色新型工业化的道路中，坚持以信息化带动工业化，以工业化促进信息化，走一条科技含量高、经济效益好、资源消耗低、环境污染少、人力资源优势得到充分发挥的新型工业化道路。改善了经济增长质量和效益，从而使得工业化水平与信息化水平双双有所提高，为“四化”同步打下了坚实的基础。十八大进一步明确了坚持走中国特色新型工业化、信息化、城镇化、农业现代化道路，推动信息化和工业化深度融合、工业化和城镇化良性互动、城镇化和农业现代化相互协调，促进工业化、信息化、城镇化、农业现代化同步发展，首次提出了“四化”同步推进的战略思想。

按照“四化”同步推进的战略布局，一方面，农业发展为工业发展提供了生产资料的原始积累，支撑工业化进一步发展，对城镇化的推进提供保障；另一方面，工业化、信息化和城镇化的发展提升了国家经济实力和以工补农、以城带乡能力，对农业现代化发展提供技术支撑和资金支持，提高农业综合生产能力，带动农业农村发展。在“四化”不断融合的过程中，信息化要素又不断融入城镇建设和农业发展当中，而工业化与信息化深度融合，将推进城镇化向智慧型城市转变，提高城市质量；推进农业向高效、精准、智慧的新型农业转变；推进产业发展向以新型工业化为支撑，即按照资源集约高效利用的要求，注重产业的合理布局与配套集群发展转变。在该过程中，产业发展不断从资本密集型向知识密集型转变。

“四化”其实是一个整体系统，工业化创造供给，城镇化创造需求，工业化、城镇化可以带动和装备农业现代化，农业现代化则为工业化、城镇化提供支撑和保障，而信息化能有力地推进其他“三化”。①

自2013年以来，中国经济开始进入“中高速、优结构、新动力、多挑战”的新常态，经济发展阶段已进入“三期叠加”时期，现行经济下行压力变大。经济增速换挡必然要求经济结构不断优化。要加大经济结构调整力度，增强经济发展后劲，在结构性矛盾突出的情况下继续推进“四化”协同发展，有扶有控，从当前急需又利长远的事着手，夯实经济社会发展根基。

新形势下必须加大力度解决和改善当前“四化”中的“短板”，即努力推进中国新型农业现代化，坚持“三农”重中之重地位不动摇，加快转变农业发展方式，让农业更强、农民更富、农村更美。② 发挥好新型城镇化对农业现代化的辐射带动作用，积极推动以城带乡、以工促农。目前，大量农村人口到城镇转移就业和落户，这本身就是工业化、城镇化对农业农村发展的有力带动的结果。加快新技术、新品种、新农机研发推广应用，引导城市资金、技术、信息、人才、管理等现代生产要素向农业农村流动，切实发挥工业化、信息化、城镇化对农业现代化的带动作用。

新常态下中国特色新型工业化道路，要配合创新驱动战略的实施，推动信息化与工业化的深度融合，突破核心技术，提升信息产业水平，加快落实企业技术创新主体地位，加大创新投入，掌握一批具有自主知识产权的核心关键技术和重大装备，加快创新成果转化应用，促进工业走创新驱动的内涵式发展道路，进一步加强信息技术对传统产业的改造提升，推动传统生产方式向柔性制造、智能制造、服务型制造等新型生产方式转变；促进工业绿色低碳发展，

---

① 《四化同步　农业现代化新定位——十八大报告热词解读》，载《新华日报》2012年12月4日。

② 《2015年政府工作报告(全文实录)》，载《人民日报》2015年3月5日。

发挥市场机制的基础性作用，探索促进资源要素流动的新机制新模式，引导行业和企业形成全过程节约、清洁、循环、低碳的新型生产方式；将信息化的时代特征与工业化的历史进程紧密结合起来，完善工业发展的体制机制，使工业化成果惠及全民。

新常态下新型城镇化进程是当下经济社会发展的强大引擎。2014 年，我国城镇常住人口比上年末增加了 1800 多万。① 农民进城，改变的不仅仅是生产和生活方式，更是他们的生活观念。当前要推进新型城镇化取得新突破，让改革红利惠及全民。城镇化是解决城乡差距的根本途径，也是最大的内需所在。随着我国新型城镇化和新农村建设的推进，城乡二元结构开始向一元结构转型，以工促农、以城带乡、工农互惠、城乡一体的新型工农城乡关系正在加快形成。当下推进新型城镇化必须从我国社会主义初级阶段基本国情出发，遵循规律，因势利导，使城镇化成为一个顺势而为、水到渠成的发展过程，主要从推进农业转移人口市民化、提高城镇建设用地利用效率、建立多元可持续的资金保障机制、优化城镇化布局和形态、提高城镇建设水平、加强对城镇化的宏观管理入手，同时坚持以人为本的核心，走中国特色、科学发展的新型城镇化道路，关键是提升质量，与工业化、信息化、农业现代化同步推进，要科学有序、积极稳妥地向前推进。新型城镇化要找准着力点，有序推进农村转移人口市民化，深入实施城镇棚户区改造，注重中西部地区城镇化。要实行差别化的落户政策，加强中西部地区重大基础设施建设和引导产业转移。要加强农民工职业培训和保障随迁子女义务教育，努力改善城市生态环境质量。在具体工作中，要科学规划实施，加强相关法规、标准和制度建设。坚持因地制宜，探索各具特色的城镇化发展模式。②

新常态下完善我国信息化发展有利于“稳增长”、“调结构”、

① 《2014 年国民经济和社会发展统计公报》，载《人民日报》2015 年 2 月 26 日。

② 《中央城镇化工作会议在北京举行》，载《人民日报》2013 年 12 月 15 日。

“转方式”、“扩内需”。近年来，工业用地紧张、原材料和劳动力成本上升、资源环境约束等问题制约着我国经济增长。当下进一步推动信息化与工业化深度融合，在工业领域推广应用物联网、云计算、移动互联网、大数据、3D 打印等新一代信息技术，大力发展智能制造和智慧产业，推进产品信息化，提高了产品附加值，可以提高企业生产自动化水平，减少用工需求；可以减少原材料损耗，促进节能减排；通过推进服务业信息化，发展信息化服务业，可以提高服务业的比重，把产业结构“调优、调轻”，“调优”是指提高产业层次，“调轻”是指提高服务业占 GDP 的比重。利用信息技术手段对传统产业进行升级改造，使经济增长由主要依靠资源能源消耗，向主要依靠科技进步、劳动者素质提高、管理创新转变；推进信息化领域的新产品、新服务、新业态大量涌现，不断激发新的消费需求，信息消费也日益成为新常态下活跃的消费热点。

新常态下“四化”之间相互影响、相辅相成。新型工业化为城镇化提供经济、产业支撑，而城镇化的推动为新型工业化提供空间，为工业化创造服务条件，促进社会变革。中国特色新型农业现代化则是新型工业化、信息化、城镇化的基础，为推进“三化”提供生产资料、劳动力资源与市场条件的支撑和保障。信息化则为新时期现代化建设提供了重要手段，反映在工业化进程中，提高了产出规模和生产效率；反映在城镇化中，则引领了城市向智能化、创新型城市过渡；反映在中国特色农业现代化中，则提高了农业的精准性和可操作性，大大丰富了现代农业的内容。把握新常态经济发展的新特征，加快转变经济发展方式，调整优化经济产业结构，推进“四化”相互协调，整体推进现代化建设，是新常态下现代化建设与经济发展的基本内容。

中国特色社会主义经济发展道路是新中国成立以来，特别是改革开放以来中国共产党带领和依靠中国人民在中国社会主义经济改革和经济建设的实践中开创、坚持和发展的。中国特色社会主义经济道路创造了中国经济持续调整发展的奇迹，使中国的综合国力大幅提升，人民群众的生活水平显著提高，开放型经济达到新水平。当时，中国经济由高速增长转为中高速增长的新常态，我们必须坚持解放思想、实事求是、与时俱进、勇于变革、勇于创新，不断研究新情况、解决新问题、总结新经验，探索新规律，坚定不移地走中国特色社会主义经济发展道路。

第五章 中国特色社会主义政治发展道路

政治发展道路的选择对于一个国家的发展至关重要。一般来说，一个国家的政治发展要受其意识形态、经济制度、历史传统、文化背景、国民素质及其他社会条件的影响和制约，因而，不同国家政治发展的路径和模式是多样化的。近代以来，为了争取国家独立、民族解放和人民民主，中国曾经选择和实验过各种各样的资产阶级民主主义的政治发展方案，但都失败了。中国共产党从成立之日起，就以争取和实现人民民主为己任，在探索中国革命发展道路的实践中，创造性地将马克思主义关于社会主义革命的理论、列宁关于民族殖民地国家民族民主革命的理论与中国半殖民地半封建社会的实际相结合，提出了新民主主义的经济、政治、文化纲领，走出了一条新民主主义政治发展道路。新民主主义革命的胜利，是新民主主义政治发展道路在中国的成功实践。而中华人民共和国的成立和第一届全国人民代表大会的召开，则标志着中国共产党领导的人民民主制度在中国的全面确立，为探索中国特色社会主义政治发展道路奠定了根本政治前提和制度基础。新中国成立以后，特别是改革开放以来，在推进政治体制改革，实现和发展人民民主的实践中，中国共产党成功开辟、坚持和发展了中国特色社会主义政治发展道路。这就是：高举人民民主旗帜，立足于社会主义初级阶段的基本国情，以保证政治稳定为前提，以推进政治体制改革为动力，坚持党的领导、人民当家作主、依法治国有机统一，坚持和完善中国特色社会主义政治制度，扩大社会主义民主，建设社会主义法治国家，发展社会主义政治文明。

一、高举人民民主旗帜

“人民民主是社会主义的生命”①，高举人民民主的旗帜，实现和发展最广泛的人民民主是中国特色社会主义政治发展道路的目标和方向。人民民主是全面民主，不仅要求实现人民在政治上的民主权利，而且要求实现人民在经济、文化和社会生活方面的民主权利。发展社会主义民主政治，就是不断扩大人民民主，保障人民权益，最大限度地发挥人民的积极性、主动性、创造性，实现好、维护好、发展好最广大人民的根本利益。2014 年 9 月 5 日，中共中央总书记习近平在庆祝全国人民代表大会成立 60 周年大会上的讲话深刻指出：“人民民主是中国共产党始终高举的旗帜。在前进道路上，我们要坚定不移走中国特色社会主义政治发展道路，继续推进社会主义民主政治建设、发展社会主义政治文明。”②

（一）中国是人民民主专政的社会主义国家

《中华人民共和国宪法》明确规定中华人民共和国的国体是“工人阶级领导的、以工农联盟为基础的人民民主专政的社会主义国家”③。

---

① 《十七大以来重要文献选编》(上)，中央文献出版社 2009 年版，第 22 页。

② 习近平：《在庆祝全国人民代表大会成立六十周年大会上的讲话》，载《人民日报》2014 年 9 月 6 日。

③ 《改革开放三十年重要文献选编》(上)，中央文献出版社 2008 年版，第 300 页。

国体问题是国家政权建设的首要问题，也是民主政治建设的根本问题。所谓国体，即国家的性质，具体来说，就是社会各阶级在国家中所处的地位。在当代中国人民民主专政的国体下，工人阶级是领导阶级，工农联盟是政权基础，全体人民是国家的主人。

在中华人民共和国的历史上，人民民主专政的内涵有一个由几个革命阶级联合专政的新民主主义国家到无产阶级专政的社会主义国家的转变过程。

新民主主义革命时期，中国共产党在领导革命根据地的民主建政实践中，形成了较为系统的新民主主义国家学说。在《新民主主义论》中，毛泽东全面阐述了中国共产党关于新民主主义国家的主张，指出：新民主主义革命胜利后，决不是也不能建立中国资产阶级专政的资本主义社会，而是要建立以中国无产阶级为首领的中国各个革命阶级的联合专政的新民主主义社会。无产阶级、农民阶级、知识分子和其他小资产阶级，乃是决定国家命运的基本力量，而无产阶级则是领导的力量，所以，“现在所要建立的中华民主共和国，只能是在无产阶级领导下的一切反帝反封建的人们联合专政的民主共和国”，“国体——各革命阶级联合专政。政体——民主集中制，这就是新民主主义的政治，这就是新民主主义的共和国”。这种新民主主义共和国“是一定历史时期的形式”①。

1948 年以后，中国共产党正式用“人民民主专政”的概念替换了“新民主主义政权”的概念。1948 年 6 月，中共中央宣传部在为重印列宁的《共产主义运动中的“左派”幼稚病》第二章所写的前言中指出：“列宁在本书中所说的，是关于无产阶级专政。今天在我们中国，则不是建立无产阶级专政，而是建立人民民主专政。这种人民民主专政的内容的历史区别，就是：我们的人民民主专政是无产阶级领导的、人民大众的、反帝反封建的反官僚资本的新民主主义革命，这种革命的社会性质，不是推翻一般资本主义，乃是建立新民主主义的社会，建立各革命阶级联合专政的国家；而无产阶级

---

① 《毛泽东选集》第 2 卷，人民出版社 1991 年版，第 672、674、675、677 页。

专政则是推翻资本主义，建设社会主义。”①在1948年9月召开的中共中央政治局会议上，毛泽东在报告中正式使用了“人民民主专政”的概念，他指出：“我们政权的阶级性是这样：无产阶级领导的，以工农联盟为基础，但不是仅仅工农，还有资产阶级民主分子参加的人民民主专政。”②同年12月30日，毛泽东在为新华社撰写的1949年新年献词《将革命进行到底》一文中向全国人民庄严宣告：中国人民要在“全国范围内建立无产阶级领导的以工农联盟为主体的人民民主专政的共和国”③。

中华人民共和国成立前夕，1949年6月30日，为纪念中国共产党成立28周年，毛泽东在《人民日报》发表《论人民民主专政》一文，在这篇后来被认为是新中国建国大纲的光辉文献中，毛泽东回顾和总结了1840年鸦片战争以来中国人民探索国家出路的艰辛历程和经验教训，深刻指出：“总结我们的经验，集中到一点，就是工人阶级（经过共产党）领导的以工农联盟为基础的人民民主专政。这个专政必须和国际革命力量团结一致。这就是我们的公式，这就是我们的主要经验，这就是我们的主要纲领。”④同年9月29日，中国人民政治协商会议第一届全体会议通过了起着新中国临时宪法作用的《中国人民政治协商会议共同纲领》，明确规定：“中华人民共和国为新民主主义即人民民主主义的国家，实行工人阶级领导的，以工农联盟为基础的、团结各民主阶级和国内各民族的人民民主专政，反对帝国主义、封建主义和官僚资本主义，为中国的独立、民主、和平、统一和富强而奋斗。”并指出：“中国人民民主专政是中国工人阶级、农民阶级、小资产阶级、民族资产阶级及其他爱国民主分子的人民民主统一战线的政权，而以工农联盟为基础，以工人阶级为领导。由中国共产党、各民主党派、各人民团体、各

---

① 中国人民解放军政治学院党史教研室编：《中共党史参考资料》第11册，第191页。

② 《共和国走过的路——建国以来重要文献选编》（1949—1952），中央文献出版社1991年版，第13页。

③ 《毛泽东选集》第4卷，人民出版社1991年版，第1375页。

④ 《毛泽东选集》第4卷，人民出版社1991年版，第1480页。

地区、人民解放军、各少数民族、国外华侨及其他爱国民主分子的代表们组成的中国人民政治协商会议，就是人民民主统一战线的组织形式。中国人民政治协商会议代表全国人民的意志，宣告中华人民共和国成立，组织人民自己的中央政府。”①所以，1949 年 10 月 1 日正式成立的中央人民政府是一个民主的联合政府，中华人民共和国最初的性质是人民民主专政的新民主主义国家，人民民主专政的具体实现形式是工人阶级领导的，以工农联盟为基础的包括工人阶级、农民阶级、小资产阶级、民族资产阶级等革命阶级的联合专政。

“中华人民共和国的成立，标志着中国政治实现了向人民民主的伟大跨越，开辟了中国历史上从未有过的人民当家作主的新纪元，亿万中国人民真正成为国家、社会和自己命运的主人。”②新中国成立后，经过一个过渡时期，在完成了生产资料私有制的社会主义改造，建立起了社会主义的基本制度后，工人阶级领导的、以工农联盟为基础的人民民主专政实质上转变为无产阶级专政。

1954 年 9 月 20 日，第一届全国人民代表大会第一次会议通过了《中华人民共和国宪法》，宪法第 1 条规定：“中华人民共和国是工人阶级领导的、以工农联盟为基础的人民民主国家。”宪法序言中还写入了中国共产党在过渡时期的总路线，从而，明确了国家的社会主义发展方向。此前，毛泽东在中央人民政府委员会上作的关于中华人民共和国宪法草案的讲话中就明确指出：这部宪法的原则是两个，即民主原则和社会主义原则。“我们的民主不是资产阶级的民主，而是人民民主，这就是无产阶级领导的、以工农联盟为基础的人民民主专政。人民民主的原则贯穿在我们整个宪法中。另一个是社会主义原则。我国现在就有社会主义。宪法中规定，一定要

---

① 《建国以来重要文献选编》第 1 册，中央文献出版社 1992 年版，第 1、2 页。

② 《十六大以来重要文献选编》(中)，中央文献出版社 2006 年版，第 220 页。

完成社会主义改造，实现国家的社会主义工业化。”①刘少奇在第一届全国人大一次会议上作的《关于中华人民共和国宪法草案的报告》中亦指出：“工人阶级领导和以工农联盟为基础，标志着我们国家的根本性质。这就表明我们的国家是人民民主国家。人民民主国家和资本主义国家在性质上是完全不同的两类国家。在资本主义国家里，无论怎样标榜‘民主’，终究只是占人口中极少数的资产阶级居于国家的统治地位。在我们这里，最大多数的人民才真正是国家的主人。”他还强调：“为着巩固我国人民已经取得的胜利果实，必须继续巩固和加强工人阶级对国家的领导。我们的社会主义建设和社会主义改造的事业，离开工人阶级对国家的领导，是不能设想的。”“不断地巩固和加强工农联盟，是工人阶级的领导能够得到胜利的基本保证。”②1956 年 9 月，在我国生产资料私有制的社会主义改造即将基本完成的前夕，中国共产党召开了第八次全国代表大会，毛泽东在大会开幕词中宣布，中国已经“取得了社会主义革命的决定性的胜利”，号召“为了建设一个伟大的社会主义的中国而奋斗”。刘少奇在大会所作的政治报告中充满激情地指出：“我们所建立的国家，同一切其他的社会主义国家一样，是人类历史上最民主、最有效率、最巩固的国家。”他对我国人民民主专政的性质作了系统的阐释，深刻指出：“世界上一切国家的实质都是阶级的专政，问题只是什么阶级对什么阶级的专政。一切地主阶级、资产阶级的国家都是少数人统治多数人、剥削者统治劳动人民的工具。……我们的人民民主专政就是以工人阶级为首的人民大众对于反动阶级、反动派和反抗社会主义革命的剥削者的专政。我们的民主不是属于少数人的，而是属于绝大多数人的，是属于工人、农民和其他一切劳动人民以及一切拥护社会主义和爱国的人民的。”他指出：我国的人民民主专政经历了资产阶级民主革命和社

① 《建国以来重要文献选编》第 5 册，中央文献出版社 1993 年版，第 288~289 页。

② 《建国以来重要文献选编》第 5 册，中央文献出版社 1993 年版，第 522、478~479 页。

会主义革命两个时期，“在中华人民共和国成立以后，人民民主专政开始担负起由资本主义过渡到社会主义的任务，就是说，要把资产阶级和小生产者的生产资料的私有制变为社会主义的公有制，彻底消灭人剥削人的制度。这样的政权实质上只能是无产阶级专政。”针对一些人提出的疑问：既然我国现阶段的人民民主专政实质上是无产阶级专政的一种形式，那么，为什么又有其他阶级、其他党派和无党派民主人士参加政权？我国的人民民主统一战线为什么还要继续存在呢？刘少奇解释道：“无产阶级专政不但需要无产阶级对于国家机关的坚强领导，而且需要最广大人民群众对于国家机关的积极参加，二者缺一不可。无产阶级只有同广大的可以接受社会主义的群众结成联盟，才能形成最大多数人对于反动阶级的专政，才能实现社会主义。”“最广泛的统一战线和最广泛的爱国主义团结，不仅没有损害我们的无产阶级专政，而且有利于无产阶级专政的巩固和发展。”①

显然，随着生产资料私有制社会主义改造的全面展开，我国人民民主专政的性质和内涵已经由几个阶级联合专政的新民主主义国家向无产阶级专政的社会主义国家转变。对于人民民主专政性质和内涵的这种深刻变化，1982 年 12 月第五届全国人大第五次会议审议通过《中华人民共和国宪法》有着明确的阐述：到 1956 年年底，“生产资料私有制的社会主义改造已经完成，人剥削人的制度已经消灭，社会主义制度已经确立。工人阶级领导的、以工农联盟为基础的人民民主专政，实质上即无产阶级专政”②。

在生产资料私有制的社会主义改造完成以后，人民民主专政的国家制度得到了进一步巩固和发展，在社会主义制度下，国家的一切权力属于人民，广大人民群众真正成为国家的主人，“享受着广

---

① 《建国以来重要文献选编》第 9 册，中央文献出版社 1994 年版，第 80、81、82、87 页。

② 《改革开放三十年重要文献选编》(上)，中央文献出版社 2008 年版，第 299 页。

泛的民主和自由”。① 毛泽东还提出：“我们的目标，是想造成一个又有集中又有民主，又有纪律又有自由，又有统一意志、又有个人心情舒畅、生动活泼，那样一种政治局面。”②1957 年以后，由于阶级斗争扩大化错误的蔓延，中国社会主义民主建设开始出现失误，特别是在“文化大革命”期间，在所谓“无产阶级专政下继续革命”和“全面专政”的错误理论指导下，社会主义民主和法制遭到严重破坏，人民民主一度名存实亡。

1978 年 12 月召开的中共十一届三中全会揭开了中国改革开放的序幕，同时，也开启了中国社会主义民主建设的新阶段。这次会议果断地停止使用“以阶级斗争为纲”这个不适用于社会主义社会的口号，并提出，为了适应社会主义现代化建设的需要，“决定在党的生活和国家生活中加强民主”，并强调：“为了保障人民民主，必须加强社会主义法制，使民主制度化、法律化，使这种制度和法律具有稳定性、连续性和极大的权威。”③此后，中国社会主义民主和法制建设开始走上正轨。

1979 年 3 月，邓小平在理论工作务虚会上提出，必须将在思想政治上坚持四项基本原则作为社会主义现代化建设的“根本前提”。这四项是：第一，必须坚持社会主义道路；第二，必须坚持无产阶级专政；第三，必须坚持共产党的领导；第四，必须坚持马列主义、毛泽东思想。在这个讲话中，邓小平系统阐述了坚持无产阶级专政的思想，一方面，他强调：“无产阶级专政对于人民来说就是社会主义民主，是工人、农民、知识分子和其他劳动者所共同享受的民主，是历史上最广泛的民主。”他还指出，我们过去对民主宣传得不够，实行得不够，制度上有许多不完善，并且犯过错误。现在我们已经坚决纠正了过去的错误，并且采取各种措施继续

① 《毛泽东文集》第 7 卷，人民出版社 1999 年版，第 209 页。

② 《建国以来重要文献选编》第 10 册，中央文献出版社 1994 年版，第 485 页。

③ 《改革开放三十年重要文献选编》(上)，中央文献出版社 2008 年版，第 13、19 页。

努力扩大党内民主和人民民主。“继续努力发扬民主，是我们党今后一个长时期的坚定不移的目标。”另一方面，他又指出：“一定要把对人民的民主和对敌人的专政结合起来”，“发展社会主义民主，决不是可以不要对敌视社会主义的势力实行无产阶级专政”。我们反对把阶级斗争扩大化，不认为党内有一个资产阶级，也不认为在社会主义制度下还会产生一个资产阶级或其他剥削阶级。但我们必须看到，在社会主义社会，还存在各种反社会主义的分子，对这一切反社会主义的分子仍然必须实行专政，不对他们专政，就不可能有社会主义民主。在阶级斗争存在的条件下，在帝国主义、霸权主义存在的条件下，不可能设想国家的专政职能的消亡，不可能设想常备军、公安机关、法庭、监狱等的消亡。它们的存在同社会主义国家的民主化并不矛盾，它们的正确有效的工作不是妨碍而是保证社会主义国家的民主化。“事实上，没有无产阶级专政，我们就不可能保卫从而也不可能建设社会主义。”①邓小平关于无产阶级专政的思想成为改革开放新时期巩固和发展人民民主专政的重要指导思想。

1981年中共十一届六中全会通过的《关于建国以来党的若干历史问题的决议》在对“建国三十二年历史的基本估计”中，将“建立和巩固了工人阶级领导的、以工农联盟为基础的人民民主专政即无产阶级专政的国家政权”列为新中国成立32年来取得的最主要成就，认为“它是中国历史上从来没有过的人民当家作主的新型政权，是建设社会主义的富强民主文明的现代化国家的根本保证。”同时，决定还对四项基本原则的提法作了修改，用“人民民主专政”的概念替代了“无产阶级专政”的概念，指出：“坚持人民民主专政即无产阶级专政。”②

1982年12月4日，第五届全国人大第五次会议正式审议通过

---

① 《邓小平文选》第2卷，人民出版社1994年版，第168、169、176页。

② 《改革开放三十年重要文献选编》(上)，中央文献出版社2008年版，第185、186、211页。

的《中华人民共和国宪法》第一条规定："中华人民共和国是工人阶级领导的、以工农联盟为基础的人民民主专政的社会主义国家。社会主义制度是中华人民共和国的根本制度。"这是新中国宪法第一次明文规定中华人民共和国的国体是人民民主专政的社会主义国家。此前的1975年宪法和1978年宪法均是使用"中华人民共和国是工人阶级领导的以工农联盟为基础的无产阶级专政的社会主义国家"的表述。时任全国人大常务委员会副委员长、全国人大常务委员会法制委员会主任彭真在《关于中华人民共和国宪法修草案的报告》中对此作了说明，指出："我国的人民民主专政实质上就是无产阶级专政。宪法修改草案在《序言》里指明了这一点。无产阶级专政在不同国家可以有不同形式，人民民主专政是中国共产党领导人民所创造的适合我国情况和革命传统的一种形式。在一九四九年《共同纲领》中，在一九五四年宪法中，在一九五六年中国共产党第八次全国代表大会的文件中，我们一直把我国的国家政权称为人民民主专政。现在的宪法修改草案仍然这样规定。工人阶级是我国的领导阶级，它在总人口中是少数，但有广大农民作为巩固的同盟者，并且在长期的革命和建设过程中形成了共产党领导的极其广泛的统一战线。我们国家能够在最广大的人民内部实行民主，专政的对象只是极少数人。人民民主专政的提法，确切地表明我国的这种阶级状况和政权的广泛基础，明白地表示出我们国家政权的民主性质。"①

人民民主专政是民主和专政的辩证统一，它包括两个方面：一个方面是在人民内部实行民主，一个方面是对人民的敌人实行专政。人民是人民民主专政的主体，是国家政权的主人，保证广大人民当家作主是人民民主专政的根本出发点和归宿。我国人民民主专政制度在人民内部实行最广泛的民主，保证人民依法享有广泛权利和自由，保证人民依法实行民主选举、民主决策、民主管理、民主监督。为了保证人民民主，必须对人民的敌人实行专政，要运用国

---

① 《十二大以来重要文献选编》(上)，中央文献出版社2001年版，第118~119页。

家机器的强大威力，与一切危害人民利益，破坏社会主义制度的敌对势力进行坚决的斗争。“这两方面，对人民内部的民主方面和对反动派的专政方面，互相结合起来，就是人民民主专政。”①

在当代中国，人民民主专政的实质就是无产阶级专政。工人阶级在夺取政权后必须建立无产阶级专政的国家政权是马克思列宁主义的一条基本原则。恩格斯指出：“首先无产阶级革命将建立民主的国家制度，从而直接或间接地建立无产阶级的政治统治。”②列宁强调：“只有承认阶级斗争，同时也承认无产阶级专政的人，才是马克思主义者。”③他认为，社会主义革命胜利后，必须要解决“实现无产者和半无产者专政的任务”，“而不解决这一任务，也就谈不上社会主义”④。列宁同时又指出，在不同的国家、不同的历史条件下，无产阶级专政可能采取不同的实现形式，他说：“一切民族都将走到社会主义，这是不可避免的，但是一切民族的走法却不完全一样，在民主的这种或那种形式上，在无产阶级专政的这种或那种类型上，在社会生活各方面的社会主义改造的速度上，每个民族都会有自己的特点。”⑤人民民主专政就是中国共产党在中国革命、建设和改革的过程中，在带领中国人民争取、实现和发展人民民主的实践中把马克思主义无产阶级专政学说同中国具体实际相结合的伟大创造，是适合中国国情的、具有鲜明中国特色的无产阶级专政的国家形式。以“人民民主专政”的概念替换“无产阶级专政”的概念，不仅深刻反映了中国共产党领导中国各革命阶级为争取人民民主而奋斗的历史和经验，同时更深刻地反映了当代中国社会主义初级阶段的基本国情，反映了今天中国的社会主义国家制度较之一般的社会主义国家有着更广泛的社会基础和群众基础，体现着人民民主更加广泛的范围。在今天，为中国特色社会主义而奋斗的力

---

① 《毛泽东选集》合订本，人民出版社 1968 年版，第 1364 页。
② 《马克思恩格斯选集》第 1 卷，人民出版社 1995 年版，第 239 页。
③ 《列宁全集》第 31 卷，人民出版社 1985 年版，第 32 页。
④ 《列宁选集》第 3 卷，人民出版社 1995 年版，第 568 页。
⑤ 《列宁全集》第 28 卷，人民出版社 1990 年版，第 163 页。

量不仅包括工人、农民、知识分子在内的广大社会主义劳动者，同时也包括主要由改革开放以来出现的新的社会阶层构成的社会主义建设者和拥护社会主义的爱国者。中国特色社会主义的伟大事业是社会主义劳动者、社会主义建设者和拥护社会主义的爱国者的共同事业，他们都是无产阶级专政的社会主义国家的社会基础，他们都能够充分地享受最广泛的社会主义民主。这就是当代中国的人民民主专政制度较之一般意义的无产阶级专政的突出特点。

（二）人民民主是人类历史上最广泛、最全面的民主

"评价一个国家政治制度是不是民主的、有效的，很重要的方面，就要看全体人民能否依法管理国家事务和社会事务、能否畅通表达利益要求、能否有效参与国家政治生活，国家决策能否实现科学化、民主化。60 年来，从宪法的修改完善，到推动基层群众自治，再到实现城乡'同票同权'，我们党坚定不移推进人民民主，不断巩固和完善人民代表大会制度，为的就是不断扩大人民有序政治参与，让人民实现内容广泛、层次丰富的当家作主；为的就是建设了解民情、反映民意、集中民智、珍惜民力的决策机制，增强决策透明度和公众参与度，保证决策符合人民利益和愿望。"①

人民民主是人类历史上最广泛的民主。在人类政治文明的进程中，由于欧美国家最早进行了资产阶级民主主义革命，因而欧美国家也较早进行了现代民主政治的实践。资产阶级民主在资本主义上升期是具有进步性和革命性的。然而，资产阶级民主虽然标榜多数人的政治，但从一开始本质上就是少数人的民主，是以少数人对多数人的统治为前提的民主，是以保护资产阶级私有制经济利益为条件的民主，西方所标榜的选举民主，实质上是金钱民主。真正在西方民主体制中起作用的不是普通民众，而是那些操纵民主的垄断财团和利益集团。如美国宪法规定，只要是美国出生的公民、年满

① 《人民民主是中国共产党始终高举的旗帜》，载《人民日报》2014 年 9 月 6 日。

35 岁、在美国居住至少 14 年，就有资格参加总统竞选。然而，近乎天文数字的竞选经费却是一般民众不敢想象的。2004 年美国大选，小布什花了 3. 67 亿美元战胜了花费 3. 28 亿美元的约翰·克里。2008 年美国大选，奥巴马筹集了 7 亿多美元竞选，经费高出对手一倍多，并最终赢得了选举。2012 年美国总统选举所耗费资金突破 20 亿美元，胜选连任的奥巴马筹措和开支总额高达 10 亿美元，这也让这届大选成为美国历史上最昂贵的选举。目前，2016 年美国大选又揭开了序幕，美国的竞选财务专家说，任何想要参加本次总统大选的人都需要募集至少 1 亿美元资金才有可能被视为一个有潜力的候选者，如果要获得胜利，竞选费用可能超过 10 亿美元。美国前国务卿希拉里·克林顿宣布将竞选 2016 年美国总统的计划，《纽约时报》的报道称："克林顿及其支持者预计筹得 25 亿美元"，并认为"此次竞选很可能成为有史以来最昂贵的总统竞选。"而有意与希拉里·克林顿争夺 2016 年大选的民主党候选人提名的佛蒙特州独立参议员伯尼·桑德斯在对媒体的谈话中表示，现行的美国政治体制已经被大资本所控制，他说："我们的民主是属于一小撮亿万富翁的。"①这正应验了列宁曾经提出的著名论断："资本既然存在，也就统治着整个社会，所以任何民主共和制、任何选举制度都不会改变事情的实质。"②对无产阶级和广大劳动人民来说，资产阶级民主并不是真正的民主，它以表面的全民性作为伪装，掩盖其对多数人实行统治、压迫的阶级实质。这就是西方国家资产阶级民主的局限性和虚伪性。正如列宁所指出的："资产阶级民主同中世纪制度比较起来，在历史上是一大进步，但它始终是而且在资本主义制度下不能不是狭隘的、残缺不全的、虚伪的、骗人的民主，对富人是天堂，对被剥削者、对穷人是陷阱和骗局。""每隔几年决定一次究竟由统治阶级中的什么人在议会里镇压人民、压迫人民，——这就是资产阶级议会制的真正本质，不仅在议会制的

---

① 《希拉里竞选对手吐槽：美国民主只属于亿万富翁》，载《参考消息》2015 年 5 月 2 日。

② 《列宁选集》第 4 卷，人民出版社 1995 年版，第 38 页。

立宪君主制国家是这样，而且在最民主的共和国也是这样。”①一些西方的政治学家对于西方国家资产阶级民主政治的这种虚伪性也毫不隐晦。如美国学者查尔斯·A. 比尔德在《美国宪法的经济解释》一书中指出：“这种制度的经济意义在于，有产精英阶层得以凭其资源和知识的优势，在必要时获得有利的立法，而不受国会多数的控制。”法国历史学家、政治学家托克维尔在其所撰的名著《论美国的民主》一书中更直白地宣称：“‘人民的多数在管理国家方面有权决定一切’这句格言，是亵渎神的和令人讨厌的。”“民主政府的最终目的应当是对少数人利益的保护。”毫无疑问，在资本主义制度下，所谓的民主不过只是一种表面现象，真正起决定作用的是资本，资产阶级民主的本质是维护少数人的利益。因此，西方社会虽然有民主的形式，却远没有实现民主的所有内容，甚至还没有触及民主的实质内容。

社会主义民主与资本主义民主的根本区别在于它是人民民主——真正大多数人的民主，它是建立在生产资料公有制基础上的绝大多数人对少数人的统治。马克思主义国家学说认为，民主是一种国家形态，判定一个国家的性质，关键就是看这个国家中哪个阶级处于统治地位。社会主义民主是工人阶级及其他劳动人民当家作主的民主，是社会成员中绝大多数人享有的民主。社会主义民主的根本目的，不仅要使工人阶级和其他劳动人民获得政治的解放，而且要使工人阶级和其他劳动人民获得经济的解放和社会的解放。马克思在谈到巴黎公社时深刻指出：“公社的真正秘密就在于：它实质上是工人阶级的政府，是生产者阶级同占有者阶级斗争的结果，是终于发现的、可以使劳动在经济上获得解放的政治形式。”公社是“人民群众获得社会解放的政治形式，这种政治形式代替了被人民群众的敌人用来压迫他们的假托的社会力量”②。列宁也强调苏维埃政权是“以新型的民主代替了资产阶级民主制”，“其活的灵魂

① 《列宁选集》第3卷，人民出版社1995年版，第601、150页。

② 《马克思恩格斯选集》第3卷，人民出版社1995年版，第59、95页。

就是政权转归劳动者”①。社会主义民主制度下广大劳动人民当家作主是由社会主义社会的经济基础所决定的，马克思主义认为，任何政治权利都是由占统治地位的经济关系决定的。在社会主义制度下，建立以公有制为基础的经济制度，工人阶级和广大人民群众以各种不同的形式共同占有生产资料，消灭剥削制度，人民成为国家主人，享有平等的政治地位和政治权利。以保证人民当家作主为根本的社会主义民主政治，正是人民共同占有生产资料的经济制度在政治领域的体现。

在我国社会主义初级阶段，经济上实行公有制为主体、多种所有制经济共同发展的基本经济制度，实行按劳分配为主体、多种分配方式并存的分配制度，这就从根本上保证了占人口绝大多数的工人、农民和其他劳动人民摆脱了被资本剥削和奴役的境况，在经济上取得了平等地位，并由此决定和保证了社会主义民主不是受到资本操纵的少数人的民主，而是包括工人、农民、知识分子、全体社会主义劳动者、社会主义建设者、拥护社会主义的爱国者和拥护祖国统一的爱国者在内的全体人民都能享有的民主。人民民主专政的国家制度、人民代表大会的根本政治制度和中国共产党领导的多党合作和政治协商制度、民族区域自治制度、基层群众自治制度等基本政治制度从制度上保证了人民当家作主的政治地位。在人民民主专政的社会主义制度下，第一次真正实现了占人口绝大多数的广大劳动人民的最广泛的民主，民主政治也才真正成为“多数人的统治”。

人民民主是人类历史上最全面的民主。在社会主义制度下，人民民主不只是限于政治民主，还包括经济、文化、社会领域的民主，人民依法享有各种政治权利和基本自由，人民对于国家政治、经济、文化、社会等各方面的事务享有广泛而充分的民主参与、民主决策、民主管理、民主监督的权利，广大人民是国家真正的主人。

中华人民共和国是按照马克思主义国家学说建立起来的人民民

① 《列宁选集》第3卷，人民出版社1995年版，第464页。

主专政的社会主义国家，“人民民主专政的国家性质决定，在我国，人民，只有人民，才是国家和社会的主人。”①《中华人民共和国宪法》明确规定：“中华人民共和国的一切权力属于人民”②，“这是我国国家制度的核心内容和根本准则”③。

在中国社会主义制度下，人民当家作主最根本的体现为国家的一切权力属于人民，人民是行使国家权力的主体。“一切权力属于人民”是社会主义民主政治的根本原则，这一原则表现在国家政治生活和社会生活的不同层面、不同领域。首先体现为国家的最高权力机关全国人民代表大会和地方各级人民代表大会都由人民选举产生，并对人民负责，受人民监督，通过国家的根本政治制度保证国家的一切权力属于人民。1954 年第一届全国人民代表大会第一次会议通过的新中国第一部宪法就明确规定：中华人民共和国的一切权力属于人民。人民行使权力的机关是全国人民代表大会和地方各级人民代表大会。在这次会上当选为新中国第一任全国人大常务委员会委员长的刘少奇在会上所作《关于中华人民共和国宪法草案》的报告中指出：“人民代表大会制度所以能够成为我国的适宜的政治制度，就是因为它能够便利人民行使自己的权力，能够便利人民群众经常经过这样的政治组织参加国家的管理，从而得以充分发挥人民群众的积极性和创造性。”“依照宪法草案的规定，我国的全国人民代表大会完全统一地行使最高的国家权力，而我们的国家行政机关，从国务院到地方各级人民委员会，都由全国人民代表大会和地方各级人民代表大会这样的国家权力机关产生，受它们的监督，并可以由它们罢免。所以，我们的国家行政机关决不能脱离人民代表大会或者违背人民代表大会的意志而进行活动。”“人民的共同利益和统一意志，是人民代表大会和一切国家机关工作的出发点。因

---

① 《十二大以来重要文献选编》(上)，中央文献出版社 2001 年版，第 120 页。

② 《中华人民共和国法律汇编(2000—2004)》(上)，人民出版社 2005 年版，第 6 页。

③ 《中华人民共和国宪法》，人民出版社 1982 年版，第 54 页。

此，在这一切国家机关中，也就能够在民主的基础上形成人民的政治一致性。”因此，他特别强调：要“使国家机关经常保持同群众的密切联系，正确地反映人民群众的意志”。① 我国现行宪法在1954年宪法的基础上进一步发展了“一切权力属于人民”的原则，不仅规定：“全国人民代表大会和地方各级人民代表大会都由民主选举产生，对人民负责，受人民监督。”还规定“国家行政机关、审判机关、检察机关都由人民代表大会产生，对它负责，受它监督”，就是要更加充分发挥各级人民代表大会在代表人民意志、反映人民利益、保障人民权利，最大程度地实现人民当家作主的重要作用。从新中国成立以来，中国共产党就一直以“国家一切权力属于人民”原则作为推进社会主义民主政治建设的指导思想，而全国人民代表大会和地方各级人民代表大会是实现“国家一切权力属于人民”根本制度保障，60年来，特别是改革开放30多年来，人民代表大会制度的发展，真正体现了人民当家作主的社会主义国家性质。“一切权力属于人民”的原则还体现在国家政治生活中人民通过参与国家和社会事务的管理实现当家作主的权利上，在当代中国，人民这种当家作主的权利不仅形式丰富，而且受到宪法和法律的有力保障。现行宪法明确规定：“人民依照法律规定，通过各种途径和形式，管理国家事务，管理经济和文化事业，管理社会事务。”现行宪法还规定了人民实行自我管理、自我教育、自我服务和自我监督的基层群众性自治组织以及在企事业单位中的职工代表大会等民主管理形式，充分体现了人民对国家事务和社会事务的参与权、管理权、决定权和监督权。中共十七大报告指出：要“坚持国家一切权力属于人民，从各个层次、各个领域扩大公民有序政治参与，最广泛地动员和组织人民依法管理国家事务和社会事务、管理经济和文化事业。”并提出：“人民依法直接行使民主权利，管理基层公共事务和公益事业，实行自我管理、自我服务、自我教育、自我监督，对干部实行民主监督，是人民当家作主最有效、最广泛的途径，必

① 《建国以来重要文献选编》第5册，中央文献出版社1993年版，第488、489、491、492页。

须作为发展社会主义民主政治的基础性工程重点推进。”①中共十八大报告进一步指出：“必须坚持人民主体地位。中国特色社会主义是亿万人民自己的事业。要发挥人民主人翁精神，坚持依法治国这个党领导人民治理国家的基本方略，最广泛地动员和组织人民依法管理国家事务和社会事务、管理经济和文化事业、积极投身社会主义现代化建设，更好保障人民权益，更好保证人民当家作主。”②

在社会主义制度下，人民当家作主还体现为人民享有最广泛的权利和自由。“我们的国家制度和社会制度从法律上和事实上保证我国公民享有广泛的、真实的自由和权利。”③我国现行宪法规定：国家尊重和保障人权，保障人民依法享有广泛的权利和自由。选举权和被选举权是公民最基本的民主权利，依法有序参与选举，既是人民行使当家作主权利的最重要方式，也是公民参与国家政治生活的最重要途径。宪法规定：中华人民共和国年满 18 周岁的公民，不分民族、种族、性别、职业、家庭出身、宗教信仰、教育程度、财产状况、居住期限，都有选举权和被选举权。宪法规定：中华人民共和国公民有言论、出版、集会、结社、游行、示威的自由。公民有宗教信仰自由。公民的人身自由不受侵犯。公民的人格尊严不受侵犯。禁止用任何方法对公民进行侮辱、诽谤和诬告陷害。公民的住宅不受侵犯。禁止非法搜查或者非法侵入公民的住宅。公民的通信自由和通信秘密受法律的保护。任何组织或者个人不得以任何理由侵犯公民的通信自由和通信秘密。公民有进行科学研究、文学艺术创作和其他文化活动的自由。妇女在政治的、经济的、文化的、社会的和家庭的生活等各方面享有同男子平等的权利。国家保护妇女的权利和利益，实行男女同工同酬，培养和选拔妇女干部。婚姻、家庭、母亲和儿童受国家的保护。宪法还规定：公民对于任

---

① 《十七大以来重要文献选编》(上)，中央文献出版社 2009 年版，第 22、23 页。

② 《十八大以来重要文献选编》(上)，中央文献出版社 2014 年版，第 11 页。

③ 《十二大以来重要文献选编》(上)，中央文献出版社 2001 年版，第 120 页。

何国家机关和国家工作人员有提出批评和建议的权利，对于任何国家机关和国家工作人员的违法失职行为有提出申诉、控告或检举的权利。由于国家机关和国家工作人员侵犯公民权利而受到损失的人，有依照法律规定取得赔偿的权利。在社会主义国家里，国家的、社会的利益同公民个人利益在根本上是一致的。只有广大人民的民主权利和根本利益都得到保障和发展，公民个人的自由和权利才有可能得到切实保障和充分实现。因此宪法还规定：中华人民共和国公民在行使自由和权利的时候，不得损害国家的、社会的、集体的利益和其他公民的合法的自由和权利。新中国成立以来，虽然我国社会主义民主建设经历过曲折，但总体说来，社会主义愈发展，中国人民享有的权利和自由便愈充分，“任何资本主义国家的人民群众，都没有也不可能有我国人民这样广泛的个人自由”①。保证广大人民群众享有最广泛的权利和自由始终是社会主义民主政治发展的重要目标，中共“十八大”报告强调：在新的历史条件下，要坚持走中国特色社会主义政治发展道路和推进政治体制改革，发展更加广泛、更加充分、更加健全的人民民主，“保证人民依法享有广泛权利和自由”。

国家的一切权力属于人民、人民享有广泛的权利和自由是社会主义制度下人民当家作主的两个基本方面，国家的一切权力属于人民是人民享有权利和自由的前提和保障，而人民享有广泛的权利和自由是保证国家的一切权力属于人民，由人民管理国家和社会事务的基础。只有在人民民主专政的社会主义国家里，才可能真正实现国家的一切权力属于人民，保证人民享有广泛的权利和自由。人民民主是人类历史上最广泛、最全面的民主。

必须指出，人民民主也有一个逐渐发展和完善的过程，社会主义愈发展，人民对于民主的要求愈高，民主的实现程度愈充分。随着中国特色社会主义的发展，人民民主也需要不断发展和完善。

---

① 《建国以来重要文献选编》第 5 册，中央文献出版社 1993 年版，第 493 页。

二、坚持党的领导、人民当家作主和依法治国有机统一

发展社会主义民主政治，最根本的是要把坚持党的领导、人民当家作主和依法治国有机统一起来。所谓“有机”是指事物的各部分互相关联、协调而不可分，就像一个生物体那样有机联系。三者的有机统一是指党的领导、人民当家作主、依法治国三者是一个相互关联而不可分的有机整体，不能把三者割裂开来，更不能把三者对立起来。党的领导是人民当家作主和依法治国的根本保证，人民当家作主是社会主义民主政治的本质要求，依法治国是党领导人民治理国家的基本方略。“在中国，发展社会主义民主政治，保证人民当家作主，保证国家政治生活既充满活力又安定有序，关键是要坚持党的领导、人民当家作主、依法治国有机统一。”①坚持党的领导、人民当家作主和依法治国有机统一是中国特色社会主义政治发展道路的基本内容和鲜明特征。

（一）中国共产党的领导是人民当家作主和依法治国的根本保证

实现和发展人民民主，保证人民当家作主是中国特色社会主义政治发展道路的根本目标。全面推进依法治国，是发展社会主义民主政治的基本途径。

“中国共产党的领导是中国特色社会主义最本质的特征。没有共产党，就没有新中国，就没有新中国的繁荣富强。坚持中国共产党这一坚强领导核心，是中华民族的命运所系。”②在当代中国，只

① 习近平：《在庆祝全国人民代表大会成立六十周年大会上的讲话》，载《人民日报》2014年9月6日。

② 习近平：《在庆祝全国人民代表大会成立六十周年大会上的讲话》，载《人民日报》2014年9月6日。

有坚持中国共产党的领导，才能保证广大人民真正当家作主，也只有坚持中国共产党的领导，才能全面推进依法治国，建设社会主义法治国家。

首先，坚持中国共产党的领导和实现人民当家作主具有内在的一致性。中国共产党是一个为实现和发展人民民主而奋斗的政党，立党为公，执政为民是党的宗旨，中国共产党从建立开始，就高扬起人民民主的光辉旗帜，保证人民当家作主是党始终不渝的奋斗目标。《中国共产党章程》载明了党对人民的庄严承诺：中国共产党是中国特色社会主义事业的领导核心，代表中国最广大人民的根本利益，全心全意为人民服务。党除了工人阶级和最广大人民群众的利益，没有自己特殊的利益。党在任何时候都把群众利益放在第一位，同群众同甘共苦，保持最密切的联系，坚持权为民所用、情为民所系、利为民所谋，不允许任何党员脱离群众，凌驾于群众之上。党章还明确规定：领导广大人民发展社会主义民主政治，走中国特色社会主义政治发展道路是中国共产党的历史使命！2014 年 9 月 5 日，中共中央总书记习近平在庆祝全国人民代表大会成立 60 周年大会的讲话中再次向全国人民庄严地重申了中国共产党的这一政治立场："中国共产党的领导，就是支持和保证人民实现当家作主。"①

其次，广大人民只有在人民民主专政的社会主义国家里才有可能实现真正的当家作主。在旧中国，中国人民在帝国主义、封建主义、官僚资本主义的统治下，处于被奴役、被压迫的境况，从来不曾享受过任何权利和自由，根本就谈不上是国家的主人。中国共产党领导中国人民在经历了长期的、艰难曲折的武装斗争和其他形式的斗争以后，终于推翻了帝国主义、封建主义和官僚资本主义的统治，取得了新民主主义革命的伟大胜利，建立了人民民主专政的国家政权。从此，中国人民才掌握了国家的权力，成为国家的主人。中国人民民主专政的国家制度是在中国共产党的领导下建立和发展

① 习近平：《在庆祝全国人民代表大会成立六十周年大会上的讲话》，载《人民日报》2014 年 9 月 6 日。

起来，中国共产党既是人民民主的领导者，也是人民民主的建设者，更是人民民主的执行者。《中华人民共和国宪法》明确规定了中国共产党在国家政治生活中的领导地位。在当代中国，坚持中国共产党的领导是保证人民当家作主的根本政治前提。

再次，中国是一个有着 13 亿多人口的、多民族的社会主义大国，目前正处于社会主义初级阶段，地域辽阔，人口众多，经济文化比较落后，发展也很不平衡，人民利益在客观上具有广泛性和多样性，虽然从总体上说全国各族人民的根本利益是一致的，但是，各方面人民的具体利益则是千差万别的，要保证和实现人民的具体利益具有空前的复杂性、艰巨性。这就要求有一个能够代表全国各族人民共同利益，能够集中反映和有效体现各方面人民利益诉求的政治核心。中国共产党就是这样一个政治核心，在当代中国，除了中国共产党，没有任何一种政治力量能够担当这样一个政治核心。只有坚持中国共产党的领导，才能坚持中国政治发展的社会主义方向，才能凝聚中国社会的最大公约数，实现和保障最大多数的人民真正当家作主。

最后，在当代中国，中国共产党是法治国家、法治政府、法治社会建设的领导力量，只有在中国共产党的领导下，才能够全面推进依法治国，建设社会主义法治国家。中国在历史上是一个缺乏法治传统的国家，在新中国成立以前，旧政权虽然也曾经依照西方国家的法律体系，颁布了一批宪法和法律，最具代表性的如南京国民党政府的所谓“六法全书”①，但那些法律都是为大地主大资产阶级服务的，是反动统治阶级压迫广大劳动人民的工具。中国共产党在领导人民取得新民主主义革命的胜利后，果断宣布废除了国民党政府的“六法全书”，领导中国人民制定了真正代表广大人民利益的《中华人民共和国宪法》，以根本大法的形式确立了广大劳动人民当家作主的地位，使人民的权利和自由得到了充分的保证。在那

① 南京国民党政府的法律体系，所谓“六法”即宪法、民法、刑法、民事诉讼法、刑事诉讼法、行政法。南京政府立法采用“民商合一”原则，没有单独的商法。

以后，经过一个历史时期的曲折探索，最终确立了依法治国的基本治国方略，并逐步建立起中国特色社会主义法律体系和法治体系，使中国真正走上了社会主义法治国家的道路。今天的中国是社会主义法治国家，而中国共产党是社会主义法治国家的领导核心，党领导人民通过国家权力机关制定宪法和各项法律，又在宪法和法律范围内活动，严格依法办事，保证法律的实施，从而使党的领导、人民当家作主和依法治国有机统一起来。在当代中国，推进全面依法治国的关键是坚持中国共产党的领导，对此，中共十八届四中全会通过的《关于全面推进依法治国若干重大问题的决定》深刻指出："党的领导是中国特色社会主义最本质的特征，是社会主义法治最根本的保证。把党的领导贯彻到依法治国全过程和各方面，是我国社会主义法治建设的一条基本经验。我国宪法确立了中国共产党的领导地位。坚持党的领导，是社会主义法治的根本要求，是党和国家的根本所在、命脉所在，是全国各族人民的利益所系、幸福所系，是全面推进依法治国的题中应有之义。党的领导和社会主义法治是一致的，社会主义法治必须坚持党的领导，党的领导必须依靠社会主义法治。只有在党的领导下依法治国、厉行法治，人民当家作主才能充分实现，国家和社会生活法治化才能有序推进。"

（二）人民当家作主是社会主义民主政治的本质和核心

社会主义民主政治的根本目的就是要实现人民当家作主。马克思主义经典作家历来认为，民主的实质就是人民当家作主。马克思指出："人民是否有权来为自己建立新的国家制度呢？对这个问题的回答应该是绝对肯定的，因为国家制度如果不再真正代表人民的意志，那它就变成有名无实的东西了。"他认为："不是国家制度创造人民，而是人民创造国家制度。"①他高度评价巴黎公社就是属于

① 《马克思恩格斯全集》第1卷，人民出版社1995年版，第316、281页。

人民、由人民掌权的政府："它是由人民自己当自己的家。"①在马克思看来，真正的民主应该是人民主权、人民意志的实现，是人民自己管理国家和社会事务。他在《哥达纲领批判》中曾说道："民主的"这个词，在德语里意思就是"人民当权的"②。在俄国十月社会主义革命胜利后，列宁指出，苏维埃政权是新型的国家，在这里，民主第一次为群众为劳动者服务，不再是富人的民主。他说："苏维埃革命无论在深度和广度方面都空前地推动了民主的发展，而且它所推动的正是受资本主义压迫的广大劳动群众享受的民主，因而也就是绝大多数人享受的民主，也就是不同于资产阶级民主(剥削者的、资本家的、富人的民主)的社会主义民主(劳动人民的民主)。"③他指出：苏维埃民主制"第一次着手使真正全体人民都学习管理，并且开始管理"，"我们的目的是要吸收全体贫民实际参加管理"④。在社会主义民主制度下，要"充分发扬民主"，"也就是使全体居民群众真正平等地、真正普遍地参与一切国家事务"。列宁还深刻阐明了民主与社会主义的关系，指出："没有民主，就不可能有社会主义，这包括两个意思：(1)无产阶级如果不通过争取民主的斗争为社会主义革命作好准备，它就不能实现这个革命；(2)胜利了的社会主义如果不实行充分的民主，就不能保持它所取得的胜利，并且引导人类走向国家的消亡。"⑤

让人民当家作主，是社会主义民主的本质规定性，也是社会主义民主同历史上一切民主的本质区别。中国共产党从建立开始，就将争取和实现人民民主作为党的奋斗目标，"我们党领导建立的中华苏维埃共和国，抗日战争时期在根据地建立的三三制政权，解放战争时期在各解放区建立的人民政权，都实行了人民民主的原则。"⑥在新民主主

① 《马克思恩格斯全集》第17卷，人民出版社1995年版，第565页。
② 《马克思恩格斯选集》第3卷，人民出版社1995年版，第312页。
③ 《列宁全集》第37卷，人民出版社1986年版，第280页。
④ 《列宁选集》第3卷，人民出版社1995年版，第504页。
⑤ 《列宁全集》第28卷，人民出版社1990年版，第111、168页。
⑥ 《十六大以来重要文献选编》(上)，中央文献出版社2005年版，第144页。

义革命和社会主义革命胜利后，中国共产党领导人民建立了人民民主专政的国家政权，确立了社会主义基本制度，“实现了几千年来中国政治由封建专制向人民民主的伟大跨越”①，使广大人民真正成为国家、社会和自己命运的主人，为实现和发展人民民主提供了根本政治前提和制度基础。在探索社会主义民主政治发展的过程中，虽然由于“左”倾错误的影响，经历过挫折和失误，但中国共产党始终将人民民主视为社会主义的生命，将发展社会主义民主政治作为党始终不渝的奋斗目标，强调：“发展社会主义民主政治，必须以保证人民当家作主为根本”②，在不断推进中国政治体制改革，发展社会主义民主政治的实践中成功开辟和坚持了中国特色社会主义政治发展道路。中共十六大报告在第一次提出“发展社会主义民主政治，最根本的是要把坚持党的领导、人民当家作主和依法治国有机统一起来”这一重大命题时强调：人民当家作主是社会主义民主政治的本质要求，“共产党执政就是领导和支持人民当家作主，最广泛地动员和组织人民群众依法管理国家和社会事务，管理经济和文化事业，实现和维护人民群众的根本利益”③。中共十七大报告进一步提出：“人民当家作主是社会主义民主政治的本质和核心”，要以保证人民当家作主为根本，以增强党和国家活力、调动人民积极性为目标，扩大社会主义民主，建设社会主义法治国家，发展社会主义政治文明。“要健全民主制度，丰富民主形式，拓宽民主渠道，依法实行民主选举、民主决策、民主管理、民主监督，保障人民的知情权、参与权、表达权、监督权。”④

在当代中国，保证人民当家作主，必须坚定不移走中国特色社

① 《十六大以来重要文献选编》(上)，中央文献出版社 2005 年版，第 144 页。

② 《十八大以来重要文献选编》(上)，中央文献出版社 2014 年版，第 527 页。

③ 《十六大以来重要文献选编》(上)，中央文献出版社 2005 年版，第 24 页。

④ 《十七大以来重要文献选编》(上)，中央文献出版社 2009 年版，第 22~23 页。

会主义政治发展道路，坚持和完善中国特色社会主义政治制度，从各个层次、各个领域扩大公民有序政治参与，推进社会主义民主政治法治化。

保证人民当家作主，最根本的是要支持和保证人民通过人民代表大会行使国家权力。人民代表大会制度是中国的根本政治制度，是人民当家作主的最重要的制度载体，也是公民有序参与政治的根本途径。《中华人民共和国宪法》明确规定：中华人民共和国的一切权力属于人民。人民行使国家权力的机关是全国人民代表大会和地方各级人民代表大会。全国人民代表大会和地方各级人民代表大会都由民主选举产生，对人民负责，受人民监督。国家行政机关、审判机关、检察机关都由人民代表大会产生，对它负责，受它监督。要支持各级人民代表大会依法履行职能，保障人大代表依法行使职权，支持人大及其常委会充分发挥国家权力机关作用，依法行使立法、监督、决定、任免等职权，加强立法工作组织协调，加强对“一府两院”的监督，加强对政府全口径预算决算的审查和监督。使国家的立法、决策、执行、监督等工作更好地体现人民的意志，维护人民的利益；要完善人大代表选举制度，提高基层人大代表特别是一线工人、农民、知识分子代表比例，降低党政领导干部代表比例；要密切人大代表同人民的联系，在人大设立代表联络机构，完善代表联系群众制度，更好地发挥人大代表的作用。

保证人民当家作主，要健全社会主义协商民主制度，推进协商民主广泛、多层、制度化发展。社会主义协商民主是中国特色社会主义民主政治的特有形式和独特优势，就是在中国共产党领导下，在人民内部，围绕改革、发展、稳定重大问题和涉及群众切身利益的实际问题，在决策之前和决策实施之中开展广泛协商，努力形成共识的重要民主形式。协商民主的主要形式有：政党协商、政府协商、政协协商、人大协商、人民团体协商、基层协商和社会组织协商。协商民主是人民民主的重要实现形式，也是公民有序政治参与的重要途径。推进社会主义协商民主建设，要发挥统一战线在协商民主中的重要作用。完善中国共产党同各民主党派的政治协商，认真听取各民主党派和无党派人士意见。要发挥人民政协作为协商民主重要渠道作用。重点推进政治协商、民主监督、参政议政制度化、规范化、程序化。坚持广泛参与、多元多层，更好保障人民群众的知情权、参与权、表达权、监督权。

保证人民当家作主，要进一步完善基层民主制度。基层民主制度主要是指基层群众性自治制度，即基层群众性自治组织形式及其运作方式，它是基层群众性自治组织自我教育、自我管理、自我服务、自我监督的方式、方法、程序的总和，是人民参与管理国家事务和社会事务的一种形式，是社会主义民主政治制度的一个重要方面。中国的基层群众性自治组织主要包括村民自治组织和城市居民自治组织。《中华人民共和国宪法》规定：城市和农村按居民居住地区设立的居民委员会或者村民委员会是基层群众性自治组织。基层民主是中国特色社会主义民主政治最广泛的实践，“是人民当家作主最有效、最广泛的途径”，必须把发展基层民主作为发展社会主义民主政治的基础性工程重点推进①，畅通民主渠道，健全基层选举、议事、公开、述职、问责等机制，建立健全居民、村民监督机制，促进群众在城乡社区治理、基层公共事务和公益事业中依法自我管理、自我服务、自我教育、自我监督。健全以职工代表大会为基本形式的企事业单位民主管理制度，加强社会组织民主机制建设，保障职工参与管理和监督的民主权利。发挥社会组织在扩大群众参与、反映群众诉求方面的积极作用，增强社会自治功能。广泛地组织和吸引人民群众参与各种形式的基层自治的实践，实现政府行政管理与基层群众自治的有效衔接和良性互动。

2015 年 9 月 5 日，习近平在庆祝全国人民代表大会成立 60 周年大会上的讲话中深刻指出：“人民当家作主是社会主义民主政治的本质和核心。人民民主是社会主义的生命。没有民主就没有社会主义，就没有社会主义的现代化，就没有中华民族伟大复兴。我们必须坚持国家一切权力属于人民，坚持人民主体地位，支持和保证人民通过人民代表大会行使国家权力。要扩大人民民主，健全民主

① 《十七大以来重要文献选编》(上)，中央文献出版社 2009 年版，第 23 页。

制度，丰富民主形式，拓宽民主渠道，从各层次各领域扩大公民有序政治参与，发展更加广泛、更加充分、更加健全的人民民主。国家各项工作都要贯彻党的群众路线，密切同人民群众的联系，倾听人民呼声，回应人民期待，不断解决好人民最关心最直接最现实的利益问题，凝聚起最广大人民智慧和力量。”①

（三）依法治国是党领导人民治理国家的基本方略

《中华人民共和国宪法》第5条规定：中华人民共和国实行依法治国，建设社会主义法治国家。中共十八届四中全会通过的《关于全面推进依法治国若干重大问题的决定》指出：“依法治国，是坚持和发展中国特色社会主义的本质要求和重要保障，是实现国家治理体系和治理能力现代化的必然要求，事关我们党执政兴国，事关人民幸福安康，事关党和国家长治久安。”

一个政党取得政权后，应当把党的意志通过法定程序变为宪法和法律，依照宪法和法律治理国家，这是党在夺取政权与执政时期的最大区别。依法治国是中国共产党领导人民治理国家的基本方略，是实现人民当家作主的根本途径。在当代中国，依法治国，就是广大人民群众在党的领导下，依照宪法和法律规定，通过各种途径和形式管理国家事务，管理经济文化事业，管理社会事务，保证国家各项工作依法进行，逐步实现社会主义民主的制度化、法律化，使这种制度和法律不因领导人的改变而改变，不因领导人看法和注意力的改变而改变。依法治国，是推进国家治理体系和治理能力现代化的基本要求，也是社会文明进步的重要标志。

在当代中国，依法治国的本质就是中国共产党领导中国人民依据宪法和法律治理国家。广大人民是依法治国的主体，中国共产党是依法治国的领导力量，宪法和法律是党领导人民治理国家的总章程和基本依据。

---

① 习近平：《在庆祝全国人民代表大会成立六十周年大会上的讲话》，载《人民日报》2014年9月6日。

“坚持依法治国首先要坚持依宪治国”①，宪法是党和人民意志的集中体现，是通过科学民主程序形成的根本法，是党领导人民治国安邦的总章程、总依据。具有最高的法律地位、法律权威、法律效力，具有根本性、全局性、稳定性、长期性。“我国宪法以国家根本法的形式，确立了中国特色社会主义道路、中国特色社会主义理论体系、中国特色社会主义制度的发展成果，反映了我国各族人民的共同意志和根本利益，成为历史新时期党和国家的中心工作、基本原则、重大方针、重要政策在国家法制上的最高体现。”全面贯彻实施宪法，是党领导人民依法治国的首要任务和基础性工作，维护宪法权威，就是维护党和人民共同意志的权威。捍卫宪法尊严，就是捍卫党和人民共同意志的尊严。保证宪法实施，就是保证人民根本利益的实现。只有切实尊重和有效实施宪法，才能保证人民当家作主，保证人民的权利和自由，保证党和国家事业的顺利发展。新中国成立以来，特别是改革开放以来，“我国宪法以其至上的法制地位和强大的法制力量，有力保障了人民当家作主，有力促进了改革开放和社会主义现代化建设，有力推动了社会主义法治国家进程，有力促进了人权事业发展，有力维护了国家统一、民族团结、社会稳定，对我国政治、经济、文化、社会生活产生了极为深刻的影响”。依法治国，立法是基础，必须以宪法为最高法律规范，完善以宪法为统帅的中国特色社会主义法律体系，把国家各项事业和各项工作纳入法治化轨道，实行有法可依、有法必依、执法必严、违法必究，实现国家和社会生活法治化，依法保障人民有效参与国家治理和社会治理，依法规范权力，保障权力严格依法运行。依法治国，必须坚持人民主体地位，尊重和保障人权，切实保障公民享有的权利和需履行的义务。公民的基本权利和义务是宪法的核心内容，我们要依法保障全体公民享有广泛的权利，保障公民的人身权、财产权、基本政治权利等各项权利不受侵犯，保证公民的经济、文化、社会等方面的权利得到落实，努力维护最广大人民

① 习近平：《在庆祝全国人民代表大会成立六十周年大会上的讲话》，载《人民日报》2014年9月6日。

的根本利益。“宪法的生命在于实施，宪法的权威也在于实施”，依法治国，必须全面实施宪法和法律，保证宪法和法律在国家和社会生活中的最高权威地位，“全国各族人民、一切国家机关和武装力量、各政党和各社会团体、各企业事业组织，都必须以宪法为根本的活动准则，并且负有维护宪法尊严、保证宪法实施的职责。任何组织或者个人，都不得有超越宪法和法律的特权。一切违反宪法和法律的行为，都必须予以追究。”①要恪守宪法原则，弘扬宪法精神，履行宪法使命，把全面贯彻实施宪法提高到一个新水平。

依法治国要求作为执政党的中国共产党必须依法执政。依法行政是现代政治文明的重要标志，一个政党取得政权后，应当把党的意志通过法定程序变为宪法和法律，依照宪法和法律执掌国家政权。依法执政是中国共产党执政的基本方式。依法执政，就是坚持依法治国、建设社会主义法治国家，领导立法，带头守法，保证执法，不断推进国家经济、政治、文化、社会生活的法治化、规范化，以法治的理念、法治的体制、法治的程序保证党领导人民有效治理国家。通过加强中国共产党对立法工作的领导，推进科学立法、民主立法，通过法定程序成为国家意志，从制度上、法律上保证中国共产党的路线方针政策的贯彻实施。党制定的大政方针，提出的立法建议，确定的路线方针政策，需要通过国家立法机关的法定程序，才能够成为国家意志，成为全社会共同遵循的行为规范和准则。同时，中国共产党的各级组织都要在宪法和法律范围内活动，全体党员都要模范遵守宪法和法律。中国共产党要督促和支持国家机关依法行使职权，依法推动各项工作的开展，切实维护公民的合法权益。中国共产党依法执政的本质是以宪法和法律保证人民赋予的权力始终用来为人民谋利益，保证权为民所用，情为民所系，利为民所谋。“依法执政关键是依宪执政”，中国共产党的领导地位和执政地位既是历史和人民的选择，也是宪法所确定的。《中华人民共和国宪法》规定了中国共产党的领导地位，同时也规定：全国各族人民、一切国家机关和武装力量、各政党和各社会团

① 《习近平谈治国理政》，外文出版社 2014 年版，第 136~141 页。

体、各企业事业组织，都必须以宪法为根本的活动准则。作为当代中国唯一合法的执政党，中国共产党执掌国家政权当然必须“以宪法为根本的活动准则”。依宪执政就是中国共产党领导人民制定宪法和法律，领导人民执行宪法和法律，中国共产党自身必须在宪法和法律范围内活动。中国共产党坚持依法执政，就必须善于使党的主张通过法定程序成为国家意志，善于使党组织推荐的人选成为国家政权机关的领导人员，善于通过国家政权机关实施党对国家和社会的领导，支持国家权力机关、行政机关、审判机关、检察机关依照宪法和法律独立负责、协调一致地开展工作。各级党组织和党员领导干部要带头厉行法治，不断提高依法执政能力和水平，不断推进各项治国理政活动的制度化、法律化，以法治思维和法治方式在法治轨道上推动各项工作。

依法治国要求各级政府必须依法行政。依法行政是指行政机关必须根据法律法规的规定取得、行使行政权力，并对行政行为的后果承担相应的责任。在现代社会，依法行政之“法”不仅应包括法律规范，还应包括法律的一般原则、法律精神和法律目的。依法行政的内涵主要包括：行政主体合法、行政权的取得和行使合法、行使行政权必须承担相应的责任，权责统一。依法行政要解决的是行政机关活动的合法性问题，规范的是行政权力而不是老百姓。依法行政规定的是行政机关的责任，而不是权力。依法行政是指国家的公共管理活动必须依法进行，符合法律的规定，依法去管行政机关及其工作人员，而不是指用法去治老百姓。所以，依法行政的本质是依法规范、约束行政权力。依法行政是现代政治文明的重要标志。依宪施政，依法行政，建设法治政府是依法治国的重要组成部分，全面推进依法治国，必须全面推进依法行政。在我国，依法行政最初是适应建立社会主义市场经济体制的要求提出来的。1993年中共十四届三中全会通过的《中共中央关于建立社会主义市场经济体制若干问题的决定》提出“各级政府机关都要依法行政、依法办事”的要求，是中国共产党第一次提出依法行政的主张。1995 年修订的《中华人民共和国地方各级人民代表大会和地方各级人民政府组织法》又以法律的形式明确规定：“地方各级人民政府必须依法行使行政职权。”1996 年 3 月，八届全国人大四次会议审议通过《中华人民共和国行政处罚法》，并于当年 10 月 1 日起实施，把我国依法行政实践提高到一个新的水平。1997 年，中共十五大正式提出依法治国，建设社会主义法治国家的治国方略，中共“十五大”报告强调：“一切政府机关都必须依法行政”，并要求“建立健全依法行使权力的制约机制”。① 1999 年，国务院出台《关于全面推进依法行政的决定》，依法行政原则在我国开始得到全面推行，依法行政成为国家机关行使权力的基本准则。2004 年 3 月，国务院颁发《全面推进依法行政实施纲要》，提出经过 10 年左右坚持不懈地努力，基本实现建设法治政府的目标，并提出全面推进依法行政的指导思想、具体目标、基本原则和要求以及主要任务和措施。明确依法行政的基本要求是合法行政、合理行政、程序正当、高效便民、诚实守信、权责统一。2014 年 10 月，中共十八届四中全会通《关于全面推进依法治国若干重大问题的决定》，进一步提出了“深入推进依法行政，加快建设法治政府”的目标，要求“各级政府必须坚持在党的领导下、在法治轨道上开展工作，创新执法体制，完善执法程序，推进综合执法，严格执法责任，建立权责统一、权威高效的依法行政体制，加快建设职能科学、权责法定、执法严明、公开公正、廉洁高效、守法诚信的法治政府”。并提出了依法全面履行政府职能、健全依法决策机制、深化行政执法体制改革、坚持严格规范公正文明执法、强化对行政权力的制约和监督、全面推进政务公开等具体目标。依法行政是依法治国的重要基础，深入推进依法行政，要求各级政府及其工作人员都必须严格遵守宪法和法律，要遵法学法守法用法，依法全面履行职责，所有行政行为都要于法有据，任何政府部门都不得法外设权，“切实做到法无授权不可为、法定职责必须为”，“有权不可任性”。②

依法治国的本质就是广大人民群众在中国共产党的领导下，依

① 《十五大以来重要文献选编》(上)，人民出版社 2000 年版，第 33、34 页。

② 李克强：《政府工作报告》，载《人民日报》2015 年 3 月 17 日。

照宪法和法律规定，通过各种途径和形式管理国家事务，管理经济文化事业，管理社会事务。依法治国是保障人民当家作主的必由之路，全面推进依法治国，必须“全面推进科学立法、严格执法、公正司法、全民守法，坚持依法治国、依法执政、依法行政共同推进，坚持法治国家、法治政府、法治社会一体建设”①。

三、坚持和完善中国特色社会主义政治制度

政治的制度化程度是评价一个国家政治发展状况的重要标准。中国特色社会主义政治制度主要包括人民代表大会制度的根本政治制度和由中国共产党领导的多党合作和政治协商制度、民族区域自治制度、基层群众自治制度构成的基本政治制度及特别行政区制度等其他各项具体制度。中国特色社会主义政治制度坚持把国家层面民主制度同基层民主制度有机结合起来，坚持把党的领导、人民当家作主、依法治国有机结合起来，集中体现了中国特色社会主义的特点和优势，是当代中国发展进步的根本制度保障。

（一）坚持和完善人民代表大会制度

人民代表大会制度是当代中国的根本政治制度，“是中国人民当家作主的重要途径和最高实现形式，是中国社会主义政治文明的重要制度载体。”“体现了社会主义制度的优越性和社会主义民主的广泛性。”②

《中华人民共和国宪法》规定：“中华人民共和国的一切权力属于人民。人民行使国家权力的机关是全国人民代表大会和地方各级人民代表大会。”“中华人民共和国的国家机构实行民主集中制的原则。全国人民代表大会和地方各级人民代表大会都由民主选举产

---

① 《习近平谈治国理政》，外文出版社 2014 年版，第 144 页。

② 《十六大以来重要文献选编》(中)，中央文献出版社 2006 年版，第 224、262 页。

生，对人民负责，受人民监督。国家行政机关、审判机关、检察机关都由人民代表大会产生，对它负责，受它监督。”

《中华人民共和国全国人民代表大会和地方各级人民代表大会代表法》规定：“全国人民代表大会代表是最高国家权力机关组成人员，地方各级人民代表大会代表是地方各级国家权力机关组成人员。”“全国人民代表大会和地方各级人民代表大会代表，代表人民的利益和意志，依照宪法和法律赋予本级人民代表大会的各项职权，参加行使国家权力。”

按照《中华人民共和国宪法》、《中华人民共和国全国人民代表大会组织法》和《中华人民共和国地方各级人民代表大会和地方各级人民政府组织法》的规定：中华人民共和国全国人民代表大会是最高国家权力机关，它的常设机关是全国人民代表大会常务委员会。全国人民代表大会和全国人民代表大会常务委员会行使国家立法权。全国人民代表大会每届任期 5 年，全国人民代表大会会议每年举行一次，由全国人民代表大会常务委员会召集，如果全国人民代表大会常务委员会认为必要，或者有 1/5 以上的全国人民代表大会代表提议，可以临时召集全国人民代表大会会议。省、自治区、直辖市、自治州、县、自治县、市、市辖区、乡、民族乡、镇设立人民代表大会。地方各级人民代表大会是地方国家权力机关。县级以上的地方各级人民代表大会设立常务委员会。省、直辖市、设区的市的人民代表大会代表由下一级的人民代表大会选举。县、不设区的市、市辖区、乡、民族乡、镇的人民代表大会代表由选民直接选举。地方各级人民代表大会每届任期 5 年，地方各级人民代表大会会议每年至少举行一次，经过 1/5 以上代表提议，可以临时召集本级人民代表大会会议。县级以上的地方各级人民代表大会常务委员会的组成人员不得担任国家行政机关、审判机关和检察机关的职务。

人民当家作主的途径和形式多种多样，最根本、最重要的是掌握国家政权、行使国家权力。人民掌握国家政权、行使国家权力必须通过一定的组织形式和制度来实现和保证。人民代表大会制度就是保证人民当家作主的根本政治制度和组织形式。人民通过普遍的民主选举，选出自己的代表，组成各级人民代表大会，各级人民代表大会是各级最高权力机关，都对人民负责、受人民监督，从而保证了全体人民依法实行民主选举、民主决策、民主管理、民主监督，享有宪法和法律规定的广泛的民主、自由和权利。人民代表大会作为国家权力机关统一行使国家权力，实行民主集中制，人民代表大会及其常委会集体行使职权，按照少数服从多数的原则集体决定问题。国家行政机关、审判机关、检察机关由人民代表大会产生、对它负责、受它监督，合理分工、协调一致地工作，保证了国家统一有效地组织各项事业。人民代表大会制度是符合中国国情、体现中国社会主义国家性质、保证人民当家作主的根本政治制度，是实现中华民族伟大复兴中国梦的可靠制度保证。历史证明："这个制度健康发展，人民当家作主就有保障，党和国家的事业就顺利发展；这个制度受到破坏，人民当家作主就无法保证，党和国家事业就会遭受损失。"①

人民代表大会制度是中国共产党在带领和依靠中国各族人民争取和实现人民民主的奋斗过程，是将马克思主义的国家学说与中国的具体实际相结合的产物。"在中国实行人民代表大会制度，是中国人民在人类政治制度史上的伟大创造，是深刻总结近代以后中国政治生活惨痛教训得出的基本结论，是中国社会 100 多年激越变革、激荡发展的历史结果，是中国人民翻身作主、掌握自己命运的必然选择。"②

人民代表大会制度有一个曲折的发展过程。新民主主义革命时期，中国共产党领导的人民代表机构，最早可以追溯到国民革命时期，省港大罢工中成立的工人代表大会，广东、湖南、湖北等地农民运动中成立的农民代表大会，上海工人三次武装起义胜利后成立的市民代表会议等，这些机构均具有政权的因素，但还不是真正意

---

① 《十六大以来重要文献选编》(中)，中央文献出版社 2006 年版，第 223 页。

② 习近平：《在庆祝全国人民代表大会成立六十周年大会上的讲话》，载《人民日报》2014 年 9 月 6 日。

义的权力机关。在土地革命战争时期、抗日战争时期和解放战争时期，在中国共产党局部执政的革命根据地，曾经创造过工农苏维埃代表大会制度、“三三制”参议会制度和人民代表会议制度等新民主主义的政权形态。新中国成立之初，由于召开普选产生的各级人民代表大会的条件还不成熟，采取了过渡的办法：“在普选的全国人民代表大会召开以前，由中国人民政治协商会议的全体会议执行全国人民代表大会的职权”；“在普选的地方人民代表大会召开以前，由地方各界人民代表会议逐步地代行人民代表大会的职权。”

在国民经济恢复和土地改革的任务完成后，1952 年 12 月，中共中央适时提出要筹备召开《共同纲领》规定的全国人民代表大会和地方各级人民代表大会。1953 年 1 月，中央人民政府决定，在 1953 年召开由人民普选产生的乡、县、省(市)各级人民代表大会。3 月，中央人民政府公布了《全国人民代表大会及地方各级人民代表大会选举法》。随后，在全国范围内开展了新中国历史上第一次规模空前的普选，全国共选出 5669144 名基层人大代表。到 1954 年 8 月，全国各地乡镇、县、市、省各级地方人民代表大会相继召开，选出全国人大代表 1226 人。1954 年 9 月，第一届全国人民代表大会第一次会议在北京召开，通过了《中华人民共和国宪法》和《全国人民代表大会组织法》等重要法律，并选举产生了全国人大常委会、国务院、最高人民法院、最高人民检察院等国家机关，这标志着人民代表大会制度在全国正式建立。

在人民代表大会制度建立之初，组织机构和工作机构尚不够健全，如全国人大常委会只设了法案、财经、代表、民族 4 个专门委员会，常委会的办事机构也完备，地方各级人民代表大会还没有设立常委会。1955 年，中央曾提出要在县以上各级人民代表大会设立常委会，但未能实现。但总体来说，这一时期是新中国成立以来人大建设最好的历史时期之一。全国人大及其常委会通过了 80 多个法律、法令和有关法律问题的决定，审查批准了发展国民经济的第一个五年计划，决定了综合治理黄河的方案等，还创立了人民代表视察制度。

从 1957 年下半年反右斗争严重扩大化以后，由于“左”的思想日益严重，民主集中制遭到破坏，人民代表大会制度建设的正常发展便中断了，人民代表大会制度建设实际上已陷于停顿。在“文化大革命”期间，人民代表大会制度更受到了严重破坏。1966 年 7 月 7 日，全国人大常委会第 33 次会议决定，无限期地延期召开第三届全国人大第二次会议，这一延期，使得第四届全国人大第一次会议直到 1975 年才召开，在 8 年多的时间内，全国大大及其常委会没有召开过一次会议。全国人大及其常委会虽然名义上保留，但形同虚设，完全丧失了最高国家权力机关的作用。地方各级人民代表大会和人民委员会被砸烂，由集党、政、军、审判、检察于一体的“革命委员会”取代。民主法制遭到严重践踏，法律成为一纸空文，人民的权利和自由得不到基本的保障。1975 年 1 月，召开的第四届全国人大一次会议，代表不是经选举产生，而是由各省革命委员会指定的，这届全国人大只开过一次大会和四次常委会，立法和监督权基本上没有行使。所以，1975 年虽然恢复了全国人大的活动，但恢复的仅仅是形式，人民代表大会制度仍然名存实亡。

粉碎“四人帮”之后，1978 年 3 月，第五届全国人大一次会议召开，随后，地方各级人大也陆续召开，人民代表大会制度开始全面恢复。1979 年 6 月召开的五届人大二次会议制定和通过了首批健全人民代表大会制度和国家机关的法律，包括《地方各级人民代表大会和地方各级人民政府组织法》、《全国人民代表大会和地方各级人民代表大会选举法》、《人民法院组织法》、《人民检察院组织法》等，并对人民代表大会制度进行了重大改革，一是将人民代表大会代表直接选举的范围由乡级扩大到县级；二是在县以上地方各级人民代表大会设立常务委员会；三是各级人大代表实行了差额选举。1982 年召开的全国人大五届五次会议，审议通过了第四部《中华人民共和国宪法》，还通过了《中华人民共和国全国人民代表大会组织法》、《关于修改地方各级人民代表大会和地方各级人民政府组织法的若干规定的决议》、《关于修改全国人民代表大会和地方各级人民代表大会选举法的若干规定的决议》等，进一步完善了人民代表大会制度。以这次会议为标志，人民代表大会制度建设进入一个新的历史时期。1989 年，第七届全国人大二次会议通过

《中华人民共和国全国人民代表大会议事规则》。1992 年，第七届全国人大五次会议通过《全国人民代表大会和地方各级人民代表大会代表法》。这些法律对于各级人民代表大会会议的举行，议案的提出和审议，人员的选举、罢免和辞职，询问和质询，发言和表决，人民代表的权利、义务及其在会议中和会议外的活动等，作了具体、明确的规定，从而使各级人民代表机关的运作有章可循，有法可依。

进入 21 世纪以后，人民代表大会建设进一步走上制度化、规范化和法治化的轨道。2000 年 3 月，第九届全国人民代表大会第三次会议审议通过了《中华人民共和国立法法》。2003 年 3 月，第十届全国人大第一次会议通过决定：全国人民代表大会设立民族委员会、法律委员会等 9 个专门委员会。2006 年 8 月，通过《中华人民共和国各级人民代表大会常务委员会监督法》。2010 年 3 月，十一届全国人大三次会议通过了修改选举法的决定。修改后的选举法规定城乡人口按 1∶1 选举人大代表，1953 年我国第一部选举法规定我国农村与城镇每一人大代表所代表的人口比例为 8∶1。1979 年通过的选举法规定：地方县级人大代表所代表的城乡人口比例为 4∶1，省级人大代表所代表的城乡人口比例为 5∶1，全国人大代表所代表的城乡人口比例为 8∶1。1995 年全国人大常委会修改选举法将各级人大代表的城乡比例统一调整为 4∶1。2010 年新的选举法明确规定了实行城乡按相同人口比例选举人大代表的原则。在 2011 年至 2012 年的全国各地县乡人大换届选举中，我国第一次实现了城乡按相同人口比例选举人大代表。随后，于 2013 年举行的第十二届全国人大代表选举也第一次实现了城乡按相同人口比例选举，真正实现了平等选举的原则。

这一时期，人民代表大会制度建设取得了重大进展，全国人民代表大会和地方各级人民代表大会组织机构和工作机构逐步健全。人大立法工作取得了重大进展，到 2011 年 8 月底，已制定有效法律 240 部、行政法规 706 部、地方性法规 8600 多部，形成了中国特色社会主义法律体系。人大对于政府、法院、检察院的监督工作均有了实质性的进展，各级地方人大认真行使人事任免权，对少数不合条件提请任命的候选人行使了否决权；对少数有违法失职行为的领导干部行使了罢免和撤职权。形成了八个监督制度：修改、监督宪法制度；检查监督法律实施情况制度；听取、审议“一府两院”工作报告制度；审查和批准政府计划、预算制度；受理申诉、控告、检举制度；询问和质询制度；特定问题调查制度；罢免和撤职制度。人民代表大会工作的规范化、程序化建设取得了明显进展。也因此，人民代表大会自身建设大大加强。

中国的人民代表大会制度与西方资本主义国家“三权分立”的议会制度根本不同，具有鲜明的中国特色。

我国的人民代表大会制度是按照民主集中制的组织原则建立起来的，不同于西方国家基于分权制衡原则的议会制度。我国现行宪法明确规定：“中华人民共和国的国家机构实行民主集中制的原则。”这一组织原则的内涵包括三个方面：在国家机关与人民的关系上：“全国人民代表大会和地方各级人民代表大会都由民主选举产生，对人民负责，受人民监督。”它表明，国家政权必须建立在民主的基础之上，这是民主集中制民主原则的根本体现，也是民主集中制的前提和基础；在人民代表机关与其他国家机关的关系上：“国家行政机关、审判机关、检察机关都由人民代表大会产生，对它负责，受它监督。”它表明，人民代表机关掌握国家的最高权力，其他国家机关均从属于人民代表机关，由它产生，并对它负责、受它监督的。也就是说，国家权力是集权的，而不是分权的。这是民主集中制的集中方面；在中央和地方国家机关的关系上：“遵循在中央的统一领导下，充分发挥地方的主动性、积极性的原则。”强调确保中央的集中统一领导，是中央集权的，而不是地方分权的，这也是体现民主集中制的集中方面。这样一种民主集中制，在权力源上，它是民主的。在国家权力的运行上，它是集中的，而不是分权的，是一种民主的集权制，不同于西方的分权制衡制。

在国家权力配置上，我国的人民代表大会是高度集中行使国家权力的权力机关，全国人民代表大会是国家的最高权力机关，统一和集中行使国家的权力，包括立法、行政和司法权力。西方国家的议会制度是按照分权制衡的原则来配置国家权力的，国家权力分别由不同机关行使，各自独立，相互制约，没有一个统一的最高权力，议会不是国家的最高权力机关。

在议会与其他国家机关的关系上，我国的人民代表大会与其他国家机关是产生与负责的关系，其他国家机关都由人民代表大会产生，并对人民代表大会负责，受人民代表大会监督，向人民代表大会报告工作。西方国家的议会由于分权的原则，议会与其他国家机关是分立的关系，如美国，行政权、司法权和议会的立法权是完全分开的。即使在有些议会制国家里，如英国、日本等国，政府也是由议会选举产生并对议会负责，但是，司法审判机关是独立的，不对议会负责。

在议会的监督权方面。我国人民代表大会的监督权是全面的、广泛的。不仅行使对行政的监督权，也行使对司法的监督权，而且都是全面、广泛的监督权。西方国家的议会也有对政府的监督权，但对政府的监督主要是预算监督和重大国事行为的审查。而对于司法议会则是没有监督权的，西方国家实行司法独立，法院办案不受议会干涉，法官终身制，不受议会免职。

我国人民代表大会制度的这一特点，决定了它具有西方国家议会制度所不具备的优势。一是广泛的人民性。我国宪法规定："中华人民共和国的一切权力属于人民。人民行使国家权力的机关是全国人民代表大会和地方各级人民代表大会。""全国人民代表大会和地方各级人民代表大会都由民主选举产生，对人民负责，受人民监督。"这样一种制度设计真正体现了一切权力属于人民的原则，能够有效地保证"人民依照法律规定，通过各种途径和形式，管理国家事务，管理经济和文化事业，管理社会事务"。这种广泛的人民性是标榜"主权在民"的西方议会制度所不具备的；二是治国效率。民主集中制的人民代表大会制度在效率方面要优于西方国家"三权分立"的议会制度。人民代表大会作为国家权力机关统一行使国家权力，'一府两院'由人大产生，对人大负责，受人大监督。人大根据党的主张和人民的意愿，通过制定法律、作出决议，决定国家大政方针，并监督和支持'一府两院'依法行政、公正司法，保障各国家机关协调有效地开展工作，各国家机关虽然分工不同、职责不同，但目标是完全一致的，都在中国共产党领导下，在各自职权范围内贯彻落实党的路线方针政策和宪法法律，保证了国家能统一有效地组织各项社会主义事业。而西方国家由于"三权分立"的原则、程序和各种具体制度，其政权的运行不可避免地会遇到一些麻烦。立法、行政、司法三个国家机关之间经常摩擦、扯皮、互相牵制，致使许多重要国事无法得以及时决断。如美国国会通过的法案往往被联邦法院否决，美国总统提出的议案亦常常被国会搁置。对于我国人大制度的这一优势，邓小平曾经指出："我们的制度是人民代表大会制度，共产党领导下的人民民主制度，不能搞西方那一套。社会主义国家有个最大的优越性，就是干一件事情，一下决心，一做出决议，就立即执行，不受牵扯。我们说搞经济体制改革全国就能立即执行，我们决定建立经济特区就可以立即执行，没有那么多互相牵扯，议而不决，决而不行。就这个范围来说，我们的效率是高的，我讲的是总的效率。这方面是我们的优势，我们要保持这个优势，保证社会主义的优越性。"①

纵观人类历史发展进程，世界上不存在完全相同的政治制度，也不存在适用于一切国家的政治制度模式。一个国家实行什么样的民主政治制度，归根结底是由这个国家的国情决定的。"都是在这个国家历史传承、文化传统、经济社会发展的基础上长期发展、渐进改进、内生性演化的结果。"②我国实行人民代表大会制度，是因为人民代表大会制度符合中国的基本国情和历史文化传统。它过去和现在一直生长在中国的社会土壤之中，未来要继续茁壮成长，也必须深深扎根于中国的社会土壤。

2012 年 11 月，中共十八大报告提出了新形势下完善和发展人民代表大会制度的具体思路：人民代表大会制度是保证人民当家作主的根本政治制度。要善于使党的主张通过法定程序成为国家意志，支持人大及其常委会充分发挥国家权力机关作用，依法行使立

---

① 《邓小平文选》第 3 卷，人民出版社 1993 年版，第 240 页。

② 《完善和发展中国特色社会主义制度　推进国家治理体系和治理能力现代化》，载《人民日报》2014 年 2 月 17 日。

法、监督、决定、任免等职权，加强立法工作组织协调，加强对“一府两院”的监督，加强对政府全口径预算决算的审查和监督。提高基层人大代表特别是一线工人、农民、知识分子代表比例，降低党政领导干部代表比例。在人大设立代表联络机构，完善代表联系群众制度。健全国家权力机关组织制度，优化常委会、专委会组成人员知识和年龄结构，提高专职委员比例，增强依法履职能力。2013年11月，中共十八届三中全会通过的《关于全面深化改革若干重大问题的决定》进一步强调，要“推动人民代表大会制度与时俱进。坚持人民主体地位，推进人民代表大会制度理论和实践创新，发挥人民代表大会制度的根本政治制度作用”①。这些重要思想为新形势下人民代表大会制度的完善和发展指明了方向。

（二）坚持和完善中国共产党领导的多党合作和政治协商制度

中国共产党领导的多党合作和政治协商制度是当代中国的基本政治制度，它内含有多重制度架构，既是当代中国的政党制度，又是中国社会主义协商民主制度的重要组成部分，同时也是当代中国爱国统一战线制度的重要组成部分。《中华人民共和国宪法》规定：中国共产党领导的多党合作和政治协商制度将长期存在和发展。

中国共产党领导的多党合作和政治协商制度的基本制度属性是政党制度，它“是符合我国国情、具有鲜明中国特色的社会主义新型政党制度”②。

作为当代中国的政党制度，中国共产党领导的多党合作制和政治协商制度是历史形成的，它萌芽于新民主主义革命时期中国共产党和各民主党派共同为争取民族独立和人民解放而形成的人民民主

① 《十八大以来重要文献选编》（上），中央文献出版社2014年版，第527页。

② 《十七大以来重要文献选编》（中），中央文献出版社2011年版，第205页。

的政治联盟。

1948年4月30日，中国共产党发表五一劳动节口号，提出“迅速召开新政治协商会议，建立民主的联合政府”的主张，各民主党派和无党派民主人士纷纷通电响应。1949年9月，中国人民政治协商会议第一届全体会议在北京召开，标志着中国共产党领导的多党合作和政治协商制度的确立。中华人民共和国成立后，中国共产党在执政条件下进一步加强同各民主党派的团结合作，不断推进多党合作的理论创新和实践发展。1956年社会主义改造基本完成后，根据中国阶级状况发生的深刻变化，中国共产党提出了“长期共存、互相监督”的八字方针，明确共产党存在多久，民主党派就存在多久，共产党可以监督民主党派，民主党派也可以监督共产党。社会主义条件下中国多党合作的基本格局由此确立。但1957年后特别是“文化大革命”期间，中国多党合作制度遭受严重挫折，各民主党派被迫停止了活动。中共十一届三中全会后，中国共产党领导的多党合作和政治协商制度进入新的历史时期。1979年6月，邓小平在全国政协五届二次会议上阐述了新时期民主党派的性质、地位和作用，指出：“我国各民主党派在民主革命中有过光荣的历史，在社会主义改造中也作了重要贡献。这些都是中国人民所不会忘记的。现在，它们都已经成为各自所联系的一部分社会主义劳动者和一部分拥护社会主义的爱国者的政治联盟，都是在中国共产党领导下为社会主义服务的政治力量。”①1982年，中共十二大报告将中国共产党与民主党派合作的“长期共存、互相监督”八字方针发展为“长期共存、互相监督、肝胆相照、荣辱与共”十六字方针。1989年12月，中共中央颁布《关于坚持和完善中国共产党领导的多党合作和政治协商制度的意见》，第一次将这项政党制度明确为国家的基本政治制度，并对这一制度的内涵作了深刻表述，其中指出：“我国是人民民主专政的社会主义国家。中国共产党是社会主义事业的领导核心，是执政党。各民主党派是各自所联系的一部分

① 《改革开放三十年重要文献选编》(上)，中央文献出版社2008年版，第51页。

社会主义劳动者和一部分拥护社会主义的爱国者的政治联盟，是接受中国共产党领导的，同中共通力合作、共同致力于社会主义事业的亲密友党，是参政党。我国的多党合作必须坚持中国共产党的领导，必须坚持四项基本原则，这是中国共产党同各民主党派合作的政治基础。”①这标志着中国共产党领导的多党合作和政治协商制度的成熟。2005 年 2 月，中共中央又颁发了《关于进一步加强中国共产党领导的多党合作和政治协商制度建设的意见》，明确指出：“中国共产党领导的多党合作和政治协商制度是我国的一项基本政治制度，是具有中国特色的社会主义政党制度。”②2007 年 11 月，中华人民共和国国务院新闻办公室发布《中国的政党制度》白皮书，指出：中国实行的政党制度是中国共产党领导的多党合作和政治协商制度，它既不同于西方国家的两党或多党竞争制，也有别于有的国家实行的一党制。这一制度在中国长期的革命、建设、改革实践中形成和发展起来，“是适合中国国情的一项基本政治制度，是具有中国特色的社会主义政党制度，是中国社会主义民主政治的重要组成部分。”

政党制度是现代民主政治的重要组成部分。一个国家实行什么样的政党制度，由该国国情、国家性质和社会发展状况决定。各国政党制度的不同体现了人类文明发展的多样性。中国共产党领导的多党合作和政治协商制度是一项适合中国国情和实际，具有鲜明特色和突出优势的社会主义政党制度，其显著特征是：“共产党领导、多党派合作，共产党执政、多党派参政。”中国共产党和各民主党派都必须以宪法为根本活动准则，负有维护宪法尊严、保证宪法实施的职责。中国共产党同各民主党派应既亲密合作又互相监督，而不是互相反对。中国共产党依法执政，各民主党派依法参政，而不是轮流执政。充分体现了在建设中国特色社会主义的共同

---

① 《改革开放三十年重要文献选编》(上)，中央文献出版社 2008 年版，第 562~563 页。

② 《改革开放三十年重要文献选编》(下)，中央文献出版社 2008 年版，第 1475 页。

目标下，各党派团结合作的特点。这一独具中国特色的政党制度，强调以协商、合作代替竞争、冲突，很好地将共产党领导与多党派合作有机地结合在一起，体现了合作、参与、协商、包容精神。具体地说，其特点主要表现在以下几个方面：

第一，多党合作以坚持中国共产党的领导和四项基本原则为政治基础。中国共产党的领导地位是在长期革命、建设、改革实践中形成并巩固起来的，是历史的选择、人民的选择。中国共产党代表中国先进生产力的发展要求，代表中国先进文化的前进方向，代表中国最广大人民的根本利益。中国共产党的坚强领导是中国实现社会主义现代化的根本保证，是维护中国国家统一、社会和谐稳定的根本保证，是把亿万人民团结起来、共同建设美好未来的根本保证。这是中国各族人民在长期革命、建设、改革实践中形成的政治共识。中国多党合作事业发展的历史实践证明，只有坚持中国共产党的领导，才能保持多党合作的正确政治方向，才能使各民主党派在与共产党的团结合作中不断取得历史性进步，才能同心协力地把中国特色社会主义事业不断推向前进。在中国共产党的领导下，各民主党派与共产党长期共存，互相监督，肝胆相照，荣辱与共，通力合作，共同奋斗，是中国政治制度和政党制度区别于西方两党制、多党制的根本特点，也是中国政党制度的最大优势之所在。

第二，各民主党派是与共产党共同致力于中国特色社会主义事业的亲密友党，是参政党，而不是反对党或在野党。在这一政党制度中，不论是执政的共产党还是参政的各民主党派，都要以服从服务于中国特色社会主义事业为目标，以宪法为根本活动准则，各政党团结合作，和谐共处，共同努力。参政党的根本工作指向不是为了夺得执政权，而是为了维护共产党的执政地位，帮助共产党加强和改善领导。这种政党制度既吸收了多党互相监督的长处，又排除了多党相互倾轧的短处，能将多党摩擦的阻力化为合作的动力，能有力巩固、聚合共同理想和广泛动员民众，能保证听取和尊重多数人的意见，还能兼顾和吸收少数人的意见，弥补简单机械的少数服从多数之民主原则的不足。这一特点的形成，是因为各民主党派与中国共产党在政治目标和根本利益上具有一致性，并且经历了长期革命和建设实践的考验。在中国共产党执政的半个多世纪里，各民主党派作为参政党，不谋求取得执政地位，也不谋求在各级人大和政府中占有多数席位，而是参加国家政权，参与国家大政方针和国家领导人选的协商，参与国家事务管理，参与国家方针、政策、法律、法规的制定执行，积极发挥参政议政和民主监督作用，这使中国既保持了团结稳定的政治局面，又创造了轻松活跃的民主气氛。这一特点，与西方两党制、多党制中以谋取执政地位为最终目的的反对党、在野党，有着本质的不同。

第三，中国共产党的领导和执政地位与各民主党派的接受领导和参政党地位，决定了中国多党合作制度的实质是团结合作。各民主党派与中国共产党的关系，是在长期革命和建设实践中结成的肝胆相照、荣辱与共的挚友、诤友关系，是参政党与执政党在国家政治生活中的亲密团结、合作共事关系，而不是多党竞争、轮流执政、互为对手、彼此倾轧的势不两立关系。这种团结合作关系，既有利于共产党与各民主党派在共同政治基础上加强团结合作，通过平等协商形成科学决策，集中力量办大事，又可以避免多党竞争、互相倾轧造成的政治动荡和一党专制、缺少监督造成的种种弊端。这一特点，与以竞争为特征的西方两党制、多党制政治体制形成鲜明的对照，是区别于西方两党制、多党制的又一显著特征。

中国多党合作制度在中国的政治和社会生活中显示出独特的政治优势和强大的生命力，发挥了不可替代的重大作用，是中国特色社会主义政治发展道路的重要内容。这一制度将随着中国政治体制改革的不断推进和社会主义民主政治的日益发展而不断发展和完善。

中国共产党领导的多党合作和政治协商制度的另一重要制度属性是政治协商制度，政治协商是社会主义民主的重要实现形式，是中国社会主义协商民主制度的重要组成部分。

以中国共产党领导的多党合作和政治协商制度为依托的政治协商主要有两种形式。第一种形式是“中国共产党同各民主党派无党派人士的协商”，主要采取民主协商会、小范围谈心会、座谈会等形式。除会议协商外，民主党派中央可向中共中央提出书面建议。

协商的内容包括：中共全国代表大会、中共中央委员会的重要文件；宪法和重要法律的修改建议；国家领导人的建议人选；关于推进改革开放的重要决定；国民经济和社会发展的中长期规划；关系国家全局的一些重大问题；通报重要文件和重要情况并听取意见，以及其他需要同民主党派协商的重要问题等。第二种形式是“中国共产党在人民政协同各民主党派、无党派人士和各界代表人士的协商”，主要采取政协全体会议、常务委员会会议、主席会议、常务委员专题座谈会、各专门委员会会议等形式。协商的内容主要是：国家和地方的大政方针以及政治、经济、文化和社会生活中的重要问题；各党派参加人民政协工作的共同性事务，政协内部重要事务以及有关爱国统一战线的其他重要问题。

在中共十八大和中共十八届三中全会提出健全社会主义协商民主制度，推进协商民主广泛、多层、制度化发展的要求后，以中国共产党领导的多党合作和政治协商制度为依托的两种形式的政治协商发展为社会主义协商民主的两种重要形式：政党协商和政协协商。

2015 年 1 月，中共中央颁布《关于加强社会主义协商民主建设的意见》(以下简称《意见》)，规范了中国社会主义协商民主的主要渠道和形式是：政党协商、政府协商、政协协商、人大协商、人民团体协商、基层协商和社会组织协商，强调要重点加强政党协商、政府协商、政协协商。

关于政党协商。《意见》强调：要“发挥中国特色社会主义政治制度优势，坚持长期共存，互相监督，肝胆相照，荣辱与共，加强中国共产党同民主党派的政治协商，搞好合作共事，巩固和发展和谐政党关系”。并初步规范了政党协商的形式。协商的会议形式主要是四种，一是就党和国家重要重要方针政策、重大问题召开专题协商座谈会，由中央主要负责同志主持；二是就重要人事安排在酝酿阶段召开人事协商座谈会，由中央负责同志主持；三是就民主党派的重要调研成果召开调研协商座谈会，由中央负责同志主持，邀请相关部门参加；四是根据工作需要，召开协商座谈会，沟通思想，交换意见，通报重要情况，由中共中央负责同志或委托有关部门主持。除会议协商的形式外，政党协商的形式还包括中共中央负责同志与民主党派中央负责同志约谈形式、中共中央与民主党派中央书面沟通协商形式、民主党派中央直接向中共中央提出意见和建议的形式、民主党派中央负责同志以个人名义向中共中央和国务院直接反映情况，提出建议的形式等。《意见》还特别强调："无党派人士是政治协商的重要组成部分，工商联是具有统战性的人民团体和民间商会，有关部门要为无党派人士和工商联参加协商做好联络服务。"

关于政协协商。《意见》强调：要"充分发挥人民政协作为协商民主重要渠道和专门协商机构的作用，坚持团结和民主两大主题，推进政治协商、民主监督、参政议政制度建设，不断提高人民政协协商民主制度化、规范化、程序化水平"。明确规定政协协商的主要内容是：国家和地方的大政方针以及政治、经济、文化和社会生活中的重要问题；各党派参加人民政协工作的共同性事务；政协内部的重要事务；有关爱国统一战线的其他重要问题等。《意见》要求进一步完善政协会议及其他协商形式，改进政协通过会议进行协商的形式，适当增加专题议政性常委会议和专题协商会议数，完善协商座谈会制度。更加灵活、更为经常地开展专题协商、对口协商、界别协商、提案办理协商，探索网络议政、远程协商等新形式。增加集体提案比重，提高提案质量，建立交办、办理、督办提案协商机制。通过协商会议、建议案、视察、提案、反映社情民意信息等形式提出意见和建议，积极履行民主监督职能。《意见》还强调，要加强政协协商与党委和政府工作的有效衔接。健全知情明政制度，相关部门定期通报有关情况，为政协委员履职提供便利，创造条件。规范党委和政府领导及部门负责人参加政协协商活动，完善协商成果采纳、落实、反馈机制，以保证政协协商的有效性。

《中共中央关于加强社会主义协商民主建设的意见》在新的历史条件下进一步发展了中国共产党领导的多党合作和政治协商制度。2015 年 5 月 20 日，习近平在中共中央统战工作会上的重要讲话中指出：中国共产党领导的多党合作和政治协商制度是我国的一项基本政治制度。几十年的实践证明，这个制度是适合我国国情的，它植根于我国土壤，构成了中国特色社会主义制度的一个鲜明特色。坚持和完善中国共产党领导的多党合作和政治协商制度，更好体现这项制度的效能，着力点在发挥好民主党派和无党派人士的积极作用。要完善政党协商的内容和形式，建立健全知情和反馈机制，增加讨论交流的平台和机会，使协商对凝聚共识、优化决策起到作用。要从制度上保障和完善参政议政、民主监督，探索有效形式。要支持民主党派加强思想、组织、制度特别是领导班子建设，提高政治把握能力、参政议政能力、组织领导能力、合作共事能力、解决自身问题能力。这一重要讲话为新形势下坚持和完善中国共产党领导的多党合作和政治协商制度指明了方向。

(三)坚持和完善民族区域自治制度

中华人民共和国是一个统一的多民族国家，迄今为止，通过识别并由中央政府确认的民族有 56 个。中国各民族之间人口数量相差很大，其中汉族人口最多，其他 55 个民族人口相对较少，习惯上被称为“少数民族”。据 2010 年第六次全国人口普查获取的数据，55 个少数民族人口为 1.14 亿人，占全国总人口的 8.49%。其中 53 个少数民族有自己的语言，共使用 72 种语言，有 29 个少数民族有本民族的文字。中国各民族分布的特点是：大杂居、小聚居、相互交错居住。汉族地区有少数民族聚居，少数民族地区有汉族居住。这种分布格局是长期历史发展过程中各民族间相互交往、流动而形成的。中国少数民族人口虽少，但分布很广。民族区域自治制度是中国共产党根据马克思列宁主义关于民族问题的理论和国家学说，结合中国民族问题的历史和现状而创立的一项适合中国国情和实际的基本政治制度。

《中华人民共和国宪法》规定：各少数民族聚居的地方实行区域自治，设立自治机关，行使自治权。各民族自治地方都是中华人民共和国不可分离的部分。《中华人民共和国民族区域自治法》规定：中华人民共和国是全国各族人民共同缔造的统一的多民族国家。民族区域自治是中国共产党运用马克思列宁主义解决我国民族问题的基本政策，是国家的一项基本政治制度。坚持和完善民族区域自治制度是中国特色社会主义政治发展道路的应有之义。

民族区域自治制度是新民主主义革命时期中国共产党在民族地区开展民主建政活动的实践中最初提出并在新中国成立后形成发展起来的。中国实行民族区域自治，对于加强各民族平等、团结、互助的关系，维护国家统一，加快民族自治地方发展，促进少数民族进步，起到了巨大的作用。

中国共产党自1921年成立后，就积极探索解决中国民族问题的正确道路。1936年5月，在《中华苏维埃中央政府对回族人民的宣言》中，中国共产党第一次提出了实行民族区域自治的主张。同年10月，中国共产党在宁夏建立了“陕甘宁省豫海县回民自治政府”(今宁夏回族自治区同心县)，这是中国历史上第一个民族区域自治政权，开创了民族区域自治的先河。1938年10月，中共六届六中全会明确提出了实行民族区域自治的主张。此后，中国共产党关于民族区域自治的政治构想，在实践中日臻完善。陕甘宁边区政府在1941年颁布的《陕甘宁边区施政纲领》和1946年颁布的《陕甘宁边区宪法原则》中均写了民族区域自治的条款。1946年分别在正宁县和定边县建立了回民自治乡，在城川建立了蒙民自治区(县辖区)。1947年5月，中国共产党又在内蒙古建立了第一个省级民族自治区，为新中国成立后全面推行民族区域自治制度提供了十分宝贵的经验。1949年9月，中国人民政治协商会议第一届全体会议通过了具有临时宪法作用的《中国人民政治协商会议共同纲领》，明确规定：各少数民族聚居的地区，应实行民族区域自治，按照民族聚居的人口多少和区域大小，分别建立各种民族自治机关。新中国成立后，中国共产党慎重稳步推进民族地区的民主改革，在全国范围内进行民族调查和民族识别工作。1952年8月，中央人民政府颁布《民族区域自治实施纲要》，对民族自治地方建立、自治机关的组成、自治机关机关的自治权利等重要事项作出明确规定。1954年9月召开的第一届全国人民代表大会正式把民族区域自治制度载入《中华人民共和国宪法》。1955年10月，新疆维吾尔自治区成立；1958年3月，广西壮族自治区成立；1958年10月，宁夏回族自治区成立；1965 年 9 月，西藏自治区成立。

从 1957 年以后，特别是在“文化大革命”时期，我国的民族区域自治制度一度受到“左”倾错误的严重干扰。中共十一届三中全会以后，民族区域自治制度进入新的发展时期。1984 年 5 月，六届全国人大二次会议审议通过了《中华人民共和国民族区域自治法》。2001 年 2 月，全国人大常委会对《中华人民共和国民族区域自治法》进行修改，明确规定民族区域自治是“国家的一项基本政治制度”。目前我国总共有 155 个民族自治地方，其中包括 5 个自治区，30 个自治州（盟），120 个自治县（旗）。此外，还建立了 1256 个民族乡，作为民族区域自治制度的补充。在 55 个少数民族中，有 44 个建立了自治地方，实行区域自治的少数民族人口占少数民族总人口的 71%，民族自治地方的面积占全国国土总面积的 64%左右。经过新中国成立 60 多年来的发展，在民族区域自治制度的基础上，少数民族和民族地区从封闭走向开放、从落后走向进步、从贫穷走向富裕，社会面貌发生了巨大历史性变化，走出了一条中国特色解决民族问题的正确道路，这条道路“集中体现了我国各族人民追求平等、谋求发展的根本要求，集中体现了社会主义制度的巨大优越性”①。

民族区域自治制度是中国特色社会主义制度的重要内容，是当代中国的一项基本政治制度。这项制度的基本内涵就是在统一的祖国大家庭里，在国家的统一领导下，以少数民族聚居的地区为基础，建立相应的自治机关，设立自治机关，行使自治权，自主地管理本民族、本地区的内部事务，行使当家作主的权利。民族自治地方的自治机关必须维护国家的统一，保证宪法和法律在本地方的遵守和执行。民族自治地方的自治机关要把国家的整体利益放在首位，积极完成上级国家机关交给的各项任务。

中国的民族自治地方分为自治区、自治州、自治县（旗）三级，自治区与省同级，自治州与地级市同级，自治县与县同级。自治机

---

① 《十七大以来重要文献选编》（下），中央文献出版社 2013 年版，第 35~36 页。

关是自治区、自治州、自治县的人民代表大会和人民政府。民族自治地方的人民政府对本级人民代表大会和上一级国家行政机关负责并报告工作，在本级人民代表大会闭会期间，对本级人民代表大会常务委员会负责并报告工作。各民族自治地方的人民政府都是国务院统一领导下的国家行政机关，都服从国务院。民族自治地方的人民代表大会常务委员会中应当有实行区域自治的民族的公民担任主任或者副主任。民族自治地方的自治机关实行自治区主席、自治州州长、自治县县长负责制，分别主持本级人民政府的工作。自治区主席、自治州州长、自治县县长由实行区域自治的民族的公民担任。自治区、自治州、自治县的人民政府的其他组成人员，应当合理配备实行区域自治的民族和其他少数民族的人员。

《中华人民共和国民族区域自治法》对于自治机关的自治权作了明确的规定，共27条。概括起来说，民族自治地方的自治机关的自治权主要包括：(1)民族立法权。民族自治地方的人民代表大会有权依照当地的政治、经济和文化的特点，制定自治条例和单行条例。(2)变通执行权。上级国家机关的决议、决定、命令和指示，如有不适合民族自治地方实际情况的，自治机关可以报经该上级国家机关批准，变通执行或者停止执行。(3)经济建设自主权。民族自治地方的自治机关在国家计划的指导下，可根据本地方的特点和需要，制定经济建设的方针、政策和计划，自主地安排和管理地方性的经济建设事业。在坚持社会主义原则的前提下，可根据法律规定和地方经济发展的特点，合理调整生产关系和经济结构，努力发展社会主义市场经济。国家在民族自治地方开发资源、建设企业的时候，应当照顾民族自治地方的利益等。(4)财政自主权和优惠权。民族自治地方的自治机关有管理地方财政的自治权。凡是依照国家财政体制属于民族自治地方的财政收入，都应当由民族自治地方的自治机关自主地安排使用。民族自治地方在全国统一的财政体制下，通过国家实行的规范的财政转移支付制度，享受上级财政的照顾。民族自治地方的财政预算支出，按照国家规定，设机动资金，预备费在预算中所占比例高于一般地区。民族自治地方的自治机关在执行国家税法的时候，除应由国家统一审批的减免税收项目以外，对属于地方财政收入的某些需要从税收上加以照顾和鼓励的，可以实行减税或者免税等。(5)语言文字自主权。民族自治地方的自治机关在执行公务的时候，依照本民族自治地方自治条例的规定，使用当地通用的一种或者几种语言文字；同时使用几种通用的语言文字执行职务的，可以以实行区域自治的民族语言文字为主。(6)组织公安部队权。民族自治地方的自治机关依照国家的军事制度和当地的实际需要，经国务院批准，可以组织本地方维护社会治安的公安部队。(7)少数民族干部任用优先权。民族自治地方的自治机关录用工作人员的时候，对实行区域自治的民族和其他少数民族的人员应当给予适当的照顾。民族自治地方的企业、事业单位依照国家规定招收人员时，优先招收少数民族人员，并且可以从农村和牧区少数民族人口中招收。

中国的民族区域自治制度有两个突出的特点。一是中国的民族区域自治是在国家统一领导下的自治。一方面，各少数民族聚居的地方实行区域自治，设立自治机关，行使自治权。实行民族区域自治，体现了国家充分尊重和保障各少数民族管理本民族内部事务权利的精神，体现了国家坚持实行各民族平等、团结和共同繁荣的原则。另一方面，各民族自治地方都是中华人民共和国不可分离的部分，民族自治地方的自治机关必须维护国家的统一，保证宪法和法律在本地方的遵守和执行。各民族自治机关都是中央政府领导下的一级地方政权，必须服从中央统一领导。二是中国的民族区域自治不只是单纯的民族自治或地方自治，而是民族因素与区域因素的结合，是政治因素和经济因素的结合。“这种制度把国家的集中统一与少数民族聚居地区的区域自治有机结合起来，把政治因素与经济因素有机结合起来，是完全适合我国国情的解决民族问题的基本制度，是我们党和各族人民的一个伟大创举。”①

一个国家在解决民族问题上选择什么样的制度和道路，是由该国特定的经济条件、社会状况、历史文化传统和政治制度等各种因

---

① 《十三大以来重要文献选编》(下)，中央文献出版社 1991 年版，第 1834 页。

素共同作用的结果。中华人民共和国实行民族区域自治制度，是尊重历史、合乎国情的正确选择。经过 60 多年的实践，这一制度正显现出旺盛的生命力。在新的历史条件下，我们要在全面正确贯彻落实党的民族政策，坚持和完善民族区域自治制度的基础上，“加快民族地区发展，保障少数民族合法权益，巩固和发展平等团结互助和谐的社会主义民族关系，促进各民族和睦相处、和衷共济、和谐发展。”①

（四）完善和发展基层群众自治制度

《中华人民共和国宪法》规定：城市和农村按居民居住地区设立的居民委员会或者村民委员会是基层群众性自治组织。居民委员会、村民委员会的主任、副主任和委员由居民选举。居民委员会、村民委员会同基层政权的相互关系由法律规定。

基层群众自治制度亦称基层民主制度，是依照宪法和法律，由居民（或村民）选举的成员组成居民（或村民）委员会，实行自我管理、自我教育、自我服务、自我监督的一项民主制度。中共十七大报告第一次将基层群众自治制度与人民代表大会制度、中国共产党领导的多党合作和政治协商制度、民族区域自治制度并列“推进社会主义政治制度自我完善和发展”的目标。胡锦涛在庆祝中国共产党成立 90 周年大会上的讲话中第一次提出了“中国特色社会主义制度”的范畴，并将基层群众自治制度与中国共产党领导的多党合作和政治协商制度、民族区域自治制度并列为当代中国的基本政治制度。

基层群众自治制度是在新中国成立后的民主实践中逐步形成发展起来的。首先发育于城市。在新中国成立前后的 1949 年至 1950 年，在一些城市出现了群众自发组织的维护社会秩序的名目不一的群众性自治组织。1950 年 3 月，在天津出现了最早的居民委员会，同时期，湖北省武汉市的部分街道也开始建立居民代表委员会和居

---

① 《十八大以来重要文献选编》（上），中央文献出版社 2014 年版，第 23 页。

民小组。1954 年 12 月，第一届全国人大常委会第四次会议颁布《城市居民委员会组织条例》，明确规定“居民委员会是群众自治性的居民组织”，每届任期一年。居民委员会的任务是办理有关居民的公共福利事项、向当地人民委员会或者它的派出机关反映居民的意见和要求、动员居民响应政府号召并遵守法律、领导群众性的治安保卫工作、调解居民间的纠纷。这个条例的贯彻和实施，有力地推动了城市居民委员会组织的建设和发展。到 1956 年年底，城市居民委员会在全国各个城市普遍建立起来。1958 年以后，在人民公社化运动的高潮下，一些城市将居民委员会与街道办事处合并为人民公社，不再具有基层群众自治组织的性质。在“文化大革命”时期，全国各城市的居民委员会要么被解散，要么被改造成“革命居民委员会”，变成了“群众专政”的工具，从根本上背离了居民委员会实行群众自治的原则。

中共十一届三中全会后，全国各地城市居民委员会得到了全面恢复和发展。1980 年 1 月，全国人大常委会重新公布了《居民委员会组织条例》。1982 年 12 月，城市居民委员会与农村村民委员会一起作为“基层群众性自治组织”首次被写入《中华人民共和国宪法》。1989 年 12 月，全国人大常委会第十一次会议通过《中华人民共和国城市居民委员会组织法》，标志着我国城市居民委员会的组织建设进入全面发展的时期。20 世纪 90 年代后，我国开始探索城市社区建设与居民自治相结合。2000 年 11 月，中共十五届五中全会通过的《关于制定国民经济和社会发展第十个五年计划的建议》即提出要“加强社区民主建设”，要“扩大公民有序的政治参与，引导人民群众依法管理自己的事情”①。2002 年 11 月，中共十六大报告强调“扩大基层民主，是发展社会主义民主的基础性工作”，要求“完善城市居民自治，建设管理有序、文明祥和的新型社区”②。2011 年 3 月，

① 《十五大以来重要文献选编》(中)，人民出版社 2001 年版，第 1395 页。

② 《十六大以来重要文献选编》(上)，中央文献出版社 2005 年版，第 25 页。

“全面开展城市社区建设”被列入《国民经济和社会发展第十二个五年计划纲要》，要求健全社区党组织领导的基层群众自治制度，推进社区居民依法民主管理社区公共事务和公益事业，实现政府行政管理与基层群众自治的有效衔接和良性互动，完善社区居民委员会组织体系，创新社区管理和服务模式。

新中国农村的群众性自治组织产生较晚。在新中国成立之初，一度曾由农会代行农村基层政权的职能。1950 年 12 月，政务院颁布《乡(行政村)人民代表会议组织通则》和《乡(行政村)人民政府组织通则》，规定行政村与乡同为农村基层行政区划，行政村人民代表会议一般由直接选举的村人民代表构成，任期一年，连选得连任。1954 年宪法又规定我国的农村基层政权是乡、民族乡、镇政权，改行政村为乡政权。均没有关于村民自治组织的规定。1958 年后开始在农村普遍建立人民公社，公社下设生产大队、生产队，生产大队相当于过去的行政村，生产队相当于过去的自然村，但都不是群众性自治组织。中国最早的农村村民委员会是在改革开放初期推行农村联产承包责任制的过程中出现的。1980 年 2 月，广西壮族自治区宜山县屏南公社合寨大队(现宜州市屏南乡合寨村)农民自发组建的果作自然村村委会是中国第一个村民委员会。果作自然村村民通过选举出来的村委会实行自我管理、自我教育，有效地替代了实行联产承包责任制后已经瘫痪的生产大队和生产队，使村里的公共事务和公益事业有人负责。这种自发的自治行为得到了党和政府的肯定，很快就在许多农村得到了推广。1981 年，中央在进行政社分开、建立乡政府试点工作的同时，也开始在全国部分农村进行建立村委会的试点工作。同年 6 月，中共十一届六中全会通过《关于建国以来党的若干历史问题的决议》，明确提出，要“在基层政权和基层社生活中逐步实现人民的直接民主”。1982 年 12 月，农村村民委员会与城市居民委员会一起作为“基层群众性自治组织”被正式写入《中华人民共和国宪法》，以根本大法的形式确定中国农民的这一伟大创举。1983 年 10 月，中共中央、国务院下发了《关于实行政社分开，建立乡政府的通知》，通知要求在改革政社合一的农村管理体制的同时，按村民居住状况(一般是在生产大队的基础上)设立村民委员会。到1985年，村民委员会在全国各地农村普遍建立起来。1987年11月，六届全国人大常委会23次会议审议通过《中华人民共和国村民委员会组织法(试行)》，并规定该法从1988年6月1日起开始试行，一直试行到1998年11月。1998年10月，中共十五届三中全会通过的《关于农业和农村工作若干重大问题的决定》指出："扩大农村基层民主，实行村民自治，是党领导亿万农民建设有中国特色社会主义民主政治的伟大创造。"①提出了"四个全面推进"的要求：即全面推进村级民主选举、全面推进村级民主决策、全面推进村级民主管理、全面推进村级民主监督。并强调："搞好村民自治，制度建设是根本。重点是建立健全村民委员会的民主选举制度，以村民会议或村民代表会议为主要形式的民主议事制度，以村务公开、民主评议和村民委员会定期报告工作为主要内容的民主监督制度。"②表明了中国共产党对推进农村基层群众自治制度的高度重视。一个月后，1998年11月，九届全国人大常委会第五次会议正式审议通过《中华人民共和国村民委员会组织法》，明确规定："村民委员会是村民自我管理、自我教育、自我服务的基层群众性自治组织，实行民主选举、民主决策、民主管理、民主监督。"2000年11月，中共十五届五中全会通过的《关于制定国民经济和社会发展第十个五年计划的建议》提出了"完善村民自治，加强社区民主建设"的要求。2002年11月，中共"十六大"报告又提出要"健全村党组织领导的充满活力的村民自治机制"。2010年10月，十一届全国人大常委会第十七次会议又对《中华人民共和国村民委员会组织法》进行了修订。2011年3月，十一届全国人大四次会议通过的《国民经济和社会发展第十二个五年计划纲要》进一步提出了"积极推进农村社区建设"的要求。

改革开放以来，特别是进入21世纪以来，以城市居民自治和

---

① 《十五大以来重要文献选编》(上)，人民出版社2000年版，第572页。

② 《十五大以来重要文献选编》(上)，人民出版社2000年版，第573页。

农村村民自治为主要内容的基层群众自治制度得到了长足的发展。据中华人民共和国民政部发布的《2013 年社会服务发展统计公报》显示，截至 2013 年年底，全国基层群众自治组织达 68.3 万个，其中农村村民委员会有 58.9 万个，村民小组有 466.4 万个，村民委员会成员有 232.3 万人；城市居民委员会有 94620 个，居民小组有 135.7 万个，居委会成员有 48.4 万人。

中国的基层群众自治制度具有突出的特点和优势。一是我国的基层群众自治与人民群众的切身利益密切相关，能够直接反映人民群众的利益诉求。人民群众在自己生活的社区内，通过选举、决策、管理和监督，直接参与基层公共事务和公益事业的管理，使得民主参与具有直接性和有效性。二是我国的基层群众自治在党和政府的主导下进行，能够坚持正确的方向并稳定有序地发展。坚持党的领导，是基层群众自治坚持正确的政治方向，有计划、有步骤地稳定有序发展的根本保证。只有坚持党的领导，基层群众自治制度才能更好地解决我国人民民主发展问题。三是我国的基层群众自治是与我国经济社会发展相适应、相促进的。在推进基层群众自治的工作部署过程中，始终以推动和保障党和国家的中心工作为目标，与整体经济社会发展相适应，并在实践推进上围绕人民群众最关心、最直接、最现实的利益问题展开，体现了民主目的性与手段性的统一。四是我国的基层群众自治是循序渐进、逐步发展的。改革开放以来，基层群众自治作为社会主义民主政治建设的基础性工程，从广大人民群众最关心的事情着手，逐步向前推进，广大人民群众在自我管理、自我教育、自我服务的实践中逐步提高民主选举、民主决策、民主管理、民主监督的能力，逐步学会了依法、理性地行使民主权利，这种渐进推进式的发展，使得亿万人民群众在稳定有序的基层民主实践中，在实现民主权利的同时，也在逐步提高自身的民主素质。实践证明，这是一项适合中国国情和实际的民主制度。

2012 年，中共十八大报告提出了“完善基层民主制度”的新思路，强调在城乡社区治理、基层公共事务和公益事业中实行群众自我管理、自我服务、自我教育、自我监督，是人民依法直接行使民主权利的重要方式。要求健全基层党组织领导的充满活力的基层群众自治机制，以扩大有序参与、推进信息公开、加强议事协商、强化权力监督为重点，拓宽范围和途径，丰富内容和形式，保障人民享有更多更切实的民主权利①。2013 年 11 月，中共十八届三中全会进一步提出："坚持和完善人民代表大会制度、中国共产党领导的多党合作和政治协商制度、民族区域自治制度以及基层群众自治制度，更加注重健全民主制度、丰富民主形式，从各层次各领域扩大公民有序政治参与，充分发挥我国社会主义政治制度的优越性。"②并从改进社会治理方式的角度对发展基层群众自治制度提出了新的要求，强调要实现政府治理和社会自我调节、居民自治良性互动的局面。2014 年 10 月，中共十八届四中全会又提出了"推进基层治理法治化"的新要求，强调："全面推进依法治国，基础在基层，工作重点在基层。"③这些重要思想为新形势下完善和发展基层群众自治制度指明了方向。

四、发展社会主义民主

没有民主就没有社会主义。发展社会主义民主是坚持中国特色社会主义政治发展道路的主要任务。发展更加广泛、更加充分、更加健全的社会主义民主，要把制度建设摆在突出位置，健全民主制度，推进社会主义民主政治制度化、规范化、程序化。要拓宽民主渠道，丰富民主形式，尊重并保障人民的各项民主权利，扩大公民有序政治参与。新的历史条件下，要积极探索社会主义民主新的实践形式，善于在人民群众的民主实践中拓宽人民群众参政议政的渠道，发现和总结适合我国人民当家作主的各种民主形式，形成有利

---

① 《十八大以来重要文献选编》(上)，中央文献出版社 2014 年版，第 21 页。

② 《十八大以来重要文献选编》(上)，中央文献出版社 2014 年版，第 527 页。

③ 《中共中央关于全面推进依法治国若干重大问题的决定》，载《人民出版》2014 年 10 月 29 日。

于人民群众依法管理国家事务、社会事务和经济文化等各项事业的体制机制，进一步从机制和程序上保证人民群众的政治参与，发展社会主义民主。

(一)以党内民主带动人民民主

中国共产党的领导是中国特色社会主义民主政治最本质的特征。以党内民主带动和促进人民民主，实现二者的良性互动，是新形势下推进社会主义民主政治建设的基本路径，是中国特色社会主义政治发展道路的突出特征。

党内民主的主体特指在中国政治生活中作为领导党和执政党的中国共产党，而不包括其他政党。但需要指出，中国各民主党派的自身建设也有一个党内民主的问题，各民主党派的党内民主也是社会主义民主政治的重要内容，对于促进人民民主的发展也具有积极的意义。

党内民主是指在中国共产党的党内生活中，党员根据党章规定，按照民主集中制的原则行使自己的权利，直接或间接地参与、决定和管理党内事务。党的代表大会和集体领导是实现党内民主的基本形式，坚持党员主体地位和保障党员权利是实现党内民主的基本前提，开展党内监督是实现党内民主的重要保障。人民民主则是指在我国政治生活中，国家的一切权力属于人民，国家的法律和制度必须保障人民权利和意志的实现，全体人民依法行使当家作主的权利。所以，党内民主和人民民主是两种不同性质的民主，它们在主体范围、政治功能、组织形式、实施原则等方面都有区别，两者当然不可以相互替代。但是，在当代中国的社会政治生活中，中国共产党与中国人民具有内在的一致性，中国共产党本身就是中国人民的一部分，是中国人民中最先进的分子，同时，它代表着中国最广大人民的根本利益，是中国人民的领导力量。中国共产党的领导是保证人民当家作主的根本政治前提。由于中国共产党在国家政治生活中的特殊地位，党内民主绝不只是中国共产党自己的事情，而是关系整个国家和全体人民的整体利益。党内民主和人民民主有着不可分割的内在联系，它们是可以相互作用、相互影响，并形成良性互动的，这正是中国特色社会主义民主政治的鲜明特征。

中国共产党是一个按照民主集中制建立起来的马克思列宁主义政党，从建党伊始就高度重视党内民主建设。并在领导中国人民争取、实现和发展人民民主的实践中，始终注意以党内民主推动和促进人民民主，在全国执政以后，又把民主集中制运用于国家政权建设，用以规范国家政权机关的运行，使之成为社会主义民主政治的重要原则。以党内民主来带动和促进人民民主的发展是中国共产党发展社会主义民主政治的一条重要经验。但明确提出以党内民主带动人民民主的思想则是在进入改革开放新时期以后。

1987 年 10 月，中共十三大报告在提出中国政治体制改革总体设想的同时，明确提出："以党内民主来逐步推动人民民主，是发展社会主义民主政治的一条切实可行、易于见效的途径。"①并提出了发展党内民主的一系列重要设想。1994 年 9 月，中共十四届四中全会通过的《关于加强党的建设几个重大问题的决定》在阐述"发展党内民主，充分发挥全党积极性"的问题时指出："社会主义民主的实质是人民当家作主，这种最广泛的人民民主同资产阶级民主有本质区别，也完全不同于不讲纪律和秩序的无政府主义。发扬党内民主必然推进人民民主，这也是建设社会主义民主政治的一条重要途径。"②明确将党内民主与人民民主联系起来，并将此作为社会主义民主政治与资产阶级民主和无政府主义的重大区别。2002 年，中共十六大报告第一次提出了"党内民主是党的生命"的命题，并指出党内民主"对人民民主具有重要的示范和带动作用"③。2004 年，中共十六届四中全会通过的《关于加强党的执政能力建设的决

---

① 《十三大以来重要文献选编》(上)，中央文献出版社 1991 年版，第 50 页。

② 《十四大以来重要文献选编》(中)，中央文献出版社 1997 年版，第 961 页。

③ 《十六大以来重要文献选编》(上)，中央文献出版社 2005 年版，第 39 页。

定》将“发展党内民主”作为“政治体制改革和政治文明建设的重要内容”①。2007年，中共十七大报告提出了“要以扩大党内民主带动人民民主”的思路②。2012年，中共十八大报告再次强调“党内民主是党的生命。要坚持民主集中制，健全党内民主制度体系，以党内民主带动人民民主”，并提出了新形势下推进党内民主建设的具体举措③，进一步明确了发展中国特色社会主义民主的基本路径。

之所以说以党内民主带动人民民主是新形势下发展社会主义民主政治的基本路径，是由下列因素决定的。

第一，中国共产党的领导是中国特色社会主义最本质的特征，在中国政治生活中，中国共产党既是执政党又是领导党，不仅执掌国家政权，领导国家的立法、行政、审判、检察等机关和国家各方面的工作，作为中国特色社会主义事业的领导核心，还在整个国家社会经济生活中居于领导核心地位。中国共产党的领导既包括对经济、政治、社会、文化、生态五大建设的领导，也包括对军队、政党及一切人民团体、经济组织、文化组织、社会组织、企事业单位的领导。中国共产党领导人民制定和实施宪法法律，是中国各项政治制度和法律体系的领导核心。所以，中国共产党的党内民主在中国特色社会主义民主政治中处于核心和关键地位。党内民主的发展状况从根本上决定着人民民主的实现状况，没有健全的党内民主，就不可能有充分的人民民主。

第二，党内民主对人民民主具有重要的示范和导向作用。虽然党内民主和人民民主是两种不同性质的民主，主体不同、形式不同、范围不同、功能不同，但是，民主的主要内容是基本一致的，党内民主和人民民主的主要内容都是民主选举、民主决策、民主管

① 《十六大以来重要文献选编》(中)，中央文献出版社2006年版，第294页。

② 《十七大以来重要文献选编》(上)，中央文献出版社2009年版，第39页。

③ 《十八大以来重要文献选编》(上)，中央文献出版社2014年版，第40页。

理、民主监督，都包括知情权、参与权、表达权、监督权。这就使得党内民主对于人民民主具有明确的示范和导向作用。而正由于中国共产党是中国特色社会主义民主政治的领导核心，党的各级党组织和广大党员是社会主义民主政治建设的核心力量，使得党内民主化的程度对国家政治生活民主化的程度具有直接的决定性的影响。党员的政治参与热情直接影响人民群众的政治参与热情，党内民主的状况直接影响社会民主的状况。党的各级领导干部和广大党员在党内生活中培养起来的民主意识、民主作风和民主习惯，也会对整个国家的政治生活产生示范作用。因此，正如中共十三大报告所指出的，“以党内民主来逐步推动人民民主，是发展社会主义民主政治的一条切实可行、易于见效的途径”①。

第三，以党内民主带动人民民主有利于处理好党内民主与人民民主的关系，形成党内民主与人民民主良性互动的局面。以党内民主带动人民民主的路径将执政党的党内民主与国家和社会层面的人民民主联系在一起。中国共产党作为一个马克思主义政党，必须以党章作为开展党的活动的总依据；中国共产党作为一个执政党，又必须以宪法作为党治国理政的总依据。党章对于党内民主有着具体的规定，宪法对于人民民主亦有着具体的规定，中国共产党发展党内民主，必须遵循党章，中国共产党发展人民民主则必须以遵循宪法。对于党的各级组织和全体党员来说，党章规定的党内民主的原则和宪法规定的人民民主的原则都是必须要遵循的准则，所以，对于中国共产党来说，党内民主与人民民主原本就是一个有机统一的整体，以党内民主带动人民民主，不仅能发挥党内民主对人民民主的示范和导向作用，同时，也能发挥人民民主对党内民主的推动和影响作用。宪法和党章都规定，党必须在宪法和法律规定的范围内活动，各级党组织和全体党员同时也是人民民主的主体，是社会主义民主政治的主导者和参与者，他们参与人民民主实践的经历和经验对于党内民主有着积极的影响。而国家政治领域、经济领域、社会领域的民主政治的发展，为党内民主生活创造更好的社会环境和

① 《十三大以来重要文献选编》，人民出版社 1991 年版，第 50 页。

氛围。人民群众的知情权、参与权、表达权、监督权实现得越充分，他们在民主选举、民主决策、民主管理、民主监督中发挥的作用越明显，对于党的领导机关和党员干部的监督和激励作用就越明显。社会成员自主意识、平等意识、参与意识、选择意识的日益增强，广大人民群众维护自身利益、行使合法权利愿望的不断提高，对党内民主的发展也提出了新的更高要求。这些都对发展党内民主具有重要的影响和推动作用。

因此，在新的历史条件下，坚持和发展中国特色社会主义政治发展道路，必须以党内民主带动人民民主，将党内民主与人民民主统一于发展社会主义民主政治的实践。

在新的历史历史下，坚持以党内民主带动人民民主，首先，必须坚持民主集中制。民主集中制是党的根本组织制度和领导制度。民主集中制的民主，就是党员和党组织的意愿、主张的充分表达，积极性、创造性的充分发挥；民主集中制的集中，就是全党意志、智慧和行动的一致。中国共产党创造性地运用民主集中制原则，制定正确规范党内政治生活、处理党内关系的基本准则和具体制度，使之成为发展党内民主的最高准则。同时，中国共产党还把这种制度运用于政权建设，在国家政权机关中实行民主集中制的原则。所以，无论是发展党内民主，还是发展人民民主，都必须坚持民主集中制的原则。正因如此，中共十八大报告在提出“以党内民主带动人民民主”的思路时强调：要坚持民主集中制，健全党内民主制度体系。

其次，必须积极发展党内民主，增强党的创造活力。要保证党对发展社会主义民主的领导核心作用，发挥党内民主对人民民主的带动作用和示范作用，就必须发展更加充分的党内民主。一是要保障党员的主体地位，健全党员民主权利保障制度，开展批评和自我批评，营造党内民主平等的同志关系、民主讨论的政治氛围、民主监督的制度环境，落实党员的知情权、参与权、选举权、监督权。二是要完善党的代表大会制度，强化全委会的决策和监督作用，完善常委会议事规则和决策程序，完善地方党委讨论决定重大问题和任用重要干部票决制。三是要扩大党内基层民主，完善党员定期评议基层党组织领导班子等制度，推行党员旁听基层党委会议、党代会代表列席同级党委有关会议等做法，增强党内生活原则性和透明度。

再次，要提高党的执政能力，把依法治国基本方略同依法执政基本方式统一起来，把党总揽全局、协调各方同人大、政府、政协、审判机关、检察机关依法依章程履行职能、开展工作统一起来，把党领导人民制定和实施宪法、法律同党坚持在宪法、法律范围内活动统一起来，推进社会主义民主政治法治化，推进国家治理体系和治理能力现代化。

最后，要改革和完善党的领导方式，要善于使党的主张通过法定程序成为国家意志，善于使党组织推荐的人选通过法定程序成为国家政权机关的领导人员，善于通过国家政权机关实施党对国家和社会的领导，善于运用民主集中制原则维护中央权威，维护全党全国团结统一。

（二）扩大公民有序政治参与

政治参与是指普通公民以一定方式和途径参与政治过程、维护自身权益、影响公共决策的活动与行为。政治参与主要包括三个基本要素，即政治参与的主体、政治参与的客体、政治参与的渠道。政治参与的主体是普通公民，包括公民个体、公民群体，也包括由个体公民组成的各种民间团体。政治参与的客体即公民参与的政治事务，主要是国家的政治生活和社区的公共事务。政治参与的渠道即公民表达诉求的途径或形式，包括合法的渠道与非法的渠道。

公民的政治参与包括合法参与（即制度性参与）和非法参与（非制度性参与）。公民有序政治参与是指公民理性化、制度化的政治参与，即公民在认同现有制度的前提下，以合法的方式和途径参与政治过程、维护自身权益、影响公共决策的活动和行为。它包括各种利益表达、利益维护的方式，是有领导、有组织、有秩序、自主、理性和适度的政治参与行为。非制度性政治参与则是指公民突破现存制度规范、在合法参与渠道之外参与政治过程、维护自身利益、影响公共决策的活动与行为，二者划分的标准在于公民政治参与的行为是否符合现在的制度规范和合法程序。

政治参与是衡量一个国家政治发展水平的重要标志。在当代中国，公民有序政治参与的状况同样反映着社会主义民主政治发展的状况。中国共产党是一个为人民民主而奋斗的政党，从党建立以来，就非常重视维护人民群众的权益，重视动员和组织广大人民参与民主政治建设。新民主主义革命时期，中国共产党在革命根据地开展的选举运动和各种形式的维权运动，极大地调动了广大人民群众的政治参与热情。中国共产党在各根据地制定的选举法和各种人权立法，唤醒了中国农民的维权意识和政治参与意识。特别是陕甘宁边区 1937 年和 1941 年的两次选举运动，极大地激发了广大农民的政治参与热情，被称为民主政治的典范。中国共产党在全国执政以后，从 1953 年下半年开始，在全国范围内进行了中国历史上第一次规模空前的普选运动，2. 78 亿选民通过投票选举产生了各级人民代表大会，人民代表大会制度的确立为我国公民有序政治参与提供了最重要的渠道。在发展社会主义民主政治的实践中，形成了包括人民代表大会制度的根本政治制度和中国共产党领导的多党合作与政治协商制度、民族区域自治制度、基层群众自治制度的基本政治制度，创造了选举民主、协商民主、自治民主、参与民主、谈判民主等多种民主形式，为保证广大人民群众的有序政治参与提供了制度保障和广泛多层次的渠道。

改革开放以来，特别是进入 21 世纪以后，随着经济体制改革带来的中国社会结构与利益格局的深刻变化和社会主义民主政治的发展，中国共产党意识到在社会阶层分化和多元利益诉求的背景下，必须从各个层次、各个领域扩大公民有序政治参与，才能真正保证广大人民群众在国家社会政治生活中的主人翁地位，在中共十六大、十七大、十八大连续三届党代会的报告中都将扩大公民有序政治参与作为发展社会主义民主的重大任务放在了突出的地位。

2000 年 10 月，中共十五届五中全会在北京召开，在这次会议提出的《关于制定国民经济和社会发展第十个五年计划的建议》中，第一次提出了“扩大公民有序的政治参与”的命题，将“保证人民依法享有广泛的权利和自由，尊重和保障人权”，“扩大公民有序的政治参与，引导人民群众依法管理自己的事情”作为“十五”期间加强社会主义民主法制建设的重要任务①。

2002年11月，中共十六大报告将“健全民主制度，丰富民主形式，扩大公民有序的政治参与，保证人民依法实行民主选举、民主决策、民主管理和民主监督，享受广泛的权利和自由，尊重和保障人权”作为坚持和完善社会主义民主制度的重要内容，并特别强调“扩大基层民主，是发展社会主义民主的基础性工作”，要“保证人民群众依法直接行使民主权利”②。

2007年10月，中共十七大报告将“坚持国家一切权力属于人民，从各个层次、各个领域扩大公民有序政治参与，最广泛地动员和组织人民依法管理国家事务和社会事务、管理经济和文化事业”③作为扩大社会主义民主的重大任务。

2012年11月，中共十八大报告将“发展更加广泛、更加充分、更加健全的人民民主”作为坚持走中国特色社会主义政治发展道路和推进政治体制改革的重大任务，要求“更加健全民主制度、丰富民主形式，保证人民依法实行民主选举、民主决策、民主管理和民主监督”，并将完善基层民主制度作为扩大公民有序政治参与的基础性工作，要求“健全基层党组织领导的充满活力的基层群众自治机制，以扩大有序参与、推进信息公开、加强议事协商、强化权力监督为重点，拓宽范围和途径，丰富内容和形式，保障人民享有更多更切实的民主权利”④。

2014年9月，习近平在庆祝全国人民代表大会成立60周年大

---

① 《十五大以来重要文献选编》(中)，人民出版社2001年版，第1395页。

② 《十六大以来重要文献选编》(上)，中央文献出版社2005年版，第25页。

③ 《十七大以来重要文献选编》(上)，中央文献出版社2009年版，第22页。

④ 《十八大以来重要文献选编》(上)，中央文献出版社2014年版，第20~21页。

会的讲话中，从践行党的群众路线、保证人民当家作主的高度阐述了新形势下扩大公民有序参与的重要意义，强调："要扩大人民民主，健全民主制度，丰富民主形式，拓宽民主渠道，从各层次各领域扩大公民有序政治参与，发展更加广泛、更加充分、更加健全的人民民主。国家各项工作都要贯彻党的群众路线，密切同人民群众的联系，倾听人民呼声，回应人民期待，不断解决好人民最关心最直接最现实的利益问题，凝聚起最广大人民智慧和力量。"①

目前，我国公民有序政治参与的情况总体上是好的，是与我国现阶段社会主义民主的发展状况相适应的，但在一定范围内还存在一些较突出的问题。一是有的制度性政治参与渠道与普通公民间的联系尚不够通畅，如通过人大代表和政协委员表达利益诉求或政治意见是公民有序参与的重要渠道，但人大代表、政协委员与选民、群众之间还没有形成经常性的联系机制。二是有的制度性政治参与渠道形式意义大于实质意义，如一些地方政府的听证会、论证会，经常出现走过场的情况，影响到公民参与的热情。三是有的重要政治参与渠道的效果不佳。如选举和投票是公民最重要的政治参与渠道，但一些地区公民对城乡人大代表的选举关注度不高，选举竞争性不强。四是部分公民政治参与能力不强，一些公民民主素质不高，政治参与意识淡薄，不知道如何获取政治参与所需的相关信息，也不知道应该通过何种形式、何种渠道实现有序政治参与。五是由于公民利益表达渠道不畅，缺乏利益协调机制，导致制度性政治参与渠道不能有效发挥作用，社会公众转向制度外的渠道，通过越级上访、集体上访、"广场散步"甚至群体性事件等方式表达利益诉求。六是一些新兴的政治参与渠道尚不规范，如网络政治参与越来越成为公民政治参与的重要渠道，但经常出现非理性的舆论暴力事件。正因为这些问题在一定范围内的存在，从新世纪以来，中国共产党将从各个层次、各个领域扩大公民有序政治参与作为发展社会主义民主，保证人民群众当家作主的基础性工作重点推进。

---

① 习近平：《在庆祝全国人民代表大会成立60周年大会上的讲话》，载《人民日报》2014年9月6日。

新形势下扩大公民有序政治参与需要着重做好以下工作：

一是进一步健全民主制度。我国已经建立起了中国特色社会主义政治制度，包括人民代表大会制度这一根本政治制度，中国共产党领导的多党合作和政治协商制度、民族区域自治制度、基层群众自治制度三项基本政治制度，以及各方面的体制机制等具体制度。这些制度把国家层面的民主制度同基层民主制度有机结合起来，集中体现了社会主义民主政治的特点和优势，是富有效率的，为扩大公民有序政治参与提供了根本制度保障。但是，这些制度还不是尽善尽美、成熟定型的。因此，在新的历史条件下，发展社会主义民主政治要把制度建设摆在突出位置，既要坚持和完善现有的制度，如人民代表大会制度要提高基层人大代表特别是一线工人、农民、知识分子代表比例，降低党政领导干部代表比例，要完善选举制度和代表联系群众制度。基层群众自治制度要以扩大有序参与、推进信息公开、加强议事协商、强化权力监督为重点，拓宽范围和途径，丰富内容和形式。同时，要坚持以实践基础上的理论创新推动制度创新，从实际出发，制定一些新的制度，构建系统完备、科学规范、运行有效的制度体系，使各方面的制度更加成熟定型，为扩大公民有序政治参与提供更加有效的制度保障。

二是要进一步丰富民主形式。人民通过选举、投票行使权利和人民内部各方面在重大决策之前进行充分协商，尽可能就共同性问题取得一致意见，是我国社会主义民主的两种重要形式，也是公民有序政治参与的主要渠道。除选举民主和协商民主两种重要形式外，改革开放以来，在社会主义民主政治的实践中，还创造了自治民主、参与民主、谈判民主、听证民主、信访民主、网络民主等丰富多样的民主形式。中国的自治民主主要包括村民自治、居民自治、企事业单位职工自治等基层群众自治形式，也包括民族区域自治民主、特别行政区自治民主等形式，都是实现公民有序政治参与的重要形式。参与民主是一种新的民主范式，指公民个体或群体通过大众传媒了解公共事务的信息并表达自己的政治见解和政策意愿；谈判民主是社会主义民主的实现形式，指公民个体或群体通过谈判分配利益，以使各方的利益要求得到相对满足；听证民主指公民通过听证会、论证会、议事会等形式对公共事务发表意见；信访民主指公民通过写信、上访向上级公共机构表达利益诉求；网络民主指公民通过互联网表达利益诉求，发表对公共事务的意见。这些都是公民实现有序政治参与的重要民主形式。新形势下，要不断完善现有的民主形式，并结合实际为创新民主形式，从各个层次、各个领域扩大公民有序政治参与，保证人民依法实行民主选举、民主决策、民主管理、民主监督。

三是进一步拓宽民主渠道。在发展和完善选举（投票）参与、协商参与、基层自治组织中的政治参与、通过人大代表和政协委员参政议政、通过听证会等征求意见制度进行政治参与、通过信访制度进行政治参与、通过申请行政诉讼和行政复议进行政治参与、通过组建社团组织进行政治参与、通过大众传媒与网络进行政治参与等民主渠道的同时，要不断创新和拓宽民主渠道，从各个层次、各个领域进一步扩大公民有序政治参与，使广大人民群众依照宪法和法律规定，积极参与管理国家事务。

四是提高公民有序政治参与的能力和水平。提高公民的民主素质和政治参与能力是公民进行有序政治参与的基础，要培养和加强公民的主体意识、权利意识、平等意识、参与意识和责任意识，提高公民政治参与的自觉性和主动性，并对公民进行必要的政治知识和政治技能的教育、传授和训练，通过现场参观人大议事过程、政府决策过程或充分利用现代传媒等措施使公民获得行使权利的感性认知，从而使其了解民主规则和程序，掌握民主生活技能，提高政治参与能力。同时，切实保障公民的知情权、参与权、表达权、监督权，为扩大公民有序政治参与提供制度保障。

五、建设社会主义法治国家

依法治国，建设社会主义法治国家，是中国共产党领导人民治理国家的基本方略，是中国特色社会主义政治发展道路的主要内容。中共十八届四中全会系统阐述了建设社会主义法治国家的基本思路：“全面推进依法治国，总目标是建设中国特色社会主义法治体系，建设社会主义法治国家。这就是，在中国共产党领导下，坚持中国特色社会主义制度，贯彻中国特色社会主义法治理论，形成完备的法律规范体系、高效的法治实施体系、严密的法治监督体系、有力的法治保障体系，形成完善的党内法规体系，坚持依法治国、依法执政、依法行政共同推进，坚持法治国家、法治政府、法治社会一体建设，实现科学立法、严格执法、公正司法、全民守法，促进国家治理体系和治理能力现代化。”①

(一)完善中国特色社会主义法律体系

形成和完善中国特色社会主义法律体系，保证国家和社会生活各方面有法可依，是全面落实依法治国基本方略的前提和基础。

2011年3月10日，这是一个历史性的时刻，时任全国人大常委会委员长吴邦国在十一届全国人大四次会议上庄严宣布：“一个立足中国国情和实际、适应改革开放和社会主义现代化建设需要、集中体现党和人民意志的，以宪法为统帅，以宪法相关法、民法商法等多个法律部门的法律为主干，由法律、行政法规、地方性法规等多个层次的法律规范构成的中国特色社会主义法律体系已经形成。”②

中国特色社会主义法律体系的形成经历了一个曲折的历程。

1949年2月，中共中央即发布指示，宣布废除了国民党政府的伪法统和“六法全书”③。新中国成立前后，中国共产党即开始了新中国的法制建设工作，先后颁布了具有临时宪法性质的《中国人民政治协商会议共同纲领》，制定了《中央人民政府组织法》、《工会法》、《婚姻法》、《土地改革法》、《人民法院暂行组织条

---

① 《中共中央关于全面推进依法治国若干重大问题的决定》，载《人民日报》2014年10月29日。

② 《中华人民共和国第十一届全国人民代表大会第四次会议文件汇编》，人民出版社2011年，第338页。

③ 南京国民党政府立法采用“民商合一”原则，六法有宪法、民法、刑法、民事诉讼法、刑事诉讼法、行政法，属大陆法系。

例》、《最高人民检察署暂行组织条例》、《惩治反革命条例》、《妨害国家货币治罪暂行条例》、《惩治贪污条例》、《全国人民代表大会和地方各级人民代表大会选举法》等一系法律、法规。1954 年 9 月召开的第一届全国人民代表大会第一次会议审议通过了新中国历史上第一部宪法，确立了人民代表大会的根本政治制度，规定了公民的基本权利和义务，同时制定了《全国人民代表大会组织法》、《国务院组织法》、《地方各级人民代表大会和地方各级人民委员会组织法》、《人民法院组织法》、《人民检察院组织法》等，确立了国家生活的基本原则。新中国的法律专家也开始着手起草刑法、民法等法律。1956 年 9 月，中共十八大报告提出了“国家必须根据需要，逐步地系统地制定完备的法律”的要求。此后一个时期内，先后制定了 100 多部法律、法令和有关法律问题的决议、决定。但从 20 世纪 50 年代后期起，由于“左”倾错误的影响，民主法制建设处于停滞状态。特别是在“文化大革命”期间，中国的法制建设更是遭到严重破坏。

中共十一届三中全会后，社会主义法制建设进入新时期。邓小平在 1978 年 12 月中央工作会议上的讲话中指出：“为了保障人民民主，必须加强法制”，“应该集中力量制定刑法、民法、诉讼法和其他各种必要的法律”①。随后召开的中共十一届三中全会提出“必须加强社会主义法制”的要求。1979 年 7 月，第五届全国人民代表大会第二次会议通过了修改宪法若干规定的决议，制定了《全国人民代表大会和地方各级人民代表大会选举法》、《地方各级人民代表大会和地方各级人民政府组织法》、《人民法院组织法》、《人民检察院组织法》、《刑法》、《刑事诉讼法》、《中外合资经营企业法》7 部法律，拉开了新时期大规模立法工作的序幕。1982 年 12 月，五届全国人大五次会议通过了现行宪法，为新时期改革开放和社会主义现代化建设提供了根本保障，标志着中国民主法制建设进入新的历史阶段。1992 年 10 月，第十四次全国代表大会，明

---

① 《改革开放三十年重要文献选编》(上)，中央文献出版社 2008 年版，第 5 页。

确提出社会主义市场经济体制的建立和完善必须有完备的法制来规范和保障。1997 年，中共十五大正式确立了"依法治国，建设社会主义法治国家"的基本方略，并明确提出要在 2010 年形成中国特色社会主义法律体系。2002 年 11 月，中共十六大重申了要"加强立法工作，提高立法质量，到 2010 年形成中国特色社会主义法律体系"的目标。2007 年 10 月，中共十七大又提出了"坚持科学立法、民主立法，完善中国特色社会主义法律体系"的要求。2009 年以来，我国各级立法机关先后开展了法律法规清理工作，"全国人民代表大会常务委员会废止了 8 部法律和有关法律问题的决定，对 59 部法律作出修改；国务院废止了 7 部行政法规，对 107 部行政法规作出修改；地方人民代表大会及其常务委员会共废止地方性法规 4 部，修改地方性法规 1417 部"①。

截至 2011 年 12 月底，我国已制定现行宪法和有效法律共 240 部、行政法规 714 部、地方性法规 8921 部，涵盖社会关系各个方面的法律部门已经齐全，各个法律部门中基本的、主要的法律已经制定，相应的行政法规和地方性法规比较完备，法律体系内部总体做到科学、和谐、统一，这也标志着中国特色社会主义法律体系正式形成。

中国特色社会主义法律体系，是以宪法为统帅，以法律为主干，以行政法规、地方性法规为重要组成部分，由宪法相关法、民法商法、行政法、经济法、社会法、刑法、诉讼与非诉讼程序法等多个法律部门组成的有机统一整体。宪法是中国特色社会主义法律体系的统帅。宪法是国家的根本大法，在中国特色社会主义法律体系中居于统帅地位，在中国特色社会主义法律体系中具有最高的法律效力，一切法律、行政法规、地方性法规的制定都必须以宪法为依据，遵循宪法的基本原则，不得与宪法相抵触。法律是中国特色社会主义法律体系的主干，解决的是国家发展中带有根本性、全局

---

① 《中国特色社会主义法律体系白皮书》，载中央政府门户网站，http：//www. gov. cn/jrzg/2011-10/27/content_ 1979498. htm，2011 年 10 月 28 日。

性、稳定性和长期性的问题，是国家法制的基础，行政法规和地方性法规不得与法律相抵触。立法规定了全国人大及其常委会的专属立法权，只有全国人大及其常委会才能制定的法律，确立国家经济建设、政治建设、文化建设、社会建设以及生态文明建设各个方面重要的、基本的法律制度。行政法规是就执行法律的规定和履行国务院行政管理职权的事项作出规定，将法律规定的相关制度具体化，是对法律的细化和补充。地方性法规可以就执行法律、行政法规的规定和属于地方性事务的事项作出规定，可以对法律、行政法规进行细化和补充，是人民依法参与国家事务管理、促进地方经济社会发展的重要途径和形式。

2013 年 2 月 23 日，习近平在主持十八届中央政治局第四次集体学习时发表重要讲话，深刻指出："我国形成了以宪法为统帅的中国特色社会主义法律体系，我们国家和社会生活各方面总体上实现了有法可依，这是我们取得的重大成就。实践是法律的基础，法律要随着实践发展而发展。要完善立法规划，突出立法重点，坚持立改废并举，提高立法科学化、民主化水平，提高法律的针对性、及时性、系统性。要完善立法工作机制和程序，扩大公民有序参与，充分听取各方面意见，使法律准确反映经济社会发展要求，更好协商利益关系，发挥立法的引领和推动作用。"①明确提出了要进一步完善中国特色社会主义法律体系的要求。

2014 年 10 月，中共十八届四中全会通过《关于全面推进依法治国若干重大问题的决定》，对全面推进依法治国作出战略部署，强调建设中国特色社会主义法治体系，必须坚持立法先行，发挥立法的引领和推动作用。要求"每一项立法都符合宪法精神、反映人民意志、得到人民拥护。要把公正、公平、公开原则贯穿立法全过程，完善立法体制机制，坚持立改废释并举，增强法律法规的及时性、系统性、针对性、有效性"。并提出了完善以宪法为核心的中国特色社会主义法律体系的具体措施，特别强调要加强重点领域的立法，实现立法和改革决策相衔接，做到重大改革于法有据、立法

① 《习近平谈治国理政》，外文出版社 2014 年版，第 144 页。

主动适应改革和经济社会发展的需要，从而明确了新形势下国家立法工作的方向和目标。

完善中国特色社会主义法律体系，要健全宪法实施和监督制度。宪法是党和人民意志的集中体现，坚持依法治国首先要坚持依宪治国，坚持依法执政首先要坚持依宪执政。全国各族人民，都必须以宪法为根本的活动准则，维护宪法尊严、保证宪法实施的职责。一切违反宪法的行为都必须予以追究和纠正，在全社会普遍开展宪法教育，弘扬宪法精神。与此同时，应完善全国人大及其常委会宪法监督制度，健全宪法解释程序机制。加强备案审查制度和能力建设，把所有规范性文件纳入备案审查范围，依法撤销和纠正违宪违法的规范性文件，禁止地方制发带有立法性质的文件。

完善中国特色社会主义法律体系，要完善立法体制。加强党对立法工作的领导，凡立法涉及重大体制和重大政策调整的，必须报党中央讨论决定。健全有立法权的人大主导立法工作的体制机制，建立由全国人大相关专门委员会、全国人大常委会法制工作委员会组织有关部门参与起草综合性、全局性、基础性的重要法律草案制度。增加有法治实践经验的专职常委和建立健全专门委员会、工作委员会立法专家顾问制度。加强和改进政府立法制度建设，完善行政法规、规章制定程序，完善公众参与政府立法机制。“重要行政管理法律法规由政府法制机构组织起草。明确立法权力边界，从体制机制和工作程序上有效防止部门利益和地方保护主义法律化。对部门间争议较大的重要立法事项，由决策机关引入第三方评估，充分听取各方意见，协调决定，不能久拖不决。加强法律解释工作，及时明确法律规定含义和适用法律依据。明确地方立法权限和范围，依法赋予设区的市地方立法权。”①

完善中国特色社会主义法律体系，要深入推进科学立法、民主立法。着重加强人大对立法工作的组织协调，推进立法精细化。健全法律法规规章起草征求人大代表意见制度，完善立法项目征集和

---

① 《中共中央关于全面推进依法治国若干重大问题的决定》，载《人民日报》2014 年 10 月 29 日。

论证制度。健全立法机关主导、社会各方有序参与立法的途径和方式。探索委托第三方起草法律法规草案，开展立法协商，充分发挥政协委员、民主党派、工商联、无党派人士、人民团体、社会组织在立法协商中的作用，对立法中涉及的重大利益调整论证咨询机制。拓宽公民有序参与立法的途径，健全法律、法规、规章草案公开征求意见和公众意见采纳情况反馈机制，广泛凝聚社会共识。完善法律草案表决程序，对重要条款可以单独表决。

完善中国特色社会主义法律体系，加强重点领域立法。着重加强经济、政治、社会、文化、生态文明“五位一体”的相关立法工作。依法保障公民权利，加快完善体现权利公平、机会公平、规则公平的法律制度，增强全社会尊重和保障人权的意识，健全公民权利救济渠道和方式，实现公民权利保障法治化。

（二）推进法治中国建设

法治是现代治国理政的基本方式。法治中国建设必须坚持依法治国、依法执政、依法行政共同推进，坚持法治国家、法治政府、法治社会一体建设。建设法治中国，是中国共产党总结改革开放以来 30 多年法治建设的经验而提出的法治建设的新目标。

1978 年 12 月，中共十一届三中全会公报中提出：“为了保障人民民主，必须加强社会主义法制，使民主制度化、法律化，使这种制度和法律具有稳定性、连续性和极大的权威，做到有法可依、有法必依、执法必严、违法必究。”①由此开启了法治国家建设的新起点。

1982 年 12 月，五届全国人大五次会议通过了现行宪法，成为新中国法治发展史上的重要里程碑。同年召开的中共十二大在新修改的党章中写入了“党必须在宪法和法律的范围内活动”的条款。1996 年 3 月，八届全国人大常委会第四次会议制定的《关于国民经

---

① 《改革开放以来历届三中全会文件汇编》，人民出版社 2013 年版，第 12 页。

济和社会发展"九五"计划和2010年远景目标纲要》提出了"依法治国，建设社会主义法制国家"的任务，强调要加强立法、司法、执法和普法工作。

1997年9月，中共十五大报告中第一次将依法治国确立为治理国家的基本方略，把"建设社会主义法制国家"改为"建设社会主义法治国家"，并要求"一切政府机关都必须依法行政"①。1999年3月，九届全国人民大表大会第二次会议通过的宪法修正案，写入了"中华人民共和国实行依法治国，建设社会主义法治国家"的条款。2002年11月，中共十六大报告提出："发展社会主义民主政治，最根本的是要把坚持党的领导、人民当家作主和依法治国有机统一起来"，强调"依法治国是党领导人民治理国家的基本方略"，"宪法和法律是党的主张和人民意志相统一的体现，必须严格依法办事，任何组织和个人都不允许有超越宪法和法律的特权"，并明确提出了要改革和完善党的领导方式和执政方式，坚持依法执政的要求②；同时还提出要"支持政府履行法定职能，依法行政"③。在我国，依法行政最初是适应建立社会主义市场经济体制的要求提出来的。1993年召开的中共十四届三中全会即提出了"各级政府机关都要依法行政、依法办事"的要求。1999年，国务院出台《关于全面推进依法行政的决定》，使依法行政成为国家机关行使权力的基本准则。2004年3月，国务院制定《关于推进依法行政的实施纲要》，提出经过十年左右坚持不懈的努力，基本实现建设法治政府的目标。

2012年12月，习近平总书记在首都各界纪念现行宪法施行30周年大会上的讲话中系统阐述了"坚持依法治国、依法执政、依法行政共同推进，坚持法治国家、法治政府、法治社会一体建设"的

---

① 《十五大以来重要文献选编》(上)，人民出版社2000年版，第33~34页。

② 《十六大以来重要文献选编》(上)，中央文献出版社2005年版，第24页。

③ 《十六大以来重要文献选编》(上)，中央文献出版社2005年版，第26页。

法治国家建设新思路，提出了全面贯彻实施宪法的思想，指出："全面贯彻实施宪法，是建设社会主义法治国家的首要任务和基础性工作。宪法是国家的根本法，是治国安邦的总章程，具有最高的法律地位、法律权威、法律效率，具有根本性、全局性、稳定性、长期性。全国各族人民、一切国家机关和武装力量、各政党和各社会团体、各企事业组织，都必须以宪法为根本的活动准则，并且负有维护宪法尊严、保证宪法实施的职责。任何组织或者个人，都不得有超越宪法和法律的特权。一切违反宪法和法律的行为，都必须予以追究。"他强调："宪法的生命在于实施，宪法的权威也在于实施。我们要坚持不懈抓好宪法实施工作，把全面贯彻实施宪法提高到一个新水平。"①实际上提出了依法治国首先是依宪治国的思想，这是新中国成立以来发出的关于法治国家建设的最强音，在全社会产生了巨大的反响，开启了法治国家建设的新时代。

2013 年 2 月 23 日，十八届中央政治局以全面推进依法治国为主题组织集体学习，习近平在会上发表重要讲话，要求"全面推进科学立法、严格执法、公正司法、全民守法，坚持依法治国、依法执政、依法行政共同推进，坚持法治国家、法治政府、法治社会一体建设，不断开创依法治国新局面"。并全面阐述了法治国家、法治政府、法治社会一体建设的思路："要加强宪法和法律实施，维护社会主义法制的统一、尊严、权威，形成人们不愿违法、不能违法、不敢违法的法治环境，做到有法必依、执法必严、违法必究。""任何组织或者个人都必须在宪法和法律范围内活动，任何公民、社会组织和国家机关都要以宪法和法律为行为准则，依照宪法和法律行使权利或权力、履行义务或职责。要深入开展法制宣传教育，在全社会弘扬社会主义法治精神，引导全体人民遵守法律、有问题依靠法律来解决，形成守法光荣的良好氛围。要坚持法制教育与法治实践相结合，广泛开展依法治理活动，提高社会管理法治化水平。要坚持依法治国和以德治国相结合，把法治建设和道德建设

① 《十八大以来重要文献选编》(上)，中央文献出版社 2014 年版，第 88 页。

紧密结合起来，把他律和自律紧密结合起来，做到法治和德治相辅相成、相互促进。”①

2013年11月，中共十八届三中全会通过的《中共中央关于全面深化改革若干重大问题的决定》，明确将“推进法治中国建设”确立为全面深化改革的重大目标，并着重从维护宪法法律权威，深化行政执法体制改革，确保依法独立公正地行使审判权、检察权，健全司法权力运行机制，完善人权司法保障制度等方面对全面深化改革背景下的法治中国建设作了总体部署。

2014年10月，中共十八届四中全会审议通过了《关于全面推进依法治国若干重大问题的决定》，提出全面推进依法治国的总目标和基本原则，总目标是建设中国特色社会主义法治体系，建设社会主义法治国家。这一总目标的具体内涵是：在中国共产党领导下，坚持中国特色社会主义制度，贯彻中国特色社会主义法治理论，形成完备的法律规范体系、高效的法治实施体系、严密的法治监督体系、有力的法治保障体系，形成完善的党内法规体系，坚持依法治国、依法执政、依法行政共同推进，坚持法治国家、法治政府、法治社会一体建设，实现科学立法、严格执法、公正司法、全民守法，促进国家治理体系和治理能力现代化。全面推进依法治国必须坚持的基本原则是：第一，坚持中国共产党的领导。强调党的领导是中国特色社会主义最本质的特征，是社会主义法治最根本的保证。第二，坚持人民主体地位。强调人民是依法治国的主体和力量源泉，人民代表大会制度是保证人民当家作主的根本政治制度。第三，坚持法律面前人人平等。强调平等是社会主义法律的基本属性。任何组织和个人都必须尊重宪法法律的权威，都必须在宪法法律范围内活动，都必须依照宪法法律行使权力或权利、履行职责或义务，都不得有超越宪法法律的特权。第四，坚持依法治国和以德治国相结合。强调国家和社会治理需要法律和道德共同发挥作用。第五，坚持从中国实际出发。强调中国特色社会主义道路、理论体系、制度是全面推进依法治国的根本依据。该决定从“完善以宪法

---

① 《习近平谈治国理政》，外文出版社2014年版，第145~146页。

为核心的中国特色社会主义法律体系，加强宪法实施”、“深入推进依法行政，加快建设法治政府”、“保证公正司法，提高司法公信力”、“增强全民法治观念，推进法治社会建设”、“加强法治工作队伍建设”、“加强和改进党对全面推进依法治国的领导”六个方面作出了具体部署，体现了依法治国、依法执政、依法行政共同推进，法治国家、法治政府、法治社会一体建设的突出特点，是一份全面推进依法治国的纲领性文献，为新的历史条件下建设法治中国提供了全面、系统的纲领和政策。

推进法治中国建设，要树立科学的法治观。中共十八大报告提出的全面推进依法治国的“新十六字方针”，即坚持“科学立法、严格执法、公正司法、全民守法”①，法治的基本原则就是“三个共同推进、三个一体建设”的原则，即坚持依法治国、依法执政、依法行政共同推进，坚持法治国家、法治政府、法治社会一体建设。科学的法治观要求高度重视法治在国家治理体系中的地位和作用。“法治是推进国家治理体系和治理能力现代化的强有力的引擎，国家治理应当纳入理性的法治轨道。”②在现代社会，法治是治理的基本方式，国家生活和社会生活制度化、规范化、程序化运行的法治程度，是衡量国家治理体系和治理能力现代化的重要指标。科学的法治观要求在改革开放的新阶段，始终坚持“市场经济就是法治经济”的逻辑和理念，在全面深化改革中，正确处理好政府与市场、政府与社会的关系。

推进法治中国建设，必须健全司法权力运行机制，确保依法独立公正地行使审判权、检察权。健全权力运行机制，就必须保证司法审判活动的独立性。“要围绕努力让人民群众在每一个司法案件中都感受到公平正义的目标改进工作，重点解决影响司法公正和制

---

① 《十八大以来重要文献选编》(上)，中央文献出版社 2014 年版，第 21 页。

② 刘武俊：《论建设法治中国的基本路径》，载《北京日报》2014 年 10 月 13 日。

约司法能力的深层次问题。”①司法改革应当减少乃至彻底割断法院在人事与财政上的地方依附，坚决遏制司法领域的地方保护主义。要遵循让审理者裁判、让裁判者负责的要求，完善主审法官、合议庭办案责任制。要从司法职业特点出发，统筹推进司法人员分类管理，改革法院内部的内部请示汇报、审判委员会制度等各种可能影响独立审判的行政化管理制度，排除一切法外干扰，提升公正司法的水平，确保司法机关依法独立公正地行使职权，让法官切实依法独立公正地行使审判权。

推进法治中国建设，要建立严密的法治监督体系。“检察机关作为宪法确定的法律监督机关，应当自觉在法治建设全局中谋划和定位检察工作，切实承担起维护宪法法律统一正确实施的神圣职责。”②充分发挥法律监督在权力制约、权利保障方面的积极作用，坚决查处、积极预防以权谋私、权钱交易、失职渎职等职务犯罪，当好执法司法的监督者。牢牢把握推进法律实施这一当前法治建设的主要矛盾，切实加强对执法司法活动的监督，让人民群众在每一起司法案件中感受到公平正义。坚持把法治精神当做主心骨，把强化公正廉洁的职业道德当做必修课，带头严格依法办事，带头运用法治思维和法治方式处理问题，规范执法，秉公用权，进而带动全社会学法、尊法、守法、用法。

推进法治中国建设，必须走出“权大于法”的人治思维，提高领导干部运用法治思维和法治方式的能力。十八大报告强调，要“提高领导干部运用法治思维和法治方式深化改革、推动发展、化解矛盾、维护稳定能力”③。法治思维和法治方式不仅是最重要的领导思维和领导方式，也是最重要的领导能力和领导水平，它要求各级领导干部更加注重对法治价值的认同与信守。这既是对贯彻落

① 江必新：《以法治思维和方式推进法治中国建设》，载《人民论坛》2013年第22期。

② 薛江武：《新时期法治中国建设的新认识》，载《学习时报》2014年9月17日。

③ 《十八大以来重要文献选编》（上），中央文献出版社2014年版，第22页。

实依法治国基本方略的新阐述、新要求，同时也要求普法宣传要更加注重实效，重在强化全民尤其是各级领导干部的法治思维，坚决克服“权大于法”的人治思维，提高领导干部运用法治思维和法治方式的能力，进而提升全社会的法治意识。

六、强化权力运行制约和监督体系

权力必须监督，没有监督的权力必然导致极权和腐败，这是现代民主政治的常识。在人民民主专政的社会主义制度下，广大人民的根本利益是一致的，国家的一切权力属于人民，民主集中制的人民代表大会制度是保证人民当家作主的根本政治制度，中国共产党的领导是实现人民当家作主的根本政治保证。因此，中国决不能搞西方式的“三权分立”和多党轮流执政。中国共产党在发展社会主义民主政治的实践中，将马克思列宁主义的民主理论与中国的具体实际相结合，创造出了一系列监督和制约权力的体制和机制，形成了具有鲜明中国特色的权力运行制约和监督体系，体现着中国特色社会主义政治发展道路的鲜明特色。

(一)让权力在阳光下运行

“没有公开性而谈民主制是很可笑的。”①让人民监督权力是权力安全运行的关键所在，只有让人民监督权力，才能保证权力真正服务于人民而不致异化。让人民监督权力必须让权力在阳光下运行，就必须形成有效的权力制约和协调机制，规范各级党政主要领导干部职责权限，科学配置党政部门及内设机构的权力和职能，明确职责定位和工作任务。

我国当前的政治权力制约和监督，总体而言包括权力系统内部的制约和监督以及权力系统外部的制约和监督两个部分，即权力制约权力模式和非权力制约权力模式。

---

① 《列宁全集》第6卷，人民出版社1990年版，第131页。

权力制约权力模式主要包括国家政权体系内部的制约和监督，党政之间的制约和监督以及执政党内部的制约和监督。国家政权体系内部的制约和监督是整个权力制约和监督系统的主体组成部分，其中包括人民对各级人大的制约监督，权力机关对行政机关及工作人员的制约监督，行政监察机关对行政机关及工作人员的制约监督。党政之间的权力制约和监督，可以保证国家政权按照党的大政方针运行，以确保国家机关在国家宪法和法律范围内活动。这种以权制权的模式，对于保证党的路线、方针、政策和国家的法律、法规的贯彻执行发挥了积极作用。但是，这种权力监督效果有时也由于权力主体之间的利益关系和它们所处层级的远近而发生耗散，造成"上级监督下级太远，同级监督同级太软，下级监督上级太难"的困境。

非权力制约权力模式最大的特点在于社会监督主体不具有国家权力，因而不具有法律强制性。但社会监督的广泛性、时效性和敏锐性以及所产生的社会效应具有以权制权模式难以比拟的优越性。非权力系统对权力系统的制约和监督引导社会公众对权力系统的关注，积极参与权力制约与监督。这种自下而上的制约监督提高了权力运行的科学性和时效性。

一个良好的权力制约和监督体制，不仅仅应重视体制内的制约和监督，更应该激励、保障、引导和规范体制外的制约和监督。正是基于这种认识，中共十八大报告指出要"加强党内监督、民主监督、法律监督、舆论监督，让人民监督权力，让权力在阳光下运行"①。"四个监督"是一个有机整体，相互补充，相得益彰，共同发挥对权力的制约与监督作用。

一是党内监督。党内监督，是指中共各级组织和广大党员依据党章和国家法律，对党员和党员干部，特别是各级领导干部的公务活动进行监督，主要包括党组织的监督和党员相互间的监督。党内监督的思想由来已久，早在1921年，中共一大通过的《中国共产党

---

① 《十八大以来重要文献选编》(上)，中央文献出版社2014年版，第23页。

纲领》就规定，党员派到其他地区工作或到党外进行活动，必须受当地党的执行委员会最严厉的监督。1927年，中共五大建立了中国共产党历史上第一个中央监察委员会，使中国共产党自身建设及党纪党规的权威第一次有了相应的机构作为保障。1949年年初，中国共产党成立了中央纪律检查委员会，随后地方各级党委均设立了纪律检查委员会。1956年9月，邓小平在中共八大作的《关于修改党的章程的报告》中详细论述了党内监督的重要性和迫切性，要求从国家制度和党的制度层面作出明确的规定，以加强对党的组织和党员的监督。1987年7月，中共中央纪律检查委员会下发了《关于对党员干部加强党内纪律监督的若干规定(试行)》文件，对党内纪律监督工作采取分级负责办法，保护监督者和被监督者的正当权利，加强了对党内纪律监督的领导，迈出了党内监督制度化的重要一步。2002年，中共十六大报告明确提出要重点加强对领导干部特别是主要领导干部的监督，这说明我们党已把加强党内监督作为党的建设的重要环节。2003年年底，中共中央向全党印发了《中国共产党党内监督条例(试行)》，党内监督工作进入规范化、制度化的新阶段。当前，现有的《中国共产党党内监督条例》形成了便利管用、科学规范、有约束力的党内监督机制，解决了中国共产党开展党内监督的基础问题，在监督体系中起着重要的作用，但从可操作层面看，还需不断完善配套措施，尤其是纪检领导体制，强化纪检机关的监督职能。

二是民主监督。民主监督，关键是通过制度和法律建设，通过各种保障机制，落实人民群众的知情权、参与权、表达权和监督权，提升社会监督、舆论监督的地位和作用，形成全方位监督的良好氛围，使民众的权利能够在权力运行中切实得到尊重和保障。从监督内容看，民主监督不仅可以对公权力行使的合法性、正当性进行监督，而且可以对权力行使者效率低下、平庸懒散、作风粗暴及有损身份形象等行为提出批评，对制度漏洞提出建议，促使权力行使者完善制度。从监督效果看，在科学执政、依法执政的情形下，民主监督更体现为支持、帮助、协助，人民通过行使监督权体会到执政为民的行为和举措，会极大地提高权力的公信力。因而，必须提高民主监督的科学化水平，把握好民主监督的正确方向，让内部监督与外部监督相互衔接、良性互动，以党内民主监督带动人民民主监督，增强民主监督的活力。

三是法律监督。法律监督是对法律实施行为的监督，即通过评价立法、执法、司法等环节的合法性，发现和处理违法行为，保证法律运作的畅通，最终使法律得到有效实施。法律监督具有纠错和保证的功能，是权力制约和监督体制的重要组成部分，具有其他监督所不可比拟的优势。中共十八大报告首次提出了加强法律监督的表述。与党内监督相比较，法律监督具有国家性和更强的法治性。党内监督的对象限定为党的各级组织及全体党员，监督依据是党章等党内规章制度。当某党员违反党的纪律时，党是以党组织的名义给予其党内处分。法律监督制度由宪法和法律直接规定，以国家的名义运行，以国家强制力为保障。法律监督的各个方面、运行的各个环节皆由法而定、依法而行。与民主监督相比较，法律监督具有独立性和直接性，能够独立地和直接地依照法律规定对权力运行的各个环节中可能出现的权力异化行为进行监督。

四是舆论监督。舆论监督是宪法赋予公民言论自由的权利，也是新闻媒体的一项重要职能，更是我国权力制约和监督体系中的特殊组成部分。1987 年，中共十三大首次提出要“发挥舆论监督的作用，支持群众批评工作中的缺点错误”①。中共十八大报告中，将舆论监督与党内监督、民主监督、法律监督并列提出，充分说明了舆论监督在权力监督和制约体系中的重要性。舆论监督的特点是其本身不具有强制性，不会给滥用权力者直接的制裁和惩处，只是通过曝光、批评等方式，引起相关部门的重视，既而启动体制内的其他强制性监督方式对权力进行制约。近年来，随着一些新闻媒体的不断发力，陆续揭露滥用权力行为，将之公之于众，形成一种巨大的公众舆论，给滥用权力者造成一定的舆论压力。这种舆论压力造就了滥用权力者“不怕控告，就怕登报”的心理，这对进一步揭露、

---

① 《十三大以来重要文献选编》(上)，中央文献出版社 1991 年版，第 44 页。

打击和遏制腐败起到了不可替代的作用。但不可否认的是，在市场经济的大背景下，新闻媒体的舆论监督也存在非理性监督的状况。因而，只有在法治环境中运行，并坚持科学的引导，才能充分发挥舆论监督的正能量。

让权力在阳光下运行，必须完善制度体系。让权力在阳光下运行，需要通过各种使权力运行公开透明的具体制度来体现。中共十八届三中全会通过的《关于全面深化改革若干重大问题的决定》系统阐述了强化权力运行制约和监督体系的思路，要求“推行地方各级政府及其工作部门权力清单制度，依法公开权力运行流程图，有利于完善党务、政务和各领域办事公开制度，推进决策公开、管理公开、服务公开、结果公开”①。让权力在阳光下运行，需要通过改革不断创新反腐败的体制机制。只有制度明确，执行者才有所遵从，监督者才有所依据；只有制度科学，才能形成防止权力滥用的制度保障。坚持用制度管权管事管人，保障人民知情权、参与权、表达权、监督权，是权力正确运行的重要保证。要确保决策权、执行权、监督权既相互制约又相互协调，确保国家机关按照法定权限和程序行使权力。坚持科学决策、民主决策、依法决策，健全决策机制和程序，建立健全决策问责和纠错制度。

让权力在阳光下运行，必须加强党内纪律检查。《中共中央关于全面深化改革若干重大问题的决定》提出：“推动党的纪律检查工作双重领导体制具体化、程序化、制度化，强化上级纪委对下级纪委的领导，就是要保证把这个环节的监督真正落到实处。”为了理顺纪检机构对中央一级党和国家机关权力运行制约监督的体制，该决定对纪委查办腐败案件的工作程序、报告制度和纪委书记、副书记的提名与考察工作都作了明确规定，在一定程度上影响对权力运行监督的效果。该决定强调中央纪委向中央一级党和国家机关派驻纪检机构实行统一名称、统一管理，强调派驻机构对派出机关负责、履行监督职责，这对于克服监督不到位的情况具有重要作用。

---

① 《十八大以来重要文献选编》(上)，中央文献出版社 2014 年版，第 531 页。

让权力在阳光下运行，对权力运行进行监督。该决定“强调健全反腐倡廉法规制度体系，完善惩治和预防腐败、防控廉政风险、防止利益冲突、领导干部报告个人有关事项、任职回避等方面法律法规，推行新任领导干部有关事项公开制度试点。另一方面，强调健全民主监督、法律监督、舆论监督、运用和规范互联网监督”①。如果监督体制机制不健全，监督途径方式不规范，也会对权力在阳光下正常运行构成负面影响。近些年来，舆论监督、互联网监督随着各种舆论传播工具和手段的变化而不断发展，但舆论监督特别是网络监督，由于自身的特点也会给一些不负责任的行为留下可乘之机，形成一些不负责任的网络流言，造成很不好的社会影响。因此，需要发挥好舆论监督、网络监督的作用，健全舆论监督机制，规范互联网监督。

让权力在阳光下运行，体现了时代特点和具有中国特色的关于权力运行制约和监督的整体思路。让权力在阳光下运行是让人民更好地监督权力、让制度更好地管住权力的前提。把这几个方面有机统一起来，就能从根本上实现把权力关进制度笼子的目标。

(二)建立科学有效的权力制约和协调机制

权力是社会政治生活的核心，其运行是否科学有效，是判断一个国家政治文明和发展水平的重要标志。1997 年 9 月，中共十五大报告提出：“要深化改革，完善监督法制，建立健全依法行使权力的制约机制。”②2000 年 12 月召开的中共中央纪律检查委员会第五次全体会议指出：“坚持把发展民主与健全法制结合起来，把党内监督、法律监督和群众监督结合起来，并发挥舆论监督的作用，

---

① 《十八大以来重要文献选编》(上)，中央文献出版社 2014 年版，第 532 页。

② 《十五大以来重要文献选编》(上)，中央文献出版社 2000 年版，第 34 页。

建立健全依法行使权力制约机制。”①中共十八大报告进一步提出：“健全权力运行制约和监督体系。坚持用制度管权管事管人，保障人民知情权、参与权、表达权、监督权，是权力正确运行的重要保证。”②2013年11月，中共十八届三中全会从顶层设计的高度提出了明确的改革方向和具体要求，强调必须构建决策科学、执行坚决、监督有力的权力运行体系，形成科学有效的权力制约和协调机制，表明了中国共产党对权力认识的新高度。“科学有效的权力制约和协调机制，既是我们党提高执政能力、巩固执政地位、完成执政使命的重要保证，也是建设廉洁政治，实现干部清正、政府清廉、政治清明的根本保证。”③

形成科学有效的权力制约和协调机制，关键和核心是要完善党和国家领导体制，坚持民主集中制，充分发挥党的领导核心作用。规范各级党政主要领导干部职责权限，科学配置党政部门及内设机构权力和职能，明确职责定位和工作任务。同时，加强和改进对主要领导干部行使权力的制约和监督，推行地方各级政府及其工作部门权力清单制度，依法公开权力运行流程。完善党务、政务和各领域办事公开制度，推进决策公开、管理公开、服务公开、结果公开。

当前我国正处于社会经济转型的关键期，腐败现象多发高发，建立健全科学有效的权力制约和协调机制势在必行。

一是科学有效的权力制约和协调体制是巩固执政党地位的需要。一个政党，一个政权，权力一旦失去制约和监督，就必然会失去民心。执政党一旦失去民心，则万劫不复，最终逃不过垮台的厄运。一个成熟的政党，要自觉建立健全权力制约和监督体制，从而保持和巩固执政地位。

---

① 《十五大以来重要文献选编》(中)，中央文献出版社2001年版，第1551页。

② 《十八大以来重要文献选编》(上)，中央文献出版社2014年版，第22页。

③ 《形成科学有效的权力制约和协调机制——五论学习贯彻十八届三中全会精神》，载《中国纪检监察报》2013年11月29日。

二是科学有效的权力制约和协调体制是完成社会转型的必然要求。我国正处于社会转型的关键期，旧体制的权力体系运转的惯性仍然存在，而新体制的权力格局正在形成，但并不完善。这种新旧体制共生共存的局面，容易产生公共权力的真空，导致政治、经济、社会出现暂时和局部的管理无序状态。因此，需要形成科学有效的权力制约和协调机制，完善权力制约和监督体制，合理设定和严格规范公共权力，以避免权力真空和管理无序状态。

三是建立科学有效的权力制约和协调机制是遏制腐败的根本措施。腐败是公共权力无限扩张的必然结果，公共权力具有扩张性和腐蚀性的特点。建立科学有效的权力制约和协调机制，是从根源上遏制腐败的基本条件。从世界各国的权力制约和监督的有效性来看，不受制约和监督的权力会放大权力主体的欲望，促使通过公共权力实现自己的私人意志，权力主体滥用公共权力的结果必然导致社会寻租现象的产生。为了防止公共权力的异化和蜕变，减少腐败对社会各领域的破坏，必须建立健全权力制约和监督体制，以实现权力主体之间有效的制约与监督。

建立科学有效的权力制约和协调机制，首先要构建决策科学、执行坚决、监督有力的权力运行体系。“科学配置权力，就是要按照制约和协调原则对权力进行科学配置，使权力既相互制约又相互协调，给权力套上制度的笼子。”①我国的权力结构和运行机制，总体上符合我国国情，是建立在我国社会主义民主政治的基础之上的，能够实现好、维护好、发展好最广大人民的根本利益，但在一些具体方面也存在一些不相适应、不够完善的地方。改革开放以来，我国科学民主的决策机制已经在形成重大战略、规划长期发展等方面，都发挥了重大的积极作用。要进一步健全中国特色重大决策制度，完善重大决策的机制和程序，建立健全决策后评估和纠错机制，不断提高科学决策、民主决策、依法决策水平。“凡是重大问题决策、重要人事任免、重大项目安排和大额资金使用都必须实

---

① 《形成科学有效的权力制约和协调机制》，载《广西日报》2014 年 1 月 28 日。

行集体决策，凡是涉及群众切身利益的决策都要充分听取群众意见，凡是损害群众利益的做法都要坚决防止和纠正。要进一步提高执行力，决定了的事情，就要做到言必信、行必果，有始有终。”①与此同时，健全督促检查、绩效考核和问责制度，加强党内监督、民主监督、法律监督和舆论监督，确保权力在阳光下运行。另外，要强化对权力来源的制约和监督。权力来源是权力存在的前提性要素，决定了权力的正当性和合法性。权力来源包含了权力授予和权力配置两个方面的内容，对权力来源的制约和监督同样包含对权力授予的制约监督和对权力配置的制约监督两个方面。我国宪法规定：中华人民共和国的一切权力属于人民。这表明一切权力必须来源于人民的授予，因而国家权力的授予必须体现人民的意志。权力的来源决定着权力行使者的忠诚对象，一般表现为：权力来源于选举，则权力行使者忠诚于选民；权力来源于任命，则权力行使者忠诚于上级。在我国，国家权力的授予是通过人民代表大会选举制度实现的。我国现行的选举制度，总体上体现了民主性、平等性和普遍性，基本保障了公民选举权的实现。但从权力制约和监督的角度来看，还不足以充分体现选民意志。而要完善对权力来源的制约和监督，需要通过完善选举制度来实现，使选举制度充分体现选民意志。具体来说，应该遵循普遍和平等的选举原则，改革选区划分和代表名额分配的方法，建立候选人竞选机制，促进选举的良性互动，产生更能代表人民利益的代表，使选举结果真正反映人民意志。

对权力配置的制约监督是为了构建科学合理的国家权力配置，使各种权力相互制约又相互协调。权力配置包括横向和纵向的权力配置，横向的权力配置要解决国家和社会、党和政府以及国家机构之间的权力划分问题，而纵向的权力配置主要是解决中央和地方等上下级之间的权力划分问题。当前我国权力配置中突出的问题是权力过于集中。在国家和社会的关系上，权力过分集中于国家；在党

① 赵洪祝：《进一步强化权力运行制约和监督体系》，载《人民日报》2013年11月27日。

组织和政府的关系上，权力过分集中于各级党组织；在中央和地方的关系上，权力过分集中在中央。解决权力过于集中问题，首先必须改革党的领导体制和工作机制。在坚持党的领导这一前提下，改善党对人大、政府、司法机关的领导体制，理清党内的权力结构，支持国家机关发挥作用。其次，必须进行适当的分权，合理划分权力。特别是通过建立健全违宪审查制度、完善人大监督机制、完善独立的司法制度来实现决策权、执行权、监督权的制约协调。再次，必须强化对权力主体和权力行使的制约和监督。权力主体是权力的行使者，在权力关系中处于主动和支配地位。权力的实际主体一般是国家机关及其公职人员，所以对权力主体进行制约和监督，主要是对国家机关及其公职人员加强制约和监督。改革开放以来，我国的社会主义民主政治建设不断发展，在干部选拔任用、党政领导干部问责、公民监督、从政道德教育方面的制度建设日趋完善。权力行使是权力主体按照一定规则和方式运用权力的过程。对权力行使的制约和监督，首先要保证行使权力的公开透明，这包括权力行使的依据和规范、权力行使过程、权力行使结果都应公开透明。目前，我国的考核评价机制，责任追究、监督和保障机制等方面正在不断完善，政务公开的立法进程逐步加快。《中华人民共和国政府信息公开条例》自 2008 年施行以来，各地区各部门不断建立和完善政府信息公开工作机制。2011 年，92 个中央部门公开了年度预决算，98 个中央部门公开了“三公”经费使用情况；2012 年，95 个中央部门更加及时、准确、详细地公开了部门预决算和“三公”经费，9 个省公开了“三公”经费支出情况，切实增强了政府施政的透明度和公信力。

建立科学有效的权力制约和协调机制，要有效地实现对权力行使的制约和监督，还必须采用综合监督的方法，运用各种监督方式对权力行使进行全过程、全方位的监督。领导干部手中的权力都是人民赋予的，必须自觉接受民主监督和群众监督，拓宽渠道方便人民群众监督，坚决打击各式报复行为，消除各种人为障碍。法律监督是促使领导干部依法行使权力的重要保证。要支持人大及其常委会通过询问、质询、执法检查、听取和审议工作报告等监督职权，支持司法机关独立公正地行使检察权和审判权，防止和查处领导干部失职渎职、滥用职权等行为。舆论监督是人民群众行使监督权的一种直接方式，随着互联网尤其是移动互联网的快速发展，网络舆论监督在社会生活中发挥着越来越重要的作用，成为群众传递信息、参与社会事务的重要渠道。要高度重视运用和规范互联网监督，建立健全网络舆情收集和处置机制，对反映领导干部违纪违法的问题要及时调查处理，对反映失实的要及时澄清，对诬告陷害的要追究责任，对制造和传播网络谣言的要依法加以打击，推动网络监督走上法治化、规范化轨道。只有继续坚持发挥党内监督的核心作用，发挥人大监督的关键作用，同时不断完善人民政协监督、行政监督、司法监督、社会监督和舆论监督，并加强不同监督主体的整体合力，才能使决策更加科学、执行更加有效、监督更加有力。

（三）健全惩治和预防腐败体系

惩治和预防腐败体系是在中国共产党的领导下，以推进依法治国、可持续发展和提高人民生活质量为目标，以制约和监督权力为核心，惩治和预防并举的综合治理腐败体系，是具有中国特色的国家廉政体系。建立健全惩治和腐败体系，是党中央从全局和战略高度出发，作出的一项重大决策。这是对改革开放以来我国反腐倡廉建设经验的科学总结，是新形势下反腐倡廉建设的工作重点和重要抓手，是党和国家事业健康顺利发展的重要保证。

建立健全惩治和预防腐败体系重大战略的形成，是中国共产党和政府反腐倡廉理论和实践的重大创新。它不仅体现了市场经济发展的客观要求，也顺应了国际社会反腐败斗争的发展潮流，意义十分深远。惩治和预防腐败体系的提出到形成，也经历了一段探索的过程。

2003 年 10 月，中共十六届三中全会通过的《中共中央关于完善社会主义市场经济体制若干问题的决定》明确提出："建立健全与社会主义市场经济体制相适应的教育、制度、监督并重的惩治和预防腐败体系。”①2003 年 12 月，胡锦涛在纪念毛泽东同志诞辰 110 周年的讲话中指出：“要进一步加大反腐倡廉的工作力度，坚持标本兼治、综合治理，建立健全与社会主义市场经济体制相适应的教育、制度、监督并重的惩治和预防腐败体系，旗帜鲜明、毫不动摇地把反腐败斗争深入进行下去。”②2004 年 8 月，胡锦涛在纪念邓小平同志诞辰 100 周年讲话中指出：“要坚持不懈地开展党风廉政建设，建立健全与社会主义市场经济体制相适应的教育、制度、监督并重的惩治和预防腐败体系，旗帜鲜明、毫不动摇地把反腐败斗争深入进行下去。”③这也体现了中共对反腐倡廉和党风廉政建设的重视。2005 年 1 月，中共中央正式颁布了《建立健全教育、制度、监督并重的惩治和预防腐败体系实施纲要》，对建立健全惩治和预防腐败体系的重要性和紧迫性、指导思想、主要目标和工作原则作了明确规定。2007 年 9 月，国家预防腐败局正式成立，这对于各部门预防腐败工作，提高预防腐败能力、提升工作的专业化水平，进一步加强预防腐败的国际交流与合作有着特殊意义。

中共十七大后，以完善惩治和预防腐败体系为重点加强反腐倡廉建设也不断向前推进。2008 年 5 月，中共中央又印发了《建立健全惩治和预防腐败体系 2008—2012 年工作规划》，这是在《建立健全教育、制度、监督并重的惩治和预防腐败体系实施纲要》的基础上对这一战略的进一步推进和完善。中共十七届四中全会指出，要加快推进惩治和预防腐败体系建设，深入开展反腐败斗争。中共十八大报告进一步强调：“要坚持中国特色反腐倡廉道路，坚持标本兼治、综合治理、惩防并举、注重预防方针，全面推进惩治和预防

---

① 《十六大以来重要文献选编》(上)，中央文献出版社 2005 年版，第 481 页。

② 《十六大以来重要文献选编》(上)，中央文献出版社 2005 年版，第 653~654 页。

③ 《十六大以来重要文献选编》(中)，中央文献出版社 2006 年版，第 161 页。

腐败体系建设，做到干部清正、政府清廉、政治清明。”①以习近平同志为总书记的党中央坚持“老虎”、“苍蝇”一起打，把权力关进制度的笼子里，向全党全社会表明了严惩腐败、从严治党的坚强决心和庄严态度。中共十八届三中全会《中共中央关于全面深化改革若干重大问题的决定》指出：“要健全惩治和预防腐败体系，建设廉洁政治，努力实现干部清正、政府清廉、政治清明。”②这是中国共产党在深刻总结历史经验，科学判断我国新时期腐败发生的新情况的基础上作出的重大战略决策，是我国反腐倡廉建设的战略目标。

中共十八届三中全会后，中共中央颁布了《建立健全惩治和预防腐败体系2013—2017年工作规划》，并发出通知，要求各地区各部门结合实际认真贯彻执行。通知指出，全面推进惩治和预防腐败体系建设，是中共十八大和十八届三中全会作出的重要部署，是全党的重大政治任务和全社会的共同责任，对于坚持党要管党、从严治党，深入开展党风廉政建设和反腐败斗争，推进国家治理体系和治理能力现代化，实现“两个一百年”奋斗目标和中华民族伟大复兴的中国梦，具有重大意义。

健全惩治和预防腐败体系，要加大查办案件工作力度，保持惩治腐败高压态势。查办违纪违法案件，是惩治腐败的直接手段。要遏制现阶段腐败现象易发多发的势头，惩治这一手决不能放松。要坚持有案必查、有腐必惩，进一步突出办案重点，严肃查办发生在领导机关和领导干部中滥用职权、贪污贿赂、腐化堕落、失职渎职案件，对损害合法公共利益、政治利益和人身权利，及重点领域和关键环节的领域，要进行严格查办；建立健全查处机制，拓宽和畅通信访渠道，加强突破大案要案的能力。建立健全查办案件组织协调机制，做到有群众举报要及时处理，有具体线索要认真核实，违

① 《十八大以来重要文献选编》(上)，中央文献出版社2014年版，第42页。

② 《十八大以来重要文献选编》(上)，中央文献出版社2014年版，第531页。

反党纪国法的要严肃查处。要坚持“老虎”、“苍蝇”一起打，坚决查处领导干部违纪违法案件，切实解决发生在群众身边的不正之风和腐败问题，严厉惩处腐败分子，决不姑息，决不手软。要加大对重大典型案件的剖析研究，发挥查办案件的治本功能。

健全惩治和预防腐败体系，要深化反腐倡廉教育和廉政文化建设，加强领导干部廉洁自律工作。要加强党员领导干部从政道德教育，开展道德领域突出问题专项教育和治理，深入开展社会主义核心价值观教育，深化示范教育、警示教育、岗位廉政教育，增强教育的针对性和实效性。把廉政文化建设纳入社会主义文化建设总体布局，深入开展廉政文化创建活动，发挥新兴媒体的积极作用，使廉洁价值理念深入人心。领导干部应该遵循廉洁准则，严格执行公职人员行为限制和领导干部亲属经商、担任公职和社会组织职务、出国定居等相关制度规定，防止领导干部利用公共权力或自身影响为亲属和其他特定关系人谋取私利。要健全领导干部报告个人有关事项制度，制定领导干部个人有关事项报告抽查核实办法，加强报告核查结果的运用和违规惩戒力度；健全对国家工作人员配偶子女移居国(境)外的管理制度，制定配偶移居国(境)外的国家工作人员任职岗位管理办法，强化对党员、干部特别是领导干部的监管。

健全惩治和预防腐败体系，推进从源头上防治腐败的制度改革和创新，加强反腐倡廉法律法规制度建设，把权力关进制度的笼子里。要深化干部人事制度改革和创新，“积极推进干部人事工作的科学化、民主化、制度化进程，扩大党员和群众对干部选拔任用的知情权、参与权、选择权和监督权。继续推行和完善民主推荐、民主测评、差额考察、任前公示、公开选拔、竞争上岗、任职试用期等制度”①。要善于用法治思维和法治方式反对腐败，要用制度和法律规范权力的运行、约束干部的从政行为。严格落实《党政机关厉行节约反对浪费条例》，改进作风常态化制度。“完善反腐倡廉党内法规，修订《中国共产党党内监督条例(试行)》，完善领导干

① 《中共中央〈建立健全教育、制度、监督并重的惩治和预防腐败体系实施纲要〉》，载《理论与当代》2005年第5期。

部报告个人有关事项制度，推行新提任领导干部有关事项公开制度试点，制定配偶已移居国(境)外的国家工作人员任职岗位管理办法。健全和完善惩治和预防腐败方面的立法，研究完善惩治贪污贿赂和渎职侵权犯罪、规范国家工作人员从政行为方面的法律规定。”①要结合落实《建立健全惩治和预防腐败体系 2013—2017 年工作规划》，切实加强党内法规制度建设和反腐败国家立法，要切实提高反腐倡廉法规制度的执行力，建立健全保障机制，严肃查处违反法规制度的行为，切实把权力关进制度的笼子里。

健全惩治和预防腐败体系，严格落实党风廉政建设责任制。抓好党风廉政建设和反腐败斗争，必须全党动手。1998 年 11 月，中共中央、国务院颁布实施了《关于实行党风廉政建设责任制的规定》。2010 年 11 月，中共中央、国务院又颁布了新修订的《关于实行党风廉政建设责任制的规定》。当前，落实党风廉政建设责任制也面临一些亟待解决的问题。要进一步落实好党风廉政建设责任制，各级党委必须切实担负起主体责任，加强党对党风廉政建设和反腐败工作的统一领导，把反腐倡廉工作纳入经济社会发展和党的建设总体工作之中，统一部署落实、统一检查考核。各级纪委要履行协助党委加强党风建设和组织协调反腐败工作的职责，并认真履行好监督责任，不仅要分解、考核任务，更要严格追究责任。有权就有责，权责要统一，要依照《关于实行党风廉政建设责任制的规定》分清责任、严肃追究。

健全惩治和预防腐败体系，强化对权力的制约和监督，促进权力规范透明运行。强化对权力的制约和监督是有效预防腐败的关键。认真落实党内监督条例，积极探索加强和改进监督的新途径、新办法，加强对领导机关、领导干部特别是各级领导班子主要负责人的监督。要严格执行民主集中制，完善党委(党组)会议议事规则和决策程序，坚决反对个人专断。认真检查党的路线、方针、政策和决议的执行情况。加强对权力集中部门和资金、资源密集领域

---

① 《中共中央印发〈建立健全惩治和预防腐败体系 2013—2017 年工作规划〉》，载《人民日报》2013 年 12 月 26 日。

的监督。检查领导干部个人重大事项报告、述职述廉、民主评议、谈话诫勉、回复组织函询等制度的执行情况。探索加强纪委对同级党委常委会成员进行有效监督的途径，加强纪检监察派驻机构对驻在部门领导班子及其成员的监督。切实加强巡视工作，健全机构，增强力量，综合运用巡视成果。完善党务、政务公开和各领域办事公开制度，合理分解和科学配置权力，推进权力运行公开化、规范化，形成比较完善的权力运行监控机制。推行政府绩效管理，深入开展执法检查、廉政监察和效能监察，建立健全问责制度和工作机制。充分发挥各监督主体的积极作用，坚持党内监督和党外监督相结合，提高监督的整体效能。综合运用多种监督形式，努力形成结构合理、配置科学、程序严密、制约有效的权力运行机制。

总而言之，政治发展道路是否正确，对一个国家的盛衰兴亡具有决定性的作用。改革开放 30 多年以来，我国政治体制改革和民主政治建设取得了显著的成效，政治体制改革作为我国全面深化改革的重要组成部分，一直在中国共产党的决策部署中起着重要的作用。事实充分证明，发展社会主义民主政治，必须坚持走中国特色社会主义政治发展道路，高举人民民主旗帜，坚持中国共产党的领导、依法治国、人民当家作主的有机统一，坚持和完善中国特色社会主义政治制度，发展更加广泛、更加充分、更加健全的人民民主，在强化权力运行制约和监督体系中，推进法治中国建设。

第六章 中国特色社会主义文化发展道路

文化是民族的血脉、国家的灵魂、人民的精神家园。一个民族的觉醒，首先是文化的觉醒，一个民族的复兴，伴随着文化的繁荣，一个国家的强盛，离不开文化的支撑。国家强盛的时代，必定是文化繁荣的时代，一个没有自己文化的民族，是没有前途的民族。一个国家在一定历史时期的文化发展必然与其政治制度、经济制度等构成的社会发展道路相匹配。中国特色社会主义文化发展道路是中国特色社会主义道路的重要组成部分，是新中国成立以来，特别是改革开放以来中国特色社会主义文化建设经验的集中体现。中国特色社会主义文化发展道路就是高举中国特色社会主义伟大旗帜，以邓小平理论、“三个代表”重要思想和科学发展观为指导，坚持社会主义先进文化前进方向，以科学发展为主题，以建设社会主义核心价值体系为根本任务，以满足人民精神文化需求为出发点和落脚点，以改革创新为动力，以发展面向现代化、面向世界、面向未来的，民族的、科学的、大众的社会主义文化为指导方针，培养高度的文化自觉和文化自信，提高全民族文明素质，增强国家文化软实力，弘扬中华文化，努力建设社会主义文化强国。

一、坚持社会主义先进文化的前进方向

文化是政治和经济的集中反映。“一定的文化(当作观念形态的文化)是一定社会的政治和经济的反映，又给予伟大影响和作用于一定社会的政治和经济；而经济是基础，政治则是经济的集中的表现。这是我们对于文化和政治、经济的关系及政治和经济的关系的基本观点。”①坚持什么样的文化方向体现着一个国家一个民族所选择的发展道路。因此在当代中国，走中国特色社会主义道路，必须坚持社会主义先进文化的前进方向。

(一)中国特色社会主义文化的内涵

1991年7月1日，在庆祝中国共产党成立70周年大会上的讲话中，江泽民第一次阐述了“有中国特色社会主义的文化”的概念，他指出：“有中国特色社会主义的文化，必须以马克思列宁主义、毛泽东思想为指导，不能搞指导思想的多元化；必须坚持为人民服务、为社会服务的方向和‘百花齐放、百家争鸣’的方针，繁荣和发展社会主义文化，不允许毒害人民、污染社会和反社会主义的东西泛滥；必须继承和发扬民族优秀文化传统而又充分体现社会主义时代精神，立足本国而又充分吸收世界文化优秀成果，不允许搞民族虚无主义和全盘西化。”②1997年9月，中共十五大报告系统阐述了建设有中国特色社会主义文化的基本纲领，指出：“建设有中国特色社会主义的文化，就是以马克思主义为指导，以培育有理想、有道德、有文化、有纪律的公民为目标，发展面向现代化。面向世界、面向未来的，民族的科学的大众的社会主义文化。”③2002

① 《毛泽东选集》第2卷，人民出版社1991年版，第663~664页。

② 《十三大以来重要文献选编》(下)，人民出版社1995年版，第1643页。

③ 《十五大以来重要文献选编》(上)，人民出版社2000年版，第16页。

年 11 月，中共十六大报告中对中国特色社会主义先进文化的内涵作了全面阐释，指出："在当代中国，发展先进文化，就是发展面向现代化、面向世界、面向未来的，民族的科学的大众的社会主义文化，以不断增强人们的精神世界，增强人们的精神力量。"①

中国特色社会主义文化，就是要坚持马克思列宁主义、毛泽东思想、邓小平理论、"三个代表"重要思想、科学发展观的指导地位，贯彻习近平总书记系列重要讲话精神。马克思主义是科学的世界观和方法论，党章和宪法都明确规定了马克思主义的指导地位。要毫不动摇地坚持马克思主义基本立场、观点和方法，坚持解放思想、与时俱进，大力推进理论创新，推进马克思主义的中国化、时代化、大众化，用中国特色社会主义理论体系指导我国社会主义文化建设，用发展着的马克思主义指导实践。要学会用马克思列宁主义、毛泽东思想、邓小平理论、"三个代表"重要思想、科学发展观及习近平总书记重要讲话精神，解决和处理文化建设中遇到的各种问题。只有坚持马克思主义的指导地位，社会主义文化建设才能沿着正确的方向健康发展。

中国特色社会主义文化，就是要培育有理想、有道德、有文化、有纪律的公民。有理想就是要培养公民树立中国特色社会主义的共同理想，把我国建设成为富强、民主、文明的现代化国家作为我国人民的共同理想。尊重和弘扬一切有利于实现现代化、振兴中华、统一祖国、民族团结的思想和精神。有道德就是要倡导一切有利于社会进步的思想道德，开展爱国主义、集体主义、社会主义思想和共产主义理想的教育，引导人们树立正确的世界观、人生观和价值观。有文化就是要提高全民族的科学文化水平，培养有现代科学文化知识和思想素养的人才。有纪律就是要具有高度的法制观念、纪律观念，具有遵纪守法的习惯和行为规范。邓小平曾指出："我们这么大一个国家，怎样才能团结起来、组织起来呢？一靠理

① 《十六大以来重要文献选编》(上)，中央文献出版社 2005 年版，第 29 页。

想，二靠纪律。组织起来就有力量。”①因此，必须对全体人民进行法制和纪律教育，使公民养成遵纪守法的良好习惯。

中国特色社会主义文化，就是面向现代化、面向世界、面向未来，民族的、科学的、大众的社会主义文化。这是对当代中国先进文化之性质及特征的规定。面向现代化，就是文化建设要适应现代社会发展的要求，着眼于为实现人和社会的全面发展提供文化资源，服从和服务于经济建设这个中心。面向世界就是文化建设要吸收和借鉴世界一切优秀文化成果，博采世界各国文化之长，繁荣和发展有中国特色的社会主义文化。面向未来就是要勇于超越过去，准确把握时代脉搏，不断推进文化创新，促进社会进步。民族的是指我们在善于吸收和借鉴外国文化精华的同时，又要有本民族别具匠心的文化形式，能够同一切别的民族的、有益的文化形式互为补充。科学的就是要坚持实事求是，反对一切封建迷信思想。大众的是指人民大众是文化的主体，要建设中国特色社会主义文化，必须把最广大人民的根本利益作为文化建设的根本价值取向，把为人民服务作为文化建设的价值目标。

中国特色社会主义文化，就是要丰富人们的精神世界，增强人们的精神力量，促进人们物质文明和精神文明的协调发展。“一个民族一个国家，如果没有自己的精神支柱，就等于没有灵魂，就会失去凝聚力和生命力。”②一个民族只有物质和精神都富有，才能成为一个有强大生命力和凝聚力的民族。“精神的力量可以转化为物质力量，强大的精神力量不仅可以促进物质技术的发展，而且可以使一定的物质技术力量发挥出更好更大的作用。”③中国特色社会主义文化应当以人民群众的需要为自己的根本目标，而要为振兴中华提供强大的精神动力，就必须充分吸收传统民族精神的养分，使精

---

① 《邓小平文选》第3卷，人民出版社1993年版，第110页。

② 《十五大以来重要文献选编》(上)，人民出版社2000年版，第549页。

③ 中央文献课题组：《中国特色社会主义文化发展道路》，中央文献出版社2013年版，第141页。

神力量转化为推动改革开放和现代化建设的巨大动力，促进社会全面协调可持续发展。

中国特色社会主义文化，是源于人民大众实践又为人民大众服务的文化，是继承人类优秀精神成果的文化，具有科学性、时代性和民族性。社会主义文化建设只有立足改革开放和现代化建设的实践，着眼在世界文化发展的前沿，发扬民族文化的优秀传统，汲取世界各民族的长处，在内容上和形式上都得到不断的创新，以增强中国特色社会主义文化的吸引力和感召力。

(二)坚持为人民服务，为社会主义服务

“二为”是指文化建设要“为人民服务，为社会主义服务”。文化建设为人民服务，就是为工农兵、知识分子、干部和一切拥护社会主义、热爱祖国的人们服务。社会主义是广大人民群众的根本利益之所在，为社会主义服务也就是为人民服务。“二为”方向体现了社会主义文化建设的历史使命和发展方向。早在 20 世纪 40 年代，毛泽东在延安文艺座谈会上就阐述过无产阶级文化必须为工农兵服务的观点。1949 年中国人民政治协商会议通过的《共同纲领》中专门有“文化教育政策”一章，提出文化教育工作“应以提高人民文化水平”和“发展为人民服务的思想为主要任务”①。1956 年以后，文化建设与社会主义建设紧密结合，虽然其间也走了一段弯路，但却积累了丰富的实践经验。改革开放后，党中央根据新的形势和任务，对文化建设的方向问题提出了明确的要求。

1980 年 7 月 26 日，在《人民日报》上，题为《文艺为人民服务，为社会主义服务》的社论文章中指出：“为人民服务，这是一切革命工作的唯一宗旨。社会主义是现阶段人民利益的根本所在。人民的物质和文化生活的提高，依赖于社会物质生产和精神生产的不断发展，依赖于社会主义制度的巩固和逐步完善。离开了为人民服

---

① 《建国以来重要文献选编》第 1 册，中央文献出版社 1992 年版，第 10~12 页。

务，为社会主义服务，文艺工作还有其他的目的么？没有，这是我们唯一的目的。”①江泽民也曾指出：“坚持为人民服务、为社会主义服务，实行百花齐放、百家争鸣，是发展先进文化必须贯彻的重要方针。”②“二为”方向深刻体现了中国共产党领导文化建设的性质、任务和目的。2015 年 10 月，习近平在北京主持召开文艺工作座谈会上强调：“社会主义文艺，从本质上讲，就是人民的文艺。文艺要反映好心声，就是坚持为人民服务、为社会主义服务这个根本方向。”③“二为”方向是党对文艺战线基本要求，也是决定我国文艺事业前途命运的关键。

“为人民服务”着重强调文艺同人民的关系，从服务对象上指明了文艺工作的根本方向；“为社会主义服务”着重强调文艺同社会主义的关系，“二为”方向是有机统一的，深刻体现了中国共产党领导文化建设的性质、任务和目的，是文化建设理论的核心内容。

坚持“为人民服务，为社会主义服务”，决定着我国文化建设的性质和方向。中国特色社会主义文化创新的根本功能在于坚持为人民服务、为社会主义服务。它回答的是为了什么进行文化创新的问题，体现的是文化创新的理论价值和实用价值。为人民服务体现的是文化创新的实用价值，为社会主义服务体现的是文化创新的理论价值。文化创新的成果是文化生产者观念和情感的主要载体，承载这个意义的文化创新成果需要实现和满足大众的诉求。中国特色社会主义文化创新应肩负起中国文化发展的历史责任和使命，以人民的诉求为出发点，推动文艺创作全面、协调、可持续地发展，为社会主义文化艺术的繁荣发展贡献力量。

坚持“为人民服务，为社会主义服务”，有利于缓解我国当前

① 《文艺为人民服务，为社会主义服务》，载《人民日报》1980 年 7 月 26 日。

② 《十五大以来重要文献选编》(下)，人民出版社 2003 年版，第 1907 页。

③ 《习近平主持召开文艺工作座谈会强调坚持以人民为中心的创作导向创作更多无愧于时代的优秀作品》，载《人民日报》2014 年 10 月 16 日。

的主要矛盾，满足人民群众日益增长的精神文化需求。文化建设之所以要“为人民服务”，就是为了满足人民群众日益增长的精神文化需求。人民既是社会物质财富的创造者，又是社会精神财富的创造者。“为人民服务”就是要求社会主义文化要以人民作为服务对象，满足人民的文化需求。“为社会服务”就是要求文化发展要与时俱进服务于社会主义建设。改革开放以来，随着社会的不断发展，人民群众的精神文化需求也在不断提升，这也对社会主义文化建设提出了更高要求。只有坚持“为人民服务，为社会服务”的方向，发挥好、调动好人民群众在社会中的主体作用，提升人民群众对文化建设的积极性，才能为社会主义文化建设贡献力量。

坚持“为人民服务，为社会服务”，是推动社会主义文化大发展大繁荣的保证。改革开放以来，随着多元价值的出现，各种文化思潮相互碰撞，人们的社会生活方式和人民群众的精神文化生活需求日益多样化。因此，在新形势下要始终坚持中国先进文化的前进方向，推动社会主义文化大发展大繁荣，就要始终坚持以人民为中心的创作导向，以中国先进文化的前进方向作为引领，始终坚持“为人民服务，为社会服务”的创作导向，充分发挥蕴藏于群众中的文化创造活力，要善于从人民群众的日常生活中喜闻乐见的故事里摄取优质的素材，用优秀的文化产品来提高人民的幸福指数。

坚持“为人民服务，为社会服务”，是社会主义社会不断向前发展的客观需要。坚持“为人民服务，为社会服务”的方向，不仅关系到我国民族凝聚力和向心力，也关系到国家的存在和发展，关系到我国社会主义核心价值观的形成和维持。中共十八届三中全会明确提出：“坚持以人民为中心的工作导向，坚持把社会效益放在首位、社会效益和经济效益相统一，以激发全民族文化创造活力为中心环节，进一步深化文化体制改革。”①这明确了当前我国文化建设的重点和任务。中国特色社会主义文化建设是与我国社会主义现代化建设相适应的，深化文化体制改革是以人民为中心，实现社会

① 《十八大以来重要文献选编》(上)，中央文献出版社 2014 年版，第 533 页。

效益和经济效益的和谐统一上，以激发全民族创造活力，在服务于社会的同时，实现人与社会的协调发展。

正如毛泽东所说："人民生活本来存在着文学艺术原料的矿藏，这是自然形态的东西，是粗糙的东西，但也是最生动、最丰富、最基本的东西；在这点上说，它们使一切文化艺术相形见绌，它们是一切文学艺术的取之不尽、用之不竭的唯一的源泉。"①进步的文化创作生产，理所当然都源于人民、为了人民、属于人民。只有坚持为最广大人民服务、为社会服务，通过形式多样的文化创造，为人民提供更好更多的精神食粮，才能不断满足人民日益增长的精神文化需求。

(三)坚持百花齐放，百家争鸣

1949 年 9 月 29 日，中国人民政治协商会议第一届全体会议通过的《共同纲领》指出："文化工作的首要任务是积极地发展适合群众需要的新的文学艺术和电影的创作，同时对民间原有的各种艺术和文化娱乐形式应广泛地、正确地加以发掘、利用、改革和发展。"②这个规定最先体现了党对文化工作的指导思想。1951 年，毛泽东为中央戏曲研究院题词："百花齐放、推陈出新"，这一题词不仅是发展戏曲的方针，也是整个文化建设的指导方针。

1956 年，党中央正式提出了"百花齐放、百家争鸣"的方针，简称"双百"方针。毛泽东指出："百花齐放是一种发展艺术的方法，百家争鸣是一种发展科学的方法。"③他还强调：实行"双百方针"，"是根据中国的具体情况提出来的，是在承认社会主义社会仍然存在着各种矛盾的基础提出来的，是在国家需要迅速发展经济

① 《毛泽东选集》第 3 卷，人民出版社 1991 年版，第 860 页。

② 《建国以来重要文献选编》第 5 册，中央文献出版社 1992 年版，第 18 页。

③ 《建国以来重要文献选编》第 6 册，中央文献出版社 1992 年版，第 391 页。

和文化的迫切要求上提出来的。百花齐放、百家争鸣的方针，是促进艺术发展和科学进步的方针，是促进我国的社会主义文化繁荣的方针”①。实行“双百”文化方针，不能利用行政力量去干涉艺术和科学方面的工作，提倡不同的形式和风格共同发展的同时，应该允许不同学派的自由争论，对于艺术上、科学上的是非，应当保持慎重的态度，提倡自由讨论，不要轻率地下结论。因为“正确的东西总是在同错误的东西作斗争的过程中发展起来的。真的、善的、美的东西总是在同假的、恶的、丑的东西相比较而存在，相斗争而发展的”②，“马克思主义是一种科学真理，它是不怕批评的”③，“实行百花齐放、百家争鸣的方针，并不会削弱马克思主义在思想界的领导地位，相反地正是会加强它的这种地位”④，“双百”方针的提出，解除了广大文化工作者的思想束缚，促进了科学文化事业的发展和学术思想的繁荣。

在新的历史条件下，习近平指出：“文艺工作者要志存高远，随着时代生活创新，以自己的艺术个性进行创新。要坚持百花齐放、百家争鸣的方针，发扬学术民主、艺术民主，营造积极健康、宽松和谐的氛围，提倡不同观点和学派充分讨论，提倡体裁、题材、形式、手段充分发展，推动观念、内容、风格、流派切磋互鉴。”⑤进一步深入贯彻“百花齐放，百家争鸣”的方针，对于推进社会主义和谐社会建设特别是推动社会主义文化大发展大繁荣，具有重要的现实意义和指导意义。

坚持“百花齐放，百家争鸣”方针，是应对复杂的国际国内形势的需要。改革开放以来，随着社会主义市场经济的深入发展，我国的经济形式、利益关系和分配方式日益多样化，不可避免会出现社会意识和思想观念的多样化。同时，世界范围内国与国之间的竞

① 《毛泽东文集》第7卷，人民出版社1999年版，第229页。

② 《毛泽东文集》第7卷，人民出版社1999年版，第230页。

③ 《毛泽东文集》第7卷，人民出版社1999年版，第231页。

④ 《毛泽东文集》第7卷，人民出版社1999年版，第232页。

⑤ 《习近平主持召开文艺工作座谈会强调 坚持以人民为中心的创作导向创作更多无愧于时代的优秀作品》，载《人民日报》2014年10月16日。

争，越来越体现在以科学技术和思想文化为重要内容的国家软实力的较量上。这些新现象的出现，一方面使得贯彻“双百”方针有了更深厚的社会基础和社会要求；另一方面也给“双百”方针的贯彻带来了各种干扰，“双百”方针提倡“四个自由”，即“提倡在文学艺术工作和科学研究工作中有独立思考的自由，有辩论的自由，有创作和批评的自由，有发表自己的意见、坚持自己的意见和保留自己的意见的自由”①。“四个自由”对于广大文化工作者的解放思想、开拓视野，促进我国社会主义文化强国建设，具有重要的现实意义和指导意义。

坚持“百花齐放，百家争鸣”方针，是中国特色社会主义和谐文化自身发展的客观要求。“和谐”与“双百”方针有着内在的联系。实行“双百”方针，是中国特色社会主义和谐文化自身发展的客观要求。中国共产党是当代中国的执政党。政策和策略是党的生命，决定着中国特色社会主义事业的前途和命运。“百花齐放，百家争鸣”方针是党的路线、方针、政策在思想文化领域的具体展现。只有正确认识和自觉贯彻“百花齐放、百家争鸣”方针，才能把握和谐文化建设的方向，营造和谐文化建设的环境，推动社会主义的和谐、健康、可持续发展。

坚持“百花齐放，百家争鸣”方针，不能脱离四项基本原则。1979年3月30日，邓小平在理论工作务虚会上发表讲话，向全党提出了“坚持四项基本原则”的号召。邓小平强调：“这四个坚持的核心，是坚持党的领导。”②“每个共产党员，更不必说每个党的理论工作者，决不允许在这个根本立场上有丝毫动摇。如果动摇了这四项基本原则中的任何一项，那就动摇了整个社会主义事业，整个现代化建设事业。”③他还指出，坚持四项基本原则并非放弃“双百”方针，二者并不矛盾。因为思想理论问题的讨论，还是要坚决

① 《建国以来重要文献选编》第8册，中央文献出版社1994年版，第302页。

② 《邓小平文选》第2卷，人民出版社1994年版，第266页。

③ 《邓小平文选》第2卷，人民出版社1994年版，第173页。

执行“百花齐放、百家争鸣”的方针。在贯彻“双百”方针的同时，要以党的中心工作、党的事业的大局为重，要维护党的路线、方针、政策，排除外来干扰，要考虑人民的利益、国家的利益和党的利益，通过优秀的文艺作品，引导人民树立正确的价值观，建立起推动文化健康发展的体制、机制和方式。

坚持“百花齐放，百家争鸣”方针，离不开批评与自我批评。邓小平指出：“我们坚持实行百花齐放、百家争鸣的方针，坚持正确处理人民内部矛盾，这是不会变的。我们在思想文化的指导工作中还存在‘左’的倾向，这也必须坚决纠正和防止。”①在探求真理的过程中不可避免会犯这样或那样的错误，因此，我们要从利于团结，利于文化的繁荣与健康出发，积极开展批评与自我批评。要摆事实，讲道理，以理服人，要以平等的、同志式的态度对待不同的意见，而不是居高临下，以势压人。决不能以偏概全，草木皆兵。

社会主义文化，从本质上讲，就是人民的文艺，党的领导是推动我国文化大发展大繁荣的根本保证。只有加强党的领导，坚持“百花齐放，百家争鸣”的方针，才能营造积极健康、宽松和谐的氛围，开创我国文化建设新境界。

(四)坚持古为今用，洋为中用

“古为今用，洋为中用”，是由毛泽东提出正确对待中国历史文化遗产和正确对待外国文化的一项基本原则。中国文化遗产积淀的历史之悠久、资源之丰厚，为世界上其他国家所不能比，新中国成立后，中国共产党延续了民主革命时期的文化思想，在正确对待本国文化遗产和正确对待外国文化的实践中不断丰富自己的理论。1940 年 1 月，毛泽东在《新民主主义论》中提出：“中国应该大量吸收外国的进步文化，作为自己文化食粮的原料。”②“中国现时的新政治新经济是从古代的旧政治旧经济发展而来的，中国现时的新文

---

① 《邓小平文选》第 2 卷，人民出版社 1994 年版，第 392 页。
② 《毛泽东选集》第 2 卷，人民出版社 1991 年版，第 706 页。

化也是从古代的旧文化发展而来，因此，我们必须尊重自己的历史，决不能割断历史。”①1942 年 5 月，毛泽东《在延安文艺座谈会上的讲话》中指出：“我们决不可拒绝继承和借鉴古人和外国人。哪怕是封建阶级和资产阶级的东西。但是继承和借鉴决不可以变成替代自己的创造，这是决不能替代的。”②这从文化的“源”和“流”的角度阐明了“古为今用，洋为中用”的思想，丰富和发展了其“批判继承”的文化观，并与文化上的教条主义和保守主义划清了界限。1956 年，在《同音乐工作者的谈话》中，毛泽东指出：“向古人学习是为了现在的活人，向外国人学习是为了今天的中国人。”③1964 年 9 月，毛泽东在《对中央音乐学院的意见》上的批示中提出“古为今用，洋为中用”的文艺方针，这标志着“古为今用，洋为中用”思想的形成。

中共十一届三中全会以后，面对改革开放和社会主义现代化建设对社会主义文化的新挑战和新要求，邓小平在第四次文代会上指出：“坚持百花齐放、推陈出新、洋为中用，古为今用的方针。”④同时他也提出，要围绕“四个现代化的共同目标”，“敢于创新”，并提出“钻研”、“吸收”、“融化”、“发展”的八字原则。⑤ 在传统文化与现代文化的关系问题，邓小平强调要“古为今用”。要从社会主义现代化建设的现实需要的立场，来考虑传统文化的继承问题。关于中外文化的关系问题，邓小平强调要坚持“洋为中用”，“属于文化领域的东西，一定要用马克思主义对它们的思想内容和表现方法进行分析、鉴别和批判”⑥。他明确提出：“社会主义要赢得与资本主义相比较的优势，就必须大胆吸收和借鉴人类社会创造的一切文明成果，吸收和借鉴当今世界各国包括资本主义发达国

---

① 《毛泽东选集》第 2 卷，人民出版社 1991 年版，第 708 页。
② 《毛泽东选集》第 3 卷，人民出版社 1991 年版，第 860 页。
③ 《毛泽东文选》第 7 卷，人民出版社 1999 年版，第 82 页。
④ 《邓小平文选》第 2 卷，人民出版社 1994 年版，第 210 页。
⑤ 《邓小平文选》第 2 卷，人民出版社 1994 年版，第 212 页。
⑥ 《邓小平文选》第 3 卷，人民出版社 1993 年版，第 43~44 页。

家的一切反映社会化生产规律的先进经营方式、管理方法。”①向西方学习，并不意味着要全盘西化，必须要以民族文化为基础，注重文化的主体性。1994 年 1 月，江泽民在全国宣传思想工作会议上的讲话中指出：“要用科学的态度对待我们民族的传统文化和外来文化。我们民族历经沧桑，创造了人类发展史上灿烂的中华文明，形成了具有强大生命力的传统文化。我们要取其精华，去其糟粕，很好地继承这一珍贵的文化遗产。要认真研究和借鉴世界各国的文明成果，善于从其他国家和民族的文化中汲取营养，发展自己。”②这也表明了我党对待民族传统文化和外来文化的态度。随后江泽民在建党七十周年讲话中，“古为今用，洋为中用”成为党繁荣社会主义科学文化事业的重要方针。中共十五大报告根据这一方针，在建设有中国特色社会主义文化纲领中提出，要“建设立足中国现实、继承历史文化优秀传统、吸取外国文化有益成果的社会主义精神文明”③。2001 年 12 月，江泽民在文联和作协会议的讲话中号召广大文艺工作者要“努力继承和发扬中华民族的优秀文化传统，继承和发扬五四运动以来形成的革命文化传统，积极学习和借鉴世界各国人民创造的一切先进文明成果，坚持古为今用，洋为中用，与时俱进，推陈出新”④。

2003 年 8 月，胡锦涛在中共中央政治局举行第七次集体学习会议上指出：“我们要发扬与时俱进的时代精神，坚持古为今用、推陈出新，大力发扬中华文化的优秀传统，大力弘扬中华民族的伟大精神，使中华民族的优秀文化成为新的历史条件下鼓舞我国各族人民不断前进的精神力量。同时，我们要坚持从我国国情出发，坚

---

① 《邓小平文选》第 3 卷，人民出版社 1993 年版，第 373 页。

② 《十四大以来重要文献选编》(上)，人民出版社 1996 年版，第 658 页。

③ 《十五大以来重要文献选编》(上)，人民出版社 2000 年版，第 19 页。

④ 《十五大以来重要文献选编》(下)，人民出版社 2003 年版，第 2126 页。

持以我为主、为我所用，辩证取舍、择善而从。”①借鉴外来优秀文化，要从自己的需要出发，对外来文化进行辩证的分析、科学的鉴别，有益有用则取，无用有害则舍，创造、发展中国特色社会主义的人民大众的文艺。中共十七届六中全会通过的《中共中央关于深化文化体制改革推动社会主义文化大发展大繁荣若干重大问题的决定》明确提出："要全面认识祖国传统文化，取其精华、去其糟粕，古为今用、推陈出新，坚持保护利用、普及弘扬并重，加强对优秀传统文化思想价值的挖掘和阐发，维护民族文化基本元素，使优秀传统文化成为新时代鼓舞人民前进的精神力量"，要“坚持以我为主、为我所用，学习借鉴一切有利于加强我国社会主义文化建设的有益经验、一切有利于丰富我国人民文化生活的积极成果、一切有利于发展我国文化事业和文化产业的经营管理理念和机制。”②

2014 年 9 月 24 日，习近平在人民大会堂出席纪念孔子诞辰 2565 周年国际学术研讨会上指出：“要科学对待文化传统。要坚持古为今用、以古鉴今，善于把弘扬优秀传统文化和发展现实文化有机统一起来、紧密结合起来，在继承中发展，在发展中继承，坚持有鉴别的对待、有扬弃的继承，努力实现传统文化的创造性转化、创新性发展。”③这充分说明“古为今用，洋为中用”思想仍然是中国特色社会主义文化的重要指导方针。

“古为今用，洋为中用”，是党在对待民族传统文化和西方文化的问题上所贯彻的立场，在弘扬民族文化传统和吸取外国文化方面取得了一定的成就，当然，在特殊的时期和特定的环境下也经历过波折。改革开放后的新时期，中国共产党正是在深刻总结了这一历史教训的基础上，对弘扬民族文化和吸取外国文化的关系形成了

---

① 《深入推进文化体制改革　推动社会主义文化大发展大繁荣——胡锦涛在中央政治局第二十二次集体学习时重要讲话精神学习读本》，人民出版社 2010 年版，第 21 页。

② 《十七大以来重要文献选编》(下)，中央文献出版社 2013 年版，第 572、578 页。

③ 习近平：《在纪念孔子诞辰 2565 周年国际学术研讨会暨国际儒学联合会第五届会员大会开幕会上的讲话》，人民出版社 2014 年版，第 11 页。

更为科学和先进的理念。

坚持“古为今用，洋为中用”思想，是党繁荣社会主义科学文化的重要方针。“古为今用”，是指我们要在继承、批判中创造符合时代特点的民族的科学的大众的社会主义文化；“洋为中用”是要求我们要立足于中国实际，吸取和消化人类文明特别是资本主义文化的有益成果，使之为我所用。之所以要坚持“古为今用，洋为中用”，其原因在于：一方面，任何文化的发展都应该以自身历史文化为基础，坚持“古为今用”，只有对传统文化的积极成分进行发掘，推陈出新，才能奠定社会主义文化发展的坚实基础。另一方面，社会主义文化必须博采众长，海纳百川，对人类社会创造的一切先进文明成果，要取其精华、去其糟粕，结合时代精神加以继承和发展。

坚持“古为今用，洋为中用”，要继承历史优秀文化传统，借鉴和吸取国外优秀文明成果。文化是为一定的经济和政治服务的。邓小平说：“我国历史悠久……我国古代的和外国的文艺作品、表演艺术中一切进步的和优秀的东西，都应当借鉴和学习。”①江泽民在建党七十周年讲话中指出：“中华民族是有悠久历史和优秀文化的伟大民族。我们的文化建设不能割断历史。对民族传统文化要取其精华、去其糟粕，并结合时代的特点加以发展，推陈出新，使它不断发扬光大。”②人类社会是一个统一体，没有哪一个民族的文化可以孤立存在，吸收和借鉴其他民族的优秀文化是人类文化发展的规律，是任何一个民族文化繁荣发展的必然要求。邓小平指出：“任何一个民族、一个国家，都需要学习别的民族、别的国家的长处。”③中共十五大也强调：“我国文化的发展，不能离开人类文明的共同成果。要坚持以我为主、为我所用的原则，开展多种形式的

① 《邓小平文选》第2卷，人民出版社1993年版，第210页。

② 《十三大以来重要文献选编》(下)，人民出版社1993年版，第1645页。

③ 《邓小平文选》第2卷，人民出版社1993年，第91页。

对外文化交流，博采各国文化之长，向世界展示中国文化建设的成就。"①建设有中国特色社会主义文化必须积极吸收人类所创造的一切优秀文化成果，把它运用于中国特色社会主义的文化之中，在处理借鉴和吸收外国文化的立场上，必须坚持马克思主义的文化观，立足现实，尊重历史，创造性地继承发扬优秀传统文化，使之成为充分体现社会主义时代精神的社会主义新文化。

坚持"古为今用，洋为中用"，是践行和实践"三个倡导"基础上的一个重要原则。中共十八大报告强调指出："倡导富强、民主、文明、和谐，倡导自由、平等、公正、法治，倡导爱国、敬业、诚信、友善，积极培育和践行社会主义核心价值观。"②这"三个倡导"为进一步培育社会主义核心价值观指明了方向，社会主义核心价值观是一种基于社会主义本质要求，在批判和继承中不断批判、加工转化而成的，它"体现着价值观念体系的基本价值倾向，统率着其他处于从属地位的价值观念，是一种社会制度普遍遵循的基本原则，是一种文化区别于另一种文化的基本价值观念。"③蕴含着对传统文化价值的延续和对西方文化精髓的吸收，体现了"古为今用，洋为中用"的思想。当前，培育和践行社会主义核心价值观必须从中国特色社会主义发展实际出发，批判吸收传统文化的积极成分，以开放的眼光和宽阔的视野汲取人类文明的积极成果。只有这样凝练出来的核心价值观，才能体现社会主义的根本性质和价值追求，才能体现时代特点并反映人民群众的根本价值诉求。

(五)坚持继承和创新相统一

2011年10月18日，中共第十七届第六次全体会议通过了《中

---

① 《十五大以来重要文献选编》(上)，人民出版社2000年版，第37页。

② 《十八大以来重要文献选编》(上)，中央文献出版社2014年版，第25页。

③ 《深刻认识毛泽东"古为今用，洋为中用"思想的重要意义》，载《光明日报》2013年12月22日。

共中央关于深化文化体制改革推动社会主义文化大发展大繁荣若干重大问题的决定》(以下简称《决定》),《决定》指出:“坚持社会主义先进文化前进方向,坚持为人民服务、为社会主义服务,坚持百花齐放、百家争鸣,坚持继承和创新相统一,弘扬主旋律、提倡多样化,以科学的理论武装人,以正确的舆论引导人,以高尚的精神塑造人,以优秀的作品鼓舞人,在全社会形成积极向上的精神追求和健康文明的生活方式。”①

先进文化不是凭空产生的,它需要批判地继承传统文化,也需要吸收和借鉴世界文化,更需要在实践的基础上进行文化创新。正如中共十六大报告所指出的:“立足于改革开放和现代化建设的实践,着眼于世界文化发展的前沿,发扬民族文化的优秀传统,吸取世界各民族的长处,在内容和形式上积极创新,不断增强中国特色社会主义文化的吸引力和感召力。”②任何一种优秀文化,只有与时俱进、不断扬弃与更新,才能永葆青春与活力。建设中国特色社会主义文化,既不能抱残守缺、故步自封,也不能全盘照搬,要立足中国又要面向世界,要借鉴和吸收人类创造的一切文明成果来丰富、发展自己。

坚持文化的继承和创新的统一,是提升我国文化创造力和竞争力的内在要求。“民族传统文化是一个国家和民族历史创造的集体记忆与精神寄托,是历史的结晶。”③任何时代的文化都是在继承和创新民族传统文化的基础上成长起来的,这是文化发展的客观规律。一方面,文化继承并不是对传统文化毫无保留地恢复,而是要弘扬人类优秀文明成果。当前,我国正处于社会主义初级阶段,不同社会文化具有的不同的性质,因此,我国当前文化的发展必须围绕建设现代化国家展开,遵循文化发展规律的同时,不断提升我国

---

① 《十七大以来重要文献选编》(下),中央文献出版社 2013 年版,第 563 页。

② 《十六大以来重要文献选编》(上),中央文献出版社 2005 年版,第 29 页。

③ 王家芳:《“三个代表”重要思想与唯物史观》,中共中央党校出版社 2006 年版,第 354 页。

文化的创造力和竞争力，要立足于当今时代发展的需要对传统文化，对我国优秀文化进行创新性改造，使之更加适应于社会的发展；另一方面，文化的发展也与创新息息相关，创新是先进文化的生命，是我国文化走向现代化的重要途径，文化只有通过不断地更新创造才能永葆活力，才不会成为无源之水、无本之木。

坚持文化的继承和创新的统一，必须对中国传统文化进行批判性的扬弃和创造新的转换。中国几千年的传统文化是中国现代化建设不可脱离的文化背景和文化依托，在挖掘其蕴涵着价值的同时，传统文化也有其两面性，一则积极的，二则消极的。一方面，它包含一些优秀的传统，如“中国传统文化所宣扬的‘民胞物与’、‘天人合一’，主张人与人、人与自然和谐的价值理性越来越显现出了真理的光辉，有利于消除现代工业文明导致的人与自然的对抗状态”①。经过创新性的转化，一些优秀的传统文化，赋予新的时代精神，成为了我国的宝贵的文化资源。另一方面，中国传统文化中还包含一些消极和落后的观念，如小农意识、宗法观念、个人专断等庸碌观念，这些恶劣的传统在当今的社会生活中仍有表现，阻碍社会主义现代化建设的顺利进行，对先进文化建设产生消极影响。因此，我们对待传统文化时，应该自觉地去除传统文化中糟粕而不利于社会发展进步的部分，取其精华加以弘扬。

事实证明，没有一个国家能在完全排斥和放弃自己传统文化的条件下创造出适应社会发展需要的新文化，割裂了文化继承与文化创新的辩证统一关系，是行不通的。

二、加强社会主义核心价值体系建设

建设社会主义核心价值体系，是中共十六届六中全会在思想文化建设上的一个重大理论创新，是我们党深刻总结历史经验、科学分析当前形势提出的一项重大任务。中共十七大报告中提出：“建

---

① 万光侠：《经济全球化进程中的价值冲突与文化建设》，吉林人民出版社 2007 年版，第 316 页。

设社会主义核心价值体系，增强社会主义意识形态的吸引力和凝聚力。”①中共十八大报告从坚持和发展中国特色社会主义、巩固全党全国人民团结奋斗共同思想基础的高度提出：“社会主义核心价值体系是兴国之魂，决定着中国特色社会主义发展方向。”②深刻揭示了社会主义核心价值体系建设在党和国家事业中所处的地位，在中国特色社会主义发展中起着关键性的作用。加强社会主义核心价值体系建设，是党为了适应思想文化领域和国际国内形势变化，提出的建设社会主义文化强国的重大战略部署和战略举措。

(一)建设社会主义核心价值体系

2006 年 10 月 11 日，中共十六届六中全会第一次明确提出“建设社会主义核心价值体系”的重大命题，指出：“社会主义核心价值体系建设是建设和谐文化的根本。”③2007 年 10 月 15 日，中共十七大报告提出：“社会主义核心价值体系是社会主义意识形态的本质体现。”④2011 年 10 月 18 日，中共十七届六中全会强调：“社会主义核心价值体系是兴国之魂，是社会主义先进文化的精髓，决定着中国特色社会主义发展方向。”⑤这也指明了建设社会主义核心价值体系是推动文化大发展大繁荣的根本任务。

社会主义核心价值体系包括马克思主义指导思想、中国特色社会主义共同理想、民族精神和时代精神、社会主义荣辱观四个方

---

① 胡锦涛：《高举中国特色社会主义伟大旗帜　为夺取全面建设小康社会新胜利而奋斗》，人民出版社 2007 年版，第 34 页。

② 《十八大以来重要文献选编》(上)，中央文献出版社 2014 年版，第 24 页。

③ 《十六大以来重要文献选编》(上)，中央文献出版社 2008 年版，第 660 页。

④ 《十七大以来重要文献选编》(上)，中央文献出版社 2009 年版，第 26 页。

⑤ 《十七大以来重要文献选编》(下)，中央文献出版社 2013 年版，第 564 页。

面，是一个系统性、总体性的框架。建设社会主义核心价值体系，是中国共产党在中国特色社会主义道路上，根据中国国情、民情和社情对中国精神、中国文化、中国文明的一种新提炼、一种新升华，是中国共产党人和中国人民坚定不移走中国特色社会主义道路的精神支撑。建设社会主义核心价值体系的提出，不但有力地促推了新时期马克思主义理论的中国化、时代化和大众化，而且为中华优秀传统基因的再次崭新灿烂释放培植了富含营养的土壤。历史和现实反复证明，没有核心价值观，一个民族就失去了赖以维系的精神纽带，一个国家就会缺乏统一的意志力和行动力。

马克思主义指导思想决定了社会主义核心价值体系的性质和方向，是核心价值体系的灵魂，必须始终用马克思主义中国化的最新成果武装全党、教育人民，不断巩固和发展社会主义意识形态。"中国特色社会主义共同理想是社会主义核心价值体系的主题。"①中国特色社会主义共同理想把党在社会主义初级阶段的奋斗目标、国家发展、民族振兴以及个人幸福联系在一起，把社会各个阶层、各个群体的共同愿望凝聚在一起，有着广泛的社会认同，具有强大的感召力和亲和力。

"民族精神和时代精神是社会主义核心价值体系的精髓。"②以爱国主义为核心的民族精神，已成为各民族团结一心、共同奋斗的价值取向。以改革创新为核心的时代精神，是马克思主义与时俱进的时代品格，是中华民族与改革开放和社会主义现代化建设实践相结合的伟大成果，是支撑我国社会主义事业建设新局面的精神力量。"社会主义荣辱观是社会主义核心价值体系的基础。"③社会主义荣辱观是与中华民族传统美德相呼应的社会主义思想道德体系的准确表达，是与我国社会主义市场经济和社会主义法律法规相适

---

① 《十六大以来重要文献选编》(下)，中央文献出版社 2008 年版，第 788 页。

② 《十六大以来重要文献选编》(下)，中央文献出版社 2008 年版，第 789 页。

③ 《十六大以来重要文献选编》(下)，中央文献出版社 2008 年版，第 790 页。

应、相协调的。社会主义荣辱观为全体社会成员提供了基本的价值准则和行为规范。

建设社会主义核心价值体系，是党在构建和谐社会尤其和谐文化建设中的一个重大理论成果。构建社会主义和谐社会必须进行社会主义核心价值体系建设。一个社会的和谐，取决于全体社会成员良好的道德素质和理想信念。建设一个理想的和谐社会，必须有共同的理想信念和良好的道德规范作为指导，在承认差异性的基础上，实现社会活力和社会秩序的有机统一。而社会主义核心价值体系，就是强调在尊重差异和多样性的前提下，适应时代发展要求，集中反映中国人民理想信念和精神追求的思想道德基础，也是党在思想文化建设上的一个重要的战略任务。

建设社会主义核心价值体系，有助于准确把握"社会主义核心价值体系是理论、理想、精神、道德'四位一体'的有机整体"①。马克思主义指导思想、中国特色社会主义共同理想、民族精神和时代精神、社会主义荣辱观是构成社会主义核心价值体系的基本内容，在整个文化建设中处于主体地位，在中国特色社会主义事业中发挥着先导作用。推进社会主义核心价值体系建设，必须要立足"四位一体"的有机整体，坚持不懈地用马克思主义中国化最新成果武装全党、教育人民，用中国特色社会主义共同理想凝聚力量，用民族精神和时代精神鼓舞斗志，用社会主义荣辱观引领风尚。

建设社会主义核心价值体系，有利于维护中华文化的独立，提升中华文化在世界的吸引力、感召力。一个民族、一个国家，其文化是否独立，在于有没有与其他民族、国家相区别的独特的价值观，看它的价值观能否解决人类面临的共同问题。随着经济全球化以及信息网络化的发展，不同民族、国家间的文化交流日益频繁，文化交流、碰撞背后的价值观较量越来越凸显，西方文化产品裹挟着西方生活方式、价值观念不断涌入我国，在拓宽国人视野的同时也冲击着我们本民族的文化。在这种形势下，价值观越是多元化，

① 何金定：《建设社会主义核心价值体系需把握的四个问题》，载《光明日报》2013年1月26日。

就越应该坚守本民族的核心价值观，重视社会主义核心价值体系的建设。中华民族向来以“和为贵”为价值目标和价值评价标准，把和谐视为全社会的价值准则。站在全人类的生存与发展立场上，以和谐的思路和办法，求同存异，兼顾各方，共存共荣——这是解决全球性问题的现实可行之路。社会主义核心价值体系既立足现实、继承传统，又符合时代、面向世界，彰显了中华文化的独特价值，有助于世界全面认识中华文化，提升中华文化在世界的吸引力、感召力。

建设社会主义核心价值体系并非一日之功，社会主义核心价值观重在建设，包含着对社会主义核心价值体系的丰富和发展，要自觉把社会主义核心价值体系作为社会主义建设的基础工程和灵魂工程，使之成为贯穿我国文化建设的一条主线，立足当前，着眼未来，使社会主义核心价值体系在全社会牢固确立。

(二)培育和践行社会主义核心价值观

培育和践行社会主义核心价值观，是强基固本的灵魂工程，是必须始终抓好的国家战略。中共十八大报告指出：“倡导富强、民主、文明、和谐，倡导自由、平等、公正、法治，倡导爱国、敬业、诚信、友善，积极培育和践行社会主义核心价值观。”①“三个倡导”指出了社会主义核心价值体系建设的现实着力点，是对社会主义核心价值体系建设的新部署、新要求。

2015 年 4 月，中共中央宣传部、中央文明办印发《培育和践行社会主义核心价值观行动方案》中提出：“要坚持以理想信念教育为核心，深入学习宣传贯彻习近平总书记系列重要讲话精神，学习宣传贯彻‘四个全面’战略布局，深化中国特色社会主义、中国梦和中国道路学习宣传教育，引导人们坚定理想信念，增强道路自

① 《十八大以来重要文献选编》(上)，中央文献出版社 2014 年版，第 24 页。

信、理论自信、制度自信。”①《行动方案》是与《关于培育和践行社会主义核心价值观的意见》相配套的文件，以15项重点活动为举措，着眼践行、立足行动，强调要在深化拓展爱国、敬业、诚信、友善公民层面活动的基础上，向国家层面和社会层面延伸，进一步围绕富强、民主、文明、和谐的价值目标，围绕自由、平等、公正、法治的价值取向，着力把培育和践行社会主义核心价值观的要求具体化，对培育和践行社会主义核心价值观下一步要开展的活动、采取的行动作了明确安排，是深化社会主义核心价值观建设的重要步骤，是架起核心价值内化于心、外化于行、教化于众的桥梁。

2015年4月20日，《人民日报》刊登的《凝聚当代中国的价值公约数——论培育和践行社会主义核心价值观》一文中，详细阐明了“三个倡导”的内涵和外延，文中指出：“富强、民主、文明、和谐是国家层面的价值目标，自由、平等、公正、法治是社会层面的价值取向，爱国、敬业、诚信、友善是公民层面的价值要求。这个概括，实际上回答了我们要建设什么样的国家、建设什么样的社会、培育什么样的公民的重大问题。”②以此勾绘出了国家的价值内核、社会的共同理想。

富强，是和平发展与共享共赢的崭新模式，体现了社会主义的优越性，是人民共同富裕和国家繁荣强盛的有机统一。民主，是要实现真实、广泛、丰富的民主，使每个人都享有平等的政治权利又尊重和照顾少数人，充分反映人民意愿的民主。文明，是以坚持以人为本的核心理念和开放包容的新姿态，追求全方位的发展与进步，实现物质文明、政治文明、精神文明、生态文明和制度文明有机统一。和谐，就是要秉承世界持久和平的理想，努力建立一个人

---

① 《中宣部负责同志就印发〈培育和践行社会主义核心价值观行动方案〉答记者问　推动全社会形成共同的价值追求》，载《人民日报》2015年4月17日。

② 《凝聚当代中国的价值公约数——论培育和践行社会主义核心价值观》，载《人民日报》2015年4月20日。

与人、人与社会、人与自然的有机统一，追求民主与法治相统一、公平与效率相统一、活力与秩序相统一、人与自然相统一的和谐中国。自由，是社会主义的自由，是绝大多数人的、实质上的、真实的自由，是受到法律和规范制约、权利和义务对等的自由，是与一定的经济社会发展条件相适应的自由。平等，是兼顾效率与公平的平等，是实实在在的平等，是让人人都能公平行使社会权利、履行社会义务、分享社会成果，政治上平等参与、经济上共同富裕、文化上共建共享，同祖国和时代一起成长进步的平等。公正，是以最广大人民的根本利益作为出发点和落脚点，尽最大努力实现人民的愿望、满足人民的需要、维护人民的根本利益，体现在社会生活各个领域、各个层次、各个方面的公正。法治，是运用人民赋予的权力，体现人民意志、保护人民权益，让法治成为国家长治久安、社会安定有序、人民安居乐业的坚强柱石，是立足中国的社会现实和文化传统，坚持党的领导、人民当家作主、依法治国的有机统一。爱国，就是把个人价值的实现同推动国家的繁荣发展对接，把人生意义的提升同增进最广大人民的福祉相连，让个人梦想与国家梦想紧密结合，把国家建设好、民族发展好。敬业，就是要增强事业心和责任感，追求崇高的职业理想，激发积极进取的奋斗热情，秉持认真负责的职业态度，锻造严谨细致的工作作风，靠辛勤劳动、诚实劳动、创造性劳动开创美好未来。诚信，就是要以诚待人、以信取人，说老实话、办老实事、做老实人，构建言行一致、诚信有序的社会，以良好的信用关系，营造“守信光荣、失信可耻”的风尚，增强社会的凝聚力和向心力。友善，是爱心的外化，是与人为善、与物为善，以善待亲人以构建和谐家庭关系，善待他人以构建和谐人际关系，善待万物以形成和谐自然生态为友善的理想境界。

“三个倡导”是社会主义核心价值体系的集中表达，不仅反映了当今人类社会发展的整体价值取向，而且深刻地体现了中国社会发展的现状和远景，是中国共产党凝聚全党全社会价值共识作出的重要论断，反映了现阶段全国各族人民在精神世界的最大公约数，为培育和践行社会主义核心价值观提供了理论支持。

培育和践行社会主义核心价值观，要以中华先进文化为根基，坚持传承与发展的统一。要善于从中华优秀传统文化中汲取养分，使核心价值观与中华民族优秀传统文化相承接。要坚持传统与现代的统一，善于从社会主义先进文化中获得支撑，使核心价值观与中国特色社会主义的发展要求相契合；要坚持批判和吸收的统一，善于汲取其他优秀文明进步成果，使核心价值观与人类现代文明相结合。在加强对外交流和借鉴人类社会创造的一切文明成果的同时，绝不能数典忘祖，“不能接受西方国家刻意粉饰的所谓‘普世价值’，不能接受对我们党史国史别有用心的歪曲，更不能照抄照搬别国的发展模式。”①

培育和践行社会主义核心价值观，要着眼于最广大人民的利益。社会主义核心价值观直接来源于人民群众在中国特色社会主义道路上的实践，它所坚持的社会主义性质与方向是人民群众的历史选择，它的内容也源于人民群众在中国特色社会主义道路上的探索，它的认同更来自人民群众在现实生活中的体验和感受。因此，培育和践行社会主义核心价值观，必须尊重人民群众主体地位，关注人民群众利益诉求和价值愿望，从人民群众的现实生活中寻找培育和践行社会主义核心价值观。

培育和践行社会主义核心价值观，要以制度建设为保障。在市场经济中，个人层面的道德自律效用非常有限，因此，应该依托体现社会主义核心价值的社会政策、体制机制以及规章制度，利用来自社会层面的道德他律来培育和践行社会主义核心价值观。在市场经济中，依靠法律法规、规章制度、体制机制来规范人的行为，为社会主义核心价值观提供最基本的、最有效的制度规范。要从立法、执法、司法、普法和依法治理等多方面入手，为社会主义核心价值观的培育和践行提供相应的法律支持和政策保证，要适时将核心价值观中的相关要求上升为具体制度规定。

培育和践行社会主义核心价值观，是推进国家治理体系与治理能力现代化的智力保障。在经济建设中，推进国家治理体系现代

---

① 温龙：《培育和践行社会主义核心价值观的着力点》，载《光明日报》2014年7月12日。

化，要把社会主义核心价值观所倡导的理念全面融入国家经济治理的各个层面付诸实践；在政治发展中，推进国家治理体系现代化，要坚持党的领导、人民当家作主、依法治国的有机统一，深化政治体制改革，加快推进社会主义民主政治制度化、规范化、程序化，建设社会主义法治国家。在文化建设中，推进国家治理体系现代化，加强对新型文化业态、文化样式的引导，让不同类型文化产品都成为弘扬社会主义核心价值观的生动载体；在社会建设中，推进国家治理体系现代化，要把践行社会主义核心价值观作为国家社会治理的重要内容，融入制度建设和治理工作中，形成科学有效的诉求表达机制、利益协调机制、矛盾调处机制、权益保障机制，最大限度增进社会和谐；在生态建设中，推进国家治理体系现代化，要把建设生态文明和践行与培育社会主义核心价值观结合起来，把和谐理念贯彻到生态文明制度建设过程中。

培育和践行社会主义核心价值观是全党全社会的共同责任。在全面推进依法治国的建设中，要紧紧围绕“四个全面”战略布局推进精神文明建设，把培育和践行核心价值观摆在重要位置。正如习近平指出的：“我们要在全社会牢固树立社会主义核心价值观，全体人民一起努力，通过持之以恒的奋斗，把我们的国家建设得更加富强、更加民主、更加文明、更加和谐、更加美丽，让中华民族以更加自信、更加自强的姿态屹立于世界民族之林。”①

（三）用社会主义核心价值观引领社会思潮

中共十七届六中全会第一次提出：“坚持用社会主义核心价值体系引领社会思潮，在全党全社会形成统一指导思想、共同理想信念、强大精神力量、基本道德规范。”②中共十八次全国代表会议进

---

① 习近平：《青年要自觉践行社会主义核心价值观——在北京大学师生座谈会上的讲话》，人民出版社2014年版，第5页。

② 《十七大以来重要文献选编》(下)，中央文献出版社2013年版，第564页。

一步提出："要深入开展社会主义核心价值体系学习教育，用社会主义核心价值体系引领社会思潮、凝聚社会共识。"①社会主义核心价值体系在我国各种思想文化中处于统摄地位，关乎中国特色社会主义文化发展方向和根本性质。

当前，我国正处于社会变革、经济转型的加速期，社会思想呈现出多元化、多样、多变的特点。各种社会思潮此起彼伏，对我国社会价值观念、社会心理产生着不同程度的影响。"核心价值体系对社会思潮的引领是一种'内在生发'，是基于特定历史条件、借助社会意识相互作用的内在固有机制、反映当前中国社会精神运动要求的文化自觉。"②因此，要用社会核心价值体系引领众多社会思潮，最大限度地凝聚坚持和发展中国特色社会主义的共识，引领社会思潮发展方向，促进社会思潮健康发展。

用社会主义核心价值观引领社会思潮，要以科学的理论指引航向。马克思主义作为中国共产党和国家的根本指导思想，为建设社会主义核心价值体系提供正确的立场、观点和方法，对社会主义核心价值体系发挥着思想基础和理论支撑的作用。在当代中国，只有坚持马克思主义指导地位，才能正确把握建设社会主义核心价值体系的本质要求和客观规律，解决影响当代中国价值观念传承与创新的重大理论和现实问题，促进社会主义核心价值体系的发展。只有坚持用马克思主义的立场、观点、方法，才能认清经济社会发展的大趋势，才能在错综复杂的社会现象中看清本质、明确方向。

用社会主义核心价值观引领社会思潮，要以共同的理想凝聚力量。新中国成立后，党带领人民经过长期探索，找到了建设中国特色社会主义的正确道路，赋予民族复兴新的强大生机。中国特色社会主义把各个阶层、各个群体的共同愿望有机结合，具有强大的感召力、亲和力、凝聚力。我们必须唱响富强、民主、文明、和谐的

---

① 《十八大以来重要文献选编》(上)，中央文献出版社 2014 年版，第 24 页。

② 刘静芳：《核心价值体系引领社会思潮辨析》，载《光明日报》2013 年 7 月 6 日。

时代主旋律，团结动员全党全国各族人民为发展中国特色社会主义而共同奋斗，引导人们正确认识经济社会发展中存在的问题和矛盾，正确认识改革发展的艰巨性和复杂性，把远大理想和现实努力紧密结合起来，不断增强贯彻党的理论路线和方针政策的自觉性。

用社会主义核心价值观引领社会思潮，要以崇高的精神鼓舞斗志。弘扬和培育民族精神和时代精神，是用社会主义核心价值体系引领社会思潮的题中应有之义。要珍惜和爱护中华民族历史上形成的优秀传统文化，继承发扬“五四运动”以来特别是党领导人民在长期革命斗争和建设实践中形成的井冈山精神、长征精神、延安精神、西柏坡精神、雷锋精神、铁人精神、“两弹一星”精神、抗震救灾精神、北京奥运精神、载人航天精神等。与此同时，更要结合新的实践和时代要求，吸取和借鉴世界各国人民创造的优秀文化成果，积极进行文化创新，不断充实、丰富和发展民族精神和时代精神的内涵。

用社会主义核心价值观引领社会思潮，要以优秀的道德培育社会风尚。社会风尚是一个社会精神文明最直观的表现，是社会价值导向的集中体现。良好社会风尚的形成，关键在于充分发挥社会主义荣辱观的引领作用，引导人们在生活实践中自觉坚持“八荣八耻”，大力弘扬爱国主义、集体主义、社会主义思想，加强社会公德、职业道德、家庭美德建设。引导人们摆正个人、集体、国家的关系，正确处理个人与社会、竞争与协作、先富与共富、经济效益与社会效益等关系，自觉履行法定义务、社会责任、家庭责任，推动形成知荣辱、讲正气、树新风、促和谐的社会主义文明风尚。

毛泽东指出：“马克思主义必须在斗争中才能发展，不但过去是这样，现在是这样，将来也必然还是这样。正确的东西总是在同错误的东西作斗争的过程中发展起来的。真的、善的、美的东西总是在同假的、恶的、丑的东西相比较而存在，相斗争而发展的。”①同样地，中国特色社会主义道路发展的历史，也是同各种错误思潮

---

① 《建国以来重要文献选编》第 10 册，中央文献出版社 1994 年版，第 90 页。

斗争的历史。改革开放是中国的“第二次革命”，围绕改革开放的方向、道路，各种各样的社会思潮纷纷登上历史舞台，社会思潮的斗争将贯穿改革开放的整个历史过程；思潮斗争将决定社会变革走向何处，并最终决定国家、民族的前途和历史命运。“意识形态领域历来是敌对势力同我们激烈争夺的重要阵地，如果这个阵地出了问题，就可能导致社会动乱甚至丧失政权。敌对势力要搞乱一个社会、颠覆一个政权，往往总是先从意识形态领域打开突破口，先从搞乱人们的思想下手。”①因此，用社会主义核心价值体系引领当代社会思潮是刻不容缓的时代任务。

三、建设社会主义文化强国

2011 年 10 月，中共十七届六中全会通过《关于深化文化体制改革推动社会主义文化大发展大繁荣若干重大问题的决定》，提出要“坚持中国特色社会主义文化发展道路，努力建设社会主义文化强国”②。2012 年 11 月，中共十八大报告进一步提出“扎实推进社会主义文化强国建设”③。2013 年 11 月，中共十八届三中全会对“建设社会主义文化强国，增强国家文化软实力”的宏伟目标作出了具体的战略部署。在新的历史条件下，建设社会主义文化强国，提高国家文化软实力，增强全民族创造活力，增强文化的整体实力和国际竞争力，必须坚定不移走中国特色社会主义文化发展道路。

（一）树立高度的文化自觉和文化自信

2011 年 7 月 1 日，时任中共中央总书记胡锦涛在庆祝中国共

① 《十六大以来重要文献选编》（中），中央文献出版社 2006 年版，第 318 页。

② 《十七大以来重要文献选编》（下），中央文献出版社 2013 年版，第 562 页。

③ 《十八大以来重要文献选编》（下），中央文献出版社 2014 年版，第 24 页。

产党成立九十周年大会上的讲话中指出："面对当今文化越来越成为综合国力竞争重要因素的新形势，我们必须以高度的文化自觉和文化自信，着眼于提高民族素质和塑造高尚人格，以更大力度推进文化改革发展，在中国特色社会主义伟大实践中进行文化创造，让人民共享文化发展成果。"①推动社会主义文化大发展大繁荣，前提是对自身文化价值的充分肯定。2011 年 10 月，中共十七届六中全会强调要"培养高度的文化自觉和文化自信，提高全民族文明素质，增强国家文化软实力，弘扬中华文化，努力建设社会主义文化强国"②。中共十八大报告进一步明确了要坚持社会主义先进文化的前进方向，强调要"树立高度的文化自觉和文化自信，向着建设社会主义文化强国宏伟目标阔步前进"③。在新的历史条件下，深刻认识文化自觉和文化自信，是在更高的层面上实现我们的文化信念和文化追求，是实现我国文化强国建设目标的基本前提。

一个民族如果没有先进的文化引领，就不可能屹立于世界民族之林。高度的文化自觉和文化自信，既是对于本民族传统文化的清醒洞察，也是对于当代文化发展趋势的正确定位。文化具有很强的渗透性，能够潜移默化地影响人们的生产活动，文化的自觉不是文化保守主义，文化的自觉首先是从思想上确立自身文化的地位，认识到本国文化和他国文化的长处和短处。一个民族、一个政党只有在文化上觉悟和觉醒，才能更好地把握文化发展规律，充分认识自身文化的独特优势和发展前景。文化自信是一种基于理性认识之上的精神成熟度表现，自信绝不是自大，而是一种文化上知己知彼的高度自觉。只有建立在高度文化自觉的基础上的文化自信，才能具有坚定的文化发展的使命感和责任心。毋庸置疑，中华文明博大精深，有着五千多年的悠久历史，凝聚着中华民族自强不息的精神追

---

① 《十七大以来重要文献选编》(下)，中央文献出版社 2013 年版，第 447 页。

② 《十七大以来重要文献选编》(下)，中央文献出版社 2013 年版，第 562 页。

③ 《十八大以来重要文献选编》(上)，中央文献出版社 2014 年版，第 26 页。

求和历久弥新的精神财富，我们有理由对自己本民族文化保持高度自信与高度自觉，但也存在一些落后的、不合时代发展的因素。因此，只有正确理性地看待本民族文化优点和缺点，才能更好地摄取传统文化的精髓，把它发扬光大。

树立高度的文化自觉和文化自信，其前提是对中国特色社会主义的自觉和自信。文化自觉和文化自信是建立在中国特色社会主义伟大实践，对中国特色社会主义道路、理论和制度的自觉和自信。中国特色社会主义道路，不仅是引领中国实现现代化、创造人民美好生活的康庄大道，也是中国对世界的独创性贡献，它拓展了世界现代化的路径，为人类文明的发展与进步提供了一种新的选择，特别是为发展中国家提供了可资借鉴的宝贵经验。改革开放以来，正是在这条道路上，中国实现了近代以来从未有过的长期快速稳定发展，开辟了中华民族伟大复兴的光明前景。中国特色社会主义理论体系，是党坚持把马克思主义基本原理同当代中国实际和时代特征相结合所形成的科学体系，是改革开放伟大实践的宝贵结晶，具有鲜明的实践特色、民族特色和时代特色。解放思想、实事求是、与时俱进的精神，社会主义市场经济的理论，“三个代表”重要思想，科学发展观等指导思想，为解决我国社会主义现代化建设和人类共同面临的诸多难题提供了新的视角和思路。与此同时，在长期革命、建设和改革进程中，我们坚持以马克思主义为指导，把制度设计建立在对中国国情的深刻认识上，形成了具有强大生命力的中国特色社会主义制度。它是当代中国发展进步的根本制度保障，集中体现了中国特色社会主义的特点和优势。因此，只有坚持对中国特色社会主义道路、理论、制度的自信自觉，才能提升文化自觉、增强文化自信、实现文化自强。

树立高度的文化自觉和文化自信，是建设社会主义文化强国的精神力量。文化是社会发展的重要目标，也是推动社会发展的重要手段。一个国家和民族的强大与否，既取决于它的综合国力，即经济实力、军事实力，也取决于它的文化实力。当代中国已进入了全面建设小康社会、深化改革开放、加快转变经济发展方式的攻坚时期，文化越来越成为经济社会发展重要的战略资源，是综合国力竞争的重要因素。因此，培养高度的文化自觉和自信，无疑成为激发全民族的凝聚力和创造力，提升全国各族人民的文化创造热情的重要途径。在当前的国际形势和国际格局下，树立高度的文化自觉和文化自信是推动中华文化走向世界的保证。中华文化的影响力和竞争力要通过文化的传播和辐射展示出来，通过向世界展示中华文化的核心价值理念，使中华文化成为社会主义文化强国建设的精神力量。

树立高度的文化自觉和文化自信，是实现社会主义文化大发展大繁荣的思想基础。一个民族、一个国家乃至一个政党的力量，很大程度上取决于其文化自觉和文化自信的程度。因此，是否具有高度的文化自觉和文化自信，不仅关系着文化自身的振兴与繁荣，而且决定着一个民族、一个政党的振兴和发达，关系着国家的前途和命运。一方面，要坚信中国人民在社会主义伟大实践中有能力开创无愧于时代文化发展的新局面，有能力创造出具有蓬勃生命力和感召力的产品；另一方面，要坚信中国共产党作为中国先进文化的积极倡导者和推动者，有能力带领中国人民在中国特色社会主义伟大实践中进行文化改造，可以为人民提供更广阔的文化舞台，推动我国文化建设的大发展、大繁荣。

在世界不断大发展大变革的今天，在文化交锋空前激烈的今天，中国传统文化在面对强势的西方文化，绝不能失去应有的文化自信和文化自觉，迷失应有的战略定力和发展方向。树立高度的文化自觉和文化自信，必须对世界不同国家和民族的优秀文化采取开放包容的态度。中华文化具有很强的开放包容精神，几千年来不仅以汉民族为主融汇了我国多民族的文化要素，而且也吸收了世界不同国家和民族的许多优秀文化元素。树立高度的文化自信和文化自觉应该在认真总结梳理中国传统优秀文化的基础上，大力继承和弘扬中华文化，既要增强文化自信，同时也要以文化自觉的态度，务实开放、学习借鉴别国文化，又能坚守和传承自身优秀的文化传统和价值，只有这样，才能真正培养和树立起我国人民高度的文化自觉和自信。

（二）提高国家文化软实力

文化软实力集中体现了一个国家基于文化而具有的凝聚力和生命力以及由此产生的吸引力和影响力。古往今来，任何一个大国的发展进程，既是经济总量、军事力量等硬实力提高的过程，也是价值观念、思想文化等软实力提升的进程。2013 年 12 月，习近平在中央政治局第十二次集体学习时指出："提高国家文化软实力，关系我国在世界文化格局中的定位，关系我国国际地位和国际影响力，关系'两个一百年'奋斗目标和中华民族伟大复兴中国梦的实现。"①

文化软实力是文化和意识形态吸引力的集中体现，是世界各国制定文化战略和国家战略的一个重要参照系。"提高国家文化软实力"，不仅是我国文化建设的一个战略重点，也是我国建设和谐世界战略思想的重要组成部分，更是实现中华民族伟大复兴的重要前提。

提高文化软实力，要努力展现中国传统优秀文化的独特魅力。"优秀传统文化凝聚着中华民族自强不息的精神追求和历久弥新的精神财富，是发展社会主义先进文化的深厚基础，是建设中华民族共有精神家园的重要支撑。"②要建设优秀传统文化传承体系，必须加强对优秀文化传统文化思想价值的挖掘和对文化遗产的保护，发挥国民教育在文化传承创新中的基础性作用和各类文化载体的重要作用。这就"需要我们研究改革开放以来我国的社会主义现代化建设的文化背景和文化资源，提炼中华民族在思考和处理人与自然关系、群己关系、公私关系、义利关系、理欲关系、仁智关系等问题上的传统智慧，总结传统文化与当代社会相适应、与现代文明相协

---

① 《习近平在中共中央政治局第十二次集体学习时强调建设社会主义文化强国　着力提高国家文化软实力》，载《人民日报》2014 年 1 月 1 日。

② 《中国特色社会主义理论与实践研究》，高等教育出版社 2013 年版，第 85 页。

调的途径和经验，探索以爱国主义为核心的民族精神与社会主义核心价值体系之间的内在联系"①，使中华民族最基本的文化基因与当代文化相适应、与现代社会相协调，把继承传统优秀文化又弘扬时代精神、立足本国又面向世界的当代中国文化创新成果传播出去。

提高国家文化软实力，要努力传播当代中国价值观念。当代中国价值观念，就是中国特色社会主义价值观念，代表了中国先进文化的前进方向。中国特色社会主义道路的实践证明，我们的道路、理论体系、制度是成功的。要加强提炼和阐释，拓展对外传播平台和载体，把当代中国价值观念贯穿于国际交流和传播的方方面面。社会主义核心价值观突出了社会主义核心价值体系的核心要素，表达更加凝练，使国家的基本价值更加彰显，社会的价值取向更加明确，全民的价值规范更加有效，文化的价值建设更加集中。社会主义核心价值观的目标愿景，是建设社会主义现代化国家，经济富裕、政治民主、精神文明、社会和谐，高度概括了人民群众对美好生活的期盼愿景，是中国人民和中华民族价值认知和价值追求的体现。

提高国家文化软实力，要努力提高国际话语权。话语体系承载着特定思想价值观念，是国家文化软实力的重要组成部分，是一个国家在国际舞台上确立话语权的前提和基础。当今时代，谁的话语体系更具道义感召力和思想穿透力，谁的话语和叙事更能打动人，谁就拥有国际话语权，谁就能在国际竞争中赢得优势。要加强国际传播能力建设，精心构建对外话语体系，就要改变我国在国际话语中的弱势状态，掌握话语主动权，发挥好新兴媒体作用，增强对外话语的创造力、感召力、公信力，形成与我们的大国地位相匹配的，有中国特色和国际表达力的话语体系。这就要求我国话语体系的构建不仅要有中国特色，而且要有国际表达力，要着力打造融通中外的新概念新范畴新表述，不仅让外国人听得懂、听得进，而且要达到乐于接受，打造民族风格的理论话语体系，努力与提高话语

① 童世骏：《提高国家文化软实力》，载《求是》2009年第6期。

体系的国际融通力。

提高文化软实力，要积极吸收借鉴国外优秀文化成果，推动哲学社会科学的繁荣发展。要巩固马克思主义理论学科，实施哲学社会科学创新工程，建设具有中国特色、中国风格、中国气派的哲学社会科学，使之更好地发挥认识世界、传承文明、创新理论、咨政育人、服务社会的功能。必须积极吸收借鉴国外优秀文化成果，坚持以我为主、为我所用，学习借鉴一切有利于加强中国社会主义文化建设的有益经验、一切有利于丰富中国人民文化生活的积极成果、一切有利于发展中国文化事业和文化产业的经营管理理念和机制，在博采众长中不断赋予中华文化以强大生机。

此外，国家形象的国际亲和力，也是一个国家文化软实力的直接体现。我国在经济全球化条件下全方位参与国际经济合作和竞争，特别要重视国内政策和外交政策的统筹协调。要把科学发展观有关国内的“和谐发展”与国际的“和平发展”的丰富内容，准确有效地传递给外部世界；要重视吸收世界各国优秀文明成果，包括吸收各国人民共同接受的一些基本价值，如保障人权、民主法治、自由平等、公平正义等政治价值，公共服务、终身教育、生活质量、生态文明等社会文化价值，把提高全民族文明素质当做社会主义先进文化建设的核心目标，努力提升国家形象的国际亲和力、提高国家文化软实力。

（三）增强全民族创造活力

“建设社会主义文化强国，关键是增强全民族文化创造活力。”①文化创造力是衡量一个国家或者民族兴盛与否的重要标志，只有具有强大的、生机勃勃的文化创造活力的国家和民族，才能够把握自身文化的发展方向，更有效地保护和传承既有的文化传统。

增强全民族文化创造活力，必须发挥人民在文化建设中的主体

---

① 《十八大以来重要文献选编》(上)，中央文献出版社 2014 年版，第 24 页。

作用。“中国特色社会主义文化是人民共建共享的文化，人民是推动社会主义文化大发展大繁荣最深厚的力量源泉。”①推动社会主义文化大发展大繁荣，必须坚持以人为本，以满足人民精神文化需求、促进人的全面发展为根本目的，不断提高全民族思想道德素质和科学文化素质，培育有理想、有道德、有文化、有纪律的社会主义公民；自觉贯彻党的群众路线，充分尊重人民在文化建设中的主体地位和首创精神。广泛开展群众性文化活动，提高社区文化、村镇文化、企业文化、校园文化等建设水平，引导群众在文化建设中自我表现、自我教育、自我服务。要积极搭建公益性文化活动平台，组织开展群众乐于参与、便于参与的文化活动。“支持群众依法兴办文化团体，精心培育植根群众、服务群众的文化载体和文化样式，及时总结来自群众、生动鲜活的文化创新经验，推广大众文化优秀成果，在全社会营造鼓励文化创造的良好氛围，让蕴藏于人民中的文化创造活力得到充分发挥。”②

增强全民族文化创造活力，必须加快推进文化体制改革。深化文化机制体制改革，加快构建有利于文化繁荣的体制机制，完善文化发展的政治保障机制；构建覆盖城乡公共服务体系，保障人民的文化权益；加快政府职能转变，推进政企分开、政资分开、政事分开、政府与市场中介组织分开，强化政府宏观调控、市场监管和公共服务职能，培育多元文化市场主体。对公益性文化事业，通过改革激发其积极性，在确保政府对其发展的主导下，引入市场竞争机制，增强其创造发展活力。对于经营性文化产业的发展，应在保证党的领导下，放开经营，充分调动各方的积极性。对经营性国有文化事业单位进行改革转制，推进投资主体多元化，使之成为文化产业的战略投资者。鼓励民营资金进入经营性文化产业领域，形成以公有制为主体、多种所有制共同发展的文化产业格局。通过一系列

---

① 胡锦涛：《坚定不移走中国特色社会主义文化发展道路　努力建设社会主义文化强国》，载《求是》2012 年第 1 期。

② 陈秀元、杨先永、胡宁编著：《科学分析形势准确把握政策》，中国社会科学出版社 2013 年版，第 166 页。

改革，培育多元文化市场主体，增强文化市场竞争活力，从而释放文化创造能量。

增强全民族文化创造力，应该积极营造宽松和谐的文化氛围。尊重文化产品创作生产规律，坚持社会责任和创作自由相结合，坚持弘扬主旋律和提倡多样化相统一，发扬学术民主、艺术民主，提倡体裁、题材、形式、手段充分发展，推动观念、内容、风格、流派积极创新，为一切有利于陶冶情操、愉悦身心、寓教于乐的文化创作提供广阔空间。尊重文化工作者的创造性劳动，鼓励探索、宽容失败，尊重差异、包容多样，使一切改革创新的观念得到尊重、一切改革创新的举措得到支持、一切改革创新的成果得到肯定，推动文化工作者的创造精神和创造活力竞相迸发。要积极开展正确的文艺评论，鼓励文化工作者相互尊重、平等交流、取长补短，共同营造风清气正、和谐奋进的良好氛围。

（四）增强国家文化的整体实力和国际竞争力

中共十八大明确指出："文化实力和竞争力是国家富强、民族振兴的重要标志。"①国家文化的整体实力和竞争力是中国特色社会主义现代化的必然要求，是增强民族凝聚力和创造力的重要源泉，是综合国力的重要组成部分。增强国家文化整体实力和竞争力是推进文化体制改革的必然选择，也是深入贯彻落实科学发展观和实现中华民族伟大复兴的必然要求。

增强国家文化整体实力和竞争力，是贯彻落实科学发展观的切实需求。坚持落实科学发展观，必须践行经济、政治、文化、社会及生态"五位一体"全面协调发展，始终把人民群众的利益作为一切发展的最终目标和发展动力。增强文化整体实力和竞争力，也就是为了实现文化构成要素及文化资源的协调与优化，实现文化与经济、政治、军事等硬实力的均衡发展的过程。增强文化整体实力和

① 《十八大以来重要文献选编》（上），中央文献出版社 2014 年版，第 26 页。

竞争力是满足人民群众日益增长的文化精神需求的重要保障，也是文化科学发展的本质要求和价值取向。1998 年，联合国教科文组织通过的《文化政策促进发展行动计划》指出："发展可以最终以文化概念来定义，文化的繁荣是发展的最高目标。"①只有不断增强文化整体实力和竞争力，才能提升文化的感染力、渗透力、凝聚力、同化力和创新力。

增强国家文化整体实力和竞争力，要大力推进文化创新，提高文化产业的国际竞争力。创新是文化的灵魂，提高自主创新能力是提高文化产业的国际竞争力的关键。文化领域的创新，首要条件是形成一个使尽可能多的人们竞相迸发创新智慧、配备培养大批创新人才的制度环境、文化环境和教育环境。要把创新精神贯穿于文化创作生产全过程，适应时代和实践发展需求，利用现代高新技术手段实现文化产品的内容创新和文化生产的方式创新，培育新的文化业态、提高和扩大文化信息的传播速度和覆盖范围，发挥多种力量的积极作用，与此同时，还需依靠现代科技改造和提升传统文化，推动传统文化市场转型升级，大力推进文化的内容形式、体制机制、方法手段创新，不断创造新的文化样式，催生新的文化业态，努力创作、生产更多的思想艺术性观赏性相统一、经得起历史和人民检验的优秀的文化产品。

增强国家的整体文化整体实力和竞争力，要坚持把社会效益放在首位，实现社会效益和经济效益的统一。推动社会主义文化大发展大繁荣，必须科学界定人民的基本文化权益和多样化精神文化需求，全面把握政府和市场在文化建设中的职责和功能，要按照公益性、基本性、均等性、便利性的要求，以政府为主导，以公共财政为支撑，以公益性文化单位为骨干，以全体人民为服务对象，以保障人民基本文化权益为主要内容，鼓励全社会积极参与，大力发展公益性文化事业；必须着力培育一批有实力、有竞争力的骨干文化企业，提高我国文化产业整体实力和竞争力，形成公有制为主体、多种所有制共同发展的文化产业格局。无论发展公益性文化事业还是发展文化产业，都要坚持社会主义先进文化前进方向，正确处理

---

① 张云：《文化发展与繁荣》，人民出版社 2012 年版，第 240 页。

社会效益和经济效益的关系，始终把社会效益放在首位。

增强国家文化整体实力和竞争力，要营造有利于高素质文化人才大量涌现、健康成长的有利环境。加强高素质文化人才队伍建设，要注重人才培养机制创新，加大对高层次领军人物和拔尖人才、基层文化骨干、乡土文化能人、民族民间文化传承人等队伍的培养力度；建立灵活的选人用人机制，重点培养善于经营管理的复合型文化人才；要探索建立文化人才评价发现机制，注重健全文化人才激励保障机制；造就一大批人民喜爱、有国际影响的名家大师和民族文化代表人物，鼓励专业文化工作者和社会各界人士参与文化建设和群众文化活动，不断壮大文化创新队伍，形成专兼结合、广泛参与的文化人才队伍格局。

增强国家文化整体实力和竞争力，积极实施“文化走出去”战略。实施“文化走出去”战略，增强文化国际竞争力和影响力，需要构建以“政府为主导，民间交流为主体，市场调控为杠杆，文化外交与贸易相结合”的文化交流新机制。要在深入挖掘中华文化的价值内涵的同时，积极探索中华文化的“可译化”途径，扩大中华文化的国际认同，努力化解中西文化差异与冲突，提升国际社会对中华文化的内在认知；要进一步拓宽政府间的文化交流与合作的渠道，扩大文化领域的对外开放比例，积极吸收和借鉴国外优秀文化成果。扩大文化领域的对外交流与对话机制，逐步形成全方位、多层次、宽领域的文化“走出去”格局；要鼓励文化产品自主创新，进一步提升中华文化的话语权与影响力。

当前，我国正处在全面建成小康社会、实现中华民族伟大复兴中国梦的关键阶段。我们必须以更加坚定的信念、更大的政治勇气和智慧、更加完善的制度来大力发展文化事业，加快文化产业的发展，增强我国的文化整体实力和竞争力，为建设社会主义文化强国的宏伟目标而奋斗。

四、推进文化体制机制创新

2013 年 11 月，中共十八届三中全会通过的《中共中央关于全面深化改革若干重大问题的决定》(以下简称《决定》)对深化文化体制改革做出新的重大战略部署。将“推进文化体制机制创新”作为文化体制改革的重要内容和基本方向。在新形势下，推进文化体制机制创新，必须坚持以人民为工作导向，将社会效益放在首位、坚持社会效益和经济效益相统一，完善文化管理体制，建立健全现代文化市场体系，构建现代公共文化服务体系，提高文化开放水平。

(一)完善文化管理体制

完善文化管理体制，要创新文化管理体制，必须牢牢把握正确方向，建立健全党委领导、政府管理、行业自律、社会监督、企事业单位依法运营的文化管理体制，切实提高文化领域管理效能和服务水平。

完善文化管理体制，要加快转变文化行政管理部门职能。转变政府职能，形成科学的宏观调控和有效的政府治理，是文化管理体制改革的基本要求和重要任务。转变政府职能，需要统筹“放”和“管”的关系，做到简政放权和加强监管齐推进、相协调。妥善处理“放”和“管”的关系，按照政企分开、政事分开原则，发挥市场在文化资源配置中的积极作用，按照政企分开、政事分开、政资分开、政府与市场中介组织分开和管办分离的要求，推动文化行政管理部门的职能转到政策调节、市场监管、社会管理和公共服务上来，实现由管微观向管宏观、由主要面向直属单位向面向全社会的转变，更好地履行政策调节、市场监管、社会管理、公共服务职能，更加注重依法管理，要善于综合运用法律、行政、经济、科技等多种管理手段，加快文化立法，加强行业自律，做到科学管理、依法管理、有效管理。

完善文化管理体制，重点是要加强国有文化资产的管理。中共十八届三中全会《决定》明确提出：“要建立党委和政府监管国有文化资产的管理机构，实行管人管事管资产管导向相统一。”①加强国

---

① 《十八大以来重要文献选编》(上)，中央文献出版社 2014 年版，第 533 页。

有文化资产管理既是政府部门的事情，又是党委的重要工作；既要保证国有文化资产保值增值，又要保证文化企业正确导向。要认真总结实践经验，建立党委和政府监管国有文化资产的管理机构，实行管人管事管资产管导向相统一。充分考虑宣传文化工作自身特点和管理需求，认真落实谁主管谁负责和属地管理原则，探索建立主管主办制度与现代企业出资人制度有机衔接的工作机制。坚持党管意识形态不动摇，始终确保党对国有文化单位重大事项的决策权、资产配置的控制权、宣传业务的终审权、主要领导干部的任免权。

完善文化管理体制，要加强和完善互联网管理和工作体制。在互联网高速发展的今天，网络突发事件此起彼伏，这也对当前文化管理工作提出了重大挑战，这就要求我们创新管理思路，统筹各方力量，加快构建法律规范、行政监管、行业自律、技术保障、公众监督、社会教育相结合的互联网管理体制，健全基础管理、内容管理、行业管理以及网络违法犯罪防范和打击等工作联动机制，形成正面引导和依法管理相结合的网络舆论工作格局。加强互联网领域立法，完善网络信息服务、网络安全保护、网络社会管理等方面的法律法规；加强对网上有害信息、网络谣言的整治，推进网络依法规范有序运行；完善互联网管理领导体制，确保国家网络和信息安全。

完善文化管理体制，要坚持正确舆论导向的体制机制。坚持正确舆论导向，统筹社会舆情、媒体舆情、网络舆情，坚持团结稳定鼓劲、正面宣传为主，在重大问题、敏感问题上要增强政治敏感性和政治鉴别力，严格宣传纪律，把好关、掌好度。坚持正确舆论导向，就要不断提高对行业发展规律的认识，切实提高正确分析舆情、引导舆论的本领。要从维护国家利益和人民的利益出发，充分反映基层声音。要坚持及时准确、公开透明、有序开放、正确引导的报道原则，做好重大题材、重要事件的报道和舆论引导。要严格新闻工作者的职业资格制度，重视引导新闻工作者牢固树立马克思主义新闻观，自觉加强职业道德和自身修养。要完善准入退出机制，规范新闻传播秩序，在运用和管理新型媒介的同时，推动传统媒体和新兴媒体融合发展。要本着推动解决问题、改进工作的原则，对改革发展中的焦点问题、热点问题，适时、客观、准确地进行宣传报道，增强宣传工作的公信力。

（二）健全现代文化市场体系

中共十八届三中全会《决定》着眼于“建立健全文化资本、文化企业、文化产品市场准入和退出机制，鼓励各类市场主体公平竞争、优胜劣汰，促进文化资源在全国范围内合理流动”，强调从增强文化市场主体竞争力、鼓励非公有制文化企业发展、建立多层次文化产品和要素市场、创新现代文化市场体系政策环境等方面，建立健全现代文化市场体系。这充分体现了中国共产党站在新的历史起点上对文化体制改革的战略思考和科学谋划，体现了我国文化发展的必然趋势和时代要求。

建立健全现代文化市场体系，必须完善文化市场准入和退出机制，鼓励各类市场主体，公平竞争、优胜劣汰。中共十八届三中全会《决定》指出：“培育壮大文化市场主体，要继续推进国有经营性文化单位转企改制，加快公司制、股份制改造。”①继续推动国有经营性文化单位转企改制是培育文化市场主体的关键。要按照产权清晰、权责明确、政企分开、管理科学的要求，进一步拓展改革成果，推动已转制文化企业完善法人治理结构，提高自主经营、自我创新、面向市场、参与竞争的能力，建立体现文化企业特点的导向把控能力、资产组织形式和经营管理模式；国有文化企业应该加快公司制、股份制改造，在推进国有文化企业股份制改造的过程中，在确保正确导向的前提下支持符合条件的国有文化企业上市融资，吸引社会资本参与股份制改造，优化股权结构，以确保国有资本始终保有最大的决策权和控制权。

建立健全现代文化市场体系，要继续推进国有经营性文化单位转企改制。深化国有经营性文化单位转企改制，是培育文化市场主

---

① 《十八大以来重要文献选编》（上），中央文献出版社 2014 年版，第 534 页。

体的关键。要以加快建立产权清晰、权责明确、政企分开、管理科学的现代企业制度为重点，按照创新体制、转换机制、面向市场、壮大实力的要求，拓展出版、发行、影视、一般国有文艺院团改革成果，推动已转制文化企业完善法人治理结构，形成符合现代企业制度要求、体现文化企业特点的资产组织形式和经营管理模式，不断提高国有文化企业自主经营、自我创新水平，增强面向市场、参与竞争能力。建立健全报刊准入和退出机制，继续稳步推进非时政类报刊出版单位改革。积极推进重点新闻网站转企改制，借鉴商业网站经营方式，不断提高竞争力，增强影响力。

建立健全现代文化市场体系，必须打破文化企业发展的区域限制和行业壁垒，推动文化企业跨地区、跨行业、跨所有制兼并重组，提高文化产业规模化、集约化、专业化水平。“做大做强文化市场主体，必须进一步改革按部门、按行政区划、按行政级次分配文化资源和文化产品的传统体制，打破文化市场条块分割、地区封锁、城乡分离的格局。兼并重组、资源整合是文化企业做大做强的有效途径。”①要把国有文化企业的转企改制与资源整合、结构调整结合起来，鼓励有实力的国有骨干文化企业以资本为纽带，实行跨地区、跨行业、跨所有制兼并重组，推动文化资源和要素向优势骨干文化企业或企业集团集聚，发挥国有骨干文化企业对文化市场的主导和引领作用。

建立健全现代文化市场体系，要鼓励非公有制文化企业发展。非公有制经济是我国经济社会发展的重要基础，对文化建设起着重要的作用。中共十八届三中全会《决定》提出：“鼓励非公有制文化企业发展，降低社会资本进入门槛，允许参与对外出版、网络出版，允许以控股形式参与国有影视制作机构、文艺院团改制经营。”②其中，“降低社会资本进入门槛”意味着国家对非公有制社会资本文化领域准入的进一步放开；以控股形式参与影视制作机

① 蒋建国：《建立健全现代文化市场体系》，载《求是》2013 年第 24 期。

② 《十八大以来重要文献选编》(上)，中央文献出版社 2014 年版，第 534 页。

构、文艺院团的改制经营，这对发挥好、引导好、保护好非公有制文化企业积极性起到了重要作用。在坚持出版权、播出权特许经营的前提下，允许制作和出版、制作和播出分开。对出版权和播出权坚持特许经营制度，确保了把社会效益放在首位；允许制作和出版、制作和播出分开，允许社会资本进入这个领域，使原来的出版工作室、影视剧制作工作室等一些非公资本文化企业有了合法身份；支持各种形式小微文化企业发展，有利于进一步解放和发展文化生产力，激发全民创业热情和文化创造活力，活跃文化市场，这些都对我国产业结构、扩大内需、增加就业等方面起到了积极的作用。

建立健全现代文化市场体系，要建立多层次文化产品和要素市场，鼓励金融资本、社会资本、文化资源相结合。加强文化产品市场和要素市场建设，是建立健全现代文化市场体系的重点；要在坚持出版权、播出权特许经营前提下，允许制作和出版、制作和播出分开，鼓励文化企业不断丰富和创新文化产品和服务；不断开拓以网络为载体的新兴文化产品市场的同时，要积极培育大众性文化消费市场，开拓农村文化市场；要有序发展文化产权、版权、人才、技术、信息等要素市场，建立健全文化资产评估体系和文化产权交易体系，发展以版权交易为核心的各类文化资产交易市场。推进文化资本市场建设，促进金融资本、社会资本与文化资源有效对接，充分利用国内外多层次资本市场解决文化企业融资难题。

建立健全现代文化市场体系，要完善文化经济政策，加强版权保护。完善文化经济政策，就是要加大财政、税收、社会保障、土地使用等方面对文化产业的政策扶持力度，保证公共财政对文化建设的投入，逐步建立公共文化服务政府采购制度，完善文化体制改革的配套政策，优化文化市场发展的政策环境。建立健全现代文化市场体系，严格执行文化市场准入和退出机制，加快文化立法，依法加强文化市场管理，建立健全质量认证体系，完善相关登记备案和年检制度，最大限度地减少不合格文化产品进入市场，维护好著作权人合法权益；要健全文化市场综合执法机构，理顺互联网管理体制，尽快形成依法经营、违法必究、公平交易、诚实守信的文化市场秩序。

建立健全现代文化市场体系，必须要健全文化产品评价体系，改革评奖制度。科学制定文化企事业单位的考评标准，坚持把社会效益放在首位，统筹社会效益与经济效益、导向要求与利润指标，推动建立有利于出精品、出人才、出效益的体制机制；要加强对文化产品创作生产的引导，坚持树立以人民为工作导向，全面贯彻“二为”方向和“双百”方针，推动我国文化产品多样化发展；改革评奖制度的同时，要精简评奖种类，建立公开、公平、公正的评奖机制，充分发挥引导示范作用，努力实现社会效益最大化和经济效益最优化。

（三）构建现代公共文化服务体系

建立公共文化服务体系，提供公共文化服务，是现代民族国家构架的重要组成部分和现代化发展的必然要求。从中共十八届三中全会提出要完善文化管理体制，到中共十八届四中全会的《决定》指出“制定公共服务保障法，促进基本公共服务标准化，均等化”①，这都表明党中央对构建现代公共服务体系的重视。2015 年 1 月 14 日，中共中央办公厅、国务院办公厅印发了《关于加快构建现代公共文化服务体系的意见》，提出了当前我国公共文化服务的具体要求，进一步加速了我国现代公共服务体系的发展。

构建现代公共服务的体系，是以邓小平理论、“三个代表”重要思想、科学发展观为指导，贯彻落实中共十八大和十八届三中、四中全会精神，贯彻落实习近平总书记系列重要讲话精神，按照全面建成小康社会的总体要求，牢固树立以人民为中心的工作导向，以改革创新为动力，政府为主导，以基层为重点，加强统筹管理，建立协同机制，加快转变政府职能，完善管理体制机制，创新公共文化服务内容和形式，促进文化与科技深度融合，推动文化事业和

---

① 《中共中央关于全面推进依法治国若干重大问题的决定》，人民出版社 2014 年版，第 13 页。

文化产业协调发展。构建具有中国特色的现代公共文化服务体系，促进基本公共文化服务标准化、均等化，推动社会主义文化大发展大繁荣。

构建现代公共服务的体系，第一，要统筹推进公共文化服务均衡发展。这就需要把城乡基本公共文化服务均等化纳入国民经济和社会发展总体规划及城乡规划，促进城乡基本公共文化服务均等化，根据城镇化发展趋势和城乡常住人口变化，统筹城乡公共文化设施布局、服务提供、队伍建设、资金保障，均衡配置公共文化资源，形成常态化工作机制。要推动革命老区、民族地区、边疆地区、贫困地区公共文化建设实现跨越式发展，根据国家基本公共文化服务指导标准，明确老少边穷地区服务和资源缺口，集中实施一批文化扶贫项目，以老年人、未成年人、残疾人、农民工、农村留守妇女儿童、生活困难群众作为公共文化服务的重点对象，保障特殊群体基本文化权益，力争在较短时间内使老少边穷地区公共文化服务能力和水平有明显改善。要以人民群众基本文化需求为导向，围绕看电视、听广播、读书看报、参加公共文化活动等群众基本文化权益，根据国家经济社会发展水平和供给能力，建立基本公共文化服务标准体系。健全公共文化设施布局、土地使用、建设规模、设计和施工规范以及技术要求等标准，提升公共文化设施建设、管理和服务水平。

第二，要增强公共文化服务发展动力。要在公共文化服务体系建设中统筹考虑群众的基本文化需求和多样化文化需求，培育和促进文化消费，推动公共文化服务向优质服务转变，实现标准化和个性化服务的有机统一，满足人民群众多层次的文化消费需求。进一步简政放权，减少行政审批项目，吸引社会资本投入公共文化领域，鼓励和引导社会力量参与。加强对文化类行业协会、基金会、民办非企业单位等社会组织的引导、扶持和管理，促进规范有序发展，培育和规范文化类社会组织。大力弘扬志愿服务精神，推进文化志愿服务，坚持志愿服务与政府服务、市场服务相衔接，奉献社会与自我发展相统一，社会倡导和自愿参与相结合，构建参与广泛、内容丰富、形式多样、机制健全的文化志愿服务体系。

第三，要加强公共文化产品和服务供给。提升公共文化服务效能，完善公共文化设施免费开放的保障机制，丰富优秀公共文化产品供给，为各级政府部门便民服务提供窗口和平台。要进一步发挥国家级评奖和艺术、出版等基金的引导带动作用，建立优秀传统文化传承和发展体系，提高网络文化产品和服务供给能力，继续实施少数民族新闻出版“东风工程”，推进少数民族语言文字网站建设。加强知识产权审核和版权保护，防止侵权或盗版产品进入公共文化服务供给体系。大力发展公益广告，有效推广公益慈善理念。积极活跃群众文化生活，推动全民阅读和法治文化活动进家庭、进社区、进校园、进农村、进企业、进机关。积极开展全民艺术普及、全民健身、全民科普和群众性法治文化活动。实施基层特色文化品牌建设项目，推进民间文化艺术之乡建设，传承和发展民族民间传统体育，推进红色文化、社区文化、乡土文化、校园文化、企业文化、军旅文化、家庭文化建设，培育积极健康、多姿多彩的社会文化形态。促进边疆少数民族地区和其他地区群众文化交往交流交融。加强群众性文化活动的国际交流，支持群众文化走出去，形成多层次的对外文化交流格局。

第四，要推进公共文化服务与科技融合发展。推进公共服务与科技融合发展，就是要加大文化科技创新力度，发挥文化和科技相互促进的作用，深入实施国家文化科技创新工程，研究制定公共文化服务领域科技标准规范。开展文化专用装备、软件、系统的研发应用，推进公共文化服务创新手段、提高效能。加快推进公共文化服务数字化建设，构建标准统一、互联互通的公共数字文化服务网络，在基层实现共建共享，提高资源供给能力，提升公共文化服务现代传播能力，推广数字智能终端、移动终端等新型载体，推进数字出版，构建数字出版物传播平台，完善应急广播覆盖网络，打造基层政务信息发布、政策宣讲和灾害预警应急指挥平台。

第五，要创新公共文化管理体制和运行机制。建立公共文化服务体系建设协调机制需要立足当前公共文化服务体系建设实际，加大公益性文化事业单位改革力度，完善党委领导、政府管理、部门协同、权责明确、统筹推进的公共文化服务体系建设管理制度，探索整合基层公共文化服务资源的方式和途径，实现共建共享，提升综合效益。要按照关于深化文化体制改革和推进事业单位分类改革的要求，理顺政府和公益性文化事业单位之间的关系，进一步落实公益性文化事业单位法人自主权，强化公共服务功能，增强发展活力，与此同时要改进公益性文化事业单位党组织建设，充分发挥基层党组织的战斗堡垒作用和共产党员的先锋模范作用，创新基层公共文化管理机制，健全民意表达和监督机制，引导城市社区居民和村民参与公共文化服务项目规划、建设、管理和监督，维护群众的文化选择权、参与权和自主权。以效能为导向，完善公共文化服务评价工作机制，探索建立公共文化服务第三方评价机制，增强公共文化服务评价的客观性和科学性。

第六，要加大公共文化服务保障力度。各有关部门和单位要进一步认识构建现代公共文化服务体系的重要意义，加强组织领导，明确责任，统筹建设，协同推进，狠抓落实。合理划分各级政府基本公共文化服务支出责任，建立健全公共文化服务财政保障机制。进一步完善选人用人机制，加强基层文化队伍建设，着力培养一批具有现代意识、创新意识的公共文化管理者和基层公共文化服务人才队伍。建立健全公共文化服务法律体系。“加快建立健全坚持社会主义先进文化前进方向、遵循文化发展规律、有利于激发文化创造力、保障人民基本文化权益的文化法律制度，依法保障公民的文化权利得到有效落实。加快出台公共文化服务保障法等相关法律法规，为现代公共文化服务体系建设提供法律支撑。加强公共文化立法与文化体制改革重大政策的衔接，加快制定地方性公共文化服务法律规范，提高公共文化服务领域法治化水平。”①

（四）提高文化开放水平

中共十六届五中全会提出，要“积极开拓国际文化市场，推动

---

① 《关于加快构建现代公共文化服务体系的意见》，载《光明日报》2015年1月15日。

中华文化走向世界"①；中共十七大报告强调，要"加强对外文化交流，吸收各国优秀文明成果，增强中华文化国际影响力"②；中共十七届六中全会明确提出，要提高文化开放水平。中共十八大报告强调，要"扩大文化领域对外开放，积极吸收借鉴国外优秀文化成果"③。中共十八届三中全会《决定》专门就提高文化开放水平作出部署。从战略全局上指明了新形势下文化开放的目标方向，揭示了提高文化开放水平的重大意义。

提高文化开放水平是推动社会主义文化大发展大繁荣、建设社会主义文化强国的必然要求。中共十八届三中全会明确提出，要提高文化开放水平，并把其作为全面深化改革开放的重大任务，作出一系列战略部署。这反映了中国共产党高度的文化自信和文化自觉，体现了中国共产党对文化建设规律的深刻认识和全面把握。

提高文化开放水平，第一，应该加强国际传播能力和话语体系建设，推动中华文化走向世界。传播能力决定影响力，在信息技术高度发达的今天，谁的传播手段先进、传播能力强大，谁的文化理念和价值观念就能广为流传。要立足新形势新要求，深入推进国际传播能力建设，加快形成与我国经济社会发展水平和国际地位相称的国际传播能力。"要坚持传统媒体与新兴媒体并举、软件建设和硬件建设并重，支持重点媒体面向国内国际发展，着力打造语种多、受众广、信息量大、影响力强、覆盖全球的国际一流媒体，提高新闻信息原创率、首发率、落地率。"④创新传播内容，创新传播手段，提高传播能力，善于借船出海、造船出海，以更加灵活多样的手段实现海外传播的广泛覆盖。加强广播电视国际频道、重点新

---

① 《十六大以来重要文献选编》(中)，中央文献出版社 2006 年版，第 108 页。

② 《十七大以来重要文献选编》(中)，中央文献出版社 2009 年版，第 28 页。

③ 《十八大以来重要文献选编》(上)，中央文献出版社 2014 年版，第 26 页。

④ 王晓晖：《提高文化开放水平》，载《光明日报》2013 年 11 月 20 日。

闻网站外文频道建设，着力打造融通中外的新概念、新范畴、新表述，讲好中国故事，传播好中华声音。

第二，应该积极培育外向型文化企业，支持文化企业到境外开拓市场。要重视发展外向型文化企业。培育外向型文化企业和产业基地，引导各类文化企业积极参与文化产品和服务的出口，鼓励实力雄厚的文化企业以合资、合作、购买等多种形式，在境外兴办文化实体或兼并境外文化企业，积极拓展海外营销渠道，扩大对外文化贸易规模，推动文化产品和服务更多地走出去；要制定完善鼓励文化产品和服务出口的政策措施，引导各类企业在对外经济活动中吸收和展示中华文化元素，促进文化繁荣。

第三，必须拓宽对外文化交流渠道，构建人文交流机制，促进中外优秀文化相互借鉴。要把组织双边交流与组织多边交流结合起来，把调动国内力量和借助国外力量结合起来，拓展广度和深度，形成对外文化交流强大合力。要整合文化资源，拓展中国文化年、中国文化节、国际书展中国主宾国活动等文化品牌活动，鼓励社会组织、中资机构等参与孔子学院和海外文化中心建设，鼓励各类学术团体、艺术机构在相应的国际组织中发挥建设性作用。要把政府交流和民间交流结合起来，发挥非公有制文化企业、文化非营利机构在对外文化交流中的作用，支持海外侨胞积极开展中外人文交流，共同推动中华文化走向世界。

第四，应理顺内宣外宣体制，支持重点媒体面向国内国际发展。中国需要更多地了解世界，世界也需要更多地了解中国。做好新形势下的对外宣传工作，对于引导人们更加全面客观地认识当代中国、看待外部世界，对于树立国家形象、维护国家根本利益至关重要。随着我国对外开放的不断扩大，国内舆论与国际舆论相互影响的程度越来越深，对内宣传和对外宣传的界限越来越难以划分，迫切要求我们在做好对内宣传的同时，进一步改进对外宣传、提高对外宣传水平。要坚持统筹国内国际两个大局，统筹对内宣传和对外宣传，理顺内宣和外宣体制，加快构建大外宣格局，更加深入地宣传政策主张，更加有效地影响国际舆论，更加有针对性地开展国际舆论斗争，为我国改革建设营造良好国际舆论环境。

第五，要切实维护国家文化安全。文化安全是国家安全的重要组成部分。随着世界多极化和经济全球化深入发展，各种思想文化交流交融交锋更加频繁，给我国文化安全带来新的挑战。一些西方国家利用其掌握的互联网先发优势、话语优势、技术优势，鼓吹所谓的“网络自由”，推行政治霸权、文化霸权、数字霸权，企图把他们的价值观无障碍地渗透到中国。面对这种情况，我们要立足我国的基本国情，坚守自己的文化理想、信念和原则，延续民族文化血脉，传承民族文化基因，巩固民族文化根基，始终保持中华文化的民族性、主体性。要增强防范意识，提高辨别能力，把好各种准入关口，筑牢思想防线，决不给腐朽思想文化提供传播空间和渠道。要切实管好用好互联网，积极占领和有效掌控网络思想文化阵地，坚决抵御和遏制网上攻击渗透，维护健康、安全、顺畅的网络信息传播秩序。

改革开放三十多年来，我们坚持对外开放，社会主义各方面建设包括文化建设在内都取得了可喜的成就。可以说，没有对外开放，就没有当代中国的发展进步；没有对外开放，也就没有当代中国文化的繁荣发展。

（五）中国特色社会主义文化建设的新布局

中共十八大以来，以习近平为总书记的党中央高度重视中国特色社会主义文化建设，提出了一系列关于文化建设新的方针和政策。对事关社会主义文化和意识形态的长远工作作了阐述和部署，明确了当前和今后一个时期内社会主义文化和意识形态工作的方向目标和重点任务。

一是大力弘扬社会主义核心价值观，推动社会主义核心价值观落细、落小、落实。2014 年 2 月 24 日，中共中央政治局就培育和弘扬社会主义核心价值观、弘扬中华传统美德进行十三次集体学习。习近平指出：“一种价值观要真正发挥作用，必须融入社会生活，让人们在实践中感知它、领悟它。要注意把我们所提倡的与人们日常生活紧密联系起来，在落细、落小、落实上下功夫。”①落细，就是要针对核心价值观的内涵，从细节上不断改进和完善，尤其是个人层面的价值准则和价值观的培育上，要从细节抓起，从习惯养成做起，持之以恒、不断校正，目标要细，要求要细，责任要细，措施要细。落小，就是要把握价值观传播的规律，坚持大处着眼、小处着手，从具体行为入手，坚守正道、敬业奉献，让向上向善向美的良性互动更多涌现，让社会主义核心价值观变成社会主流。落实，就是在落细、落小的基础上实践，通过教育引导、舆论宣传、文化熏陶、制度保障等方式，推进社会公德、职业道德、家庭美德、个人品德教育，倡导爱国、敬业、诚信、友善等基本道德规范，培育知荣辱、讲正气、作奉献、促和谐的良好风尚，强化核心价值观内外约束力。之所以要“在落细、落小、落实上下功夫”，因为践行社会主义核心价值观的主体是个人。个人的言行举止往往折射出一个国家一个民族的道德水准和价值追求，因此，培育弘扬核心价值观，需要每个人在落细、落小、落实上下工夫，与人们日常生活紧密联系起来，才能让人们更好地遵循和践行社会主义核心价值观。

二是提高国家文化软实力。提高国家文化软实力，关系到我国国际地位和国际影响力，关系到“两个一百年”奋斗目标和中华民族伟大复兴中国梦的实现，在国民经济持续增长态势稳定，经济总量已经跃居世界第二的基础上，着力增强文化软实力，已成为一项重要而迫切的任务。增强国家文化软实力，关键是要树立社会主义核心价值观。中共十八大以来，党中央着眼建设社会主义现代化，坚持以马列主义引领文化建设，提出广大党员干部要重温马克思主义经典著作，掌握其立场、观点、方法，传承红色基因，正本清源，强基固体。从 2013 年下半年开始，中国共产党在全国范围内开展了党的群众路线教育实践活动，认真学习马克思主义基本原理和中国特色社会主义理论，整顿党的思想作风、工作作风和学风，这对于全党推进理想信念，坚持正确的方向，提高战略思维能力、

① 《习近平谈治国理政》，外文出版社 2014 年版，第 219 页。

综合决策能力，驾驭全局的能力，推动党的先进文化建设具有不可或缺的现实意义。

三是弘扬中华优秀传统文化。习近平指出，中华优秀传统文化是我们民族的“根”和“魂”。中华民族之所以生生不息、薪火相传，其核心在于博大精深的中国优秀传统文化的丰厚滋养。我国的历史文化传统源远流长、博大精深，积淀着中华民族最深层次的精神追求，包含着中华民族最根本的精神基因，代表着中华民族最独特的精神标识，是当代中国精神的根底，是涵养社会主义核心价值观的重要源泉，蕴含着丰富的哲学思想、人文精神、教化思想，道德理念等，可以为人们认识世界和改造世界提供有益的启迪。中共十八大以来，党在发展中国先进文化的过程中，以科学态度对待传统文化，很好地传承和弘扬了传统文化，并对其进行了创造性转化，创新性发展，汲取优秀传统文化的精华的同时，为了适应时代和实践的新发展，构建了多种渠道多种形式的文化工作格局，努力发展具有中国特色、中国风格、中国气派的社会主义文化，如建设海外文化中心、孔子学院，举办丝绸之路国际艺术节等，都进一步提升了中华文化的传播力和影响力。

四是牢牢掌握形态工作领导权和话语权。以习近平为总书记的党中央高度重视新形势下的意识形态工作，认为“意识形态工作是党的一项极端重要的工作”①，必须一刻也不放松和削弱意识形态工作。意识形态对社会意识和社会发展具有重要的规范和规划作用，巩固马克思主义在意识形态领域的指导地位，也是党的一项极其重要的工作。历史和现实反复证明，能否做好意识形态工作事关党的前途命运，事关国家长治久安，事关民族凝聚力和向心力。马克思主义是科学的世界观和方法论，党章和宪法都明确规定了马克思主义在意识形态的指导地位。掌握形态工作领导权和话语权必须坚持马克思主义的指导地位，要把掌握马克思主义基本理论作为看家本领，真正学会运用马克思主义的立场、观点、方法观察和解决

① 《习近平总书记系列重要讲话精神学习读本》，中国方正出版社 2014 年版，第 104 页。

问题。在宣传思想文化工作中坚持党性和人民性的统一，在意识形态工作中坚持党性，坚定宣传党的理论和路线方针政策，坚定宣传中央重大工作部署，坚定宣传中央关于形势的重大分析判断，坚决同党中央保持高度一致，坚决维护中央权威。当前，在全面对外开放的条件下，掌握形态工作领导权和话语权，最主要是努力传播中国价值观念，按照习近平提出的"四个讲清楚"的工作方针："讲清楚每个国家和民族的历史传统、文化积淀，基本国情不同，其发展道路必然有着自己的特色；讲清楚中华文化积淀着中华民族最深沉的精神追求，是中华民族生生不息、发展壮大的丰厚滋养；讲清楚中华优秀传统文化是中华民族的突出优势，是我们最深厚的软实力；讲清楚中国特色社会主义植根于中华文化沃土、反映中国人民意愿、适应中国和时代发展进步要求，有着深厚历史渊源和广泛现实基础。"①着力打造融通中外的新概念新范畴新表达，创新宣传方式，加强中国声音，展示中国形象，只有这样才能保证马克思主义在我国主流意识形态的领导地位。

回顾中国特色社会主义文化发展道路的历史进程可以看出，这条道路凝聚了几代中国共产党人的不懈探索，反映了我们党高度的文化自觉。中国特色社会主义文化发展道路，既坚持了马克思主义基本原理，又根据我国各个不同的历史实际情况，回答和解决了社会主义建设所面临的一系列重大难题。在推进马克思主义文化理论中国化的进程中，中国特色社会主义文化发展道路以其鲜明的民族特色、实践特点和时代特征，丰富和发展了马克思主义文化理论，为中国特色社会主义文化发展道路指明了前进方向。

---

① 《习近平总书记系列重要讲话精神学习读本》，中国方正出版社 2014 年版，第 115 页。

第七章 中国特色社会主义社会发展道路

社会建设是中国特色社会主义总体布局的重要组成部分。加强社会建设是实现全面建成小康社会宏伟目标的内在要求，是构建社会主义和谐社会，全面深化改革和全面推进依法治国的必然要求。从新中国成立以来，特别是改革开放以来，中国共产党带领中国人民不断摸索，在总结经验教训的基础上，走出了一条具有中国特色的社会主义社会发展道路。中国特色社会主义社会发展道路就是从社会主义初级阶段的基本国情出发，以维护最广大人民根本利益为出发点和归宿点，以保障和改善民主为重点，统筹协商各种社会利益关系，推进社会治理创新，构建社会主义和谐社会。

一、保障和改善民生

社会建设必须坚持以人为本，以保障和改善民生为重点。从根本上讲，这既体现了执政党立党为公、执政为民的宗旨，又体现了以人为本的科学发展观，同时还体现了“发展为了人民，发展依靠人民，发展成果由人民共享”的执政理念。保障和改善民生既是社会主义社会建设的出发点，又是社会主义社会建设的最终落脚点。民生问题，是人民群众最关心最直接最现实的利益问题。加强社会建设，就是要"在学有所教、劳有所得、病有所医、老有所养、住有所居上持续取得新进展，努力让人民过上更好生活"①。

(一)努力办好人民满意的教育

教育是立国之本，寄托着人民对美好生活的期盼。从新中国成立起，党和政府就比较重视教育工作。新中国成立之初，我国文盲率高达80%，学龄儿童入学率仅为20%，党和政府在全国范围内普遍开展扫盲运动，通过加快发展中小学教育和高等教育，推广行之有效的速成识字法、开办工农速成中学等方式，使人民群众的文化水平有了大幅度提高。面临"文化大革命"对我国教育事业的严重摧残，邓小平同志开始展开教育战线的拨乱反正。他提出"科学技术是第一生产力"的著名论断，不仅作出恢复高考的重大决策，而且将教育提到国民经济发展的战略地位。1977年10月，国务院转批了教育部《关于1977年高等学校招生工作的意见》，恢复了一度因"文化大革命"中止的高等学校招生统一考试制度。高考制度的恢复，保障和满足了人民群众的教育权利和需求，激发了亿万青年的学习热情。1982年召开的中共十二大，将教育提到国民经济发展的重大战略地位，要求重视教育的地位和作用，大力发展教育和科学工作。发展教育的关键在于教师，党和政府采取了多种方式提高教师的政治地位和社会地位，比如营造尊师重教的氛围，制定教师工资、奖励和职称制度，并于1985年规定每年的9月10日为教师节，大大提高了教师教学的积极性。

进入20世纪90年代，教育在实现国家富强、民族振兴、人民幸福方面的作用更为凸显。中共中央明确提出"必须坚定不移地把

---

① 《十八大以来重要文献选编》(上)，中央文献出版社2014年版，第27页。

教育事业摆在优先发展的战略地位”①的重大决策。1993 年 2 月，中共中央、国务院颁布《中国教育改革和发展纲要》(以下简称《纲要》)，为 20 世纪 90 年代和 21 世纪初我国教育改革和发展绘制了蓝图，不仅明确了我国教育事业发展的目标、战略和指导方针，还对教育体制改革作出了整体部署。1994 年 6 月，为了实施这一《纲要》，中共中央、国务院召开了全国教育工作会议，该会突出强调了必须坚持教育优先发展的战略地位，深化教育改革，努力建设有中国特色的社会主义教育体系。1995 年，《中华人民共和国教育法》正式颁布施行，用法律的形式确立了教育是立国之本的思想。从此，我国教育改革与发展呈现出一派新局面。党中央明确提出了科教兴国战略，大力推动教育创新。全面推进素质教育，构建中国特色社会主义教育体系，培养德智体美全面发展的社会主义建设者和接班人；增加教育投入，大力普及义务教育，加强职业技术教育和高等教育，努力实现教育公平。经过 60 多年的发展，特别是改革开放 30 多年来的不懈努力，我国教育事业取得了举世瞩目的成就。2010 年胡锦涛总书记在全国教育工作会议上充分肯定了这一成就，他指出：“我们开辟了中国特色社会主义教育发展道路，建成了世界最大规模的教育体系，保障了亿万人民群众受教育的权利，城乡免费义务教育全面实现，职业教育快速发展，高等教育进入大众化阶段，教育公平迈出重大步伐，办学水平不断提高。”②但是，我们必须清醒地看到，我国的教育发展还不能完全适应国家经济社会发展和人民群众接受良好教育的要求。特别是上好学的问题依然突出，人民群众不断增长的多样化教育需求还不能得到很好满足；教育观念相对落后，内容方法比较陈旧，中小学生课业负担过重，素质教育推进困难；学生适应社会的能力和就业创业能力不强，创新型、实用型、复合型人才紧缺；教育体制机制不完善，学

① 《十三大以来重要文献选编》(下)，人民出版社 1993 年版，第 1720 页。

② 胡锦涛：《在全国教育工作会议上的讲话》，人民出版社 2010 年版，第 2 页。

校办学活力不足，教育结构和布局不尽合理，城乡、区域教育发展不平衡；教育投入不足，教育优先发展的战略地位尚未完全落实等。

为了解决这些问题，必须从人民群众的迫切需要出发，大力办好人民满意的教育。

办好人民满意的教育，首先要坚持教育优先发展。2013 年 9 月 25 日，习近平主席在联合国“教育第一”全球倡议行动一周年纪念活动上发表视频贺词，他指出：“中国将坚定实施科教兴国战略，始终把教育摆在优先发展的战略位置，不断扩大投入，努力发展全民教育、终身教育，建设学习型社会，努力让每个孩子享有受教育的机会，努力让 13 亿人民享有更好更公平的教育。”教育优先发展意味着社会发展规划应优先安排教育发展，财政资金应优先保障教育投入，公共资源应优先满足教育和人力资源开发需要。2012 年，中国教育经费在 GDP 中的占比首次达到法定的 4%。各地方政府也加大了教育领域的财政投入，根据中国教育报刊社新闻研究中心组织地方政府工作报告研究小组，对 31 个省、自治区、直辖市和 5 个计划单列市的 2010—2012 年政府工作报告进行的初步归类整理分析①，虽然各地方对教育的定位视角不同，但无论从哪个视角定位，各地的教育支出占一般财政支出比例都比较高，这是对教育优先发展的贯彻落实。

办好人民满意的教育需要全面实施素质教育，深化教育领域综合改革，着力提高教育质量，培养学生社会责任感、创新精神和实践能力。首先要着力培养学生的综合素质，尤其是创新能力；其次是推进招生考试制度、教育教学管理等方面的改革，探索素质教育的有效途径和方法，通过改革突破实施素质教育的体制机制障碍，把教育发展引导到有利于全面实施素质教育的轨道上来；再次，狠抓师资队伍建设，提高师德水平和业务能力，增强教师教书育人的荣誉感和责任感；最后，建立和完善教育体系，办好学前教育，均

---

① 《如何落实教育优先发展战略地位——全国地方政府工作报告归类整理分析报告(上)》，载《中国教育报》2012 年 3 月 4 日。

衡发展九年义务教育，基本普及高中阶段教育，加快发展现代职业教育，推动高等教育内涵式发展，积极发展继续教育，完善终身教育体系。

办好人民满意的教育，最关键的是大力促进教育公平，合理配置教育资源，特别是保障每一个孩子有学上、上好学。以基础教育为例，为了促进义务教育均衡发展，从 2005 年开始，国家针对农村孩子实施“两免一补”政策，即免除义务教育阶段学杂费，对贫困家庭学生免费提供教科书和补助寄宿生生活费。2006 年至 2008 年，这项政策从重点贫困县、部分中西部农村地区到全国农村，从农村到城市全面实施。同时，从 2011 年秋季开始实施农村义务教育学生营养改善计划，不让一个孩子因为家庭经济困难而上不起学。针对“择校热”、“择校难”现象，“十二五”规划明确要求统筹规划学校布局，推进义务教育学校标准化建设，实行县域内城乡中小学教师和校长交流制度等。这些规划要求需要结合当地实情逐步贯彻落实。同时，还要普及学前教育和高中教育，发展现代职业教育，给人民提供更便利、更多样、更高层次的教育机会。

办好人民满意的教育还需要完善公平的教育政策体系。首先，保障学生接受教育的机会平等。积极推动农民工子女等教育弱势群体、弱势地区学生平等接受教育，教育资源向农村、边远、贫困、民族地区倾斜，加强农村特别是边远贫困地区教师队伍建设，扩大优质教育资源覆盖面。2014 年政府工作报告要求贫困地区农村学生上重点高校人数再增长 10%以上，该硬指标加大了农村子弟接受高等教育的公平机会。其次，推进考试招生制度改革。为了解决一考定终身的弊端，探索招生与考试相对分离、学生考试多次选择、学校依法自主招生、专业机构组织实施、政府宏观管理、社会参与监督的运行机制。特别是自主招生，要使招生政策透明化，落实阳光招生，建立完善的监督体系。

办好人民满意的教育还要鼓励引导社会力量兴办教育，充分调动社会各种资源，积极投入教育行业，满足人民群众多种教育需求。

（二）推动实现更高质量的就业

就业是民生之本，是人民群众改善生活条件的基本途径。就业问题的妥善解决是全面建成小康社会的必然要求，也是实现国家富强、民族振兴和人民幸福的必然要求。新中国成立之初，随着高度集中的计划经济体制逐渐形成，我国形成了以农村人口的自然就业和城镇人口的“统包统配”就业制度。这种就业制度在实施之初尚能适应我国国情，也能够很好地解决人民群众的就业问题。但到20世纪70年代，就业形势骤然紧张。上山下乡知识青年返城，农村实行家庭联产承包责任制后产生大量富余劳动力，加上人口不断增长，致使需要找工作的人员明显增多。与此同时，我国产业结构和所有制结构以及劳动就业制度面临多重制约，就业途径较少，很难在短时间内安置如此众多的人就业，致使我国背上沉重的就业包袱。为了解决该问题，党中央和政府广开门路，采取了多种措施增加就业岗位，改革劳动就业制度，总的来说，还是用经济办法解决就业问题。通过调整产业结构、加快发展第三产业，完善所有制结构、大力发展集体经济和个体经济，增加就业岗位；通过转变就业观念，采取劳动部门介绍就业、自愿就业和自谋职业等方式，使城镇就业压力得到缓解。在农村，则通过发展乡镇企业有效吸纳了大量富余劳动力。同时，为了统筹人口增长和就业压力增大的关系，中共十二大正式确立实行计划生育政策的基本国策，严格控制人口增长，该政策的实施也在一定程度上缓解了就业压力。20世纪90年代以来，随着社会主义市场经济体制的逐步确立，国有大中型企业在建立现代企业制度的改革中，产生了大量的下岗职工，加上农村富余劳动力向非农领域转移速度增快，致使城镇就业压力加大。对此，国家提出“积极扩大就业”的方针，加大对国有企业下岗职工基本生活保障和再就业的资金投入，建立以劳动者自主就业为主导、以市场调节就业为基础、以政府促进就业为动力的就业机制。对于农村中的富余劳动力，则通过大力发展城镇化建设使之向非农产业和城镇转移。通过这些措施，我国随着社会主义市场经济体制改革加大的就业压力得到基本缓解。

然而，进入新世纪新阶段以来，伴随着我国工业化、市场化、城镇化进程的加快，就业形势再一次严峻起来。这主要表现在：总量压力和结构性矛盾并存，就业公平性得不到保障，以高校毕业生为重点的青年就业问题突出，劳动者就业能力素质和就业技能较低，公共就业服务体系不够健全等。针对这些问题，党和国家提出了推动实现更高质量就业的一系列政策和举措。

第一，要把促进就业放在经济社会发展的优先位置，实施就业优先战略和更加积极的就业政策，要贯彻劳动者自主就业、市场调节就业、政府促进就业和鼓励创业的方针，提高就业质量，努力实现充分就业。建立经济发展和扩大就业的联动机制，在制定经济发展规划、确定经济发展速度时，要优先考虑扩大就业规模的需要，使经济健康发展的过程成为就业持续扩大的过程。通过优化产业结构、提高服务业就业比重、发展新兴产业和民营经济，创造就业岗位，尽量扩大就业规模。健全政府促进就业责任制度，综合运用财政、税收、金融、产业等各项经济调节政策促进就业，鼓励企业更多吸纳就业，鼓励劳动者多渠道、多形式就业。通过政府投资开发公益性岗位和开展就业援助行动，帮助困难群体就业。

第二，健全促进就业公平的体制机制。实现公平就业是社会公平正义的重要体现。首先是健全公平的法律体系和监督机制。进一步完善反对就业歧视的法规政策，逐项细化劳动法和就业促进法等法律的相关规定，制定相关配套法规政策，加大违法行为惩罚力度，真正做到有法可依。要加大人力资源市场监管力度和对违法行为惩处力度，严厉打击招聘过程中的歧视、欺诈等行为，消除城乡、行业、身份、性别等一切影响平等就业的制度障碍和就业歧视。其次是规范招人用人制度。无论是公务员考录还是事业单位、国有单位招聘人员，都要坚持公平竞争机制，切实做到信息公开、过程公开和结果公开。

第三，创新扶持创业的体制机制。引导劳动者转变就业观念，增强劳动者特别是青年人的创业意识，鼓励多渠道多形式就业，促进创业带动就业，完善扶持创业的优惠政策，形成政府激励创业、社会支持创业、劳动者勇于创业新机制。比如政府通过税费减免为创业者减轻负担，对创业开业资金缺乏的，给予贷款扶持，鼓励发挥各方资源优势，为创业者提高场地便利、创业孵化和跟踪服务。

第四，完善城乡均等的公共就业创业服务体系，要加强基层公共创业服务平台建设，努力构建覆盖城乡的公共就业创业服务体系，为城乡劳动者提供均等化的就业创业服务。

第五，促进以高校毕业生为重点的青年就业和农村转移劳动力、城镇困难人员、退役军人就业。结合产业升级开发更多适合高校毕业生的就业岗位。政府购买基层公共管理和社会服务岗位，更多用于吸纳高校毕业生就业。健全鼓励高校毕业生到基层工作的服务保障机制，提高公务员定向招录和事业单位优先招聘比例。实行激励高校毕业生自主创业政策，整合发展国家和省级高校毕业生就业创业基金。实施离校未就业高校毕业生就业促进计划，把未就业的高校毕业生纳入就业见习、技能培训等就业准备活动之中，对其中有特殊困难的实行全程就业服务。

此外，还要构建劳动者终身职业培训体系，通过加强职业技能培训，提升劳动者就业创业能力，增强就业稳定性；增强失业保险制度预防失业、促进就业功能，完善就业失业监测统计制度；创新和健全劳动标准体系和劳动关系协调机制，畅通职工表达合理诉求渠道，加强劳动保障监察和争议调解仲裁，构建和谐劳动关系。

（三）千方百计增加居民收入

收入是民生之源。中国梦归根结底是人民的梦，要实现中国梦，必须使人民真正享受到发展带来的实惠，触摸到发展带来的幸福。贫穷不是社会主义，社会主义的目标是实现共同富裕。改革开放以来，我国经济保持了强劲的增长势头，人民生活有了很大的改善，生活水平日益提高，城镇人均可支配收入和农村人均纯收入也得到了大幅度的增长。但现阶段，我国也存在着居民收入增长与经济增长不相协调，劳动收入偏低，不同地区、不同行业以及城乡居民收入差距较大等现象。同时分配不合理现象也比较突出，一些垄断收入畸高，部分领域的“灰色收入”、“隐形收入”甚至非法收入还大量存在。这些现象势必让人民感受不到公平，影响经济发展和社会稳定。对此收入分配问题，党和国家非常重视，一直强调要加大收入分配调节力度，从提出效率优先、兼顾公平，到提出更加注重社会公平，再到提出初次分配和再分配都要处理好效率和公平的关系，再分配更加注重公平，认识不断深化，政策力度也不断加大。通过提高最低工资标准，全面取消农业税，加大农业补贴力度，实施区域发展战略，加大国家投入和支持力度，建立社会保障网、提高个税起征点等措施，居民收入有所增加，收入差距扩大正在趋缓。比如2014年全国居民人均可支配收入实际增长8%，其中农村居民人均可支配收入实际增长9.2%，城镇居民人均可支配收入实际增长6.8%。城乡居民收入比13年来首次降至3倍以下。①

针对目前居民收入现状，要千方百计增加居民收入，一方面需坚持科学发展，将社会财富这块蛋糕做大；另一方面需深化收入分配制度改革，把蛋糕分得更好，让广大人民群众共享改革发展成果。在财富增长有限的情况下，最关键的是如何分配财富。

合理的收入分配制度是社会公平的重要体现。2013年，国务院批转了《关于深化收入分配制度的若干意见》(以下简称《意见》)。根据该《意见》的原则性规定和要求，当前深化收入分配制度改革，主要从以下方面入手：第一，要坚持和完善以按劳分配为主体、多种分配方式并存的分配制度。第二，努力实现居民收入增长和经济发展同步、劳动报酬增长和劳动生产率提高同步，提高居民收入在国民收入分配中的比重，提高劳动报酬在初次分配中的比重。健全工资决定和正常增长机制，完善最低工资和工资支付保障制度，完善企业工资集体协商制度。改革机关事业单位工资和津贴补贴制度，完善艰苦边远地区津贴增长机制。扩展投资和租赁服务等途径，优化上市公司投资者回报机制，保护投资者尤其是中小投资者合法权益，多渠道增加居民财产性收入。第三，坚持初次分配

① 参见《关于2014年国民经济和社会发展计划执行情况与2015年国民经济和社会发展计划草案的报告》。

和再分配调节并重，继续完善劳动、资本、技术、管理等要素按贡献分配的初次分配机制，加快健全以税收、社会保障、转移支付为主要手段的再分配调节机制，加大税收调节力度。第四，规范收入分配秩序，完善收入分配调控体制机制和政策体系，建立个人收入和财产信息系统，保护合法收入，调节过高收入，清理规范隐性收入，取缔非法收入，增加低收入者收入，扩大中等收入者比重，努力缩小城乡、区域、行业收入分配差距，逐步形成橄榄形分配格局。第五，建立公共资源出让收益合理共享机制。此外，还要完善慈善捐助减免税制度，支持慈善事业发挥扶贫济困积极作用。

随着我国经济的发展，通过各项提高居民收入的措施，我们有信心实现十八大报告所提出的倍增目标，即 2020 年城乡居民人均实际收入比 2010 年翻一番。

(四) 建立更加公平可持续的社会保障制度

社会保障是民生之基。社会保障制度是保障人民生活、调节社会分配的一项基本制度。在改革开放前，中国长期实行与计划经济体制相统一的社会保障政策，最大限度地向人民提供各种社会保障。20 世纪 80 年代以来，伴随着国企改革的推进以及社会主义市场经济体制的建立，社会保障问题开始凸显。故而在完善社会主义市场经济体制的过程中，我国对计划经济时期的社会保障制度进行了一系列改革，逐步建立起与市场经济体制相适应，由中央政府和地方政府分级负责的社会保障体系基本框架。中国的社会保障体系包括社会保险、社会福利、优抚安置、社会救助和住房保障等。

社会保险是社会保障体系的重要组成部分。目前，我国社会保险制度有养老、医疗、失业、工伤、生育五个险种所构成，各项社会保险的制度框架已经基本确立。1997 年，我国政府统一了全国城镇企业职工基本养老保险制度，并于 1999 年把基本养老保险的覆盖范围扩大到外商投资企业、城镇私营企业和其他城镇企业及其职工。为确保基本养老金按时足额发放，政府通过实行企业和职工共同缴费，增加财政对基本养老保险基金的补助和建立全国社会保障基金等多种渠道筹集基本养老保险基金。为了保障职工失业后的基本生活，帮助失业人员实现再就业，我国建立了失业保险制度。1999 年颁布的《失业保险条例》，以法律的形式使失业保险制度规范化。为了解决人民群众的看病问题，我国于 1998 年颁布《关于建立城镇职工基本医疗保险制度的决定》，在全国推进城镇职工基本医疗保险制度改革。在农村，于 2002 年开始建立以大病统筹为主的新型农村合作医疗制度帮助解决农民看病难的问题。2007 年 7 月，国务院印发《关于开展城镇居民基本医疗保险试点》，决定从当年起开展城镇居民基本医疗保险试点，2010 年在全国全面推开，逐步覆盖全体城镇居民。这三种保险构成了我国医疗保障体系框架，从制度上实现了基本医疗保险对城乡居民的全覆盖。工伤保险是社会保险的重要组成部分，我国努力建立职工的工伤预防、工伤补偿和工伤康复相结合的工伤保险制度，并于 2004 年 1 月颁布《工伤保险条例》，使工伤保险的覆盖范围迅速扩大。生育保险制度改革则是从 1988 年开始在部分地区推行，大大提高了妇女的生育质量。

社会福利制度是指政府出资为那些生活困难的老人、孤儿和残疾人等特殊困难群体提供生活保障而建立的制度。为保障特殊困难群体的生活权益，国家颁布了《中华人民共和国老年人权益保障法》、《中华人民共和国残疾人保障法》和《农村五保供养工作条例》等法律法规，并通过多种渠道筹集资金，为老年人、农村五保户、孤儿和残疾人等群体提供社会福利，积极推进社会福利事业的发展。

优抚安置制度是政府对以军人及其家属为主体的优抚安置对象进行物质照顾和精神抚慰的一种制度。为保障优抚对象的权益，我国陆续颁布了《革命烈士褒扬条例》、《军人抚恤优待条例》、《中华人民共和国兵役法》、《退伍义务兵安置条例》等法律法规，对烈士遗属、牺牲和病故军人遗属、伤残军人、老复员军人、义务兵家属、残疾军人等优抚对象，根据其贡献大小，参照经济、社会发展水平，给予不同的优抚层次和标准。

社会救助制度是公民在难以维系其最低生活水平时，由国家和社会向其提供保障其最低生活需求的物质援助的社会保障制度。我国政府从国家发展的实际出发，最大限度地对生活困难的城乡居民实行最低生活保障，对受灾群众进行救济，对城市流浪乞讨人员予以救助，提倡并鼓励开展各种社会互助活动。

同时，我国政府积极推进以住房公积金制度、经济适用住房制度、廉租住房制度为主要内容的城镇住房保障制度建设，不断改善城镇居民的住房条件。

虽然经过长期摸索，我国的社会保障事业成就斐然，中国特色的社会保障体系框架初步形成，但在新世纪新阶段，面临人口老龄化带来的支付压力，城镇化水平提高带来的城乡衔接困境，我国发展社会保障事业的任务依然艰巨。为此，党和国家要坚持“全覆盖、保基本、多层次、可持续”方针，以增强公平性、适应流动性、保证可持续性为重点，全面建成覆盖城乡居民的社会保障体系。

第一，进一步改革和完善社会保险制度。其一是推进城镇职工基本养老保险制度改革。在坚持社会统筹和个人账户相结合的基本养老保险制度前提下，完善个人账户制度，健全多缴多得激励机制，确保参保人权益，并坚持精算平衡原则，实现基础养老金全国统筹。其二是推进机关事业单位养老保险制度改革。要按照社会统筹与个人账户相结合的基本模式，建立机关事业单位基本养老保险制度，破除养老保险“双轨制”，在更大范围内体现制度的公平性。而且要与机关事业单位人事制度、工资分配制度、财政体制改革相互配套，明确参保人员的范围、缴费工资的基数和财政补助的机制。其三是整合城乡居民基本养老保险制度、基本医疗保险制度。要把现行的新型农村社会养老保险制度和城镇居民基本养老保险制度整合为统一的城乡居民基本养老保险制度，实现城乡居民在制度上的平等；要把现行的新型农村合作医疗制度和城镇居民基本医疗保险制度整合为统一的城乡居民基本医疗保险制度。实施职工与居民基本医疗保险转移接续政策。推进省级统筹，完善合理异地就医结算政策。大力完善补充医疗保险，建立完善大病医疗救助制度。其四是完善社会保险关系转移接续和参保缴费政策。要适应我国劳动者就业流动性增强的需要，扩大参保缴费覆盖面，尽快实现新农保和城居保对城乡居民的全覆盖。同时，要适时、适当地降低社会保险费率，有效平衡国家、单位和个人的负担。

第二，推进城乡居民最低生活保障制度统筹发展。目前，作为发挥着重要兜底保障作用的城乡社会救助体系已经基本形成，今后，随着城乡一体化发展进程的加快，要着力推进制度整合和待遇衔接，努力消除城乡制度上的差异，逐步缩小待遇标准上的差距。

第三，健全符合国情的住房保障和供应体系。今后，要继续推进住房保障制度改革，整合发展以公共租赁住房为主要形式的住房保障模式，以增强针对性、有效性、公平性为重点，积极探索保障性住房建设、分配、管理的有效方式，完善保障房供应体系，解决老百姓的住房困难。建立公开规范的住房公积金制度，改进住房公积金提取、使用、监管机制，提高公积金使用效率。

第四，加快建立社会养老服务体系和发展老年服务产业。为了让更多的老人安享晚年，要动员社会各方面的力量加快养老院、老年公寓、老年活动室等老年服务基本设施建设，积极发展老年护理、保健等服务产业。

第五，健全特殊群体的服务保障制度。其一要健全农村留守儿童、妇女、老年人关爱服务体系。重点围绕留守人员的基本生活保障、教育、就业、卫生健康、思想情感等方面实施有效的关爱服务。要加强相关基础设施建设，完善社会救助、就业扶持等政策。还要加快完善农村劳动力输入地的基本公共服务政策，让留守人员能尽快融入城市生活。其二要健全残疾人权益保障、困境儿童分类保障制度。健全残疾人基本医疗、康复服务体系，落实安排残疾人就业制度，加强残疾人法律保护，大力营造尊重残疾人的社会氛围，让残疾人真正平等地享有各种社会权益。对于困境儿童，要在孤儿国家保障制度的基础上，坚持总体规划与分类保障相结合，进一步完善各种机制和监管机制，加强服务体系建设，探索建立困境儿童分类保障长效机制。

此外，随着人口老龄化和城镇化进程的加快发展，在解决社会保障制度的公平性的同时，必须更加注重解决可持续发展问题，积极推进城乡社会保障统筹发展。要健全社会保障财政投入制度，完善社会保障预算制度。建立健全合理兼顾各类人员的社会保障待遇确定和正常调节机制。要以职工和居民收入为基础合理确定社会保障水平，建立综合考虑收入增长、物价变动等主要因素的政策调整机制，实现社会保障待遇与经济社会发展相联系的持续、有序、合理增长。依据经济发展水平和各方面承受能力，形成有规划的社会保障待遇调整机制，让各类社会成员更充分地分享经济社会发展的成果。加强社会保险基金投资管理和监督，推进基金市场化、多元化投资运营。在确保当期养老保险发放和保证基金安全的前提下，积极稳妥地推进基金的市场化、多元化投资运营，健全基金监管体制，确保实现保值增值，有效促进基金平衡。除此之外，还要研究制定渐进式延迟退休年龄政策。目前，我国城乡居民领取基本养老金的年龄要综合考虑人口结构、就业结构变化趋势和社会保障性要求，进行职工退休年龄政策调整设计，采用渐进的方式进行调整，逐步完善职工退休年龄政策。

（五）深化医药卫生体制改革

健康是促进人的全面发展的必然要求，关系到千家万户的幸福。新中国成立以来，尤其是改革开放以来，我国不断发展医疗卫生事业，努力提高人民的健康水平。新中国成立之初，我国在城市实行公费医疗制度，在农村则开创农村合作医疗，有效解决了老百姓的看病吃药问题。改革开放以来，虽然我国基本建立起遍及城乡的医疗卫生服务体系，疾病预防监测和防治能力显著增强，但是这种发展水平还远远不能满足人民群众的健康需求。为了有效缓解群众“看病难”、“看病贵”问题，党和政府将发展医疗卫生事业，提高人民群众健康水平放在重要位置，深化医疗卫生体制改革，建立健全覆盖城乡居民的基本医疗卫生制度，努力满足人民群众的需求。随着 2003 年新型合作医疗制度的正式启动，2007 年城镇居民基本医疗保险试点的开展，新型合作医疗制度、城镇居民基本医疗保险制度与城镇职工医疗保险制度一道，构成了我国覆盖城乡居民的医疗卫生保障制度体系。2009 年 3 月，中共中央、国务院印发《关于深化医药卫生体制改革的意见》(以下简称《意见》)，明确了医改的指导思想、总体目标、基本框架和政策措施。根据该《意见》的基本精神，结合当前医疗卫生事业面临的突出矛盾和问题，我国必须不断深化医疗卫生体制改革。

深化医疗卫生体制改革要坚持为人民健康服务的方向，坚持预防为主、以农村为重点、中西医并重，按照保基本、强基层、建机制要求，统筹推进医疗保障、医疗服务、公共卫生、药品供应、监管体制综合改革，完善国民健康政策，为群众提供安全有效方便价廉的公共卫生和基本医疗服务。深化基层医疗卫生机构综合改革，健全网络化城乡基层医疗卫生服务运行机制。

第一，加快公立医院改革，要始终坚持把维护人民健康权益放在第一位，重点维护公益性、调动积极性、保障可持续的公立医院改革机制。公立医院是我国医疗服务体系的主体，也是医改的“深水区”。当前，推进公立医院改革，可以采取如下措施：其一是落实公立医院独立法人地位，建立医院理事会等多种形式法人治理结构，卫生行政部门及有关部门按照各自职能进行宏观管理和提供服务。其二是建立科学的医疗绩效评价机制和适应行业特点的人才培养、人事薪酬制度。改革医学教育人才培养和继续教育模式，完善卫生人员培训制度，建设高素质医疗卫生人才队伍。其三是完善合理分级诊疗模式，建立社区医生和居民契约服务关系。充分利用信息化手段，促进优质医疗资源纵向流动。加强区域公共卫生服务资源整合。其四是取消以药补医，理顺医药价格，要解决长期以来医药价格倒挂问题，把药价降下来，建立科学补偿机制，推动医保财政治理联动，取消药品加成政策，通过调整医疗技术服务价格、增大财政补贴等形式予以补偿，努力办人民满意的医疗卫生事业。

第二，鼓励社会办医，加快形成多元办医新格局、满足人民群众多层次医疗服务需求。优先支持举办非营利性医疗机构，并对社会资本举办非营利医疗机构给予倾斜支持。社会资金可直接投向资源稀缺及多元需求服务领域，鼓励非公立医疗机构向高水平、规模化的大型医疗集团发展，拓展新兴健康服务业，创新服务组织，适应居民多种服务需要。允许医师多点执业，允许民办医疗机构纳入医保定点范围。政府通过链接医保等购买服务的制度，促进基本医疗服务的有序竞争和多元参与，提高质量和效益。

二、统筹协调社会利益关系

社会矛盾运动是推动社会发展的基本力量。在社会主义社会建设的过程中，必须尊重经济社会发展的基本规律，妥善处理各种社会矛盾，协调好各方面的利益关系。

（一）妥善处理各种利益矛盾

关于社会主义是否存在矛盾，马克思主义经典作家没有给出现成的答案，因而对此问题一直存在争议。斯大林就长期否定社会主义还存在着生产力与生产关系，经济基础与上层建筑之间的矛盾。在我国，也有部分人认为社会主义社会不存在矛盾。这些不同看法影响到人民内部矛盾的有效解决，影响到经济社会的发展和稳定。社会主义改造完成之际，我国出现了罢工、请愿、殴打、哄闹事件，这些新情况新问题迫切要求对社会矛盾现象进行分析。1957年2月，毛泽东在《关于正确处理人民内部矛盾的问题》中，明确提出了社会主义基本矛盾的理论和两类不同社会矛盾的学说。他指出，社会主义社会的基本矛盾仍然是生产力和生产关系、经济基础和上层建筑之间的矛盾，这是一种非对抗性质的矛盾，是在人民利益根本一致基础上的矛盾。而后，毛泽东进一步指出，社会主义社会存在着敌我矛盾和人民内部矛盾两种不同性质的矛盾，其中人民内部矛盾是我国社会的主要矛盾，并分别提出了处理矛盾的基本方法，尤其是要求学会用民主的方法解决人民内部矛盾，包括坚持百花齐放、百家争鸣的方针以解决科学文化领域里的矛盾，坚持长期共存、互相监督的方针以解决共产党与民主党派的矛盾，坚持统筹兼顾、适当安排的方针以解决全国城乡各阶层以及国家、集体、个人三者之间的矛盾等具体方针、原则和方法。这些为解决我国社会主义社会人民内部矛盾指明了方向。

改革开放以来，我国社会人民内部矛盾的非对抗性质没有发生根本改变，但是在实行改革开放和社会主义市场经济的条件下，其内容和表现形式更趋复杂，呈现出一些新的变化。

一是利益主体多元化。在我国计划经济时期的传统体制下，单一所有制形式限制了利益主体的形成与发展，而高度集中的纵向行政隶属关系又把仅存的企业、个人等少数行为主体的特殊利益统合到国家利益这一整体利益中。改革开放三十多年来，在经济体制改革的过程中，我国出现了一个与计划经济时期利益统合相反的变动趋势，即利益分化。这种利益分化不仅将原先强制统合到整体利益中的特殊利益分化出来，而且形成了不少新的利益主体。随着经济、政治体制改革的深化，各个大的利益群体内部(如农民、工人和知识分子)进一步分化，利益群体更加多样化。同时，随着经济、社会结构的变化，也出现一些新的利益群体，如个体经营者、私营企业主以及民营经济、“三资企业”中的管理人员、技术人员等。

利益主体的新变化也推动了我国社会阶层结构的新变化。陆学艺根据对改革开放以来我国社会阶层结构进行深入研究之后，将原来的“两个阶级、一个阶层”分化为“十大阶层”。① 但是，按照现代社会的要求，中国社会中间层的规模过小，农业劳动者阶层的规模还过大，从而形成了“金字塔”状的社会结构。这种社会结构，由于占人口比例很少的社会上层拥有绝大部分社会财富，致使社会矛盾复杂而多样，并不稳定。

二是利益来源多样化。改革开放以前，我国利益来源比较单一，主要是劳动收入，大部分是货币工资的形式。随着我国改革开放的不断深化，三十多年来利益来源日益多样化。不仅有劳动收入，还有财产收入、身份收入等。财产性收入指社会成员通过资产增值所获得的收入，主要有通过储蓄存款、股票、债券、私人借款

---

① 陆学艺主编:《当代中国社会建设》，社会科学文献出版社 2013 年版，第 255 页。

获得的利息和红利，私营企业主经营私人资产所获得的利润，出租不动产的租金等；身份收入是指部分国家干部、知识分子、国家职工等凭借其优势身份所获得的部分货币和实物收入。

三是利益差别扩大化。在传统体制下，由于利益统合，强调整体利益，各行为主体潜在的特殊利益要求被压抑和抹杀了，并在平均主义收入分配机制的作用下，其利益实现程度的差异很小。然而，在经济体制改革的过程中，不仅利益要求趋于多样化，而且各种相对独立的利益要求日益显性化和公开化。各利益主体的自我意识日益增强，并往往通过公开方式明确表示其自身的利益要求。与此同时，私人财物原始积累及"公共"财物产权属性改造的非均衡性，使各利益主体之间的利益实现程度也趋于差别化，并且这一差别呈现出日益扩大的趋势。由此，不同群体之间、地区之间、产业之间以及城乡之间利益分配的差距日益拉大，这样将对我国经济发展和社会和谐造成很大的危害，必须及时采取措施有效地解决这种利益差距。

四是利益关系复杂化。在计划经济体制下，由于利益主体较少，且利益差别不大，所以利益关系比较简单。改革开放以后，随着利益主体增多，利益来源多样化、利益诉求全面化以及利益差别显性化与扩大化，我国社会利益关系变得越来越复杂。

社会利益分化的原因主要有三：其一，社会发展战略的改变。改革开放以后，党和政府将工作重心转移到经济建设上来，并在坚持社会主义公有制为主体的前提下，允许个体和私营经济发展，允许中外合资企业和外资企业发展。邓小平同志提出了"两个大局"发展战略，鼓励一部分人和一部分地区通过诚实劳动、合法经营先富起来，然后带动后富起来的人和地区，实现共同富裕。很显然，这种发展战略的基本原则就是效率优先，资源配置以市场为主，通过利益的差异来激发人们的积极性，并最终促使整体利益的增长。因此，改革后我国所采取的经济发展战略实质上是一种不平衡的发展战略。这种发展战略，是导致社会利益分化的重要原因。其二，社会主义市场经济的发展。改革开放以来，随着社会主义市场经济体制的逐步确立，要求对所有制结构、分配方式等进行深刻变革，这些变革成为我国社会利益分化的主导因素。1997 年党的十五大正式确立“公有制为主体，多种所有制经济共同发展”的基本经济制度。公有制实现形式的多样化和各种非公有制经济的快速发展，使利益主体和利益需求呈现多样化的趋势，利益分化加剧。所有制结构的变革也会带来分配方式的变革。我国逐步确立了以按劳分配为主体，多种分配方式并存的分配制度。分配制度的变革承认不同利益主体之间的利益差别，多样化的分配方式打破了过去平均主义的利益分配格局，这些因素也促使社会利益分化。其三，利益观念的转变。在高度集中的计划经济体制下，一切社会活动都要以国家利益为出发点，个人正当利益诉求得不到表达，甚至将追求个人利益视为可耻的表现。发展市场经济以后，唤醒了人们对于物质利益的需求，一度被压抑的合理利益诉求逐步得到表达，人们对利益的追求也逐渐公开化，这对社会利益的分化起到了推动作用。同时，利益观念多元化导致利益需求多元化。人们运用各种手段获取社会利益，使社会利益分化加剧。再者，不正确的利益观念促使利益分化。社会转型带来了利益观念的转变，使合理的利益需求得到表达，但同时也产生了诸如拜金主义、享乐主义、极端个人主义等不正确的利益观念。在这些利益观念的诱导下，部分利益主体不择手段，甚至采用一些违法手段获取社会利益，这必然会加速社会利益的分化。因此，加强社会建设，需要高度重视统筹各种利益关系，妥善处理各种利益矛盾。

当前，妥善处理各种利益矛盾，必须坚持如下原则：一是坚持公平与效率并重原则。公平与效率是人类追求的双重价值目标，是相互统一、相互促进的关系，片面地强调效率或公平都会引致公平与效率关系的紧张，不利于社会利益关系的协调。所以，在社会建设过程中，利益协调必须坚持公平与效率并重的原则。初次分配和再分配都要兼顾效率和公平，再分配更加注重公平。二是统筹兼顾原则。要协调当前复杂多样的利益关系，就必须站在改革开放和社会主义现代化建设的全局统筹谋划，兼顾全局与局部、长远与当前、中央与地方、上级与下级、集体与个人的利益，理顺不同区域、产业、行业、部门、阶层、群体和成员之间的利益关系。三是利益共享原则。邓小平曾经指出，平均主义不是社会主义，差距过大也不是社会主义。因此，协调利益关系就是要不断让人民群众得到实实在在的利益，使全体人民朝着共同富裕的方向稳步前进。当前，既要鼓励和保护人们创造财富的积极性，继续深化改革，推进经济社会快速发展，又要通过利益协调手段，更加注重社会公平，使全体人民共享改革发展的成果。

妥善处理各种利益矛盾，必须健全各种利益协调机制。一是健全诉求表达机制。当前，要根据我国社会阶层结构和利益群体的变化情况，遵循利益表达的一般规律，调整政治参与政策，进一步拓宽和疏通利益表达渠道，强化组织和机构的利益表达功能，提高利益表达的制度化、法治化和规范化程度，使政治参与和利益表达与社会阶层结构的变化更加协调。二是健全利益协调机制。利益协调主要采取引导、约束、调节、补偿等方式。故而，健全利益协调机制即：健全利益引导机制，教育和引导人们正确看待当前社会利益分化的现象；健全利益约束机制，通过法律和道德对人们获取利益的行为进行约束；健全利益调节机制，通过税收等调控措施，调整利益分配格局；健全利益补偿机制，着力解决群众反映强烈的利益问题，坚决纠正损害人民利益的行为。三是完善矛盾调处机制。针对当前复杂的社会矛盾，除了大力发展生产力，用发展的方式解决之外，还要完善矛盾调处机制。通过完善收入分配制度，规范收入分配秩序，逐步缩小城乡、区域以及不同社会群体的利益差距，通过调解、仲裁、诉讼等权益救济方式，缓解社会冲突，减少社会对立。

(二)维护社会公平正义

公平是一种合理的社会状态，正义是对社会终极价值的追求。维护和实现社会公平正义是人类社会孜孜以求的社会理想。中共十八大明确指出：“公平正义是中国特色社会主义的内在要求。要在全体人民共同奋斗、经济社会发展的基础上，加紧建设对保障社会公平正义具有重大作用的制度，逐步建立以权利公平、机会公平、规则公平为主要内容的社会保障体系，努力营造公平的社会环境，保证人民平等参与、平等发展权利。"①所以，在当代中国，社会公平正义就是社会各方面的利益关系得到妥善协调，人民内部矛盾和其他社会矛盾得到正确处理，人民利益得到切实维护和实现。

社会公平正义为综合考察社会权利和利益协调是否合理、正当、均衡提供了价值标准。一方面，经济社会的发展需要社会公平正义理念的指引；另一方面，就社会本身而言，社会生活、社会关系、社会运作的合理性和正当性需要社会公平正义来检验。在当代社会，我们允许不同阶级、不同阶层、不同群体、不同社会成员有他们自己的利益，并承认和允许客观上的利益差别，但是，要处理好相互交错的社会各方面的利益关系和利益矛盾，就需要有全社会都能认同和接受的共同准则，这个准则就是社会公平正义这一价值原则。

只有切实维护和实现社会公平正义，广大人民群众的心情才能舒畅，各方面的社会关系才能协调，人们的聪明智慧才能充分发挥出来，整个社会才会更加和谐稳定和充满活力，全体人民才能进一步同心协力地共同建设和发展中国特色社会主义，以早日实现中华民族伟大复兴的中国梦。

当前，随着改革进入攻坚阶段，各种社会矛盾和社会问题日益凸显，社会公平正义受到挑战，人们在诸多领域感受到不公平。其一，权利实现不公平。根据我国宪法的基本精神，每一个社会公民平等地享有各项经济、政治、社会、文化等方面的自由与权利，从而实现自我发展。但我国社会在保障公民权利公平方面存在着很多问题。比如城乡在享受国家教育资源方面存在差距，女性、残疾人以及一些慢性疾病人群在受教育、就业方面也面临不公平的待遇等等。其二，机会不公平。每个人都应有自己的理想追求，也都渴望平等拥有拼搏奋斗、展现自我的机会。但在现实生活中，也存在着基于出身、财富等因素而影响的享受发展资源和平台差异的不公平现象。其三，规则制度不公平。不可否认，我国社会主义初级阶段的基本经济制度和社会保障制度，在推动社会建设发展方面发挥了

---

① 《十八大以来重要文献选编》(上)，中央文献出版社 2014 年版，第 11~12 页。

不可磨灭的作用。但从当前经济和社会形势看，仍然存在着诸多不完善的方面。比如改革开放以来，随着所有制结构和分配制度的变革，社会活力被充分激发，一部分人、一部分地区率先富裕起来，但是由于缺乏有效的制度监管和利益调节，城乡、区域和不同人群之间的贫富差距逐渐拉大，让社会成员不公平感增强。当前，我们也建立了覆盖城乡的社会保障体系，但是农村、农民的社会保障水平还是较低，无法与城市相比，农民和城市居民在社会保障制度方面存在不公平。

那么，如何维护社会公平正义呢？

第一，必须积极培育社会主义核心价值观，营造实现社会公平正义的思想氛围。社会主义核心价值观将公平正义作为自己的核心内容和价值追求。当前，在社会主义市场经济的完善过程中，针对一些拜金主义、享乐主义和极端个人主义价值观，急需积极培育以公平正义为核心的社会主义核心价值观，营造实现社会公平正义的思想氛围，才能保持社会的稳定和秩序，激发人们的积极性、主动性、创造性，增强社会经济发展的活力，提升社会的整合能力，最终实现社会与人的全面和谐发展。

第二，必须通过实现经济社会的不断发展为维护公平正义提供经济基础。众所周知，富裕不一定意味着社会公平正义，但经济不发达、物质资源匮乏、贫穷落后条件下实现的社会公平正义肯定是难以长久的公平正义。因此，我们必须始终牢牢抓住经济建设这个中心，只有在经济发展的基础上，将财富的蛋糕尽可能做大，才能使现实中的社会不公得到切实解决，实现社会公平正义也才会有坚实的物质基础。

第三，必须加强制度建设，创造公平正义的社会环境。将制度与社会公平正义有机地联系在一起，切实把社会公平正义理念转化成制度设计，才能真正实现社会公平正义。要织就公平正义的制度保障网，关键还是靠改革。既要改革不合时宜的制度，也要把实践中成功的做法制度化，还要探索建立适应未来发展要求的新制度，使社会公平保障体系更加完善。具体而言，可从以下几方面来努力：其一是权利公平。通过加大法制建设力度，完善法律制度体系，保障公民合法的政治权利和经济文化社会权利，建立健全公民享有和行使权利的体制机制。重点完善公共财政制度、教育制度、医疗卫生制度、收入分配制度、社会保障制度等，促进基本公共服务均等化，使不同地区、不同人群都能享受平等待遇。完善权利维护和保障机制，着力解决环境污染、征地拆迁等群众权益受损的突出问题，确保权利的公平实现。其二是机会公平。通过强化政府保障，消除不合理的准入限制，同时搭建更多平台，疏通上升渠道，使大家的活力都能竞相迸发，都能共享人生出彩的机会。其三是规则公平。一方面，通过科学合理的制度安排，确保规则公正严明；另一方面，全社会都要按规则办事。维护公平正义，还要坚决反对特权现象。任何组织和个人都没有超越宪法和法律的特权，任何公务人员都不得谋求法律和政策之外的私利和特权。针对现实生活中存在的特权现象，要进一步完善权力制约和监督机制，把权力关进制度的笼子里，保障权力在阳光下运行。

（三）促进基本公共服务均等化

2006年3月，十届全国人大四次会议通过的“十一五”规划《纲要》，首次提出了“逐步推进基本公共服务均等化”的任务。此后，基本公共服务均等化作为政府保障民生的重要组成部分，成为当前我国经济社会发展的重要目标。“十二五”规划纲要提出，要“坚持民生优先，完善就业、收入分配、社会保障、医疗卫生、住房等保障和改善民生的制度安排，推进基本公共服务均等化，努力使发展成果惠及全体人民”。党的十八届三中全会再次指出，要“紧紧围绕更好保障和改善民生、促进社会公平正义，深化社会体制改革，改革收入分配制度，促进共同富裕，推进社会领域制度创新，推进基本公共服务均等化，加快形成科学有效的社会治理体制，确保社会既充满活力又和谐有序”①。

---

① 《十八大以来重要文献选编》(上)，中央文献出版社2014年版，第513页。

基本公共服务均等化，就是要确保国家和社会制定的基本公共服务政策、确立的基本公共服务制度、提供的基本公共服务的机会，对全体公民是公平的。促进基本公共服务均等化，就是缩小贫富差距、民生差距和发展差距，减少社会矛盾而增进社会和谐，根治复杂的经济社会问题，为改革发展创造良好的政策环境。

由于我国在户籍制度、供给方式、体制机制等方面存在问题，导致我国长期以来基本公共服务供给总量不足，而且存在着明显的基本公共服务资源配置不均衡，城乡之间、地域之间、不同社会群体之间的"非均等化"现象严重，与社会公众切身利益相关的民生问题尤为突出。当前，基本公共服务均等化涉及义务教育和基本医疗卫生均等化，劳动就业服务和基本社会保障服务均等化，公共性基础设施和生态环境保护服务均等化，生产、消费以及安全服务均等化等方面。唯有促进基本公共服务均等化，才能有效解决老百姓切实利益相关的民生问题，有助于实现社会公平正义，实现社会稳定、协调、和谐发展。

促进基本公共服务均等化的主要途径有以下四个方面：

一是转变政府职能，创新基本公共服务体制机制。针对政府在履职过程中存在的越位、错位和缺位问题，必须加快转变政府职能，通过进一步简政放权，加强有效治理，合理划分中央和地方政府职能，创新政府管理方式等措施，切实履行经济调节、市场监管、社会管理和公共服务四项基本职能。建立健全规范基本公共服务需求表达、信息反馈和民主决策机制，建立以政府为主导、市场主体和社会主体有序参与的公共服务供给模式，创新基本公共服务体制机制。

二是加大财政投入。要完善公共财政制度，逐步实现基本公共服务均等化。健全公共财政体制，调整财政收支结构，尤其是优化财政支出结构，把更多财政资金投向公共服务领域，加大财政在教育、卫生、文化、就业再就业服务、社会保障、生态环境、公共基础设施、社会治安等方面的投入。健全和完善均等化的财政转移支付制度，加强转移支付力度，加强对最低社会保障、基本养老保险、住房保障、社会救济、义务教育、就业服务、医疗卫生等基本公共服务的支持，平衡各地财政提供基本公共服务的能力，是促进区域基本公共服务均等化的必然选择。同时，要加大对中西部的财政转移支付力度，加强对转移支付的管理和监督，加强横向转移支付，促进基本公共服务均等化目标的实现。

三是建立健全统筹城乡的基本公共服务制度。城乡公共服务资源分布不均衡是当前政府需要重点解决的问题，城乡二元结构的制度安排是造成城乡基本公共服务非均等的根源。推进城乡基本公共服务均等化，必须打破现有的城乡二元结构，建立城乡一体化的基本公共服务制度。要扫除制度障碍，改革户籍制度，实现农民和市民之间的平等。2014 年国务院出台了《国务院关于进一步推进户籍制度改革的意见》，该意见要求进一步调整户口迁移政策，统一城乡户口登记制度，全面实施居住证制度，加快建设和共享国家人口基础信息库，建立统筹城乡的公共服务供给制度，即建立城乡一体化的义务教育制度，完善新型农村合作医疗制度，健全农村最低生活保障制度，探索符合农村特点的养老保障制度等，使城镇基本公共服务覆盖全部常住人口。

四是建立基本公共服务监测评价体系。制定科学的基本公共服务综合评价指标体系，加强政府基本公共服务监测评价，把基本公共服务数量和质量纳入政府绩效考核体系；建立与之相适应的技术支持体系、统计指标体系、数据采集和监测体系，便于监测检查基本公共服务均等化的进展情况；积极引入外部评估机制，建立多元化的绩效评估体系。

三、加快形成科学有效的社会治理体制

中共十八届三中全会《决定》提出：“加快形成科学有效的社会治理体制，确保社会既充满活力又和谐有序。”①社会治理首次在中共的文件中出现，体现了中共对社会建设的规律把握更深入，认识

① 《十八大以来重要文献选编》(上)，中央文献出版社 2014 年版，第 513 页。

更深刻。社会治理的核心要义在于正确处理政府、社会与市场之间的关系。在此之前，我们一直使用社会管理的概念。社会治理与社会管理，虽只有一字之差，差别却很大。从覆盖面而言，社会管理比社会治理更为广泛，前者被认为无所不包，因此往往难以界定，后者一般包括激发社会组织活力，有效预防和化解社会矛盾，健全公共安全体系等方面；从参与主体而言，社会治理相比社会管理，更加鼓励和支持各种力量的参与，而不是政府管控；从手段而言，社会治理相比社会管理，更加强调制度建设，在法治轨道上，运用法治思维和手段加强社会治理。

新中国成立以来，尤其是改革开放以来，党和国家非常重视社会管理工作，对其进行了诸多探索。改革开放之前，我国建立了一套与计划经济体制相适应的社会管理理念和体制机制。但随着社会主义市场经济的发展，社会领域的深刻变革，已不能适应新形势新情况了，需要转变理念，改革管理体制，探索社会管理的新路子。1993 年，中共十四届三中全会通过的《关于建立社会主义市场经济体制若干问题的决定》，明确提出转变政府职能的要求。1995 年，中共十四届五中全会通过的《关于制定国民经济和社会发展“九五”计划和 2010 年远景目标的建议》，在阐述社会发展的主要任务时提出，要根据社会事业的类型建立与社会主义市场经济相适应的、各具特色的运行机制，实行地方政府为主的管理体制。此后，我国加大了社会管理的工作力度，尤其在矛盾异常尖锐的流动人口、信息网络化等领域。这种以政府管控为主的社会管理方式，在 2003 年非典事件中暴露出诸多问题，尤其是突发事件应急机制不健全，处理和管理危机能力不强。非典让我们认识到加强社会管理体制建设的重要性和紧迫性。胡锦涛总书记在全国防治非典工作会议上强调，要从建立健全各种应急机制、社会动员机制、管理机制方面重点加强社会管理体制建设。2004 年 9 月，十六届四中全会通过的《中共中央关于加强党的执政能力建设的决定》指出，推进社会管理体制创新，主要是整合社会管理资源，建立健全党委领导、政府负责、社会协同、公众参与的社会管理格局，开始关注社会管理参与者的广泛性。如何让人民群众参与社会管理，成为此后社会管理的重点工作。当前，面临新世纪新阶段社会建设中的突出矛盾和问题，需要我们继续推进社会事业改革创新，尤其是转变政府职能，鼓励和支持社会力量参与社会治理，加快形成科学有效的社会治理体制。

(一)构建社会主义社会治理体系

社会治理体系主要由社会管理体制、基本公共服务体系、现代社会组织体制和社会管理机制构成。

第一，加快形成党委领导、政府负责、社会协同、公众参与、法治保障的社会管理体制。

2004年，中共十六届四中全会通过的《中共中央关于加强党的执政能力建设的决定》，首次提出了“建立健全党委领导、政府负责、社会协同、公众参与的社会管理格局”①。中共十八大则在已有基础上增加了“法治保障”，提出了“加快形成党委领导、政府负责、社会协同、公众参与、法治保障的社会管理体制”②。相比2004年，中共十八大有两点变化：一是用社会管理体制代替了社会管理格局，二是增加了“法治保障”，将十六字原则发展为二十字原则，表述更科学，反映了全党对社会管理规律认识的深化。当前，我们建立新的社会管理体制具体原则有：

其一，充分发挥各级党委的领导核心作用。一方面，各级党委要加强领导，建立社会管理综合治理领导协调机制，发挥党总揽全局、协调各方的作用，确保社会管理的正确方向。另一方面，要加快基层服务型党组织建设，使基层党组织能够有效地把广大党员和社会组织、志愿者凝聚、组织起来，为群众办好事，服好务。

其二，充分发挥各级政府的主导作用。社会管理是政府的基本

① 《十六大以来重要文献选编》，中央文献出版社2006年版，第287页。

② 《十八大以来重要文献选编》(上)，中央文献出版社2014年版，第27页。

职能，政府不能越位、错位和缺位。要按照转变职能、理顺关系、优化结构、提高效能、依法行政的要求，健全政府职责体系，加快建设服务型政府。政府要发挥主导作用，整合资源，明确任务分工，形成各司其职、高速运转的合力，提高管理水平和能力。

其三，充分发挥社会各方的协同作用。社会管理既是对全社会的管理，也是全社会共同参与的管理。当前，要发挥人民团体、企事业单位和社会组织的主观积极性，参与到管理中来，而且强化人民团体、企事业单位的社会管理服务职责，促进社会组织健康有序发展，不断完善党委、政府和社会力量互联互动的社会管理服务网络。

其四，充分发挥公众参与的基础作用。公众的参与是社会和谐稳定的基础。很多社会问题需要群众自己去处理。要充分发挥基层群众自治组织的作用，提高群众自治能力，更多地创造公众参与条件，拓宽参与渠道，健全参与机制，动员广大人民群众，形成人人参与人人共建的和谐局面。

其五，充分发挥法治的保障作用。党的十八大明确提出“法治保障”具有十分重要的意义，反映了中国共产党对社会管理规律认识的进一步深化。“法治保障”是党依法治国方略在社会管理领域的体现和要求，一切管理活动都要于法有据。“法治保障”为社会管理创造了制度前提，但仅有法治保障还不够，最重要的是将党的领导、人民当家作主与依法治国有机统一起来，这也是增加“法治保障”的理论依据。“任何组织或者个人都不得有超越宪法和法律的特权，绝不允许以言代法、以权压法、徇私枉法”①，不仅如此，“法治保障”还对加强社会管理法制建设提出了要求。依法管理的前提是完善的法律法规。改革开放以来，社会领域立法工作有了较快发展，尤其表现在民生方面，但是离社会管理的需要和人民群众的期待，特别是离保障民生的要求还有一定距离。因此，今后要继续加快民生方面的立法工作，同时对于新出现的一些社会问题，也

---

① 《十八大以来重要文献选编》(上)，中央文献出版社 2014 年版，第 22 页。

必须尽快立法。只有社会管理的各项法律制度不断健全完善，才能形成全覆盖的社会管理网络和体系，也才能实现社会管理的创新与提高。仅有完善的法律制度也不够，各级政府必须依法行政、各级执法机关必须严格公正执法，努力把各项社会管理活动纳入法治轨道。还需加强法治宣传教育，弘扬法治精神，使每个社会成员自觉学法、用法、守法和护法。

第二，加快形成政府主导、覆盖城乡、可持续的基本公共服务体系。

建立健全基本公共服务体系不仅是推动科学发展、全面建成小康社会的重要内容，也是社会体制改革的出发点和落脚点。党的十七届五中全会通过的《中共中央关于制定国民经济和社会发展第十二个五年规划的建议》进一步提出必须逐步完善“符合国情、比较完整、覆盖城乡、可持续”的基本公共服务体系。2012 年 7 月 11 日，国务院印发了《国家基本公共服务体系“十二五”规划》，明确提出：“基本公共服务，指建立在一定社会共识基础上，由政府主导提供的，与经济社会发展水平和阶段相适应，旨在保障全体公民生存和发展基本需求的公共服务。”①这一定位，突出了政府在提供公共服务中的主导地位。党的十八大在此基础上强调要“加快形成政府主导、覆盖城乡、可持续的基本公共服务体系”②，第一次对基本公共服务体系的责任主体、范围和能力，提出了新要求，尤其是突出了政府的主导作用。当前，建设基本公共服务体系有三个着力点：

其一，加强政府主导作用。政府既是经济领域宏观调控的主体，也是社会领域提供公共服务的主体。当前，要发挥政府的主导作用，其关键是强化政府公共服务职能，集中力量组织和提供基本民生服务、公共事业服务、公共安全服务和公益基础服务，满足群

---

① 《国务院关于印发〈国家基本公共服务体系“十二五”规划〉的通知》，载中华人民共和国中央人民政府门户网站。

② 《十八大以来重要文献选编》(上)，中央文献出版社 2014 年版，第 27 页。

众基本需求。同时政府也不能包揽包干，要充分调动社会资源的积极性，动员社会组织提供公共服务。

其二，努力实现基本公共服务全覆盖。长期以来的城乡二元结构，导致城乡、地区、人群的公共服务存在差距。缩小城乡差距，实现共同富裕，要求我们构建覆盖城乡、公平合理的基本公共服务体系，推进基本公共服务均等化。针对当前实际，要建立流动人口基本公共服务制度，加大对农村、老少边穷等困难地区和城乡困难群体的转移支付、公共财政投入、援助帮扶力度，促进公共服务资源在城乡、区域间均衡配置，努力实现基本公共服务全覆盖。

其三，必须要有制度保障。要进一步完善民生制度安排，加大财政投入力度，确保民生改善有制度、机制保障。国家要按照“十二五”规划的要求，围绕重大民生问题，办大事办实事，解决民生困难，让群众看到变化，见到成效，得到实惠，持续提高基本公共服务水平，实现公共服务良性循环和可持续发展。

第三，加快形成政社分开、权责明确、依法自治的现代社会组织体制。

社会组织通常指政府和企业之外的民间组织，主要包括基层自治组织、人民团体、社会团体、行业组织、中介组织和基金会等，其特点是不以营利为目的，主要开展公益性、互助性和自律性活动，具有民间性、独立性和组织性等特征。① 社会组织在现代社会管理体系中越来越承载着重要的功能，它与政府、市场相互支撑，成为社会建设不可或缺的主体力量。党的十八大第一次提出了“现代社会组织”和“现代社会组织体制”这两个概念，同时也首次提出了“权责明确、依法自治”的新要求，为社会组织的规范健康发展指明了体制方向。

当前，社会组织既需要发展，也需要规范。根据经济社会发展的要求，要加快培育经济类、慈善类、公益类、服务类社会组织。要坚持政社分开、管办分离，进一步转变政府职能，把能够由社会

---

① 肖玉明：《社会组织：构建和谐社会不可或缺的角色》，载《理论学习和探索》2006 年第 1 期。

组织做的事情，全部交给社会组织，提高社会资源利用效率和公共服务质量。社会组织发展必须走法治化道路，通过加强社会组织领域的立法工作，推动完善社会组织内部法人治理结构，提升社会组织治理、发展和服务能力的提升，更好地发挥社会组织参与社会管理和提供公共服务的职能。

第四，加快形成源头治理、动态管理、应急处置相结合的社会管理机制。

党的十八大提出的源头治理、动态管理、应急处置相结合的社会管理机制是社会管理理念和思路的重要发展。社会管理机制是指社会管理各个部分的相互关系，其理想状态就是相互联系、相互支撑、相互融合。关于社会管理的这三个理念，胡锦涛在 2011 年 2 月 19 日省部级主要领导干部社会管理及其创新专题研讨班开班式上谈到的关于社会管理的 8 点意见中就有所体现。一是“加强社会矛盾源头治理，妥善处理人民内部矛盾”，二是“建立健全实有人口动态管理机制”，三是“进一步加强和完善公共安全体系，健全食品药品安全监管机制，建立健全安全生产监管体制，完善社会治安防控体系，完善应急管理体制”。① 党的十八大报告首次将“源头治理”、“动态管理”、“应急处置”结合在一起，成为新的社会管理机制的重要理念。

源头治理，就是要将处置社会矛盾的关口前移，尽可能防止、减少、弱化严重的社会问题和社会冲突。源头管理主要是民生为先，服务为先。既要千方百计增加居民收入，实现更高质量的就业，推进城乡社会保障体系建设，提高人民健康水平，办好人民满意的教育，加大保障性住房建设的力度，切实满足人民群众学有所教、劳有所得、病有所医、老有所养、住有所居等民生需求。又要以人为本、服务为先，强化服务意识，寓管理于服务之中，不断增强群众安全感和满意度。除此之外，源头管理要求找准社会矛盾产

① 李章军：《胡锦涛在省部级主要领导干部社会管理及其创新专题研讨班开班式上发表重要讲话强调扎扎实实提高社会管理科学化水平建设中国特色社会主义社会管理体系》，载《人民日报》2011 年 2 月 20 日。

生的根源，紧抓预防突破口。当前，很多社会矛盾都是因为在参与市场经济的过程中，利益法则影响了人们的思想和行为，如有些人自私自利，为了个人私利不惜损害他人、社会甚至国家的利益。故而要加强社会诚信体系建设，在开展诚实守信教育的同时，建立起有效制约利益法则负面影响的体制机制。建构企业和个人信息平台，加快建立以公民身份号码为统一代码的人口管理信息系统。健全守信受益、失信受损的激励惩戒机制，形成全社会重信用、讲信义的良好氛围。要加强对城市流动人口和特殊人群的服务管理。几亿农民流入城市，为我国经济社会发展带来了前所未有的活力，同时也给经济社会管理带来了前所未有的挑战。要解决好流动人口子女上学、同工同酬和养老医疗等基本公共服务问题，积极稳妥地推进户籍制度改革，逐步实现城乡公共服务均等化。刑满释放人员、精神病人、吸毒人员和有不良行为青少年等特殊人群是需要特殊关爱的人群，如管理不善，也将是引发社会矛盾的隐患。要健全社会关怀帮扶体系，建设好专门救助机构、医疗机构和培训机构，帮助解决他们在就业、上学、医疗和生活方面的实际困难，让他们感受到党和政府的关怀、社会的温暖，成为对社会有用、与社会和谐相处的人。

动态管理，就是要建构对社会矛盾的跟踪、梳理和化解机制，使各种意见和利益诉求得到充分表达，社会矛盾得到及时化解。这种管理方式与市场经济相适应，不同于计划经济条件下的静态管理方式。社会矛盾说到底是利益矛盾，治本的办法是把握群众利益诉求，协调、平衡利益关系。故而，动态管理要求建立健全党和政府主导的维护群众权益机制，包括完善信访制度，畅通和规范群众诉求表达、利益协调、权益保障渠道，有效预防化解社会矛盾。尤其是当前征地拆迁、劳动争议、医疗卫生、交通事故、环境保护、安全生产、食品药品安全等领域的矛盾纠纷，政策性、专业性、技术性强，必须加强专业性调解组织建设，建立专业性调解机制，提高社会矛盾调解水平。

应急处置，就是要针对突发事件和社会风险而建立国家统一领导、综合协调、分类管理、分级负责、属地为主的应急管理体制，其目的在于，在突发事件面前，最大限度地预防和减少各类公共突发事件对人民群众生命财产所造成的破坏和损失。当前，我国已经进入全面深化改革的攻坚期，前进道路上的困难、问题和风险不断增多，各种突发公共事件尤其是群体性事件时有发生，处置不好极易造成严重社会危害。同时，我国地域辽阔，自然灾害频发，这方面的突发公共事件对人民群众的生命财产安全构成严重威胁。对突发事件的应对处置体现了党委和政府的执政能力，故而要更加注重应急能力建设，建立健全有效应对和妥善处置突发公共事件的机制，包括公共事件危机预防机制、信息披露机制、应急决策机制、处理协调机制、善后处理机制等，既与源头预防、舆论引导相结合，又坚持综合协调、分类管理，从事前、事中和事后三个阶段全面加强应急处置。要建立健全突发事件预警机制，研究制定、完善细化各类应急预案。要坚持维护群众合法权益、维护社会稳定、维护法律权威，坚持理性和平、文明规范处置各类突发公共事件，并及时披露相关信息。要坚持各部门综合协调，使每一突发公共事件均能得到妥善处理，提高对突发事件的应急处置能力和水平。

（二）创新社会治理体制

在构建社会主义社会治理体系的同时，还必须要创新社会治理体制。通过改进社会治理方式，激发社会组织活力，创新有效预防和化解社会矛盾体制以及健全公共安全体系，最大限度地增加和谐因素，增强社会发展活力，提高社会治理水平，全面推进平安中国建设，维护国家安全，确保人民安居乐业、社会安定有序。

新形势下，创新社会治理体制的主要任务是改进社会治理方式、激发社会组织活力、创新有效预防和化解社会矛盾的机制、健全公共安全体系。

第一，改进社会治理方式。中共十八届三中全会强调，改进社会治理方式，坚持系统治理、依法治理、综合治理和源头治理。新形势下改进社会治理，必须着重做好以下工作：

首先，坚持系统治理，实现治理主体多元化。一是加强党委领导，充分发挥各级党委的领导核心作用，把党的政治、组织优势转化为治理服务优势，提高引领社会、组织社会、治理社会、服务社会的能力。二是发挥各级政府的主导作用。社会治理是政府的基本职能，但是政府不能越位、错位、缺位。三是鼓励和支持社会各方面参与，把广大人民动员组织起来，形成社会治理人人参与的局面。

其次，坚持依法治理，实现治理方式从管控规制向法治保障转变。一是强化依法治理理念，善于用法治思维和法治方式治理社会，形成良好的法治环境。二是切实加快社会治理领域的立法工作，做到各项社会治理有法可依。三是各级执法部门要严格执法，努力把社会治理纳入法治轨道。四是加强法治宣传教育，弘扬法治精神，使每个社会成员自觉学法、懂法、用法、守法和护法。

再次，坚持综合治理，实现治理手段多样化。一是强化道德约束，发挥道德力量的示范和引导作用。二是规范社会行为，通过自律、他律，把人们的行为纳入共同行为准则的轨道。三是调节利益关系。通过各种方式解决利益冲突和矛盾，建立有效的利益协调机制。四是协调社会关系。通过平等的对话、沟通、协调、协商等办法来解决社会问题，化解社会矛盾。

最后，坚持源头治理。一是标本兼治、重在治本。要把工作重心从治标转向治本，从事后救济转向源头治理，更加注重民生和制度建设，尽可能使社会矛盾解决在萌芽状态。二是以网格化管理、社会化服务为方向，健全基层综合服务管理平台。科学划分网格，把网格内的人事物全部纳入网格，使网格服务管理人员承担起了解社情民意、采集治理信息、服务社区群众、化解矛盾等职能，把社会治理触角延伸到社会最末梢。三是及时反映和协调人民群众各方面各层次利益诉求，特别是要建立健全党和政府主导的维护群众权益机制，有效预防和化解社会矛盾。

第二，激发社会组织活力。我国各类社会组织快速增多，截止到2012年年底，全国依法登记的社会组织有49.2万个，备案的城乡社区组织近40万个。① 激发社会组织活力要重点推进四个方面

---

① 本书编写组：《党的十八届三中全会〈决定〉学习辅导百问》，党建读物出版社、学习出版社2013年版，第176页。

的改革。

首先，创新社会组织培育扶持机制。适合由社会组织提供的公共服务和解决的事项，交由社会组织承担。一是加快政府职能转移，制定政府向社会组织转移职能的指导意见，建立相应的动态调整机制和公示制度。二是完善财税支持政策。建立政府向社会组织购买公共服务制度，支持和发展志愿服务组织。三是平等对待社会力量提供医疗卫生、文化教育、群众健康等公共服务，鼓励金融机构为符合条件的社会组织提供信贷服务。

其次，加快实施政社分开。限期实现行业协会商会与行政机关真正脱钩。一是按照政社分开要求，分类推进行业协会商会在机构、人员、财务等方面与行政机构脱钩，改变行业协会商会行政化倾向。二是规范退休国家公务员在社会组织中担任负责人。三是尊重社会组织的法人主体地位，保障其合法权益，促进社会组织依法自治并独立承担法律责任。

再次，提升社会组织服务功能。一是加快推进行业协会商会类社会组织改革，发挥服务企业、规范行业、发展产业、助推经济等方面的作用。二是积极培育教育、文化、卫生、体育、社会福利、环境保护等公益慈善类社会组织，发挥其扶助弱势群体、维护社会公平正义、传播公益理念等方面的积极作用。三是重点培育和优先发展行业协会商会类、科技类、公益慈善类、城乡社区服务类社会组织，成立时直接依法申请登记。

最后，严格依法监督管理。一是加强对社会组织的管理。推进社会组织明确权责、依法自治、发挥作用。二是规范社会组织涉外活动。支持社会组织开展国际交流合作，利用国家对外援助资金到境外开展公益活动。三是加强对在华境外非政府组织的管理，引导它们依法开展活动。

第三，创新有效预防和化解社会矛盾的机制。创新有效预防和化解社会矛盾机制，关键是进行四个方面的改革。

首先，健全重大决策社会稳定风险评估机制。凡是推出涉及人民群众切身利益的重大决策，都要把社会稳定风险评估作为前置程序，使重大决策的过程成为党和政府倾听民意、改善民生、化解民忧的过程，最大限度地预防和化解社会矛盾的发生。

其次，建立畅通有序的诉求表达、心理干预、矛盾调处、权益保障机制。一是发挥人大、政协、人民团体、行业协会以及大众媒体等社会利益表达功能，畅通网络公众参与渠道，引导群众理性合法表达利益诉求。二是建立健全个人心理医疗服务体系，开展个人心理调节疏导工作，针对不同情况开展疏导、帮助、教育，使其走出心理低谷。三是加强社会矛盾化解工作，针对不同地区社会治理中的重难点问题，进行经常性的分析排查，对排查出来的问题，要能及时按政策进行解决。四是统筹各方面利益关系，妥善处理各种矛盾，使人民权益能得到保障。

再次，建立调处化解矛盾纠纷综合机制。一是改革行政复议体制，健全行政复议案件审理机制，纠正违法或不当行政行为。二是完善人民调解、行政调解、司法调解联动工作体系。三是充分挖掘民间资源，充分利用乡规民约，动用社会力量参与化解调处矛盾纠纷。

最后，改革信访工作制度。一是拓宽信访渠道，实行网上受理信访制度，纠正拦卡堵截正常上访群众的错误做法，健全及时就地解决群众合理诉求机制。二是把涉法涉诉信访纳入法治轨道解决，建立涉法涉诉信访依法终结制度。三是坚持党的群众路线，落实领导干部接访、下访、回访、联系群众制度，认真解决事关群众利益的信访问题。

第四，健全公共安全体系。公共安全作为新的国家安全体系的重要组成部分，现在越来越引起人们的关注和重视。健全公共安全体系，主要是推进四个方面的改革。

首先，建立最严格的覆盖全过程的食品药品安全监管制度。当前，食品药品安全关系到人民群众的身体健康和生命安全，已经成为人民群众最关心最直接最现实的利益问题。维护食品药品安全，必须建立最严格的覆盖全过程的食品药品安全监管制度。一是建立食品药品安全标准体系，切实解决目前存在的安全标准不协调、不统一的问题。二是健全食品药品监测体系，建立食品原产地可追溯制度和质量标识制度，保障食品药品安全。三是严格市场准入，深化食品药品审批制度改革，完善生产经营准入制度。四是建立召回制度，健全责任制和责任追究制。五是加快企业和个人的信用体系建设，完善激励惩戒制度。六是健全社会动员机制，鼓励和引导社会公众、新闻媒体、社会组织参与食品药品监管。

其次，建立隐患排查治理体系和安全预防控制体系，深化安全生产管理体制改革，遏制重特大安全事故。一是建立隐患排查治理体系。要从制定隐患排查标准，建立隐患排查治理信息系统，完善安全考核奖惩机制和健全安全责任制度等方面构建隐患排查治理体系。二是建立安全预防控制体系。为有效预防特重大安全事故，必须突出事前预防这一环节，坚持安全第一，预防为主。要牢固树立以人为本、生命至上的观念，强化企业安全生产基础建设，并逐步把安全生产纳入法治化轨道。加强法规和标准建设，加强执法检查，切实保障安全生产法律法规和规章制度的落实。

再次，创新立体化社会治安防控体系。一是要积极预防和严厉打击各种违法犯罪活动。二是要预防和减少群体性事件的发生，抓好矛盾纠纷的排查化解、治安隐患的排查整治和高危人群的排查控制，将不稳定因素化解在萌芽状态。三是要重点完善特殊人群管理服务机制。除了要加强对特殊人群的教育、矫治和综合干预，健全社会关怀帮助体系之外，还要继续开展重点青少年群体服务管理和预防犯罪试点工作，加强对重点青少年的排查联系和教育帮扶，完善专门学校管理体制和运行机制，做好有严重不良行为青少年的教育矫治工作。

最后，加大依法管理网络力度，加快完善互联网管理领导体制，确保国家网络和信息安全。由于网络和信息安全牵涉到国家安全和社会稳定，是我们面临的新的综合性挑战。确保国家网络和信息安全，就必须加快完善互联网管理领导体制。一是要加快构建集中统一的国家互联网管理体系。整合相关机构职能，明确权责分工和监管边界，落实好分级管理、属地管理责任，形成从技术到内容、从日常安全到打击犯罪的互联网管理合力和党委统一领导、政府加强管理、企业依法运营、全社会共同参与的互联网管理工作新格局，并不断提高各级党委、政府的互联网管理能力。二是要积极推进信息网络立法和提高互联网管理法治化水平。要在前期各项立法的基础上，切实加快信息网络传播法和网络安全法的立法研究，加强已有法律规范的整理工作，提高网络管理和信息安全的法律位阶，强化各项法律规范之间的衔接和配合，推动建立一个层次合理、内容严密，权威性高、执行力强的信息网络法律规范体系。

四、构建社会主义和谐社会

社会和谐是中国特色社会主义的本质属性，是国家富强、民族振兴、人民幸福的重要保证。实现社会和谐，建设美好社会，始终是人类孜孜以求的社会理想，也是中国共产党人不懈追求的社会理想。

(一) 构建社会主义和谐社会的提出

2002 年，中共十六大明确提出“努力形成全体人民各尽其能、各得其所而又能和谐相处的局面”，并且在阐述全面建设小康社会宏伟目标时提出，要建设包括“社会更加和谐”在内的更高水平的小康社会，从而把“社会更加和谐”作为党和人民为之奋斗的一个重要目标提了出来。“和谐”两个字成为中国新一届领导集体治国方略的主题词。2003 年春，一场“非典”疫情灾害考量了中国政府应对突发公共事件的能力，使党和政府开始深刻反思经济社会发展方式问题。同时期各种社会矛盾的显现，也让党和政府认识到进行经济建设时，加强社会建设的必要性和紧迫性。2003 年 7 月，在全国抗击“非典”总结大会上，胡锦涛总书记阐述了加强经济社会协调发展、统筹城乡经济社会发展的思想。在同年 10 月召开的中共十六届三中全会上，胡锦涛正式提出了坚持以人为本、全面协调可持续发展的科学发展观，其后，他在 2004 年 3 月召开的中央人口资源环境工作座谈会上对科学发展观的内涵作了系统的阐述，系统回答了为什么发展，实现什么样的发展这一根本性的问题。2004 年召开的十六届四中全会通过的《中共中央关于加强党的执政能力建设的决定》，在中国共产党的历史上第一次提出了“构建社会主义和谐社会”的命题，强调构建和谐社会对巩固中国共产党执政地位的重要性。2005 年年初，胡锦涛在中央经济工作会议上明确指出并强调，要把“坚持以人为本，努力构建社会主义和谐社会”作为全面建设小康社会和社会主义现代化建设的重要任务。2005 年 2 月 19 日，胡锦涛在省部级主要领导干部专题研讨班开班式上的讲话中首度全面阐释了“构建社会主义和谐社会”的内涵，指出：“我们所要建设的社会主义和谐社会，应该是民主法治、公平正义、诚信友爱、充满活力、安定有序、人与自然和谐相处的社会。”2006 年中共十六届六中全会作出《中共中央关于构建社会主义和谐社会若干重大问题的决定》，提出“社会和谐是中国特色社会主义的本质属性”，强调新世纪新阶段要把构建社会主义和谐社会摆在更加突出的地位，并对建设社会主义和谐社会的重要性、紧迫性及其一系列相关问题作了明确界定和解释。2007 年 10 月，中共十七大进一步强调了构建社会主义和谐社会的重要性，对以改善民生为重点的社会建设作了全面部署，并将社会建设单列为一个部分，与经济建设、政治建设和文化建设一起构成中国特色社会主义“四位一体”布局。2012 年 11 月，中共十八大再次强调了构建社会主义和谐社会的重要性，把必须坚持促进社会和谐作为夺取中国特色社会主义新胜利的八项基本要求之一。由此，中国共产党关于构建社会主义和谐社会思想更明确，也更丰富。

构建社会主义和谐社会，是中国共产党在国际形势发生深刻变化和我国改革开放进入新阶段的关键时期作出的重大决策。它不仅适应了国内改革发展进入关键时期的客观要求，也是应对来自国际环境的各种挑战和风险的必然选择，体现了最广大人民群众的根本利益和共同愿望。构建社会主义和谐社会是开创中国特色社会主义新局面的重大任务，是对建设中国特色社会主义的新认识。它必将对我国社会建设的实践产生重要的指导作用。

（二）建设社会主义和谐社会的总体思路

和谐社会是一种相对美好、相对理想的社会状态。简言之，是人与人、人与社会、人与自然的关系处于一种融洽、协调发展的状态。社会主义和谐社会，是在社会主义社会发展规律的支配下，实现人与人的和谐，人与社会的和谐以及人与自然的和谐。社会和谐是社会主义社会的价值追求。社会主义和谐社会，应当是一个以人为本的社会，是一个实现了人的自由而全面发展的社会，当然也包括人自身发展的和谐。“我们所要建设的社会主义和谐社会，应该是民主法治、公平正义、诚信友爱、充满活力、安定有序、人与自然和谐相处的社会。”①这六个特征，揭示了社会主义和谐社会的基本内涵。它们相互联系、相互作用，共同构成一个完整的和谐社会体系。

民主法治是和谐社会的政治保障。民主法治，就是社会主义民主得到充分发扬，依法治国基本方略得到切实落实，各方面积极因素得到广泛调动。在建设社会主义和谐社会的过程中，之所以要充分发展社会主义民主，是因为社会主义民主谋求的是绝大多数人民的政治主体地位，是能保障人民根本权利和利益的民主，只有发扬社会主义民主，才可能实现社会和谐，有效解决社会矛盾和问题，保障人民的根本利益；之所以要坚持依法治国这个基本方略，是因为和谐社会的构建需要借助于法治的推动和保障。依法治国是社会文明进步的显著标志，是国家长治久安的重要保障，是社会主义民主政治的基本要求。建设社会主义和谐社会，需要纳入法治轨道，用法律制度来规范和管理国家各项事务，严格依法办事。只有实现法治，才能做到法律面前一律平等，保障社会成员依法享有平等权利，才能实现社会的公平和正义。构建社会主义和谐社会，在处理人们的政治关系方面，就是要坚持党的领导、人民当家作主和依法治国相统一，不断发展社会主义民主政治，建设社会主义法治国家，为改革发展稳定从政治上、法律上提供保障，巩固和发展民主团结、生动活泼、安定和谐的政治局面。

公平正义是社会主义和谐社会的核心价值追求，是构建社会主

---

① 《十六大以来重要文献选编》(下)，中央文献出版社 2008 年版，第 765 页。

义和谐社会的关键环节。公平正义，就是社会各方面的利益关系得到妥善协调，人民内部矛盾和其他社会矛盾得到正确处理，社会公平和正义得到切实维护和实现。社会公平和正义是人类追求美好社会的永恒主题和共同理想，是衡量一个社会是否和谐的一个重要尺度，是评价一种制度文明程度的一个重要标志。一个社会只有做到公平正义，才能极大地调动社会成员的积极性、主动性和创造性，从而激发整个社会的活力。追求公平正义，就是要把最广大人民的根本利益作为制定政策和开展工作的出发点和落脚点，正确反映和兼顾不同方面群众的利益，高度重视和维护人民群众最现实、最关心、最直接的利益，妥善处理和协调社会各方面的利益关系，正确处理人民内部矛盾和其他社会矛盾，从而使各方面的利益关系都能得到妥善解决。

诚信友爱是社会主义和谐社会的重要理念。社会主义和谐社会应是一个充满道义关切和共享和谐的社会。它需要社会成员有良好的精神心理和道德风尚，需要讲求诚信友爱。诚信友爱，就是全社会互帮互助、诚实守信，全体人民平等友爱、融洽相处。和谐社会不仅是指利益层面的和谐，也包括价值层面的和谐。一个社会没有诚信，没有相互的合作，就不会有友爱，就不能形成普遍的认同，没有友爱，也就没有社会的安宁和谐。诚信友爱是和谐社会的道德基础，是实现人际关系和谐的基本条件。建设诚信友爱的社会，必须建设和谐文化，培育和践行社会主义核心价值观，巩固马克思主义在意识形态领域的指导地位，牢牢把握社会主义先进文化的前进方向，倡导和谐理念，培育和谐精神，进一步形成全社会共同的理想信念和道德规范，打牢全党、全国各族人民团结奋斗的思想道德基础。

充满活力是社会主义和谐社会的重要表现。社会活力是社会发展的动力。社会主义和谐社会是充满活力的社会，因为只有充满活力，才能最广泛、最充分地调动社会的一切积极力量，发挥社会的创造活力，不断推进经济社会的全面、协调发展。充满活力，就是能够使一切有利于社会进步的创造愿望得到尊重，创造活动得到支持，创造才能得到发挥，创造成果得到肯定。最根本的社会活力来自于社会生产力的发展。社会主义本质在于解放生产力，发展生产力，消灭剥削，消除两极分化，最终实现共同富裕。只有解放和发展生产力，才能为社会和谐创造条件，也才能永葆奋进的活力和生机。社会的活力具体体现在经济、政治、文化和人自身等各个方面。经济上，要放手让一切劳动、知识、技术、管理和资本的活力竞相迸发，让一切创造社会财富的源泉充分涌流，以造福于人民；政治上，要努力营造既有集中又有民主，既有纪律又有自由，既有统一意志又有个人意见的生动活泼的政治局面；文化上要努力建设中国特色社会主义文化，使社会所倡导的主流文化能被广大社会成员所认同，进而在人们的精神生活中产生凝聚作用；对具体的人而言，就是要不断提高人的素质，实现人的全面发展。因此，构建社会主义和谐社会，要全面贯彻尊重劳动、尊重知识、尊重人才、尊重创造的方针，大力营造鼓励人们干事业、支持人们干成事业的社会氛围，不断增强全社会的创造活力。

安定有序是社会主义和谐社会的必要条件，是社会主义和谐社会的基本特征。安定有序，就是社会组织机制健全，社会管理完善，社会秩序良好，人民群众安居乐业，社会保持安定团结。和谐社会应不仅是一个发展的社会，也是一个稳定的社会。社会生活的和谐必须有稳定的社会政治环境和有条不紊的社会生活秩序，没有社会的稳定就没有经济的发展和社会的进步。这是中国革命、建设和改革经验的总结。和谐社会是活而不乱、活而有序的社会。因此，构建和谐社会要求我们深入研究经济社会发展规律，经济上按照社会主义市场经济的要求，为市场、企业、政府做出正确定位，并设定市场运行规则，谋求健康持续发展，为社会稳定奠定坚实的物质基础；政治上坚持党的领导、人民当家做主和依法治国三者有机统一，权力产生和权力运行能充分体现人民的意愿，并能严格依法而行，受到有效的监督制约；文化上坚持马克思主义在意识形态领域的指导地位，同时尊重和认同思想文化发展的多样性，不断开创全民族文化创造活力持续迸发、社会文化生活更加丰富多彩、人民基本文化权益得到更好保障、人民思想道德素质和科学文化素质全面提高的新局面。

人与自然和谐相处是构建和谐社会的必然要求。人与自然和谐相处，就是生产发展、生活富裕、生态良好。社会主义必须建立在高度发达的生产力基础上，但发展生产力必须以尊重客观规律、维护自然生态平衡为前提。只有建立社会与自然之间良好的和谐关系，实现人与自然的和谐发展，才能获得可持续发展的生产力。确保人与自然之间的和谐，是建立和谐社会的一个重要前提。促进人与自然的和谐，其核心问题是实现经济社会和人口、资源、环境的协调发展，寻求生产发展、生活富裕、生态良好的最佳结合点。在构建社会主义和谐社会的过程中，要正确处理人与自然的关系，转变发展方式和生活方式，实现经济社会的可持续发展，走生产发展、经济繁荣、生活富裕、环境优化、生态良好的可持续发展之路。

建设和谐社会既是中国共产党在社会主义初级阶段的奋斗目标，也是中国特色社会主义的长远奋斗目标。为了在21世纪中叶实现国家富强、民族振兴、人民幸福的预定任务，就必须始终从解决人民群众最关心、最直接、最现实的利益问题入手，以保障和改善民生为重点，统筹协调社会利益关系，加快形成科学有效的社会治理体制。当我们走出社会主义初级阶段，在新的历史起点上，社会和谐必将呈现新的要求，表现为更高的发展目标。经过不断努力，我们的生活将越来越美好，我们的社会也会越来越和谐。

第八章 中国特色生态文明建设

生态文明建设是中国特色社会主义事业总布局的重要组成部分，是实现“两个百年”奋斗目标的必然要求，也是实现国家富强、民族振兴、人民幸福的重要内容。建设生态文明是一项关系人民福祉、关乎国家和民族未来发展的重大战略任务。建设中国特色社会主义生态文明，从根本上说就是要按照尊重自然、顺应自然、保护自然的理念，优化国土空间开发格局，加快建立生态文明制度，深化生态文明体制改革，坚持走生产发展、生活富裕、生态良好的文明发展道路，促进经济社会发展与人口资源环境相协调，建设以资源环境承载力为基础、以自然规律为准则、以可持续发展为目标的资源节约型、环境友好型社会，形成人与自然和谐发展的现代化建设新格局。

一、树立生态文明理念

生态文明是人类社会进步的重大成果，是工业文明发展到一定阶段的产物，是实现人与自然和谐发展的新要求。党的“十八大”报告明确提出：“面对资源约束趋紧、环境污染严重、生态系统退化的严峻形势，必须树立尊重自然、顺应自然、保护自然的生态文明理念。”①2015 年 4 月 25 日，中共中央、国务院印发了《关于加快生态文明建设的意见》(以下简称《意见》)，《意见》继续强调要牢固树立尊重自然、顺应自然、保护自然的理念。这种价值理念是推进生态文明建设的重要思想保证和精神动力。

(一)生态文明理念反映人与自然的共生和谐观

人与自然的关系是人类生存与发展的基本关系。尊重自然、顺应自然、保护自然的生态文明理念反映了人与自然的共生和谐观，自然界是人类社会产生、存在和发展的基础、前提，人类可以通过社会实践活动有目的地开发、利用和改造自然，但不能凌驾于自然之上，人类的行为方式必须符合自然规律。依据这种理念，一切发展，既是人的物质财富的发展，也是人的生活环境的完善，既是人的发展，也是自然的维护和延续。所以它强调：一方面，承认自然对人类社会生存和发展的本源意义，把遵循生态规律作为人类经济活动的基本准则；同时承认生存和发展是人类的基本权利，认为保护自然实质上保护人类自身，倡导人与自然的和谐共存与共同演进。另一方面，它把人与自然的伦理关系转化为以环境为中介的人与人的伦理关系，提出问题不在于人类应不应该对自然负责，而在于人类成员之间应不应该承担彼此的环境责任。因此，这种新的思维方式要求人类的一切活动都必须放在自然界的大局中考量，按自然生态规律办事。经济社会的发展既要考虑人类生存与繁衍的需要，又必须顾及生态、资源和环境的承受力，以实现人与自然的和谐发展以及与环境同步双赢。

生态文明理念在中国的产生既是工业文明给人类带来重大生态环境危机后反思的结果，也是破解我国改革开放以来面临的诸多难题的紧迫需要。

---

① 《十八大以来重要文献选编》(上)，中央文献出版社 2014 年版，第 30 页。

自18世纪60年代英国爆发工业革命开始，人类开启了工业文明的伟大征程。由于科学技术的进步，社会生产力得到飞速发展，然而物质财富极大增长的同时，也带来了严重的生态问题。20世纪30—80年代，世界发生了“八大公害”事件：1930年比利时马斯河谷烟雾事件、1952年英国伦敦烟雾事件、1984年美国多诺拉烟雾事件、20世纪40年代美国洛杉矶光化学烟雾事件、1961年日本四日市哮喘事件、1963年日本爱知县米糠油事件、1953—1968年日本水俣病事件和1955—1977年日本富山的痛痛病事件。这给人们敲响了警钟，生态问题逐渐引起世人注意。无论是发达的资本主义国家，还是挣扎在贫穷边缘的发展中国家，都不得不面对这一新的挑战，开始反思人与自然的关系，反思工业文明，寻求解决环境问题的各种办法。

1962年，美国海洋生物学家蕾切尔·卡逊以《寂静的春天》揭示了伤害自然必然危及人类自身生存的事实，提出了人与自然共存共荣的问题，成为现代西方环境运动的标志。20世纪七八十年代以来，随着各种全球性问题的加剧以及能源危机的冲击，在世界范围内开始了关于“增长的极限”的讨论，各种环保运动逐渐兴起。正是在这种情况下，1972年6月，联合国在斯德哥尔摩召开了有史以来第一次“人类与环境会议”，讨论并通过了著名的《人类环境宣言》，从而揭开了全人类共同保护环境的序幕，也意味着环保运动由群众性活动上升为政府行为。同年，罗马俱乐部发表研究报告《增长的极限》，提出了均衡发展的概念，人们开始对工业文明进行反思，各国政府开始把生态保护作为一项重要的施政内容。1981年，美国经济学家莱斯·R. 布朗出版了《建立一个可持续发展的社会》一书，首次提出了可持续发展问题。1983年联合国成立世界环境与发展委员会，1987年该委员会发布的研究报告《我们共同的未来》，对可持续发展作了理论表述，成为人类建构生态文明的纲领性文件。1992年联合国环境与发展大会通过的《21世纪议程》，更是高度凝结了当代人对可持续发展问题的认识。同年，在巴西里约热内卢召开的联合国环境与发展大会，提出了全球性的可持续发展战略，拉开了人类自觉改变生产和生活方式，建设生态文明的序幕。

我国在探索生态建设的过程中，不断深化了对人与自然关系的认识。新中国成立以来，以毛泽东为代表的第一代中央领导集体为了实现工业化和现代化，开始了以植树造林为抓手，以加强林业建设为重点，以消灭荒地荒山改变自然面貌为目标的务实有效的绿化祖国、修复生态、保护环境、调控资源、防治病虫害等工作。但是，由于在“社会主义没有公害”错误思想的指导下，为了发展经济，我国不仅采取了鼓励人口迅速增长的方针，而且不顾大自然的规律，对资源进行了掠夺性的开发。为了追求高速度，20 世纪 50 年代初在旧中国留下的工业烂摊子上，建起了一批缺乏起码防污设施的工程。1958 年以后，又在全国开展了“大跃进”运动，号召全民大炼钢铁，20 世纪 60 年代中后期至 70 年代初，受“文革”影响，原来一些不很完备的规章制度被“砸烂”，无政府思潮泛滥，在城市中心、水源地、风景游览区又建设了一批污染严重的工厂企业。这导致我国大气、水质污染严重，森林资源锐减，草原大面积退化，沙漠化急剧蔓延，水土流失日益严重。值得庆幸的是，20 世纪 60 年代末至 70 年代初，随着国内污染事件不断出现，加之国际上开展的对环境公害事件反思的持续升温，环境污染问题逐步纳入了中共中央高层的视野，环保工作也有了新的起色。周恩来不仅直面我国的环境问题，对“社会主义不存在环境污染”错误观点进行批判，而且特别重视学习国外环境保护的经验。1972 年，周恩来亲自领导并派遣中国代表团参加在斯德哥尔摩召开的联合国人类环境会议，使中国人民深刻认识到保护环境的重要性。1973 年，国务院召开了第一次全国环境保护工作会议，审议通过了我国第一个环境保护文件《关于保护和改善环境的若干规定》(试行草案)，确定了环境保护的方针和政策。1974 年国务院正式成立了环境保护领导小组，制定了多部环境保护规划。在党和政府的领导下，全国开展了一系列环境保护工作，有效缓解了生态危机。

改革开放以来，虽然党和政府一贯重视生态文明建设，但是经过 30 多年的快速发展，积累下来的生态环境问题日益显现，进入高频高发阶段。比如江河水系、地下水污染和饮用水安全问题不容忽视，有的地区重金属污染、土壤污染比较严重，全国出现了大范围的雾霾天气，等等。这些突出的环境问题严重影响和损害了人民群众生产生活、身体健康，让我们清醒认识到保护生态环境、治理环境污染的紧迫性、艰巨性，也认识到建设生态文明的重要性和必要性。尤其是能源资源相对不足、生态环境承载能力不强，已经成为我国的一个基本国情，要实现工业化、信息化、城镇化和农业现代化，走工业初期依靠资源的高投入、高消耗谋求发展的老路，已经难以为继，我们必须走出一条新的发展道路。这条道路必须注重人与自然的和谐，而不是一味地追求 GDP 数字的增长，不顾子孙后代的生存与发展。

(二)中国的生态文明理念

中国的生态文明理念包括尊重自然、顺应自然和保护自然三个方面。

尊重自然，是一项基本的伦理原则。尊重自然，首先，要树立敬畏自然的观念。中国人自古就有“天人合一”、“道法自然”的原始生态观。我们建设生态文明，必须在人们心目中树立起崇尚自然、热爱生态、敬畏生态的观念。人从属于自然，人只是自然界的一份子，自然界为人类的生存和发展提供基本条件。因此，人类要认识到自然和人类是平等的，人类应对自然常怀敬畏之心，切不可以“人类中心主义”自居，在开发、利用自然的过程中凌驾于自然之上。当然，敬畏自然也不代表人类只能完全依附于自然，人类在自然面前无能为力、无所作为。其次，要尊重自然界其他物种的生命。自然界中一切物种都是自然生态链上的重要一环，每一种物种都有生命，都有其存在的意义和价值，人类应该尊重自然界中的一切生命，不可无视对自然界的道德责任，认为只有人类才有生存的权利和意义，从而对自然界采取拿来主义，对自然界其他物种进行伤害。

顺应自然，是处理人与自然关系的基本准则。顺应自然，就是要顺应自然的客观规律，按自然规律办事。首先，要尊重自然界的客观规律，正确认识和利用自然规律，减少因无知而违背自然规律进而遭受自然的报复。其次，要尊重人与自然和谐共处、和谐发展的规律，积极促进人与自然的和谐相处。在推进社会发展的过程中，既不可坚持先发展，后治理，只讲生产，不顾环境，以牺牲环境谋求经济发展，也不可为了保护自然环境，实行经济停止的方针，割裂发展与环境保护的关系。而应该在发展中保护生态环境，既促进人类社会的发展，又达到自然本身的平衡，最终实现人与自然和谐发展。

保护自然，是处理人与自然关系的重要责任。由于人类的生产生活活动不可避免地对自然造成破坏，因此，有必要在全人类范围内树立保护自然的理念。保护自然就是要求人类在向自然界索取生存和发展的物质条件时保护自然界的生态系统平衡。首先，要改变经济发展方式，树立“保护生态环境就是保护生产力”观念，不可用牺牲生态和环境为代价换取 GDP 的增长，要着力推进绿色发展、循环发展和低碳发展。其次，要实施重大生态建设和修复工程，推进荒漠化、水土流失综合治理，扩大森林、湖泊、湿地面积，保护生物多样性，尽量弥补过去给生态造成的伤害。

生态文明理念是建设美丽中国，实现中华民族永续发展的精神向导。人民所向往的美好生活不仅仅指有丰富的物质财富，还包括清新的空气、干净的水源、宜居的环境和放心的食品等其他元素；不仅仅要满足当代人的需要，还要为子孙后代留下更多的良田，留下天蓝、地绿、水净的美好家园。因此，要在全社会树立生态文明理念，普及生态文明知识，广泛宣传绿色产业、绿色消费，将生态文明理念渗透到生产、生活的各个层面，树立勤俭节约的传统美德，积极推动先进的生态文化向全体民众素质的转化，使之由客观的知识形态转化为民众的素质，进而转化为民众的生活方式，增强全民族的生态文明自觉。①

---

① 沈壮海：《当代中国生态文明建设：境遇与路径》，载《学校党建与思想教育》2012 年第 3 期。

二、优化国土空间开发格局

国土是生态文明建设的空间载体，是人类赖以生存和发展的家园。中共十八大首次把“优化国土空间开发格局”作为生态文明建设的首要任务。优化国土空间开发格局，必须珍惜每一寸国土，按照人口资源环境相均衡、经济社会生态效益相统一的原则，控制开发强度，调整空间结构，促进生产空间集约高效、生活空间宜居适度、生态空间山清水秀，给自然留下更多修复空间，给农业留下更多良田，给子孙后代留下天蓝、地绿、水净的美好家园。

(一)积极实施主体功能区战略

一定的国土空间具有多种功能，但必须有一种主体功能。2006年《中华人民共和国国民经济和社会发展第十一个五年规划纲要》提出推进形成主体功能区，要求以国家重点生态功能区为主体，推动各地区严格按照主体功能定位发展，构建科学合理的城市化格局、农业发展格局、生态安全格局，从而推动生态文明建设、实现中华民族永续发展。2010 年，为了推进形成国家主体功能区，国务院正式印发《全国主体功能区规划》，对主体功能区的内涵和划分进行了部署。2011 年《中华人民共和国国民经济和社会发展第十二个五年规划纲要》正式提出国家主体功能区战略，这一战略要求根据资源环境承载能力、现有开发密度和发展潜力，统筹考虑未来我国人口分布、经济布局、国土利用和城镇化格局，将国土空间划分为优化开发、重点开发、限制开发和禁止开发四类主体功能区，按照主体功能定位调整完善区域政策和绩效评价，规范空间开发秩序，形成合理的空间开发结构。2015 年 4 月 25 日，中共中央、国务院印发的《关于加快生态文明建设的意见》(以下简称《意见》)提出要积极实施主体功能区战略。

我国拥有 960 万平方公里的陆域国土，自然地理环境和资源基础的区域差异很大，区位条件和区域间相互关系极其复杂，社会经济发展阶段和基本特征也具有鲜明的地方特色，非常需要“因地制宜”、“统筹协调”、“长远部署”。但是长期以来，经济发展的指挥棒让我们忽视了该问题。20世纪五六十年代全国开展“大跃进”运动，工业上提出“以钢为纲”，号召全民大炼钢铁。虽然在一定程度上提高了我国的钢铁产量，但是各行各业齐动员，上山采矿，修筑土炉，大炼钢铁，最后不仅产品质量低劣，而且消耗高，浪费极为严重。滥挖矿产资源，乱砍滥伐森林，使农业生态环境极度恶化。农业上提出“以粮为纲”，有些地方在此口号下，不顾生态环境，甚至毁草种粮、毁林种粮、填湖种粮，造成草原、湖泊、森林生态环境恶化。有些地方还在城市中心、水源地、风景游览区建设污染严重的工厂企业。这些缺乏规划的建设对生态环境造成的破坏是巨大的。

改革开放以来，我们在发展经济建设的过程中，也存在很多盲目开发、过度开发、无序开发的地区和领域。当前在国土空间开发利用中出现了一些突出问题。例如，耕地减少过多过快，保障粮食安全压力大；生态损害严重，生态系统功能退化；资源开发强度大，环境问题凸显；空间结构不合理，空间利用效率低；城乡和区域发展不协调，公共服务和生活条件差距大等。

为了解决这些问题，需要在我国制定的鼓励东部地区率先发展，实施西部大开发，振兴东北老工业基地，实施中部崛起的区域发展总体战略下，积极实施主体功能区战略，优化国土资源开发格局。

积极实施主体功能区战略，首先要构建科学合理的城市化格局、农业发展格局、生态安全格局。一是构建“两横三纵”为主体的城市化战略格局。构建以陆桥通道、沿长江通道为两条横轴，以沿海、京哈京广、包昆通道为三条纵轴，以国家优化开发和重点开发的城市化地区为主要支撑，以轴线上其他城市化地区为重要组成的城市化战略格局。二是构建“七区二十三带”为主体的农业战略格局。构建以东北平原、黄淮海平原、长江流域、汾渭平原、河套灌区、华南和甘肃新疆等农产品主产区为主体，以基本农田为基础，以其他农业地区为重要组成的农业战略格局。三是构建“两屏三带”为主体的生态安全战略格局。构建以青藏高原生态屏障、黄土高原—川滇生态屏障、东北森林带、北方防沙带和南方丘陵山地带以及大江大河重要水系为骨架，以其他国家重点生态功能区为重要支撑，以点状分布的国家禁止开发区域为重要组成的生态安全战略格局。①

积极实施主体功能区战略，必须优化国土资源开发格局，即按照《全国主体功能区规划》的要求，基于不同区域的资源环境承载能力、现有开发强度和未来发展潜力，以是否适宜或如何进行大规模高强度工业化城镇化开发为基准，将国土划分为优化开发区域、重点开发区域、限制开发区域和禁止开发区域。优化开发区域是经济比较发达、人口比较密集、开发强度较高、资源环境问题更加突出，从而应优化进行工业化、城镇化开发的城市化地区。国家优化开发区域的功能定位是：提升国家竞争力的重要区域，带动全国经济社会发展的龙头，全国重要的创新区域，我国在更高层次上参与国际分工及有全球影响力的经济区，全国重要的人口和经济密集区。重点开发区域是有一定经济基础、资源环境承载能力较强、发展潜力较大、集聚人口和经济的条件较好，从而应重点进行工业化、城镇化开发的城市化地区。国家重点开发区域的功能定位是：支撑全国经济增长的重要增长极，落实区域发展总体战略、促进区域协调发展的重要支撑点，全国重要的人口和经济密集区。限制开发区域分为两类：一类是农产品主产区，即耕地较多、农业发展条件较好，尽管也适宜工业化、城镇化开发，但从保障国家农产品安全以及中华民族永续发展的需要出发，必须把增强农业综合生产能力作为发展的首要任务，从而应该限制进行大规模高强度工业化城镇化开发的地区。农产品主产区的功能定位是：保障农产品供给安全的重要区域，农村居民安居乐业的美好家园，社会主义新农村建设的示范区。另一类是重点生态功能区，即生态系统脆弱或生态功能重要、资源环境承载能力较低，不具备大规模高强度工业化城镇

---

① 国务院印发《全国主体功能区规划》(全文)，参见中国新闻网，2011年6月9日。

化开发的条件，必须把增强生态产品生产能力作为首要任务，从而应该限制进行大规模高强度工业化城镇化开发的地区。国家重点生态功能区的功能定位是：保障国家生态安全的重要区域、人与自然和谐相处的示范区。禁止开发区域是依法设立的各级各类自然文化资源保护区域，以及其他禁止进行工业化、城镇化开发、需要特殊保护的重点生态功能区。国家禁止开发区域的功能定位是：我国保护自然文化资源的重要区域、珍稀动植物基因资源保护地。

积极实施主体功能区战略，要全面落实主体功能区规划，健全财政、投资、产业、土地、人口、环境等配套政策和各有侧重的绩效考核评价体系。根据2015年《意见》的部署，主要从以下方面全面落实：第一，市县统筹制定经济社会发展、城乡、土地利用、生态环境保护等规划，使之“多规合一”，形成一个市县一本规划、一张蓝图的局面。第二，区域规划编制、重大项目布局必须符合主体功能定位。第三，对不同主体功能区的产业项目实行差别化市场准入政策，明确禁止开发区域、限制开发区域准入事项，明确优化开发区域、重点开发区域禁止和限制发展的产业。第四，编制实施全国国土规划纲要，加快推进国土综合整治。第五，构建平衡适宜的城乡建设空间体系，适当增加生活空间、生态用地，保护和扩大绿地、水域、湿地等生态空间。大力推进绿色城镇化和美丽乡村建设。

（二）提高海洋资源开发能力

海洋是国家安全、经济发展等国家核心利益的重要载体。我国是一个海洋大国，在海洋有着广泛的战略利益。

在20世纪70年代末和80年代，邓小平在规划中国“四化”建设蓝图和国家发展战略的同时，曾具体提出过新时期中国海洋政治、经济和军事等方面的发展构想、思路和目标。在这一基础上，中共第三代领导集体进一步明确提出，要把建设“海洋大国”、“海洋强国”作为中国跨世纪海洋发展战略的奋斗目标，下定决心奋战几十年，使中国在经略海洋的各个主要领域，特别是海洋经济领域力争达到和超过世界先进水平。

1996年颁布的《中国海洋21世纪议程》明确指出："中国应该实行以发展海洋经济为中心的海洋战略"，在国家战略的海洋政治、海洋经济、海洋军事、海洋科技等领域内，必须坚持"以发展海洋经济为中心"的原则。中国对海洋科技的发展和海洋经济综合效益的提高极为重视，1998年政府有关部门制定了《中长期海洋科技发展纲要》、《海洋技术政策(蓝皮书)》、《"九五"和2010年全国科技兴海实施纲要》和多项海洋科技发展规划。

与此同时，20世纪90年代中国先后颁布了几部极为重要的海洋法规，如：《中华人民共和国对外合作开采海洋石油资源条例》、《中华人民共和国领海及毗连区法》、《国家海域使用管理暂行规定》、《中华人民共和国专属经济区和大陆架法》、《中华人民共和国海洋环境保护法》等。1996年5月，为维护新的国际海洋法律制度和国家海洋权益，全国人大常委会批准了中国加入《联合国海洋法公约》。

进入21世纪以后，党和国家领导人更加注重海洋权益的维护。2006年，胡锦涛总书记在中央经济工作会议上指出，在做好陆地规划的同时，要增强海洋意识，做好海洋规划，完善体制机制。2011年《全国主体功能区规划》根据海洋和陆地统筹开发原则，要求根据陆地国土空间与海洋国土空间的统一性，以及海洋系统的相对独立性进行开发，促进陆地国土空间与海洋国土空间协调开发。2012年党的十八大提出，要提高海洋开发能力，发展海洋经济，保护海洋生态环境，坚决维护国家海洋权益，建设海洋强国。2015年出台的《关于加快生态文明建设的意见》提出要"加强海洋资源科学开发和生态环境保护"。

要提高海洋开发能力，就必然要求坚持规划用海、集约用海、生态用海、科技用海和依法用海，提高资源利用效率和水平，实现海洋资源的节约、集约和可持续利用。划分海洋主体功能区时应充分考虑维护我国海洋权益、海洋资源环境承载能力、海洋开发内容及开发现状，并与陆地国土空间的主体功能区相协调；沿海地区集聚人口和经济的规模要与海洋环境承载能力相适应，统筹考虑海洋环境保护与陆源污染防治。要严格控制陆源污染物排海总量，建立并实施重点海域排污总量控制制度，加强海洋环境治理、海域海岛综合整治、生态保护修复，有效保护重要、敏感和脆弱海洋生态系统；严格保护海岸线资源，合理划分海岸线功能，做到分段明确，相对集中，互不干扰，实施自然岸线控制制度；港口建设和涉海工业要集约利用岸线资源和近岸海域，各类开发活动都要以保护好海洋自然生态为前提，尽可能避免改变海域的自然属性。要坚持“点上开发、面上保护”，控制海洋开发强度，在适宜开发的海洋区域，加快调整经济结构和产业布局，积极发展海洋战略性新兴产业，严格生态环境评价，提高资源集约节约利用和综合开发水平，最大程度减少对海域生态环境的影响。控制发展海水养殖，科学养护海洋渔业资源；控制围填海造地规模，实施严格的围填海总量控制制度，统筹海岛保护、开发与建设；保护河口湿地，合理开发利用沿海滩涂，保护和恢复红树林、珊瑚礁、海草床等，修复受损的海洋生态系统。

提高海洋开发能力，要发挥科技的带动作用，着力加强海洋资源开发技术的成果转化和产业化。建立和完善严格的海洋资源开发和保护管理制度，推动海洋主体功能区战略实施，引导海洋资源利用产业健康发展，还要增强全民珍惜海洋、保护海洋的意识。

三、建设资源节约型、环境友好型社会

资源节约和环境友好是生态文明的重要特征，建设资源节约型、环境友好型社会是坚持节约资源和保护环境基本国策的必然要求，是解决资源、生态、环境问题，实现文明发展、永续发展的必然选择，为建设生态文明提供了路径和平台。

资源节约型社会是指在生产、建设、流通、消费等领域，通过法律、经济和行政等综合性措施，提高资源利用效率，以最少的资源消耗获得最大的经济和社会收益，保障经济社会可持续发展。建设资源节约型社会，其目的在于追求更少的资源消耗、更低的环境污染、更大的经济和社会效益，实现可持续发展。

环境友好型社会是人与自然和谐发展的社会，通过人与自然的和谐发展来促进人与人、人与社会的和谐。建设环境友好型社会要以环境承载能力为基础，以遵循自然规律为核心，以绿色科技为动力，倡导环境文化和生态文明，构建经济社会环境协调发展的社会体系。

建设资源节约型、环境友好型社会科学内涵的核心内容是，切实保护和合理利用各种资源，提高资源利用效率，遵循自然规律，保护生态环境，人与自然和谐相处，以最少的资源消耗和环境代价获得最大的经济效益、社会效益和生态效益，实现可持续发展，并最终提高人民的生活水平和生活质量，构建社会主义和谐社会。

(一)资源节约型、环境友好型社会的提出

改革开放30多年来，我国对经济增长投入了极大的关注，虽然我们的社会主义现代化事业取得了举世瞩目的重大成就，但是由于我国人口多、地域广、发展基础差、人均资源占有量低，再加上工业化初期被迫采取投入大，消耗资源、能源多且效益低的粗放型的经济发展方式，这就给我们的发展带来了一系列难题，特别是生态环境问题非常严重。我国国情研究专家胡鞍钢指出："先天不足，并非优越；人为破坏，后天失调；退化污染，兼而有之；局部在改善，整体在恶化；治理能力远远赶不上破坏速度，环境质量每况愈下，从而形成中国历史上规模最大、涉及面最广，后果最严重的生态破坏和环境污染。"①

第一，环境污染严重。当前，污染物排放总量远超环境容量，一些重点流域水污染严重，重金属和持久性有机污染加重，尤其是灰霾现象和酸雨现象凸显。据统计，"2011年，我国城市大气环境质量有11%的城市超标，城市大气环境以可入肺颗粒物(PM2.5)污染为主的混合型污染问题日益突出。在监测的468个市(县)中，出现酸雨的市(县)227个，占48.5%；酸雨频率在25%以上的140

① 胡鞍钢：《中国环境十大危机》，载《发现》1997年第3期。

个，占 29. 9%；酸雨频率在 75%以上的 44 个，占 9. 4%。酸雨区面积约占国土面积的 12. 9%。”①该问题已成为引发社会矛盾、影响社会稳定的公害。

第二，生态系统退化。当前，我国森林总量不足、草原退化、水土流失、荒漠化等问题突出，环境状况总体恶化趋势没有根本遏制。据统计，“全国年均缺水量超过 500 亿立方米，2/3 城市缺水，大江大河特别是黄河、海河、淮河、辽河及西北内陆河区水资源开发利用接近或超过水资源承载能力，耕地面积已接近 18 亿亩红线；水土流失面积占国土面积 37%、沙化土地面积占 18%、石漠化面积占 1. 3%，80%以上的草原不同程度退化，地面沉陷面积扩大，生物多样性锐减，生态系统抵御自然灾害能力减弱”②。

第三，资源约束趋紧。其一，我国面临资源总量大国与人均资源占有量小国的矛盾现状。从中国的资源总量来看，中国是一个资源大国。如果考虑到中国的人口、资源质量和分布情况，中国则是一个资源小国。中国人均淡水、耕地、森林资源占有量分别为世界平均水平的 28%、40%和 25%，石油、铁矿石、铜等重要矿产资源的人均可采储量，分别为世界人均水平的 7. 7%、17%、17%。③而且，大部分自然资源、能源主要分布在地理、生态环境恶劣的西部地区，开采、利用与保护的成本高。其二，随着全面建成小康社会进程的开始，经济规模进一步扩大，工业化和城镇化建设全面加速，资源供求矛盾日趋加大。其三，中国能源资源的对外依存度日增，影响到中国的能源和资源发展战略和安全。如我国石油对外依存度已上升到 56. 7%，重要矿产资源对外依存度也快速上升④。

---

① 辛鸣：《十八大后党政干部关注的重大理论与现实问题解读》，中共中央党校出版社 2012 年版，第 192 页。

② 《十八大报告学习辅导百问》，党建读物出版社 2012 年版，第 143 页。

③ 《中国可持续发展国家报告》，http://www.china.com.cn/zhibo/zhuanti/ch-xinwen/2012-06/01/content_25541073.htm。

④ 本书编写组：《中国特色社会主义理论与实践研究》，高等教育出版社 2012 年版，第 119 页。

面对当前如此严峻的资源环境问题，虽然中共和政府做了很多努力，我国的环保工作也取得了诸多成绩，但是生态文明建设仍滞后于经济社会发展，环境资源保护压力仍然很大。

第一，环保投入日益增多，改善环保质量依旧任重道远。改革开放以来，我国的经济一直持快速发展劲头，2013 年国民生产总值达 568845 亿元，位居世界第二位，综合国力大大增强。经济的高速发展要伴随环保费用的高投入，而我国的环保投入虽然逐年增加，2013 年全社会环保投入超过 1 万亿元，“十二五”期间，全社会环保投入将超过 5 万亿元。但是，以此环保投入与高速增长的经济相对照，仍然不足以控制环境污染，而且随着经济的继续发展，这种环境压力仍然会存在。

第二，结构性污染问题突出，环境保护难度加大。西方国家的工业发展模式一般是先轻工业和加工工业，后重工业和基础工业。我国却采取了相反的发展模式，这就导致我国与西方国家相比，严重的环境污染出现得更早。虽然我国环境保护的起步，比发达国家晚不了几年，但经济结构条件明显不同。20 世纪 70 年代，发达国家开始采取严格的环保行动，不仅调整产业结构，花大量资金控制污染，而且将一些高消耗、重污染的“夕阳工业”转移到发展中国家。我国在把环保工作提上议事日程时，正值工业化发展的强劲势头，优先发展钢铁、重化工、交通等基础产业，能源和资源消耗迅速上升，也不可能将这种负担转嫁给其他国家，从而大大加剧了环境污染负担。但是，让我国限制重污染型工业的发展，在当下是不可能的。只有等到我国基本完成工业化进程之后，这种结构性污染才会有所减轻。所以，如何在发展中有效控制这类工业的污染，是我们面临的一大难题。

第三，工业总体水平低，能源资源消耗高。我国虽然有一部分企业技术达到世界先进水平，但是从总体上看，技术起点相当低，导致能源和原材料消耗过量，不仅经济效益不高，而且加重了环境负担。大力促进乡镇企业的发展是我国实现工业化、现代化的一大特点。虽然乡镇企业在促进经济发展、缓解就业压力等方面发挥了很大的作用，但是它的技术起点更低，资源和能源消耗量更大，给环境造成的污染也就更严重。尤其是一些中西部地区，乡镇企业仍然处于靠拼资源、拼能源的粗放阶段，往往把一些生物茂盛的地区变得寸草不生，甚至将乡镇的污染与城市的污染连成一片，这种现象在其他国家很少看到。

第四，工业布局不合理，环境污染加剧。在新中国工业化发展过程中，除了“一五”计划中对工业布局有所控制外，很长一段时间，工业布局随意性很大，随心所欲，无视地理环境特点，无视人民群众的生活和健康，到处布设对环境污染较严重的工厂企业。因此，当前要在发展中调整这种不合理的布局绝非易事。

改革开放以来，党和政府为解决环境资源问题做了积极的探索和部署。1982 年，中共十二大正式确立计划生育为基本国策，缓解人口与环境资源矛盾。1983 年，第二次全国环境保护会议明确提出环境保护是国家的一项基本国策。自此之后全国人民代表大会先后颁布了《水污染防治法》、《大气污染防治法》、《野生动物保护法》和《环境保护法》，不仅结束了中国无环境保护法的历史，而且为强化环境管理提供了依据和保障。2002 年，中共十六大提出将“保护资源”作为基本国策。2005 年，中共十六届五中全会通过了《中共中央关于制定国民经济和社会发展第十一个五年规划的建议》，提出：“要把节约资源作为基本国策，发展循环经济，保护生态环境，加快建设资源节约型、环境友好型社会，促进经济发展与人口、资源、环境协调。”①2006 年，中共十六届六中全会颁发了《中共中央关于构建社会主义和谐社会若干重大问题的决定》，明确提出建设资源节约型、环境友好型社会的战略决策，并提出了比较系统的加强环境治理保护，促进人与自然和谐相处的战略举措。由此，中共中央正式提出建设资源节约型、环境友好型社会。这是中共中央为了缓解和破解我国经济社会发展的资源环境约束、建设生态文明而作出的一项重大战略决策，是实现经济社会发展的重大现实课题。2007 年，《中华人民共和国节约能源法》第四条规

① 《十六大以来重要文献选编》(中)，中央文献出版社 2006 年版，第 1064 页。

定：节约资源是我国的基本国策。由此，“节约资源”作为一项基本国策正式纳入法律轨道。2010年中共十七届五中全会通过了“十二五”规划的建议，强调要“坚持把建设资源节约型、环境友好型社会作为加快转变经济发展方式的重要着力点”。2012年，中共十八大提出，建设生态文明，要坚持节约资源和保护环境的基本国策，坚持节约优先、保护优先、自然恢复为主的方针，着力推进绿色发展、循环发展、低碳发展，形成节约资源和保护环境的空间格局、产业结构、生产方式、生活方式，从源头上扭转生态环境恶化趋势，为人民创造良好生产生活环境，为全球生态安全作出贡献。

(二)建设资源节约型、环境友好型社会的基本路径

新形势推进资源节约型、环境友好型社会建设的基本路径，一是继续实施可持续发展战略；二是坚持节约优先、保护优先、自然恢复为主的方针；三是推进绿色发展、循环发展、低碳发展；四是形成节约资源和保护环境的空间格局、产业结构、生产方式、生活方式。

第一，继续实施可持续发展战略。可持续发展战略，就是以科学发展为主题，以加快转变经济发展方式为主线，以发展经济为第一要务，以提高人民群众生活质量和发展能力为根本出发点和落脚点，以改革开放、科技创新为动力，全面推进经济绿色发展，社会和谐进步的战略。其总体目标是：人口总量得到有效控制、素质明显提高，科技教育水平明显提升，人民生活持续改善，资源能源开发利用更趋合理，生态环境质量显著改善，可持续发展能力持续提升，形成经济社会与人口资源环境协调发展的局面。

可持续发展战略在我国的确立经历了较长的探索过程。1992年6月，中国参加了在巴西里约热内卢举行的联合国环境与发展大会。这次大会通过的《21世纪议程》确立了以可持续发展思想为主导的一系列政策以及优先解决的重点领域，被誉为是人类实现可持续发展的行动纲领。联合国环境与发展大会一结束，我国便根据大会的精神着眼于制定中国的可持续发展战略。1992年7月2日，

国务院环境保护委员会审议通过了《关于出席联合国环境与发展大会的情况及有关对策的报告》，提出了中国环境与发展领域应采取的十条对策和措施，其中实行可持续发展战略被列为十大对策之首。1994 年 3 月，国务院讨论通过了《中国 21 世纪议程—中国 21 世纪人口、环境与发展白皮书》，提出了实施可持续发展的总体战略思路。1995 年，江泽民在中共十四届五中全会上提出："在现代化建设中，必须把实现可持续发展作为一个重大战略"①，第一次把可持续发展确定为我国经济和社会发展的重要指导方针。随后，他又对可持续发展作出了科学界定："可持续发展，就是既要考虑当前发展的需要，又要考虑未来发展的需要，不要以牺牲后代人的利益为代价来满足当代人的利益。"②中共十五大第一次把可持续发展写入党的政治报告。随后，江泽民在庆祝中国共产党成立 80 周年大会、2002 年 3 月召开的中央人口资源环境工作座谈会上都反复强调，一定要高度重视并切实解决经济增长方式转变的问题，按照可持续发展的要求，正确处理经济发展同人口、资源、环境的关系，促进人和自然的协调与和谐。2002 年 11 月，中共十六大正式提出全面建设小康社会的奋斗目标，其中生态环境方面的具体目标为："可持续发展能力不断增强，生态环境得到改善，资源利用效率显著提高，促进人与自然的和谐，推动整个社会走上生产发展、生活富裕、生态良好的文明发展道路。"③2003 年 11 月，中共十六届三中全会正式提出以人为本，全面、协调、可持续的科学发展观，并把"统筹人与自然和谐发展"作为实现社会全面协调发展的一个重要方面。这不仅是马克思主义的本质要求，也是中国特色社会主义现代化建设的迫切需要；不仅丰富和发展了中国共产党和国家的社会发展理论，也打开了实现社会全面协调发展的现实路径。

20 世纪 90 年代中期以来，围绕实施可持续发展战略，中国共

---

① 《江泽民文选》第 1 卷，人民出版社 2006 年版，第 463 页。

② 《江泽民文选》第 1 卷，人民出版社 2006 年版，第 518 页。

③ 《十六大以来重要文献选编》(上)，中央文献出版社 2005 年版，第 15 页。

产党和国家结合我国人口资源环境工作的实际作出了一系列战略部署。比如，大力发展清洁生产，坚持走科技含量高、经济效益好、资源消耗低、环境污染少、人力资源优势得到充分发挥的新型工业化道路；坚持和完善计划生育基本国策，走具有中国特色的综合治理人口问题的道路，实现21世纪中叶人口与计划目标；坚持资源开发和节约并举，把节约放在首位；加强生态环境保护和建设，促进人与自然和谐发展；走生产发展、生活富裕、生态良好的文明发展道路等。我国在资源节约与环境保护领域取得了积极进展，通过淘汰落后产能、加强重点领域节能、积极发展新能源和可再生能源等措施，努力提高能源保障水平。目前中国已成为世界上水电、风电装机和太阳能热水器集热面积最大的国家。采取“面上整体推进、点上重点突破”的方式大规模开展生态修复工程，森林覆盖率由2000年的16.55%上升到2010年的20.36%，全国生态环境恶化趋势得到初步控制，部分区域生态环境质量显著改善。制定了节能减排的约束性指标，大力加强重点流域水污染防治、大气污染防治和工业废弃物综合治理，2010年，二氧化硫和化学需氧量排放总量分别较2005年下降14.29%和12.45%，城市空气质量、地表水水质均有了明显提高。①

同时，我国推进可持续发展也面临严峻的挑战，诸如公平性问题，人口、就业、老龄化问题，自然生态环境的脆弱性问题，资源条件的刚性约束问题，经济社会结构性问题等，这些将给可持续发展带来巨大的压力。

当前建设“两型社会”，促进生态文明，必须继续实施可持续发展战略，妥善处理人口、资源、环境的关系。

其一，把经济结构调整作为推进可持续发展战略的重大举措。着力优化需求结构，促进经济增长向依靠消费、投资、出口协调拉动转变；巩固和加强农业基础地位，着力提升制造业核心竞争力，积极发展战略性新兴产业，加快发展服务业，促进经济增长向依靠

---

① 《中国可持续发展国家报告》，http://www.china.com.cn/zhibo/zhuanti/ch-xinwen/2012-06/01/content_25541073.htm。

三次产业协同带动转变；深入实施区域发展总体战略和主体功能区战略，积极稳妥推进城镇化，加快推进新农村建设，促进区域和城乡协调发展。

其二，把保障和改善民生作为推进可持续发展战略的主要目的。努力促进就业，加快发展各项社会事业，完善保障和改善民生的各项制度，推进基本公共服务均等化，使发展成果惠及全体人民。

其三，把加快消除贫困进程作为推进可持续发展战略的急迫任务。以提高贫困人口收入水平和生活质量为主要目标，通过专项扶贫、行业扶贫、社会扶贫，加大扶贫开发投入和工作力度，采取财税支持、投资倾斜、金融服务、产业扶持、土地使用等领域的特殊政策，实施生态建设、人才保障等重大举措，培育生态友好的特色主导产业和增强发展能力，提高贫困人口的基本素质和能力，全面推进扶贫开发进程。

其四，把全面促进资源节约，加大环境保护力度作为推进可持续发展战略的重要抓手。要大力节约集约利用资源，推动资源利用方式根本改变，加强全过程节约管理，大幅降低能源、水、土地消耗强度。控制能源消费总量，加强节能减排，支持节能低碳产业和新能源、可再生能源发展。努力控制温室气体排放，积极应对气候变化。加强水源地保护，推进水循环利用，建设节水型社会。加强矿产资源勘查、保护、合理开发，提高矿产资源综合利用水平。大力发展循环经济。要以解决损害群众健康突出环境问题为重点，坚持预防为主，综合治理，强化水、大气、土壤等污染防治，着力推进重点流域和区域水污染防治，着力推进颗粒物污染防治，着力推进重金属污染和土壤污染综合治理，集中力量解决细颗粒物、饮用水、土壤、重金属、化学品等突出问题，切实改善环境质量。实施重大生态修复工程，增强生态产品生产能力，推进沙漠化、石漠化综合治理，扩大湖泊、湿地面积，保护生物多样性，提高适应气候变化的能力。

其五，把全面提升可持续发展能力作为推进可持续发展战略的基础保障。建立长效的科技投入机制，注重科技创新人才的培养与引进，建立健全创新创业的政策支撑体系，推进有利于可持续发展的科技成果转化与推广，提升国家绿色科技创新水平；以环境保护、资源管理、人口管理等领域为重点，完善可持续发展法规体系；建立健全可持续发展公共信息平台，发挥民间组织和非政府组织的作用，推进可持续发展试点示范，促进公众和社会各界参与可持续发展的行动；加强防灾减灾能力建设，提高抵御自然灾害的能力；积极参与双边、多边的全球环境、资源、人口等领域的国际合作与交流，努力促进国际社会采取新的可持续发展行动。

第二，坚持节约优先、保护优先、自然恢复为主的方针。坚持节约优先、保护优先、自然恢复为主的方针，是推进生态文明建设的根本方针。它是节约资源和保护环境基本国策的具体化，标志着中国共产党对生态文明的认识更加深入，为生态文明建设的实践指明了方向。

节约优先，就是要在资源开发和利用中，把节约资源放在首位。我国正处于并将长期处于社会主义初级阶段，工业化和城镇化对资源有着巨大的需求。虽然我国是一个资源大国，但是人口基数很大，人均资源占有量很低，从这个角度看，中国又是名副其实的资源小国。从发展方式看，我国经济保持了 30 多年的高速增长，但呈现出粗放型特征，单位国内生产总值能耗是发达国家的 3~4 倍。因此，在资源需求不断加大、资源使用效率又相对低下的情况下，唯有坚持节约资源才能破解难题。中共十八大对资源节约优先战略提出了全面要求，包括节约集约利用资源，推动资源利用方式根本转变，加强全过程节约管理，大幅降低能源、水、土地消耗强度，提高利用效率和效益。推动能源生产和消费革命，控制能源消费总量，加强节能降耗，支持节能低碳产业和新能源、可再生能源发展，确保国家能源安全。加强水源地保护和用水总量管理，推进水循环利用，建设节水型社会。严守耕地保护红线，严格土地用途管制。加强矿产资源勘查、保护、合理开发。循环经济，促进生产、流通、消费过程的减量化、再利用、资源化。

保护优先，就是要在环保工作中，把生态保护放在优先的位置上加以考虑，把预防为主、源头治理放在首位。当在生态环境保护管理活动中社会的生态利益和其他利益发生冲突的情况下，应当优先考虑社会的生态利益，满足生态安全的需要，做出有利于生态保护的管理决定。近年来，党和政府以科学发展为主题，高度重视环境保护，不断调整发展与保护的关系，环境保护事业取得积极进展。然而，一些地方在思想上还是重发展轻保护，在实践中往往先污染后治理，导致环境问题层出不穷。党的“十八大”提出坚持保护优先，要求地方政府转变发展理念，正确处理发展与保护的关系，把环保放在更加突出的位置。不仅要末端治理，还要源头控制、源头治理，并坚持预防为主，只有这样才能缓解环境压力，解决环境问题。

自然恢复为主，就是在生态系统保护和修复中，把利用自然力修复生态系统放在首位。从农业文明、工业文明再到生态文明，实质的区别在于处理人与自然的关系的差异。正确认识人与自然的关系，才能理顺发展与保护的关系，才能找到科学发展的现实路径。中共十八大提出大力推进生态文明建设，尊重自然、顺应自然、保护自然，是对人与自然关系的深刻认识和准确把握。而自然恢复为主的方针，正是在这种大背景、大思路、大战略下提出的。大自然自身有修复能力，我们要顺应大自然的规律，给大自然留下更多的空间，用自身的方法和节奏修复自己。坚持自然恢复为主，就可以避免人类对自然的干预，降低环境保护的成本，起到事半功倍的效果。坚持自然恢复为主，就可以给自然自我调节的机会，有利于拓展环境容量，提升环境承载力，利用自然恢复力推进生态文明。

节约优先、保护优先、自然恢复为主，三者浑然一体，缺一不可。这三个要求都是为了在给子孙后代留下丰富物质财富的同时，也留下天蓝、地绿、水净的美好家园。

第三，推进绿色发展、循环发展、低碳发展。着力推进绿色发展、循环发展、低碳发展是推进生态文明建设，构建“两型社会”的基本途径，也是转变经济发展方式的重点任务和重要内涵。与传统的生产方式相比，绿色发展注重经济效益、环境效益和社会效益的协调，不仅要在生产过程中节约原材料、能源并减少排放物，同时也要最大限度地减少整个生产周期对人的健康和自然生态的损害。循环经济通过“资源—产品—消费—再生资源”的物质反复循环流动和资源的不断循环使用，来带动经济的效益型增长，以消除对自然资源过度开发的危害，力求达到污染物的低排放甚至“零排放”，最终使经济社会可持续发展。以低能耗、低污染、低排放为基础的低碳经济，与循环经济观有相同的理念和价值，其实质是能源利用高效率和能源结构洁净化、合理化，引领我们走向生态文明。

故而，推进绿色发展、循环发展、低碳发展，需要以科学技术为支撑，发展绿色科技，改变以往粗放型的经济发展方式，实现GDP的绿色增长。要大力发展循环经济，要求企业节能降耗，提高资源利用效率，减少污染物和废弃物的排放。加快产业结构的调整与升级，继续淘汰和关闭浪费资源、严重污染环境的落后工艺、设备和企业，用清洁生产技术改造能耗高、污染重的传统产业，鼓励发展节能、降耗、减污的高新技术产业。积极发展循环经济，促进生产、流通、消费过程的减量化、再利用、资源化。

第四，形成节约资源和保护环境的空间格局、产业结构、生产方式、生活方式。形成节约资源和保护环境的空间格局、产业结构、生产方式、生活方式是推进生态文明建设的重要目标。要努力形成同传统工业文明的大量生产、大量消费、大量废弃、大量占用自然空间不同的经济结构、社会结构和发展方式。

要尽可能集中集约利用国土空间，减少对自然生态空间的占用；提高能源资源消耗少、污染排放少的产业在国民经济中的比重；提高全社会“保护生态就是爱护生命”的生态文明意识。加强资源利用总量控制，避免无度、无序开发，理顺资源性产品价格体系，运用价格机制优化配置稀缺资源，大力发展循环型生产方式，提高资源的利用、再利用效率。引导人们自觉遵守环保法则，营造爱护生态的良好风气，不断改善人类生存环境，提高人类生活质量。

要倡导和提倡生态消费、适度消费。生活方式、消费方式不健康，对资源生态环境的破坏同样触目惊心。正是由于有了过度、奢侈消费，才使人类个体生活损害了群体生存的自然环境和其他物种的繁衍生存；正是由于有了不健康的饮食与穿着方式，才造成了大量珍稀生物的被屠杀、濒危或消失；也正是由于人们出行方式的转变，使汽车代替了自行车，才导致了交通的拥堵、尾气的过量排放，等等。而生态消费就是要提倡一种既符合物质生产的发展水平又符合生态生产的发展水平，既能满足人的消费需求又不对生态环境造成危害的消费观念，突出人的精神心理的需要。为此，我国于2015年颁布的《加快推进生态文明建设的意见》指出，要提高全民生态文明意识，积极培育生态文化、生态道德，使生态文明成为社会主流价值观，成为社会主义核心价值观的重要内容。尤其是要培育绿色生活方式，倡导勤俭节约的消费观，以达到资源永续利用。

四、加快生态文明制度建设

治理始于制度，制度具有根本性、长期性、稳定性，建设生态文明需要可靠的制度保障。为此，中共十八大提出，保护生态环境必须依靠制度，要加强生态文明制度建设。习近平总书记指出："只有实行最严格的制度、最严密的法治，才能为生态文明建设提供可靠保障。"①生态文明建设是一项全面系统的工程，需要一系列配套制度的支持。中共十八届三中全会进一步强调，需建设生态文明，必须建立系统完整的生态文明制度体系。2015年颁布的《加快推进生态文明建设的意见》也提出，要"加快建立系统完整的生态文明制度体系，引导、规范和约束各类开发、利用、保护自然资源的行为，用制度保护生态环境"。

制度一直是生态文明建设中的薄弱环节。过去我们习惯于通过运动式方式来改变环境，导致制度严重缺失。虽然运动式方式短时间内也能取得一定实效，但由于缺乏统筹规划，效果难以持续。这种人治性思维方式往往导致即使形成了一定的制度，也不能很好贯彻落实。因此，"生态文明建设不会一劳永逸，只有实现法制化、制度化，才能建立起长效机制"。目前，加快生态文明制度建设主

---

① 《习近平谈治国理政》，外文出版社2014年版，第210页。

要在于健全生态文明制度体系。制度体系是由一系列的具体制度、体制和机制构成的有机联系的整体。

(一)健全自然资源资产产权制度和用途管制制度

从资源节约、保护环境的预防性制度建设来看，首先需要健全自然资源资产产权制度和用途管制制度，从法律上对自然生态空间的使用划定权力的边界，保证权利、义务与责任的统一。对水流、森林、山岭、草原、荒地、滩涂等自然生态空间进行统一确权登记，明确国土空间的自然资源资产所有者、监管者及其责任，形成归属清晰、权责明确、监管有效的自然资源资产产权制度。完善自然资源资产用途管制制度，明确各类国土空间开发、利用、保护边界，实现能源、水资源、矿产资源按质量分级、梯级利用。建立空间规划体系，划定生产、生活、生态空间开发管制界限，落实用途管制，为生态空间的合理利用划定发展与保护的界限。健全能源、水、土地节约集约使用制度。健全国家自然资源资产管理体制，统一行使全民所有自然资源资产所有者职责。完善自然资源监管体制，统一行使所有国土空间用途管制职责。严格节能评估审查、水资源论证和取水许可制度。坚持并完善最严格的耕地保护和节约用地制度，强化土地利用总体规划和年度计划管控，加强土地用途转用许可管理。完善矿产资源规划制度，强化矿产开发准入管理。有序推进国家自然资源资产管理体制改革。

(二)严守资源环境生态红线

健全自然资源资产产权制度和用途管制制度，必须树立底线思维，设立资源管控红线制度。严守资源环境生态红线包括严守资源消耗上限、环境质量底线和生态保护红线三个方面，将各类开发活动限制在资源环境承载能力之内。其一，严守资源消耗上限。合理设定资源消耗“天花板”，加强能源、水、土地等战略性资源管控，强化能源消耗强度控制，做好能源消费总量管理。继续实施水资源开发利用控制、用水效率控制、水功能区限制纳污三条红线管理。划定永久基本农田，严格实施永久保护，对新增建设用地占用耕地规模实行总量控制，落实耕地占补平衡，确保耕地数量不下降、质量不降低。其二，严守环境质量底线，将大气、水、土壤等环境质量“只能更好、不能变坏”作为地方各级政府环保责任红线，确定污染物排放总量限值和环境风险防控措施。其三，严守生态保护红线。在重点生态功能区、生态环境敏感区和脆弱区等区域划定生态红线，确保生态功能不降低、面积不减少、性质不改变；科学划定森林、草原、湿地、海洋等领域生态红线，严格自然生态空间征(占)用管理，有效遏制生态系统退化的趋势。探索建立资源环境承载能力监测预警机制，对资源消耗和环境容量接近或超过承载能力的地区，及时采取区域限批等限制性措施。

(三)实行资源有偿使用制度和生态补偿制度

当前，能源、水资源、土地资源、矿产资源等资源性产品的价格改革和税费改革还不到位，资源有偿使用制度虽已确立，但没有体现生态价值。要深化资源性产品价格和税费改革，建立反映市场供求和资源稀缺程度、体现生态价值和代际补偿的资源有偿使用制度。加快自然资源及其产品价格改革，全面反映市场供求、资源稀缺程度、生态环境损害成本和修复效益。坚持使用资源付费和谁污染环境、谁破坏生态谁付费原则，逐步将资源税扩展到占用各种自然生态空间。建立有效调节工业用地和居住用地合理比价机制，提高工业用地价格。

要建立生态补偿制度，对因经济活动造成生态环境破坏的行为收取相应的费用，作为弥补生态建设和在资源开发利用中受损者的经济损失。建立生态补偿制度，需从以下三方面着手：一是合理确定特定的补偿责任主体。科学界定生态保护者与受益者权利义务，加快形成生态损害者赔偿、受益者付费、保护者得到合理补偿的运行机制。按照谁破坏谁补偿原则，这个“谁”可能是政府部门、企业、个人，也可能涉及多个主体，必须因事制宜，明确特定的补偿责任主体，多个主体的要量化责任。坚持落实受益主体，针对目前存在的补偿利益虚化、未补偿到真正受损者问题，有多个受损主体的要量化其利益，有多个受损方面的要全面覆盖受损的各个方面。二是合理确定补偿标准。针对现在的补偿没有准确反映受损主体差异性问题，要在以社会、经济、生态分类细化补偿标准基础上，给地方政府、企业、个人差异性补偿，用于社会重建、经济发展和生态修复。今后，在建立科学的生态价值评估体系前提下，完善分类及测算方法，分别制定补偿标准，加快建立生态补偿标准体系。抓紧建立生态补偿效益评估机制，制定和完善监测评估指标体系，及时提供动态监测评估信息，逐步建立生态补偿统计信息发布制度，并把资源消耗、环境损害、生态效益纳入经济社会发展评价体系，使之成为建立生态补偿制度的重要导向。三是坚持补偿模式多样化。要以现行的以政府财政转移支付为主的单一模式为主，辅之以一次性补偿、对口支援、专项资金资助和赋税减免等，同时通过制定规范，避免模式选择和补偿金额随意性。这就要求结合深化财税体制改革，完善转移支付制度，归并和规范现有生态保护补偿渠道，加大对重点生态功能区的转移支付力度，逐步提高其基本公共服务水平。建立地区间横向生态保护补偿机制，引导生态受益地区与保护地区之间、流域上游与下游之间，通过资金补助、产业转移、人才培训、共建园区等方式实施补偿。建立独立公正的生态环境损害评估制度。发展环保市场，推行节能量、碳排放权、排污权、水权交易制度，建立吸引社会资本投入生态环境保护的市场化机制，推行环境污染第三方治理。

(四)改革生态环境保护管理体制

我国现行的生态管理体制存在着许多与当前的生态建设要求不适应的地方，主要表现在：其一，统筹协调困难，顶层设计不足。生态环境保护是一项系统工程，涉及众多部门和行业，需要加强统筹协调，增强环保综合决策能力。中共十八大要求将生态文明建设融入四大建设，使之很有必要加强顶层设计，建立健全同五位一体总体布局相一致的生态环境保护管理体制。其二，部门职责分散交叉、权责脱节，影响行政效能和政府公信力。如水质、水量管理分离，地上、地下水污染防治不统一，温室气体与二氧化硫等污染物减排分开管理等，既增加管理对象负担，也浪费行政资源。其三，保障体系不完善，难以为环境监管提供有力支撑。因此，现行的生态环境保护管理体制必须加以改革和完善。具体有八个方面：

第一是建立和完善严格的污染防治监管体制。对所有污染物、污染源和地表水、地下水、海洋、大气、土壤等污染介质的污染防治实施监管，实现环境污染的全防全控。完善污染物排放许可证制度，禁止无证排污和超标准、超总量排污。违法排放污染物、造成或可能造成严重污染的，要依法查封扣押排放污染物的设施设备。对严重污染环境的工艺、设备和产品实行淘汰制度。实行企事业单位污染物排放总量控制制度，适时调整主要污染物指标种类，纳入约束性指标。健全环境影响评价、清洁生产审核、环境信息公开等制度。建立生态保护修复和污染防治区域联动机制。

第二是建立和完善严格的生态保护监管体制。对草原、森林、湿地、海洋、河流等所有自然生态系统，野生动植物、生物物种、外来物种、遗传资源等生物多样性，以及自然保护区、风景名胜区、森林公园、自然遗迹等保护区域进行整合，实施监管。探索完善矿山环境恢复治理保证金制度，建立健全垃圾分类回收制度，推行资源型企业可持续发展准备金制度。探索建立低碳产品标准、标识和认证制度，再生产品标识制度。

第三是建立统一的核辐射安全监管体制。统一监管民用核设施、核事故与辐射事故，建立统一的监管及其应急响应体系。

第四是建立和完善严格的环境影响评价体制。需要将战略环评、规划环评、项目环评等层面，以及海洋工程、海岸工程、水土保持等领域环境污染和生态影响的环评进行管理，避免多头负责，重复审批。

第五是建立权威的环境执法体制。将环境执法力量进行整合，明确环境执法地位，强化执法权威，建立有力高效的环境执法体制。

第六是完善国家环境监察制度。加强对有关部门和地方政府执行国家环境法律法规和政策的监管权，纠正其执行不到位的行为。

第七是建立和完善严格的环境监测预警制度。将地表水、地下水、海洋等环境监测资源进行整合，建立系统的环境监测预警体制。

第八是建立资金、技术转让国际合作平台和管理制度。生态文明建设是人类社会共同的职责，需要各国共同努力。单靠一国治理往往难以解决生态治理问题。良好的国际合作和管理制度有利于为人类生态文明建设提供更好的平台。

(五)完善经济政策，推行市场化机制

通过健全价格、财税、金融等政策，激励、引导各类主体积极投身生态文明建设。深化自然资源及其产品价格改革，凡是能由市场形成价格的都交给市场，政府定价要体现生态环境损害成本和修复效益。将高耗能、高污染产品纳入消费税征收范围。推动环境保护费改税。加快资源税从价计征改革，清理相关收费基金，逐步将资源税征收范围扩展到占用各种自然生态空间。完善节能环保、新能源、生态建设的税收优惠政策。推广绿色信贷，支持符合条件的项目通过资本市场融资。探索排污权抵押等融资模式。深化环境污染责任保险试点，研究建立巨灾保险制度。

建设生态文明同样需要依靠市场机制，要用市场化办法促进资源节约和生态环境保护，积极开展节能、碳排放权、排污权、水权交易试点。碳排放权、排污权、水权交易试点要与国家节能减排的各项政策协同联动，既要让参与企业有动力，又不能过度增加企业负担；同时要加强碳交易、排污权交易、水权交易的支撑体系建设，在温室气体排放、排污和用水的统计、监测、考核及交易标准等方面形成配套措施。

(六)健全责任追究和赔偿制度

资源环境是重要的公共产品，对其的破坏和损害要追究责任，

进行赔偿。从发达国家环境责任追究的发展历程来看，越来越倾向于强制追究制度，而且大多以立法形式作出明确规定。根据目前我国环境事故高发的实际情况，也必须大力推动国家立法和地方立法工作，建立环境责任追究制度，特别是针对生产、经营、储存、运输、使用危险化学品的企业、易发生环境污染事故的石油化工企业、危险品处置企业和近年来发生重大污染事故的企业要重点实行和监控。建立领导干部任期生态文明建设责任制，完善节能减排目标责任考核及问责制度。严格责任追究，对违背科学发展要求、造成资源环境生态严重破坏的要记录在案，实行终身追责。对推动生态文明建设工作不力的，要及时诫勉谈话；对不顾资源和生态环境盲目决策、造成严重后果的，要严肃追究有关人员的领导责任；对履职不力、监管不严、失职渎职的，要依纪依法追究有关人员的监管责任。

按照《中华人民共和国环境保护法》第64条的要求，因污染环境和破坏生态造成损害的，应当依照《中华人民共和国侵权责任法》的有关规定，承担侵权责任。为了进一步落实环境侵权责任，必须强化节能目标责任考核，建立和完善环境污染评价制度、环境侵权时效制度、环境责任保险制度、奖惩制度、环境损害赔偿基金制度和生产者责任延伸制度。

生态文明制度建设是一个长期过程，创建制度体系会面临一系列严峻挑战，任务紧迫而艰巨。一方面，我们必须克服传统体制机制障碍、破除各种既得利益束缚、解决新制度的理论难题，在实践探索过程不断完善；另一方面，不断提高制度执行能力和治理能力，改善政策实施环境。《2014中国可持续发展战略报告》以"创建生态文明的制度体系"为主题，围绕解读和落实十八届三中全会《中共中央关于全面深化改革若干重大问题的决定》，提出了生态文明建设的目标体系、实现路径及配套政策，重点探讨了生态文明建设制度安排的重大任务，特别是立法保障、制度创新、管理体制改革和治理结构重组，为循序渐进地开展生态文明建设奠定良好的制度基础。因此，我们有必要在新的历史起点上，抓住历史性机遇，制定推进生态文明制度体系建设的有效战略、实施步骤和支持政策，为塑造一个系统完整、运转高效的生态文明制度体系和治理模式而共同努力。

推进生态文明建设是建设美丽中国，实现中华民族永续发展的必然选择。因此，建设生态文明为中国梦增添了绿色底蕴，于满足人民群众对良好生态环境新期待、形成人与自然和谐发展现代化建设新格局，具有十分重要的意义。推进生态文明建设，牢固树立尊重自然、顺应自然、保护自然的理念，走中国特色绿色发展道路，加快形成人与自然和谐发展的现代化建设新格局，开创社会主义生态文明新时代。

第九章
中国和平发展道路

“要和平不要战争，要发展不要贫穷，要合作不要对抗，推动建设持久和平、共同繁荣的和谐世界，是各国人民共同愿望。”①实现中华民族伟大复兴的中国梦，需要一个和平的国际环境。中国和平发展道路，就是既要争取和平的国际环境发展自己，又要以自身的发展促进世界和平；既要依靠自身力量和改革创新实现发展，又要坚持对外开放，在平等互利的基础上同世界各国开展交流与合作，实现互利共赢、共同发展。中国的和平发展道路致力于世界共同繁荣进步，坚持开放的发展、合作的发展、共赢的发展。

一、中国和平发展道路的提出

中华民族是一个爱好和平的民族。新中国成立以来，中国共产党和中国人民就选择了和平发展的道路。不仅以我们的理论和政策，更以中国特色社会主义的实践诠释着和平发展的理念。实现和

---

① 《十八大以来重要文献选编》(上)，中央文献出版社 2014 年版，第 36 页。

平发展，符合时代要求，符合中国人民根本利益和世界人民的共同愿望。中国的和平发展道路“是新中国成立以来特别是改革开放以来，我们党经过艰辛探索和不断实践逐步形成的。”①

(一)改革开放前对和平发展道路的探索

新中国成立后，新生的共和国面临着极为复杂的国际国内局势。国内，部分残留的反革命势力还企图推翻新生的人民政权，国民经济几近崩溃，人民的生活需要安排，共和国百废待举；国际，两极格局形成，东西方冷战，蓬勃兴起的民族解放运动，使得一大批新兴的国家获得了独立，冲破了旧有的世界秩序，在东西方间形成广阔的中间地带。如何应对国际国内的复杂局势，选择怎样的外交政策和国际战略是对刚刚取得全国执政地位的中国共产党的严峻考验。

新中国成立前夕，中国共产党和中国人民的领袖毛泽东宣示了中国的立场：一方面，“中国必须独立，中国必须解放，中国的事情必须由中国人民自己作主张，自己来处理，不容许任何帝国主义国家再有一丝一毫的干涉”②。另一方面，中国人民将选择和平发展的道路，“我们的民族将从此列入爱好和平自由的世界民族的大家庭，同时促进世界的和平自由”③。

中国共产党和中国政府始终高举和平的旗帜，从来没有动摇过。在长期的实践中，中国共产党提出和坚持了和平共处五项原则，确立和奉行了独立自主的和平外交政策，向世界作出了中国永远不称霸、永远不搞扩张的庄严承诺。在任何条件下，中国始终是维护世界和平的坚定力量。从新中国成立到改革开放前，中国和平发展的理论和实践集中体现在以下几个方面。

第一，坚持独立自主的立场。新中国成立之初，面对严峻而恶

---

① 《习近平谈治国理政》，外文出版社 2014 年版，第 248 页。

② 《毛泽东选集》第 4 卷，人民出版社 1991 年版，第 1465 页。

③ 《毛泽东文集》第 5 卷，人民出版社 1996 年版，第 344 页。

劣的国际环境，为了维护国家的主权和安全，中国在外交政策上虽然选择了“一边倒”，加入到以苏联为首的社会主义阵营，而与以美国为首的资本主义阵营展开对抗和斗争。但中国共产党第一代领导集体始终是将维护国家的独立、主权和领土完整放在首位，决不在重大原则问题尤其是国家主权问题上作出让步。1958 年，毛泽东断然拒绝了苏联提出有损于中国主权的关于在中国建立长波电台以及中苏联合建立潜艇舰队的主张，同时批评了苏联对其他社会主义国家的大国主义的霸道作法。① 在处理与美国等西方国家的关系上，中国也牢牢把握独立自主的原则，决不屈从于西方的压力。毛泽东曾表示：“我们不怕美国的封锁，我们不急于同美国建交，我们奉行独立自主，自力更生的外交政策。”②

第二，倡导“争取持久和平”。新中国成立以后，面对外部巨大的国际压力以及繁重的国家建设任务，中国政府十分重视争取和平的国际环境。毛泽东曾在会见外宾的时候指出：“我们现在需要几十年的和平，至少几十年的和平，以便开发国内生产，改善人民的生活。我们不愿打仗，假使能创造这样一个环境，那就很好。”“我们应共同努力来防止战争，争取持久的和平。”③毛泽东还强调：“争取和平是我们共同的目的。现在我们还不能说和平可以永久的维持，我们先说维持 15 至 20 年的和平环境是可能的。原子战争不好，不打这个战争是可能的。”④中国的发展需要和平的环境，中国政府不仅强调要争取持久和平，防止战争。而且主张以和平方式解决国际矛盾和冲突，认为只有和平才能有助于实现国家的根本利益和长远利益，才能实现各国的发展和繁荣。

第三，主张国家不分大小，一律平等。1953 年 12 月，周恩来

---

① 金春明等主编：《毛泽东四项基本问题》，中共中央党校出版社 2001 年版，第 269 页。

② 王炳南：《中美会谈九年回顾》，转引自《毛泽东若干理论研究》，高等教育出版社 1999 年版，第 225 页。

③ 《毛泽东外交文选》，中央文献出版社 1994 年版，第 168、174 页。

④ 金春明等主编：《毛泽东四项基本问题》，中共中央党校出版社 2001 年版，第 276 页。

总理在接见印度代表团时明确提出了“互相尊重领土主权、互不侵犯、互不干涉内政、平等互惠、和平共处的原则”①。1954 年 12 月 11 日，毛泽东在会见缅甸总理吴努的时候也指出：“我们认为，五项原则是一个长期的方针，不是为了临时应付的。这五项原则是适合我们的情况的，我们需要长期的和平环境。五项原则也是适合你们国家的情况的，适合亚洲、非洲绝大多数国家的情况的。对我们来说，稳定比较好，不仅是国际上要稳定，而且国内也要稳定。”②和平共处五项原则提出后，得到许多国家的赞成和响应。不同社会制度国家可以和平共处是列宁提出的思想，中国共产党发展了这一思想。和平共处五项原则的提出和实施，反映了新中国渴望和平、追求平等、期望与世界各国共同发展的愿望，是中国共产党探索和平发展道路的重要成果。

第四，坚决反对帝国主义和霸权主义。从新中国成立至改革开放前，中国先后面对美国帝国主义和苏联霸权主义对中国国家安全和世界和平与稳定的严重的威胁。为了维护国家安全，促进地区稳定，中国政府在冷静分析国际格局现状和世界矛盾发展变化的基础上，把反对帝国主义、霸权主义、争取和维护世界和平作为新中国外交战略的主要目标。1956 年 9 月，毛泽东在接见南共联盟代表团时就表示：“中国共产党是马列主义的政党，中国人民是爱好和平的。我们认为，侵略就是犯罪，我们不侵略别国一寸土、一根草。我们是爱好和平的，是马克思主义的。在国际上，我们反对大国主义。”③在维护自身主权和领土完整的同时，对于当时亚非拉地区和国家的人民争取和维护民族独立、捍卫国家主权的正义斗争，中国都给予坚决的支持。1956 年，中国政府公开支持埃及人民收回苏伊士运河主权的斗争，支持印度尼西亚废除同荷兰签订的“圆

---

① 中央文献编辑委员会编：《周恩来选集》，人民出版社 1980 年版，第 118 页。

② 宫力：《试论毛泽东的外交思想》，载《中共中央党校学报》1999 年第 4 期。

③ 中央文献研究室编：《毛泽东文集》第 7 卷，人民出版社 1999 年版，第 123 页。

桌会议协定"和收复西伊里安的正义斗争。毛泽东指出："既然说平等，大国就不应该损害小国，不应该在经济上剥削小国，在政治上压迫小国，不应该把自己的意志、政策和思想强加在小国身上。"①1974年，邓小平在联合国第六届特别会议上代表中国政府和中国人民庄严宣告："如果中国有朝一日变了颜色，变成一个超级大国，也在世界上称王称霸，到处欺负人家，侵略人家，剥削人家，那么，世界人民就应当给中国戴上一顶社会帝国主义的帽子，就应当揭露它，反对它，并且同中国人民一道，打倒它。"②这是中国政府最早在国际论坛明确表达决不接受"国强必霸"的强权逻辑。

在中国和平道路的探索中，以毛泽东为代表的中国共产党第一代领导人在洞察国际格局和国际局势演变态势和发展规律的基础上，立足于维护中国国家主权和安全这一最高国家利益，提出了一系列诸如独立自主原则、和平共处五项原则、国家间平等原则、反对帝国主义和霸权主义原则等颇具战略眼光和富有鲜明时代特征的外交战略和思想，为之后中国在探索和平发展道路，处理国家间关系的基本原则问题上提供了重要的理论依据。

(二)中国和平发展道路的形成

新中国成立以后，在时代主题问题上，中国共产党在很长一段时期内坚持列宁提出的"帝国主义和无产阶级革命的时代"判断。毛泽东曾指出："现在的世界，是处在革命和战争的新时代，是资本主义决然死灭和社会主义决然兴盛的时代。"③这种认识到改革开放新时期以后才开始发生变化。

进入20世纪70年代末，世界形势发生了深刻变化，随着殖民体系的崩溃，广大发展中国家的主要任务也由政治上反帝、反殖转

① 《毛泽东外交文选》，中央文献出版社1994年版，第191页。

② 《邓小平在联大第六届特别会议上的发言》，载《人民日报》1974年4月11日。

③ 《毛泽东选集》第2卷，人民出版社1991年版，第680页。

向发展民族经济。同时，东西方之间对峙的局面出现明显缓解，国际社会普遍期待和平，谋求发展。中国共产党敏锐地觉察到了世界形势的这种深刻变化，开始重新思考中国改革发展所面临的时代主题问题。

1984 年 10 月，邓小平在会见缅甸总统吴山友时指出："国际上有两大问题非常突出，一个是和平问题，一个是南北问题。还有其他许多问题，但都不像这两个问题关系全局，带有全球性、战略性的意义。"①1985 年 3 月，他在会见日本客人时将这两个问题表述为和平与发展两大问题，他说："现在世界上真正大的问题，带全球性的战略问题，一个是和平问题，一个是经济问题或发展问题。和平问题是东西问题，发展问题是南北问题。概括起来，就是东西南北四个字。南北问题是核心问题。"②同年 6 月，邓小平在中央军委扩大会议上的讲话中指出："过去我们的观点一直是战争不可避免，而且迫在眉睫。我们好多的决策，包括一、二、三线的建设布局，'山、散、洞'的方针在内，都是从这个观点出发的。这几年我们仔细地观察了形势……由此得出结论，在较长时间内不发生大规模的世界战争是有可能的，维护世界和平是有希望的。根据对世界大势的这些分析，以及对我们周围环境的分析，我们改变了原来认为战争的危险很迫近的看法。"③1987 年，邓小平在会见荷兰首相吕贝尔斯时进一步指出："对于总的国际局势，我的看法是，争取比较长期的和平是可能的，战争是可以避免的。""我们制定一心一意搞建设的方针，就是建立在这样一个判断上的。"④在邓小平上述论断的基础上，1987 年召开的中共十三大正式提出"和平与发展是当代世界的主题"⑤。

20 世纪 90 年代以来，随着冷战的结束，国际格局和世界形势

① 《邓小平文选》第 3 卷，人民出版社 1993 年版，第 96 页。

② 《邓小平文选》第 3 卷，人民出版社 1993 年版，第 105 页。

③ 《邓小平文选》第 3 卷，人民出版社 1993 年版，第 126~127 页。

④ 《邓小平文选》第 3 卷，人民出版社 1993 年版，第 233 页。

⑤ 《改革开放三十年重要文献选编》，中央文献出版社 2008 年版，第 501 页。

出现一系列新变化和新特点。中国共产党继续深化对时代主题的认识。1990 年 3 月，邓小平在同江泽民、杨尚昆、李鹏等中央领导谈话中说道："看起来，我们过去对国际问题的许多提法，还是站得住的。现在旧的格局在改变中，但实际上并没有结束，新的格局还没有形成。和平与发展两大问题，和平问题没有得到解决，发展问题更加严重。"①1992 年在南方谈话中，邓小平又一次强调："世界和平与发展这两大问题至今一个也没有解决。"②这一思想写进了随后召开的中共十四大的报告中："世界要和平，国家要发展，社会要进步，经济要繁荣，生活要提高，已成为各国人民的普遍要求。"③和平与发展的主题成为中共十四大提出的邓小平有中国特色社会主义理论的重要内容。

进入新世纪新阶段，在世界多极化和经济全球化背景下，国际形势又呈现许多新变化和新特点，世界和平与发展也面临诸多难题和挑战。中国共产党始终坚持和平与发展主题的基本判断，2002 年召开的中共十六大报告强调："和平与发展仍是当今时代的主题。维护和平，促进发展，事关各国人民的福祉，是各国人民的共同愿望，也是不可阻挡的历史潮流"④，并指出：多极化有利于维护世界和平，因为多极化有利于促使世界大国力量对比趋于相对平衡，在全球化的时代，增进利益的理性选择不是战争，而是合作。

2005 年 11 月 9 日，时任中华人民共和国国家主席胡锦涛在访问英国时，首次系统阐述了中国和平发展道路，指出："中国的发展是和平的发展、开放的发展。""中国坚持走和平发展道路，既有着中国发展的现实需要，又有着中国发展的历史根源。"中国和平发展道路是基于中国国情的必然选择，是基于中国历史文化传统的必然选择，是基于当今世界发展潮流的必然选择。⑤ 同年 12 月，

① 《邓小平文选》第 3 卷，人民出版社 1993 年版，第 353 页。

② 《邓小平文选》第 3 卷，人民出版社 1993 年版，第 383 页。

③ 《江泽民文选》第 1 卷，人民出版社 2006 年版，第 241~242 页。

④ 《江泽民文选》第 1 卷，人民出版社 2006 年版，第 566 页。

⑤ 胡锦涛：《在伦敦金融城市长萨沃里举行的欢迎晚宴上的演讲》，载《人民日报》2005 年 11 月 11 日。

中国政府第一次发表《中国和平发展道路》白皮书，向世界宣告和平发展是中国现代化建设的必由之路，“和平与发展”是中国政府和人民对全世界的庄严承诺。

（三）中国和平发展道路的拓展

2007 年 10 月，中共十七大报告丰富了中国和平发展思想，提出了两个“始终不渝”思想，一是“始终不渝坚持走和平发展道路”；二是“始终不渝奉行互利共赢的开放战略”。报告同时指出，要“努力实现以人为本、全面协调可持续的科学发展，实现各方面事业有机统一、社会成员团结和睦的和谐发展，实现既通过维护世界和平发展自己、又通过自身发展维护世界和平的和平发展。”①使和平发展和科学发展、和谐发展一起成为当代中国发展的重要理念。

2008 年，国际金融危机爆发以后，使经济全球化引发的世界经济、政治、文化等方面许多结构性的新层次矛盾逐步显现。这一时期，中国取得了举世瞩目的发展与成就，中国经济也全面融入世界。中国的快速发展和综合国力的提升，使得外部世界特别是西方国家对中国的疑虑也更加强烈，面对复杂多变的国际形势，在 2009 年 7 月召开的第 11 次驻外使节会议上，胡锦涛再一次重申了和平与发展的时代主题，指出：“进入新世纪新阶段以来，国际上发生了一系列具有全局性和战略性影响的重大事件，对国际政治经济格局产生了重大而深远的影响，但是综观世界，和平与发展仍然是当今时代的主题。”②

2011 年 9 月，中国政府再一次发表《中国的和平发展》白皮书，强调：“中国多次向世界宣示，中国始终不渝走和平发展道路，在坚持自己和平发展的同时，致力于维护世界和平，积极促进各国共

---

① 《中国共产党第十七次全国代表大会文件汇编》，人民出版社 2007 年版，第 46、47 页。

② 《胡锦涛等中央领导出席第十一次驻外使节会议》，载《人民日报》2009 年 7 月 21 日。

同发展繁荣。在进入21世纪第二个十年和中国共产党成立90周年之际，中国再次向世界郑重宣告，和平发展是中国实现现代化和富民强国、为世界文明进步作出更大贡献的战略抉择。中国将坚定不移沿着和平发展道路走下去。”①

2012年11月，中共十八大报告再一次强调：“中国将始终不渝坚持走和平发展道路，坚持奉行独立自主和平外交政策。”“中国将高举和平、发展、合作、共赢的旗帜，坚定不移致力于维护世界和平，促进共同发展。”②表明了中国共产党在深刻把握世界历史发展规律基础上，顺应时代发展潮流，高举和平、发展、合作、共赢旗帜，坚定不移走和平发展道路的立场。

中共十八大以后，以习近平为总书记的新一届中央领导集体高度关注和平发展问题，提出了一系列重要的新思想、新论断，拓展了中国和平发展道路。

2013年1月，中共中央总书记习近平在主持十八届中央政治局第三次集体学习时全面阐述了中国走和平发展道路的思想，提出要“更好统筹国内国际两个大局，夯实走和平发展道路的基础”，他指出：“走和平发展道路，是我们党根据时代发展潮流和我国根本利益作出的战略抉择”。新形势下，我们要“加强战略思维，增强战略定力，更好地统筹国内国际两个大局，坚持开放的发展、合作的发展、共赢的发展，通过争取和平国际环境发展自己，又经自身的发展维护和推进世界和平，不断提高我国综合国力，不断让广大人民群众享受到和平发展带来的利益，不断夯实走和平发展道路的物质基础和社会基础。”习近平同时强调：“我们要坚持走和平发展的道路，但决不能放弃我们的正当权益，决不能牺牲国家核心利益。任何外国不要指望我们会拿自己的核心利益做交易，不要指望我们会吞下损害我国主权、安全、发展利益的苦果。中国走和平发

① 国务院新闻办公室：《中国和平发展》白皮书，载《人民日报》2011年9月7日。

② 《十八大以来重要文献选编》(上)，中央文献出版社2014年版，第37页。

展道路，其他国家也都要走和平发展道路，只有各国都走和平发展道路，各国才能共同发展，国与国才能和平相处”。他表示：中国“将坚定不移做和平发展的实践者、共同发展的推动者、多边贸易体制的维护者、全球经济治理的参与者。”①

2014 年 3 月 27 日，习近平应邀在联合国教科文组织总部发表演讲，从人类文明进步的角度阐述了和平发展的思想。他指出：“文明因交流而多彩，文明因互鉴而丰富。文明交流互鉴，是推动人类文明进步和世界和平发展的重要动力。”他强调，文明是多彩的，人类文明因为多样才有交流互鉴的价值。不论是中华文明，还是世界上存在的其他文明，都是人类文明创造的成果。推动文明交流互鉴，可以丰富人类文明的色彩，让各国人民享受更富内涵的精神生活、开创更有选择的未来；文明是平等的，人类文明因平等才有交流互鉴的前提。各种人类文明在价值上是平等的，都各有千秋，也各有不足，世界上不存在十全十美的文明，也不存在一无是处的文明，文明没有高低、优劣之分。历史和现实都表明，傲慢和偏见是文明交流互鉴的最大障碍；文明是包容的，人类和平因包容才有交流互鉴的动力。海纳百川，有容乃大，一切文明成果都值得尊重，一切文明成果都需要珍惜。历史告诉我们，只有交流借鉴，一种文明才充满生命力。只要秉持包容精神，就不存在什么“文明冲突”，就可以实现文明和谐。习近平的这一讲话是对中国和平发展道路的重要理论创新，把和平发展上升到了人类文明进步的高度。

2015 年 4 月，习近平在亚非领导人会议的讲话中再一次向世界阐述了中国坚定不移走和平发展道路的立场，他指出：“和平、发展、合作、共赢的时代潮流更加强劲，各国越来越成为你中有我、我中有你的命运共同体。同时，应该看到，世界还很不太平，局部动荡此起彼伏，恐怖主义、重大传染性疾病等全球性问题不断增多，南北差距依然悬殊，亚非国家的主权安全、团结合作、共同

① 习近平：《更好统筹国内国际两个大局 夯实走和平发展道路的基础》，载《人民日报》2013 年 1 月 30 日。

发展依然面临不少困难和挑战”，面对风云变幻的国际局势，“中国将坚持走和平发展道路，坚持独立自主的和平外交政策，坚持奉行互利共赢的开放战略，坚持正确义利观，在和平共处五项原则基础上发展同各国的友好合作，始终做维护世界和平、促进共同发展的坚定力量。”①

二、中国和平发展道路的特征

中国的和平发展道路，走出了以往资本主义大国、强国崛起过来程中“国强必霸”的逻辑，是一条科学发展、自主发展、和平发展、开放发展、合作发展、共赢发展的道路，反映了世界各国人民的共同利益，代表了人类文明进步的方向。

(一)科学发展

科学发展，就是尊重并遵循经济社会和自然发展规律，牢牢抓住经济建设这个中心，坚持聚精会神搞建设，一心一意谋发展，不断解放和发展社会生产力。当前，中国把科学发展观作为经济社会发展的重要指导方针，坚持把发展作为党执政兴国的第一要务，坚持以人为本，坚持全面协调可持续发展，坚持统筹兼顾。

坚持以人为本，始终尊重人权和人的价值，不断满足人民日益增长的物质文化需要，走共同富裕道路，促进人的全面发展，做到发展为了人民、发展依靠人民、发展成果由人民共享。坚持全面协调可持续发展，全面推进经济建设、政治建设、文化建设、社会建设以及生态文明建设，促进现代化建设各个环节、各个方面相协调。坚持统筹兼顾，正确认识和妥善处理中国特色社会主义事业中的重大关系，统筹城乡发展、区域发展、经济社会发展、人与自然

① 《习近平在亚非领导人会议上的讲话(全文)》，载《人民日报》2015年4月22日。

和谐发展、国内发展和对外开放。① 科学发展观指导下的和平发展道路，是坚持以人为本、外交为民的理念，民为邦本，国家的利益与人民的利益密不可分。中国和平发展道路只有植根人民、造福人民，才能得到人民的信任与支持，才能有人气、有底气，立于不败之地。

科学发展观与和平发展道路的关系表明，中国的和平发展道路不仅是一个国际的战略，更是自身的发展的道路选择。科学发展观的提出和有效实践将向世界证明，中国和平发展的道路，是一条统筹国内发展和对外开放的发展道路。目前，中国已有2万家企业遍布世界近200个国家和地区，每年有8000多万人次出境。据估算到2020年，中国公民每年出境将达到1.5亿人次甚至更多。② 要想为中国商品寻找更广阔的市场，为中国在海外的劳动者创造更好的条件，帮助他们实现自己的“中国梦”，必须把握发展的主动权，在实行对外开放的同时，坚持独立自主，深入推进和统筹国内发展与对外开放的发展道路，必须依靠自己的观念创新和体制创新，依靠自己的经济结构和产业结构调整，依靠开拓国内市场和增加国内需求，依靠更广和更深地开发人力资源，加快科技进步和创新，勇于变革创新，摒弃不合时宜的旧观念，冲破制约发展的旧框架，让各种发展活力充分迸发出来，实现将各方面事业有机统一、社会成员团结和睦的和谐发展，实现既通过维护世界和平发展自己，又通过自身发展维护世界和平的和平发展。

（二）自主发展

自主发展，就是始终坚持独立自主，把国家发展的基点和重点放在国内，注重从中国国情出发，主要依靠自身力量和改革创新推

① 国务院新闻办公室：《中国的和平发展》白皮书，载《人民日报》2011年9月7日。

② 王毅：《探索中国特色大国外交之路》，载《人民论坛政论双周刊》2013年8月22日。

动经济社会发展，不把问题和矛盾转嫁给别国。为此，中国坚持以科学发展观统筹国内发展，把发展的基点放在立足本国实际上，同时坚持全方位、宽领域、多层次的对外开放，努力实现更为均衡的发展。

在中国这样一个人口众多的发展中的社会主义大国，“任何时候都必须把独立自主、自力更生作为自己发展的根本基点，任何时候都要坚持中国人民自己选择的社会制度和发展道路，始终把国家主权和安全放在第一位，坚决维护国家主权、安全、发展利益，坚持中国的事情按照中国的情况来办、依靠中国人民自己的力量来办，坚决反对外部势力干涉我国内部事务。对于一切国际事务，都要从中国人民的根本利益和各国人民的共同利益出发、根据事情本身的是非曲直确定我们的立场和政策，按照冷静观察、沉着应对的方针和相互尊重、求同存异的精神进行处理，不屈从于任何外来压力。”①

《中国的和平发展》白皮书指出：“中国始终坚持独立自主，把国家发展的基点和重心放在国内，注重从本国国情出发，主要依靠自身力量和改革创新推动经济社会发展，不把问题和矛盾转嫁给别国。”②中国的和平发展道路，植根于中国坚持的社会主义理念。中国的和平发展道路，必须坚持中国特色社会主义，植根于中国这块土地，寻找符合中国自身的发展规律，才能引领中国的发展和进步，得到广大中国人民的坚定拥护，当下中国在经济全球化大背景下，只有坚持自主发展，自主地选择和探索顺应时代潮流、符合自身实际的发展道路，才能更有效地参与国际分工，才能更好地同世界各国开展互利合作。

（三）和平的发展

和平的发展，就是把营造和平稳定的国际关系作为对外工作的

---

① 胡锦涛：《在纪念党的十一届三中全会召开30周年大会上的讲话》，载《人民日报》2008年12月19日。

② 国务院新闻办公室：《中国的和平发展》白皮书，载《人民日报》2011年9月7日。

中心任务。同时，积极为世界和平与发展作出自己应有的贡献，绝不搞侵略扩张，永远不争霸、不称霸，始终做维护世界和地区和平稳定的坚定力量。

纵观500年来世界历史发展的历程，可以发现，大国崛起大多选择通过战争和武力征服实现国家崛起的发展道路，相比之下，中国的和平发展道路最突出的理论内涵就是抛弃西方大国崛起的传统路径，以和平方式实现国家崛起和民族复兴，中国不但不会搞西方列强侵略、掠夺、战争、扩张那一套，还要把我们的力量用在为世界和平服务上，将发展与和平有机统一起来。中国崛起的进程同时也是逐步参与国际制度并在其中扮演积极角色、有所作为的进程。两个进程的共时性使得中国能够通过和平方式来实现自身的崛起。正是中国这种对国际制度的积极参与，使中国的崛起与历史上其他新兴大国的崛起具有了截然不同的特点。

"中国的崛起"已经成为21世纪最重要的时代命题之一。作为一个非西方大国，中国的崛起对几个世纪以来西方主导的国际体系究竟具有怎样的意义，不能不引起世人的普遍关注。① 自20世纪90年代以来，"中国威胁论"一度甚嚣尘上，即"中国的崛起"对亚洲及世界的和平与稳定构成威胁的观点、理论和思潮，这种理论、观点和思潮甚至在一段时间内成为某些国际舆论中的一种时尚。提出"中国威胁论"的主要论据集中在以下几个方面：一是"中国军事威胁论"，二是"中国经济威胁论"，三是"中国生态威胁论"，四是"中国意识形态威胁论"，五是"中国文明威胁论"。但细观这些理论，不难发现其所有论据都是在只依据国际体系结构的变化和单元的属性来推断中国在崛起过程中的对外行为方式，而忽略了国家间的互动模式也是在变化的，这在分析逻辑上是有严重问题的，"中国威胁论"是没有根据的，其结论也是错误的。2005年12月，《中国的和平发展道路》白皮书发表，向世界宣告和平发展是中国现代化建设的必由之路，从大战略的层面有力地回击了"中国威胁论"。

---

① 陈岳：《"中国威胁论"与中国和平崛起——一种"层次分析"法的解读》，载《外交评论（外交学院学报）》2005年6月第82期。

中华民族是爱好和平的民族，中国人民从近代以后遭受战乱和贫穷的惨痛经历中，深感和平之珍贵、发展之迫切，深信只有和平才能实现人民安居乐业，只有发展才能实现人民丰衣足食，把为国家发展营造和平稳定的国际环境作为对外工作的中心任务。同时，中国积极为世界和平与发展作出自己应有的贡献，绝不搞侵略扩张，永远不争霸、不称霸，始终是维护世界和地区和平稳定的坚定力量。① 始终坚持走和平发展道路，中国用自己的实际行动已充分证明了中国的发展不是对世界威胁，而是为全人类增加福祉，只有落后、贫穷和动荡不安的中国才会增加世界的不安定因素，中国越发展，全世界的和平才越有保障。

(四)开放的发展

开放的发展，就是把改革开放作为一项基本国策，坚持把对内改革和对外开放相结合，把坚持独立自主参与经济全球化相结合，把国际国内两个市场、两种资源相结合，以开放的姿态融入世界，不断拓展对外开放的广度和深度，加强同世界各国的交流和合作。

当今世界是一个日益开放的整体，无论哪个国家把自己孤立于世界之外都是行不通的，都将被时代的滚滚洪流淘汰。近代以来，中国的现代化道路十分曲折，西方国家通过产业革命使国民财富大量增加，中国的封建统治阶级却实行与历史潮流背道而驰的闭关锁国政策，这不仅把中国与世界隔离开来，更导致了近代中国的发展远远落后于世界，是造成近代中国一切苦难的根源。历史以深刻的教训告诉我们，把自己与世界隔离开来，关起门来搞建设是不行的。

新中国成立后，中国进行了社会主义建设，创造了坚实的制度基础与物质基础，为社会主义现代化建设提供了重要保障。改革开放以后，中国逐渐打开国门，开始走向世界。中国共产党第十四次

---

① 国务院新闻办公室:《中国的和平发展》白皮书，载《人民日报》2011年9月7日。

全国代表大会确立了建立社会主义市场经济体制，中国经济被认为是真正意义上开始与世界接轨，从那时起，中国开始全面融入国际社会，投入世界经济全球化的洪流中，告别了过去与世隔绝的状态。

但是，中国作为一个发展中国家，在实现现代化的过程中仍有资金不足、技术落后、劳动力素质不高、缺乏现代化的管理手段和管理经验等问题，中国只有继续实行对外开放，全面提高对外开放水平，全方位融入当今世界的经济中，才能解决发展中的问题。事实也证明，中国经济的发展得益于对外开放水平的不断提高。要坚持把对外开放作为一项基本国策，实行更加积极主动的开放战略，积极开展同世界各个国家和地区的经济贸易往来，始终正视经济全球化所带来的机遇和挑战，始终把推进改革开放、顺应经济全球化当做国家发展的唯一路径。

当今世界，人类生活在不同文化、种族、肤色、宗教和不同社会制度所组成的世界里，各国人民形成了你中有我、我中有你的命运共同体。唯有以开放的姿态，把世界的机遇转变为中国的机遇，把中国的机遇转变为世界的机遇，在中国与世界各国良性互动、互利共赢中开拓前进。中国从自身发展经验中深刻认识到，不能关起门来搞建设，把改革开放作为一项基本国策，把对内改革和对外开放结合起来，把坚持独立自主同参与经济全球化结合起来，把继承中华民族优良传统同学习借鉴人类社会一切文明成果结合起来，把国际国内两个市场、两种资源结合起来。继续以开放的姿态融入世界，不断拓展对外开放的广度和深度，加强同世界各国交流合作，完善内外联动、互利共赢、安全高效的开放型经济体系。中国对外开放的大门绝不会关上，开放水平只会越来越高。①

中国将进一步扩大对外开放，与世界共享机遇、共创繁荣。从改革开放三十多年来的实践来看，如果中国的发展不能为世界所分享，这种发展将难以持续。攥着拳头，什么都得不到；张开双臂，

---

① 国务院新闻办公室：《中国的和平发展》白皮书，载《人民日报》2011年9月7日。

才能拥抱更多的机遇。① 当前，中国正在努力发掘和释放自身巨大的内需潜力。预计2014年后的未来5年里，中国将进口10万亿美元商品，对外投资5000亿美元，出境人数超过4亿，这足见中国的发展给世界带来的重大机遇。

开放的发展要求我们的对外开放将更加突出合作共赢，更加注重共同繁荣。“我们不断扩大对外开放，把‘引进来’和‘走出去’紧密结合起来，认真学习借鉴人类社会创造的一切文明成果，坚持趋利避害，形成经济全球化条件下参与国际经济合作和竞争新优势，推动经济全球化朝着均衡、普惠、共赢方向发展，共同呵护人类赖以生存的地球家园，促进人类文明繁荣进步。”②我们在自身经济发展的同时，不仅打造着中国经济的升级版，更要打造中国对外开放与合作的升级版。我们将结合当下中国自身的新型工业化、信息化、城镇化和农业现代化进程，不断拓展同世界各国的互利合作，为促进世界经济实现强劲、可持续和平衡增长作出我们的贡献，始终高举和平、发展、合作旗帜，既利用和平的国际环境发展自己，又通过自己的发展维护世界和平，促进世界的共同繁荣与发展。

（五）合作的发展

合作的发展，就是坚持以合作谋和平、以合作促发展、以合作化争端，同其他国家建立和发展不同形式的合作关系，致力于通过同各国不断扩大互利合作，有效应对日益增多的全球性挑战，协力解决关乎世界经济发展和人类生存进步的重大问题。

《中国的和平发展》白皮书中指出：“国际社会始终会存在竞争和矛盾。各国应该在良性竞争中取长补短，不断寻找合作机会，扩大合作领域，拓展共同利益。中国坚持以合作谋和平、以合作促发

---

① 王毅：《探索中国特色大国外交之路》，载《人民论坛政论双周刊》2013年8月22日。

② 胡锦涛：《在纪念党的十一届三中全会召开30周年大会上的讲话》，载《人民日报》2008年12月19日。

展、以合作化争端，同其他国家建立和发展不同形式的合作关系，致力于通过同各国不断扩大互利合作，有效应对日益增多的全球性挑战，协力解决关乎世界经济发展和人类生存进步的重大问题。”①

在世界多极化、经济全球化条件下，各国相互依存不断加深，你中有我，我中有你，大家谁也离不开谁。大国关系出现重大调整，相互竞争和合作更加明显。在合作中求发展，又在竞争中谋优势。控制竞争、发展合作也成为一种必然要求。改革开放以来，中国在坚持自力更生的原则下，提倡自主创新的基础上，与世界各国和各地区之间进行经济、政治、科技、文化、体育等方面广泛而持久的合作。中国积极参与和推动双边和多边经贸关系的发展，积极进行区域经济合作，积极推动国际社会平衡有序发展，与世界许多国家开展广泛的交流与合作，以解决在发展的过程中存在的分歧和矛盾。

此外，作为联合国安理会常任理事国的成员，中国积极参与联合国维和行动，成为联合国系统中多个人道主义救援组织的成员与国际维和行动中不可或缺的重要力量。中国坚定支持和参与严厉打击国际恐怖主义等犯罪活动，在维护了世界的和平与稳定的同时，保证了中国现代化建设能够顺利进行；在打击恐怖主义的问题上，中国也与国际社会保持高度一致，积极参与全球性和地区性打击恐怖主义的联合行动，为世界和平与进步事业的发展作出了自己巨大的贡献。中国通过自身的努力，提高了国际社会应对和化解危机和突发事件的能力，加深世界各国人民之间的相互信任、宽容理解和协调行动，为在世界范围内推广和平发展道路创造了良好的机遇。

（六）共赢的发展

共赢的发展，就是坚持奉行互利共赢的开放战略，坚持自身利益与人类共同利益的一致性，在追求自身发展的同时努力实现与他

---

① 国务院新闻办公室：《中国的和平发展》白皮书，载《人民日报》2011年9月7日。

国发展的良性互动，促进世界各国共同发展。

中国和平发展道路不仅仅着眼于中国自身的发展，而是强调在实现自身发展的同时，促进世界的共同发展。也就是说，走和平发展道路，就是要把中国国内发展与对外开放统一起来，把中国发展与世界的发展联系起来，把中国人民的根本利益与世界人民的共同利益结合起来。中国对内坚持和谐发展，对外坚持和平发展，这两个方面是密切联系、有机统一的整体，有利于建设一个持久和平、共同繁荣的和谐世界。当下，在中国与各国的交流与合作中，我们强调扩大和深化同相关各方的“利益汇合点”、构建“利益共同体”，就是要把中国人民的利益同世界各国人民的共同利益结合起来，全方位的扩大同各方利益的汇合点，同一切相关国家和地区建立并发展不同领域、不同层次、不同内涵的利益共同体，推动实现中国和世界各国的共同和平发展。中国的发展是合作的发展，自由平等、互利互惠是国际合作的基本精神，中国在国际交往中始终强调国家和地区间的“双赢”和“共赢”，奉行和实践互利共赢的基本原则。

《中国的和平发展》白皮书指出：“当今世界各国相互依存日益加深，只有实现世界各国共同发展，让更多人分享发展成果，世界和平稳定才有坚实基础和有效保障，世界各国发展才可以持续。因此，中国坚持奉行互利共赢的开放战略，坚持自身利益与人类共同利益的一致性，在追求自身发展的同时努力实现与他国发展的良性互动，促进世界各国共同发展。中国真诚期待同世界各国并肩携手，实现共同发展繁荣。”①正如习近平所言：“当今世界正在发生深刻复杂变化，解决全球性难题和挑战，需要联合国广大会员国携手努力。联合国要抓住和平与发展的主题，高举公平正义的旗帜，讲公道话，办公道事。零和思维已经过时，我们必须走出一条和衷共济、合作共赢的新路子。”②

中国和平发展道路的不懈追求，就是对内求发展、求和谐，对

---

① 国务院新闻办公室：《中国的和平发展》白皮书，载《人民日报》2011年9月7日。

② 《习近平谈治国理政》，外文出版社2014年版，第250页。

外求合作、求和平。具体而言就是通过中国人民的艰苦奋斗和改革创新，通过同世界各国长期友好相处、平等互利合作，让中国人民过上美好生活，并为全人类发展进步作出应有的贡献。正如习近平所言："中国谋求的发展，是和平的发展、开放的发展、合作的发展、共赢的发展。"①

三、中国和平发展的对外方针

（一）坚持独立自主的和平外交政策，以自身的发展促进世界的和平与发展

新中国自成立以来，一直坚持实行独立自主的和平外交政策。这一政策的主要任务是维护国家独立、主权和领土完整，为国内建设创造良好的国际环境。经过 60 多年的努力，贫穷落后的旧中国已成为初步繁荣昌盛、在世界上受人尊重、发挥重大作用的新中国。这一成就的取得同中国政府和人民坚定不移地实行独立自主的和平外交政策是分不开的。中国独立自主的和平外交政策经历了一个形成、充实、完整的过程。

这一政策的核心内涵可以归纳为以下三点：一是在任何时候、任何情况下，中国都要坚持独立自主、自力更生，坚定地站在广大发展中国家一边，绝不依附或者屈从于任何大国或大国集团。对于一切国际问题，坚持从中国人民和世界人民的长远利益和根本利益出发，根据问题本身是非曲直决定自己的态度和政策。中国判断是非的标准，就是看它是否有利于维护世界和平、发展各国友好合作和促进世界经济繁荣。

二是中国主张世界上所有国家，不论大小、富贫、强弱，一律平等，坚决反对以大欺小，以富压贫，以强凌弱。各国的事由各国人民自己去管，世界上的事应由各国协商解决，而不能由一两个超

---

① 习近平：《携手合作 共同维护世界和平与安全》，载《人民日报》2012 年 7 月 8 日。

级大国或者大国集团说了算。中国自己绝不称霸，也坚决反对来自任何方面和以任何形式出现的霸权主义。

三是中国信守互相尊重主权和领土完整、互不侵犯、互不干涉内政、平等互利、和平共处五项原则，并且主张这些原则应该成为世界上所有国家之间关系的基本准则。中国致力于建设以和平共处五项原则为基础的公正合理的国际政治、经济秩序。

这三点集中反映了中国作为一个发展中的社会主义国家在外交理念和基本原则方面有着与其他大国截然不同的鲜明特点。它们决定了新中国的外交与其他大国外交有着本质上的差别。我们必须把坚持独立自主同参与经济全球化结合起来，统筹好国内国际两个大局，为促进人类和平与发展的崇高事业作出贡献。

当代中国的前途命运已日益紧密地同世界的前途命运联系在一起，中国的发展离不开世界，世界的发展也需要中国。在当今世界，任何国家关起门来搞建设都是无法成功的。我们全面分析判断世界多极化趋势增强、经济全球化深入发展的外部环境，全面把握当今世界发展变化带来的机遇和挑战，既坚持独立自主，又勇敢参与经济全球化。

中共十八大报告强调："要通过争取和平国际环境发展自己，又以自身发展维护和促进世界和平。"①坚持走和平发展道路，并不意味着可以受人摆布，遭人欺辱。在当今世界仍然很不安宁、中国的国家安全仍然受到威胁的情况下，中国将坚决捍卫国家主权、安全、发展利益，坚决捍卫国家统一和领土完整，决不会屈服于任何外来的压力，反对各种形式的霸权主义和帝国主义。习近平也就此强调："我们要坚持走和平发展道路，但决不能放弃我们的正当权益，决不能牺牲国家核心利益。任何外国不要指望我们会拿自己的核心利益做交易，不要指望我们会吞下损害我国主权、安全、发展利益的苦果。"②

---

① 《十八大以来重要文献选编》(上)，中央文献出版社 2014 年版，第 36 页。

② 《习近平谈治国理政》，外文出版社 2014 年版，第 249 页。

中国这个人口超过13亿的最大发展中国家，将自己发展建设好本来就是对人类的最大贡献，也是对世界负责任的表现。中国将立足于本国国情和发展水平，更积极务实地参与国际事务，按照能力、责任、权利相一致的原则，继续发挥负责任大国的建设性作用，在坚持和平共处五项原则基础上全面同各国友好合作，同各国一道应对各种全球性风险和挑战。

(二)推动建设和谐世界，实现与各国的互利共赢和共同发展

维护世界和平、促进共同发展是中国外交政策的宗旨。中国倡导并致力于同世界各国一道推动建设持久和平、共同繁荣的和谐世界，中共十八大报告提出："在国际关系中弘扬平等互信、包容互鉴、合作共赢的精神。"①表明中国将坚定不移维护地区和世界和平稳定，坚持和平发展、合作共赢，通过平等对话和友好协商妥善处理矛盾和争端。

当今世界正在发生深刻复杂的变化，世界多极化、经济全球化深入发展，文化多样化、社会信息化持续推进，科技革命也孕育着新的突破，在这种形势下保持国际形势总体稳定具备更多有利条件，在构建和谐世界的理念下，秉承讲合作、讲包容、讲共存、讲共性的共赢理念。

政治上相互尊重、平等协商，共同推进国际关系民主化。国家不分大小、强弱、贫富，都是国际社会平等成员，都应得到国际社会的尊重。维护联合国在世界事务中的核心地位，遵循联合国宪章宗旨和原则，恪守国际法和公认的国际关系准则，在国际关系中弘扬民主、和睦、协作、共赢精神。各国内部事务应由本国人民自己决定，世界上的事情应由各国平等协商，用政治解决冲突，各国平等参与国际事务的权利应得到尊重和维护。

---

① 《十八大以来重要文献选编》(上)，中央文献出版社2014年版，第36页。

经济上要坚定不移地做和平发展的实践者、共同发展的推动者、多边贸易体制的维护者、全球经济治理的参与者。相互合作、优势互补，共同推动经济全球化朝着均衡、普惠、共赢的方向发展。努力建立公正、公开、合理、非歧视的多边贸易体制，使经济全球化成果惠及世界各国。携手落实联合国千年发展目标，使21世纪成为人人享有发展成果的世纪。

文化上相互借鉴、求同存异，尊重世界多样性，共同促进人类文明繁荣进步。大力提倡不同文明间的对话和交流，消除意识形态中的偏见和隔阂，使人类社会一天比一天和谐和睦，让世界更加丰富多彩。

安全上相互信任、加强合作，坚持用和平方式而不是战争手段解决国际争端，共同维护世界和平稳定。通过协商对话增进信任、减少分歧、化解纠纷，避免使用武力或以武力相威胁。

环保上相互帮助、协力推进，共同呵护人类赖以生存的地球家园。提倡创新发展模式，走可持续发展道路，促进人与自然和谐发展。坚持共同但有区别的责任原则，加强环境保护和应对气候变化的国际合作。

（三）秉持积极有为的国际责任观

国际责任是指国际社会某个成员对外部世界在经济、政治、安全、道义方面所应承担的国际义务，反映的是一个国家对外部世界所作的贡献。国际责任的基本价值取向是服务于国家之外的国际社会，满足国际社会中部分或全体成员的利益需求。在国际政治实践中，并不是所有的国家都能做到承担相应的国际责任。一国是否愿意承担与其身份和地位相称的国际责任，在相当程度上取决于该国是否有承担国际责任的现实需求以及对国际社会的责任意识和贡献意识。

中国秉持积极有为的国际责任观，作为世界上人口最多的发展中国家，中国把自己的事情办好，本身就是对世界负责任的最重要体现。作为国际社会负责任的国家，中国遵循国际法和公认的国际关系准则，认真履行应尽的国际责任。中国以积极姿态参与国际体系变革和国际规则制定，参与全球性问题治理，支持发展中国家发展，维护世界和平稳定。各国国情和发展阶段不同，应按照责任、权利、实力相一致的原则，着眼本国和人类共同利益，从自身国力出发，履行相应国际义务，发挥建设性作用。随着综合国力的不断增强，中国将力所能及地承担更多国际责任。①

改革开放以来，在对外关系的实践中，中国在基于对世界多样性的论断上，中国领导人在国际社会积极倡导国际关系民主化和发展模式多样化，主张国家间地位平等，不仅有权自主决定本国事务，而且有权平等地参与决定国际事务。始终坚持“维护世界和平，促进共同发展”的宗旨，积极承担国际责任、履行国际义务，坚持根据事情本身的是非曲直来决定在重大国际问题上的立场。作为一个负责任的大国，中国还积极提倡国际关系民主化和世界政治多极化，坚决抵制大国在国际社会中的霸权主义作风和行径，逐渐成为了维护世界和平的中坚力量。

中共十八大报告指出：“我们将加强同广大发展中国家的团结合作，共同维护发展中国家正当权益，支持扩大发展中国家在国际事务中的代表性和发言权，永远做发展中国家的可靠朋友和真诚伙伴。我们将积极参与多边事务，支持联合国、二十国集团、上海合作组织、金砖国家等发挥积极作用，推动国际秩序和国际体系朝着公正合理的方向发展。”②这顺应了历史的潮流，代表了中国对国际社会的道德主张和责任意识，中国尊重国际规范的价值，尊重国家间的差异和文化多样性，中国积极参与国际和地区热点问题的处理，近些年来中国在国际社会坚定不移地推进朝鲜半岛无核化进程，从根本上维护半岛的和平与稳定；在亚丁湾打击海盗，为重要国际航道的安全保驾护航，作为联合国维和行动派出最多人员的安

---

① 国务院新闻办公室：《中国的和平发展》白皮书，载《人民日报》2011年9月7日。

② 《十八大以来重要文献选编》(上)，中央文献出版社2014年版，第38页。

理会成员，还首次向马里派出成建制的安全维和部队，为非洲乃至世界的和平与安全作出更大贡献；秉承贯彻习近平主席提出的解决巴勒斯坦问题四点主张①，努力推进中东和平进程；积极参与推动实现联合国千年发展目标，共同应对气候变化、网络安全、极地、太空等全球性问题。中国在秉持积极有为的国际责任观下，尽心尽力地履行着为维护世界稳定与安宁所需承担的责任。坚持走和平发展道路，意味着中国会继续秉持积极有为的国际责任观力争在不同层面和领域体现自己对国际责任和国际道义的重视和追求。

(四)奉行睦邻友好的地区合作观

奉行睦邻友好的地区合作观，即中国同周边各国积极开展睦邻友好合作，共同推动建设和谐亚洲。中国将奉行与邻为善、以邻为伴的周边外交方针和睦邻、富邻、安邻的周边外交政策，贯彻亲、诚、惠、容的周边外交理念，愿意同所有邻国和睦相处。② 和平发展道路下的中国主张地区各国相互尊重、增进互信、求同存异，通过谈判对话和友好协商解决包括领土和海洋权益争端在内的各种矛盾和问题，共同维护地区和平稳定。密切经贸往来和互利合作，推进地区经济一体化进程，完善现有区域次区域合作机制，对其他区域合作构想持开放态度，欢迎地区外国家在促进地区和平与发展中发挥建设性作用。中国不谋求地区霸权和势力范围，不排挤任何国家，中国的繁荣发展和长治久安对周边邻国是机遇而不是威胁。中国将始终秉承自强不息、开拓进取、开放包容、同舟共济的“亚洲精神”，永远做亚洲其他国家的好邻居、好朋友、好伙伴。③

中国发展是惠及世界的，中国的发展首先惠及邻国。当前，中

---

① 《习近平会晤阿巴斯　提出解决巴勒斯坦问题四点主张》，载《人民日报》2013 年 5 月 7 日。

② 习近平：《谋求持久发展　共筑亚太梦想》，载《人民日报》2014 年 11 月 10 日。

③ 国务院新闻办公室：《中国的和平发展》白皮书，载《人民日报》2011 年 9 月 7 日。

国需要本着“睦邻、安邻、富邻”精神，秉承“与邻为善、以邻为伴”方针，致力于与周边国家一道构建“和平稳定、平等互信、合作共赢的地区环境”①。“睦邻”体现了中华民族的传统美德，继承和发扬了中华民族亲仁善邻、以和为贵的哲学思想，与周边国家和睦相处，共同构筑本地区友好、和谐国家关系。“安邻”指的是积极维护本地的和平与稳定，通过对华合作增进互信，通过和平谈判解决分歧，为亚洲的发展营造和平的地区环境。“富邻”是加强与邻国地互利往来，深化区域合作和次区域合作，推进地区经济一体化，从而实现与亚洲各国的共同发展。睦邻友好的地区合作观还应基于“和平”、“发展”、“合作”、“共赢”的和平发展道路的科学内涵，建立多层面的合作关系，包括经济合作、安全合作以及合作中提供更多的公共产品，为地区的和平和繁荣作出更大的贡献。

中共十八大报告指出：“我们将坚持与邻为善、以邻为伴，巩固睦邻友好，深化互利合作，努力使自身发展更好惠及周边国家。”②中国需要与周边地区国家一道本着相互尊重、求同存异、和平对话、协商一致的精神应对和化解彼此间矛盾与分歧，与周边国家和睦相处、共同构筑本地区稳定与和平。客观而言，现阶段中国的国际影响力还主要局限在包括周边在内的亚洲地区，中国国际责任的界定理应更多地从实际出发，将周边国家作为承担国际责任的重点地区。中国作为一个成长中的大国，其战略依托在周边，其和平发展的中线也在周边，其承担国际责任的重点也应在周边。中国有必要加强本地区国家的政治互信，审慎地处理好与周边国家的政治和安全关系，为塑造持久和平稳定的地区环境作出贡献。中国将坚持与邻为善、以邻为伴，巩固睦邻友好，深化互利合作，努力使自身发展更好惠及周边国家。

---

① 胡锦涛：《高举中国特色社会主义伟大旗帜 为夺取全面建设小康社会新胜利而奋斗》，人民出版社 2007 年版，第 47 页。

② 《十八大以来重要文献选编》(上)，中央文献出版社 2014 年版，第 38 页。

2013年10月，中央召开周边外交工作座谈会确定今后5年至10年周边外交工作的战略目标、基本方针、总体布局，明确解决周边外交面临的重大问题的工作思路和实施方案，明确了我国周边外交的基本方针，就是坚持与邻为善、以邻为伴，坚持睦邻、安邻、富邻，突出体现亲、诚、惠、容的理念。① 会上，习近平指出发展同周边国家睦邻友好关系是我国周边外交的一贯方针。要坚持睦邻友好，守望相助；讲平等、重感情；常见面，多走动；多做得人心、暖人心的事，使周边国家对我们更友善、更亲近、更认同、更支持，增强亲和力、感召力、影响力。要诚心诚意对待周边国家，争取更多朋友和伙伴。要本着互惠互利的原则同周边国家开展合作，编织更加紧密的共同利益网络，把双方利益融合提升到更高水平，让周边国家得益于我国发展，使我国也从周边国家共同发展中获得裨益和助力。

2014年5月，在第四次亚洲相互协作与信任措施会议(亚信)第四次峰会上，习近平指出，亚洲国家要加强对话协作、创新安全观念、推动亚洲安全机制建设。“应该积极倡导共同、综合、合作、可持续的亚洲安全观，创新安全理念，搭建地区安全与合作新架构，努力走出一条共建、共享、共赢的亚洲安全之路。”②2014年11月29日，习近平出席中央外事工作会议继续强调要切实抓好周边外交工作，打造周边命运共同体，秉持亲诚惠容的周边外交理念，坚持与邻为善、以邻为伴，坚持睦邻、安邻、富邻，深化同周边国家的互利合作和互联互通。要切实加强务实合作，积极推进“一带一路”建设，努力寻求同各方利益的汇合点，通过务实合作促进合作共赢。③

中国坚持与邻为善、以邻为伴，坚持睦邻、安邻、富邻，践行

---

① 《习近平在周边外交工作座谈会上发表重要讲话》，载《人民日报》2013年10月25日。

② 习近平：《倡导共同安全、综合安全、合作安全、可持续安全的亚洲安全观》，载《人民日报》2014年5月21日。

③ 《习近平出席中央外事工作会议并发表重要讲话》，载《人民日报》2014年11月30日。

亲、诚、惠、容理念，奉行睦邻友好的地区合作观，大力促进亚洲和世界发展繁荣。21世纪以来，中国同周边国家贸易额由1000多亿美元增至1.3万亿美元，已成为众多周边国家的最大贸易伙伴、最大出口市场和重要投资来源地。中国同亚洲和世界的利益融合达到前所未有的广度和深度。当前和今后一个时期，中国经济将继续保持健康发展势头，国内需求特别是消费需求将持续扩大，对外投资也将大幅增加。据测算，今后5年，中国将进口10万亿美元左右的商品，对外投资规模将达到5000亿美元，出境旅游有可能超过4亿人次。① 随着综合国力上升，中国有能力、有意愿向亚太和全球提供更多公共产品，特别是为促进区域合作深入发展提出新倡议新设想。中国愿意同各国一道推进"一带一路"建设，更加深入参与区域合作进程，为亚太互联互通、发展繁荣作出新贡献。②

奉行睦邻友好的地区合作观，理应坚定维护亚洲和世界和平稳定。中国人民对战争和动荡带来的苦难有着刻骨铭心的记忆，对和平有着孜孜不倦的追求。中国将通过争取和平国际环境发展自己，又以自身发展维护和促进世界和平；继续妥善处理同有关国家的分歧和摩擦，在坚定捍卫国家主权、安全、领土完整的基础上，努力维护同周边国家关系和地区和平稳定大局，在国际和地区热点问题上继续发挥建设性作用，坚持劝和促谈，为通过对话谈判妥善处理有关问题作出不懈努力。

奉行睦邻友好的地区合作观，要积极推动亚洲和世界范围的地区合作。加快同周边国家的互联互通建设，积极探讨搭建地区性融资平台，促进区域内经济融合，提高地区竞争力；积极参与亚洲区域合作进程，坚持推进同亚洲之外其他地区和国家的区域次区域合作；继续倡导并推动贸易和投资自由化便利化，加强同各国的双向

---

① 习近平：《共同创造亚洲和世界的美好未来》，载《人民日报》2013年4月8日。

② 习近平：《谋求持久发展 共筑亚太梦想》，载《人民日报》2014年11月10日。

投资，打造合作新亮点；坚定支持亚洲地区对其他地区的开放合作，更好地促进本地区和世界其他地区共同发展，致力于缩小南北差距，支持发展中国家增强自主发展能力。

（五）坚持总体国家安全观　走中国特色国家安全道路

安全观，现在人们说的“安全观”通常都指“国家安全观”，即是一个国家对其自身安全利益及其在国际上所应承担的义务和所应享受的权利的认识，是对其所处安全环境的判断，同时也是对其准备应对威胁与挑战所要采取的措施的政策宣示。所谓的“新安全观”也就是“新的国家安全观”，它不是一个具有统一思想体系甚至不是一个具有相同观点的国家安全观，而是对新近时期出现的各种国家安全观的总称，主要指在冷战末期或冷战结束后新近出现或者受到重视和广泛关注的各种国家安全观。①

1999年3月，江泽民在日内瓦裁军谈判会议上第一次明确提出“新安全观的核心，应该是互信、互利、平等、合作”②，后来，他在庆祝中国共产党成立80周年大会上讲话中将“合作”改为“协作”，强调“国际社会应该树立以互信、互利、平等、协作为核心的新安全观”③。2002年7月，中国政府发布《中国关于新安全观的立场文件》，全面系统地阐述了中国在新形势下的安全观念和政策主张，明确新安全观的核心是“互信、互利、平等、协作”④。同年11月，中共十六大报告系统阐述了以“互信、互利、平等、协作”为核心的“新安全观”⑤，突破了军事和政治的传统安全观的

① 刘跃进主编：《国家安全学》，中国政法大学出版社2004年版，第20页。

② 江泽民：《推动裁军进程　维护国际安全—在日内瓦裁军谈判会议上的讲话》，载《人民日报》1999年3月26日。

③ 江泽民：《在庆祝中国共产党成立八十周年大会上的讲话》，载《人民日报》2001年7月1日。

④ 《中国关于新安全观的立场文件》，载《人民日报》2002年8月2日。

⑤ 《江泽民文选》第1卷，人民出版社2006年版，第565页。

局限，在安全构成、安全威胁和安全保障等方面，形成了一种既包括传统的军事、政治，又包括非传统的经济、恐怖主义威胁等在内的综合性国家安全观以及“互信、互利、平等、协作”的新国际安全观，并由此构成一种比较全面的非传统安全观。2009 年 9 月 23 日，时任中华人民共和国国家主席胡锦涛在第 64 届联大一般性辩论中发表题为《同舟共济　共创未来》的讲话，他提出，应坚持互信、互利、平等、协作的新安全观，既维护本国安全，又尊重别国安全，促进人类共同安全，要用更广阔的视野审视安全，维护世界和平稳定。

中国倡导的是互信、互利、平等、协作的新安全观，寻求实现综合安全、共同安全、合作安全。注重综合安全，即在新的历史条件下，传统安全威胁和非传统安全威胁相互交织，安全内涵扩展到更多领域。国际社会需要强化综合安全观念，坚持综合施策、标本兼治，携手应对人类面临的多样化安全挑战。追求共同安全要求，在经济全球化条件下各国命运休戚与共，国际社会应增强共同安全意识，既要维护本国安全，又要尊重别国安全。要摒弃冷战思维和同盟对抗，通过多边合作维护共同安全，协力防止冲突和战争。充分发挥联合国在维护世界和平与安全方面的作用，建立公平有效的共同安全机制。促进合作安全在于战争和对抗只会导致以暴制暴的恶性循环，对话和谈判是解决争端的唯一有效和可靠的途径。要以合作谋和平、以合作保安全、以合作化干戈、以合作促和谐，反对动辄使用武力或以武力相威胁。

2014 年 4 月 15 日，习近平在新设立国家安全委员会第一次会议上发表重要讲话，他指出：要准确把握国家安全形势变化新特点新趋势，坚持总体国家安全观，走出一条中国特色国家安全道路。他强调，贯彻落实总体国家安全观，要以人民安全为宗旨，以政治安全为根本，以经济安全为基础，以军事、文化、社会安全为保障，以促进国际安全为依托，走出一条中国特色国家安全道路，必须既重视外部安全，又重视内部安全，对内求发展、求变革、求稳定、建设平安中国，对外求和平、求合作、求共赢、建设和谐世界。外部和平安全了，国家才能更好发展，国家发展好了，国际安全与和平的基础才更稳固。①

当前，国际政治、经济新秩序正处于大变动时期，中国走和平发展道路，面临着各种严峻挑战的复杂局面，必须以总体国家安全观引领中国走向世界，既重视传统安全，又重视非传统安全，在内、外安全的基础上，推动中国特色社会主义事业的发展。

(六)建构新型大国关系

2012年5月，胡锦涛主席在第四轮中美战略与经济对话开幕式致辞中指出："当前，人类已进入21世纪第二个十年。我们的思想、政策、行动应该与时俱进，以创新的思维、切实的行动，打破历史上大国对抗冲突的传统逻辑，探索经济全球化时代发展大国关系的新路径。"②由此正式提出了构建新型大国关系的思路。

2012年7月7日，习近平在"世界和平论坛"开幕式致辞讲话中指出："中美正在积极探索构建相互尊重、合作共赢的新型大国关系，这符合中美两国和世界的共同利益，也将是国际关系史上的一个创举。中国将继续推动各大国客观理性看待彼此战略意图，尊重各自利益关切，加强在重大国际和地区问题上的协调合作，着力构建21世纪新型大国关系和国际关系。"③需要指出的是，新型大国关系并不仅指中美关系。构建新型大国关系的提出表明中国要求形成新型的国际关系，在新型国际关系中，大国关系是关键的，特别是中美之间"新型大国关系"对于新型国际关系意义重大。中国与世界一些主要大国之间的战略协作伙伴、战略伙伴、全面合作伙伴等关系，都应看做新型大国关系的具体表现或实现形式。比如中国与俄罗斯、欧盟、印度、巴西等的关系及中国与G20其他国家

① 《坚持总体国家安全观　走中国特色国家安全道路》，载《人民日报》2014年4月16日。

② 胡锦涛：《打破传统对抗逻辑　探索大国关系新路径》，载《人民日报》，2012年5月3日。

③ 《习近平出席"世界和平论坛"开幕式并致辞》，载《人民日报》2012年7月8日。

关系都是新型大国关系，这表明新型大国关系包括新型的大国双边主义和新型的大国多边主义。中国提出建立新型大国关系，目标是在大国之间创造一种正常的、友好的、互利共赢的关系，使各个国家尤其是大国之间能够和平共处、和平竞争，而不是在经济、军事或其他领域进行对抗。这是一种摆脱对抗、谋求合作共赢的大国关系。

在2014年11月中央外事工作会议上，习近平进一步强调中国必须有自己特色的大国外交。要在总结实践经验的基础上，丰富和发展对外工作理念，使中国对外工作有鲜明的中国特色、中国风格、中国气派。要坚持合作共赢，推动建立以合作共赢为核心的新型国际关系，坚持互利共赢的开放战略，把合作共赢理念体现到政治、经济、安全、文化等对外合作的方方面面。① 基于这样的大国外交理念，中国有针对性地处理与各大国之间的关系。如努力深化中俄战略协作伙伴关系，双方在军事合作、货币互换、能源产业和军备贸易等方面取得重要进展；积极构建中美新型大国关系，防止落入“修昔底德陷阱”②；在坚持底线不动摇的前提下，有效应对中日关系的严重下滑；利用金砖国家机制和二十国集团平台，加强与印度、巴西等新兴大国的务实合作等。

2015年5月7日，应邀出席俄罗斯纪念卫国战争胜利70周年的中国国家主席习近平在《俄罗斯报》上发表题为《铭记历史，开创未来》的署名文章，系统阐述了中国的新型大国关系主张，指出：

---

① 《习近平出席中央外事工作会议并发表重要讲话》，载《人民日报》2014年11月30日。

② “修昔底德陷阱”，是指一个新崛起的大国必然要挑战现存大国，而现存大国也必然会回应这种威胁，这样战争就会变得不可避免。此说法源自古希腊著名历史学家修昔底德，他认为，当一个崛起的大国与既有的统治霸主竞争时，双方面临的危险多数以战争告终。2014年1月22日，《世界邮报》创刊号刊登了对中国国家主席习近平的专访。针对中国迅速崛起后必将与美国这样的旧霸权国家发生冲突的担忧，习近平在专访中说，我们都应该努力避免陷入“修昔底德陷阱”，强国只能追求霸权的主张不适用于中国，中国没有实施这种行动的基因。

“今天的人类比以往任何时候都更有条件朝和平与发展目标迈进，更应该努力构建以合作共赢为核心的新型国际关系。‘合则强，孤则弱。’合作共赢应该成为各国处理国际事务的基本政策取向。中华民族和俄罗斯民族都是伟大的民族，当年，我们患难与共，用鲜血凝成了坚不可摧的战斗友谊。今天，中俄两国人民更将携手前进，同护和平，共促发展，继续为巩固世界持久和平和人类共同进步作出自己的贡献。”①新型大国关系下的中国强调建立以合作共赢为核心的新型国际关系，坚持互利共赢的开放战略，把合作共赢理念体现到政治、经济、安全、文化等对外合作的方方面面，去切实运筹好大国关系，构建健康稳定的大国关系框架，它的提出丰富了和平发展战略思想，标志着高举“和平、发展、合作、共赢”旗帜的中国在国际关系理论和实践方面逐渐走向成熟，对国际社会和世界事务必将产生越来越大的影响。

中国坚持走和平发展道路，既是对中国历史文化传统中和平思想的继承和发展，也是在总结近代以来中华民族所遭受沉重苦难的基础上，选择的一条符合中国国情的和平之路和发展之路。当前，在全面建成小康社会、全面深化改革、全面依法治国、全面从严治党的战略布局下，必须坚持走和平发展道路，为努力实现“两个一百年”奋斗目标，实现中华民族伟大复兴的中国梦创造和平稳定的发展环境。“近代以来，中国人民蒙受了外国侵略和内部战乱的百年苦难，深知和平的宝贵，最需要在和平环境中进行国家建设，以不断改善人民生活。中国将坚定不移走和平发展道路，致力于促进开放的发展、合作的发展、共赢的发展，同时呼吁各国共同走和平发展道路。中国发展壮大，带给世界的是更多机遇而不是什么威胁。我们要实现的中国梦，不仅造福中国人民，而且造福各国人民。”②

---

① 《习近平在俄罗斯媒体发表署名文章　铭记历史，开创未来》，载《人民日报》2015 年 5 月 8 日。

② 习近平：《顺应时代前进潮流　促进世界和平发展》，载《人民日报》2013 年 3 月 24 日。

后 记

本书是我主持的国家社会科学基金重大招标课题“中国特色社会主义政治发展道路研究”的阶段性成果，并作为武汉大学出版社“中国梦”丛书的一种得到国家出版基金的资助。

全书由我提出写作思路和写作大纲，并组织作者进行了多次讨论。参加本书写作的除本人外，还有武汉大学马克思主义学院中国近现代史基本问题研究专业博士研究生周艺、朱妍、袁珠萍、蔡诗敏和中共党史（含党的学说与党的建设）专业硕士研究生魏维。具体分工如下：导论：宋俭；第一、二章：宋俭、周艺；第三章：宋俭、魏维；第四章：宋俭、朱妍；第五章：宋俭、袁珠萍；第六章：袁珠萍；第七、八章：蔡诗敏；第九章：朱妍。武汉大学马克思主义学院李向勇副教授参加了第六、七、八章的修改工作。在各章作者提交初稿的基础上，宋俭对全书进行了补充、改写并统稿。

本书的写作得到武汉大学出版社领导和编辑的大力支持和无私帮助，特别要对王雅红副总编辑、易瑛编辑、胡国民编辑的支持和帮助表示衷心的感谢。

宋 俭

2015年6月15日